高职高专"十二五"经管类规划教材

安徽省教育厅指定"十二五"规划教材

国际贸易理论与实务习题集

（第三版）

徐冬梅　主　编

倪良新
郁　青　副主编

上海财经大学出版社

前 言

《国际贸易理论与实务习题集》(第三版)是《国际贸易理论与实务》(第三版)教材的配套练习题,是教师教学的好帮手,也是学生学习的自助手段。自2011年本习题集出版以来,深受广大师生欢迎。我们结合当前国际贸易实际和多年来的教学实践经验编写了该本习题集。通过本习题集的练习,能使学生较为全面系统地掌握国际贸易的基础理论,锻炼其实际业务操作技能,掌握国际贸易中的策略和技巧,培养学生分析和解决国际贸易问题的能力。

本书由徐冬梅担任主编,负责总纂和统稿,参加本书编写的人员有:徐冬梅(第一、二、三、四、五、六章)、何桃花(第七、八、九章)、汪利平(第十、十一、十二章)、陈江(第十三、十四、十五章)。

尽管我们做出了努力,但还可能会有遗漏、不妥之处,在此,我们衷心地希望各位专家、读者赐教。

编 者

2015年6月

目 录

前言……………………………………………………………… 1

第一章　导论……………………………………………………… 1
　一、名词解释 ………………………………………………… 1
　二、单项选择 ………………………………………………… 1
　三、多项选择 ………………………………………………… 2
　四、判断 ……………………………………………………… 3
　五、简答 ……………………………………………………… 4
　六、论述 ……………………………………………………… 4

第二章　国际分工与世界市场……………………………………… 5
　一、名词解释 ………………………………………………… 5
　二、单项选择 ………………………………………………… 5
　三、多项选择 ………………………………………………… 5
　四、简答 ……………………………………………………… 6
　五、论述 ……………………………………………………… 6

第三章　国际贸易政策……………………………………………… 7
　一、名词解释 ………………………………………………… 7

二、单项选择 …… 7
三、多项选择 …… 8
四、判断 …… 8
五、简答 …… 9
六、论述 …… 9

第四章　国际贸易措施 …… 10
一、名词解释 …… 10
二、单项选择 …… 10
三、多项选择 …… 12
四、判断 …… 12
五、简答 …… 13
六、论述 …… 13
七、计算与分析 …… 13

第五章　经济全球化组织 …… 15
一、名词解释 …… 15
二、单项选择 …… 15
三、多项选择 …… 16
四、简答 …… 17
五、论述 …… 17

第六章　国际服务贸易与国际技术贸易 …… 18
一、名词解释 …… 18
二、单项选择 …… 18
三、多项选择 …… 18
四、简答 …… 19
五、论述 …… 20

第七章　国际贸易合同的订立 …… 21
一、名词解释 …… 21
二、单项选择 …… 21

三、多项选择……………………………………………………………… 23
四、判断………………………………………………………………………… 24
五、简答………………………………………………………………………… 25
六、论述………………………………………………………………………… 25
七、案例分析………………………………………………………………… 25
八、实训………………………………………………………………………… 27

第八章 商品的品质、数量及包装 ………………………………………… 30
一、名词解释………………………………………………………………… 30
二、单项选择………………………………………………………………… 30
三、多项选择………………………………………………………………… 32
四、判断………………………………………………………………………… 33
五、简答………………………………………………………………………… 34
六、论述………………………………………………………………………… 34
七、案例分析………………………………………………………………… 34

第九章 贸易术语与价格 ……………………………………………………… 37
一、名词解释………………………………………………………………… 37
二、单项选择………………………………………………………………… 37
三、多项选择………………………………………………………………… 40
四、判断………………………………………………………………………… 43
五、简答………………………………………………………………………… 45
六、论述………………………………………………………………………… 45
七、计算………………………………………………………………………… 45
八、案例分析………………………………………………………………… 46
九、实训………………………………………………………………………… 48

第十章 国际货物运输 ………………………………………………………… 49
一、名词解释………………………………………………………………… 49
二、单项选择………………………………………………………………… 49
三、多项选择………………………………………………………………… 51
四、判断………………………………………………………………………… 53

五、简答…………………………………………………………………………… 54
六、论述…………………………………………………………………………… 54
七、计算…………………………………………………………………………… 54
八、案例分析……………………………………………………………………… 54
九、实训…………………………………………………………………………… 55

第十一章　国际货运保险 …………………………………………………… 56
一、名词解释……………………………………………………………………… 56
二、单项选择……………………………………………………………………… 56
三、多项选择……………………………………………………………………… 57
四、判断…………………………………………………………………………… 59
五、简答…………………………………………………………………………… 60
六、论述…………………………………………………………………………… 60
七、计算…………………………………………………………………………… 60
八、案例分析……………………………………………………………………… 60
九、实训…………………………………………………………………………… 61

第十二章　国际贸易结算 …………………………………………………… 63
一、名词解释……………………………………………………………………… 63
二、单项选择……………………………………………………………………… 63
三、多项选择……………………………………………………………………… 65
四、判断…………………………………………………………………………… 67
五、简答…………………………………………………………………………… 68
六、论述…………………………………………………………………………… 69
七、案例分析……………………………………………………………………… 69
八、实训…………………………………………………………………………… 70

第十三章　检验、索赔、不可抗力和仲裁 ………………………………… 75
一、名词解释……………………………………………………………………… 75
二、单项选择……………………………………………………………………… 75
三、多项选择……………………………………………………………………… 78
四、判断…………………………………………………………………………… 79

五、简答…………………………………………………………………… 81
六、案例分析……………………………………………………………… 81

第十四章 进出口合同的履行程序 …………………………………… 84
一、名词解释……………………………………………………………… 84
二、单项选择……………………………………………………………… 84
三、多项选择……………………………………………………………… 86
四、判断…………………………………………………………………… 88
五、简答…………………………………………………………………… 89
六、案例分析……………………………………………………………… 89

第十五章 国际贸易方式 ……………………………………………… 95
一、名词解释……………………………………………………………… 95
二、单项选择……………………………………………………………… 95
三、多项选择……………………………………………………………… 98
四、判断…………………………………………………………………… 99
五、简答 ………………………………………………………………… 100

模拟试卷(1) ………………………………………………………… 101

模拟试卷(2) ………………………………………………………… 105

参考答案…………………………………………………………………… 109
第一章 习题参考答案………………………………………………… 109
第二章 习题参考答案………………………………………………… 111
第三章 习题参考答案………………………………………………… 112
第四章 习题参考答案………………………………………………… 114
第五章 习题参考答案………………………………………………… 117
第六章 习题参考答案………………………………………………… 118
第七章 习题参考答案………………………………………………… 118
第八章 习题参考答案………………………………………………… 122
第九章 习题参考答案………………………………………………… 127

第十章　习题参考答案…………………………………………………………… 138
第十一章　习题参考答案………………………………………………………… 142
第十二章　习题参考答案………………………………………………………… 146
第十三章　习题参考答案………………………………………………………… 153
第十四章　习题参考答案………………………………………………………… 156
第十五章　习题参考答案………………………………………………………… 159
模拟试卷(1)参考答案 ………………………………………………………… 160
模拟试卷(2)参考答案 ………………………………………………………… 162

第一章 导 论

一、名词解释

1. 国际贸易　　2. 出口贸易
3. 进口贸易　　4. 过境贸易
5. 转口贸易　　6. 直接贸易
7. 间接贸易　　8. 总贸易
9. 专门贸易　　10. 现汇贸易
11. 易货贸易　　12. 有证贸易
13. 无证贸易　　14. 复出口
15. 复进口　　16. 对外贸易值
17. 对外贸易量　　18. 贸易差额
19. 贸易条件　　20. 对外贸易依存度

二、单项选择(在下列备选答案中选出1个正确的答案,将其序号填在题干后的括号中)

1. 反映在海关统计中的贸易金额有(　)。
A. 运输　　B. 包装
C. 货物　　D. 投资
2. 以国境为标准而计算的进出口额称为(　)。
A. 总贸易额　　B. 专门贸易额
C. 有形贸易额　　D. 无形贸易额
3. 当外国商品进口后未经加工制造又出口时,称为(　)。
A. 出口　　B. 进口
C. 复出口　　D. 复进口

4. 若一国在一定时期内，某一商品既有出口又有进口，如果出口数量大于进口数量，其差额即为（　）。

A. 复进口　　B. 复出口

C. 净进口　　D. 净出口

5.（　）是用货币表示的一定时期内对外贸易总额。

A. 总贸易额　　B. 专门贸易额

C. 对外贸易量　　D. 对外贸易值

6. 一国在一定时期内，如果出口值大于进口值，就称为（　）。

A. 贸易逆差　　B. 贸易顺差

C. 净进口　　D. 净出口

7.（　）是指一国在一定时期内出口商品价格与进口商品价格之间的比率。

A. TOT　　B. TBT

C. SPS　　D. DSB

8.（　）说明该国贸易条件有所好转，出口越多，交换越有利。

A. TOT＝100　　B. TOT＞100

C. TOT＜100　　D. TOT≠100

9.（　）是指进出口以关境为标准，进入一国关境的货物就是本国的进口，离开一国关境的货物就是本国的出口。

A. 进口贸易　　B. 出口贸易

C. 专门贸易　　D. 总贸易

10. 在国际贸易中，以货币作为偿付工具的贸易方式，称为（　）。

A. 现货贸易　　B. 易货贸易

C. 现汇贸易　　D. 期货贸易

三、多项选择（在下列备选答案中选出2～5个正确的答案，将其序号填在题干后的括号中）

1. 从货物的移动方向来划分，国际贸易可分为（　）（　）（　）（　）（　）。

A. 出口贸易　　B. 进口贸易

C. 过境贸易　　D. 直接贸易

E. 间接贸易

2. 无形贸易包括（　）（　）（　）（　）（　）。

A. 运输　　B. 保险

C. 广告　　D. 投资

E. 旅游

3. 以国境为标准进行对外贸易统计的国家是(　)(　)(　)(　)(　)。

A. 德国　　B. 美国

C. 日本　　D. 英国

E. 澳大利亚

4. 在总贸易条件下,正确的表述有(　)(　)(　)(　)(　)。

A. 凡是运出关境的商品一律列为出口,称总出口

B. 凡是进入关境的商品一律列为进口,称总进口

C. 凡是离开国境的商品一律列为出口,称总出口

D. 凡是进入国境的商品一律列为进口,称总进口

E. 总贸易额=总进口额+总出口额

5. 在专门贸易条件下,正确的表述有(　)(　)(　)(　)(　)。

A. 凡是进入关境的商品称为专门进口

B. 凡是运出关境的商品称为专门出口

C. 专门贸易额=专门出口额+专门进口额

D. 专门贸易是以国境为标准的

E. 德国、意大利、瑞士等国采用专门贸易标准

6. 按是否有第三者参加,国际贸易分为(　)(　)(　)(　)(　)。

A. 直接贸易　　B. 过境贸易

C. 间接贸易　　D. 转口贸易

E. 双边贸易

四、判断(在你认为正确的表述题后括号中划"√",否则划"×")

1. 国际贸易即为对外贸易。(　)

2. 复进口指的是本国商品出口后,在国外未经加工又重新输入本国国内。(　)

3. 如果出口值大于进口值,称为贸易顺差,又称出超、盈余、黑字。(　)

4. 当 TOT<100 时,说明该国贸易条件有所好转,出口越多,交换越有利。(　)

5. 对外贸易依存度是以本国对外贸易(进出口总额)占国民生产总值(GNP)或国内生产总值(GDP)多少比重为标志的。(　)

6. 我国把专门贸易作为本国记录和编制进出口货物统计的方法。(　)

五、简答

1. 对外贸易值与对外贸易量有何不同?
2. 简述贸易顺差对一国经济的影响。
3. 简述国际贸易与国内贸易的区别。
4. 国际贸易值与国际贸易量有何异同?
5. 研究对外贸易地理方向的意义是什么?

六、论述

1. 试述一国对外依存度的高低对国家政治经济方面的影响。
2. 国际贸易岗位能力的一般要求有哪些?

第二章 国际分工与世界市场

一、名词解释

1. 国际分工　　　　2. 世界市场

二、单项选择(在下列备选答案中选出1个正确的答案,将其序号填在题干后的括号中)

1. 国际分工的形成阶段是在(　)世纪时期。

A. 12～13　　　　B. 14～15

C. 16～18　　　　D. 18～19

2. 国际分工产生与发展的基础是(　)。

A. 自然条件　　　　B. 人口规模

C. 资本的国际化　　　　D. 国家的出现

3. (　)决定着其在国际分工中的地位。

A. 生产力水平　　　　B. 市场规模

C. 自然条件　　　　D. 社会制度

4. 对国际分工起到推进或延缓双重作用的是(　)。

A. 上层建筑　　　　B. 资本流动

C. 社会生产力　　　　D. 社会制度

三、多项选择(在下列备选答案中选出2～5个正确的答案,将其序号填在题干后的括号中)

1. 按照参加国的经济发展水平划分,世界市场可分为(　)(　)(　)(　)(　)。

A. 出口市场　　　　B. 进口市场

C. 过境贸易市场　　D. 发达国家市场

E. 发展中国家市场

2. 按照商品构成情况划分,世界市场可分为(　)(　)(　)(　)(　)。

A. 工业制成品市场　　B. 半制成品市场

C. 初级产品市场　　D. 投资市场

E. 服务市场

四、简答

1. 影响国际分工形成与发展的因素有哪些?
2. 国际分工对国际贸易有什么影响?
3. 简述对绝对优势说的评价。
4. 简述对比较优势说的评价。
5. 简述对资源禀赋论的评价。
6. 世界市场形成的主要标志是什么?

五、论述

1. 试述西方经济学者解释里昂惕夫之谜的主要理论。
2. 试述当代世界市场发展的主要特点。

第三章 国际贸易政策

一、名词解释

1. 国际贸易政策
2. 对外贸易政策
3. 对外贸易总政策
4. 进出口商品政策
5. 对外贸易国别政策
6. 进口替代政策
7. 出口导向政策

二、单项选择(在下列备选答案中选出1个正确的答案,将其序号填在题干后的括号中)

1.“科伯登”条约是(　)表现。

A. 自由贸易政策　　B. 重商主义政策

C. 保护贸易政策　　D. 超保护贸易政策

2. 鼓励人口增长是(　)政策之一。

A. 自由贸易　　B. 重商主义

C. 保护贸易　　D. 超保护贸易

3. 保护贸易政策由(　)提出。

A. 李斯特

B. 凯恩斯

C. 美国第一任财政部长汉密尔顿

D. 托马斯·孟

4. 初级外向型政策(　)。

A. 扩大了发展中国家的进口能力

B. 扩大了发展中国家的出口能力

C. 国内工业品的需求不依赖进口

D. 达到经济独立的目的

5. 出口导向政策不包括（ ）。

A. 实行出口补贴　　B. 出口退税

C. 鼓励出口创汇　　D. 提高进口关税

三、多项选择（在下列备选答案中选出2～5个正确的答案，将其序号填在题干后的括号中）

1. 一般来说，对外贸易政策由以下内容构成（ ）（ ）（ ）（ ）（ ）。

A. 进口商品政策　　B. 出口商品政策

C. 对外贸易总政策　　D. 税收政策

E. 对外贸易国别政策

2. 对外贸易政策的目的是（ ）（ ）（ ）（ ）（ ）。

A. 促进本国产业结构的改善　　B. 增加原材料供应

C. 维护本国的国际运输地位　　D. 保护本国市场

E. 扩大本国产品的出口市场

3. 下列情况是自由贸易政策的措施之一（ ）（ ）（ ）（ ）（ ）。

A. 废除《谷物法》　　B. 废除《航海法》

C. 提高进口关税　　D. 提高出口关税

E. 取消特权公司

4. 贸易自由化主要表现在以下方面（ ）（ ）（ ）（ ）（ ）。

A. 降低出口关税税率　　B. 提高出口关税税率

C. 降低或撤销非关税壁垒　　D. 提高非关税壁垒

E. 取消国别税率

5. 出口导向政策内容包括（ ）（ ）（ ）（ ）（ ）。

A. 实行出口补贴

B. 出口退税

C. 为出口行业提供低息的出口信贷

D. 削减贸易壁垒

E. 积极引进外资和技术

四、判断（在你认为正确的表述题后括号中划“√”，否则划“×”）

1. 当开放贸易时，所有消费者的境况都会得到改善。（ ）

2. 一个与外界隔绝的国家一定会降低其公民的生活水平。（ ）

3. 进出口商品政策决定一个国家的对外贸易总政策。( )

4. 对外贸易总政策是根据对外政治、经济关系的需要,对不同的国家(地区)制定不同的外贸政策。( )

5. 自由贸易政策是指国家对进出口贸易不加干预,取消所有对进出口贸易的限制和障碍。( )

6. 凡保护贸易盛行的时期,世界经济的发展都在一定程度上受到限制。( )

7. 实现贸易自由化能增加国民的就业机会。( )

8. 进口替代政策措施是对最终消费品征收高关税,或通过进口配额等措施限制进口。( )

五、简答

1. 对外贸易政策的目的是什么?
2. 对外贸易政策的基本类型有哪些?
3. 重商主义政策的主要措施包括哪些?
4. 英国早期实行自由贸易政策主要有哪些措施?
5. 李斯特的对外贸易政策主张有哪些?
6. 中国的进出口导向政策具有哪些特点?

六、论述

1. 比较第二次世界大战后贸易自由化和新贸易保护主义政策有哪些表现?
2. 试述发展中国家的对外贸易政策有哪些?

第四章　国际贸易措施

一、名词解释

1. 关税
2. 财政关税
3. 保护关税
4. 进口附加税
5. 差价税
6. 特惠税
7. 普遍优惠制
8. 反补贴税
9. 反倾销税
10. 从量税
11. 从价税
12. 混合税
13. 选择税
14. 滑准税
15. 名义保护税率
16. 有效保护税率
17. 商品名称及编码协调制度
18. 非关税壁垒
19. 进口配额制
20. “自动”出口配额制
21. 进口许可证制
22. 外汇管制
23. 数量性外汇管制
24. 成本性外汇管制
25. 混合性外汇管制
26. 进出口国家垄断
27. 歧视性政府采购政策
28. 进口押金制
29. 技术性贸易壁垒
30. 出口信贷
31. 出口补贴
32. 商品倾销
33. 外汇倾销
34. 保税区

二、单项选择（在下列备选答案中选出1个正确的答案，将其序号填在题干后的括号中）

1. 关税的征收主体是国家，其征税对象是（　）。

A. 进出关境的货物　　B. 进出关境运输工具所有人

C. 进口货物收货人　　　　D. 出口货物发货人

2. 关税的设置（　）。

A. 会带来完全由外国人支付的收入

B. 总会提高出口国的国内价格水平

C. 与自由贸易相比，会减少“小型”进口国家的福利

D. 总会增加福利

3. 以下最为正确的一项是（　）。

A. 进口配额往往产生垄断租金

B. 配额制比关税制更有效率

C. 与关税制相比，进口配额更适合在经济情况中使用

D. 在竞争条件下，与关税制相比，进口配额可以使与进口品相竞争的生产者获取更大的利润

4. 各国政府更倾向于采用配额而不是关税，这是因为（　）。

A. 配额可以给政府带来更多的收入

B. 关税的改变要受到国际贸易协定的严格限制

C. 配额制不阻碍国内市场竞争

D. 配额制不利于腐败的政府官员进行寻租

5. 在自愿出口限制制度中，与关税制收入相对应的收入的获取者是（　）。

A. 进口国政府　　　　B. 进口国消费者

C. 出口国　　　　D. 与进口品相竞争的产业

6. 面对与进口品竞争的国内垄断者（　）。

A. 倾向于采用关税而不是对等的配额

B. 倾向于采用配额而不是对等的关税

C. 不在乎关税与对等配额的区别

D. 喜爱自由贸易

7. 1970 年，发生了一起针对日本索尼公司的重大倾销诉讼案件。索尼公司以 180 美元的价格向美国消费者出售日本电视机，同时却以 333 美元的价格向日本消费者销售同样的电视机。在美国政府的威胁下，索尼公司把为美国进行的生产转移到加利福尼亚进行，但并没有改变在两国的销售价格。本例最好被描述为（　）。

A. 美国政府对日本生产者和消费者提供保护

B. 持续性倾销

C. 掠夺性倾销

D. 零星倾销

三、多项选择(在下列备选答案中选出2～5个正确的答案，将其序号填在题干后的括号中)

1. 按照征税的对象不同，关税可以分为(　)(　)(　)(　)(　)。

A. 进口税　　B. 出口税

C. 过境税　　D. 财政关税

E. 保护关税

2. 进口附加税主要有(　)(　)(　)(　)(　)。

A. 反补贴税　　B. 反倾销税

C. 特惠税　　D. 差价税

E. 普遍优惠制

3. 关税征收的基本方式主要有(　)(　)(　)(　)(　)。

A. 从价税　　B. 复合税

C. 选择税　　D. 滑准税

E. 从量税

4. 通关手续通常包括(　)(　)(　)(　)(　)环节。

A. 货物的申报　　B. 单证的审核

C. 货物的查验　　D. 关税的征收

E. 货物的放行

5. 与关税措施相比较，非关税壁垒有如下特点(　)(　)(　)(　)(　)。

A. 灵活性　　B. 及时性

C. 连续性　　D. 针对性

E. 有效性

6. 商品倾销的主要形式包括(　)(　)(　)(　)(　)。

A. 掠夺性倾销　　B. 偶然性倾销

C. 持续性倾销　　D. 垄断性倾销

E. 外汇倾销

四、判断(在你认为正确的表述题后括号中划“√”，否则划“×”)

1. 自由贸易是一种比征收关税更好的贸易政策。(　)

2. 从量关税的优越性之一是其保护价值量与进口商品的价格上涨保持同步。(　)

3. 关税给消费者带来的损失要大于它给生产者带来的收益。（　）

4. 如果一国政府的税收收入很少，它就会倾向于采用关税而不是配额。（　）

5. 自动出口限制大部分是被动采取的措施。（　）

6. 出口补贴比出口关税更容易让贸易伙伴接受。（　）

7. 绝大多数的贸易壁垒都是为了保护大多数人的利益。（　）

8. 尽管 WTO 反对绝大多数的关税，但它仍旧允许进口国征收反倾销税。（　）

9. 外汇倾销的结果是商品倾销。（　）

10. 世界濒危物种禁止出口贸易。（　）

五、简答

1. 关税的主要特点是什么？
2. 关税征收的基本方式有哪些？
3. 关税的主要种类有哪些？
4. 非关税壁垒的主要种类有哪些？
5. 简述出口信贷国家担保制的主要内容。
6. 简述实施商品倾销的原因。
7. 简述出口管制的原因。

六、论述

1. 关税的作用有哪些？
2. 海关估价方法有哪些？
3. 试述非关税壁垒措施对国际贸易的影响。

七、计算与分析

1. 下面为出口至美国的啤酒市场价格情况。三个啤酒出口商中，哪一个在美国市场上犯有倾销罪？

出口商 成本和价格	①万岁啤酒厂（日本）	②蒂帕・劳里公司（英国）	③比格・里德公司（加拿大）
单位平均成本	10 美元	10 美元	10 美元
啤酒的国内销售价格	10 美元	12 美元	9 美元

续表

成本和价格＼出口商	①万岁啤酒厂（日本）	②蒂帕·劳里公司（英国）	③比格·里德公司（加拿大）
啤酒的出口销售价格	11 美元	11 美元	9 美元
运到美国时的价格	12 美元	13 美元	10 美元

2. 国内某远洋渔业企业向美国购进国内性能不能满足需要的柴油船用发动机 2 台，完税价格合计为680 000美元。经批准，该发动机进口关税税率按 1%计征。已知适用中国银行的外汇折算价为 1 美元＝人民币 6.839 6 元，计算应征进口关税。

3. 国内某企业从广州出口硅铁一批，完税价格为 8 705.50 美元，出口税率为 25%，其适用中国银行的外汇折算价为 1 美元＝人民币 6.839 6 元，要求计算出口关税。

第五章　经济全球化组织

一、名词解释

1. WTO　　　　　　　　2. 区域经济一体化

二、单项选择（在下列备选答案中选出 1 个正确的答案，将其序号填在题干后的括号中）

1. 下列表述中错误的是（　）。
A. GATT 只是一个临时生效的政府间行政协议
B. GATT 不是一个正式的国际组织
C. GATT 的许多协议是以守则的方式加以实施的
D. GATT 的争端解决机制是除非所有成员方都反对，否则视为完全协商一致

2. 区域经济一体化中最低级、最松散的形式是（　）。
A. 自由贸易区　　　　B. 关税同盟
C. 优惠贸易安排　　　D. 经济同盟

3. 跨国公司运用转移定价可能发生的情况是（　）。
A. 增强子公司竞争力　　B. 增加税负
C. 风险增强　　　　　　D. 减弱子公司竞争力

4. TBT 指的是（　）。
A.《技术性贸易壁垒协定》　　B.《实施卫生与植物卫生措施协定》
C.《原产地规则协定》　　　　D.《海关估价协定》

5. SPS 指的是（　）。
A.《技术性贸易壁垒协定》　　B.《实施卫生与植物卫生措施协定》
C.《原产地规则协定》　　　　D.《海关估价协定》

三、多项选择(在下列备选答案中选出 2～5 个正确的答案,将其序号填在题干后的括号中)

1. GATT 的作用主要表现在(　)(　)(　)(　)(　)。

A. 形成了国际贸易政策体系

B. 客观上有利于发展中国家的发展

C. 提供多边争端解决机制和谈判场所,缓和了贸易摩擦与矛盾

D. 促进了国际贸易的发展和规模的不断扩大

E. 客观上有利于发达国家

2. 世界贸易组织法律框架包括(　)(　)(　)(　)(　)。

A. 货物贸易法律

B. 服务贸易法律和知识产权法律

C.《关于争端解决程序与规则的谅解》

D.《贸易评审机制》

E. 诸边协定

3. WTO 的创始成员必须具备的基本条件是(　)(　)(　)(　)(　)。

A. 关税与贸易总协定的缔约方

B. 在一揽子协定生效后两年内接受一揽子协定

C. 在货物贸易和服务贸易领域做出减让和承诺

D. 必须按同 WTO 成员谈判议定的条件加入

E. 投票表决决定

4. 保障协定是指在 WTO 成员方由于某种原因使得其"国内产业"受到损害的情况下,可以采取某些救济行为以抵消对国内产业的损害。具体来讲,包括以下方面(　)(　)(　)(　)(　)。

A.《补贴与反补贴协定》　　B.《原产地规则协定》

C.《保障措施协定》　　D.《纺织品与服装协定》

E.《反倾销协定》

5. 非关税措施协定包括《技术性贸易壁垒协定》和(　)(　)(　)(　)(　)。

A.《海关估价协定》　　B.《原产地规则协定》

C.《装运前检验协定》　　D.《进口许可程序协定》

E.《实施卫生与植物卫生措施协定》

6. 世界贸易组织的主要职能是(　)(　)(　)(　)(　)。

A. 制定规则　　　　B. 组织谈判
C. 争端解决　　　　D. 政策评审
E. 国际合作

7. 下列属于区域经济一体化的形式有(　)(　)(　)(　)(　)。
A. Preferential Trade Arrangements
B. Free Trade Area
C. Customs Union
D. Common Market
E. Economic Union

8. 跨国公司的经营策略有(　)(　)(　)(　)(　)。
A. 产品多样化策略　　　　B. 产品生命周期策略
C. 出口带动投资策略　　　　D. 转移定价策略
E. 进口增加利润策略

四、简答

1. 世界贸易组织的宗旨是什么?
2. 世界贸易组织的目标是什么?
3. 世界贸易组织的主要职能有哪些?
4. 简述世界贸易组织的组织机构。
5. 简述区域经济一体化的形式。
6. 跨国公司与一般国内企业及其他国际经济组织相比有哪些特征?

五、论述

1. 试述世界贸易组织的基本原则。
2. 试述中国加入世界贸易组织后的基本权利和义务。

第六章　国际服务贸易与国际技术贸易

一、名词解释

1. 国际服务贸易　　2. 国际技术贸易

二、单项选择（在下列备选答案中选出1个正确的答案，将其序号填在题干后的括号中）

1. 下列不属于国际服务贸易的有（　）。

A. 跨国文艺演出　　B. 跨国商品销售

C. 跨国通信服务　　D. 跨国投资

2. 过境交付服务（　）。

A. 构成人员的流动　　B. 构成物资的流动

C. 构成资金的流动　　D. 不构成人员、物资或资金的流动

3. 下列说法不正确的是（　）。

A. 国际技术贸易是有偿转让

B. 国际技术贸易是商业性技术转让

C. 国际技术贸易是非商业性技术转让

D. 国际技术转让是一种国际间的技术交换与交流

4. 开展国际技术贸易，不利于（　）。

A. 社会经济变革　　B. 技术进步和经济增长

C. 贯彻经济合理的原则　　D. 保持国家间技术水平的差异

三、多项选择（在下列备选答案中选出2～5个正确的答案，将其序号填在题干后的括号中）

1. 服务具有（　）（　）（　）（　）（　）。

A. 无形性　　B. 不可分离性

C. 唯一性　　D. 可贮存性

E. 差异性

2. GATS定义服务贸易包含以下方式(　)(　)(　)(　)。

A. cross border supply　　B. movement of personnel

C. commercial presence　　D. distributive trade services

E. consumption abroad

3. 第二次世界大战后国际服务贸易发展的主要特点是(　)(　)(　)(　)(　)。

A. 发展不平衡

B. 发展迅速

C. 发达国家、发展中国家服务贸易发展侧重点不同

D. 发展缓慢

E. 新型服务贸易的发展快于传统形式的服务贸易

4. 国际服务贸易在民间的分类一般以(　)(　)(　)(　)(　)为标准。

A. 移动　　B. 生产过程

C. 要素密集度　　D. 商品

E. 服务性质

5. 与国际货物贸易比较,国际技术贸易一般具有的特点是(　)(　)(　)(　)(　)。

A. 交易标的性质不同　　B. 交易双方当事人不同

C. 交货过程不同　　D. 所涉及的问题和法律不同

E. 政府干预程度不同

6. 国际技术贸易方式中的许可贸易按授权范围划分可分为(　)(　)(　)(　)(　)。

A. 互换许可　　B. 普通许可

C. 排他许可　　D. 独占许可

E. 可转让许可

四、简答

1. 简述服务的特征。

2. 简述世界贸易组织对国际服务贸易的分类。

3. 简述国际技术贸易的特点。

4. 简述国际技术贸易的方式。

五、论述

试述国际技术贸易的作用和影响。

第七章　国际贸易合同的订立

一、名词解释

1. 国际贸易合同　　2. 要约
3. 接受　　4. 对价
5. 约因　　6. 要式合同
7. 询盘　　8. 约首

二、单项选择(在下列备选答案中选出1个正确的答案,将其序号填在题干后的括号中)

1. 根据《联合国国际货物销售合同公约》的规定,判断买卖合同的国际性的标准是(　)。

A. 当事人具有不同的国籍
B. 当事人的营业地在不同的国家
C. 合同项下的货物跨越国境
D. 合同订立及履行过程中,当事人的营业地在不同国家

2. 发盘于(　)时生效。

A. 发出
B. 传达到接受发盘的人的营业地或其惯常住所
C. 传达到接受发盘的人且被其理解
D. 交邮局发出

3. 在国际货物买卖交易磋商中,有条件接受(　)。

A. 构成询盘　　B. 构成接受
C. 构成还盘　　D. 构成发盘邀请

4. 根据《联合国国际货物销售合同公约》的规定,发盘内容必须明确,即

需要(　)。

A. 写明货物名称、明示或默示地规定数量和价格及如何确定价格的方法

B. 写明货物名称、数量和价格的具体数额

C. 写明货物名称、具体数量、具体价格、具体交货期

D. 写明货物名称、具体数量、具体价格、具体交货期、货款支付时间和方式

5. 发盘是向(　)提出的订立合同的建议。

A. 一个特定的人　　B. 一个或一个以上特定的人

C. 不特定人　　D. 法人

6. 为邀请对方向自己订货而发出的商品目录单、报价单以及一般的商业广告的是(　)。

A. 发盘　　B. 还盘

C. 发盘邀请　　D. 新的发盘

7. 逾期接受在法律上(　)。

A. 除非发盘人及时提出异议,否则逾期接受仍构成接受

B. 有效接受

C. 只有发盘人毫不迟延地表示确认,该逾期接受才构成有效接受

D. 经电信部门出具有关证明后方可认定是否有效

8. 我某进出口公司于 2008 年 12 月 14 日用电报向外国一公司发盘,要求在 20 日复到我公司有效。12 月 18 日上午 9:00,我公司同时收到外国公司表示接受和撤回接受的电传。根据《联合国国际货物销售合同公约》的规定,此接受(　)。

A. 可以撤回

B. 不可以撤回,必须与我公司签订合同

C. 经我公司同意方可撤回

D. 视为撤销

9.《联合国国际货物销售合同公约》对接受的生效时间采取(　)。

A. 投邮生效原则

B. 到达生效原则

C. 理解生效原则

D. 经发盘人进一步确认后方产生效力的原则

10. "××公司:你方 10 日传真收悉。你方条件我方接受,但请降价 10%,可否即复。(签章)"这份传真是(　)。

A. 询盘　　B. 发盘

C. 还盘　　D. 接受

三、多项选择(在下列备选答案中选出2～5个正确的答案,将其序号填在题干后的括号中)

1. 发盘的构成要件是(　)(　)(　)(　)(　)。

A. 向一个或一个以上特定人发出

B. 内容明确、肯定

C. 送达受盘人

D. 以书面形式作出

E. 规定有效期限

2. 发盘失效的情形包括(　)(　)(　)(　)(　)。

A. 过期　　B. 还盘

C. 发盘被撤销　　D. 拒绝

E. 发盘被撤回

3. 接受的传递(　)(　)(　)(　)(　)。

A. 应采取声明的方式

B. 应采用发盘规定的方法

C. 采用与发盘传递相同的方式

D. 发盘无规定时采用比发盘传递更快的方式

E. 不限于任何方式,包括口头、书面、行为方式

4.《联合国国际货物销售合同公约》规定,买卖合同无须以书面订立或书面证明,即买卖合同可以(　)(　)(　)(　)(　)方式订立。

A. 电话　　B. 面谈

C. 传真　　D. 平信信函

E. 电报

5. 接受构成的条件主要包括(　)(　)(　)(　)(　)。

A. 由指定的收盘人作出　　B. 在发盘的有效期内作出

C. 送达发盘人　　D. 内容与发盘的内容完全一致

E. 采取声明的方式表示

6. 表示发盘的有效期的方式有(　)(　)(　)(　)(　)。

A. 明确规定具体的有效期　　B. 规定合理时间

C. 规定最迟的期限　　D. 到达生效

E. 投邮生效

7. 下列关于询盘的描述，正确的是（ ）（ ）（ ）（ ）（ ）。

A. 只能进口方向出口方发出　　B. 又称索盘或操盘

C. 没有法律约束力　　D. 只能向一个特定的交易对象发出

E. 其内容没有约束力

8. 我国对外贸易业务中，主要采用的书面合同是（ ）（ ）（ ）（ ）（ ）。

A. 正式合同　　B. 确认书

C. 协议　　D. 备忘录

E. 意向书

9. 书面合同的约首包括（ ）（ ）（ ）（ ）（ ）。

A. 订约人的名称与地址　　B. 商品名称

C. 订约日期与地点　　D. 价格与数量

E. 序言

10. 下列书面合同中，不具有法律约束力的是（ ）（ ）（ ）（ ）（ ）。

A. 正式合同　　B. 确认书

C. 协议　　D. 备忘录

E. 意向书

11. 在合同磋商过程中，如果合同成立，则必不可少的环节有（ ）（ ）（ ）（ ）（ ）。

A. 询盘　　B. 发盘

C. 还盘　　D. 接受

E. 公证

四、判断（在你认为正确的表述题后括号中划"√"，否则划"×"）

1. 交易磋商是签订买卖合同的必需阶段和法定程序。（ ）

2. 询盘与发盘一样是达成交易、成立合同的基本环节和必经的法律步骤，具有法律约束力。（ ）

3. 发盘有买方发盘和卖方发盘，习惯上将后者称为递盘。（ ）

4. 发盘必须向一个特定的人发出。（ ）

5. 根据《联合国国际货物销售合同公约》规定，在发盘生效后但受盘人尚未表示接受之前，发盘人及时将撤销通告送达受盘人，一般可将其发盘撤销。（ ）

6. 逾期接受是否有效完全取决于发盘人的态度。(　)

7. 根据《联合国国际货物销售合同公约》的规定，一项有效的接受必须是完全同意发盘所提出的交易条件。(　)

8. 在国际贸易中，订立合同只能以书面形式或口头形式表示，否则无效。(　)

9. 接受和发盘一样也是可以撤销的。(　)

10. 在接受的撤销或修改的问题上，《公约》采取了大陆法系到达生效的原则。(　)

五、简答

1. 交易磋商的形式主要有哪些?
2. 什么是发盘有效期? 如何规定发盘有效期? 试举例说明。
3. 构成有效接受必须具备哪些条件?
4. 国际贸易合同的形式有哪些?
5. 简述书面合同的基本内容。

六、论述

1. 论述国际贸易合同成立的法律规范。
2. 试述构成有效发盘的条件。

七、案例分析

1. 中国A公司以电传方式向美国B公司发盘出售某农产品，数量为4 000公吨，价格为每公吨275美元CIF纽约，以不可撤销即期信用证支付，交货期为收到信用证后两个月内。此外，该发盘中还列明了该农产品的具体规格，并写明限B公司4日内答复有效。A公司发盘后的第二天即收到B公司的回电，电文中称：Accept your offer ,shipment immediately，A公司对此未作答复。次日，B公司通过花旗银行开来不可撤销即期信用证，信用证中规定：收到信用证后两个月内装运。此时，该货物国际市场价格上涨15%，因此，A公司拒绝按原发盘条件向B公司供货，并立即退回了信用证。请问：根据《联合国国际货物销售合同公约》的规定，A公司的做法有无道理? 并说明理由。

2. 2005年，阿根廷某公司应中国某公司的请求，报出镁矿石初级产品500公吨，每公吨2 750美元，即期装运的实盘。但中方接到阿方报盘后未作还盘，而是一再请求阿方增加数量，降低价格，并延长有效期，阿方公司将数量增到650公吨，每公吨价格为CIF上海2 600美元，有效期经三次延长，最后延长至9月25日，中方公司于9月20日来电表示接受该盘。阿方接到该电报时，得知国际市场镁矿石价格上扬，因此决定拒绝成交，于是向中方发电，称“由于国际市场镁矿石价格发生变化，货物已于接到你方电报时售出。”而中方对此拒绝接受，认为中方是在发盘有效期内接受了阿方发盘，坚持要求按发盘的条件执行合同，阿方如不执行合同，则要赔偿中方的损失。那么中方公司9月20日来电表示接受的发盘是实盘还是虚盘？此时合同是否成立？

3. 一法国商人于某日上午走访我国外贸企业洽购某商品。我方口头发盘后，对方未置可否，当日下午法商再次来访表示无条件接受我方上午的发盘，那时，我方已获知该项商品的国际市场价格有趋涨的迹象。对此，你认为我方应如何处理为好，为什么？

4. 3月15日，A公司向新加坡客户B公司发盘：报童装兔毛衫300打，货号CM034，每打CIF新加坡100美元，8月装运，即期信用证付款，25日复到有效。3月22日收B公司答复如下：你15日发盘收到。你方报价过高，若降至每打90美元可接受。A公司次日复电：我方报价已是最低价，降价之事歉难考虑。3月26日B公司又要求航邮一份样品以供参考。29日，A公司寄出样品，并函告对方：4月8日前复到有效。4月3日，B公司回函表示接受发盘的全部内容，4月10日送达A公司。经办人员视其为逾期接受，故未作任何表示。

7月6日，A公司收到B公司开来的信用证，并请求用尽可能早的航班出运。此时因原料价格上涨，公司已将价格调整至每打110美元，故于7月8日回复称：我公司与你方此前未达成任何协议，你方虽曾对我方发盘表示接受，但我方4月10日才收到，此乃逾期接受，无效。请恕我方不能发货。信用证已请银行退回。如你方有意成交，我方重新报价每打CIF新加坡110美元，9月交货，其他条件不变。

7月12日B公司来电：我方曾于4月3日接受你发盘，虽然如你方所言，4月10日才送达你方，但因你我两地之邮程需三天时间，尽管我方接受在传递过程中出现了失误，你我两国均为《联合国国际货物销售合同公约》的缔约国，按《公约》第21条第2款规定，你方在收到我方逾期接受后未作任何表示，这就意味着合同已经成立，请确认你方将履行合同，否则，一切后果将由你方承担。请分析B公司的上述观点是否正确？

5. 我国某公司于4月15日收到法国某公司发盘：“马口铁800公吨，单价 645 美元 CFR 中国口岸,8 月装运,即期 L/C 支付,限 4 月 20 日复到有效。"我方于 17 日复电:"若单价 600 美元 CFR 中国口岸可接受,履约中如有争议,在中国仲裁。"法国公司当日复电:"市场坚挺,价不能减,仲裁条件可接受,速复。"此时马口铁价格确实趋涨。我方于 19 日复电:"接受你方 15 日发盘,L/C 已由中国银行开出。"结果对方退回 L/C。分析合同是否成立?

6. 2006 年 5 月 6 日巴西大豆出口商向我国某外贸公司报出大豆价格,在发盘中除列出各项必要条件外,还表示"编织袋包装运输"。在发盘有效期内我方复电表示接受,并称"用最新编织袋包装运输"。巴西方收到上述复电后即着手备货,并准备在双方约定的 7 月装船。之后 6 月大豆价格从每吨 480 美元暴跌至 370 美元左右。我方向对方去电称:"我方对包装条件作了变更,你方未确认,合同并未成立。"而巴西出口商则坚持认为合同已经成立,双方为此发生了争执。分析此案应如何处理,简述你的理由。

八、实训

买卖双方经函电往来磋商交易,电文如下。请据之填写 Sales Confirmation 中的(1)~(10)空格。

June 20, 2004

Dear sirs,

Thanks for your Acceptance of Jan. 18th. And hereby we are pleased to send you our sales confirmation No. 04DRA207 for your signing, please.

Portable Mixer Pm-23	$ 23 FOB Dalian/Set	100Sets	$ 2 300. 00
Vacuum Cleaner Vc-18	$ 47 FOB Dalian/Set	100Sets	$ 4 700. 00

Terms: As usual

We hope that the goods will be shipped by Aug. 30th. And we ensure L/C will reach you not later than July 1.

Yours Faithfully,

(signature)

Buyer: DAEHO APPAREL CO. , LTD
C. P. O. BOX 7155SEOUL, KOREA

Seller: DALIAN TEXTILES IMPORT & EXPORT CORP.
4 YING CHUN STREET, DALIAN, CHINA

售货确认书

SALES CONFIRMAITON 编号

NO.(1)

买方:

BUYERS:(2)

地址:

ADDRESS:(3)

传真:

FAX:

卖方:

SELLERS:(4)

地址:

ADDRESS:(5)

卖方订单号:

BUYERS ORDER:

传真:

FAX:

兹经买卖双方同意,成交下列商品,订立条款如下。

The undersigned buyers and sellers have agreed to close the following transactions according to the terms and conditions stipulated below:

品名及规格

NAME OF COMMODITY & SPECIFICATION

单价

UNIT PRICE

数量

QUANTITY

金额及术语

AMOUNT & PRICE TERMS

(6)

(7)

数量及总值允许增加或减少　%，由卖方决定。

总金额：

TOTAL：(8)

包装：

PACKING：

保险：

INSURANCE：

装运时间：

TIME OF SHIPMENT：(9)

装运港和目的港：

PORT OF LOADING AND DESTINATION：

付款：

PAYMENT：(10)

一般条款：

GENERAL TERMS AND CONDITIONS：

唛头：N/M

SHIPPING MARKS：

买方签字：	卖方签字：
THE SIGNATURE OF BUYERS	THE SIGNATURE OF SELLERS

第八章 商品的品质、数量及包装

一、名词解释

1. 对等样品　　2. FAQ
3. 商品的品质　　4. 凭样买卖
5. 品质机动幅度　　6. 品质公差
7. 公量　　8. 理论重量
9. 唛头　　10. 指示性标志
11. 警告性标志　　12. 中性包装

二、单项选择（在下列备选答案中选出1个正确的答案，将其序号填在题干后的括号中）

1. 在国际贸易中，适用于高值商品的计量办法是(　)。

A. 毛重　　B. 净重
C. 公量　　D. 理论重量

2. 对工业制成品交易，在品质条款中通常(　)。

A. 使用公差条款　　B. 使用品质机动幅度条款
C. 规定一个约量　　D. 不做任何规定

3. 安全标志、保护性标志属于(　)。

A. 运输标志　　B. 唛头
C. 指示性标志　　D. 警告性标志

4. 下列包装标志中属于指示性标志的是(　)。

A. 小心轻放　　B. 有毒品
C. 易燃品　　D. 爆炸品

5. 唛头是指(　)。

A. 运输标志　　B. 指示性标志

C. 警告性标志　　D. 安全标志

6. 定牌中性包装是指包装上( )。

A. 有商标、牌号，无产地、厂名　　B. 无商标、牌号，无产地、厂名

C. 有商标、牌号，有产地、厂名　　D. 无商标、牌号，有产地、厂名

7. 我国出口广柑鲜果一批，合同中规定品质的方法应该是( )。

A. 国际标准　　B. FAQ

C. 国家标准　　D. 按买方样品为准

8. 根据品质的机动幅度要求，在下列大米出口合同的品质规定中，正确的是( )。

A. 含水量 5%　　B. 杂质大于 5%

C. 破碎度小于 5%　　D. 蛋白质含量 5%

9. 定牌包装是指商品包装上采用( )。

A. 卖方指定的商标　　B. 买方指定的商标

C. 卖方自己的商标　　D. 买方自己的商标

10. 在造型上有特殊要求或具有色、香、味方面特征的商品，适用的品质表示方式是( )。

A. 凭样品买卖　　B. 凭等级买卖

C. 凭规格买卖　　D. 凭说明书买卖

11. 在我国出口农副产品中，FAQ 一般是指( )。

A. 精选货　　B. 一级品

C. 大路货　　D. 次品

12. 我国的度量衡制度采用的是( )。

A. 公制　　B. 英制

C. 美制　　D. 国际单位制

13. 在来样加工出口合同中，确定商品品质的方法应该是( )。

A. 以买方样品为准　　B. 以对等样品为准

C. 以卖方样品为准　　D. 以图样为准

14. 凡凭样品买卖，如合同中无其他规定，则卖方所交的货物( )。

A. 可以与样品大致相同　　B. 许可合理的公差

C. 必须与样品一致　　D. 可以与样品不同

15. 若合同规定小麦含水率为最高 10% 。这里的“最高”是指( )。

A. 溢短装条款　　B. 品质公差

C. 品质机动幅度　　D. 数量机动幅度

三、多项选择(在下列备选答案中选出2～5个正确的答案，将其序号填在题干后的括号中)

1. 卖方根据买方来样复制样品，寄送买方并经其确认的样品，被称为( )( )( )( )( )。

A. 复样　　B. 回样

C. 原样　　D. 确认样

E. 对等样品

2. 数量条款主要涉及( )( )( )( )( )。

A. 成交数量的确定　　B. 计量单位的确定

C. 计量方法的确定　　D. 数量机动幅度的掌握

E. 确定数量的方法

3. 按照国际标准化组织的建议和推荐，标准运输标志的内容包括( )( )( )( )( )。

A. 收货人的英文缩写字母或简称

B. 参考号

C. 目的地

D. 件数代号

E. 规格号码

4. 数量溢短装条款中，有权选择多交或少交的可以是( )( )( )( )( )。

A. 买方　　B. 卖方

C. 银行　　D. 海关

E. 船方

5. 溢短装的货物，其计价方法一般有( )( )( )( )( )。

A. 按合同价　　B. 按离港的市场价

C. 按到港的市场价　　D. 按装船时的市场价

E. 买卖双方商定的价格

6. 按包装的性质，可将包装分为( )( )( )( )( )。

A. 全部包装　　B. 软包装

C. 局部包装　　D. 半硬性包装

E. 硬性包装

7. 品质机动幅度包括(　)(　)(　)(　)(　)。

A. 规定范围　　B. 规定品质公差

C. 规定极限　　D. 规定增减价条款

E. 规定上下差异

8. 以说明表示商品品质的方法主要有(　)(　)(　)(　)(　)。

A. 凭等级买卖　　B. 凭样品买卖

C. 凭标准买卖　　D. 凭说明书买卖

E. 凭规格买卖

9. 计量重量的方法主要有(　)(　)(　)(　)(　)。

A. 毛重　　B. 净重

C. 公量　　D. 理论重量

E. 法定重量

10. 运输包装的标志按其用途可分为(　)(　)(　)(　)(　)。

A. 运输标志　　B. 安全标志

C. 指示性标志　　D. 警告性标志

E. 危险品标志

四.判断(在你认为正确的表述题后括号中划"√",否则划"×")

1. 某外商来电要我方提供芝麻一批,按含油量55%,含水分14%,杂质4%的规格订立合同,对此,在一般情况下,我方可以接受。(　)

2. GMQ是指上好可销品质。(　)

3. 为了适应国际市场的竞争需要,我方出口商品,应尽量采用按买方样品成交。(　)

4. "怕热"、"小心轻放"等属于警告性标志。(　)

5. 在合同中规定的品质机动幅度和品质公差范围内,货物的品质差异一般不另行增减。(　)

6. 毛重是指净重加上皮重。(　)

7. 溢短装条款一般包括机动幅度以及机动幅度的选择权。(　)

8. 溢短装部分的货物,除非合同另有规定,一般按合同价格计算。(　)

9. 货物外包装上的标志就是运输标志,也就是通常所说的唛头。(　)

10. 我国生产的出口商品,在采用定牌出口时,一般不需要注明"中国制造"的字样。(　)

11. 销售包装又称内包装或直接包装,即初级包装。(　)

五、简答

1. 买卖双方约定成交商品名称的意义何在？约定品名条款应注意哪些事项？

2. 商品的品质是指什么？表示商品品质的方法有哪些？

3. 何为凭样品成交？凭样品成交应注意哪些事项？

4. 何为品质机动幅度和品质公差？在买卖合同中约定品质机动幅度和品质公差的意义何在？

5. 商标的含义和作用是什么？

6. 国际贸易中常用的度量衡制度有哪些？

7. 试述包装的重要性和约定包装条款的意义。

8. 何谓条形码？为什么在我国出口商品包装上应标明条形码？

9. 在运输包装上刷制的标志有哪几种？它们各起什么作用？

六、论述

1. 试述溢短装条款的内容和溢短装的选择权问题。

2. 详细论述以说明表示商品品质的方法。

3. 论述包装标志的含义及其具体的种类。

七、案例分析

1. 我国生产企业向越南客户出口汽车配件，品名为 YZ-8303R/L，但生产企业提供了 YZ-8301R/L，两种型号的产品在外形上非常相似，但却用在不同的车型上，因此客户不能接受，要求我方调换产品或降低价格。我方应该接受这样的要求吗？

2. 中国出口公司与德国 B 公司签订出口一批农产品的合同。其中品质规格为：水分最高 12%，杂质不超过 4%，交货品质以中国商检局品质检验为最后依据。但在成交前我方公司曾向对方寄送过样品，合同签订后又电告对方，确认成交货物与样品相似。货物装运前由中国商检局品质检验签发品质规格合格证书。货物运抵德国后，该外国 B 公司提出：虽然有检验证书，但货物品质比样品差，卖方有责任交付与样品一致的货物，因此要求每吨减价 6 英镑。我公司以合同中并未规定凭样品交货为由不同意减价。于是，德国公司请该国某检验公司检验，出具了所交货物平均品质比样品差 7% 的检验证明，并据此提出索赔要求。我方不服，提出该产品系农产品，不可能做到与样品完全相符，但不至于低 7%。由于我方留存的样品遗失，此时，我方应进行赔偿吗？

3. 我国某出口公司向德国出口驴肉一批，合同规定：每箱净重 18 公斤，共1 500箱，合 27 吨。但货抵国外后，经德国海关查验，每箱净重并非 18 公斤而是 22 公斤，计 1 500 箱，合 33 吨。海关认为单货不符，进口商以多报少。此时，我方会面临什么样的选择？

4. 某公司订购钢板 400 M/T，计 6 英尺、8 英尺、10 英尺、12 英尺四种规格各 100 M/T，并附每种数量可增减 5%的溢短装条款，由卖方决定。今卖方交货为：6 英尺，70 M/T；58 英尺，80 M/T；10 英尺，60M/T；12 英尺，210M/T，总量未超过 420M/T 的溢短装上限的规定。对于出口商按实际装运数量出具的跟单汇票，进口商是否有权拒收拒付？

5. 在荷兰某超级市场上有黄色竹制罐装的茶叶一批，罐的一面刻有中文"中国茶叶"四字，另一面刻有我国古装仕女图，看上去精致美观，颇具民族特点，但国外消费者少有问津。其原因何在？

6. 英国一公司以 CIF 纽约的条件，从马力公司购买 400 箱澳大利亚水果罐头。合同的包装条款规定"箱装，每箱 30 听"。卖方所交货物中有 150 箱为每箱 30 听装，其余 250 箱为每箱 24 听，买方拒收。卖方争辩说，"每箱 30 听"字样并非合同的重要部分，不论是 24 听还是 30 听，其品质均与合同相符，因此，买方应接受。你认为呢？

7. 菲律宾客户与上海某自行车厂洽谈进口"永久牌"自行车 10 000 辆，但要求我方改用"剑"牌商标，并在包装上不得注明"Made in China"字样。买方为何提出这种要求？

8. 上海出口公司 A 与新加坡公司 B 成交摩托车 1 000 辆，由 A 缮制合同一式两份，其中包装条款规定为"Packed in wooden case"（木箱装）。将此合同寄至 B 方，然后由 B 签回。B 签回的合同上于原包装条款后加"C. K. D."（全拆卸）字样，但未引起 A 公司注意。此后，B 公司按合同开证、A 公司凭信用证规定制单结汇完毕。货到目的港后，B 公司发现系整台自行车箱装，由于自行车整台进口需多缴纳 20%进口税。因此，拒收货物并要求退还货款。请问为什么？

9. 2002 年世界杯期间，日本一进口商为了促销运动饮料，向中国出口商订购 T 恤衫，要求以红色为底色，并印制"韩日世界杯"字样，此外不需印制任何标识，以在世界杯期间作为促销手段随饮料销售赠送现场球迷，合同规定 2002 年 5 月 20 日为最后装运期，我方组织生产后于 5 月 25 日将货物按质按量装运出港，并备齐所有单据向银行议付货款。然而货到时由于日本队止步于16强，日方估计到可能的积压损失，以单证不符为由拒绝赎单，在多次协商无效的情况下，我方只能将货物运回以在国内销售减少损失，但是在货物途径海关时，海关认为由于“韩日世界杯”字样及英文标识的知识产权为国际足联所持有，而我方外贸公司不能出具真实有效的商业使用权证明文件，因此海关以侵犯知识产权为由扣留并销毁了这批T恤衫。请分析海关的处理是否正确。

10. 有一份合同，原规定货物应当用塑料袋作外包装，但临近交货时，因塑料袋供应短缺，卖方只好用其他包装代替，这一改变对保全货物无影响。那么，在上述情况下，卖方是否应负责任？

第九章　贸易术语与价格

一、名词解释

1. 贸易术语　　2. 装运港船上交货
3. 佣金　　4. 象征性交货
5. 实际交货　　6. 硬货币
7. 软货币　　8. 含佣价
9. FOB Liner Terms(FOB班轮条件)
10. 折扣
11. 净价　　12. Delivery Terms(交货条件)
13.《INCOTERMS 2000》(2000年通则)
14.《Warsaw-Oxford Rules 1932》(1932年华沙—牛津规则)

二、单项选择(在下列备选答案中选出1个正确的答案,将其序号填在题干后的括号中)

1. 武汉出口一批货物至香港,我方负责出关,港商负责进关,我方不负责货物运至香港的运费和保险费,按以上交易条件,合同应采用的贸易术语是(　)。

A. FCA武汉　　B. FOB武汉
C. CIF香港　　D. EXW香港

2. 成都交货,出口莫斯科微型车一批,中方办理出关手续,俄方办理进关手续,卖方支付成都至莫斯科的运费和保险费。按以上交易条件,合同中应选用的贸易术语是(　)。

A. CIF成都　　B. DDU莫斯科
C. CIP莫斯科　　D. FOB成都

3. 重庆从香港空运进口一批货物，港方支付运费和保险费，且承担货物的风险责任至重庆机场，港方办理出关，我方办理进口报关。按以上交易条件，应选用的贸易术语是(　)。

A. FCA 香港　　B. CIP 重庆

C. CIF 重庆　　D. DDU 重庆

4. 对于 CFR 术语合同，在卖方提交的提单上，买方不能接受的批注是(　)。

A. 收妥备运　　B. 货物表面良好

C. 运费已付　　D. 启航时间待通知

5. 买方办理保险的贸易术语是(　)。

A. CIF　　B. CIP

C. CFR　　D. DDU

6. 各国在进行货物贸易统计时，计算进口额的依据一般都是(　)。

A. CPT 金额　　B. CFR 金额

C. FOB 金额　　D. CIF 金额

7. 卖方承担责任、费用和风险最小的一种贸易术语是(　)。

A. FOB　　B. CIF

C. CFR　　D. EXW

8. 根据《2000 年通则》的解释，采用 CIF 术语成交，卖方无义务(　)。

A. 租船订舱提交货运单据　　B. 办理进口通关手续

C. 办理出口通关手续　　D. 办理货运保险

9. 制定关于贸易术语的国际贸易惯例的目的是(　)。

A. 提供可使用的贸易术语　　B. 成为交易双方的习惯做法

C. 统一对贸易术语的解释　　D. 形成国际贸易法

10. 在有关贸易术语的国际贸易惯例中，使用最广的是(　)。

A.《1932 年华沙—牛津规则》

B.《美国对外贸易定义 1941 年修订本》

C.《托收统一规则》

D.《国际贸易术语解释通则》

11. 根据《2000 年通则》的解释，采用 FCA 术语时，买卖双方风险划分界限是(　)。

A. 出口国交货地点　　B. 货交目的港船上

C. 货交装运港船边　　D. 货交承运人

12. CIP 和 CPT 贸易术语中，租船订舱责任承担方分别为（ ）。

A. 卖方/卖方　　B. 卖方/买方

C. 买方/买方　　D. 买方/卖方

13. 在以下条件成交的合同中，不属于装运合同的是（ ）。

A. FOB 上海　　B. FAS 天津

C. DES 厦门　　D. FCR 上海

14. 根据《2000 年通则》的规定，不能适用于“门到门”或“站到站”运输方式的贸易术语是（ ）。

A. CIP　　B. FCA

C. FOB　　D. CPT

15. 某公司与国外一家公司以 EXW 条件成交了一笔买卖，在这种情况下，其交货地点是在（ ）。

A. 出口国港口　　B. 进口国港口

C. 出口商工厂　　D. 进口国工厂

16.《INCOTRMS 2000》C 组中包括（ ）种贸易术语。

A. 2　　B. 3

C. 4　　D. 5

17. 代表边境交货的贸易术语是（ ）。

A. FΛS　　B. DAF

C. CPT　　D. DEQ

18. 一般情况下，在以 FOB 贸易术语成交的合同中，货物的价格构成是（ ）。

A. 货物成本　　B. 货物成本＋运费

C. 货物成本＋保险费　　D. 货物成本＋运费＋保险费

19. 在国际租船市场上，船方按航次出租船舶时，关于装卸费的负担有 4 种不同的规定，其中有一种规定的英文是 FIO，全称是 Free In and Out，FIO 的意思是（ ）。

A. 船方不负担装卸费　　B. 船方不负担装货费

C. 船方不负担卸货费　　D. 船方负担装卸费

20. 在一般情况下，按 CFR 贸易术语成交的合同中，不应计入货物价格的是（ ）。

A. 货物成本　　B. 运费

C. 保险费　　D. 各项出口税费

21. 在使用下列(　)贸易术语进行交易时,卖方及时向买方发出"已装船通知"至关重要,因为它将直接影响买卖双方对运输途中的风险承担。

A. DES　　B. CIP

C. FCA　　D. CFR

22. 根据《INCOTERMS 2000》的解释,以 CIF 上海成交,卖方对货物所承担的风险界限是(　)。

A. 货物在装运港装货越过船舷以前

B. 货物在装运港卸下卖方车辆以前

C. 货物在目的港卸货越过船舷以前

D. 货物在目的港装上买方车辆以前

23. 按 CIF 贸易术语成交,买方应承担的主要责任是(　)。

A. 只承担货物超过船舷之后的风险

B. 只负责接受卖方提供的有关单据

C. 承担货物越过船舷之后的一切风险;接受卖方提供的各种合格单据,并按合同支付货款,领取进口许可证并办理收货和进口手续

D. 只需要负责办理进口手续

24. 根据《INCOTERMS 2000》,买方负责出口报关的贸易术语是(　)。

A. FAS　　B. FOB

C. CIF　　D. EXW

25. 我公司以 CIF 条件与国外客户达成一笔出口交易,我公司应负责替国外客户投保;按照《INCOTERMS 2000》的规定应投保(　)。

A. 一切险加战争险

B. 一切险

C. 保险人承担责任范围最小的险别,不应包括战争险

D. 一切险加民变险

三、多项选择(在下列备选答案中选出 2～5 个正确的答案,将其序号填在题干后的括号中)

1. 根据《2000 年通则》规定,风险转移界限在装运港船舷的贸易术语有(　)(　)(　)(　)(　)。

A. EXW　　B. FOB

C. CFR　　D. CIF

E. CIP

2. 以下贸易术语中,( )( )( )( )( )只适用于水上运输。

A. CIP B. FOB

C. FAS D. DDU

E. DDP

3. CFR 与 CPT 这两个贸易术语的相同点是( )( )( )( )( )。

A. 买卖双方的报关责任相同

B. 买卖双方承担的运费责任相同

C. 买卖双方承担的保险费责任相同

D. 买卖双方承担货物风险责任的界定点相同

E. 都必须采用水运方式

4. CIF 与 CIP 这两个贸易术语的相同点是( )( )( )( )( )。

A. 买卖双方的报关责任相同 B. 主运费的责任方相同

C. 保险费的责任方相同 D. 货物风险转移界点相同

E. 使用的运输方式相同

5. 按照《2000 年通则》的解释,FCA、CIP 与 CPT 的相同之处表现在( )( )( )( )( )。

A. 交货地点相同

B. 风险划分界限相同

C. 适合的运输方式相同

D. 都是由卖方自负风险和费用,取得出口许可证或其他官方批准文件,并且办理货物出口所需的一切海关手续

E. 都是由买方自负风险和费用,取得进口许可证或其他官方批准文件,并且办理货物进口所需的一切海关手续

6. 根据《INCOTERMS 2000》,在 CIF 术语的合同中,关于"交货"阐述正确的是( )( )( )( )( )。

A. 买方有义务接受货物并从承运人处受领货物,买方"受领货物"这一行为表示买方认可所接受的货物符合销售合同

B. 如果买方在目的地收到货物后,发现货物与销售合同规定不符,买方可使用销售合同适用的法律给予的任何一种补救办法向卖方寻求补偿

C. 如果买方未履行接受货物并从承运人处领取货物的义务,买方可能对卖方由此造成的损失承担赔偿责任

D. "交付"仅指买方受领的义务

E. 仅指卖方按合同规定将货物交至船上

7. 下列关于 C 组术语的叙述，正确的选择是（ ）（ ）（ ）（ ）（ ）。

A. C 组术语的销售合同是到货合同

B. C 组术语的销售合同是装运合同

C. 根据 CIF 和 CIP 术语，卖方订立运输合同，将货物交付承运人，并办理保险

D. C 组术语属于象征性交货

E. C 组术语适用于各种运输方式

8. 以下适用于任何运输方式的贸易术语是（ ）（ ）（ ）（ ）（ ）。

A. CPT　　B. FCA

C. FOB　　D. DES

E. DAF

9. 以下关于 FCA 与 CPT 术语的描述正确的是（ ）（ ）（ ）（ ）（ ）。

A. FCA 术语仅适用于海运运输方式，而 CPT 术语可适用于任何运输方式

B. FCA 与 CPT 术语可适用于任何运输方式

C. FCA 术语下以装运港船舷为界划分风险，CPT 术语下以货交承运人为界划分风险

D. FCA 与 CPT 术语均以货交承运人为界划分风险

E. FCA 与 CPT 都属于装运合同

10. 根据《INCOTERMS 2000》，货交承运人的贸易术语有（ ）（ ）（ ）（ ）（ ）。

A. FCA　　B. CFR

C. CPT　　D. CIP

E. FOB

11. 以下关于《INCOTERMS 2000》的分组原则正确的是（ ）（ ）（ ）（ ）（ ）。

A. F 组指卖方须将货物交至买方指定的承运人

B. C 组指卖方须订立运输合同，并且须对货物灭失或损坏的风险以及装船和启运后发生意外所产生的额外费用承担责任

C. D 组指卖方承担把货物交至目的国所需的全部费用和风险

D. E 组指卖方在自己的地点为买方备妥货物

E. F 组适用于水上运输

12. 我国出口公司A公司与英国进口公司B公司签订贸易合同，规定采用CIF贸易术语，采用L/C付款，则A公司需要承担的义务是(　)(　)(　)(　)(　)。

A. 租船，发货，装船并支付运费，及时向B公司发出已装船的通知

B. 提供进口许可证，办理货物水上运输保险以及进口清关手续

C. 办理出口手续

D. 承担货物在装运港越过船舷的一切费用并支付保险费、进口关税以及费用

E. 提供商业发票、相关货物单据和相应的电子信息

13. CIF与DES的区别是(　)(　)(　)(　)(　)。

A. 交货地点不同

B. 交货方式不同

C. 适用的运输方式不同

D. 风险划分和费用承担不同

E. CIF术语属于装运合同，DES术语属于到达合同

14. 以下关于贸易术语正确的选项是(　)(　)(　)(　)(　)。

A. D组术语属于到货合同

B. 在D组术语下，除了DDP外、卖方在目的地交货时不需办理手续

C. 当买方准备在目的地交货但是不办理进口手续、不缴纳关税时，应采用EXW

D. 在办理货物进口手续可能有困难的国家交易中，卖方不宜使用DDP术语

E. EXW术语是卖方承担责任、风险和费用最多的一种术语

15. 按照CIF签订的合同，如卖方愿意承担卸货费用，可以选用的贸易术语是(　)(　)(　)(　)(　)。

A. CIF Landed　　B. CIF Liner Terms

C. CIF EX Ship's Hold　　D. CIF Ex Tackle

E. CIF Under Tackle

四、判断(在你认为正确的表述题后括号中划"√"，否则划"×")

1. 在出口贸易中，我们要尽量选择我方责任、费用和风险较少的贸易语。(　)

2. 采用EXW(工厂交货)贸易术语成交时，卖方在自己工厂将货物置于

买方控制之下，即完成了交货的任务。（ ）

3. 在 EXW 条件下卖方所承担的责任是最小的，则 DDP 条件下卖方所承担的责任是最大的。（ ）

4. 采用 FOB 条件时，通常由买方负责租船订舱，也有由卖方代办租船订舱的情况，按一般惯例，只要卖方已尽最大努力，因客观原因而租不到船或订不到舱位，买方不得为此向卖方提出索赔或撤销合同。（ ）

5. 按 FOB Stowed 条件时，表示卖方不需负担装货费和理舱费。如租船合同中又规定船方不负担装货费时，则由买方负担这些费用。（ ）

6. 按 FOB 条件成交的双方，风险与费用的划分点均在装运港船舷。（ ）

7. 某公司以 CFR 贸易术语出口一批货物，由于船只在运输途中搁浅，使部分货物遭受损失，对此，我方可不理会。（ ）

8. 把 CIF 称作"到岸价"，因为它包括成本、运费和保险费。（ ）

9. 我方按 FOB 纽约从美国购买一批机器产品，即交货地点为纽约。（ ）

10. 以 CIF 条件成交，卖方在装船后至交单这段时间内，如果货物发生灭失或损坏，应由卖方负责。（ ）

11. 按 CIF 术语成交的合同，货物的运输和保险都由卖方一手操纵，卖方应及时落实货源，安排船舶申报出口。装船发运和办理投保手续，按时履行在装运港交货的义务，并负担到目的港之前的风险。（ ）

12. 以 CIF 条件成交，卖方在装船后至交单这段时间内，如果货物发生灭失或损坏，应由卖方负责。（ ）

13. CIF 术语是象征性交货。（ ）

14. 我国上海一公司以 CIF 条件从国外进口一批货物，货物在运输途中遭遇飓风全部损失。几天后，对方凭包括正本提单在内的全套合格单据要我方付款，我方以货物灭失为由拒绝付款，这种行为是合理的。（ ）

15. 以 CIF 价格条件成交的合同，当货物在运输途中受损后，卖方仍有权凭符合合同规定的全套单据向买方索取货款，而且事后买方没有索赔权。（ ）

16. 按 CFR 条件成交的双方，风险与费用的划分点均在装运港船舷。（ ）

17. 我国某工艺美术品公司向英国出口一批陶瓷，以 CIF London 条件成交，我方业务员将此理解为在伦敦交货，这种理解是正确的。（ ）

18. 按照 CIF Landed 术语成交的一批货物，货物由船上卸至码头上的费用，包括驳船费、码头费应由买方承担。（ ）

19. CIF 和 CIP 中的卖方都有义务订立运输合同并支付运费，因此，卖方

有义务向买方提交提单。(　)

20. FOB班轮条件下的装船费用和CIF班轮条件下的卸货费用都是由卖方负担。(　)

五、简答

1. 国际贸易惯例是如何产生的？有关贸易术语的国际惯例主要有哪些？

2.《2000年国际贸易术语解释通则》中包含多少种贸易术语？它们是如何分组的？

3. FOB的变形是如何产生的？主要有哪几种？

4. 什么是象征性交货？请具体解释。

5. 为什么不宜将CIF称作“到岸价”？

6. 怎样理解CFR条件下装船通知的特殊重要性？

7. 请指出FOB、CFR和CIF的相同点和不同点。

8. 请比较FCA、CPT和CIP的相同点和不同点。

9. 在确定进出口商品成交价格时主要应当考虑哪些因素？

10. 在国际货物贸易中主要采取哪些作价办法？它们各有何利弊？

六、论述

1. 试述CFR和CIF的变形，并分析当事人应如何选用。

2. 论述CFR、CIF与FOB三种术语在具体业务中应注意的问题有哪些。

3. 论述E、F、C、D四组贸易术语的特点。

4. 详细解释CIF贸易术语的内容。

5. 论述贸易术语的国际惯例。

七、计算

1. 某公司出口货物一批，单价为1 200美元/公吨CIF纽约，按发票金额的110%投保，投保一切险，保险费率为0.8%。现在客户要求该报CFR价格，计算在不影响我国收汇的前提下，应该报价多少？

2. 报价某商品CIF旧金山2 000美元/公吨，按发票金额的110%投保，费率合计0.6%，客户要求按发票金额的130%投保，我们应该如何报价？

3. 出口手工具一批至香港，货价1 000港元，运费70港元，加一成投保一切险和战争险，一切险费率为0.25%，战争险费率为0.03%。试计算投保额和保险费应是多少？

4. 我国某出口商品报价为:USD300 Per Set CFR C3% New York。试计算 CFR 净价和佣金各为多少?如对方要求将佣金增加到 5%,我方同意,但出口净收入不变。试问 CFRC5%应如何报价?

5. 某商品每公吨 CIF 热那亚£500,设运费每公吨£45,投保加一成,保险费率为 8%,求 FOB 价。

八、案例分析

1. 青岛某公司以 CIF 为条件对外出口一批货物,买方开来了保兑信用证,该信用证规定:银行收到符合要求的单据后付款 90%,余下的 10%需等货物到达目的地后,买方通知银行方可支付。当货轮到达目的港外海时,接当地港务局通知,因目的港拥挤,货轮在该港的辅助港卸货。于是,买方以货物未在约定港口卸货为由,拒付余额货款。请问:

(1)买方拒付的理由是否合理,为什么?

(2)出口方能否要求付款行及保兑行付款?

(3)从本案中应吸取什么教训?

2. 我方按 CIF 价格出口货物一批,载货船舶在航行途中触礁沉没,货物全部灭失,买方闻讯后向我方通知,拒绝付款。请问:

(1)买方的拒付是否合理?为什么?

(2)应该由买方还是卖方向保险公司索赔?为什么?

(3)保险公司是否应该赔偿?为什么?

3. 我国出口公司 A 公司与德国 B 公司签订合同出口大豆,贸易术语为 FCA,集装箱装运,装运日期为 4 月,A 公司于 2007 年 3 月 31 日收到 B 公司的装运通知,A 公司于 4 月 1 日将货物交给承运人存于位于上海的码头,当天晚上货物因仓库火灾全部灭失,请问 A 公司是否应该承担损失?说明理由。

4. 我国出口公司 A 公司与加拿大 B 公司签订合同出口面料,贸易术语为 CFR(《INCOTERMS 2000》),因未及时向 B 公司发出装运通知,导致 B 公司未能对货物进行及时的投保,装载货物的船在 5 月 8 日遇到海上飓风沉没,请问应该如何承担责任?为什么?

5. 我国 A 公司以 FOB 条件出口一批冻鸭,合同签订后接到买方来电,称租船较为困难,委托我方代为租船,有关费用由买方承担。为了方便履行合同,我方接受了对方的要求,但时间已到了装运期,我方在规定的装运港无法租到合适的船,且买方又不同意改变装运港,因此到装运期届满时,货仍未装船。买方因销售即将结束,便来函以我方未按期租船履行交货义务为由撤销合同。请问:A 公司应承担责任吗?

6. 有一份出售一级面粉 200 吨的合同,按 FOB 条件成交,装船时经检验符合合同规定的品质条件,卖方在装船后已及时发出装船通知。但航行途中,由于海浪过大,面粉被海水浸泡,品质受到影响,当货物到达目的港时,只能按三级面粉的价格出售,因而买方要求卖方赔偿损失。请问:在上述情况下卖方对该项损失是否应负责?

7. 有一份 CIF 合同,中国公司出售 200 公吨西红柿给澳大利亚公司,西红柿在上海港口装船时,经公证行检验完全符合商销品质,并出具了合格证明。但该批货物运抵澳大利亚时,西红柿已全部腐烂变质,不适合食用,买方因此拒绝收货,并要求卖方退回已付清的货款。请问:在上述情况下,买方有无拒收货物和要求卖方退回货款的权利?

8. 我国 A 公司按 EXW 条件出口一批钢材到德国 B 公司,但在交货时,B 公司以钢材的包装不适宜出口运输为由,拒绝提货和付款,请问:B 公司的行为是否合理?

9. 我国 A 公司按照 FAS 条件从澳大利亚 B 公司进口一批木材,在装运完成后,B 公司来电要求我 A 国公司支付货款,并要求支付装船时的驳船费,对卖方 B 公司的要求我方应如何处理?

10. 我国一公司以 CFR 术语出口一批餐具,我方按期在装运港装船后,即将有关交易单据寄交买方,要求买方支付货款。事后,业务人员发现忘记向买方发出装船通知。此时,买方已来函向我方提出索赔,因为货物在运输途中因海上风险而损毁。请问:我方能否拒绝索赔?

11. 我国一公司出口白糖一批,价格条件是 FOB 广州,当货物装到买方指定的船上后,发现相当部分货物因船舱不清洁而发生严重污损,为此,客户向我方提出索赔。请问:客户要求是否合理,为什么?

12. 我国出口公司 A 公司按 CIF 伦敦向英国 B 公司出售一批核桃仁,由于该商品季节性较强,双方在合同中规定:B 公司须于 9 月底前将信用证开到,A 公司保证运货船只不迟于 12 月 2 日驶抵目的港。如货轮迟于 12 月 2 日抵达目的港,B 公司有权取消合同,如货款已收,A 公司必须将货款退还 B 公司。请问:这份合同的性质是否属于 CIF 合同?

13. 我国沈阳某外贸公司 2007 年以 FOB 条件签订了一批皮衣买卖合同,装船前检验时货物的品质良好且符合合同的规定。货到目的港后卖方提货检验时发现部分皮衣有发霉现象,经调查确认原因是由于包装不良导致货物受潮引致,据此买方向卖方提出索赔要求。但是卖方认为货物在装船前品质是合格的，发霉是在运输途中发生的，因此拒绝承担赔偿责任。请问：对此争议应作何处理？

14. 2007 年 8 月我国某一进口商与泰国一公司以 CIF 条件签订合同进口香米，由于考虑到海上运输距离较近，且运输时间内海上风平浪静，于是卖方在没有办理海上货运保险的情况下，将货物运至我国上海港。适逢国内香米价格下跌，我国进口商便以出口方没有办理货运保险，卖方提交的单据不全为由，拒收货物和拒付货款。请问：我方的要求是否合理，此案应如何处理？

15. 我国 A 公司以 FOB 条件从巴西进口黑豆，但是 A 公司由于租船困难，不能在合同规定的时间内到装运港接运货物，从而出现了较长时期的货等船现象，于是巴西方面要求撤销合同并向我方进口商提出赔偿损失的要求。请问：巴西出口商的做法是否合理？

九、实训

1. A 公司收到美国 B 公司求购 17 吨冷冻水产（计一个 20 英尺集装箱）的询盘。该级别水产品每吨的进货价格为 5 600 元人民币（含增值税 17%）；出口包装费每吨 500 元；该批货物国内运杂费计 1 200 元人民币；出口商检费 300 元；报关费 100 元人民币；港区杂费 950 元人民币；其他各种费用共计 1 500元人民币。A 公司向银行贷款的年利率为 8%；预计垫款时间 2 个月；银行手续费率为 0.5%（按成交价格计），出口冷冻水产的退税率为 3%；海洋运费从装运港青岛至美国纽约一个 20 英尺冷冻集装箱的包箱费率是 2 200 美元，客户要求按成交价的 110% 投保，保险费率 0.85%；B 公司要求在报价中包括 3% 的佣金，若 A 公司的预期利润是 10%（以成交金额计），美元汇价 1＝6.82 元人民币，试报出每吨水产出口的 FOB、CFR 和 CIF 价格。（计算过程保留 4 位小数，计算结果保留两位小数，均四舍五入。）

2. 我国某工艺品进出口公司拟向客户出售某种工艺品 100 箱。该产品国内采购价为每件 28 元人民币，按每 50 件装一纸箱，包装费用每箱 100 元人民币。国内运杂费共计 1 500 元人民币，商检报关费用共计 500 元人民币，港口附加费总计 400 元人民币，公司管理费用计 1 000 元人民币。经核实，该批货物出口需要国外运费 800 美元，如由我方保险，其保险按 CIF 成交价加一成投保一切险，保险费率为 0.5%。另外，这种产品出口有 13% 的出口退税。现在假设该公司欲获得 10% 的预期利润，且国外客户要求价格中含 5% 的佣金。请报该产品的 FOBC 5 美元价格，及 CIFC 5 美元价格。（假设美元汇价 1＝8.3 元人民币，计算过程保留 4 位小数，计算结果保留两位小数，均四舍五入。）

第十章　国际货物运输

一、名词解释

1. Liner　　2. Order B/L

3. Stale B/L　　4. Clean B/L

5. FCL/LCL　　6. Demurrage

7. Despatch Money　　8. F. I. O. S. T.

9. Container Transport　　10. OCP

二、单项选择(在下列备选答案中选出1个正确的答案,将其序号填在题后的括号中)

1. 在出口业务中,采用"预借提单"、"倒签提单"有利于及时收汇和履行合同,根据这两种提单的性质、国际惯例和法律原则,我们(　)。

A. 可以积极推广　　B. 应视具体情况适当使用

C. 原则上不应采用　　D. 应尽量少用

2. 信用证中规定"迅速装运",则(　)。

A. 受益人必须于开证之日起一个月内装运

B. 受益人必须于信用证通知之日起一个月内装运

C. 银行将不予理会

D. 受益人必须于信用证通知之日起21天内装运

3. 在国际贸易中,已装船提单的日期是(　)。

A. 开始装船的日期　　B. 船舶开航的日期

C. 装船完毕的日期　　D. 签发提单的日期

4. 2007年,中美双方按CIF旧金山达成一笔1 000箱的衬衫交易,合同规定数量允许有5%的增减幅度。中方按约交运并取得船方签发的1 000箱的已装船清洁提单。事后,美方来电称:货抵旧金山港经验收短少56箱,并已取得船公司的短量证明,要求中方补偿。中方的正确答复应该是( )。

A. 请船公司或××保险公司在旧金山代理联系

B. 我方正与承运人及保险公司联系中,详情函告

C. 短少56箱,将在下次补装

D. 赔付短少的56箱损失

5. 船长在提单上批注"新麻袋包装",请问这种提单属于( )。

A. 清洁提单　　B. 不清洁提单

C. 议付时须货方提供保证　　D. 备用提单

6. 某公司与外商签订出口合同,数量12 000公吨。来证规定7、8、9、10月分批等量装运。7月装出3 000公吨,8月因货未备妥,则( )。

A. 9月可装两批,共6 000公吨　　B. 8月落空不补,9、10月照装

C. 该证失效,不得继续使用　　D. 10月可补装前期未交货物

7. 海运出口货物,实际出口日期为5月5日,迟于信用证规定的最迟装运期4月30日,但仍在信用证有效期5月10日内,出口人要求承运人或其代理人将提单日期填为4月30日,这种提单称为( )。

A. 预借提单　　B. 倒签提单

C. 过期提单　　D. 备用提单

8. 某公司出口商品每件毛重36千克,体积0.032 1立方米,价格100美元/千克,船运公司运价表运费计算标准为W/M 10级,计算运费时应( )。

A. 按毛重计收运费　　B. 按体积计收运费

C. 由托运人选定　　D. 按商品价格计收运费

9. 根据《跟单信用证统一惯例》的规定,如果采用海运,包括海运在内的多式联运( )。

A. 银行不接受租船合同项下的提单

B. 银行可以接受租船合同项下的提单

C. 除非信用证另有约定,否则银行不接受租船合同项下的提单

D. 银行接受海运单

10. 国际多式联运是指以至少两种不同的运输方式将货物从一国境内接受货物的地点运至另一国境内指定交付货物的地点。它是( )。

A. 由一个联运经营人负责货物的全程运输,运费按全程费率一次计收

B. 由一个联运经营人负责货物的全程运输,运费按不同运输方式分别计收

C. 由首程运输方式的经营人负责货物的全程运输，运费按全程费率一次计收

D. 由多个运输经营人按各自运程计收运费

11. 海运提单是货物所有权凭证，铁路运单（ ）。

A. 也是货物所有权凭证

B. 不是货物所有权凭证

C. 是否是货物所有权凭证，须视具体情况而定

D. 是可转让货运单据

12. 必须经过背书才能转让的提单是（ ）。

A. 记名提单　　B. 不记名提单

C. 指示提单　　D. 备用提单

13. 国际铁路联运所使用的经铁路加盖戳记的运单副本，（ ）。

A. 既是铁路与货主之间缔结的运输契约，也是卖方凭以向买方结算货款的凭证

B. 是铁路在终点站向收货人核收运杂费和点交货物的依据

C. 既是铁路与货主之间缔结的运输契约，又是代表货物所有权的凭证

D. 是一般的铁路运输单据

14. 班轮运输的运费应该（ ）。

A. 包括装卸费，但不计滞期费、速遣费

B. 包括装卸费，计滞期费、速遣费

C. 包括装卸费，计滞期费，但不计速遣费

D. 包括装卸费，计速遣费，但不计滞期费

15. 国际贸易中，运输标志一般由（ ）。

A. 买方出具　　B. 卖方出具

C. 运输部门出具　　D. 保险部门出具

三、多项选择（在下列备选答案中选出 2～5 个正确的答案，将其序号填在题后的括号中）

1. 对程租船运输表述正确的有（ ）（ ）（ ）（ ）（ ）。

A. 也称不定期船运输　　B. 其特点是“四固定”、“一负责”

C. 目前在海洋运输中占多数　　D. 主要针对大宗商品的运输

E. 船方不负责装卸

2. 不能作为物权凭证的单据有（ ）（ ）（ ）（ ）（ ）。

A. 海运提单　　B. 铁路运单
C. 航空运单　　D. 邮包收据
E. 公路运单

3. 在国际贸易中,买方不愿意接受的单据有( )( )( )( )( )。

A. 不清洁提单　　B. 清洁提单
C. 已装船提单　　D. 备运提单
E. 过期提单

4. 以我国东岸为起点的欧亚大陆桥,港口名称不正确的是( )( )( )( )( )。

A. 上海　　B. 大连
C. 连云港　　D. 镇江
E. 青岛

5. 下列关于 OCP 的说法正确的是( )( )( )( )( )。

A. 采用 OCP 运输条款时,货物必须经由美国西海岸港口中转
B. 以美国西部的落基山脉为界,以东地区为内陆地区范围
C. 采用 OCP 运输条款达成交易,出口商可以享受优惠费率,进口商则不能
D. OCP 运输,意即陆上运输通常可到达的地点
E. 合同中的目的港应为美国西岸港口

6. 目前,用于国际贸易货物运输的大陆桥有( )( )( )( )( )。

A. OCP 运输　　B. 美国小陆桥运输
C. 美国微型陆桥运输　　D. 加拿大大陆桥
E. 欧亚大陆桥

7. 海运提单的抬头可分为( )( )( )( )( )。

A. 记名提单　　B. 不记名提单
C. 备运提单　　D. 清洁提单
E. 指示提单

8. 下列关于转运的说法,正确的有( )( )( )( )( )。

A. 除非信用证有相反的规定,否则可允许转运
B. 只要是国际多式联运或集装箱运输,即使信用证禁止转运,银行也可接受表明转运的提单
C. 货物中途转运,会延误时间和增加费用开支
D. 在国际多式联运中,转运是不可避免的

E. 买方一般不愿转运

9. 集装箱货物交接方式有( )( )( )( )( )。

A. FCL/FCL B. LCL/LCL

C. FCL/LCL D. LCL/FCL

E. OCP/OCP

10. 装运条款中规定装运时间的方法有( )( )( )( )( )。

A. 规定某年某月装运 B. 规定某年某月底前装运

C. 规定某年某月某日前装运 D. 规定跨月装运

E. 规定某两个月或三个月内装运

四、判断(在你认为正确的表述题后括号中划"√",否则划"×")

1. 往同一航次、同一条船上装运货物,因装运港和装运日期不同,且分别签发了不同内容的提单,应算作分批装运。( )

2. 班轮运费不包括装卸费。( )

3. W/M+A. V. 指重量运费、尺码运费择高征收,另加从价运费。( )

4. 国际铁路联运单是货物运送契约,其副本可供发货、结算货款之用。( )

5. 航空运单不能提货,这与海运提单不同。( )

6. 联运提单就是多式联运单据。( )

7. 空白抬头、空白背书的提单是既不填写收货人,又不要背书的提单。( )

8. 备运提单若注明"已装船"字样可以为银行接受。( )

9. 按国际商会"600"惯例,信用证未禁止转运即视为允许转运。( )

10. 凡是承运人加了批注的提单就是不清洁提单。( )

11. 如信用证未明确必须提供装船提单,银行可接受备运提单。( )

12. 信用证对装运期规定为"约 7 月 15 日装运",出口商于 7 月 10 日装船后,持全套单据向银行议付货款,银行不得拒收。( )

13. 过期提单就是指过了装运期才签发的提单。( )

14. 转船需要增加费用,延误时间,故在我进出口合同中最好应加列"限制转船"的条款。( )

15. 在进出口合同中对于国外港口的规定,不宜使用诸如"英国主要港口"之类笼统的规定方法。( )

五、简答

1. 简述定程租船运输的特点。
2. 简述海运提单的性质和作用。
3. 简述班轮运输的特点。
4. 简要比较海运单与海运提单。
5. 简述“交货”与“装运”的区别。
6. 简述国际多式联运特点。
7. 航空运单的性质和作用是什么?

六、论述

试述海运提单的性质和种类。

七、计算

1. 出口兔毛 10 公吨至意大利,每件净重 50 千克,机器紧压包装,每件体积为 0.198 立方米。兔毛按 M15 级收取运费。中国至热那亚 15 级货物基本运费为港币 151 元,另加燃油附加费 25%,货币贬值附加费 20%,试计算该批货物应付多少运费?

2. 我国某公司以 FOB 条件,程租船方式进口货物 10 000 吨,进口合同规定每天装 400 吨,延期一天罚款 50 美元的滞期费,结果船公司 22 天 6 小时装完全部货物。试计算速遣费或滞期费。

八、案例分析

1. 我某外贸公司向国外出口一批木材,不可撤销信用证,其中的装运条款:“Shipment from Chinese Port to New York in June, Partial Shipment Prohibited”。我公司按规定于 6 月 11 日在上海将 100 公吨的木材装上某货轮,随后在连云港将 200 公吨的木材装上该货轮,并于 6 月 18 日同时取得了上海港和连云港港口签发的两套提单(上海和连云港是该货轮停靠的两个港口)。在信用证有效期内,我公司向银行交单议付时遭到拒付。试问,银行拒付是否有理?

2. 我国 A 进出口公司以 CIF 术语出口一批商品,合同规定“11 月装运,即期不可撤销信用证付款,有效期 5 月 15 日”,由于 A 公司没有很好地组织货源,直到第二年 2 月才将货物全部备齐,于 2 月 15 日装船,为了能如期向银行提交全套相符的单据收回货款，A公司要求承运的B公司按合同装运期签发提单。但是由于买方收到货物后产生怀疑，核查B公司的航海日志发现实际装运日期比合同约定的日期晚了三个多月，由此拒绝提货，并提出索赔。请问买方的要求合理吗？

九、实训

根据以下所给条件缮制装运条款。

1. 收到信用证之日起10日内交货，装运港上海，目的港新加坡。

2. 2008年3、4、5月按月等量装运有效。

3. 年底前交货，装运港青岛，目的港伦敦，允许分批和转船。

第十一章　国际货物运输保险

一、名词解释

1. 全部损失
2. General Average
3. Particular Average
4. F. P. A.
5. W. P. A.
6. All Risks
7. 保险金额
8. Open Policy
9. Insurance Policy
10. Endorsement

二、单项选择（在下列备选答案中选出1个正确的答案，将其序号填在题后的括号中）

1. 仓至仓条款是（　）。

A. 保险人负责保险责任起讫的条款

B. 运输人负责运输责任起讫的条款

C. 出口人负责交货责任起讫的条款

D. 进口人负责交货责任起讫的条款

2. 如保险人按推定全损赔偿后，投保人应将对残损货物的处理权转移给保险人，称为（　）。

A. 代位　　B. 委付

C. 转让　　D. 追索

3. 我方与外商按CIF条件签约出口一合同，由我方投保一切险。在装运港装船时，由于船上的吊杆脱钩，造成数件货物落海。这一损失应由（　）。

A. 我方持保险单向保险人索赔

B. 对方持保险单向其当地的保险代理人索赔

C. 我方向船方索赔

D. 进口商承担

4. 我公司以 CIF 条件与国外客户达成一笔出口交易，我公司应负责替国外客户投保，按照《INCOTERMS 2000》的规定，应投保（ ）。

A. 一切险加战争险

B. 一切险

C. 承担责任范围最小的险别，不应包括战争险

D. 水渍险加战争险

5. 以 CIF 条件成交出口的合同，因载货船舶不适航引起的损失由（ ）负担。

A. 卖方　　B. 买方

C. 保险公司　　D. 承运人

6. 在海洋运输货物保险业务中，共同海损（ ）。

A. 是部分损失的一种

B. 是全部损失的一种

C. 有时是全部损失，有时是部分损失

D. 是单独海损的总和

7. 为防止运输途中货物被窃，应该（ ）。

A. 投保一切险，加保偷窃险

B. 投保水渍险

C. 一切险或投保平安险或水渍险，加投保偷窃险

D. 一切险加一般附加险

8. 在 ICC 条款中，相当于 CIC 平安险的是（ ）。

A. ICC(A)　　B. ICC(B)

C. ICC(C)　　D. 恶意损害险

9. 我国某公司按 CFR 条件进口一批货物，保险公司承担的责任范围（ ）。

A. 仓至仓　　B. 船至仓

C. 水上运输　　D. 陆上运输

10. 在保险条款中，对海盗险负责的险别有（ ）。

A. CIC 的一切险　　B. ICC(A)

C. ICC(B)　　D. ICC(C)

三、多项选择（在下列备选答案中选出 2～5 个正确的答案，将其序号填在题后的括号中）

1. 对 ICC(B)论述正确的有（ ）（ ）（ ）（ ）（ ）。

A. 对海盗造成的损失不赔
B. 对第三方的恶意损害不赔
C. 对海水、湖水进入集装箱/船舱赔偿
D. 对浪击落海赔偿
E. 对被保险人的故意损坏赔偿

2. ICC(A)比 CIC 一切险增加的责任有(　)(　)(　)(　)(　)。
A. 对浪击落海赔偿
B. 对第三方的恶意损害赔偿
C. 对海水、湖水进入集装箱/船舱赔偿
D. 对海盗造成的损失赔偿
E. 对被保险人的故意损坏赔偿

3. 适用仓至仓条款的险别有(　)(　)(　)(　)(　)。
A. 一切险　　B. 水渍险
C. 平安险　　D. 一般附加险
E. 特殊附加险

4. 我国保险条款的基本险别有(　)(　)(　)(　)(　)。
A. 一切险　　B. 水渍险
C. 平安险　　D. 一般附加险
E. 特殊附加险

5. 我国保险条款的特殊附加险有(　)(　)(　)(　)(　)。
A. 战争险　　B. 交货不到险
C. 拒收险　　D. 进口关税险
E. 黄曲霉菌险

6. 我国保险条款对共同海损赔偿的有(　)(　)(　)(　)(　)。
A. 一切险　　B. 水渍险
C. 平安险　　D. 一般附加险
E. 特殊附加险

7. 我国保险条款的一般附加险有(　)(　)(　)(　)(　)。
A. 破碎险　　B. 淡水雨淋险
C. 短量险　　D. 串味险
E. 偷窃及提货不到险

8. 中国人民保险公司规定，必须在投保(　)(　)(　)(　)(　)的基础上，才能加保某个一般附加险。

A. 罢工险　　B. 水渍险

C. 平安险　　D. 战争险

E. 基本险

9. 构成共同海损的条件有（ ）（ ）（ ）（ ）（ ）。

A. 危险必须是共同的

B. 危险必须是真实存在的

C. 牺牲必须是自动的

D. 损失必须是有意采取的有效行为造成的

E. 共同海损必须是非常情况下的损失

10. 保险单据的作用有（ ）（ ）（ ）（ ）（ ）。

A. 保险合同的证明文件　　B. 保险人的承保证明

C. 投保人的索赔依据　　D. 保险人的理赔依据

E. 信用证的证明文件

四、判断（在你认为正确的表述题后括号中划"√"，否则划"×"）

1. 在我国外贸货物运输保险业务中，三种基本险和特殊附加险中的罢工险均可适用"仓至仓"条款。（ ）

2. 偷窃、提货不着险和交货不到险均在一切险的范围内，只要投保一切险，收货人若提不到货，保险公司均应负责赔偿。（ ）

3. 我方按 CIF 条件出口一批货物，投保平安险，货物在航程中遇碰撞事故，使货物受到部分损失，可向保险公司取得赔偿。（ ）

4. 我方对外出口一批货物，货物必须经铁路运输，投保陆运险，到达后，发现车上的货物部分被窃。因保有陆运险，可向保险公司取得赔偿。（ ）

5. 我方以 CIF 条件出口货物 1 000 件，装船时落水 5 件，但因货物尚未上船，故虽已办理保险，保险公司也不应赔偿。（ ）

6. 出口玻璃器皿时，在投保一切险的基础上，还应加保碰损破碎险。（ ）

7. 不论按何种贸易术语成交的业务，凡在中国人民保险公司投保的，如发生保险索赔，均应在中国境内办理。（ ）

8. 保险单如需转让时，应由保险公司背书。（ ）

9. 水渍险包括平安险及由自然灾害造成的部分损失。（ ）

10. 我方按 FOB 贸易术语进口时，在国内投保了一切险，保险公司的责任起讫应为"仓至仓"。（ ）

11. 在海洋运输货物保险业务中，涉及单方面利益的损失，达到全部损失程度时，应按全损处理。( )

12. 对外贸易货物运输保险，属于财产保险的范畴。( )

13. 投保一切险后，货物在运输途中发生自然损耗、或运输延迟或市价涨落，保险公司均应负责赔偿。( )

14. 保单一经批单后，即按批改内容执行。( )

五、简答

1. 简述海上损失的分类。
2. 简述单独海损与共同海损的主要区别。
3. 简述中国人民保险公司特殊附加险的承保范围。
4. 简述 ICC 条款。
5. 概述我国陆运货物保险的险别。
6. 简述保险单据种类。
7. 简述索赔时所需要的单证。

六、论述

试述中国保险条款与协会货物条款的异同。

七、计算

1. 我国出口公司按 CIF 条件达成一笔交易，合同规定按发票金额(1 000 美元)加一成投保，则投保金额是多少？如投保一切险和战争险，前者保险费率为 0.6%，后者保险费率为 0.04%，则共应支付多少保险费？

2. 某公司进口一批汽车，按 CIF2 000 000 元人民币条件达成交易，投保水渍险和战争险，平均保险费率为 0.25%，试计算该批货物的投保金额及保险费。

3. 我国某公司进口成交一批价值 CFR 20 000 美元的货物，按加一成投保一切险和战争险，费率分别为 0.5%、0.04%，求我公司应支付的保险费。

八、案例分析

1. 一艘货轮航行途中触礁，海水进入船舱，船长命令抛货，同时请拖轮将船拖至最近的码头。这次遭受的损失和费用包括：部分货物遭浸泡的损失、被抛到海中的货损、拖船的费用、修船费、为修船把货物卸至岸上及货物在岸上的仓储费。请分析上述各项损失的性质;在投保平安险的情况下,被保险人是否有权向保险公司提出赔偿要求?

2. 我国某公司按 CIF 条件向中东某国出口一批货物,根据合同规定投保了水渍险和偷窃提货不着险。海运途中,因海湾战争货轮被扣。请问在这种情况下,进口商能否以提货不着为由向我国保险公司进行索赔?

3. 石家庄某外贸公司按 CFR 条件出口一批货物,投保一切险"仓至仓"条款,货物用卡车从石家庄运至天津港的途中,一辆卡车翻车致使车上所载部分货物损坏。试问保险公司是否应予以赔偿? 该损失应由谁负责?

4. 某公司出口面粉一批,投保平安险,货轮在途中遇恶劣天气,雨水灌进船舱,造成部分面粉变质,三天后该货轮又发生了爆炸事故。试问此时保险公司是否有赔偿责任?

5. 某出口公司与英国交易,投保 ICC(C)险,在运输过程中,遭遇海啸,集装箱被浪击落海。此时保险公司是否赔偿?

九、实训

ABC 公司出口春天牌漂白的衬衫布料从上海运至新加坡,6 000 码(7 捆),2 集装箱,总金额 CIF 9 138.18 美元,加一成投保一切险和战争险,费率分别为 0.6%、0.04%,合同号为 SC300672, 于 2008 年 4 月 10 日装运并取得提单。请据此完成下列保险单。

中国人民保险公司上海分公司

THE PEOPLE'S INSURANCE COMPANY OF CHINA, SHANGHAI BRANCH

货物运输保险单

CARGO TRANSPORTATION INSURANCE POLICY

中国人民保险公司(以下简称本公司)根据________(以下简称被保险人)的要求,由被保险人向本公司缴付约定的保险费,按照本保险单承保险别和背面所载条款与下列条款承保下述货物运输保险,特立本保险单。

THIS POLICY OF INSURANCE WITNESSES THAT THE PEOPLE'S INSURANCE COMPANY OF CHINA(HEREINAFTER CALLED "THE COMPANY"), AT THE REQUEST OF ABC COMPANY(HEREINAFTER CALLED "THE INSURED") AND IN CONSIDERATION OF THE AGREED PREMIUM PAID TO THE COMPANY BY THE INSURED, UNDERTAKES TO INSURE THE UNDERMENTIONED GOODS IN TRANSPORTATION SUBJECT TO THE CONDITIONS OF

THIS POLICY AS PER THE CLAUSE PRINTED OVERLEAF AND OTHER SPECIAL CLAUSES ATTACHED HEREON.

标　　记 MARKS & NOS.	包装及数量 QUANTITY	保险货物项目 DESCRIPTION OF GOODS	保险金额 AMOUNT INSURED

总保险金额　　TOTAL AMOUNT INSURED ________

保　费　　　　　　费率

PREMIUM ________　RATE ________

装载运输工具

PER CONVEYANCE S. S. ________

开行日期自________________至________________。

SLG. ON ORABT. AS PER B/L FROM ______ CHINA ________

承保险别

CONDITIONS:

所保货物，如遇出险，本公司凭本保险单及其他有关证件给付赔款。

CLAIMS IF ANY, PAYABLE ON SURRENDER OF THIS OLICY TOGETHER WITH OTHER RELEVANT DOCUMENTS.

所保货物，如发生本保险单项下负责赔偿的损失或事故，应立即通知本公司。

IN THE EVENT OF ACCIDENT WHEREBY LOSS OR DAMAGE MAY RESULT IN A CLAIM UNDER THIS POLICY IMMEDIATE NOTICE APPLYING FOR SURVEY MUST BE GIVEN TO THE COMPANY.

第十二章　国际贸易结算

一、名词解释

1. 汇票
2. 支票
3. 本票
4. 票汇
5. L/C
6. 即期信用证
7. 循环信用证
8. 预支信用证
9. 备用信用证
10. 不可撤销信用证
11. 远期信用证
12. 承兑信用证
13. 假远期信用证
14. 承兑交单
15. 付款交单
16. 托收
17. 汇付
18. 票汇
19. 保函
20. 国际保理

二、单项选择（在下列备选答案中选出1个正确的答案，将其序号填在题后的括号中）

1. 使用假远期信用证，实际上是套用(　)。

A. 卖方资金　　B. 付款银行资金

C. 买方资金　　D. 开证银行资金

2. 托收是出口人委托银行向进口人收取货款的一种支付方式，它所使用的汇票是(　)。

A. 商业汇票

B. 银行汇票

C. 有时使用商业汇票，有时使用银行汇票

D. 光票汇票

3. 以信用证与托收相结合的支付方式,全套货运单据应( )。

A. 随附信用证项下汇票　　B. 随附托收项下汇票

C. 直接寄给进口人　　D. 留存出口人处

4. 在信用证支付方式下,货物装船后受益人获得已装船清洁提单,但尚未送银行议付时开证申请人已破产倒闭。在这种情况下( )。

A. 只要单证相符,受益人仍可以从开证行得到货款

B. 由于付款人破产,货款将落空

C. 受益人应立即通知承运人行使停运权

D. 应重新申请开证

5. 信用证体现了( )。

A. 信用证的开证申请人与开证银行之间的契约关系

B. 开证银行与信用证受益人之间的契约关系

C. 信用证开证申请人与开证银行之间的契约关系,又体现了开证银行与信用证受益人之间的契约关系

D. 信用证开证申请人与付款银行之间的契约关系

6. 在托收方式下,对出口商来说风险最小的是( )。

A. D/P 60　　B. D/P 30

C. D/P 90　　D. D/P 120

7. 根据《跟单信用证统一惯例》(600 号)规定,偿付银行( )。

A. 应仔细审单,如单证不符,则不予偿付

B. 既受单又审单,如发现不符点,应征得开证行同意后方予偿付

C. 不受单、不审单,只凭开证行的授权书或信用证副本负责偿付

D. 根据通知银行要求付款

8. 如按 CFR 条件成交,D/P 远期付款,出口人为安全起见,投保"卖方利益险"。货物虽安全到达目的港,但买方却借故不赎单,在这种情况下,( )。

A. 保险公司应对出口人由此而造成的损失负赔偿责任

B. 保险公司对出口人由此而造成的损失不负赔偿责任

C. 因货运单据已全部由出口人背书转让,所以保险公司只对买方提出的索赔负责

9. 备用信用证是( )。

A. 跟单信用证的一种

B. 一种特殊形式的光票信用证

C. 既是跟单信用证,又是光票信用证

D. 属于商业信用的特殊信用证

10. 签发汇票时，关于受款人一栏通常有三种不同的写法，俗称抬头，其中需背书后才能转让的汇票是(　)。

A. 无限制性抬头　　B. 限制性抬头

C. 指示性抬头　　D. 无约束抬头

11. 在下列托收业务中，进口商可以凭信托收据向银行借单提货的是(　)。

A. D/P at Sight　　B. D/P after Sight

C. D/A　　D. D/D

12. 一份信用证若经过另一家银行保证对符合信用证要求的单证履行付款义务时，这份信用证就成为(　)。

A. 不可撤销信用证　　B. 不可转让信用证

C. 保兑信用证　　D. 议付信用证

13. 背对背信用证主要用于(　)。

A. 补偿贸易　　B. 来料加工

C. 进料加工　　D. 中间商转手贸易

14. 对出口商来说，假远期信用证的收汇时间相当于(　)。

A. 即期信用证　　B. 远期信用证

C. 循环信用证　　D. 光票信用证

15. 来料加工和补偿贸易中常使用的信用证是(　)。

A. 循环信用证　　B. 对开信用证

C. 对背信用证　　D. 预支信用证

三.多项选择(在下列备选答案中选出2～5个正确的答案，将其序号填在题后的括号中)

1. 汇票的三个当事人是(　)(　)(　)(　)(　)。

A. 收款人　　B. 受票人

C. 开证申请人　　D. 受益人

E. 出票人

2. 下列结算方式中，使用商业汇票的有(　)(　)(　)(　)(　)。

A. 票汇　　B. 汇付

C. 信用证　　D. 银行保函

E. 托收

3. 关于即期付款交单和远期付款交单，表述正确的有（ ）（ ）（ ）（ ）（ ）。

A. 都使用即期汇票

B. 都使用远期汇票

C. 即期付款交单是付款后交单，远期付款交单是承兑后交单

D. 二者的交单都是以买方首先付款为条件的

E. 即期付款交单，使用的是即期汇票，远期付款交单使用的是远期汇票

4. 托收中，使用远期汇票支付的有（ ）（ ）（ ）（ ）（ ）。

A. 以下选项都使用　　B. D/A

C. D/P after sight　　D. D/P after sight T/R

E. D/P at sight

5. 关于背对信用证说法正确的有（ ）（ ）（ ）（ ）（ ）。

A. 主要用于有中间商的买卖

B. 在原证的基础上再开出一张新证

C. 原证的受益人就是新证的申请人

D. 适用于货物的买卖和履约担保

E. 主要用于直接贸易

6. 汇票的付款期限包括（ ）（ ）（ ）（ ）（ ）。

A. 出票后××天后付款　　B. 提单日后××天后付款

C. 见票后××天后付款　　D. 见票即付

E. 指定日期付款

7. 对于 D/P after 60 Days sight 说法正确的有（ ）（ ）（ ）（ ）（ ）。

A. 买方承兑后不能取得单据　　B. 买方到期付款后才能取得单据

C. 买方承兑后就能取得单据　　D. 卖方开出的是远期汇票

E. 卖方开出的是即期汇票

8. T/T 电汇适用于（ ）（ ）（ ）（ ）（ ）。

A. 随订单付现　　B. 定金或余款

C. 货到付款　　D. 预付货款

E. 付款交单

9. 信用证的主要当事人有（ ）（ ）（ ）（ ）（ ）。

A. 议付行　　B. 通知行

C. 开证行　　D. 开证申请人

E. 受益人

10. 即期信用证有（ ）（ ）（ ）（ ）（ ）。

A. 不可撤销信用证　　B. 银行承兑信用证

C. 对开信用证　　D. L/C at sight

E. 即期付款信用证

11. 备用信用证可用于（ ）（ ）（ ）（ ）（ ）。

A. 出口履约保函　　B. 拍卖

C. 招投标　　D. 还款担保

E. 补偿贸易

12. 信用证的主要特点有（ ）（ ）（ ）（ ）（ ）。

A. 银行信用　　B. 独立的文件

C. 单据的买卖　　D. 卖方的保证文件

E. 买卖合同的附属文件

13. 关于假远期信用证说法正确的有（ ）（ ）（ ）（ ）（ ）。

A. 利息由买方承担　　B. 卖方开出的是远期汇票

C. 卖方能及时得到货款　　D. 卖方开出的是即期汇票

E. 买卖合同的附属文件

14. 循环信用证的循环方式有（ ）（ ）（ ）（ ）（ ）。

A. 按时间循环　　B. 按金额循环

C. 自动循环　　D. 半自动循环

E. 非自动循环

15. 备用信用证与跟单信用证的区别（ ）（ ）（ ）（ ）（ ）。

A. 前者承担第二位的付款责任，后者承担第一位的付款责任

B. 前者没有单据，后者有单据

C. 两者的付款依据不同

D. 两者都承担第一位付款责任

E. 前者适用于履约担保，后者适用于货物的买卖

四、判断（在你认为正确的表述题后括号中划“√”，否则划“×”）

1. 所有的汇票都可以背书转让。（ ）

2. 汇票和票汇的区别是：前者是支付工具，后者是支付方式。（ ）

3. 备有信用证的作用类似于银行保函，因此开证银行承担的付款责任是第二性的。（ ）

4. 托收是商业信用，因而使用的汇票是商业汇票；信用证是银行信用，因

而使用的汇票是银行汇票。（ ）

5. 出口人开出的汇票如遭付款人拒付，议付行有追索权。（ ）

6. 银行汇票和商业汇票的区别在于前者是由银行充当付款人，后者是由商业企业充当付款人。（ ）

7. 汇票、本票和支票都有即期的和远期的两种。（ ）

8. 即期汇票采用付款提示；远期汇票采用承兑提示、汇票到期时再作付款提示。（ ）

9. 信用证、付款交单(D/P)和承兑交单(D/A)是三种常用的支付方式，由于承兑交单最易为买方接受，有利于达成交易。所以，在出口业务中，应扩大对承兑交单的使用。（ ）

10. 在跟单托收中，汇票是资金单据，发票和装运单据都是商业单据。（ ）

11. 没有有效到期日的信用证是以最后装运期作为有效到期日的。（ ）

12. 采用D/P是一种最安全的收汇方式。因为对方不付款，银行就不交单。（ ）

13. 对出口方而言，采用D/P30天比采用D/A支付方式风险要小。（ ）

14. 信用证是开证行应进口人的申请向出口人开立的。当出口人按信用证规定向开证银行要求付款时，开证银行应先征得进口人的同意。（ ）

15. 通知银行在转交信用证时，没有义务接受受益人的请求翻译信用证条款，并可不经译出而将信用证照转给受益人，如翻译有误，银行亦不负责。（ ）

16. 信用证有效期的延长，意味着装运期也顺延。（ ）

17. 来证规定有效期至8月底，最迟装运期8月10日。若我方于8月5日备妥货物装船出运，只要我方于8月30日之前提交全套符合信用证条款的单据，即可安全收回货款。（ ）

18. 根据《UCP600》，信用证的有效期若遇到公休日、法定节假日，可顺延至下一个营业日。（ ）

19. 在采用信用证支付方式出口时，如超过信用证规定的装运期装货，只要中国银行同意为出口企业出具担保书进行议付，收汇将不会有问题。（ ）

20. 不可撤销信用证中列有装运期，但未列明有效期，按《UCP600》的规定，可以在最后装运期前向银行交单。（ ）

五、简答

1. 按《中华人民共和国票据法》规定，有效汇票必须记载哪些事项？

2. 简述分期付款及其具体做法。

3. 简述延期付款及其具体做法。

4. 简述假远期信用证与一般远期信用证和即期信用证的主要区别。

5. 信用证支付条款的主要内容是什么?

6. 简述信用证结算的优越性。

7. 简述托收的特点。

8. 简述汇票、本票、支票的区别。

9. 简述信用证的种类。

10. 简述银行保函与信用证的区别。

11. 简述《UCP600》对信用证修改的新规定。

12. 简述分期付款和延期付款的区别。

13. 支付方式为60%L/C、40%D/P的交易中货运单据和汇票应如何处理?

六、论述

1. 试述在国际贸易中我方应如何保障收汇安全。

2. 试述出口商应如何规避托收的风险。

七、案例分析

1. 某公司接到国外开立的信用证,证中规定:"于或约于8月15日装船"。该公司于8月8日装船,并向银行提交了一份8月8日签发的提单,但却遭到银行的拒付,试分析原因。

2. A公司接到一份经C银行保兑的不可撤销信用证。当A公司按信用证规定办完装运手续后,向C银行提交符合信用证要求的单据提示付款时,C银行声称:A公司应先要求开证行付款,如果开证行无力偿付时,才保证付款。试分析C银行的行为是否合理?

3. 某开证行按照自己所开出的信用证的规定,对受益人提交的经审查符合要求的单据已履行了付款责任。进口商赎单后发现单据中的提单是倒签的,试问此时进口商是否可以要求开证行退回货款并赔偿其他损失?

4. 我国某公司以D/P after 60 Days Sight条件与一外国客户达成一笔交易。当汇票及所附单据通过托收行寄达进口地代收行,外商及时履行了承兑手续。当货物运达目的港后,外商凭借信托收据向代收行借出单据将货物提走发售。汇票到期时,外商因经营不善失去偿还能力。此时代收行通知托收行建议该公司直接向外商索要货款。试问该公司是否应该径直向外商索要？

5. 我国某公司与外商按CIF条件签订一笔大宗商品的出口合同，合同规定装运期为8月，但未规定具体开证日期。合同签订后该商品的市场价格一路下跌，外商因此拖延开证。我方见装运期快到，从7月中旬开始，连续多次电催外商开证。8月5日，收到开证行的简电通知，我方因怕耽误装运期，即按简电办理装运，8月28日对方开来信用证正本，但正本上对有关单据作了与合同不符的规定，我方审证时未予注意，交银行议付时，银行也未发现，开证行即以单证不符为由，拒付货款，试分析我方应从此事件中吸取哪些教训？

6. 我国某外贸公司以CIF LONDON出口一批货物，合同中的支付条款为"Payment by L/C"。外商开来的信用证的支付条款为"Payment under this credit will be made by us only after arrival of goods at London"。我方按时装运，在向银行交单结汇时银行未提出任何异议。试分析当该批货物在运输途中不幸遭遇火灾被毁的情况下能否正常收汇。

7. 某银行电报开出一份保兑不可撤销信用证，电文中并未声明"以邮寄文本为准"的字样。受益人按照电报信用证的文本已将货物装运，并备好符合信用证要求的单据向当地通知行议付时，当地通知行并以电开文本与开证行寄到的邮寄文本不符为由拒付。试问在这种情况下，开证行有无拒付的权利？

八、实训

1. 请根据下面所给信用证缮制信用证项下汇票一份。

注：发票号码为HT1234，汇票出票日期为2008年11月10日。

NATIONAL BANK

200 ROME ROAD LONDON, BRITAIN

WE ISSUE OUR IRREVOCABLE DOCUMENTARY CREDIT NUMBER: AD2008 IN FAVOUR OF: SHANGHAI IMPORT AND EXPORT TRADE CORPORATION.

321, NANJING ROAD SHANGHAI, CHINA

BY ORDER OF: AN QI TRADING CORPORATION

FOR AN AMOUNT OF USD 45 400.50

DATE AND PLACE OF ISSUE: SEPT. 18th, 2008 MONTREAL

DATE OF EXPIRY: NOV. 15, 2008

PLACE: IN BENEFICARY'S COUNTRY

BY NEGOTIATION OF BENEFICIARY'S DRAFT DRAWN ON US AT

SIGHT INMONTREAL
THIS CREDIT IS TRANSFERABLE
AGAINST DELIVERY OF THE FOLLOWING DOCUMENTS
+ COMMERCIAL INVOICES IN 3 COPIES
+ LONDON CUSTOMS INVOICES IN 3 COPIES
+ FULL SET OF NEGOTIABLE INSURANCE POLICY OF CERTIFICATE BLANK ENDORSED FOR 110 PERCENT OF INVOICE VALUE COVERING ALL RISKS
+ FULL SET OF ORIGINAL MARINE BILLS OF LADING CLEAN ON BOARD PLUS 2 NON-NEGOTIABLE COPIES MADE OUT OR ENDORSED TO ORDER OF NATIONAL BANK 200 ROME ROAD LONDON, BRITAIN
+ SPECIFICATION LIST OF WEIGHTS AND MEASURES IN 4 COPIES COVERING SHIPMENT OF COTTON TEA TOWELS.
AS PER S/C MN8080
FOR 1-300 SIZE 15 INCHES * 15INCHES 10 000 DOZ AT USD 1,25/DOZ.
301-600 SIZE 25INCHES * 25INCHES 5 000 DOZ AT USD 2,50/DOZ.
AND 601-900 SIZE 35INCHES * 35 INCHES 4 000 DOZ AT USD 5,10/DOZ.
CIF LONDON
FROM SHANGHAI TO LONDON PORT
NOT LATER THAN OCT. 31TH, 2008
PARTIAL SHIPMENTS: ALLOWED
SPECIAL INSTRUCTIONS:
+ ALL CHARGES IF ANY RELATED TO SETTLEMENTS ARE FOR ACCOUNT OF BENEFICIARY.
+ IN CASE OF PRESENTATION OF DOCUMENTS WITH DISCREPANCY (IES) A CHARGE OF USD 55.00. THIS CREDIT IS SUBJECT TO UCP DOCUMENTARY CREDITS ICC PUBLICATION 600.

2. 根据给出的信用证完成以下练习：

(1)写出该信用证项下的汇票付款人。

(2)写出该信用证项下的发票的签发人。

(3)写出该信用证项下受益人应提交的单据种类及其份数。

(4)写出本信用证的有效期、交单期、最迟装运期。

(5)如出口方在5月21日装运一批货物,则应何时向银行交单?

FROM: BANK OF LONDON,BRITAIN

TO: BANK OF CHINA SHANGHAI

SEQUENCE OF TOTAL: 27: 1/1

FORM OF DOC. CREDIT: 40A: IRREVOCABLE

DOCU CREDIT NO.: 20: 136107

DATE OF ISSUE: 31C: 080427

DATE & PLACE OF EXP: 31D: 080610 IN BENEFICIARY'S COUNTRY

APPLICANT: 50: ABC COMPANY SINGORPORE

BENEFICIARY: 59: CHINA ABC TRADE CORPORATION SHANGHAI CHINA

CURRENCY CODE,AMOUNT: 32: USD 45 400.50

AVAILABLE WITH... BY... THE ADVISING BANK BY NEGOTIATION

DRAFTS AT... 42C: SIGHT

DRAWEE: 42D: BANK OF LONDON,BRITAIN

PARTIAL SHIPMENT: 43P: NOT ALLOWED

TRANSSHIPMENT: 43T: NOT ALLOWED

LOAD/DISPATCH/TAKING: 44A: SHANGHAI CHINA

TRANSPORTATION TO... 44B: LONDON

LATEST SHIPMENT DATE: 44C: 080531

DESCRIP GOODS/SERVICE: 45A:

FOR 1-300 SIZE 15 INCHES * 15INCHES 10 000 DOZ AT USD 1 25/DOZ.

301-600 SIZE 25INCHES * 25INCHES 5 000 DOZ AT USD 2 50/DOZ.

AND 601-900 SIZE 35INCHES * 35 INCHES 4 000 DOZ AT USD 5 10/DOZ.

CIFSINGAPORE

DOCUMENTS REQUIRED: 46A:

IN 3 UNLESS OTHER STIPULATED:

1. SIGNED COMMERCIAL INVOICE

2. SIGNED PACKNG LIST

3. CERTIFICATE OF CHINESE ORIGIN
4. COPY OF TELEX FROM APPLICANT TO SUPPLIERS APPROVING THE SHIPPING SAMPLE.
5. INSURANCE POLICY OR CERTIFICATE ENDORSED IN BLANK FOR 110 PCT OF CIF VALUE. COVERING WAR RISK AND ALL RISKS.
6. FULL SET PLUS ONE COPY OF CLEAN ON BOARD OCEAN BILLS OF LADING MADE OUT TO ORDER MARKED "FREIGHT PREPAID" AND NOTIFY APPLICANT.
ADDITIONAL CONDITION:47A:
PLEASE CONTACT BENEFICIARY OF THE ISSUANCE OF THE L/C UPON RECEIPT OF THIS SWIFT.
1. THIS CREDIT WILL BECOME EFFECTIVE PROVIDED THAT YOU RECEIVE AUTHORIZATION FROM OUR BANK IN THE FORM OF LC AMENDMENT.
2. THE NUMBER AND DATE OF THIS CREDIT AND THE NAME OF ISSUING BANK MUST BE QUOTED ON ALL DRAFTS. PLEASE SEND THE DRAFTS TO BANK OF SINGAPORE. NEW YORK FOR REIMBURSEMENT AND SEND ALL THE OTHER DOCUMENTS TO US.
3. A FEE OF USD40 (OR ITS EQUIVALENT) SHALL BE DEDUCTED FROM THE REIMBURSEMENT CLAIM/FROCEEDS UPON EACH PRESENTATION OF ISCRPANT DOCUMENTS EVEN IF THE CREDIT INDICATHE THAT ALL BANKING CHARGES ARE FOR ACCOUNT OF APPLICANT AND ACCEPTANCE OF SUCH DOCUMENTS DOES NOT IN ANY WAY ALTER THE TERMS AND CONDITIONS OF THIS CREDIT.
4. DOCUMENTS TO BE PRESENTED WITHIN 15 DAYS AFTER THE DATE OF ISSUANCE OF THE SHIPPING DOCUMENTS BUT WITHIN THE VALIDITY OF THE CREDIT.
5. 5 PERCENT MORE OR LESS IN AMOUNT AND QUANTITY ACCEPTABLE.
CHARGES:　　71B: ALL BANKING CHARGES INCLUDING
REIMBURSEMENT CHARGES
OUTSIDE SINGAPORE
ARE FOR ACCOUNT OF
BENEFICIARY
CONFIRMATION INSTR:　　49: WITHOUT

IT IS SUBJECT TO THE UNIFORM CUSTOMS AND PRACTICE FOR DOCUMENTARY CREDITS, INTERNATIONAL CHAMBER OF COMMERCE PUBLICATION NO. 600.

3. 根据以下资料缮制信用证开证申请。

2008 年 8 月 1 日上海 ABC 贸易公司(地址:上海市南京路 121 号)与英国 E 公司(地址:英国伦敦罗马街 158 号)达成一项合同(合同号:HMA080862),从英国进口 1 000 台精密仪器,价格为每台 3 000 美元 FOB 伦敦,共 3 000 000 美元,每台装一纸箱。合同规定:于 2008 年 11 月 15 日前装运,不准分批装运和转运,装运港为伦敦,目的港为上海,要求出口方提供:商业发票一式三份,装箱单一式三份,已装船清洁提单正本一式三份,空白背书,品质检验证书一份,受益人证明一份。要求进口方申请开立不可撤销即期跟单信用证,电开本。

第十三章　检验、索赔、不可抗力和仲裁

一、名词解释

1. Disputes　　2. Claim

3. Penalty Clause　　4. Arbitration

5. Force Majeure

二、单项选择(在下列备选答案中选出1个正确的答案,将其序号填在题干后的括号中)

1. 下列属丁法定检验商品的是(　)。

A. 列入《种类表》中的商品

B. 有关法律和行政法规定须经商检机构检验的进出口商品

C. 各地商检机构自行规定的进出口商品

D. A和B

2. 原产地检验证书的作用是(　)。

A. 进口方可据以享受免税或低关税待遇

B. 使进口方掌握其真实的生产厂家

C. 可使给予我国普惠制待遇的国家的进口方,据以享受进口免税或低进口关税的待遇

D. 以上都对

3. 委托检验是指(　)。

A. 商检机构根据工作需要,委托有关出口生产厂家对法定检验的进出口商品实施检验

B. 接受外国有关机构的委托对进出口商品的质量认证

C. 接受国内有关机构的委托对进出口商品的质量认证

D. 以上都对

4. 在进出口合同的商品检验条款中,关于检验时间和地点的规定最为重要。在我国实际业务中使用最多的是( )。

A. 在出口国检验　　B. 在进口国检验

C. 在出口国检验,在进口国复检　　D. 在进口国检验,在出口国复检

5. 买方复检的期限就是( )。

A. 质量保证期限　　B. 索赔期限

C. 退货期限　　D. 以上都可以

6. 在国际贸易中,一方违约使另一方遭受经济损失,损失方依法解除合同后( )。

A. 无权再提出损害赔偿要求

B. 有权再提出损害赔偿要求

C. 是否有权再提出损害赔偿要求,要视损失金额大小而定

D. 是否有权再提出损害赔偿要求,要由合同规定而定

7. 我国某粮油食品进出口公司与美国田纳西州某公司签订进口美国小麦合同,数量为 100 万公吨。小麦收割前田纳西州暴雨成灾,到 10 月份卖方应交货时,小麦价格上涨。美方未交货,合同订有不可抗力条款,天灾属于该条款的范围,美方据此要求免责。此时,我方应( )。

A. 视构成不可抗力,予以免责并解除合同

B. 视未构成不可抗力,坚持美方应按合同规定交货

C. 视构成不可抗力,但不要求损害赔偿,亦解除合同

D. 视构成不可抗力,但不要求损害赔偿,而要求推迟到下年度交货

8. 仲裁协议是仲裁机构受理争议案件的必要依据的是( )。

A. 仲裁协议必须在争议发生之前达成

B. 仲裁协议只能在争议发生之后达成

C. 仲裁协议可以在争议发生之前达成,也可在争议发生之后达成

D. 仲裁协议只能在合同中规定时间

9. 在同外商商订买卖合同中的仲裁条款时,关于仲裁点有下列各种不同的规定,在其他各种交易条件不变的情况下,其中对我方最有利的一种是( )。

A. 在双方同意的第三国仲裁　　B. 在被告国仲裁

C. 在我国仲裁　　D. 在对方国家仲裁

10. 仲裁费用一般规定由( )。

A. 胜诉方负担　　B. 败诉方负担

C. 双方各半负担　　D. 双方都承担

11. 中国国际经济贸易仲裁委员会是我国的(　)。

A. 官方性常设仲裁机构　　B. 民间性常设仲裁机构

C. 官方性临时仲裁机构　　D. 民间性临时仲裁机构

12. 国际商会国际仲裁院设在(　)。

A. 德国　　B. 英国

C. 法国　　D. 意大利

13. 仲裁裁决的性质是(　)。

A. 最终裁决　　B. 中间裁决

C. 部分裁决　　D. 全部裁决

14. 不可抗力事件是指当事人(　)。

A. 不能预见、不能避免的事件

B. 不能预见、不能避免、不能克服的事件

C. 不能预见、不能避免、不能克服、可以预防的事件

D. 可以预见、不能避免的事件

15. 判定为不可抗力事故的原则是(　)。

A. 意外事故必须发生在合同签订之后

B. 不是因为合同双方当事人自身的过失或疏忽导致的

C. 由于合同双方当事人自身的过失或疏忽而导致的

D. A 和 B

16. 交易一方认为对方未能全部或部分履行合同规定责任与义务而引起的纠纷是(　)。

A. 争议　　B. 违约

C. 索赔　　D. 理赔

17. 双方当事人在合同中明确规定“货物运抵目的港后 30 天内索赔”。这种索赔期限是(　)。

A. 法定索赔期限　　B. 非法定索赔期限

C. 固定索赔期限　　D. 变动索赔期限

18. 若使买方在目的港对所收货物无权提出异议,商品检验应(　)。

A. 以离岸品质、离岸重量为准　　B. 以到岸品质、到岸重量为准

C. 以离岸品质、到岸数量为准　　D. 以到岸品质、离岸数量为准

19.《联合国国际货物销售合同公约》规定的索赔期限为买方实际收到货

物后(　)内。

A. 半年　　B. 1 年

C. 1 年半　　D. 2 年

20. 我方与外商按 CIF 条件成交某商品 1 000 打,允许卖方有 5%溢短装幅度,我方实际装 1 000 打(提单也载明 1 000 打),货抵目的港后,买方即来函反映仅收到 948 打,并已取得船公司短少证明,向我方索赔。我方正确答复应是(　)。

A. 同意补装 52 打

B. 同意退 2 打货款

C. 请与海运公司和中国人民保险公司或其代理联系

D. 与海运公司联系

三、多项选择(在下列备选答案中选出 2～4 个正确的答案,将其序号填在题后的括号中)

1. 合同的商品检验一般规定买方在接受货物之前享有对所购买的货物进行检验的权利。但在一定条件下,买方对货物的检验权丧失。这些条件是(　)(　)(　)(　)。

A. 买卖双方另有约定

B. 买方没有利用合理的机会检验货物

C. 合同规定以卖方的检验为准

D. 卖方已经检验了货物

2. 商检证书的作用有(　)(　)(　)(　)。

A. 是证明卖方所交货物符合合同规定的依据

B. 是海关放行的依据

C. 是卖方办理货款结算的依据

D. 是办理索赔和理赔的依据

3. 某出口商按合同规定交了货,并向进口商提交了清洁提单,进口商收到货后发现,因外包装受损而导致包装内商品损坏。进口商应向(　)(　)(　)(　)索赔。

A. 船公司　　B. 保险公司

C. 卖方　　D. 买方

4. 罚金条款一般适用于(　)(　)(　)(　)。

A. 卖方延期交货　　B. 买方延迟开立信用证

C. 买方延期接运货物　　D. 一般商品买卖

5. 构成不可抗力事件的要件有(　)(　)(　)(　)。

A. 事件发生在合同签订后

B. 不是由于当事人的故意或过失所造成的

C. 事件的发生及其造成的后果是当事人无法预见、控制、避免或克服的

D. 不可抗力是免责条款

6. 仲裁的特点主要有(　)(　)(　)(　)。

A. 当事人意思自治

B. 非公开审理

C. 解决国际商事争议的最主要的方法

D. 程序简便、结案较快、费用开支较少

7. 仲裁协议是仲裁机构受理争议案件的必要依据,(　)(　)(　)(　)。

A. 仲裁协议可以在争议发生之前达成

B. 仲裁协议可以在争议发生之后达成

C. 若仲裁协议事前与事后达成协议内容不同,应以事前达成为准

D. 按照我国法律,仲裁协议必须是书面的

8. 我国C公司与日本D公司签订了一份销售合同,其中仲裁条款规定在被诉人所在国仲裁在履约过程中发生争议,日方为申诉人,可以在(　)(　)(　)(　)进行仲裁。

A. 北京　　B. 深圳

C. 上海　　D. 青岛

9. 在国际贸易中,解决争议的方法主要有(　)(　)(　)(　)。

A. 友好协商　　B. 调解

C. 仲裁　　D. 诉讼

10. 在对外索赔与理赔工作中,(　)(　)(　)(　)是很关键的问题。

A. 保护好受损货物　　B. 设法核实对方的财产

C. 收集好索赔的依据　　D. 掌握好索赔的期限

四、判断(在你认为正确的表述题后括号中划"√",否则划"×")

1. 凡是出口商品,必须通过商检机构检验才能出口。(　)

2. 任何商品的商检证书都必须由商检局出具,才能作为议付的凭证之一。(　)

3. 目前我国对外贸易鉴定业务统一由我国商检机构或商检公司办理,不

准外国商检机构在我国设立机构和办理鉴定业务。( )

4. 在进出口业务中,进口人收货后发现货物与合同规定不符时,在任何时候都可以向供货方索赔。( )

5. 普惠制原产地证书 Form A 是证明有关商品原产地为该受惠国的专门证件,是海关凭以减免关税的证件,从这个意义上说,它是有价值的。( )

6. 异议索赔条款适用于品质数量方面的违约行为,它的赔偿额是预先约定的。( )

7. 申请国际仲裁双方当事人应事先订有仲裁协议,而向法院诉讼,无须事先征得对方同意。( )

8. 仲裁是产生纠纷后当事人双方最有效、最好的解决方式。( )

9. 仲裁裁决一经作出即具有法律效力,如败诉方不肯自愿执行裁决,则仲裁员可以强制其执行。( )

10. 我方与外商签订一笔进口合同,不久该商品价格猛涨,外商援引不可抗力条款电传要求解除合同,我方只好同意。( )

11. 我方从西欧某商进口当地通常可以买到的某化工产品,在约定的交货期前,该商所属生产上述产品的工厂之一因爆炸被毁,该商要求援引不可抗力免责条款解除交货责任。对此,我方应予同意。( )

12. 一旦发生不可抗力事故,遭遇事故方只有征得对方同意才能不执行合同。( )

13. 有关当事人一旦接到不可抗力事故的通知后无论同意与否,应及时给对方答复。( )

14. 买方对货物的检验权是强制性的,是接受货物的前提条件。( )

15. 如果合同中作为商检依据的品质条款和信用证规定不符时,则商检机构按信用证的有关规定检验。 ( )

16. 以装运港检验机构出具的证书为议付单据,以目的港检验结果为索赔依据,这种做法对买卖双方均有好处。( )

17. 国际标准化组织的英文缩写是 SGS。( )

18. 在出口国检验是指在产地检验出口商品。( )

19. 在国际贸易中,买卖双方凭样成交的,进行商品检验时应按合同进行检验。( )

20. 进出口商品检验机构检验、鉴定后出具的证明文件称为检验证书。( )

五、简答

1. 什么是商品检验?

2. 合同中的检验条款一般包括哪些内容?

3. 按《联合国国际货物销售合同公约》的规定,判定根本违约的标准是什么?

4. 索赔应注意哪些问题?

5. 理赔应注意哪些问题?

6. 仲裁的特点有哪些?

7. 国际货物买卖中的仲裁协议有何作用?

8. 在进出口业务中,对方援引不可抗力条款时,我方应注意哪些问题?

9. 简述仲裁的一般程序。

10. 简述不可抗力的必备条件。

六、案例分析

1. 我国某外贸公司与某外商签订一份出口合同,合同中订有仲裁条款,仲裁地点为北京,后来发生交货品质纠纷,外商不愿到北京仲裁,于是在当地法院起诉,当地法院向我国外贸公司寄来传票。请问我国公司应如何处理?

2. 有一份 CIF 合同,合同规定在 9 月 15 日以前装船,但在同年 8 月 20 日,卖方所在地发生地震,由于卖方存货的仓库距震中较远,因此货物未受到严重损失,仅因交通受到破坏而使货物不能按时运出。但事后,卖方以不可抗力为由通知买方撤销合同,买方不同意。试分析:卖方的主张对否?

3. 某公司以 CFR 向德国出口一批小五金工具,合同规定货到达目的港后 30 天内检验,买方有权凭检验结果提出索赔。我方公司按期发货,德国客户也按期凭单支付了货款。可半年后,我方公司收到德国客户的索赔文件,上称:上述小五金工具有 70%锈损,并附有德国某地一检验机构出具的检验证书。对德国客户的索赔要求,我方公司应如何处理?

4. 国内某研究所与日商签订了一项进口合同,欲引进一台精密仪器,合同规定 9 月交货,但到了 9 月 15 日,日本政府宣布:该仪器属于高科技产品,禁止出口,自宣布之日起 15 日生效。后日方来电,以不可抗力为由要求解除合同。问:日方的要求是否合理?我方应如何处理较为妥当?

5. 美国 A 公司从国外 B 公司进口一批冻火鸡,供应圣诞节市场,合同规定:卖方在 9 月底以前装船,但卖方违反合同,到 10 月 7 日才装船,致使该批冻火鸡到美国时圣诞节已过，因此，A 公司拒收货物并主张撤销合同。试分析：A 公司是否有权拒收货物、撤销合同？

6. 我国从阿根廷进口普通豆饼 20 000 吨，交货期为 8 月，然而 4 月阿根廷原定收购地点发生洪灾，收购计划落空，阿商要求按不可抗力事件处理，免除交货责任，我方应如何对待？

7. 进口方委托银行开出的信用证上规定：卖方须提交"商品净重检验证书"。进口商在收到货物后，发现除质量不符外，卖方仅提供重量单。买方立即委托开证行向议付行提出拒付，但货款已经押出。事后，议付行向开证行催付货款，并解释卖方所附的重量单即为净重检验证书。请问：(1)重量单与净重检验证书一样吗？(2)开证行能否拒付货款给议付行？

8. 1998 年 11 月，我国某公司与香港一公司签订了进口香烟生产线合同。设备是二手货，共 18 条生产线，由 A 国某公司出售，价值 100 多万美元。合同规定，出售商保证设备在拆卸之前均在正常运转，否则可以更换或退货。设备运抵目的地后发现，这些设备在拆运前早已停止使用，在目的地装配后也因设备损坏、缺件根本无法马上投产使用。但是，由于合同规定如要索赔需商检部门在"货到现场后 14 天内"出证，而实际上货物运抵工厂并进行装配就已经超过 14 天，无法在这个期限内向外商索赔。这样，工厂只能依靠自己的力量进行加工维修。经过半年多时间，花了大量人力物力，也只开出了 4 套生产线。请对该案例进行分析。

9. 某公司以 CIF 向鹿特丹出口食品 1 000 箱，即期信用证付款，货物装运后，凭已装船清洁提单和已投保一切险及战争险的保险单，向银行收妥货款。货到目的地后经进口人复验发现下列情况：(1)该批货物共有 10 个批号，抽查 20 箱，发现其中 2 个批号涉及 200 箱内含沙门菌超过进口国标准；(2)收货人只实收 998 箱，短少 2 箱；(3)有 15 箱货物外表情况良好，但箱内货物共短少 60 公斤。试问根据以上情况，进口人应分别向谁索赔？为什么？（本交易采用国际贸易中最常用的商品检验标准。）

10. 1987 年 9 月 13 日，三洋国际贸易公司（下称三洋公司）与江苏省对外贸易公司（下称江苏外贸公司）在南京市签订一项购销制造乳胶手套合同。合同规定：三洋公司向江苏外贸公司出售一套乳胶手套制造设备，价款 CIF 南通 53 万美元，其中 75%即 397 500 美元以信用证支付，25%即 132 500 美元以产品补偿。此外，合同中还约定了出现争议提交中国国际经济贸易仲裁委员会仲裁的条款。合同签订后，三洋公司交付了设备，江苏外贸公司支付了 75%的货款。后来，双方就设备投产后的产品质量及补偿产品的价格等问题产生争议。为此，三洋公司与该设备的实际用户江苏省滨海合成纤维厂协商，于 1988 年 11 月 26 日签订了《备忘录》，对设备投产后的遗留问题作出规定，并将原合同中以产品补偿货款 25%的付款方式变更为以现款方式，于 1989 年 3 月 30 日前分两次支付给三洋公司 14 万美元。江苏外贸公司作为合同的买方和用户的代理人在《备忘录》上签署了同意的意见。付款期限过后，三洋公司在多次催要剩余货款、江苏外贸公司始终拒付的情况下，于 1990 年 1 月 19 日，依照合同中的仲裁条款，向中国国际经济贸易仲裁委员会申请仲裁。1990 年 11 月 12 日，仲裁委员会作出裁决：江苏外贸公司于 1991 年 1 月 15 日前分两次支付给三洋公司货款 132 500 美元，逾期加计年利率为 12.5%的利息。1991 年 2 月 21 日，因江苏外贸公司未按仲裁裁决履行，三洋公司依据《中华人民共和国民事诉讼法（试行）》第一百九十五条的规定，向仲裁机关所在地的北京市中级人民法院申请执行。

北京市中级人民法院接到三洋公司申请执行书后，经审查认为该申请符合《中华人民共和国民事诉讼法（试行）》第一百九十五条的规定，决定予以执行。该院首先向被执行人江苏外贸公司发出执行通知，后于 1991 年 3 月 1 日派员前去执行。在执行中，被执行人提出，他是代理江苏省滨海合成纤维厂进口设备，该厂是实际用户，产生的纠纷应由该厂承担责任；被执行人并据此拒绝履行裁决中确认的其应当履行的义务。试分析北京市中级人民法院该如何执行？

第十四章　进出口合同的履行程序

一、名词解释

1. 定期结汇　　2. 收妥结汇

3. 押汇　　4. 商业发票

5. 大副收据

二、单项选择(在下列备选答案中选出1个正确的答案,将其序号填在题后的括号中)

1. 信用证的到期地点应视信用证规定而定,在我国外贸实务中,通常使用的到期地点为(　　)。

A. 出口地　　B. 进口地

C. 第三地　　D. 开证行所在地

2. 所谓单证"相符"的原则,是指受益人必须做到(　　)。

A. 单据与合同相符　　B. 单据和信用证相符

C. 信用证和合同相符　　D. 修改后信用证与合同相符

3. 如我方是按样品交货,一旦第三方控告我方,则我方(　　)。

A. 须承担责任　　B. 不承担责任

C. 承担一半责任　　D. 视情况而定

4. 付信用证的汇票付款人一般应为(　　)。

A. 开证行或申请人　　B. 开证行或付款行

C. 开证行或议付行　　D. 受益人

5. 当贸易术语采用FOB时,海运提单对运费的表示一般为(　　),除非信用证另有规定。

A. Freight Prepaid　　B. Freight Collect

C. Freight Prepayable　　D. As Arranged

6. 出口人向船公司换取正本已装船提单的凭证是（　）。

A. Shipping Order　　B. Freight Receipt

C. Mate's Receipt　　D. Letter of Credit

7. 在集装箱运输及多式联运的方式下，托运人凭（　）向承运人换取正本运输单据。

A. Mate's Receipt　　B. Dock Receipt

C. Shipping Order　　D. Freight Receipt

8. 海关发票的作用（　）。

A. 主要是为了送银行议付

B. 主要是为了允许进口

C. 主要是作为估价完税和征收差别待遇关税或征收反倾销税的依据

D. 扩大出口

9. 发票上品名（　）。

A. 可用统称　　B. 不得用统称

C. 必须与提单上的一样　　D. 必须与信用证一样

10. 提单日后，受益人交单议付的最长期限是（　）。

A. 15 天　　B. 21 大

C. 30 天　　D. 60 天

11. 按照国际保险市场上的一般习惯，保险金额是以发票的（　）价格为基数，再加上适当的保险加成率计算得出。

A. FOB　　B. CFR

C. FAS　　D. CIF

12. 按照《跟单信用证统一惯例》规定，若银行发现单证不符拒收单据时，应在收到单据次日起（　）个工作日内，通知受益人。

A. 6　　B. 7

C. 5　　D. 14

13. 进口的货物，如发生残损或到货数量少于提单所载数量，而运输单据是清洁的，则应向（　）提出索赔。

A. 卖方　　B. 承运人

C. 保险公司　　D. 银行

14. 租船订舱工作应按合同规定及时办理，大宗货物一般在交货期前（　）天向运输机构提出，以便运输机构有足够时间落实舱位工作。

A. 10　　B. 30
C. 45　　D. 60

15. 特约费率主要适用于(　)。
A. 逐笔保险合同项下的进口货物
B. 自愿保险合同项下的进口货物
C. 预约保险合同项下的进口货物
D. 强制保险合同项下的进口货物

16. 我方进口货物时通过银行向国外开出信用证(　)。
A. 应力争银行费用由受益人负担
B. 应按照国际惯例由开证申请人负担银行费用
C. 应力争中国以外,银行费用由受益人负担
D. 由我方自行负担

17. 信用证的基础是国际贸易销售合同,而且又是开证行对出口人的有条件的付款承诺,所以,当信用证条款与销售合同规定不一致时,受益人可以要求(　)。
A. 开证行修改　　B. 开证人修改
C. 通知行修改　　D. 付款行修改

18.《公约》规定,如合同未作规定,买方向卖方声称货物不符合同的时限是自买方实际收到货物之日起(　)。
A. 1 年　　B. 2 年
C. 3 年　　D. 4 年

19.《海牙规则》规定,向船公司诉讼的期限是从货物交付之日或应交付之日起(　)。
A. 1 年　　B. 2 年
C. 3 年　　D. 4 年

20. 被保险人向保险公司提出索赔的期限一般为:被保险货物在最后卸载港全部卸离海轮后最长不超过(　)。
A. 1 年　　B. 2 年
C. 3 年　　D. 4 年

三、多项选择(在下列备选答案中选出 2～4 个正确的答案,将其序号填在题后的括号中)

1. 对于下列单据,银行有权拒收(　)(　)(　)(　)。

A. 迟于信用证规定的到期日提交的单据

B. 迟于装运日期后 15 天提交的单据

C. 内容与信用证内容不相符的单据

D. 单据之间内容有差异的单据

2. 制单结汇工作中必须做到一致的是(　)(　)(　)(　)。

A. 单单一致　　B. 单证一致

C. 单货一致　　D. 单与合同一致

3. 已装船提单的签发期为 7 月 15 日,信用证规定的有效期为 8 月 15 日,交单期限为装运日后的 15 天,如果信用证要求卖方提交保险单,则保险单的出单日期可以为(　)(　)(　)(　)。

A. 7 月 30 日　　B. 7 月 15 日

C. 7 月 25 日　　D. 8 月 15 日

4. 货到目的港后,买方发现货物短缺,它可以向(　)(　)(　)(　)索赔。

A. 卖方　　B. 承运方

C. 保险公司　　D. 目的港政府管理部门

5. 因租船订舱和装运而产生的单据是(　)(　)(　)(　)。

A. 托运单　　B. 装货单

C. 收货单　　D. 提单

6. 我国出口结汇的方法有(　)(　)(　)(　)。

A. 不定期结汇　　B. 押汇

C. 定期结汇　　D. 收妥结汇

7. 在实际业务中,凭 L/C 成交出口的货物,如货物出运后发现单证不符,而由于时间的限制,无法在 L/C 有效期内做到单证相符,可采取的变通方法是(　)(　)(　)(　)。

A. 担保议付　　B. "电提"方式征求开证行意见

C. 改为跟证托收　　D. 直接要求买方付款

8. 审核 L/C 金额和货币时,需要审核的内容包括(　)(　)(　)(　)。

A. L/C 总金额的大小写必须一致

B. 来证采用的货币与合同规定的货币必须一致

C. 发票和/或汇票的金额不能超过 L/C 总金额

D. 若合同订有溢短装条款,L/C 金额应有相关的规定

9. 审核信用证和审核单据的依据是(　)(　)(　)(　)。

A. 开证申请书　　B. 合同

C. 整套单据　　　　　　　　　　D. 信用证

10. 若信用证上的出票条款上规定"DRAW ON US",则汇票上的付款人不应该填(　)(　)(　)(　)。

A. 开证申请人　　　　　　　　　B. 开证银行

C. 受益人　　　　　　　　　　　D. 通知行

四、判断(在你认为正确的表述题后括号中划"√",否则划"×")

1. 国外来证规定分两批(Two Lots)装运,我们就必须将货物装在不同航次的两条船上。(　)

2. 运输标志和警告性标志均要在运输单据中标明。(　)

3. AB两方签订贸易合同,规定付款方式为信用证。后来,C给卖方A开来信用证。这种情况,除非事先有约定,一般是不可以的。(　)

4. 各种结汇单证签发日期应先后有序,才不致造成逻辑上的混乱和单单不符。这就是:商检证应先于保险单,保险单不应迟于提单,发票不应迟于汇票。(　)

5. 在信用证付款方式下,只要在信用证的有效期内,不论受益人何时向银行提交合乎合同规定的单据,银行一律不得拒收单据和拒付货款。(　)

6. 受益人对信用证修改通知接受与否,可延至向银行交单时再作表态。(　)

7. 受益人接受银行转交的信用证修改书时,可以接受其中对受益人有利的一点或几点,而将其中不同意之点通知银行转告开证行撤销。(　)

8. 出口商所制单据不完全符合信用证条款,银行拒绝议付,出口商要求银行改为托收方式去收汇,这比原合同规定D/P收汇风险更大。(　)

9. 我方要求国外改证,国外回电已更改,并要求立即装船,于是照办。这样做是对的。(　)

10. 某公司进口设备到货后,发现与合同规定不符,但卖方及时自费对设备进行了修理,使设备达到了原定的标准。在此情况下,买方就不能提出任何损害赔偿要求。(　)

11. 信用证修改通知书有多项内容时,只能全部接受或全部拒绝,不能只接受其中的一部分,而拒绝另一部分。(　)

12. 海关发票是出口国海关为了统计出口数量和金额要求出口人填写的一种专门格式的发票。(　)

13. L/C支付方式下,开具汇票的依据是L/C,而托收和汇付方式下,开

具汇票的依据是买卖合同。( )

14. 由出口地银行审单认可购进出口商的汇票和所附的货运单据,扣除利息后将票款垫付给出口商的过程称为议付。( )

15. 信用证修改申请只能由受益人本人提出。( )

16. 发票是海关发票、估价和原产地联合证书的统称。( )

17. 受益人对修改的信用证可以全部接受,也可以部分接受。( )

18. 商业发票无须签字。( )

19. 凡迟于信用证有效期提交的单据,银行有权拒付。( )

20. 汇票无论份数多少,每份具有同等效力。( )

五、简答

1. 在出口备货中应注意哪些问题?

2. 在什么情况下需要对外商催促开证?

3. 外贸企业在审核信用证时应着重注意哪些问题?

4. 修改信用证时,应注意哪些问题?

5. 在进口业务中,开立和修改信用证应注意什么问题?

六、案例分析

1. 我国某公司按 CFR 条件、凭即期不可撤销信用证以集装箱出口成衣 350 箱,装运条件是 CY BY CY。货物交运后,我方取得清洁已装船提单,提单上标明:“SHIPPERS LOAD AND COUNT”。在信用证规定的有效期内,我方及时办理了议付结汇手续。20 天后,接对方来函称:经有关检验,发现其中有 20 箱包装严重破损,各方均证明集装箱外表完好无损,为此,对方要求我方赔偿其货物短缺的损失。请问:对方的要求是否合理?

2. 某公司向外国某商行进口一批钢材,货物分两批装运,支付方式为不可撤销即期信用证,每批分别由中国银行开立一份信用证。第一批货物装运后,卖方在有效期内向银行交单议付,议付行审单后,即向该商行议付货款,随后,中国银行对议付行作了偿付。我方在收到第一批货物后,发现货物品质与合同规定不符,因而要求开证行对第二份信用证项下的单据拒绝付款,但遭开证行拒绝。你认为开证行这样做是否合理? 为什么?

3. 我国某外贸公司与国外 B 公司达成一笔出口合同,信用证规定“数量 9 000公吨,7～12 月分批装运,每月装 1 500 公吨”。卖方在 7～9 月装 1 500 公吨,银行已分批凭单付款。第四批货物原定 10 月 15 日装运出口,但由于台风登陆,第四批货物延迟至 11 月 2 日才装运出口。当受益人凭 11 月 2 日的装船提单向银行议付时,遭银行拒付。后来受益人又以"不可抗力"为由要求银行付款,亦遭银行拒绝。请问:在上述情况下,银行有无拒付的权利?为什么?

4. A 公司在 1998 年 11 月与阿联酋迪拜 B 公司签订了一份出口合同,货物为 1×20 集装箱一次性打火机。不久 B 公司即开来一份不可撤销即期信用证,来证规定装船期限为 1999 年 1 月 31 日,要求提供"Full set original clean on board ocean Bill of Lading..."(全套正本清洁已装船海运提单)。由于装船期太紧,A 公司便要求 B 公司展期,装船期限改为 1999 年 3 月 31 日。B 公司接受了 A 公司的要求修改了信用证。收到信用证并经全面审查后未发现问题,A 公司在 3 月 30 日办理了货物装船,4 月 13 日向议付行交单议付。4 月 27 日收到议付行转来的开证行的拒付通知:"你第××××号信用证项下的单据经我行审查,发现如下不符点:提单上缺少'已装船'批注。以上不符点已经与申请人联系,亦不同意接受。单据暂代保管,听候你方的处理意见。"A 公司的有关人员立即复查了提单,同时与议付行一起翻阅与研究了《跟单信用证统一惯例》500 号出版物(以下简称《UCP500》)的有关规定,证实了开证行的拒付是合理的。A 公司立即电洽申请人,提单缺少"已装船"批注是我方业务人员的疏忽所致,货物确实是被如期装船的,而且货物将在 5 月 3 日左右如期到达目的港,我方同意他方在收到目的港船代的提货通知书后再向开证行付款赎单。B 公司回复由于当地市场上一次性打火机的售价大幅下降,只有在我方降价 30%后方可向开证行赎单。我方考虑到自己理亏在先,同时通过国内同行与其他客户又了解到,进口国当地市场价格确实已大幅下降,我方处于十分被动地位,只好同意降价 30%,了结此案。请分析此案例,我们应从中吸取怎样的教训?

5. 2001 年 4 月广交会上 A 公司与科威特某一老客户 B 签订合同,客人欲购买 A 公司的玻璃餐具(名:GLASS WARES),A 公司报价 FOB WENZHOU,温州出运到科威特,海运费到付。合同金额达 USD 25 064.24,支付条件为全额信用证,客人回国后开信用证到 A 公司,要求 6 月出运货物。A 公司按照合同与信用证的规定在 6 月按期出了货,并向银行交单议付,但在审核过程中发现两个不符点:(1)发票上:GLASS WARES 错写成 GLASSWARES,即没有空格;(2)提单上:提货人一栏,TO THE ORDER OF BURGAN BANK,KUWAIT 错写成了 TO THE ORDER OF BURGAN BANK,即漏写 KUWAIT。A 公司认为这两个是极小的不符点,根本不影响提货。

我公司本着这一点，又认为客户是老客户，就不符点担保出单了。但A公司很快就接到由议付行转来的拒付通知，银行就以上述两个不符点作为拒付理由拒绝付款。A公司立即与客户取得联系，原因是客户认为到付的运费(USD 2 275.00)太贵(原来A公司报给客户的是5月的海运费，到付价大约是USD 1 950.00，后6月海运费价格上涨，但客户并不知晓)。拒绝到付运费，因此货物滞留在码头，A公司也无法收到货款。后来A公司人员进行各方面的协调后，与船公司联系要求降低海运费，船公司将运费降到USD 2 100.00，客户才勉强接受，到银行付款赎单，A公司被扣了不符点费用。整个解决纠纷过程使得A公司推迟收汇大约20天。我们应从本案例中吸取怎样的教训？

6. 2001年3月，A文化用品公司与美国C贸易公司签订一份买卖合同，约定C贸易公司向A文化用品公司购买一批塑料文具。A文化用品公司委托美国B运通公司将这批塑料文具运往纽约，并根据承运人的要求在指定时间将货物运到指定的装运港口。6月，货物装船，船长代理承运人签发了一式三份正本记名提单。货到目的港后，C贸易公司始终未付款，A文化用品公司拟将货物运回。在与美国B运通公司的交涉过程中，A文化用品公司于同年12月得知货物已被C贸易公司凭汇丰银行出具的保函提取。A文化用品公司遂要求美国某运通股份公司承担无单放货的责任，而美国某运通有限公司认为应由买方C贸易公司自己承担责任。双方协商不成，A文化用品公司遂提起诉讼。请分析法院会如何判决此案。

7. 1996年10月7日，香港LINKVEST有限公司与奥玛维塔船务公司(ALMAVITA SHIPPING CO.)签订航次期租船合同，租用后者的“奥玛维塔”轮(M/V ALMAVITA)，运输一批钢材从乌克兰伊利切夫斯基至中国汕头港。租船合同附加条款约定：“如果承租人或他的代理人要求，船长应授权承租人和/或他的代理人代表船长，按照大副收据签发任何所出示的提单，而不对本租船合同产生影响。承租人应赔偿出租人因提单与大副收据不一致而给出租人造成的损失。”11月14日，F. H. Bertling Gesellschaft M. B. H. 作为承租人的代理，代表“奥玛维塔”轮船长，在维也纳签发了两套已装船清洁提单。提单记载，已装上“奥玛维塔”轮的乌克兰盘元数量为19 484卷，毛重为10 039.432公吨。提单记载的货物数量与大副收据一致，重量则是按照信用证的要求记载，比大副收据少9.388吨。“奥玛维塔”轮在汕头港卸货，经中华人民共和国广东进出口商品检验局检验，短少240卷，共计142.412吨。

货物收货人汕头市潮兴贸易公司向广州海事法院提起诉讼，请求判令奥玛维塔船务公司偿付短货损失、检验费、短货部分的保险费和违约罚金等共38 024美元及人民币150 838.43元。奥玛维塔船务公司答辩认为，其没有签发也没有授权自称代表船长的F. H. Bertling Gesellschaft M. B. H. 公司签发提单。该提单对奥玛维塔船务公司没有任何法律约束力，请求法院驳回汕头市潮兴贸易公司的诉讼请求。请分析法院会如何判决此案。

8. 某食品进出口公司向C贸易有限公司出口一笔冻野味，3月8日接到通知行转来对方开来信用证，其信用证中有关部分条款规定："900 M/Tons of Frozen Pheasant, Male and female, including: 300 M/Tons of A grade, 2.5 kgs. min Per brace, 300 M/Tons of B grade, 2.25 kgs min. per brace. 300 M/Tons of C grade, 2 kgs. mln. per brace. Packed in wooden cases. Shipment must be effected in two equal lots by separatevessels. The first lot to be effected not later than April 30, 1997. The second lot to be effected not later than May 15, 1997."（900公吨凉山鸡，雌雄成对，其中包括A级300公吨，每对重量不低于2.5千克，B级300公吨，每对重量不低于2.25千克，C级300公吨，每对重量不低于2千克。木箱包装。装运必须分等量两批分船装，第一批须于1997年4月30日前装运，第二批须于1997年5月15日前装运。）食品进出口公司根据上述信用证条款规定分等量两批分船装的要求和库存情况，决定安排分两批装运：

第一批装450公吨，其中包括：A级140公吨，B级160公吨，C级150公吨。

第二批装450公吨，其中包括：A级160公吨，B级140公吨，C级150公吨。

食品进出口公司于4月15日将第一批450公吨货物装运完毕，16日即备齐信用证项下的所有单据对外寄单。但于28日却接到开证行拒付通知：

"第××××号信用证项下单据经审查发现单证不符。我方信用证规定必须分等量两批分船装运，但根据我方所收到的单据表明你方未按照每批等量分部装，所以不符合信用证要求。并联系申请人亦不同意接受单据，单据暂代保管，听候你方处理意见。"

4月28日食品进出口公司对开证行的拒付意见，经有关人员研究后决定除向买方C贸易有限公司提出外，同时于4月30日向开证行答复如下：

"你方4月28日关于第××××号信用证项下所谓单证不符问题，我们认为，你方信用证总货量共900公吨，虽然规定'装运必须分等量两批分船装'，但我方第一批于4月15日装运了450公吨，并计划在下月15日前再装

450 公吨，正好是等量两批分船装，因此我方第一批装 450 公吨的单据完全符合你方信用证的要求，你行应该接受单据。”

5 月 2 日又接到开证行电：

“你方 4 月 30 日电悉。关于第××××号信用证项下单证不符问题，我行认为虽然你方第一批按 450 公吨装运，但我信用证规定货物分等量两批装运，而且货物数量分有三项，所以分批应包括三项中每一项都必须分等量装运。即你方亦应按我信用证规定第一批装 A 级 150 公吨，B 级 150 公吨，C 级 150 公吨才符合信用证规定。而你方 A 级只装 140 公吨，B 级却装 160 公吨，所以不符合信用证要求。经我行再三研究，确实无法接受。请速告单据处理的意见。5 月 2 日也接到买方 C 贸易有限公司来电称：‘关于你方 4 月 30 日电对第××××号合同项下 900 公吨冻山鸡 A、B 两等级数量未按等量装运的情况，我们再三研究实难接受。我们合同虽然未明确，但信用证规定等量两批分别装运，而且你方又接受了信用证，我方才与用户商定按照数量如此交货。由于你方在本批未按该三种等级规格分别等量装运，即对 A 级少交 10 公吨，使我无法向用户交货，用户向我索赔××××美元。”

根据上述情况，你方应负担由此而引起的我方损失，否则我方无法接受你方单据。5 月 2 日，食品进出口公司考虑货已到达目的港，对方又不接受单据，货物如继续拖延无人提货，将造成更大的损失。所以食品进出口公司最后只好答应赔偿对方部分损失才结案告终。我们应从本案例中吸取怎样的教训？

9. 温州某公司与 A 公司签订了一笔 USD 40 000.00 FOB 宁波的出口合同，付款方式是订单确认后先支付 USD 1 000.00 作为订金，剩余货款于货物装船前通过电汇（T/T）付清，并且约定客户将在货款生产完毕之时来工厂检验。我方收到订金后开始生产，在货款即将生产完毕之时通知对方来工厂检验。但对方要求货物在装运港——宁波港实施，检验合格后，对方却直接给我方银行汇票。与此同时，我方了解到，船公司是客户指定的，提单将由船公司直接放给客户的。这样做客户已经改变合同条款，主要体现在以下三个方面：

(1)客户改工厂检验为装运港检验。这样无形中增加我方风险，万一对方检验后认为不合格，我方将增加不必要的费用。

(2)客户该电汇（T/T）为银行汇票（D/D）。付款行为“汇丰银行上海分行”，由于异地托收，所需时间较长，大约为 20 天左右。对我方资金周转有影响。而且据已经发生的案例说明，在收款人兑现汇票之前，对方有权利要求银行止付。

(3)提单将直接由船公司直接放给客户。按照惯例,船公司只有在收到托运人的委托书后才可以将提单放给收货人(买方)。但这里的船公司与收货人之间有长期良好的合作关系,因此,船公司答应在装船后3～4天将提单放给收货人,这显然会影响到我方利益。请问,我方对此应该如何处理?

10. 中国某食品有限公司出口苹果酒一批,国外来证货名"APPLE WINE",我方为保证单证一致,所有单据上均用"APPLE WINE"。不料货到国外遭进口国海关扣留罚款,因该批酒的内、外包装上均写的是"CIDER"字样。结果外商要求我方赔偿其罚款损失。请问:我方对此有无责任?

第十五章　国际贸易方式

一、名词解释

1. Exclusive Sales
2. Sole Agency
3. Tender
4. Compensation Trade
5. Auction

二、单项选择（在下列备选答案中选出1个正确的答案，将其序号填在题后的括号中）

1. 寄售贸易中，寄售人与代销人之间的关系是（　）。

A. 委托代销　　B. 买卖关系

C. 雇佣关系　　D. 贸易关系

2. 补偿贸易采用对开生效信用证支付方式，则（　）。

A. 我方开远期信用证，外商开即期信用证

B. 我方开即期信用证，外商开远期信用证

C. 我方开远期信用证并注明见到外商开立的即期信用证后才生效

D. 我方开远期信用证，外商开远期信用证

3. 技术转让合同，双方当事人应是（　）。

A. 卖方和买方　　B. 供方和受方

C. 出租方和承租方　　D. 进口方和出口方

4. 来料加工按外商定牌生产，加工方为免除责任（　）。

A. 必须订立工业产权免责条款

B. 不必订立工业产权免责条款

C. 只要委托方能证明牌子已在中国注册登记即可

D. 由外商决定

5. 华兴贸易公司为我国某进出口公司在新加坡的服装独家代理。协议规定按成交额由我方支付 2%的佣金。在协议有效期内，我方与新加坡兴隆公司直接成交服装一批。按照国际习惯做法，(　)。

A. 我方可以不给华兴公司佣金

B. 我方应按协议规定付给华兴公司 2%的佣金

C. 我方只应给华兴公司 1%的佣金

D. 双方协商

6. 在一个国家注册的商标(　)。

A. 只在获准国有效　　B. 可以在销售国有效

C. 可以在任何国家有效　　D. A 和 B

7. 许可证贸易是指(　)。

A. 买卖双方必须向有关方面申请进出口许可证

B. 买卖双方买进或卖出许可证

C. 买卖双方就技术使用权进行买或卖

D. 买卖双方一方买进一方卖出许可证

8. 工业产权的特征是(　)。

A. 时间性、地域性、新颖性　　B. 独占性、时间性、新颖性

C. 独占性、地域性、时间性　　D. 独占性、地域性、新颖性

9. 在补偿贸易中，购买技术设备的一方用该技术设备投产后生产出来的产品偿还技术设备的价款或购买技术设备所有贷款本息，这种方式称为(　)。

A. 直接补偿　　B. 间接补偿

C. 综合补偿　　D. 混合补偿

10. 在来料加工业务中，当采取原材料和成品分别作价时，对价款的收付，应掌握的基本原则是(　)。

A. 先付原材料价款，后收成品价款

B. 先收成品价款，后付原材料价款

C. 成品价款和原材料价款同时收付

D. 视具体情况而定

11. 我国出口商品最重要的展销方式为(　)。

A. 华交会　　B. 广交会

C. 小交会　　D. 到国外举办展卖会

12. 下列对比包销、代理的描述中，正确的是(　)。

A. 包销商、独家代理商均享有指定商品的专营权

B. 包销商、代理商均得到货物实体

C. 包销商、代理商均得到货物的所有权

D. 包销商、代理商经营的目的均为获取佣金

13. 在来料加工业务中，料件与成品的所有权（ ）。

A. 成品属于供料方，料件属于加工方

B. 料件属于供料方，成品属于加工方

C. 均属于供料方

D. 均属于加工方

14. 在独家代理和包销两种贸易方式中（ ）。

A. 前者是买卖关系，后者是代理关系

B. 前者是代理关系，后者是买卖关系

C. 都是代理关系

D. 都是买卖关系

15. 包销协议实质是上是一份（ ）。

A. 买卖合同　　B. 代理合同

C. 寄售合同　　D. 拍卖合同

16. 在寄售协议下，货物的所有权在寄售地出售前属于（ ）。

A. 代理人　　B. 寄售人

C. 代销人　　D. 包销人

17. 拍卖的特点是（ ）。

A. 卖主之间的竞争　　B. 买主与卖主之间的竞争

C. 买主之间的竞争　　D. 拍卖行与拍卖行之间的竞争

18. 投标人发出的标书是一项（ ）。

A. 不可撤销的发盘　　B. 可撤销的发盘

C. 可随时修改的发盘　　D. 有条件的发盘

19. 有些国家的政府或海关在处理库存物资或没收货物时往往采用（ ）。

A. 增价拍卖　　B. 减价拍卖

C. 密封式递价拍卖　　D. 一般拍卖

20. 在国际贸易中，我们经常采取一种有别于通常的代理销售的贸易方式，它是指委托人（货主）先将货物运往拟销售地点，委托国外一个代销人（受托人）按照协议规定的条件，由代销人代替货主进行销售，在货物售出后，由代销人向货主结算货款，这种贸易方式我们称之为（ ）。

A. 包销　　B. 代理
C. 寄售　　D. 拍卖

三、多项选择(在下列备选答案中选出2～4个正确的答案,将其序号填在题后的括号中)

1. 包销协议一般应包含以下内容(　)(　)(　)(　)。
A. 包销期限　　B. 佣金
C. 专营权　　D. 包销地区
2. 代理协议一般应包含以下内容(　)(　)(　)(　)。
A. 代理权限　　B. 专营权
C. 最低代销额　　D. 佣金
3. 下列对拍卖业务的描述恰当的有(　)(　)(　)(　)。
A. 拍卖是一种公开竞买的现货交易
B. 参与拍卖的买主,一般须向拍卖机构缴存一定数额的保证金
C. 拍卖有自己独特的法律和规章
D. 拍卖是在一定的机构内有组织地进行的
4. 下列对招标业务的描述正确的有(　)(　)(　)(　)。
A. 招标业务双方当事人之间为买卖关系
B. 招标、投标属于竞卖性质
C. 招标业务中一般没有还盘环节
D. 在招标过程中,投标人一般处于被动地位
5. 以下关于寄售贸易方式的说法中正确的是(　)(　)(　)(　)。
A. 寄售人可根据自己的意愿销售在途货物
B. 是典型的凭实物进行买卖的现货交易
C. 寄售人和代销人之间是委托代售关系
D. 寄售货物在售出之前的一切费用和风险,均由寄售人承担
6. 按国际惯例,出现(　)(　)(　)(　)情况,投标人可拒绝全部投标。
A. 投标人未发出标书
B. 最低标价大大超过国际市场价格水平
C. 所有投标书内容与招标要求不符
D. 在国际竞争性招标时投标人数太少
7. 以下关于进料加工的说法中正确的是(　)(　)(　)(　)。
A. 在我国被称为“以进养出”

B. 包括进口原材料和出口成品两笔业务

C. 目的是为了赚取以外汇表示的附加值

D. 原材料的供应者和成品的购买者没有必要联系

8. 来料加工与进料加工业务的主要区别在于(　)(　)(　)(　)。

A. 前者是一笔交易,后者是两笔交易

B. 前者属于对销贸易,后者属于加工贸易

C. 前者获取加工费,后者赚取利润

D. 前者的创汇率一般低于后者

9. 根据协议,获得某地区商品专营权的是(　)(　)(　)(　)。

A. 寄售商　　B. 包销商

C. 独家代理商　　D. 拍卖商

10. 补偿贸易的方式很多,按照补偿的内容划分,主要有(　)(　)(　)(　)。

A. 以直接产品补偿　　B. 以其他产品补偿

C. 以劳务补偿　　D. 以外汇补偿

四、判断(在你认为正确的表述题后括号中划"√",否则划"×")

1. 商品交易所是国际贸易的场所,是世界市场的一种形式,任何商品都可以在交易所买卖。(　)

2. 中国出口商品交易会是国际博览会。(　)

3. 拍卖具有竞买的性质,投标具有竞卖的性质。(　)

4. 投标人发出的标书是一项不可撤销的发盘。(　)

5. 进料加工起码是两笔交易,而来料加工只能是一笔交易。(　)

6. 在包销和独家代理方式下,卖方均给外商以独家专营权。(　)

7. 国际商品拍卖,卖的是现货。(　)

8. 期货交易就是纸合同买卖。(　)

9. 买期保值就是指在现货交易中买进一批实物的同时,在交易所卖出一批数量和交货期相同的期货。(　)

10. 来料加工又称以进养出。(　)

11. 独占许可是供方和第三者都不能使用出让技术的一种方式。(　)

12. 专利权和商标权的法律保护具有地域性和时间性。(　)

13. 我国外贸企业以现汇从国外购来原料加工成品后出口,这种贸易方式称为来料加工。(　)

14. 在国际招标业务中，招标人既可以根据对本身最优惠的条件选定中标人，也可以宣布招标失败，从而拒绝全部投标。( )

15. 补偿贸易是国际直接投资的方式之一。( )

16. 加工装配业务的核心是实现外汇增值。( )

17. 寄售与代理的一个共同之处，就是每一业务的双方当事人之间均为委托关系。( )

18. 拍卖业务中，都是由拍卖人宣布最低起点价，再由竞买人竞相加价，直至无人加价时，拍卖人落槌成交。( )

19. 拍卖业务中，竞买人叫价为发盘，主持人落槌为接受。( )

20. 加工贸易包括对外加工、装配业务和进料加工。这些均属于以商品为载体的劳务贸易。( )

五、简答

1. 简述包销与独家代理的异同。
2. 简述独家代理与一般代理的区别。
3. 什么是来料加工？什么是进料加工？
4. 简述寄售方式的利弊。
5. 简述补偿贸易的特点。
6. 什么是海琴业务？其做法有哪几种？
7. 租赁贸易有哪些特点？
8. 简述招标的种类与方式。
9. 简述展卖的性质与作用。
10. 简述电子商务的特点。

模拟试卷(1)

一、填空题(每空1分,共15分)

1. 世界贸易组织的基本原则可以归纳为(1)________;(2)________;(3)________;(4)________。

2. 非关税壁垒具有________、________、________的特点。

3. 在国际货款结算中,买方先付款、卖方后交单的支付方式叫做________。根据付款时间的不同,又可把它们分为________和________两种。

4.《联合国国际货物销售合同公约》把违约区分为________和________。其中________受害方可以宣告合同无效,而________只能要求损害赔偿,不能宣告合同无效。

5. ________意思是指美国陆上公共点或内陆地区。

二、单项选择题(每小题1分,共10分)

1. 我国法律认可的进出口贸易合同形式是(　)。

A. 口头形式合同　　B. 书面形式合同

C. 行为形式合同　　D. 其他形式合同

2.《联合国国际货物销售合同公约》确定货物交易"国际性"的标准是(　)。

A. 买卖双方当事人营业地处于不同国家

B. 买卖双方当事人具有不同国籍

C. 订立合同行为完成于不同的国家

D. 货物必须由一国运往另一国

3. 交易磋商的一般程序包括询盘、发盘、还盘和接受四个环节。其中(　)是订立合同的必备环节。

A. 询盘和发盘　　B. 发盘
C. 发盘和接受　　D. 接受

4. 商检部门对进出口商品的质量、规格、等级进行检验后出具的是(　)。

A. 品质检验证书　　B. 重量检验证书
C. 数量检验证书　　D. 卫生检验证书

5. 某外商欲购我方“华生”牌电扇，但要求改用“钻石”商标，并注明“MADE IN CHINA”，这属于(　)。

A. 中性包装　　B. 定牌中性包装
C. 定牌生产　　D. 无牌生产

6. 速遣费是(　)。

A. 向租船方收取的一笔罚金
B. 给予负责装卸货物的一方的一笔奖金
C. 向出口人收取的一笔罚金
D. 给予进口人的一笔奖金

7. 下列我国海运货物保险条款中不能单独投保的险别是(　)。

A. 平安险　　B. 水渍险
C. 一切险　　D. 战争险

8. 成交一批由上海出口至英国伦敦的羊毛，下列贸易术语正确的是(　)。

A. FOB 上海　　B. FOB 伦敦
C. DEQ 上海　　D. CIF 上海

9. 不可抗力事件的证明文件在我国由(　)出具。

A. 外经贸部　　B. 出入境检验检疫局
C. 海关　　D. 贸易促进委员会

10. 国外某买主向我出口方来电：“接受你方 12 日发盘，请降价 5%”，此来电属于交易磋商的(　)环节。

A. 发盘　　B. 询盘
C. 还盘　　D. 接受

三、多项选择题(每小题 2 分，共 10 分)

1. 目前，国际贸易中通常使用的度量衡制度为(　)(　)(　)(　)。

A. 英制　　B. 美制
C. 公制　　D. 法制

2. 根据《2000年通则》的解释，以下术语属于到达合同术语(　)(　)(　)(　)。

A. FOB　　B. CIP

C. DAF　　D. DEQ

3. 唛头通常由下列部分组成(　)(　)(　)(　)。

A. 收货人或买方名称的英文编写字母或简称

B. 参考号

C. 目的地

D. 件号

4. 倒签提单是指(　)(　)(　)(　)。

A. 签发提单日期早于实际装船日的提单

B. 晚于提单上所载明货物到达目的港的提单

C. 具有法律效力的提单

D. 不具有法律效力的提单

5. 从上海港出口货物到伦敦港，可选择下列贸易术语(　)(　)(　)(　)。

A. FOB SHANGHAI　　B. FOB LONDON

C. CIF SHANGHAI　　D. CIF LONDON

四、名词解释(每小题3分，共15分)

1. 对外贸易依存度　　2. 普遍优惠制

3. D/D　　4. 中性包装

5. offer

五、简答题(每小题4分，共20分)

1. 简述出口导向措施。

2. 简述海运货物保险承保的范围。

3. 简述信用证的特点。

4. 试述FOB、CIF、CFR三种贸易术语的货物风险转移地点、进口报关责任、卖方费用负担情况及适用的运输方式。

5. 简述不可抗力的含义及前提条件。

六、计算题(每小题 5 分,共 20 分)(以下答案请保留两位小数)

1. 舒华公司出口电机 500 台,共装 100 箱,从广州到伦敦交货,每箱毛重 400 千克,每箱尺码为 60cm×50cm×120cm。查外轮公司运费表,该商品为 10 等级,按 M/W 标准,基本费率为 80 港元/运费吨,另有燃油附加费 20%,港口附加费 10%。问应付多少运费?

2. 向远公司从韩国进口一批商品,出口商报价 CIF 中国深圳每公吨 460 美元,我方要求改报英镑 FOB 价格条件,出口商报价 FOB 仁川每公吨 182 英镑,假设 100 英镑=223.35 美元,运费保险费占货价 10%,试计算哪种价格对向远公司有利。

3. 安贝公司进口某产品,以 CFR 价成交,发票金额为 12 000 美元,国外出口商电告货已发运。安贝公司即向某保险公司按 CIF 价的 110%投保水渍险和战争险,总保险费率为 0.8%。试计算保险费。

4. 嘉骏公司出口手工艺品一批,出口总价为 100 000 美元 CIF 纽约,其中运费 1 800 美元,保险费 200 美元。该产品收购价 468 000 元人民币(含增值税 17%),费用定额率 10%,出口退税率 9%,假设汇价为 100 美元=670 元人民币,求该批手工艺品的出口盈亏率。

七、案例分析题(每小题 5 分,共 10 分)

1. 我国某公司向德国出口一批农产品,合同规定其所含水分最高为 15%,杂质不超过 3%,但在成交前我方曾向买方寄过样品,订约后我方又电告对方成交货物与样品相似。货到德国后,买方验货后提出货物的质量比样品差的检验证明,并据此提出索赔 6 000 英镑,最后我方如数赔偿。请评析此案例。

2. 我国某出口公司按 CIF 条件向某国出口一批草编制品,向中国人民保险公司投保了一切险,并规定用信用证方式支付。我国出口公司交货并完成了议付。第二天接客户来电,称装货的海轮在海上失火,货轮全部烧毁,并要求我国公司出面向中国人民保险公司索赔,否则要求我国公司退回全部货款。试分析我国公司该如何处置客户的要求?为什么?

模拟试卷(2)

一、填空题(每空 1 分,共 15 分)

1. 发展中国家的对外贸易政策有________、________和________。

2. 关税有两重作用:________和________。

3. 我国海运保险基本险别有________、________和________三种。当被保险人投保一切险时,黄曲霉素险________承保的范围内,淡水雨淋险________承保的范围内。

4. 汇付与托收支付方式均凭借________信用。

5. 英国法把违约区分为________和________。其中________受害方可以宣告合同无效,而________只能要求损害赔偿,不能宣告合同无效。

二、单项选择题(每小题 1 分,共 10 分)

1. 我国衡量国际货物买卖合同国际性的标准是(　)。

A. 交易双方当事人的营业地处于不同的国家

B. 交易双方当事人具有不同的国籍

C. 订立合同的行为完成于第三国

D. 货物由一国运往另一国

2. 接受和发盘(　)。

A. 属于商业行为　　B. 属于法律行为

C. 属于交易行为　　D. 既属于商业行为也属于法律行为

3. 在 CIP 条件下,卖方按惯例投保的保险金额一般是在合同价格的基础上加成(　)。

A. 5%投保　　B. 10% 投保

C. 5%～10%投保　　D. 15% 投保

4. 下列托收形式中，对于卖方收汇来说风险最大的是（ ）。

A. D/P after sight　　B. D/P at sight

C. D/P T/R　　D. D/A

5. 既有自愿性，又有强制性的解决争议的方式是（ ）。

A. 协商　　B. 调解

C. 诉讼　　D. 仲裁

6. 产地证明书的签发者通常是（ ）。

A. 出口地的公证行或工商团体　　B. 出口国的行政主管部门

C. 出口企业　　D. 出口企业所在地政府

7. 寄售协议中双方当事人之间的关系属于（ ）。

A. 买卖关系　　B. 委托与受托关系

C. 代理关系　　D. 上下级关系

8. 在凭卖方样品交易时，卖方为防止日后出现有关品质的异议，通常备份一些样品，以作为品质评定的依据。这些样品被称为（ ）。

A. 对等样品　　B. 参考样品

C. 留存复样　　D. 回样

9. 下列贸易术语中，由卖方办理投保手续的是（ ）。

A. FOB　　B. FCA

C. CPT　　D. CIF

10. 属于公开竞买的贸易方式是（ ）。

A. 招标与投标　　B. 拍卖

C. 包销　　D. 寄售

三、多项选择题（每小题 2 分，共 10 分）

1. 国际贸易中，货物重量的计算方法有（ ）（ ）（ ）（ ）。

A. gross weight　　B. net weight

C. gross for weight　　D. net net weight

2. 根据《2000 年通则》的解释，以下术语属于主运费已付合同术语是（ ）（ ）（ ）（ ）。

A. DDU　　B. CIP

C. CFR　　D. DEQ

3. 构成发盘必须具备的条件是（ ）（ ）（ ）（ ）。

A. 向一个或一个以上的特定人提出

B. 表明订立合同的意思

C. 发盘的内容必须十分确定

D. 发盘的内容必须真实

4. 过期提单是指(　)(　)(　)(　)。

A. 货物实际装船时间晚于提单签发时间的提单

B. 晚于提单上所载明货物到达目的港的提单

C. 晚于货物实际装运日期 21 天签发的提单

D. 提单记载内容错误,不再具有效力的提单

5. 国际货物买卖合同中的单价通常由(　)(　)(　)(　)构成。

A. 计量单位　　B. 单位价格金额

C. 计价货币　　D. 贸易术语

四、名词解释(每小题 3 分,共 15 分)

1. 不可抗力　　2. 佣金

3. T/T　　4. 定牌

5. 还盘

五、简答题(每小题 6 分,共 18 分)

1. 简述合同成立的有效条件。

2. 简述共同海损应具备的条件。

3. 信用证项下结汇的主要单据有哪些?

六、计算题(每小题 5 分,共 20 分)(以下答案请保留两位小数)

1. 我国某出口公司向欧洲某国出口 10 吨羊毛,经抽样证明,羊毛实际回潮率为 12%。问用公量计算交货重量为多少?(注:已知国际上羊毛标准回潮率为 11%)

2. 我国某公司拟向国外客户出售甲产品 100 只,该产品含税采购价每只 100 元人民币(增值税率为 17%),按每 10 只装一纸箱。包装费用每箱 50 元人民币,国内运杂费用每箱 50 元人民币,商检报关费用共计 200 元人民币。经核实,该批货物出口需国外运费 500 美元。若由我方办保险,其保险费按 CIF 成交价加一成投保一切险,保险费率为 0.5%。若该公司欲获得 10%的预期利润,另外该产品享受 13%的出口退税。问:(1)该公司报 CIFC5 美元价应为多少?(2)若报 FOBC2 美元价应为多少?(假设美元汇价 1=7.2)

3. 我国某外贸公司出口甲商品，该商品国内收购价每公吨 1 000 元人民币，发生商品流通费 500 元人民币。出口成交价为 CIFC3 每公吨 300 美元，其中含海运费 20 美元，海运保险费 10 美元，佣金 10 美元。求该商品的换汇成本。

4. 已知某商品对外报价为每箱 50 美元 CIF 纽约。国外客户要求改报 CFR 纽约，设保险费率为 1.05%，按发票金额的 110%投保，我方应报价多少美元才能保持外汇净收入不变？

七、案例分析题（每小题 6 分，共 12 分）

1. 我国某公司以 CFR 价出口一批货物，装运后由于工作疏忽，未能及时向买方发出装船通知，致使买方未及时投保，结果船开航后不久触礁沉没，货物全部损失。买方向我方提出索赔，我方认为货物灭失发生在越过船舷之后，风险应由买方承担，故拒绝赔偿，因此发生争议，你认为货损责任应由谁承担？为什么？

2. 我国某进出口公司向国外某商人询购某商品，不久我方收到对方 8 月 15 日的发盘，发盘的有效期至 8 月 22 日。我方于 8 月 20 日向对方复电："若价格能降至 56 美元/件，我方可以接受。"对方未做答复。8 月 21 日，我方得知国际市场行情有变，于当日又向对方去电表示完全接受对方 8 月 15 日的发盘。问：我方的接受能否使合同成立？为什么？

参考答案

第一章　习题参考答案

一、名词解释

1. 国际贸易是指世界各国(或地区)之间进行商品、技术和劳务交换的贸易活动。

2. 出口贸易是指一国将生产或加工的商品输往国外市场销售的对外贸易活动。

3. 进口贸易是指一国从国外市场购进外国所生产或加工的商品(包括外国拥有的劳务)的贸易活动。

4. 过境贸易是指商品生产国与消费国之间进行的商品买卖活动,实物运输必须经过第三国国境,对第三国而言,就构成了该国的过境贸易。

5. 如果商品通过第三国转手贸易到消费国,对第三国来说就是转口贸易。

6. 直接贸易是商品直接从生产国销往消费国,不通过第三国而进行的贸易,即指进出口两国直接达成的交易。

7. 间接贸易是指商品生产国与消费国通过第三国进行商品买卖的行为。

8. 总贸易是指进出口以国境为标准,凡进入国境的商品一律列为进口,离开国境的商品一律列为出口。

9. 专门贸易是指进出口以关境为标准,进入一国关境的货物就是本国的进口,离开一国关境的货物就是本国的出口。

10. 现汇贸易是指在国际贸易中,以货币作为偿付工具的贸易方式,又称为自由结汇贸易。

11. 易货贸易是指以经过计价的商品货物作为清偿手段,即一国(或地区)与另一国(或地区)间货物互换的贸易方式,也就是通常所说的"以货换货"。

12. 有证贸易是指通过单证等商业文件的交接进行结算支付的一种贸易方式。

13. 无证贸易是指通过计算机联机或网络将根据统一标准格式编制的各种信息、数据在国际和国内有关企业和部门之间进行传递和交换,从而进行交易结算的一种贸易方式。

14. 复出口是指当外国商品进口以后未经加工制造又出口。

15. 复进口是指本国商品出口后,在国外未经加工又重新输入本国国内。

16. 对外贸易值又称为对外贸易额,是用货币表示的一定时期内对外贸易总额。它反映对外贸易的规模,是衡量对外贸易状况的重要指标。

17. 对外贸易量是以一定时期的不变价格来计算的对外贸易值。它能准确反映国际贸易或一国对外贸易的实际规模的发展变化。

18. 贸易差额是指一国在一定时期内出口值与进口值之间的差额。

19. 贸易条件是指一国在一定时期内出口商品价格与进口商品价格之间的比率,即出口一个单位的商品可以换回多少个单位的进口商品,或者进口一个单位的商品要用几个单位的国内商品去交换。

20. 对外贸易依存度是指一国国民经济对进出口贸易的依赖程度,是以本国对外贸易(进出口总额)占国民生产总值(GNP)或国内生产总值(GDP)多少比重为标志的。

二、单项选择

1. C　2. A　3. C　4. D　5. D　6. B　7. A　8. B　9. C　10. C

三、多项选择

1. ABC　2. ABCDE　3. BCDE　4. CDE　5. ABCE　6. BCD

四、判断

1. ×　2. √　3. √　4. ×　5. √　6. ×

五、简答

1. 对外贸易值是用货币表示的一定时期内对外贸易总额，它反映一国对外贸易的规模，是一国的出口贸易额和进口贸易额的总计。对外贸易量是以一定时期的不变价格来计算的对外贸易值，它能更准确地反映一国对外贸易的实际规模的发展变化。

2. 贸易顺差是指一国在一定时期内出口值大于进口值。它表明该国商品在世界市场竞争中处于优势地位，对外贸易收入的资金大于支出的资金，能为国家争取更多的外汇资金。但长期的贸易顺差必将引起贸易逆差国的报复，不利于长久和谐地发展对外贸易。

3.（1）难度大。由于国际贸易的双方处在不同的国家和地区，因此它们所处的政治、法律环境不同，语言、风俗习惯不同，贸易惯例和习惯做法也千差万别，加大了贸易的难度。

（2）换算复杂。一是各国之间的度量衡制度差异较大，数量换算复杂；二是外汇汇率经常变动，结汇金额换算复杂；三是商业习惯、海关制度有较大差别，在货物运输及保险费方面计算复杂。

（3）风险更多。国际贸易货物一般涉及远距离的跨国运输，时间长，可能遭遇各种自然灾害、意外事故，或一些外来风险（如资信风险、汇率风险、外贸政策风险、战争风险等），加大了国际贸易的风险程度。

4. 国际贸易值是指世界各国和地区的出口贸易额的总和。国际贸易量是以一定时期的不变价格来计算的国际贸易值。国际贸易量比国际贸易值更能准确反映国际贸易实际发展变化。

5. 研究对外贸易地理方向，从横向看，可以看出哪些国家（或贸易中心、贸易集团）是本国的主要贸易对象和主要贸易伙伴；从纵向看，可以看出一个国家同其主要贸易伙伴间贸易关系的变化。

六、论述

1. 对外依存度是指一国国民经济对进出口贸易的依赖程度。它说明一个国家的全部国民生产总值中有多少是由对外贸易创造的。伴随着经济的全球化，各国的对外依存度都有所增加。不过，对外依存度指标的高低是一把双刃剑，从积极面评价该指标，主要强调对外贸易对经济增长的贡献，将贸易与经济总量的高度相关视为经济增长的重要源泉。从消极面评价，强调由这种依存度引发的本国经济受到外国经济波动的冲击，使本国陷入封闭条件下可以避免的经济波动或下滑。其理论根据是：凯恩斯的有效需求理论在开放经济条件下表现为相互开放市场的国家之间形成了经济的相互依赖，这种依赖将以乘数形式产生相互冲击，进而形成所谓国与国之间经济波动周期的传递。如果外国处于经济的上升期，则对本国产品的需求会扩大，从而有利于本国国民收入水平的提高，进而促进经济增长；相反，如果外国进入经济增长的衰退期或不景气时期，则对本国产品的需求下降，从而也会将本国经济带进衰退。

2.（1）关心政治。既要对国际政治、法律方面进行关注，更要掌握本国对外贸易政策方针和法律制度。

(2)把握商机。关注国际局势变化,仔细分析国际市场,及时掌握市场信息。

(3)知识丰富。熟悉经贸地理,了解各国的风俗习惯、物产资源、人文景观等。

(4)外语过硬。熟悉将要进行贸易的国家的语言,以便于沟通,进行商务洽谈,签订合同,缮制单证。

(5)多赢意识。要具有良好的多方合作意识,处理好与供应商、国外客户及相关部门的关系。只有多赢,才能获得长期稳定的贸易合作。

(6)勤奋进取。要勤奋工作,精益求精,善于学习,积极进取。

(7)遵纪守法。遵守国家的法律法规,遵守外经贸工作纪律,遵守本企业的各项规章制度。

第二章　习题参考答案

一、名词解释

1. 国际分工(International Division of Labor)是指世界各国之间的劳动分工。

2. 世界市场是各国交换产品、服务和技术的场所,是由在世界范围内通过国际贸易联系起来并加入国际贸易的各国市场组成的,是国际贸易扩展到世界规模时的产物。

二、单项选择

1. C　2. A　3. A　4. A

三、多项选择

1. DE　2. ABC

四、简答

1. (1)生产力是影响国际分工形成和发展的主要因素。

(2)自然条件是国际分工产生和发展的基础。

(3)上层建筑可以推进和延缓国际分工的形成与发展。

(4)跨国公司的兴起促进国际分工向多层次发展。

(5)现代化的交通和通信事业对国际分工有重要影响。

2. (1)国际分工是国际贸易的基础。

(2)国际分工的发展影响国际贸易商品结构。

(3)国际分工影响国际贸易的地区分布和地理方向。

(4)国际分工影响国际贸易的利益。

(5)国际分工的发展使国际贸易方式多样化。

(6)国际分工的发展使对外贸易依存度不断提高。

3. 对绝对优势说的评价:

第一,肯定了劳动对价值的形成关系,是劳动价值论的雏形。

第二,自由贸易理论加速推翻了英国封建贵族王朝,加速了英国资本主义进程。

第三,从劳动分工的生产领域强调按绝对成本优势参与国际贸易是对国际贸易理论的重大贡献。

第四,认为分工引起交换,而不承认交换是生产力发展的结果。

第五,绝对优势说的存在有一个必要的假设,即一国要想参与国际贸易,就必然要有至少一种以上产品在生产上与交易伙伴相比处于劳动生产率绝对高、或生产消耗绝对低的地位上,否则该国就不具备参与国际分工的条件，或者在国际贸易中就没有任何利益而只有伤害，这一点在理论上过于绝对，在实践中不符合实际情况。

4. 对比较优势说的评价：

第一，比较优势说用劳动价值论来说明国际贸易的必要性是正确的。它为自由贸易政策提供了理论基础，推动了英国资本主义生产方式的建立。

第二，分析和揭示了国际贸易所具有的互利性。认为各国通过出口相对成本比较低的产品、进口相对成本比较高的产品就可以实现贸易互利。这是该学说在研究国际分工方面的主要贡献。

第三，没有揭示国际分工与发展的主要原因。

第四，没有说明比较成本差异产生的原因以及分工后贸易利益在贸易国家之间怎样分配的问题。

第五，把多变的经济情况抽象为静态的、凝固的状况，与现实有较大差距，既容易使人忽视国际分工的动态变化，也不利于落后国家赶超先进国家。

5. 对资源禀赋论的评价：

(1)进一步完善了李嘉图比较优势学说。比较优势学说说明了两国贸易的原因是互利，但没有说明比较优势产生的原因，对此，资源禀赋论作了一定的研究。

(2)为一国如何利用本国资源优势参与国际分工以获得贸易利益提供了一种思路。

(3)具有庸俗性。赫—俄学说完全违背了劳动价值论，抹杀了劳动收入与财产收入的差别。

(4)忽视科学技术的作用。在当代国际分工和国际贸易中，科学技术起着越来越重要的作用。技术革新、技术进步可以改变要素成本和比例，从而改变比较成本。

(5)这个理论的建立是以一系列不符合实际的假设为前提的，与当代发达国家之间的贸易现实不符。

(6)抹杀了国际生产关系，掩盖了国际经济关系中发达国家剥削发展中国家的事实。

6. 世界市场形成的主要标志是：(1)多边贸易、多边支付体系的形成；(2)国际金本位制度的建立与世界货币的形成；(3)各国市场与世界市场共存关系的形成。

五、论述

1. 西方经济学者解释里昂惕夫之谜的主要理论有：(1)劳动高效率论；(2)贸易壁垒论；(3)竞争和垄断论；(4)跨国公司内部交易论。

2. 当代世界市场发展的主要特点是：(1)世界市场上国家类型多样化；(2)国际贸易方式多样化；(3)国际贸易商品结构发生了重大变化；(4)世界市场上的垄断与竞争并存；(5)国际协调开始介入世界市场；(6)世界市场中替代性与互补性共存。

第三章　习题参考答案

一、名词解释

1. 国际贸易政策是世界各国(各地区)所采取的对外贸易政策的总和。

2. 对外贸易政策是指一国在一定时期，根据一定的目的和国内经济状况所制定的进出口贸易的方针和政策。

3. 对外贸易总政策是从国民经济整体出发，在一个较长的时期内实行的政策，包括进口总政策和出口总政策。

4. 进出口商品政策是根据对外贸易总政策和国内产业结构、经济状况、市场状况等因素而制定的具体商品的进出口政策。

5. 对外贸易国别政策是根据对外贸易总政策和对外政治、经济关系的需要，对不同的国家（地区）制定不同的外贸政策。

6. 进口替代政策是指发展中国家（地区）有意识地推动国内（区内）工业的建立，以本国（本地区）生产的工业制成品取代原来的进口产品，以满足国内（区内）市场的需求，并逐步实现工业化。

7. 出口导向政策是指通过扩大出口来带动本国的工业化和国民经济的增长。

二、单项选择

1. A　2. B　3. C　4. C　5. D

三、多项选择

1. ABCE　2. ACDE　3. ABE　4. AC　5. ABCDE

四、判断

1. ×　2. √　3. ×　4. ×　5. ×　6. √　7. ×　8. √

五、简答

1. 对外贸易政策的目的是：(1)保护本国市场；(2)扩大本国产品的出口市场；(3)促进本国产业结构的改善；(4)维护本国的国际地位。

2. 对外贸易政策的基本类型有：(1)自由贸易政策；(2)保护贸易政策。

自由贸易政策是指国家对进出口贸易不加干预，取消对进出口贸易的限制和障碍，取消对本国进出口商品及服务的各种特权和优惠，使商品和服务能够自由进出，在国内外市场上自由竞争。

保护贸易政策是指国家广泛利用各种限制进口、控制经营领域和范围的措施，保护本国市场免受外国商品的竞争，并对本国商品和服务的出口给予优惠和补贴。其实质就是“限入奖出”。

3. 重商主义政策的主要措施包括：(1)课征高额进口关税；(2)以补贴和出口退税等措施来扩大出口；(3)实行独占性的殖民地贸易政策；(4)颁布《航海法》；(5)禁止技术工人离境，鼓励人口增长。

4. 英国早期实行的自由贸易政策主要有：(1)废除《谷物法》；(2)降低关税；(3)废除《航海法》；(4)取消特权公司；(5)签订贸易条约，促进了英国与其他国家的友好贸易。

5. 李斯特的对外贸易政策主张有：(1)贸易保护应以保护工业的发展为目的；(2)主要通过递增关税的方式来建立和保护国内工业；(3)在工业方面的保护对象是那些对国家经济独立发展有着重要意义的幼稚工业；(4)保护期限不宜过长。

6. 中国的进出口导向政策具有的特点如下：(1)进口不仅是为满足国内市场的需要，还是为扩大出口服务的；(2)出口的目的不仅是为了创汇，还是为了促进国民经济的技术改造和国民经济结构的升级，从而提高中国在国际市场上的整体竞争力；(3)逐步完善市场经济体制，与国际接轨。

六、论述

1. 贸易自由化的主要表现：

(1)大幅度降低关税税率。①GATT 成员国通过多边贸易谈判，大幅度地降低了关税；②经济集团内部逐步取消关税；③对发展中国家降低关税。(2)降低或撤销非关税壁垒。

新贸易保护主义的主要表现：

(1)被保护的范围不断扩大；(2)限制进口的主要措施从关税壁垒转向非关税壁垒；(3)限入奖出的重点由以前的限制进口变为鼓励出口；(4)加强外贸管理，使外贸管理制度化、法律化。

2. 发展中国家的对外贸易政策有：

(1)初级外向型政策：刚刚走上独立道路的发展中国家工业基础薄弱、生产力水平低下，为了满足国内生产、生活的需要，不得不依靠自然资源的出口换回必需的进口品。另一方面，当时的西方国家为谋求工业的发展，不断扩大生产规模，对原材料的需求随之不断增加。于是，大量的外国资本流入矿产资源丰富的国家，从事矿产开采，或是流入自然气候条件优越的国家发展种植业，将工农业原料输送回国内进行加工。(2)进口替代政策：进口替代政策是一种内向型的经济发展战略，是指发展中国家（地区）有意识地推动国内（区内）工业的建立，以本国（本地区）生产的工业制成品取代原来的进口产品，以满足国内（区内）市场的需求，并逐步实现工业化。(3)出口导向政策：出口导向政策是指通过扩大出口来带动本国的工业化和国民经济的增长。

第四章　习题参考答案

一、名词解释

1. 关税是由海关代表国家，按照国家制定的关税政策和公布的税法及进出口税则，对准许进出关境的货物和物品向纳税义务人征收的一种流转税。

2. 财政关税是指以增加国家的财政收入为主要目的而征收的关税。

3. 保护关税是指以保护本国工业或农业发展为主要目的而征收的关税。

4. 进口附加税是指进口国家对进口商品除了征收一般进口关税以外，再加征的关税。

5. 差价税是指按进口商品价格低于国内市场同种商品价格的差额而征收的关税。

6. 特惠税是指对某个国家或地区进口的全部产品或部分商品，给予特别优惠的低关税或免税待遇。

7. 普遍优惠制是发达国家承诺对从发展中国家或地区输入的商品，特别是制成品和半制成品，所给予的普遍的、非歧视性的、非互惠的优惠关税待遇。

8. 反补贴税是对于直接或间接接受奖金或补贴的外国商品进口所征收的一种进口附加税。

9. 反倾销税是为抵制外国商品倾销进口，保护国内相关产业而征收的一种进口附加税。

10. 从量税是以数量（包括重量、容量等）为计税标准，相同计量单位税额相同。数量越多，税款越多。

11. 从价税是以货物的完税价格为计税依据，以应征税额占货物完税价格的百分比为税率。价格越大，税款越多。

12. 混合税是对某种商品采用从量税和从价税同时征收的一种方法，又称为复合税。

13. 选择税是对于一种进口商品同时定有从价税和从量税或混合税，海关需要限制进口时可选择其中税率高的一种形式征税，如需要鼓励进口时可选择税率低的一种形式征税的一种关税。

14. 滑准税是对进口税则中的同一种商品按其市场价格标准分别制定不同价格档次的税率而征收的一种进口关税。

15. 名义保护税率是对进口商品征收进口关税所规定的百分比。

16. 有效保护税率是针对某个加工工业产品增值部分而计征的关税比率。

17. 商品名称及编码协调制度是原海关合作理事会（1995 年更名为世界海关组织）在《海关合作理事会商品分类目录》（CCCN）和联合国的《国际贸易标准分类》（SITC）的基础上，参照主要国家的税则、统计、运输等分类目录而制定的一个多用途的国际贸易商品分类目录。

18. 非关税壁垒是指使用关税以外的办法来限制商品进口的措施。

19. 进口配额制又称进口限额制，是一国政府在一定时期内，对某些商品的进口数量或金额加以直接的限制，在规定的期限内，配额以内的商品可以进口，超过配额的不准进口，或者征收较高关税后才能进口。

20.“自动”出口配额制又称“自动”限制出口(“Voluntary” Restriction Export)，是指出口国家或地区在进口国的要求或压力下，“自动”规定某一时期内(一般是3～5年)，限制某些商品对该国的出口，在限定的配额内自行控制出口，超过限额即禁止出口。

21. 进口许可证制是指国家为管制对外贸易，规定某些进口商品必须领取进口许可证，没有许可证，一律不准进口的制度。进口许可证必须注明有效期与进口商品名称、来源、数量及金额等。

22. 外汇管制是一国政府通过法令，对国际结算和外汇买卖实行限制，以平衡国际收支和维持本国货币汇价的一种制度。

23. 数量性外汇管制是指国家外汇管理机构对外汇买卖的数量直接进行限制和分配。进口商如欲进口商品，必须向国家外汇管理部门申请外汇额度，经外汇管理部门批准后，方可获得外汇，支付进口货款。

24. 成本性外汇管制是指国家外汇管理机构对外汇买卖实行复汇率制度(System of Multiple Exchange Rates)，利用外汇买卖成本的差异，间接影响不同商品的进出口。

25. 混合性外汇管制是同时运用上述两种管制方式，使国家能更有效地控制外汇和商品进口。

26. 进出口国家垄断是指在对外贸易中，对某些或全部商品的进出口，须由国家机关直接经营，或是将商品的进口、出口权给予垄断组织。

27. 歧视性政府采购政策是指国家通过立法，规定政府机构在采购时要优先购买本国产品的做法和行为。它是限制进口商品销售的一种歧视性政策。

28. 进口押金制又称进口存款制，它是指进口商在进口商品时，必须预先按进口金额的一定比率和规定的时间，在指定的银行无息存储一笔现金的制度。

29. 技术性贸易壁垒是指为了限制商品进口所规定的复杂苛刻的技术标准、卫生检疫规定以及商品包装和标签等规定。

30. 出口信贷是一个国家的银行为了扩大商品出口，加强出口商品的竞争能力，对本国出口厂商或国外进口厂商提供的贷款，它是一国的出口厂商利用本国银行的贷款扩大商品出口，特别是金额较大、期限较长，如成套设备、船舶等出口的一种重要手段。

31. 出口补贴是指国家政府或同业公会对某商品的出口商所给予的现金补贴或财政上的优惠待遇，其目的在于降低出口商品的价格，加强其在国外市场的竞争力。

32. 商品倾销是指出口商在国际市场上以低于国内市场价格甚至低于成本的价格向国外市场抛售商品，以打击竞争者并占领市场。

33. 外汇倾销是指出口企业利用本国货币对外贬值的机会，进行商品倾销，争夺国外市场的一种特殊手段。

34. 保税区又称保税仓库，是指经海关批准设立专门存放保税货物及其他未办结海关手续货物的仓库。一般设立在海港、机场等区域，允许境外货物不办理进口手续暂时储存在那里。

二、单项选择

1. A　2. C　3. C　4. B　5. C　6. B　7. B

三、多项选择

1. ABC　2. AB　3. ABCDE　4. ABCDE　5. ADE　6. ABC

四、判断

1. × 2. × 3. √ 4. √ 5. √ 6. √ 7. × 8. √ 9. √ 10. √

五、简答

1. 关税的主要特点是:(1)关税的征收主体是国家海关;(2)关税的课税对象是进出境货物和进出境物品;(3)关税的纳税主体是进出境货物收、发货人和进出境物品的所有人;(4)关税的征税依据是国家关税政策和法律法规;(5)关税的税收类别是流转税。

2. 关税征收的基本方式有:从量税、从价税、混合税、选择税、滑准税。

3. 关税的主要种类有:(1)按照征税的对象不同,关税可以分为进口税、出口税和过境税;(2)按照关税的目的不同,关税可以分成财政关税和保护关税;(3)按照差别待遇和特定的实施情况不同,关税可以分为进口附加税、差价税、特惠税和普遍优惠制。

4. 非关税壁垒的主要种类有:进口配额制、"自动"出口配额制、进口许可证制、外汇管制、进出口国家垄断、歧视性政府采购政策、各种国内税、最低限价与禁止进口、进口押金制、海关设置障碍、技术性贸易壁垒、社会责任壁垒、环境壁垒等。

5. 出口信贷国家担保制主要内容包括:(1)担保的项目与金额;(2)担保的对象;(3)担保期限与费用。

6. 实施商品倾销的原因主要有:(1)清仓。国内商品积压多了,需要清理,故低价抛售库存积压商品。(2)为了打击竞争对手,以低价把对方从某一国外市场挤走。(3)开拓市场。在开辟和进入一个新市场时,以低价易于进入并站稳脚跟。(4)为了独占(垄断)的优势,以最低价格全面占领和垄断市场后再提价。

7. 出口管制的原因是:(1)出于政治目的;(2)出于经济目的;(3)履行贸易伙伴间的协定。

六、论述

1. 关税具有积极和消极双重作用。

关税的积极作用:(1)关税可以增加一国的财政收入;(2)关税可以保护国内生产和国内市场;(3)关税可以起到调节进出口贸易发展的作用;(4)关税可以改善涉外贸易关系。

关税的消极作用:(1)增加了消费者的负担;(2)影响国际贸易的开展;(3)易于恶化贸易伙伴间的友好关系;(4)保护过度,就会出现保护落后。关税具有保护国内生产和国内市场的积极作用,但如果保护过度,就会使本国的落后工业养成依赖性,不能参与国际竞争,从而长期处于落后地位。

2. 海关估价方法有:(1)进口商品的成交价格;(2)相同商品成交价格;(3)类似商品的成交价格;(4)倒扣价格法;(5)计算价格法;(6)合理办法。

3. 非关税壁垒措施对国际贸易的影响:与关税措施相比较,非关税壁垒更具灵活性、针对性和有效性。非关税壁垒只要采用行政程序,或者规定极为复杂的技术标准,或者规定繁琐的进口手续,可随时针对某国的某种商品采取或更换相应的限制措施,快速、有效地达到限制该种商品进口的目的。

七、计算与分析

1. 由于英国的蒂帕·劳里公司的出口售价低于国内售价 1 美元,所以尽管其啤酒运到美国时的售价要高于日本和加拿大公司的售价,但根据倾销的概念,英国公司的倾销罪名成立。

2. 应征进口关税税额=4 650 928×1%=46 509.28(元)

3. 出口关税税额 =[59 542.14/(1+25%)]×25%=11 908.43(元)

第五章 习题参考答案

一、名词解释

1. WTO是在GATT的基础上建立的多边贸易组织，是一个正式的国际经济组织。于1995年1月1日正式成立。

2. 区域经济一体化是指地理位置相临近的两个或两个以上国家（地区），以获取区域内国家（地区）间的经济聚集效应和互补效应为宗旨，为促使产品和生产要素在一定区域内的自由流动和有效配置而建立的跨国性经济区域集团。

二、单项选择

1. D　2. C　3. A　4. A　5. B

三、多项选择

1. ABCD　2. ABCDE　3. ABC　4. ACE　5. ABCDE　6. ABCDE　7. ABCDE　8. ABCD

四、简答

1. 世界贸易组织的宗旨是：(1)提高生活水平，保证充分就业，大幅度、稳步提高实际收入和有效需求。(2)扩大货物、服务的生产和贸易。(3)坚持走可持续发展之路，各成员国应促进对世界资源的最优利用，保护和维护环境，并以符合不同经济发展水平下各自成员需要的方式，加强采取各种相应的措施。(4)积极努力以确保发展中国家，尤其是最不发达国家，在国际贸易增长中获得与其经济发展水平相适应的份额和利益。

2. 世界贸易组织的目标是建立一个完整的包括货物、服务、与贸易有关的投资及知识产权等更具活力、更持久的多边贸易体系，以包括GATT贸易自由化的成果和乌拉圭回合多边贸易谈判的所有成果。

3. 世界贸易组织的主要职能有：(1)制定规则。组织实施WTO负责管辖的各项贸易协定、协议，积极采取各种措施努力实现各项协定协议的目标。(2)组织谈判。为成员提供处理各项协定、协议有关事务的谈判场所。(3)争端解决。解决各成员间发生的贸易争端。(4)政策评审。对各成员的贸易政策、法规进行定期评审。(5)国际合作。协调与国际货币基金组织和世界银行等国际经济组织的关系，以保障全球经济决策的凝聚力和一致性，避免政策冲突。

4. 世界贸易组织的组织机构为：部长会议、总理事会、理事会、各专门委员会、秘书处与总干事。

5. 区域经济一体化的形式有：(1)优惠贸易安排；(2)自由贸易区；(3)关税同盟；(4)共同市场；(5)经济同盟；(6)完全经济一体化。

6. 跨国公司与一般国内企业及其他国际经济组织相比有如下特征：(1)生产经营活动的跨国化；(2)具有全球战略目标；(3)公司内部一体化原则。

五、论述

1. 世界贸易组织的基本原则的内容包括：

(1)非歧视原则，包括最惠国待遇条款和国民待遇条款。

(2)透明度原则。

(3)自由贸易原则。

(4)公平竞争原则。

2. 中国加入世界贸易组织后的基本权利:(1)享受非歧视待遇;(2)获得市场开放和法规修改的过渡期;(3)部分享受发展中国家的待遇;(4) 保留国营贸易体制;(5)对国内产业提供 WTO 规则允许的补贴;(6)保留了国家定价和政府指导价的权利;(7)保留征收出口税的权利。

中国加入世界贸易组织后的义务:遵守规则、开放市场。

第六章　习题参考答案

一、名词解释

1. 国际服务贸易是指跨越国界进行服务交易的商业活动,即服务提供者从一国境内向他国境内,通过商业或自然人的商业现场向消费者提供服务并取得外汇报酬的一种交易行为。

2. 国际技术贸易,也称商业性的技术转让,它是带有产权的技术知识的转移,是有偿转让,主要通过经济合作途径和贸易途径两种方式进行。

二、单项选择

1. B　　2. D　　3. C　　4. D

三、多项选择

1. ABDE　　2. ABCE　　3. ABCE　　4. ABCD　　5. ABCDE　　6. ABCDE

四、简答

1. 服务具有四个基本特征:(1)无形性;(2)差异性;(3)不可分离性;(4)可贮存性。

2. 世界贸易组织将服务贸易分为 12 大类:商业性服务、通信服务、建筑服务、销售服务、教育服务、环境服务、金融服务、健康及社会服务、旅游及相关服务、文化和娱乐及体育服务、交通运输服务、其他服务。

3. 国际技术贸易的特点:(1)发达国家在国际技术市场上占有统治地位;(2)软件技术在国际技术贸易中的比重日益提高;(3)发达国家的跨国公司控制着国际技术贸易。

4. 国际技术贸易采用的方式主要有许可贸易、技术服务与咨询、特许专营、合作生产和含有知识产权及专有技术许可的设备买卖等。

五、论述

国际技术贸易的作用和影响:(1)开展国际技术贸易,有利于缩小国家间技术水平的差异;(2)开展国际技术贸易,有利于贯彻经济合理的原则;(3)开展国际技术贸易,有利于技术进步和经济增长;(4)开展国际技术贸易,有利于社会经济变革。

第七章　习题参考答案

一、名词解释

1. 国际贸易合同是指营业地处于不同国家的当事人之间所订立的货物买卖合同。

2. 要约又称为发盘,是指向一个或一个以上特定的人提出的订立合同的建议,内容十分确定并且表明发盘人在得到接受时承受约束的意思表示。

3. 接受是指受盘人接到对方发盘或还盘后,同意对方提出的条件,愿意与对方达成交易,并及时以声明或行为表示出来。在法律上称作承诺。

4. 对价是指合同当事人之间通过相互给付，从对方那里获得利益的关系。

5. 约因是指当事人签订合同所追求的直接目的。

6. 要式合同是指按照法律的规定，应按其规定的形式和程序成立的合同。

7. 询盘是指交易的一方打算出售或购买某一商品，向另一方提出有关交易条件的询问。

8. 约首是指合同的首部，通常包括合同的名称、编号、订约日期、订约地点、订约双方当事人的名称及地址等相关的信息资料。

二、单项选择

1. B　2. C　3. C　4. A　5. B　6. C　7. C　8. A　9. B　10. C

三、多项选择

1. ABC　2. ABD　3. AE　4. ABCDE　5. ABCDE　6. ABC　7. BCE
8. ABC　9. ACE　10. DE　11. ABCD

四、判断

1. √　2. ×　3. ×　4. ×　5. √　6. √　7. √　8. ×　9. ×　10. √

五、简答

1. 交易磋商的形式主要有：(1)与客户谈判洽商，是指买卖双方面对面地直接进行业务协商。(2)书面形式的洽商，是指买卖双方通过信函、电传、电报等通信方式进行业务洽商。(3)无纸贸易，即通过电子数据交换(EDI)，也就是按照协议，通过具有一定结构的标准信息在计算机网络中进行交易。(4)行为表示方式，如在拍卖市场进行拍卖或购进等。

2. 发盘中通常都规定有效期，作为发盘人受约束的期限和受盘人接受的有效时限。但规定有效期并非构成发盘的必要条件，如果发盘中没有明确规定有效期，受盘人应在合理时间内接受，否则无效。所谓“合理时间”，需视交易的具体情况而定。一般按惯例处理。

发盘人在规定有效期时要根据商品的特点和采用的通信方式来合理确定。对于像粮谷、油脂、棉花、有色金属等初级产品，有效期的规定要短，因为它们的价格受交易所价格的影响，行情变化很快，而且这类商品多属大宗交易，成交金额大，如果有效期过长，一旦行情发生对发盘人不利的变动，会使其蒙受很大损失。双方通信联系的方式不同，在规定有效期时也应有所考虑。如果是以电报、电传等方式联系，有效期可规定得短一些；如果是采用航空信件方式洽商，有效期则应稍长一些，至少应包括邮程的时间。

发盘人在规定有效期时最好明确具体。而如果规定不明确，在执行中则会发生争执。在业务中，规定有效期时多采用明确截止日期的做法。例如，

OFFER SUBJECT REPLY HERE MAY 18TH.

(发盘限5月18日复到)

OFFER SUBJECT REPLY REACHING US 18TH.

(发盘限18日复到我方)

OFFER VALID UNTILL THURSAYD OUR TIME.

(发盘有效至星期四我方时间)

3. 构成一项有效的接受，必须具备以下条件：

(1)接受必须由指定的受盘人作出。这一条件与构成发盘的第一项条件是相呼应的。发盘必须向特定的人发出，即表示发盘人愿意按发盘中提出的条件与对方订立合同，但这并不表示他愿意按这些

条件与任何人订立合同。因此，接受只能由受盘人作出，才具有效力，其他人即使了解发盘的内容并表示完全同意，也不能构成有效的接受。

(2)接受的内容必须与发盘内容完全一致。从原则上讲，接受的内容与发盘中提出的条件完全一致，才表明交易双方就有关的交易条件达成了一致意见，即所谓"合意"，这样的接受也才能导致合同的成立。而如果受盘人在答复对方的发盘时虽使用了"接受"的字眼，但同时又对发盘的内容作出了某些更改，这就构成有条件的接受，而不是有效的接受。因为有条件的接受属于还盘的性质。《公约》第19条第(1)款规定："对发盘表示接受但载有增加、限制或其他变更的答复，即为拒绝该项发盘，并构成还盘。"

(3)必须在有效期内接受，并送达发盘人。发盘中通常都规定有效期。这一期限有双重意义：一方面它约束发盘人，使发盘人承担义务，在有效期内不能任意撤销或修改发盘的内容，过期则不再受其约束；另一方面，发盘人规定有效期，也是约束受盘人，只有在有效期内作出接受，才有法律效力，如发盘中未规定有效期则应在合理时间内接受方为有效。

(4)要采取声明的方式表示，即以口头或书面的声明向发盘人明确表示出来。

4.《公约》第11条规定：销售合同无须以书面订立或书面证明，在形式方面也不受任何其他条件的限制。销售合同可以用包括人证在内的任何方法证明。主要有以下几种形式：

(1)书面形式。书面形式是指合同书、信件以及数据电文等可以有形地表现所载内容的形式。

(2)口头形式。口头形式是指交易双方当事人之间通过对话方式，包括当面谈判和通过电话方式而订立的合同。

(3)其他形式。其他形式是指可能存在的除书面形式、口头形式以外的合同形式。如通过发运货物或者预付货款等行为形式表示对合同内容的确认。

5. 书面合同的基本内容包括：

(1)约首：主要包括订约人的名称和地址、订约日期、订约地点及序言。

(2)基本条款：是合同的主体和中心。具体规定双方当事人达成交易条件的各项条款，规定双方当事人的权利与义务。包括商品名称、品质、数量、包装、价格、装运、保险、付款、检验、不可抗力、索赔、仲裁等。

(3)约尾：一般包括合同使用的文字及其效力、附件名称、买卖双方的签字、合同正副本份数、副本效力等。

六、论述

1. 合同对当事人构成的约束力是建立在法律基础上的。因此，合同必须符合法律规范才能得到法律的承认与保护。各国的法律对于合同的成立，都要求具备一定的条件，综合起来，主要有以下几项：

(1)合同当事人的意思表示要一致。这种意思表示一致是通过要约与承诺而达成的。要约与承诺在国际贸易中分别被称作发盘与接受，判断国际贸易合同是否成立，不仅要看有无发盘和接受，还要看发盘与接受这两个行为是否成立。

(2)对价与约因的规定。对价是英美法中有关合同成立所必须具备的一个要素。通过相互给付，从对方那里获得利益的关系称作对价。约因是大陆法中提出的合同成立的要素之一。它是指当事人签订合同所追求的直接目的。在国际贸易合同中，要有对价或约因，法律才承认合同的有效性，否则，合同得不到法律的保护。

(3)合同当事人必须有订立合同的能力。国际贸易合同一般是在法人之间签订的。但法人是由自然人组织起来的，因此，代表法人的自然人必须具备订立合同的能力。另外，法人本身也必须具有一定的行为和能力。

(4)合同的标的和内容必须合法。各国法律都规定合同不得违反法律，不得违反公共政策和公共秩序。对于不合法的合同，在当事人之间，没有权利与义务关系。

(5)当事人必须在自愿和真实的基础上签订合同。合同是双方当事人意思表示一致的结果。根据各国的法律规定，如果由于各种原因或事实，构成当事人表示的意思不是自愿和真实的，合同则不成立。这些原因和事实大致有以下几种：胁迫、欺诈、错误等。

(6)合同形式的法律规定。《公约》对于国际贸易合同的形式，原则上不加以任何限制。《公约》第11条明确规定，买卖合同无须以书面形式订立或证明，在形式方面不受任何其他条件的限制。

2. 构成一项发盘应具备四个条件：

(1)发盘必须向一个或一个以上特定的人发出，可以是自然人，也可以是法人，但必须特定化，而不能是泛指广大公众。因此，一方在报纸杂志或电视广播中作商业广告，即使内容明确完整，由于没有特定的受盘人，也不能构成有效的发盘，而只能看作是邀请发盘。

(2)发盘的内容须十分确定。对于什么是"十分确定"，《公约》的解释是在发盘中明确货物，规定数量和价格，在规定数量和价格时，可以明示，也可以暗示，还可以只规定确定数量和价格的方法。《公约》的这一规定是符合有些国家(如美国)有关合同法规定的。按美国有关合同法的规定，对于发盘中没有规定的其他事项，可以在合同成立之后按照《公约》中关于买卖双方权利义务的有关规定来处理。但是在我国的外贸业务中，一般都要求在发盘中有商品名称、品质或规格、数量、包装、价格、交货和支付等主要条件。这样，一旦对方接受，便可据以制作详细的书面合同。这样做既有利于减少事后的争执，也有利于合同的订立和履行。

(3)表明订约意旨。即发盘一旦被收盘人接受，发盘人就按发盘中的交易条件与接收人订立合同，承受这些交易条件的约束。

(4)发盘必须送达受盘人。

七、案例分析

1. A公司的做法有道理，因为B公司的回电对发盘做了实质性的修改，不是一项有效的接受，而是构成了一项新的发盘。A公司并没有接受这一新的发盘，故合同并不存在。

2. 发盘分为实盘和虚盘。实盘是指含有确定意思的发盘。实盘有两个主要特点：(1)必须提出完整、明确、肯定的交易条件；(2)必须规定有效期限。所谓虚盘，是指不含明确意义的报价，也就是发盘人有保留地愿意按一定条件达成交易的一种表示。实盘对发盘人来说，具有法律拘束力，如果受盘人在有效期限内表示接受，合同即告成立。虚盘对发盘人没有法律约束力，发盘人可以随时撤回或修改虚盘的内容。即使受盘人对虚盘表示接受，仍须经过发盘人的最后确认，才能成立一项对双方都有拘束力的合同。虚盘的特点有：(1)在发盘中附有保留条件；(2)在发盘中不规定有效期。在本案中，卖方在发盘后，经3次延长有效期后，合同中的实质性条款完整、肯定、明确，而且规定了有效期为9月25日，由此看出卖方发出的是有确定意义的发盘，因此，此发盘为实盘，而非虚盘。按照约定必须信守原则，阿方发出的实盘，受盘人在有效期限内作出接受的意思表示，即承诺后，双方合同关系即告成立，就应履行各自的权利和义务。本案中，发盘方向受盘方提出有效期是9月25日，而受盘方9月20日就发电表示接受，发盘方也于9月20日接到受盘方的电函，因此，在9月20日，此货物销售合同已经成立，在双方当事人之间形成了合同约定的权利义务关系，一方违反合同规定的条款，即构成违约，应当承担违约责任。因此，本案中的销售合同在9月20日已成立。

3. 中国与法国均系《联合国国际货物销售合同公约》缔约国，洽谈过程中，双方对《公约》均未排除或作出任何保留。因此，双方当事人均应受该《公约》约束。按《公约》规定：对口头要约，须立即接受方能成立合同。上午我方发盘后，法商未置可否，也未提出任何要求，则合同没有成立。据此，我方鉴于市场有趋涨迹象，可以予以拒绝或提高售价继续洽谈。

4. 本案争议双方所在国均为《公约》的缔约国，因此，应按《公约》的有关规定处理。关于逾期接受，《公约》认为一般无效，但也有例外情况。《公约》第二十一条规定：(1)逾期接受仍有接受的效力，如果发盘人毫不延迟地用口头或书面形式将此种意见通知受盘人。(2)如果载有逾期接受的信件或其他书面的文件表明，它在传递正常的情况下是能够及时送达成发盘人的，那么这项逾期接受仍具有接受的效力，除非发盘人毫不延迟地用口头或书面方式通知受盘人，认为发盘已失效。根据这条规定，不管什么原因造成的逾期接受，发盘人都有权决定它是有效还是无效，只要采取相应的行动即可。A公司4月10日收到逾期接受后，如及时复函表示发盘已失效，则该接受就无效，合同不成立。

5. 合同并未成立。我方19日电并不是有效的接受，因为15日的法商发盘经我方17日还盘已经失效，法商不再受约束。我方应接受的是法国公司17日复电。

6. 此为国际贸易磋商中的还盘问题。由于包装不属于发盘或还盘实质性条件，因此我方的回复不构成一项还盘，巴方不必对此作出回答，合同已经按照原发盘内容和接受过程中的某些修改为交易条件成立。所以我方以巴方对修改包装条件未确认为由否认合同的成立是不正确的。

八、实训

(1)04DRA207

(2)DAEHO APPAREL CO. LTD

(3)C. P. O. BOX 7155 SEOUL，KOREA

(4)DALIAN TEXTILES IMPORT & EXPORT CORP

(5)4 YING CHUN STREET，DALIAN，CHINA

(6)Portable Mixer Pm-23　　$23 FOB Dalian/Set　100Sets　$2 300.00

(7)Vacuum Cleaner Vc-18　　$47 FOB Dalian/Set　100Sets　$4 700.00

(8)$7 000.00(9)by Aug. 30th(10)L/C

第八章　习题参考答案

一、名词解释

1. 对等样品的含义是：当买卖双方采用凭样成交时，卖方为了减少交货时的风险可根据买方提供的样品，加工复制出一个类似的商品交买方确认，这种经确认后的样品，称为对等样品，也有的称其为确认样品或回样。

2. FAQ是Fair Average Quality的简称，它表示一定时期内某地出口货物的平均品质水平，又称“良好平均品质”，一般是针对中等货或大路货而言。在国际货物贸易中，某些品质变化较大而难以规定统一标准的农副产品，往往用此术语来表示其品质。在我国出口农副产品时，除用FAQ这一术语来表示其品质外，同时还在合同中约定具体规格。

3. 商品的品质是指商品外观形态与内在质量的综合。

4. 凭样买卖是指以样品作为成交和交货品质依据的交易。

5. 品质机动幅度是指允许卖方所交货物的质量指标在一定的幅度内有所机动。

6. 品质公差是指在工业制成品中，国际同行业公认的产品品质误差。

7. 公量是指用科学方法抽干商品中所含水分，然后再加上一定标准的水分所得出的重量。

8. 理论重量是指某些商品的规格和尺寸比较固定，重量大致相等，只要根据张数或件数即可推算出商品重量的方法。

9. 唛头又称运输标志，即指在运输包装上面书写、压印、刷制简单的图形、文字和数字。

10. 指示性标志是针对某些容易破碎、损坏、变质的商品用简单醒目的图形和文字，提醒有关人员在装卸、搬运、存储过程中引起注意，它一般用图案表示，并加上英文说明。

11. 警告性标志又称危险品标志，是指针对某些易燃品、爆炸品、有毒品、腐蚀性物品、放射性物品等危险品，在其货物的外包装上清楚地刷制危险性质的标志。

12. 中性包装是指商品本身和商品包装上不注明生产国别、生产厂名、原有商标或牌号的包装。

二、单项选择

1. C　2. B　3. C　4. A　5. A　6. A　7. B　8. C　9. B　10. A
11. C　12. A　13. A　14. C　15. C

三、多项选择

1. BDE　2. ABE　3. ABCD　4. ABE　5. AD　6. BDE　7. ACE
8. ACDE　9. ABCDE　10. ACDE

四、判断

1. ×　2. √　3. ×　4. ×　5. √　6. √　7. ×　8. √　9. ×　10. ×
11. √

五、简答

1. 在买卖合同中规定商品名称具有重要的法律意义和实践意义。因为商品名称是说明商品的一个主要组成部分，也是买卖双方交接货物的一项基本依据，而且品名条款是合同中的一项主要条款。在规定品名条款时，应当注意下列事项：(1)条款内容应明确、具体；(2)根据需要和可能作出实事求是的规定；(3)尽可能使用国际上通用的名称；(4)合理选择有利于降低费用和方便进出口的名称。

2. 商品的品质是指商品的内在质量和外观形态的综合。例如，商品的化学成分、物理和机械性能、生物特征、造型、结构、色、香、味以及技术指标等，均可分别用来表示某一商品的质量。广义上的商品品质，除包括上述内在特征外，还包括颜色、光泽、透明度、款式、花色等外在因素。

由于国际贸易中的商品种类繁多，特点各异，故表示品质的方法也多种多样，归纳起来，可分为两大类：一类是以实物表示商品品质，包括看货买卖和凭样成交，在凭样品成交中，可以采用以卖方样品为准，或以买方样品为准，也可以凭对等样品即确认样品买卖。另一类是以文字说明表示商品品质，其中包括凭规格、等级、标准、说明书、商标、牌号和产地名称等成交。

3. 样品通常是指从一批商品中抽取出来的或由生产、使用部门加工、设计出来的，足以反映和代表整批商品品质的少量实物。

凡是以样品作为成交和交货依据的，即称凭样成交。采用凭样成交时，应注意下列事项：(1)注意选择适于凭样成交的商品。(2)必须注意样品的代表性。不能偏高或偏低，偏高会给日后交货工作造成困难，引起争端；偏低会影响商品的售价。(3)对货物和样品难以达到一致的商品，应在合同中订明“交货品质与样品大致相同”，或其他类似条款。(4)寄出样品时，应留存复样，供日后查对和验证货物之用。(5)在不是凭样品买卖的情况下，若寄送样品供洽谈时参考，则应标明为“参考样品”，以免与标准样品混淆。

4. 品质机动幅度是指允许卖方所交货物的品质指标，可在一定幅度内机动掌握，它主要用于某些初级产品。而品质公差则大多用于工业制成品，是指卖方所交付的货物品质，可以高于或低于合同规定品质的最大限度，这种品质公差，可以由买卖双方商定，也可以按国际同行业所公认的幅度掌握。

在合同中订立品质机动幅度和品质公差，主要是为了便于卖方交货，保证交易顺利进行。卖方交货品质只要在品质机动幅度和品质公差范围内，可以认为符合合同，一般都按合同价格计收价款。

5. 商标是一个企业为了使自己生产或销售的商品同其他企业所生产或销售的商品相区别，而在其商品或商品包装上制作的一种标志。它是由一个或几个具有特色的单词、字母、数字、图形或图片等组成。商标经注册后，不仅是代表商品品质的一种标志，而且是维护商品合法权益的一种手段。由于许多消费者习惯于认牌购货，因此，名优产品的商标还有利于维护商品声誉和扩大销路。

6. 在国际贸易中通常使用的度量衡制度有公制（The Metric System）、英制（The British System）、美制（The U. S. System）和在公制基础上发展起来的国际单位制（The International System of Units）。

我国从 1959 年起，以米制作为我国的基本计量制度，为了适应对外开放政策的需要，我国现在实行法定计量单位，即在国际单位制的基础上，适当增加一些非国际单位制的单位。

7. 商品包装是商品生产的继续，它是保护商品在流通过程中质量完好和数量完整的必要措施。绝大多数商品只有加以必要的包装，才算完成商品的生产，才能进入流通领域和进行销售，从而实现商品的价值和使用价值。良好的包装有利于保护商品、美化商品、吸引顾客、扩大销路和增加售价，因此，许多国家都把改进包装作为加强对外竞销的一种手段。从法律上看，合同中有关包装的规定是商品说明的组成部分。一方违反这方面的规定，另一方即有权拒收货物或要求损失赔偿。由此可见，商品的包装条款，也是合同中的主要条款之一。

8. 条形码（UPC 或 EAN），就是在商品包装上打印上一组平行线条，下面配有数字的标记，一般是由一组黑白、粗细间隔不等的条纹所组成。这些线条与间隔空间表示一定的信息，通过利用光电扫描设备，准确地判断该商品的产地、厂家及商品的一些属性。

条形码在零售商业中，对于结算打单、缩短顾客等待时间、加快服务，以及盘点存货，提高管理效益等方面，都有着良好的功能。采用这种技术，有利于发展国际贸易和实现现代化经营管理。目前，发达国家已普遍在商品包装上使用条形码标签，因此，我国的商品要想打入各国的超级市场，不仅在质量、包装等方面要符合国际标准要求，同时，还要符合国外超级市场自动扫描结算的要求。如我国出口商品包装上没有条形码，即使是名优商品，也不能进入超级市场，而只能当作低档商品进入廉价商店。为了适应国际市场的需要和实现现代化管理，我国于 1991 年 4 月正式加入国际物品编码协会，该会分配给我国的国别号为“690”。凡我国出口商品，应在包装上印制“690”条形码的标志。

9. 在出口商品运输包装上刷写的标志有下列三种，它们各有自己的功能。

(1)运输标志（又称唛头），即指在运输包装上面书写、压印、刷制简单的图形、文字和数字。其主要作用在于使装卸、运输、保管过程中的有关人员容易识别，以防错发错运。唛头通常包括下列内容：①图形和文字、字母；②目的港；③批号与件号；④体积和重量。

(2)指示性标志又称安全标志或注意标志。它是针对商品的特性提出的在运输和保管过程中应注意的事项，一般都是以简单、醒目的图形或文字在包装上面标出。如“小心轻放”、“防止潮湿”等。

(3)警告性标志又称危险性标志。它是指在易燃、易爆、有毒、有放射性等危险品的外包装上的令人醒目的图形和文字，如易燃物品、有毒品等。其作用在于，警告有关人员不得掉以轻心。

六、论述

1. 所谓溢短装条款，是指卖方在交货时，可按合同中的数量多交或少交一定的百分比，它一般是在数量条款中加订的。溢短装条款的内容主要包括机动幅度的百分比,溢短装部分由谁选择以及该部分的作价方法。

由于数量条款是合同的重要条款,买方必须承担按约定数量交货的义务。但是,在实际履约过程中,由于商品特性、生产条件、运输工具的承载能力,卖方要做到严格按约定数量交货确有相当的困难。

为了避免因实际交货的多少与合同规定不符而引起法律责任,方便合同的履行,所以对一些数量难以严格限定的商品,如粮食、大豆和矿砂等散装货,应在合同中加订溢短装条款。溢短装的选择权,由买卖双方约定。一般情况下,多由卖方选择。但涉及海上运输时,因交货量的多少,同船舶的舱容有关,故一般应规定由负责安排船舶的一方选择,也可由船长根据舱容和装载情况作出选择。

2. 在进出口贸易中,除部分货物采用凭样品表示商品的品质外,大部分是采用凭说明的方法。凡以文字、图表,相片等方式来说明商品的品质者,均属凭说明表示商品品质的范畴。具体可分为以下几种:

(1)凭规格买卖。商品的规格(Specification)是指一些足以反映商品品质的主要指标,如化学成分、含量、纯度、性能、长短、粗细、容量等。买卖双方在洽谈交易时,可以通过规格来说明一种商品的基本品质状况。由于各种商品的品质特点不同,规格的内容也不同,此方法表示品质具有简单、易行、明确具体,而且可以根据每批货物的具体情况灵活调整,所以在国际贸易中应用较广。

(2)凭等级买卖。商品的等级(Grade)是指同一类商品,按其规格的差异,分为品质优劣不同的若干等级。由于不同等级的商品有不同的规格,而等级的规格又是固定不变时,因此,如果对方已经熟悉每级别的具体规格,可以只列明等级,毋须赘述其具体内容。

(3)凭标准买卖。商品的标准是指经政府机关或工商业团体统一制定和公布的规格或等级。在国际贸易中,交易者经常根据交易的特性采取凭标准表示商品品质的方法。

(4)凭说明书和图样买卖。在国际贸易中,有些商品如机电、仪表仪器等技术密集型产品,由于结构复杂,对材料、设计的要求严格,用以说明其性能的数据众多,很难用几个简单的指标来说明其品质的全貌,而且有些产品即使名称相同,功能作用方面也会有区别。因此,对这一类商品一般以说明书并附以图样、图片、设计图或分析表及各种数据来说明其具体性能和构造的特点。

(5)凭商标或牌号买卖。在国际贸易中,对于某些品质稳定并树立了良好信誉的商品,交易时仅凭牌号或商标即可说明其品质,从而可凭牌号或商标买卖。

(6)凭产地名称或地理标志买卖。在农副土特产品的交易中,有些产品因生产地区的自然条件、传统加工工艺或其他因素的影响,在品质方面具有独特的风格或特色,对这类商品习惯上用产地的名称来说明其品质要求。而且,地理标志已被世界贸易组织正式列入知识产权保护的范畴。

3. 包装标志是为了方便货物运输、装卸及储存,便于识别货物和防止货物损坏而在货物外包装上刷写的标志。制作包装标志时要简明清晰、易于辨认;着色牢固、防止海水或雨水冲湿褪脱;在每件相反的部位上刷制相同的标志以便工作人员在货物调换摆放位置时也能看到该标志;防止印刷错误,以免影响货物报关和装卸工作。包装标志主要包括运输标志,指示性、警告性标志及磅码产地标志等。

(1)运输标志(shipping mark)。俗称唛头,由一些数字、字母及简单的文字组成,通常刷印在外包装明显的部位。唛头是唯一体现在装运单据上的包装标志。由国际标准化组织和国际货物装卸协会推荐使用的标准运输标志由四个要要素构成:①收货人名称缩写;②参考号码;③目的地;④件数号码。

例如,ABC. Co

94LAO602

NEW YORK

CTN/NOS. 1-1 500

运输标志中的参考号码常用合同号、信用证号、发票号码等。目的地表明货物最终运抵地点，通常为港口。如需转运则标明转运地点，例如，London Via Hongkong。这里 London 是卸货港，而 Hongkong 则是转运港。

运输标志中的件号主要说明整批货与本件货物的关系。假如该批货只有一种规格时，货物的件号可以是一个。例如，C/NOS. 1-100。但如果一批货物有 100 箱，每一箱的包装细数和品种规格均不相同时，则可采用顺序件号的方法，即在货物包装上用 C/NOS. 1-100、C/NOS. 2-100、C/NOS. 3-100……来表示，以便理货清查短损。C/NOS. 3-100 中的 C 表示 Carton 纸箱，3-100 中的 100 表示该批货物共计 100 件，3 则表示本件是 100 件中的第 3 件。在业务往来函电中，有时会见到这样的写法"C/NO. 1-UP"，这表明包装件数待定，装运时按实际情况确定。

(2)指示性、警告性标志(indicative mark, warning mark)。业务中往往根据货物的特性，如怕热、怕湿、怕震、怕倾斜等，在货物的外包装上刷制一些提示人们注意的标志，这就是指示性的标志。它通常用图形或文字表示。

还有些特殊物品，如爆炸品、易燃物品、腐蚀物品、氧化剂和放射物质等，需在外包装上用图形或文字等标志表示其危险性，以便搬运人员注意，保障货物和操作人员的安全，所以称其为警告性标志。

(3)其他标志。除上述包装标志外，在货物的包装上一般还需刷制每件货物的品名、货号、装箱数量及配比、毛重(Gross Weight)、净重(Net Weight)、包装容器的体积(Measurement)和货物的产地(Made in China)等标志，其中磅、码、产地标志必须刷制。

例如，Safety Boots 安全靴

Art No. JL608TS 货号：JL608TS

QTY. 12PRS 数量：12 双

G. W. 27KGS 毛重：27 公斤

N. W. 21. 6KGS 净重：21. 6 公斤

MST. 50×35×78cm 体积：50×35×78 厘米

Made in China 中国制造

七、案例分析

1. 商品的质量是国际货物买卖合同中不可缺少的主要条件之一，是十分重要的条款。卖方属于重大违约，因此赔偿对方损失是不可避免的。

2. 此例是一笔既凭品质规格交货，又凭样品买卖的交易。卖方成交前的寄样行为及订约后的"电告"都是合同的组成部分。根据商品特点正确选择表示品质的方法，能用一种表示就不要用两种，避免双重标准。既凭规格，又凭样品的交易，两个条件都要满足。本案中，我方应进行赔偿一笔品质差价。所以，样品的管理要非常严格，在向买方送交代表性样品时，卖方应留存一份或数份同样的样品，即"复样"、"留样"或"封样"，并妥善保管，以备将来组织生产、交货或处理纠纷时作核对之用。

3. 出口商品的数量必须严格按合同或信用证的规定数量执行。少了不行，多了进口国家的海关也不轻易放行。各国海关对进口货物的监督都很严。如进口商申报的数量与到货数量不符，轻则认为企图逃漏关税，重则认为走私舞弊，海关不仅可以处以罚款或没收货物，还可能进一步追究进口商的刑事责任。另外，若遇上当地市场疲软或价格趋跌时，进口商也会拒收，或要求降低价格，或要求多交货不再补钱。

4. 在国际贸易中，一般对溢短装条款解释为不但总量受其约束，所列每种具体规格和数量亦受其约束。本案中虽然总量符合要求，但卖方所交每种具体规格的钢板均与5%的约定相差甚大，其中12英尺钢板超装运110%，这是违反合同的。所以买方对于其所开票据完全有理由拒收，并拒付货款。

5. 问题主要出在文字说明方面。出口商品的销售包装上应有必要的文字说明，如商标、牌名、品名、产地、数量、规格、成分、用途和使用方法等。使用的文字必须简明扼要，并让顾客能看懂，必要时也可中外文同时并用。具体到本案例，当地人除了对仕女图会投入一瞥外，并不知内装何物。即使消费者知道内装为茶叶，但是红茶还是绿茶？分量多少？质量如何？还是无从知道。因此，上述包装不便于消费者了解商品，又何谈购买。

6. 有些国家的法律把买卖分为两类，一种称凭样品买卖，一种称凭说明买卖。后者所包括的范围很广，不仅涉及商品品质方面的问题，也包括数量，甚至包括合同中有关装运期、包装和货物花式搭配方面的陈述。按照英国买卖法的规定，凡合同中一切有关货物"说明"的事项都是合同的要件，如有违反，买方有权拒收货物，并可以提出索赔。本案例中，英国法认为，包装是属于"说明"的组成部分，属于要件，卖方违背合同要件，买方有理由拒收全部货物，也可以接受合乎规定部分，拒收不合规定部分，并提出损害赔偿。

7. 这是一件对方要求中性定牌包装的一起案例。自行车是美国、欧盟等对我国实施反倾销的商品，对原产地有严格的要求，以防转口贸易。

8. C. K. D. 全拆卸，S. K. D. 半拆卸。卖方忽略 C. K. D.，造成实际装载与合同不符，有不可推卸的责任。卖方虽然已经结汇，但买方仍有拒收货物的权利。

9. 海关处置正确。这实际上是一个定牌中性包装问题，在国际贸易中对于中性包装，尤其是定牌中性包装，在按照买方的要求注明有关商标、牌号外，还应注明以后因此而产生的侵权行为或知识产权纠纷，由买方承担一切责任和费用。

10. 卖方因交货包装不符违反了合同，但因损害的后果还不太严重，不致构成根本违反合同。因此，买方只能请求损害赔偿，但不能主张合同无效。

第九章　习题参考答案

一、名词解释

1. 贸易术语是在国际贸易中用来表明商品的价格构成，说明货物交接过程中有关的风险、责任和费用划分问题的专门用语。例如，业务中常用的 FOB、CIF 和 CFR 等。

2. 装运港船上交货是指货物在指定的装运港越过船舷，卖方即完成交货。

3. 佣金是卖方或买方付给中间商作为其代卖代买的酬金。

4. 象征性交货是指卖方按合同规定装运货物后，向买方提交包括物权凭证在内的有关单证，就算完成交货义务，无须保证到货。

5. 实际交货是指卖方按合同规定将货物实际交给买方。

6. 硬货币是指币值稳定或具有一定上浮趋势的货币。

7. 软货币是指币值不够稳定且具有下浮趋势的货币。

8. 含佣价是指含有佣金的价格。

9. FOB Liner Terms 即 FOB 班轮条件。它是为了解决装船费用的负担问题，而产生 FOB 的变形之一。这一变形是指装船费用按照班轮的做法来办，即由船方或买方承担。所以，采用这一变形，卖方不负担装船的有关费用。

10. 折扣是指卖方按原价给予买方一定百分比的减让，即在价格上给予适当的优惠。

11. 凡价格中不包括佣金或折扣的则称为净价。

12. Delivery Terms 是指交货条件，即卖方完成其交货义务的具体条件，其中主要包括交货的地点、风险转移的界限，以及卖方承担的各项义务如运输、保险、通关过境等。

13.《INCOTERMS 2000》是《2000 年国际贸易术语解释通则》的英文缩写，简称《2000 年通则》。它是由国际商会制定的有关贸易术语的国际惯例。最早的《通则》产生于 1936 年，后经过多次修订，现行的《2000 年通则》共包括 13 种贸易术语，即 EXW、FCA、FAS、FOB、CFR、CIF、CPT、CIP、DAF、DES、DEQ、DDU 和 DDP。

14.《Warsaw-Oxford Rules 1932》即 1932 年华沙—牛津规则，它也是有关贸易术语的国际惯例之一。该规则是国际法协会专门为解释 CIF 合同而制定的，它对 CIF 合同的性质、特点和双方当事人的权利、义务等作出了较为详细具体的规定。

二、单项选择

1. A　2. C　3. B　4. C　5. C　6. D　7. D　8. B　9. C　10. D
11. D　12. A　13. C　14. C　15. C　16. C　17. B　18. A　19. A　20. C
21. D　22. B　23. C　24. D　25. C

三、多项选择

1. BCD　2. BC　3. AB　4. ABCD　5. ABCDE　6. BC　7. BCD
8. ABD　9. BDE　10. ACD　11. ACD　12. ACE　13. ABCDE　14. ABDE
15. ABD

四、判断

1. ×　2. √　3. √　4. √　5. ×　6. ×　7. √　8. ×　9. √　10. ×
11. ×　12. ×　13. √　14. ×　15. ×　16. √　17. ×　18. ×　19. √　20. ×

五、简答

1. 贸易术语是在国际贸易实践中逐渐形成的，在相当长的时间内，在国际上没有形成对各种贸易术语的统一解释。不同国家和地区在使用贸易术语和规定交货条件时，有着各种不同的解释和做法。这样一来，一个合同的当事人对于对方国家的习惯解释，往往不甚了解，这就容易引起当事人之间的误解和争议，既浪费了各自的时间和金钱，也影响了国际贸易的发展。为了解决这一问题，国际商会、国际法协会等国际组织以及美国一些著名商业团体经过长期的努力，分别制定了解释国际贸易术语的规则，这些规则在国际上被广泛采用，因而形成为一般的国际贸易惯例。

有关贸易术语的国际贸易惯例主要有三种，即(《1932 年华沙—牛津规则》)、《1941 年美国对外贸易定义》(修订本)和《1990 年国际贸易术语解释通则》。

2.《2000 年国际贸易术语解释通则》将国际贸易中使用的贸易术语归纳为 13 种，并将这 13 种术语按照其国际代码的第一个字母的不同分为 E、F、C、D 四个组。E 组只包括一种贸易术语 EXW。F 组包括 FCA、FAS 和 FOB 三种术语，C 组包括 CFR、CIF、CFI 和 CIP 四种术语。D 组中包括五种术语，分别是 DAF、DES、DEQ、DDU 和 DDP。

3. 由于 FOB 术语历史较悠久，各个国家和地区在使用时对于“装船”的概念没有统一明确的解释，在装船作业的过程中涉及的各项具体费用，如将货物运至船边的费用，吊装上船的费用，理舱、平舱的费用等，究竟由谁负担，各国的惯例或习惯做法也不完全一致。在采用程租船运输时，船方一般不负担装卸费用，这就必须明确装船过程中的各项费用应由谁负担。为了说明装船费用由谁负担，双方往往在 FOB 术语后加列附加条件，这就形成了 FOB 的变形。它们主要有：(1)FOB Liner Terms(FOB 班轮条件)；(2)FOB Under Tackle(FOB 吊钩下交货)；(3)FOB Stowed(FOB 理舱费在内)；(4)FOB Trimmed(FOB 平舱费在内)。

4. 象征性交货是指按期在约定的地点完成装运，并向买方提供商业发票、保险单和运输单据等有关单据，即完成了交货义务，无须保证到货。象征性交货是卖方凭单据交货，买方凭单据付款。只要卖方向买方提供符合合同规定的一整套单据，即完成交货。即使货物在运输途中发生灭失或损坏的风险，买方仍应交付货款，但如果提交的单据不符合要求，有缺失或瑕疵，则即使货物到达目的地完好无损，买方仍有权拒收单据，拒付货款。

5. 在实际业务中，有些人习惯称 CIF 为"到岸价"，这种叫法容易使人产生误解，误以为在 CIF 条件下卖方要承担将货物运到目的港的所有责任、费用和风险。其实，按 CIF 条件成交时，卖方仍是在装运港完成交货，卖方承担的风险也是在装运港装船时，货物越过船舷以前的风险，越过船舷以后的风险仍由买方承担。另外，货物装船后产生的除运费、保险费以外的费用也要由买方承担。

6. 按照 CFR 条件达成的交易，卖方需要特别注意的问题是，货物装船后必须及时向买方发出装船通知，以便买方办理投保手续。根据国际贸易惯例，以及有些国家的法律规定，如果卖方未向买方发出装船通知，使买方未能办理货物保险，那么，货物在海运途中的风险被视为卖方负担。这就是说，如果货物在运输途中遭受损失或灭失，由于卖方未发出通知而使买方漏保，那么卖方就不能以风险在船舷转移为由免除责任。由此可见，尽管在 FOB 和 CIF 条件下，卖方装船后也应向买方发出通知，但 CFR 条件下的装船通知却具有更为重要的意义。

7. FOB、CFR 和 CIF 这三种常用贸易术语，按照《2000 年通则》的解释，卖方都是在装运港交货；买卖双方承担的风险都是以船舷为界进行划分；都是仅适用于水上运输方式；卖方承担出口通关的责任和费用，买方承担进口通关的责任和费用。但在运输和保险的安排上却存在着差别。FOB 条件下，运输和保险由买方自行安排，卖方没有责任；CFR 条件下，卖方负责签订运输合同，支付运费，保险由买方自行安排；CIF 条件下，运输合同和保险合同均由卖方负责签订，并承担运费和保险费。由此可见，三种贸易术语在交货地点、风险划分界限、适用的运输方式以及出入境通关的责任负担方面都是完全相同的，区别只是在于有关运输保险的责任和费用的承担方面。

8. 按照《2000 年通则》的解释，按照 FCA、CPT 和 CIP 这三种术语成交时，卖方都是在合同约定的地点将货物交给第一承运人控制时完成交货义务；卖方承担的风险都在第一承运人控制货物时转移给买方；它们都是适用于各种运输方式；卖方承担出口通关的责任和费用，买方承担进口通关的责任和费用。但在运输和保险的安排上却存在着差别。FCA 条件下，运输和保险由买方自行安排，卖方没有责任；CPT 条件下，卖方负责签订运输合同，支付运费，保险由买方自行安排；CIP 条件下，运输合同和保险合同均由卖方负责签订，并承担运费和保险费。由此可见，向承运人交货的这三种贸易术语在交货地点、风险划分界限、适用的运输方式以及出入境通关的责任负担方面也都是完全相同的，区别只是在于有关运输保险的责任和费用的承担方面。所以，可以说，FCA、CPT 与 CIP 之间的联系与区别和 FOB、CFR 与 CIF 之间的联系与区别是一致的。

9. 在确定对外成交价格时，要认真核算价格，并考虑以下各种影响价格的因素：(1)商品的品质和档次；(2)运输距离；(3)交货地点和交货条件；(4)商品季节性需求的变化；(5)成交数量；(6)支付条件以及汇率变动的风险；(7)国际市场价格的走势；等等。

10. 在国际货物贸易中，作价办法多种多样，其中包括固定价格、非固定价格和价格调整条款等。在非固定价格中，又可分为后定价格、暂定价格、部分固定价格与部分非固定价格和待定价格等。

固定价格是国际上通常较普遍采用的做法，它明确、具体、肯定，便于核算成本和履行合同，但交易双方要承担成交后价格变动的风险。非固定价格是一种变通的做法，比较灵活，有利于促成交易，早日签约，但在市场价格变化时可能给交易带来较大的不稳定性。采用价格调整条款，有利于出口厂商转嫁国内通货膨胀和确保其利益，交易双方承担价格变动的风险都相对缩小，故采用此种作价办法的日渐增多。但是，此种作价办法，需要注意工资指数和原材料价格指数的选择，计算最后价格比较复杂，且适用的商品范围也有一定局限性。

六、论述

1. 按CFR或CIF术语成交，卖方负责将合同规定的货物运往约定的目的港，并支付正常的运费。至于货到目的港后费用由谁负担也是一个需要考虑的问题。如果使用班轮运输，费用中已包括了装卸费用，故在装卸费的负担问题上不会引起争议。而在程租船运输的情况下，船方通常不负担装卸费用，这就需要双方在合同中订明卸货费用由谁负担，以避免争议。为解决大宗货物的租船运输中的卸货费用负担问题，产生了CFR和CIF的变形。业务中常见的CFR和CIF的变形有：

(1)CFR/CIF Liner Terms(CFR班轮条件)，指卸货费按班轮做法办理，即买方不负担卸货费。

(2)CFR/CIF Landed(CFR卸至码头)，指由卖方承担卸货费，包括可能涉及的驳船费在内。

(3)CFR/CIF Ex Tackle(CFR吊钩下交接)，指卖方负责将货物从船舱吊起一直卸到吊钩所及之处(码头上或驳船上)的费用。船舶不能靠岸时，驳船费用由买方负担。

(4)CFR/CIF Ex Ship's Hold(CFR舱底交接)，指船到目的港后，由买方自行启舱，并负担货物由舱底卸至码头的费用。

买卖双方在交易磋商时可根据各自的意愿，灵活选用适当的变形，并加以明确规定。

2. (1)风险和费用的划分界限问题：《2000年通则》以越过船舷作为划分买卖双方所承担的风险和费用的界限。这里的风险是指货物灭失或损坏的风险，而费用是指正常运费以外的费用。但从实际业务来看，装船是一个连续的过程，从岸上起吊到装船入舱，不可能在船舷这条界限划分双方的责任。由于《2000年通则》作为惯例并不是强制性的，在买卖合同中，双方可以另行约定。卖方应向买方提供“已装船提单”，这表明双方约定由卖方承担货物装入船舱为止的一切风险和费用责任。

(2)FOB方式中的船货衔接问题：《2000年通则》规定，买方应给予卖方关于船名、装船地点和所要求的交货时间的充分通知。在实际业务中，为了保证卖方备货和买方派船接货的衔接。这一到船通知是必不可少的。如有需要，可在合同中对买方应在船到港多少时间前通知卖方作出规定。

(3)CFR方式中的已装船通知：CFR方式中，卖方向买方发出已装船通知，具有通知买方及时办理保险的作用。买方办理进口货物保险时，保险公司按有关的装船通知承保。如果卖方未能及时向买方发出已装船通知，致使买方未能及时办理保险，则万一货物在运输途中发生灭失或损坏，其风险仍由卖方承担。所以，CFR方式中，卖方应特别注意及时向买方发出装船通知。

(4)《1941年美国对外贸易定义修正本》中的FOB：《修正本》中将FOB分为六种，只有第五种是装运港船上交货。与《通则》的FOB相近，但该术语的出口报关的责任在买方而不在卖方。所以我国在与美国、加拿大等国家洽谈进口贸易使用FOB方式成交时，除了在FOB后注明Vessel外，还应明确由对方(卖方)负责办理出口结关手续。

(5)关于租船运输时，装卸费用的负担问题：如果使用班轮运输，班轮运费内包括了装卸费用。但在大宗货使用租船运输时，船方是否承担装卸责任，也即运费中是否包括装卸费用，需由租船合同另行规定。故买卖双方在商定买卖合同，应明确装卸费用由谁负担。通常以贸易术语的变形，即在贸易语后加列字句来加以说明。

①以 FOB 方式成交，并明确装船费用由何方负担。常见的 FOB 术语的变形有：

FOB Liner Terms(FOB 班轮条件)，装船费用按照班轮的要求计算，由支付运费的一方，即买方负担。

FOB Under Tackle(FOB 吊钩下交货)，卖方负责将货物交至买方指定的船只吊钩所及之处，吊装费用由买方负担。

FOB Stowed(FOB 理舱费在内)，卖方负责将货物装入船舱并承担包括理船费在内的装船费用。理舱费是指货物入舱后进行安置和整理的费用。

FOB Trimmed(FOB 平舱费在内)，卖方负责将货物装入船舱并承担包括平舱费在内的装船费用。平舱费是指对入舱的散装货物平整所产生的费用。

②以 CFR 和 CIF 方式成交。需明确卸货费用由谁负担。CFR 和 CIF 术语的变形相类似。以 CIF 为例，主要有：

CIF Liner Terms(CIF 班轮条件)，卸货费由支付运费的一方，即卖方负担。

CIF Ex Ship's Hold(CIF 舱底交货)，买方负担将货物从舱底吊卸到码头的费用。

CIF Landed(CIF 卸到岸上)，卖方负担将货物卸到目的港岸上的费用，包括驳船费和码头费。

(6)象征性交货：卖方在装运港将货物装至船上以运交买方，然后卖方通过一定程序(如付款交单、信用证)向买方提交包括物权凭证(海运提单)在内的全部合格单据，即完成了交货义务，运输单据上的出单(或装运)日期，即为"交货日期"，这种方式称为象征性交货。以这种方式订立的合同，卖方只负责装运，无须保证到货，所以又称为装运合同，以区别于交货合同。

FOB、CFR、CIF 三种术语，均属于象征性交货，与之相对应，买方是凭单付款，所以装运单据在这类交易中具有特别重要的意义。

3.(1)E 组贸易术语：按 E 组的 EXW 这一贸易术语达成的交易，在性质上类似于国内贸易。因为卖方是在本国的内地完成交货，其所承担的风险、责任和费用也都局限于出口国内，卖方不必过问货物出境、入境及运输、保险等事项，由买方安排车辆或其他运输工具到约定的交货地点接运货物，所以，在卖方与买方达成的契约中可不涉及运输和保险的问题。而且，除非合同中有相反规定，卖方一般无义务提供出口包装，也不负责将货物装上买方安排的运输工具。如果签约时已明确该货物是供出口的，并对包装的要求作出了规定，卖方则应按规定提供符合出口需要的包装。如果双方约定卖方要承担将货物装上买方安排的运输工具的义务，则应在合同中对此作出明确的规定。但国际商会在《2000 年通则》的引言中指出，人们认为理想的是仍然保留 EXW 条件下卖方义务最小的传统原则，其目的是适用于那些卖方不愿意承担任何装货义务的情况。

由于在 EXW 条件下，买方要承担过重的义务，所以对外成交时，买方不能仅考虑价格低廉，还应认真考虑可能遇到的各种风险以及运输环节等问题，要权衡利弊，注意核算经济效益。另外，按这一术语成交，买方要承担办理货物出口和进口的清关手续的义务，所以还应考虑在这方面有无困难。如果买方不能直接或间接地办理出口和进口手续，则不应采用这一术语成交。

(2)F 组贸易术语：F 组中包括的三种贸易术语 FCA、FAS 和 FOB，它们在交货地点、风险划分界限以及适用的运输方式等方面并不完全相同，然而它们也有相同之处，其共同点是按这些术语成交时，卖方要负责将货物按规定的时间运到双方约定的交货地点，并按约定的方式完成交货。从交货地点到目的地的运输事项由买方安排，运费由买方负担。买方要指定承运人，订立从交货地至目的地的运输合同，并通知卖方。可见，按这些术语达成交易，卖方承担的费用在交货地点随着风险的转移而相应地转移给了买方。另外，按照《2000 年通则》的解释，采用这三种贸易术语成交时，均由卖方负责货物出口报关的手续和费用;由买方负责货物进口报关的手续和费用。

由于按F组术语成交时,卖方负责在交货地点提交货物,而由买方安排运输工具到交货地点接运货物,所以,如何做好船货的衔接工作至关重要。为了避免因货等船或船等货而造成当事人的损失,卖方和买方之间应加强联系,将备货和派船的情况及时通知对方,遇到问题加强协商,妥善解决。

(3)C组贸易术语:C组贸易术语中的CFR和CIF是在装运港交货,风险划分均以船舷为界,适用于水上运输方式;CPT和CIP则是在约定地点向承运人交货,风险划分以货交第一承运人为界,适用于各种运输方式。但它们同为一组也具有共同之处,那就是卖方在约定的装运港(地)交货后,还要负责办理货物从装运港(地)到目的港(地)的运输事项,并承担相关费用,因按本组术语成交,货价构成因素中都包括运费,故国际商会在《2000年通则》的引言中称本组术语项下"主要运费已付"。当然,其中的CIF和CIP下,卖方还要负责办理货运保险,并承担保险费用。由于卖方承担的风险仍然是在装运港(地)交货时转移,所以,不应将它们看作是到货合同。

C组术语下,风险划分和费用划分是两个不同的概念,风险划分在装运港(地),费用划分则是在目的港(地)。也就是说,卖方虽然承担从交货地至目的地的运输责任,并负担相关费用,但是,他并不承担从交货地至目的地的运输途中货物发生损坏、灭失及延误的风险。

(4)D组贸易术语:D组包括的五种贸易术语中,除了DAF是在两国边境指定地点交货外,其他四种术语都是在进口国的目的港或目的地交货,这就与前面各组术语有了明显的区别。按照D组术语成交的合同称到货合同(Arrival Contract),到货合同是与装运合同(Shipment Contract)相对而言的,按照F组、C组术语成交的合同称作装运合同,在装运合同下,卖方要支付将货物按照惯常航线和习惯方式运至约定地点所需的通常运输费用,而货物灭失或损坏的风险以及在货物以适当方式交付运输之后发生意外而导致的额外费用,则由买方承担。按D组术语成交时,卖方要负责将货物安全及时地运达指定地点,包括边境地点、目的港口以及进口国内地,实际交给买方处置,才算完成交货。卖方要承担货物运至该地点之前的一切风险和费用。

可见,D组术语条件下,卖方所承担的风险要大于前面各组,特别是按照DDP术语成交时,卖方负责将货物交到进口国内的约定地点,承担在此之前的一切风险、责任和费用,其中包括办理货物出口和进口的手续以及相关费用。所以,作为卖方在对外成交时,一定要认真考虑该项业务中可能会遇到的各种风险以及可以采取的防范措施。另外,在打算采用DDP条件对外成交时,卖方还应考虑办理进口手续有无困难,如果卖方不能直接或间接地取得进口许可证,则不应采用DDP条件成交。

4.(1)CIF术语的中译名为成本加保险费加运费(指定目的港),其原文为Cost,Insurance and Freight(…named port of destination)按此术语成交,货价的构成因素中包括从装运港至约定目的港的通常运费和约定的保险费,故卖方除具有与CFR术语的相同的义务外,还要为买方办理货运保险,并支付保险费,按一般国际贸易惯例,卖方投保的保险金额应按CIF价加成10%。如买卖双方未约定具体险别,则卖方只需取得最低限底的保险险别,如买方要求加保战争险,在保险费由买方负担的前提下,卖方应予加保,卖方投保时,如能办到,应以合同货币投保。

需要强调的是,按CIF术语成交,虽然由卖方安排货物运输和办理货运保险,但卖方并不承担保证把货送到约定目的港的义务,因为CIF是属于装运交货的术语,而不是目的港交货的术语,也就是说CIF不是"到岸价"。

按《2000年通则》的规定,CIF术语只能适用于海运和内河航运,如要求卖方先将货物交到港口货站,以及使用滚装/滚卸或集装箱运输时,则使用CIP术语更为适宜。

在我国出口贸易中,按CIF条件成交的较为普遍,为了正确运用CIF术语,应特别注意下列事项:

必须认真核算运费。按CIF条件成交时，由于货价构成因素中包括运费，故卖方对外报价时，应认真核算运费，把运费因素考虑到货价中去。那种不分销售地区，不分距离远近，都按同一价格出售的做法，显然是不合适的。

卖方核算运费时，主要应考虑下列因素：

①运输距离的远近。同一种货物，如运输距离不同，其运输费用也必然有别，所以在按CIF条件成交时，应当核算运输成本，以体现地区差价。

②是否需要转船。一般来说，直达运输比中转船运输的费用低。所以按CIF条件成交时，不定期应考虑是否需要转船，如在成交量少而又无直达班轮运输的情况下，货物必须中途转船运输，这势必增加一笔转船的费用，此项费用，也应计入运输成本并考虑到货价中。在CIF条件下，不考虑转船与否，都按同一的价格出售这种不计成本的做法，也是不合理的。

③运价变动的趋势。买卖双方按CIF条件成交时，在确定货价的同时，应考虑市场运价变动趋势以及各种附加费，把运价变动的风险打到货价中去，防止出现只顾成交、不顾运输和只管货价、不管动价的偏向。

(2)必须正确理解和处理风险与保险的关系。风险和保险是既有联系，又有区别的两个不同的概念。在CIF条件下，如上所述买方应承担货物在运输途中的风险，买方为了转嫁风险，本应向保险公司办理保险。但买方为了省事，在洽商交易时，要求卖方代办保险，并商定保险费计入货价中，由于CIF货价中包括保险费，故卖方必须约定条件自费办理保险，卖方为买方利益所进行的这种保险，纯属代办性质，如果事后发生承保损失，由买方凭卖方提交的保险单直接向保险公司索赔，能否索赔到手，卖方概不负责。

(3)必须明确大宗商品交易下的卸货费由何方负担。在国际贸易中，大宗商品通常洽租不定期船运输，大多数情况下，船公司承运大宗货物，一般是不承担装卸费的，因此，在CIF条件下，买卖双方容易在卸货费由何方负责的问题上引起争议，为了明确责任，买卖双方应在合同中就卸货费由谁承担的问题上作出明确具体的规定。

当买方不愿负担卸货费时，在商订合同时，可要求在CIF后加列Liner Terms(班轮条件)或Landed(卸到岸上)或Under Ship's Tackle(船舶吊钩下交货)字样。当卖方不愿负担卸货费时，在商订合同时，可要求在CIF后加列Ex Ship's Hold(舱底交货)字样。

上述CIF后加列各种附加条件，如同CFR后列各种条件一样，只是为了明确卸货费由谁负担，并不影响交货地点和风险转移的界限。

(4)必须搞好单证工作。按对CIF术语的传统解释，CIF属象征性交货，卖方负有向买士提交约定的装运单据的义务，买方则负有凭装运单据付款的义务，也就是说，在CIF条件下，买方是凭单据和付款对流的原则，因此，即使在卖方装船以后至交单这段时间内，货物发生灭失或损坏，只要卖方提交的单据符合要求，买方就不得拒收单据和拒付货款，而只能先付未赎单，然后凭所取得的有关单据向船方或保险公司提出索赔，追回损失，CIF交易实际上是一种单据买卖。由此可见，装运单据在CIF交易中具有特别重要的意义，所以在实际工作中，应重视和搞好单证工作。当然，CIF是单据买卖的说法，并不意味着可以因此而减轻卖方交货方面的责任，CIF的卖方，除应提交约定的装运单据外，还应保证交运约定的货物。

5.(1)《1932年华沙—牛津规则》(Warsaw-Oxford Rules 1932)，《华沙—牛津规则》是国际法协会专门为解释CIF合同而制定的。

(2)《1941年美国对外贸易定义修订本》(Revised American Foreign Trade Definitions 1941)，《美

国对外贸易定义》是由美国几个商业团体制定的，它最早于1919年在纽约制定，原称为《美国出口报价及其缩写条例》，主要在美洲国家采用。

《美国对外贸易定义》中所解释的贸易术语共有6种，分别为：①Ex(Point of Origin)(产地交货)；②FOB(Free on Board)(在运输工具上交货)；③FAS(Free Along Side)(在运输工具旁边交货)；④C&F(Cost and Freight)(成本加运费)；⑤CIF(Cost, Insurance and Freight)(成本加保险费、运费)；⑥EX Dock(Named Port of Importation)(目的港码头交货)。

(3)《2000年国际贸易术语解释通则》(INCOTERMS 2000)。《国际贸易术语解释通则》原文为International Rules for the Interpretation of Trade Terms，缩写形式为INCOTERMS，它是国际商会为了统一对各种贸易术语的解释而制定的。最早的《通则》产生于1936年，后来为适应国际贸易业务发展的需要，国际商会先后进行过多次修改和补充，现行的《2000年通则》是国际商会根据近10年来形势的变化和国际贸易发展的需要，在《1990年通则》的基础上修订产生的，并于2000年1月1日正式生效。

国际商会在对《2000年通则》的介绍中，将各种常用的专业词语，如"发货人"(Shipper)、"交货"(Delivery)、"通常的"(Usual)等，作了明确的解释。

在内容和结构方面，《2000年通则》保留了《1990年通则》包含的13种术语，并仍将这13种术语按不同类别分为E、F、C、D四个组。E组只包括EXW一种贸易术语。这是在商品产地交货的贸易术语。F组包含有FCA、FAS和FOB三种术语。按这些术语成交，卖方须将货物交给买方指定的承运人。从交货地至目的地的运费由买方负担。C组包括CFR、CIF、CPT、CIP四种术语，采用这些术语时，卖方要订立运输合同，但不承担从装运地启运后所发生的货物损坏或灭失的风险及额外费用。D组中包括五种术语，分别是DAF、DES、DEQ、DDU和DDP。

国际贸易惯例是国际组织或权威机构为了减少贸易争端，规范贸易行为，在长期、大量的贸易实践的基础上制定出来的。由此可见，贸易惯例与习惯做法是有区别的。国际贸易惯例的适用是以当事人的意思自治为基础的，因为惯例本身不是法律，它对贸易双方不具有强制性约束力，故买卖双方有权在合同中作出与某项惯例不符的规定。只要合同有效成立，双方均要履行合同规定的义务，一旦发生争议，法院和仲裁机构也要维护合同的有效性。但是，国际贸易惯例对贸易实践仍具有重要的指导作用。这体现在，如果双方都同意采用某种惯例来约束该项交易，并在合同中也作了明确规定，那么这项约定的惯例就具有了强制性。

七、计算

1. 投保金额＝CIF×(1＋投保加成率)

保险费＝投保金额×保险费率＝[1 200×(1＋10%)]×0.8%＝1 320×0.8%＝10.56(美元)

CFR＝CIF－保险费＝1 200－10.56＝1 189.44(美元)

2. 投保金额＝CIF×(1＋投保加成率)＝2 000×(1＋10%)＝2 200(美元)

保险费＝投保金额×保险费率＝2 200×0.006＝13.2(美元)

投保金额＝CIF×(1＋投保加成率)＝2 000×(1＋30%)＝2 600(美元)

保险费＝投保金额×保险费率＝2 600×0.6%＝15.6(美元)

CIF＝2 000－13.2＋15.6＝2 002.4(美元)

3. CIF＝[FOB＋F(运费)]/[1－保险费率×(1＋投保加成率)]

＝(1 000＋70)/[1－0.28%×(1＋10%)]

＝1 070/(1－0.28%×1.1)

=1 070/(1−0.003 08)

=1 070/0.996 92

=1 073.31(港元)

投保金额=CIF×(1+投保加成率)=1 073.31×(1+10%)=1 180.64(港元)

保险费=投保金额×保险费率=1 180.64×0.28%=3.31(港元)

4. CFR=含佣价×(1−佣金率)=300×(1−3%)=291(美元)

佣金=含佣价×佣金率=300×3%=9(美元)

CFRC5%=净价/(1−佣金率)=291/(1−5%)=306.32(美元)

5. CFR=CIF×[1−保险费率×(1+投保加成率)]

=500×[1−0.08×(1+10%)]

=500×(1−0.088)

=500×0.912

=456(英镑)

FOB=500−45=455(英镑)

八、案例分析

1.(1)买方拒付的理由合理。因为货物没有在约定港口卸载。

(2)出口方不能要求付款行及保兑行付款。因为信用证规定:余下的10%必须等货物到达目的地后,买方通知银行方可支付。现在买方拒付,银行在没有接到买方通知的情况下是不会付款的。

(3)从本案中应吸取教训是:以CIF为条件出口,在信用证中不应作“货物到达目的地后,买方通知银行方可支付货款”这样的规定。因为这实质上等于改变了CIF合同的性质,等于变成了到货合同。

2.(1)该项损失应该由买方负责,对于CIF术语,依照国际贸易惯例,买卖双方在海上运输中的风险,一般是以越过船舷为界来划分的,即货物在越过船舷之前的风险由卖方承担,越过船舷之后的风险由买方承担。船舶是在航行途中触礁沉没,货物已经越过船舷,风险应由买方承担。

(2)根据CIF术语,卖方购买的保险一般都是港至港条款的保险。根据条例,货物从越过船舷开始到目的港口的路程属于保险公司责任范畴,这段路程的保险受益人属于买方,买方可以依法要求保险公司理赔。

(3)保险公司应该理赔,因为船舶是在航行途中触礁沉没的,属于保险公司的保险责任范围,故保险公司应该向买方理赔

3. A公司不应承担损失。根据《INCOTERMS 2000》,采用FCA术语成交时,货物交给承运人后风险即可提前转移给承运人,因而卖方不需承担此案中的损失。

4. A公司应承担货物损失的责任,因为根据《INCOTERMS 2000》,在CFR术语的情况下,卖方负责办理租船订舱,买方负责办理投保手续,同时,卖方负有在装船完毕后必须及时向买方发出装运通知以便买方办理保险的责任,否则,卖方应承担因其延误通知而产生的风险。此案中,A公司未及时发出装运通知,导致B公司无法及时办理投保手续,未能将风险及时转移给保险公司,所以风险应由A公司承担。

5. A公司不应承担责任,应拒绝撤销合同的无理要求。这个安全涉及FOB术语问题。根据FOB术语,买方负责租船订舱、运输、支付运费。为了卖方装船交货方便,卖方也可以接受买方的委托,代为租船订舱,但费用和风险应由买方承担,卖方不承担租不到船的责任。本案中,因为卖方代买方租船没

有租到,买方又不同意改变装运港,因此卖方不承担因自己未租到船而延误装运的责任。买方也不能因此撤销合同。

6. 卖方对该项损失无须负责。这个案例涉及 FOB 术语问题。根据 FOB 术语,买卖双方的风险界点在装运港的船舷,货物在装运港越过船舷以前的风险由卖方承担,越过船舷以后的风险由买方承担,在本案中,卖方已完全履行了自己的义务,将货在装运港装船后及时发出了装船通知。

这一批一级面粉在装运港已经公证人员检验品质合格,说明卖方交货时,货物的品质是良好的。品质的变化,完全是由于运输途中被海水浸泡的结果,而这个风险已经越过装运港的船舷,应该由买方自己承担,卖方对该项损失无须负责。

7. 买方无拒收货物和要求卖方退回货款的权利。在 CIF 术语条件下成交时,货物在装运港越过船舷以前的风险由卖方承担,越过船舷以后的风险由买方承担。CIF 合同属于典型的象征性交货,即卖方凭单交货,买方凭单付款,只要卖方所提交的单据是齐全的、正确的,即使货物在运输途中灭失,买方仍需付款,不得拒付。这一批西红柿在装运港装船时,经公证行验证符合商销品质,很显然其腐烂变质完全发生在货物装船的运输途中,而这个风险已经越过装运港船舷,理应由买方承担。而且 CIF 合同为象征性交货,现中方提供的单据齐全、正确,买方仍需付款。

8. B公司的行为是不合理的,A 公司应拒绝。根据《2000 年国际贸易术语解释通则》的规定:在 EXW 术语中,除非合同中有相反规定,卖方一般无义务提供出口包装,如果签约时已明确该货物是供出口的,并对包装的要求作出了规定,卖方则应按规定提供符合出口需要的包装。本案中,B 公司在交货时以电缆的包装不适宜出口运输为由拒绝提货和付款,而不是认为其不符合合同规定,由此可见,在合同中并无有关货物包装的规定。因此,B 公司以此借口拒付货款和提货,理由是不充分的。

9. 我国 A 公司对于 B 公司支付装船时的驳船费的要求可以拒绝。按照《2000 年国际贸易术语解释通则》的解释,采用 FAS 术语成交时,买卖双方承担的风险和费用均以船边为界,即买方所指派的船的船边,在买方所派船只不能靠岸的情况下,卖方应负责用驳船将货物运至船边,驳船费用是在风险费用转移以前发生的,理应由卖方承担。

10. 我方不能拒绝索赔。因为根据 CFR 术语,买卖双方的风险界点是在装运港船舷,货物在越过船舷以前的风险由卖方承担,越过船舷以后的风险由买方承担。因此,买方为了保证自己在遇到风险时能够将损失减低,可以通过向保险公司办理货运保险将风险转嫁给保险公司,但是买方能否及时办理保险取决于卖方在装运港装船后是否及时向买方发出装船通知。根据 CFR 术语,卖方在货物装船后及时向买方发出装船通知是其重要义务,如果卖方未及时向买方发出装船通知导致买方未能及时办理保险手续,由此引起的损失由卖方负担。本案中,由于卖方没有及时向买方发出装船通知,使得买方未办理货运保险,从而遭受损失,我方理应对该项货物损失负责,不能以风险已转移给买方为由而拒绝卖方的索赔。

11. 客户的要求不合理,因我方出口白糖的价格条件是 FOB 广州,即 FOB 船上交货并理仓,买方承担租船订舱的义务,买方租的船应该适航、适货,我方的责任就是将白糖装船并理舱,并无清洁船舱的责任。所以因船舱不洁所致的货物污损,责任不在我方,而在买方。

12. 这一合同的性质不再属于 CIF 合同。因为合同条款内容与 CIF 本身的解释相抵触。主要有:(1)合同在 CIF 条件下规定了"到货日期"。这与 CIF 价格术语所赋予的风险界限划分的本意相悖,按 CIF 是装运港交货,货物超越船舷后的一切风险均由买方负责。如果限定到货日期,则意味着卖方要承担越过船舷后的一切风险。(2)CIF 是"象征性交货",只要卖方提供齐全、正确的货运单据,买方不能拒收单据、拒付货款。而该合同规定:如货运船只不能如期到达,买方将收回货款。实际上成了货到付款。由此看来，该合同的一些主要条款已与 CIF 价格术语的本意相抵触。尽管名义上是按 CIF 成交，但实质上并不是 CIF 合同性质。

13. 尽管发霉是在运输途中发生的，但是产生发霉的原因，即包装不良在装船前就已经存在了，因此卖方在履约过程中存在过失。按照有关 FOB 的风险转移规定，买方有理由提出索赔要求，卖方的拒绝是没有道理的。

14. 我方的要求是合理的。尽管我方的动机是由于市场行情发生了对其不利的变化，但是由于 CIF 术语属于象征性交货，要求卖方凭借合格的完整的单证完成交货义务。本案中卖方没有办理货运保险，提交的单据少了保险单，即使货物安全到达目的港，也不能认为其完成了交货义务。

15. 根据 FOB 条件成交，要求买方在约定的期限租船到指定的装运港接运货物。我方没能及时派船接运货物，属于违约行为，因此巴西出口商有权以此为由撤销合同并要求赔偿损失。

九、实训

1. 实际购货成本＝购货价格－出口退税额

＝购货成本×(1＋17％－退税率)÷(1＋17％)

＝5 600×(1＋17％－3％)÷(1＋17％)

＝5 600×1.14÷1.17＝5 456.410 3(元/吨)

费用：

国内费用＝500＋(1 200＋300＋100＋950＋1 500)÷17＋5 600×8％÷6

＝812.902(元人民币/吨)(注：贷款利息通常根据进货成本核算)

银行手续费＝报价×0.5％

客户佣金＝报价×3％

出口运费＝2 200÷17＝129.411 8(美元)＝1 067.647 3(元)

出口保费＝CIF 价×110％ ×0.85％

利润＝报价×10％

(1)FOB 报价

FOBC3＝实际购货成本＋国内费用＋佣金＋银行手续费＋预期利润

＝5 456.410 3＋812.902＋报价×3％＋报价×0.5％＋报价×10％

FOBC3＝(5 456.410 3＋812.902)÷(1－3％－0.5％－10％)

＝6 269.312 3÷0.865÷6.82

＝1 062.80(美元/吨)

(2)CFR 报价

CFRC3＝实际购货成本＋国内费用＋出口运费＋佣金＋银行手续费＋预期利润

＝5 456.410 3＋812.902＋1 067.647 1＋报价×3％＋报价×0.5％＋报价×10％

CFRC3＝(5 456.410 3＋812.902＋1 067.647 1)÷(1－3％－0.5％－10％)

＝7 336.959 4÷0.865÷6.82

＝1 243.70(美元/吨)

(3)CIF 报价

CIFC3＝实际购货成本＋国内费用＋出口运费＋佣金＋银行手续费＋出口保险费＋预期利润

＝5 456.410 3＋812.902＋1 067.647 1＋报价×3％＋报价×0.5％＋报价×110％ ×0.85％＋报价×10％

$$CIFC3=(5\ 456.410\ 3+812.902+1\ 067.647\ 1)\div(1-3\%-0.5\%-110\%\times0.85\%-10\%)$$
$$=7\ 336.959\ 4\div0.855\ 65\div6.82$$
$$=1\ 257.30(美元/吨)$$

2. 出口总数=100×50=5 000(件)

$$实际采购成本=含税成本\times\left(1-\frac{出口退税率}{1+17\%}\right)$$
$$=28\times\left(1-\frac{13\%}{1+17\%}\right)=24.89(元/件)$$

国内费用=100/50+(1 500+500+400+1 000)/5 000(件)=2.68(元/件)

出口运费=800/5 000件=0.16(美元/件)

$$1.\ FOBC5=\frac{(实际采购成本+各项国内费用之和)/汇率}{1-预期利润率-佣金率}$$
$$=\frac{(24.89+2.68)/8.3}{1-10\%-5\%}=3.91(美元/件)$$

$$2.\ CIFC5=\frac{(实际采购成本+各项国内费用之和)/汇率+国外运费}{1-预期利润率-佣金率-(1+投保加成率)\times保险费率}$$
$$=\frac{(24.89+2.68)/8.3+0.16}{1-10\%-5\%-(1+10\%)\times0.5\%}=4.12(美元/件)$$

第十章　习题参考答案

一、名词解释

1. 班轮运输又称定期船运输，它是在不定期租船运输的基础上发展起来的，是国际航运的一种主要方式，有着固定的船期表、固定的航线、固定的港口和相对固定的运费率。班轮承运货物的品种、数量比较灵活，且一般采取在码头仓库交接货物。

2. 指示提单是指提单上的收货人栏内仅填写“凭指示”(To order)，或“凭某某人指示”(To order of…)字样，这种提单经背书后可转让给他人提货。目前，在实际业务中，使用最多的是“凭指示”并经空白背书的提单，习惯上称为“空白抬头、空白背书”提单。

3. 过期提单是指迟于货物到达目的港时间的提单或错过交单日期的提单。前者是指货已到但是提单未到；后者是指超过提单签发日期后21天才向银行交付的提单。

4. 清洁提单是指货物在装船时“表面状况良好”，承运人在提单上未加任何有关货物受损或包装不良等批注的提单。

5. 整箱交、拆箱接是指货主在工厂或仓库把装满货后的整箱交给承运人，在目的地的集装箱货运站或内陆转运站由承运人负责拆箱后，各收货人凭单接货。

6. 滞期费是指在程租船合同规定的装卸时间内，如果租船人未能完成装卸作业，仍许可装卸，但根据从合同规定的装卸终止之时到实际装卸完毕的时间，向船方支付的一定金额的罚金。

7. 速遣费是指租船人在合同规定的时间内提前完成了装卸任务，给船方节约了船期和港口开支，船方向租方支付的一定金额的奖金。按惯例，速遣费是滞期费的一半。

8. Free in, Free out, Free Stowed and Trimmed是指在程租船运输条件下，船方不管装、不管卸、不管理舱和平舱。

9. 集装箱运输是指将一定数量的单件货物装入按标准规格特制的集装箱内，并以该箱作为运送单位的一种现代化的运输方式。它适用于各种运输方式的单独运输和不同运输方式的联合运输。

10. Overland Common Points 即内陆公共点，以美国西部的落基山脉为界，以东地区为内陆地区范围，海运到达美国太平洋西岸港口，最终目的地在内陆地区。如果采用 OCP 运输条款达成交易，出口商不仅可以享受美国内陆运输优惠费率，而且享受 OCP 海运优惠费率。

二、单项选择

1. C 2. C 3. C 4. A 5. A 6. C 7. B 8. A 9. C 10. A
11. B 12. C 13. A 14. A 15. B

三、多项选择

1. ADE 2. BCD 3. ADE 4. ABDE 5. ABE 6. ABCDE 7. ABE
8. ABCDE 9. ABCD 10. ABCDE

四、判断

1. × 2. × 3. √ 4. √ 5. √ 6. × 7. × 8. √ 9. √ 10. ×
11. √ 12. √ 13. × 14. × 15. √

五、简答

1. 定程租船有以下特点：

(1)船舶的经营管理由船方负责。

(2)规定一定的航线和装运的货物种类、名称、数量以及装卸港口。

(3)船方除对船舶航行、驾驶、管理负责外，还应对货物运输负责。

(4)在多数情况下，运费按所运货物数量计算。

(5)规定一定的装卸期限或装卸率，并计算滞期费、速遣费。

(6)船租双方的责任、义务，以定程租船合同为准。

2. 海运提单的性质和作用可以概括为以下三个方面：

(1)提单是承运人或其代理人签发的货物收据(Receipt for the Goods)。

(2)提单是一种货物所有权的凭证(Document of Title)。

(3)提单是承运人与托运人间订立的运输契约的证明(Evidence of the Contract Carriage)。

3. 班轮运输的特点：

(1)四固定：固定的船期表、固定的航线、固定的停靠港口和相对固定的运费率。

(2)船方负责配载装卸，装卸费包含在运费中，货方不再另付装卸费，船货双方也不计算滞期费和速遣费。

(3)船、货双方的权利、义务与责任豁免，以船方签发的提单条款为依据。

(4)班轮承运货物的品种、数量比较灵活，货运质量较有保证，且一般采取在码头仓库交接货物，故为货主提供了较便利的条件。

4. 海运单与海运提单比较如下：

(1)提单是货物收据、运输合同，也是物权凭证；海运单只具有货物收据和运输合同这两种性质，它不是物权凭证。

(2)提单可以是指示抬头形式，能够背书流通转让；海运单是一种非流通性单据，海运单上标明了确定的收货人，不能转让流通。

(3)海运单和提单的正面各栏目格式和缮制方法基本相同，只是海运单收货人栏不能作成指示性抬头,应缮制确定的具体收货人。

(4)提单的合法持有人和承运人凭提单提货和交货,海运单上的收货人并不出示海运单,仅凭提货通知单和身份证明提货,承运人凭收货人出示适当身份证明交付货物。

(5)提单有全式和简式之分,而海运单是简式单证,背面不列详细货运条款,只载有一条可援用海运提单背面内容的条款。

(6)海运单和记名提单,虽然都注明收货人,不做背书转让,但它们有着本质的不同,记名提单属于提单的一种,是凭物权凭证,持记名提单,收货人可以提货却不能凭海运单提货。

5. 在使用FOB、CIF、CFR、FCA、CIP、CPT六种装运术语时,交货与装运在一定程度上是一致的,因为卖方在这些术语条件下,在装运港或装运地将出口清关的货物装到船上或者交付承运人时就算完成了交货义务。但是,严格地说交货是指实际交货,即把货物的占有权置于买方的控制之下。装运之后、尚未转让货物单据之前的交货只是推定交货,货物的占有权并未从卖方转移至买方。因此,装运与交货是不同的。在实际业务中,最好还是把"装运条款"与"交货条款"严格区分开来,以免产生误解。即使是在C组和F组术语下的合同中也是如此。

6. 构成国际多式联运应具备以下条件:

(1)必须有一个多式运输合同;

(2)必须使用一份包括全程的多式运输单据;

(3)必须至少有两种不同运输方式的连贯运输;

(4)必须是国际间的货物运输;

(5)必须有一个多式运输经营人对全程运输负责;

(6)必须是全程单一的运费率。

7. 航空运单(Airway Bill)是承运人与托运人之间签订的运输契约,也是承运人或其代理人签发的货物收据;可作为承运人核收运费的依据和海关查验放行的基本单据。但航空运单不是代表货物所有权的凭证,也不能通过背书转让。因此收货人提货不是凭航空运单,而是凭航空公司的提货通知单;在航空运单的收货人栏内,不能做成指示性抬头。

六、论述

1. 含义:海运提单(Bill of Lading,或B/L)简称提单,是指由船长或船公司或其代理人签发的,证明已收到特定货物,允诺将货物运至特定的目的地,并交付给收货人的凭证。海运提单也是收货人在目的港据以向船公司或其代理提取货物的凭证。

2. 海运提单的性质:

第一,提单是承运人或其代理人签发的货物收据(Receipt for the Goods)。

第二,提单是一种货物所有权的凭证(Document of Title)。

第三,提单是承运人与托运人间订立的运输契约的证明(Evidence of the Contract Carriage)。

3. 海运提单的种类:

(1)根据货物是否已装船,可分为"已装船提单"和"备运提单"。已装船提单(On Board B/L; Shipped B/L)是指承运人已将货物装上指定轮船后所签发的提单。备运提单(Received for Shipment B/L)是指承运人已收到托运货物等待装运期间所签发的提单。

(2)根据提单有无批注条款,可分为"清洁提单"和"不清洁提单"。清洁提单(Clean B/L)是指货物在装船时"表面状况良好",承运人在提单上未加任何有关货物受损或包装不良等批注的提单。不清洁提单(Unclean B/L;Foul B/L)是指承运人在提单上对货物表面状况或包装加有不良或存在缺陷等批注的提单。

(3)根据提单是否可以流通转让,可分为“记名提单”、“不记名提单”和“指示提单”。记名提单(Straight B/L)是指提单上的收货人栏内填写特定的收货人名称;这种提单只能由该特定收货人提货,因此记名提单不能流通转让。不记名提单(Bear B/L)是指提单上的收货人栏不指明收货人,只注明提单持有人(Bearer)字样,这种提单无须背书转让,流通性强,风险大,实际业务中很少使用。指示提单(Order B/L)是指提单上的收货人栏内仅填写“凭指示”(To order),或“凭某某人指示”(To order of …)字样,这种提单经背书后可转让给他人提货。目前,在实际业务中,使用最多的是“凭指示”并经空白背书的提单,习惯上称为“空白抬头、空白背书”提单。

(4)根据运输方式,可分为“直达提单”、“转船提单”和“联运提单”。直达提单(Direct B/L)是指轮船从装运港装货后,中途不经过换船而直接驶往目的港卸货所签发的提单。转船提单(Transshipment B/L)是指轮船从装运港装货后,不直接驶往目的港,需要在中途港换装另外船舶运往目的港所签发的提单。联运提单(Through B/L)是指需经两种或两种以上的运输方式联运的货物,由第一程海运承运人所签发的,包括运输全程并能在目的港或目的地凭以提货的提单。

(5)根据其他分类,还有全式提单、略式提单、正常提单、过期提单、预借提单、倒签提单等。全式提单是指提单既有正面的内容,又在背面列有承运人和托运人权利义务条款的提单。略式提单又称简式提单,是指省略了背面条款的提单。正常提单是指在信用证规定的交单期内交给银行议付货款的提单。过期提单有两种:一种是指迟于货物到达目的港的提单;另一种是指超过提单签发日期后21天向银行交付的提单。预借提单是指货物在装船以前或装船完毕以前,托运人为及时结汇,向承运人预先借用的提单。倒签提单是指承运人应托运人的请求,签发提单日期早于实际装船日期的一种提单。

七、计算

1. 50÷1 000=0.05(公吨)　　　0.05<0.198 故选用尺码吨作为计费标准

10÷0.05=200(件)

应付运费=200×0.198×151×(1+25%+20%)=8 670.42(港元)

2. 进口合同规定的装运时间:10 000÷400=25(天)

实际装运时间:22天6小时=22.25(天)

提前天数:25-22.25=2.75(天)

船方要支付速遣费给国外出口人

应支付的速遣费为:50÷2×2.75=68.75(美元)

八、案例分析

1. 银行拒付无理。《UCP 600》第31条规定:“使用同一运输工具,并经由同次航程运输的数套运输单据在同次提交,只要显示相同目的,将不视作分批发运,即使运输单据上标明的发运日期不同或装运港、接管地或发送地点不同。如果交单由数套运输单据构成,则将其中最晚的一个发运日视作发运日。”这说明,装于同一航次同一条船上的同一合同项下的货物,即使装运的地点、时间不同,只要运往同一目的地,不算分批装运。故本案例中,银行不得拒付。

2. 买方的要求合理。本案例中的提单属于倒签提单,这是一种违法行为,原则上不应采取。

九、实训

1. Time of shipment, within 10days after receipt of your letter of credit from Shanghai to Singapore.

2. Shipment will be effected during March /April/May 2008 in three equal monthly lots.

3. Shipment before the end of this year from Qingdao to London, allowing partial shipment and transshipment.

第十一章 习题参考答案

一、名词解释

1. 全部损失有实际全损和推定全损两种。前者是指货物全部灭失、或完全变质、或不可能归还被保险人;而后者是指发生事故后,认为实际全损已不可避免,或者为避免实际全损所需支付的费用与继续将货物运抵目的地的费用之和超过保险价值。

2. 在海洋运输途中,船舶、货物或其他财产遭遇共同危险,为了解除共同危险,有意采取合理的救难措施所直接造成的特殊牺牲和支付的特殊费用,称为共同海损。构成共同海损的条件:(1)共同海损的危险必须是共同的,采取的措施是合理的,这是共同海损成立的前提条件。(2)共同海损的危险必须是真实存在的而不是臆测的,或者不可避免地发生的。(3)共同海损的牺牲必须是自动的和有意采取的行为。其费用必须是额外的。(4)共同海损必须是属于非常情况下的损失。

3. 单独海损是指仅涉及船舶或货物所有人单方面的利益的损失,它与共同海损的主要区别是:(1)造成海损的原因不同,单独海损是承保风险所直接导致的船、货损失;共同海损则不是承保风险所直接导致的损失,而是为了解除或减轻共同危险人为地造成的一种损失。(2)承担损失的责任不同,单独海损的损失一般由受损方自行承担;而共同海损的损失则应由受益的各方按照受益比例的大小共同分摊。

4. 投保平安险(Free from Particular Average),保险公司对下列损失负赔偿责任:(1)被保险的货物在运输途中由于恶劣气候、雷电、海啸、地震、洪水等自然灾害造成整批货物的全部损失或推定全损。若被保险的货物用驳船运往或运离海轮时,则第一驳船所装的货物可视作一个整批。(2)由于运输工具遭到搁浅、触礁、沉没、互撞、与流冰或其他物体碰撞及失火、爆炸等意外事故所造成的货物全部或部分损失。(3)在运输工具已经发生搁浅、触礁沉没、焚毁等意外事故的情况下,货物在此前后又在海上遭受恶劣气候、雷电、海啸等自然灾害所造成的部分损失。(4)在装卸或转运时由于一件或数件甚至整批货物落海所造成的全部或部分损失。(5)被保险人对遭受承保责任内的危险货物采取抢救、防止或减少货损的措施所支付的合理费用,但以不超过该批被毁货物的保险金额为限。(6)运输工具遭遇海难后,在避难港由于卸货引起的损失及在中途港或避难港由于卸货、存仓和运送货物所产生的特殊费用。(7)共同海损的牺牲、分摊和救助费用。(8)运输契约中如订有“船舶互撞责任”条款,则根据该条款规定应由货方偿还船方的损失。

5. 投保水渍险(With Particular Average),保险公司除担负平安险的各项责任外,还对被保险货物由于恶劣气候、雷电、海啸、地震、洪水等自然灾害所造成的部分损失负赔偿责任。

6. 投保一切险,保险公司除担负平安险和水渍险的各项责任外,还对被保险货物在运输途中由于外来原因而遭受的全部或部分损失也负赔偿责任。

7. 保险金额是指保险人承担赔偿或者给付保险责任的最高限额,也是保险人计算保险费的基础,其金额根据保险价值(一般包括货价、运费、保险费以及预期利润)而定。

8. 预约保险单是指国际贸易中,被保险人(一般为进口人)与保险人之间订立的总合同。订立这种合同既可以简化保险手续,又可使货物一经装运即可取得保障。

9. 保险单俗称大保单,这是一种正规的保险合同,是完整独立的保险文件。保单背面印有货物运输保险条款(一般表明承保的基本险别条款等内容),还列有保险人的责任范围及保险人与被保险人各自的权利、义务等方面的条款。

10. 批单是指保险单出立后，需要变更其内容时，由保险公司应投保人的请求进行修改的凭证，粘在保险单上并加盖骑缝章，作为保险单不可分割的一部分。

二、单项选择

1. A　2. B　3. A　4. C　5. A　6. A　7. C　8. C　9. C　10. B

三、多项选择

1. ABCD　2. ABCD　3. ABCD　4. ABC　5. ABCDE　6. ABC　7. ABCDE　8. BC　9. ABCD　10. ABCD

四、判断

1. √　2. ×　3. ×　4. ×　5. ×　6. ×　7. ×　8. ×　9. √　10. ×　11. √　12. √　13. ×　14. √

五、简答

1. 海上损失简称海损，是指被保险货物在海运过程中，由于海上风险所造成的损失。就货物损失的程度而言，海损可分为全部损失和部分损失；就货物损失的性质而言，海损又可分为共同海损和单独海损。

2. 单独海损是指仅涉及船舶或货物所有人单方面的利益的损失，与共同海损的主要区别是：(1)造成海损的原因不同。单独海损是承保风险所直接导致的船、货损失；共同海损则不是承保风险所直接导致的损失，而是为了解除或减轻共同危险所造成的一种人为损失。(2)承担损失的责任不同。单独海损的损失一般由受损方自行承担；而共同海损的损失则应由受益的各方按照受益大小的比例共同分摊。

3. 中国人民保险公司承保的特殊附加险主要是指战争险和罢工险；为了适应对外贸易货运保险的需要，还承保交货不到险、进口关税险、舱面险、拒收险、黄曲霉素险以及我国某些出口货物运至港、澳存仓期间的火险等特殊附加险。

4. 英国伦敦《协会货物条款》，1982 年 1 月 1 日修订本。该条款共有六种险别。

(1)ICC(A)，可以独立投保，其责任范围较广，采取"一切风险减除外责任"的方式。

(2)ICC(B)，可以独立投保，其责任范围采用"列明风险"的方法。ICC(B)的除外责任，除对"海盗行为"和恶意损害的责任不负责外，其余均与 ICC(A)的除外责任相同。

(3)ICC(C)，可以独立投保，其责任范围也采用"列明风险"的方式。ICC(C)的除外责任与 ICC(B)完全相同。

(4)卸货货物战争险条款，可以独立投保。

(5)协会货物罢工险条款，可以独立投保。

(6)恶意损害险条款。它在 ICC(A)中列为承保责任，但在 ICC(B)和 ICC(C)中均列为除外责任，如需取得这种风险的保障，应另行加保。

5. 根据中国人民保险公司制定的《陆上运输货物保险条款》的规定，陆运货物保险的基本险别有陆运险和陆运一切险两种。陆运险的承保责任范围同海运水渍险相似。陆运险与陆运一切险的责任起讫，也采用"仓至仓"责任条款。陆运货物附加险包括一般附加险和战争险等特殊附加险。

6. 保险单据有：

保险单(Insurance Policy)，一种正规的保险合同，是完整独立的保险文件，俗称大保单。

保险凭证(Insurance certificate),这是一种比较简化的保险单据,包括保险单的基本内容,但不附有保险条款全文,与保险单有同等的法律效力。

联合凭证(Combined Certificate),又称承保证明(Risk Note),是我国保险公司特别使用的比保险凭证更简化的保险单据;保险公司仅将承保险别、保险金额及保险编号加注在我国进出口公司开具的出口货物发票上,并正式签章即作为已经保险的证据。这种单证只有我国采用。

预约保险单(Open Policy),是进口贸易中被保险人(一般为进口人)与保险人之间订立的总合同。合同项下的货物一经装运,只要通知保险人即可取得保障。

保险声明(Insurance Declaration),预约保险单项下的货物一经确定装船,被保险人以书面形式,将该批货物的名称、数量、保险金额、船名、起讫港口、航次、开航日期等通知保险人的声明书。银行可将保险声明书当作一项单据予以接受。

批单,保险单出立后,如需变更其内容,可由保险公司另出的凭证注明更改或补充的内容,称为批单。批单必须粘在保险单上并加盖骑缝章,作为保险单不可分割的一部分。

暂保单(Cover Note),是由保险经纪人即投保人的代理人出具的非正式保单。除非信用证特别要求,银行不接受暂保单。

7. 提出索赔时,通常需要提供:(1)检验报告;(2)运输单据,包括海运单、海运提单等;(3)发票、装箱单或重量单;(4)向承运人等第三者责任方请求赔偿的函电及其他必要的单证或文件;(5)货损货差证明;(6)海事报告摘录;(7)列明索赔金额及计算依据,以及有关费用的项目和用途的索赔清单;(8)保险单或保险凭证正本。

六、论述

1. 相同点:(1)承保责任范围相近。一切险和A险的承保责任虽然在文字表达上有所区别,但都是对海上自然灾害、意外事故和一般外来风险予以负责,内容比较接近;水渍险和B险的承保责任均是对海上自然灾害和意外事故的保障,内容也基本相当;平安险和C险所承保的风险虽然有所区别,但从保障的范围看,两者之间也比较接近。(2)除外责任基本相同。从具体内容看,基本上都是把非意外的、间接的、特殊原因的和人为故意行为所致损失作为除外责任。(3)保险期限基本一致。我国保险条款的保险期限采取"仓至仓"的责任起讫,协会货物保险条款则包括运输条款、运输契约终止条款和航程变更条款,共同组成保险人的责任期限,实际上也是以"仓至仓"为责任起讫。(4)被保险人义务大致相同。两种条款均规定货物发生损失时被保险人应迅速采取合理措施,防止或减少货物的损失;航程发生变更时,被保险人应立即通知保险人;被保险人应保证保险人向第三方追偿的权利等。

2. 区别:(1)两国保险条款的名称不同。我国保险条款的基本险别分别命名为一切险、水渍险和平安险。协会货物条款主要险别分别称为A险、B险和C险。(2)两国保险条款的结构不同。我国保险条款只有一个总的条款,共分为5条,其中包括3个基本险别,各主险没有完整、独立的结构。协会货物协会条中,A条款、B条款和C条款均自成体系,包括结构完整的19条内容。(3)承保责任和除外责任有所不同。我国的一切险和协会货物A险对一切风险的界定是基本一致的,但协会货物A险规定的除外责任比我国一切险更加具体,内容更加全面。我国的水渍险与协会货物B险的承保责任虽然大致相当,但也存在一些差别。我国的平安险和协会货物C险的承保责任也存在着差别。(4)两国保险条款其他内容的不同。与我国海运货物保险条款相比,协会条款新增了"保险利益条款"、"增值条款"、"不适用条款"以及"法律和惯例条款"等内容。

七、计算

1. 投保金额=CIF价×(1+投保加成率)=1 000×(1+10%)=1 100(美元)

保险费＝投保金额×保险费率＝CIF 价×(1＋投保加成率)×保险费率

＝1 000×(1＋10%)×(0.6%＋0.04%)＝7.04(美元)

2. 投保金额＝CIF 价×(1＋投保加成率)＝2 000 000×(1＋10%)＝2 200 000(元)

保险费＝投保金额×保险费率

＝CIF 价×(1＋投保加成率)×保险费率

＝2 000 000×(1＋10%)×0.25%＝5 500(元)

3. CIF＝CFR/1－(1＋投保加成率)×保险费率

＝20 000/1－110%×(0.5%＋0.04%)

＝20 119.5(美元)

保险费＝CIF×(1＋投保加成率)×保险费率

＝20 119.5×110%×(0.5%＋0.04%)

＝119.5(美元)

八、案例分析

1. 部分货物遭浸泡的损失是因自然灾害造成的部分损失，属于单独海损。平安险不对因自然灾害造成的部分损失负责，故在投保平安险的情况下，保险公司不予赔偿。其他损失是由于维护船货双方的安全造成的，属于共同海损。该损失在投保平安险的情况下，被保险人有权向保险公司提出赔偿要求。

2. 不能。本案例中，被保险人投保的附加险是偷窃提货不着险，只有在货物被偷或部分被偷时才可向我保险公司索赔。如果投保水渍险加交货不到险则予以赔偿。

3. 保险公司不予赔偿。因为在 CFR/FOB 条件下，由买方投保，而买方在货物装船前是无权投保的，所以买方投保时尽管写明适用“仓至仓”条款，但保险公司的责任起讫实质是船至仓。本案中的损失是发生在装船前，保险公司的保险责任尚未开始，故不予赔偿，应由承运人负责赔偿。

4. 有。按照 CIC 平安险的规定，对因自然灾害造成的部分损失不予赔偿，但对发生自然灾害前后又发生的意外事故给予赔偿。本案例属于保险公司平安险项下的承保范围，应予以赔偿。

5. 不予赔偿。ICC(C)承保的风险只包括：(1)火灾、爆炸；(2)船舶或驳船触礁、搁浅、沉没或倾覆；(3)陆上运输工具倾覆或出轨；(4)船舶、驳船或运输工具同除水以外的任何外界物体碰撞；(5)在避难港卸货；(6)共同海损牺牲；(7)抛货。

九、实训

中国人民保险公司上海分公司

THE PEOPLE'S INSURANCE COMPANY OF CHINA，SHANGHAI BRANCH

货物运输保险单

CARGO TRANSPORTATION INSURANCE POLICY

中国人民保险公司(以下简称本公司)根据 ABC 公司 (以下简称被保险人)的要求，由被保险人向本公司缴付约定的保险费，按照本保险单承保险别和背面所载条款与下列条款承保下述货物运输保险，特立本保险单。

THIS POLICY OF INSURANCE WITNESSES THAT THE PEOPLE'S INSURANCE COMPANY OF CHINA (HEREINAFTER CALLED "THE COMPANY"), AT THE REQUEST OF ABC COMPANY (HEREINAFTER CALLED "THE INSURED") AND IN CONSIDERATION OF THE

AGREED PREMIUM PAID TO THE COMPANY BY THE INSURED, UNDERTÁKES TO INSURE THE UNDERMENTIONED GOODS IN TRANSPORTATION SUBJECT TO THE CONDITIONS OF THIS POLICY AS PER THE CLAUSE PRINTED OVERLEAF AND OTHER SPECIAL CLAUSES ATTACHED HEREON.

标　　记 MARKS. & NOS.	包装及数量 QUANTITY	保险货物项目 DESCRIPTION OF GOODS	保险金额 AMOUNT INSURED
O. T. C. SC300672 SINGAPORE NO 1-2	7 BALES (6 000 YARDS)	SPRING BRAND BLEACHED SHIRTING	USD 10 052. 00

总保险金额:USD 10 052. 00

TOTAL AMOUNT INSURED: SAY US DOLLARS TEN THOUSAND AND FIFTY-TWO ONLY

保费　64. 33 美元　　　费率　0. 64%　　　装载运输工具

PREMIUM: 64. 33USD　　　RATE 0. 64%　　　PER CONVEYANCE S. S. ______

开行日期　·　2008. 4. 10　　　自　　中国上海　　至 新加坡

SLG. ON ORABT. AS PER　B/L　08—4—10　FROM SHANGHAI, CHINA to SINGOPORE

承保险别　　一切险加保战争险

CONDITIONS: ALL RISKS AND WAR RISK AS CIC 1/1/1981

所保货物,如遇出险,本公司凭本保险单及其他有关证件给付赔款。

CLAIMS IF ANY, PAYABLE ON SURRENDER OF THIS OLICY TOGETHER WITH OTHER RELEVANT DOCUMENTS.

所保货物,如发生本保险单项下负责赔偿的损失或事故,应立即通知本公司。

IN THE EVENT OF ACCIDENT WHEREBY LOSS OR DAMAGE MAY RESULT IN A CLAIM UNDER THIS POLICY IMMEDIATE NOTICE APPLYING FOR SURVEY MUST BE GIVEN TO THE COMPANY.

第十二章　习题参考答案

一、名词解释

1. 汇票(Bill of Exchange; Draft)是一个人向另一个人签发的,要求即期(定期/在将来可以确定的时间)对某人(其指定人/持票人)支付一定金额的无条件的书面支付命令。

2. 支票(Cheque, Check)是以银行为付款人的即期汇票,即存款人签发给银行的无条件支付一定金额的委托或命令,出票人在支票上签发一定的金额,要求受票的银行于见票时,立即支付一定金额给特定人或持票人。

3. 本票(Promissory Note)是指一个人向另一个人签发的,保证即期或定期或在可能确定的将来时间,对某人或其指定人或持票人支付一定金额的无条件书面承诺。

4. 票汇(Demand Draft, D/D),是汇出行应汇款人的申请,在汇款人向汇出行交款并支付一定费用的条件下,代替汇款人开立的以其分行或代理行为解付行支付一定金额给收款人的银行即期汇票,寄交收款人，由收款人凭以向汇入行取款。

5. Letter of Credit 的缩写，信用证。简言之，信用证是一种银行依照开证申请人的请求，开立给第三者的有条件的保证付款的书面文件。

6. Sight Credit 是指开证行或付款行收到符合信用证条款的跟单汇票或装运单据后，立即履行付款的信用证。

7. 循环信用证(Revolving Credit)是指信用证被全部或部分使用后，其金额又恢复到原金额，可再次使用，直至达到规定的次数或规定的金额为止。

8. 预支信用证 (Anticipatory Credit)是指开证行授权代付行(通常是通知行)向受益人预付信用证金额的全部或一部分，由开证行保证偿还并负担利息，又称红色条款。

9. 备用信用证 (Standby Letter of Credit)又称商业票据信用证、担保信用证或保证信用证，是指开证行根据开证申请人的请求对受益人开立的承诺承担某项义务的凭证。

10. 不可撤销信用证(Irrevocable Credit)是指开证行自开证之日起即不可撤销承担付款责任。

11. 远期信用证(Usance Credit)是指开证行或付款行收到信用证的单据时，在规定期限内履行付款义务的信用证，包括银行承兑远期信用证和延期付款信用证。

12. 承兑信用证(Acceptance Credit)是由某一银行承兑的信用证，即当受益人向指定银行开具远期汇票并提示时，指定银行即行承兑，并于汇票到期日付款。

13. 假远期信用证(Usance Credit Payable at sight)也称买方远期信用证，是指开证行规定受益人开立远期汇票，由付款行负责贴现，并规定一切利息和费用由进口人负担，出口人可以借此即期收到货款。

14. 承兑交单(Documents against Acceptance, D/A)是指代收银行根据出口方的指示，只要进口方承兑了远期汇票就可以向其交出货运单据，并待汇票到期日再收回货款。承兑交单时出口人的交单是以进口人在汇票上承兑为条件的。

15. 付款交单(Documents against Payment, D/P) 是指出口人的交单是以进口人的付款为条件。按付款时间的不同，可分即期付款交单(Documents against Payment at sight, D/P at sight)和远期付款交单(Documents against after sight, D/P after sight)两种。

16. 托收(Collection)是指债权人(出口人)出具汇票，委托银行向债务人(进口人)收取货款的一种支付方式。

17. 汇付(Remittance)是指付款人通过银行或其他途径主动将款项汇交收款人。

18. 票汇(Demand Draft, D/D)是指汇出行应汇款人的申请，在汇款人向汇出行交款并支付一定费用的条件下，代替汇款人开立的以其分行或代理行为解付行支付一定金额给收款人的银行即期汇票，寄交收款人，由收款人凭以向汇入行取款。

19. 保函(Letter of Guarantee，简称 L/G)又称保证书，是指银行、保险公司、担保公司或个人(保证人)应申请人的请求，向第三方(受益人)开立的一种书面信用担保凭证，保证在对受益人负有首要责任的申请人违约或失误时对债务负责。

20. 国际保理(International Factoring)又称承购应收账款业务，是指在适用托收、赊销等非信用证方式结算货款时，保理商向出口商提供的一项集买方资信调查、应收款管理、追账和贸易融资及信用管理于一体的综合性现代金融服务。

二、单项选择

1. B　2. A　3. B　4.　5. B　6. B　7. C　8. B　9. B　10. C

11. B　12. C　13. D　14. A　15. B

三、多项选择

1. ABE　2. CDE　3. DE　4. BCD　5. ABC　6. ABCDE　7. ABD
8. ABCD　9. CDE　10. DE　11. ABCDE　12. ABC　13. ABC　14. ABC
15. BCDE

四、判断

1. ×　2. √　3. ×　4. ×　5. √　6. ×　7. ×　8. √　9. ×　10. √
11. ×　12. ×　13. √　14. ×　15. √　16. ×　17. ×　18. √　19. ×　20. ×

五、简答

1. 有效汇票必须载明：(1)表明"汇款"字样；(2)无条件支付的委托；(3)确定的金额；(4)付款人的名称；(5)收款人的名称；(6)出票日期；(7)出票人签字。

2. 分期付款是指大部分货款在交货后一定时间内分期摊付。具体做法是：在签订合同后的一定时间内，进口人依据出口人提供的出口许可证复印件及银行保函，先交部分货款做定金，其余货款可按不同阶段分期支付，买方开立不可撤销信用证，即期付款，最后一笔货款一般是在出口人交货完毕或产品质量保证期终止时付清，此时货物所有权也随之转给进口人。

3. 延期付款是指大部分货款在交货后一定时间内分期摊付。具体做法是：合同签订后，买方预付一小部分货款做定金，或在合同中规定按工程进度/交货进度支付一部分货款，其余大部分货款凭远期信用证支付，货物所有权通常在交货时转移。

4. (1)假远期信用证项下的买卖合同的支付条件一般为即期信用证方式付款，远期信用证项下的买卖合同的支付条件则明确规定以远期信用证方式付款。(2)假远期信用证要求开立远期汇票，即期信用证规定开立即期汇票。(3)假远期信用证规定远期汇票的贴现及承兑手续等费用由开征人负担；而一般远期信用证条件下因远期收汇而发生的费用一般由收益人自己负担。(4)假远期信用证即期收汇，而一般远期信用证则不能。

5. (1)开征时间；(2)信用证的种类；(3)汇票的付款日期；(4)信用证支付的金额；(5)信用证有效期和到期地点。

6. (1)信用证付款方式属银行信用，由银行担保付款，这在一定程度上解决了买卖双方互不信任的矛盾。(2)信用证结算方式是一种单据的买卖，它既能使卖方安全收到货款，又能使买方按时收到货运单据，同时在单据传递过程中，为买卖双方提供融资便利。

7. (1)托收是先发货、后收款。出口人能否收回货款，取决于进口人的资信。(2)银行办理托收业务，只按委托人的指示办事，银行不检查单据内容，没有保证付款的责任，除非另有规定，银行无代管货物的义务。(3)托收对出口人来讲，风险较大，其中承兑交单比付款交单的风险更大。

8. (1)汇票是一个人向另一个人签发的无条件的书面支付命令。本票是出票承诺自己向持票人付款。支票是银行存款人签发给银行的无条件支付的命令。(2)汇票、支票有三个当事人，本票只有两个当事人。(3)汇票、支票的受票人是付款人，本票的出票人就是付款人。(4)汇票的主债务人在付款人承兑前是出票人，承兑后是承兑人。本票的主债务人是出票人，支票的主债务人是银行。(5)汇票可以开出两张，本票只能开出一张。

9. (1)按信用证项下的汇票是否附有货运单据分为跟单信用证和光票信用证。(2)按开证行所负的责任分为可撤销信用证和不可撤销信用证两种。(3)按是否有另一家银行加以保兑分为保兑信用证和不保兑信用证。(4) 根据付款时间的不同分为即期信用证和远期信用证。远期信用证又包括银行承兑远期信用证和延期付款信用证两种。(5)根据受益人对信用证的权利可否转让分为可转让信用证和不可转让信用证。(6)循环信用证。(7)对开信用证。(8)对背信用证。(9)预支信用证。(10)付款信用证、承兑信用证与议付信用证。(11)备用信用证。

10.(1)使用保函时银行的付款责任是第二性的,只有在债务人不付时,才可利用保函要求保证人付款。信用证则不同,信用证一旦开出,开证行就负有第一性的付款责任。(2)信用证用于完成买卖合同下的支付,正常情况下,信用证下的支付是一定会发生的。保函则正好相反,只有在申请人违约时(如申请人既未履约也未按约定赔款),受益人才会在保函下索偿,因此保函的支付不一定发生。(3)开立保函只是为了提供信用担保,因此一般不要求申请人交付押金,只要求质押或提供反担保。信用证的开立是为了结算,需要申请人交付押金,或需要申请人提供授信额度。

11.(1)受益人应对信用证的修改作出接受或拒绝的表示。表示的方法有两种:一是向通知行作出明确的通知;二是在向指定银行交单时表示。(2)在办理改证工作时,凡需要修改的地方,应向国外客户一次性提出。

12. 分期付款和延期付款的区别:(1)货款清偿程度不同。采用分期付款,其货款是在交货时付清或基本付清;而采用延期付款时,大部分货款是在交货后一个相当长的时间内分期摊还。(2)所有权转移时间不同。采用分期付款时,只要付清最后一笔货款,货物所有权即行转移;而采用延期付款时,货物所有权一般在交货时转移。(3)支付利息费用不同。采用分期付款时,买方没有利用卖方资金,因而不存在利息问题;而采用延期付款时,由于买方利用卖方的资金,所以买方需向卖方支付利息。延期付款是买方利用外资的一种形式,一般货价较高。因此,在延期付款条件签订合同时,应结合利息、费用和价格等因素进行考虑,权衡得失,然后作出选择。

13. 货物出运后做两套汇票,一套60%货款在信用证项下,开证行凭汇票即期支付;另一套40%货款在托收项下以买方为付款人随同货运单据付款交单。

六、论述

1. 要保障外汇资金安全、加速资金周转、扩大贸易往来就必须在认真研究国际市场各种惯用的支付方式的基础上,灵活地加以选择和运用。

在实践中,有时为了促进交易,在双方未能就某一支付方式达成协议时,也可以采用两种或多种方式结合使用的方式。

(1)信用证与汇付相结合。信用证与汇付相结合是指部分货款凭信用证支付,余数用汇付方式结算。

(2)信用证与托收相结合。一般做法是:信用证规定出口人开立两张汇票,属于信用证部分的货款凭光票付款,而全套单据附在托收项下,按即期或远期付款交单方式托收。

(3)托收与备用信用证或银行保证书相结合。一般做法是:出口人在收到符合合同规定的备用信用证或银行保证书后,即可凭光票与声明书向银行收回货款。

(4)汇付、托收和信用证相结合。在成套设备、大型机械产品和交通工具的交易中,因为成交金额较大,产品生产周期较长,一般采用按工程进度和交货进度分若干期付清货款,即分期付款和延期付款相结合的方式。采用此类付款方式时,往往将汇付、托收和信用证付款方式结合使用。

①分期付款:买卖双方在合同中规定,在产品投产前,买方可采用汇付方式,先交部分货款作为定金,卖方在买方付出定金前,应向买方提供出口许可证复印件和银行开具的保函。除定金外,其余货款可按不同阶段分期支付,买方开来不可撤销信用证,即期付款。但最后一笔货款,一般是在交货或卖方承担质量保证期满时付清。货物所有权则在付清最后一笔货款时转移。在分期付款的条件下,货款在

交货时付清或基本付清。因此,按分期付款条件所签订的合同是一种即期合同。

②延期付款:在成套设备和大宗交易的情况下,由于成交金额较大,买方一时难以付清全部货款,可采用延期付款的办法。做法是:买卖双方签订合同后,买方一般要预付一小部分货款作为定金。大部分货款是在交货后若干年内分期摊还,即采用远期信用证支付。

2. 托收的性质为商业信用。银行有"三不管":一是不负责审查单据;二是不负责买方是否付款;三是不负责货物的真实情况。因此跟单托收对出口人有一定风险,但对进口人却有利,它不仅可以免去申请开立信用证的手续,不必预付银行押金,减少费用开支,而且有利于资金融通和周转。由于托收对进口商有利,所以在出口业务中采用托收,有利于调动进口商采购货物的积极性,促进成交和扩大出口,故出口商都把采用托收作为推销库存货物和加强对外竞销的手段。就出口商而言,使用托收时应注意下列事项来规避、减少风险:(1)要切实了解买方的资信情况和经营作风,成交金额不宜超过其信用额度。(2)了解进口国家的贸易管制和外汇管制条例,以免货到目的地后,由于不准进口或收不到外汇而造成不应有的损失。(3)了解进口国家的商业惯例,以免由于当地习惯做法,影响安全迅速收汇。(4)应争取 CIF 条件成交,除办理货运保险外,还应投保卖方利益险。(5)对托收方式的交易,要建立健全管理制度,定期检查,及时催收清理,发现问题应迅速采取措施,以避免或减少可能发生的损失。

七、案例分析

1. 按照《跟单信用证统一惯例》的规定,如果信用证对装运日期使用"约或大约",应视作规定日期前后 5 天内装运,起讫日期包括在内。因此,本例中信用证规定的"于或约于 8 月 15 日装船"的装运条款的实际装运日期应是 8 月 10～20 日。显然,卖方于 8 月 8 日装船并提交 8 月 8 日签发的提单不在信用证隐含的装运时间范围之内,开证银行当然能以"单证不符"为由拒收单据,拒付货款。

2. C 银行的行为不合理。按照《跟单信用证统一惯例》的规定,对信用证加具保兑的银行,在遵守信用证一切条款的条件下,对受益人承担付款、承兑的责任,是与开证行同时承担第一付款人责任的。本案中,C 银行为信用证的保兑行,因而承担了第一付款的责任,当受益人提交符合信用证要求的单据时应该付款,而不是等开证行无力付款时才保证付款。也就是说,C 银行混淆了"保兑"和"担保付款"两种概念。

3. 不能。根据《跟单信用证统一惯例》的规定,银行审核单据,只看其表面的"单证相符"与否,至于单据的真伪、形式等概不负责。因此,当进口商赎单后才发现提单日期是倒签的,无权向银行追回货款和要求赔偿。这项损失与开证行完全无关,只能按买卖合同向出口方、承运人索赔。

4. 不应该。代收行擅自将单据借出,造成货款无法追回,代收行应该承担责任。因此,我国的外贸公司应该向代收行索要,而不应该径直向外商索要。

5. 我方应从此事件中吸取如下教训:(1)贸易合同中应明确信用证的开出、开到日期;(2)按照国际贸易惯例,当合同中未明确信用证开到日期,买方应在装运月前开到信用证。因此当买方未及时开到信用证时,我方应保留索赔权,而不是像案例中的我方外贸公司那样急于装运;(3)强化外贸公司的审证意识,因为信用证一经开出就是一个独立的文件,银行审证时只看信用证本身是否规范,以及是否与所提交的单据相符,不会考虑信用证是否与合同相符。

6. 不能。因为:第一,CIF 术语尽管是凭单买卖,也就是说,只要提供完整的全套单据给银行就能收汇。但本例中,信用证的支付条款是货到伦敦才能付款,因此,卖方提供的全套单据只有等到货物抵达伦敦后才与信用证相符,银行才能据此付款。第二,CIF 术语尽管属于装运合同,卖方的交货义务在装运港就已经完成。但根据国际贸易惯例,贸易术语的性质能被合同条款所改变,本例中的支付条款"Payment under this credit will be made by us only after arrival of goods at London"(该证项下的货款在货到伦敦后由我行支付),已经将 CIF 由起运合同变成了到达合同。

7. 开证行不能拒付。理由如下:《跟单信用证统一惯例》第十一条规定:"当开证行使用经证实的电信方式指示通知行通知信用证或信用证修改时,该电信内容即视为有效的信用证文件或有效修改,不应寄送证实书。如仍寄证实书,则该证实书无效……如该电信声明'详情后告'(或类似词语)或声明邮寄证实书是有效的信用证文件或有效修改,则该电信将视为无效的信用证文件或修改……。"由此可知,本例中开证行开出的未声明"以邮寄文本为准"字句的电开信用证文本,完全是有效的信用证文件,受益人完全应该按照它的规定履行自己的交货义务,并有权凭符合它要求的单据提示议付行付款,开证行则不能拒付。

八、实训

1.

BILL OF EXCHANGE

凭 信用证

Drawn under NATIONAL BANK LONDON, BRITAIN L/C NO. AD2008

日期

Dated SEPT. 18th, 2008 支取 Payable with interest @......%......按......息......付款

号码 汇票金额 上海

NO. HT1234 Exchange for USD45 400. 50 Shanghai......20......

见票......日后(本汇票之正本未付)付交

At * * * sight of this SECOND of Exchange (First of Exchange being unpaid) Pay to the order of BANK OF CHINA

金额

the sum of SAY US DOLLARS FOURTY FIVE THOUSAND FOUR HUNDRED ONLY

此致,

To: NATIONAL BANK
200 ROME ROAD
LONDON, BRITAIN

SHANGHAI IMP. &EXP. TRADE CORPORATION
× × ×

2.

(1)该信用证项下的汇票付款人应是:BANK OF LONDON, BRITAIN

(2)该信用证项下的发票的签发人应是:CHINA ABC TRADE CORPORATION
SHANGHAI CHINA

(3)IN TRIPLICATE UNLESS OTHERWISE STIPULATED:

①SIGNED COMMERCIAL INVOICE.

②SIGNED PACKNG LIST.

③CERTIFICATE OF CHINESE ORIGIN.

④COPY OF TELEX FROM APPLICANT TO SUPPLIERS APPROVING THE SHIPPING SAMPLE.

⑤INSURANCE POLICY OR CERTIFICATE ENDORSED IN BLANK FOR 110 PCT OF CIF

VALUE. COVERING WAR RISK AND ALL RISKS.

⑥FULL SET PLUS ONE COPY OF CLEAN ON BOARD OCEAN BILLS OF LADING. MADE OUT TO ORDER MARKED “FREIGHT PREPAID” AND NOTIFY APPLICANT.

(4)该信用证的有效期为2008年6月10日;交单期为2008年6月10日;最迟装运期为2008年5月31日。

(5)如出口方在5月21日装运货物,则最迟应在6月5日前向银行交单。

3.

I RREVOCABLE DOCUMENTARY CREADIT APPLICATION

TO: BANK OF CHINA

Place/date: . 2008-09-31

<table>
<tr><td colspan="2">Beneficiary(fullname and address)
LONDON E IMP. & EXP. TRADE CORP.

158, ROME ROAD, LONDON, BRITAIN</td><td>L/C NO.
Ex-Card No.
Contract No. HMA080862

Date and place of expiry of credit
2008-11-31</td></tr>
<tr><td>Partial shipments
☐ allowed ☒ not allowed</td><td>Transshipment
☐ allowed ☒ not allowed</td><td rowspan="2">☐ Issue by airmail
☐ With brief advice by teletransmission
☒ Issue by express dilivery
☐ Issue by teletransmission

Amount(both in figures and words)
US$ 3 000 000 (USD THREE MILLIONS ONLY)</td></tr>
<tr><td colspan="2">Loading on board/dispatch/taking in charge at/from
Not later than 2008-11-15
for transportation to LONDON</td></tr>
<tr><td>Description of goods:
PRECISION INSTRUMENTS
Packing: IN 1 000 CARTONS</td><td colspan="2">Credit available with
☒ by sight payment ☐ by acceptance ☐by negotiation
☐ by deferred payment at against the documents detailed herein
☒ and beneficiary's draft for 100% of the invoice value
☒ FOB ☐ C&F ☐ CIF</td></tr>
<tr><td colspan="3">Documents required: (marked with ×)
1. (×)Signed Commercial Invoice in 3 copies indicating L/C No. and Contract No.
2. (×)Full set of clean on board ocean Bills of Lading made out to order and blank endorsed, marked “freight [×]to collect/[ ]prepaid[ ]showing freight amount” notifying SHANGHAI ABC IMP/&EXP. TRADE CORP.
3. ( )Air Waybills showing “freight [ ]to collect/[ ]prepaid[ ]indicating freight amount” and consigned to
4. ( )Memorandum issued by ________ consigned to ________.
5. ( )Insurance Policy/Certificate in ________ copies for ________ of the invoice value showing claims payable in China in currency of the draft. Blank endorsed, covering([ ]Ocean Marine Transportation) all risks, war risks.
6. (×)Packing List/Weight Memo in 3 copies indicating quantity/gross and net weight of each package and packing condition as called for by the L/C.
7. ( )Certificate of Quantity /Weight in ________ copies issued by an independent surveyor at the loading port, indicating the axtual surveyed quantity /weight of shipped goods as well as the packing condition.
8. (×)Certificate of Quality in 1 copy issued by [ ]manufacture / [ ] public recognized surveyor / [ ].</td></tr>
</table>

cont.

9. ( )Beneficiary's certified copy of cable/telex dispatched to the accountees within 24 hours after shipment advising[×] name of vessel/[ ]No. /[ ]wagon No., date, quantity, weight and value of shipment.

10. (×)Beneficiary's Certificate certifying that extra copies of the documents have been dispatched according to the contract terms.

11. ( )Shipping Co's Certificate attesting that the carrying vessel is charted or booked by accountee or their shipping agents:

12. ( )Other documents, if any:

Additional instructions:

1. (×)All banking charges outside the opening bank are for beneficiary's account.

2. (×)Documents must be presented within 15 days after the date of issuance of the transport documents but within the validity this credit.

3. ( )Third party as shipper is not acceptable. Short form/Blank Back B/L is not acceptable.

4. ( )Both quantity and amount % more or less are allowed.

5. ( )Prepaid freight drawn in excess of L/C amount is acceptable against presentation of original charges voucher issued by shipping Co. /Air Line/or it's agent.

6. (×)All documents to be forwarded in one cover, unless otherwise stated above.

7. ( )Other terms, if any:

You correspondents to advise beneficiary □ adding their confirmation ☒ without adding their confirmation Payments to be debited to our U. S. Dollars amount no.________

Signature: SHANGHAI ABC IMP. & EXP. CORP.

第十三章　习题参考答案

一、名词解释

1. 争议是指交易的一方认为对方未能部分或全部履行合同规定的责任和义务而引起的纠纷。

2. 索赔是指在争议发生后，受害方向违约方提出赔偿要求。

3. 罚金条款是指如一方违约应向对方支付约定的罚金，以补偿对方的损失。

4. 仲裁是指买卖双方达成协议，自愿将争议提交双方所同意的仲裁机构进行裁决，这个裁决是终局的，对双方都有约束力。

5. 不可抗力是指当事人在订立合同时不能预见，对其发生的后果不能避免并不能克服的事件。

二、单项选择

1. D　2. A　3. B　4. C　5. B　6. B　7. B　8. C　9. C　10. B
11. A　12. A　13. A　14. C　15. D　16. A　17. C　18. C　19. B　20. C

三、多项选择

1. AC　2. ABCD　3. AB　4. ABC　5. ABC　6. AD　7. ABD

8. ABCD 9. ABC 10. CD

四、判断

1. × 2. × 3. × 4. × 5. √ 6. × 7. √ 8. × 9. × 10. ×
11. × 12. √ 13. × 14. × 15. × 16. √ 17. × 18. × 19. × 20. √

五、简答

1. 商品检验是指专门的商检机构或其他指定的机构，对进出口商品的品质、规格、数量、包装等实施检验、检疫和公证鉴定，并出具商检证书，以确定是否符合法律、法规或贸易合同的规定，作为买卖双方交接货物、支付货款和处理索赔的依据。

2. 包括检验时间和地点、检验机构、检验证书、检验依据与方法以及复检权等内容。

3. 根本违约是指当事人的主观行为造成的，以致给另一方当事人造成实质性损害。而非根本性违约是指当事人不能预知的，而处在相同情况的另一个明智的人也不能预知这种结构，受害方可要求赔偿。

4. 注意：(1)注重实际，查明责任；(2)遵守索赔期限；(3)正确确定索赔项目和金额；(4)备齐索赔所需单证。

5. 注意：(1)依照合同与惯例，认真研究对方理由是否充足，情况是否属实，如逾期可不予受理；(2)仔细审核对方的索赔证据是否符合规定和要求，是否齐全，清楚，有无夸大；(3)合理确定赔付办法。

6. 特点：程序简单，迅速及时，收费低，公平，裁决终局性，既有力度又不伤感情。

7. 作用：约束双方当事人解决争议的行为；授予仲裁机构对仲裁案件的管辖权；排除法院对有关案件的管辖权。

8. 我方应严格审查，确定事故是否属于合同不可抗力规定的范围，根据事故的性质、影响履约程度等具体情况来判断是解除还是变更合同。

9. 提交仲裁申请，指定仲裁员，组织仲裁庭，进行答辩，仲裁审理，作出裁决和缴纳仲裁费。

10. (1)意外事件必须发生在订约之后；(2)意外事件非当事人的过失、疏忽；(3)意外事件无法预见和控制。

六、案例分析

1. (1) 我方可以将传票退还给外国法院，指出其对该案件是没有管辖权的，将争议案件退交北京仲裁庭仲裁。(2)本案例涉及仲裁协议问题。所谓仲裁，是指交易双方达成书面协议，自愿将他们之间的纠纷提交给一个双方同意的第三者进行裁判，第三者的裁决对双均的约束力。仲裁协议有形式有：仲裁条款和提交仲裁的协议。仲裁协议的作用有：①发生争议，只以仲裁为解决争议的手段；②排除法院对有关案件的管辖权；③使仲裁机构取得对争议案件的管辖权。(3)结合本案例，我方与外商的出口合同中明确有以双方自愿为基础的仲裁机构，对此，外商不但不愿遵守，且在当地法院起诉。外商的做法违背了仲裁协议，是无理论依据的，故我方可以将传票退还给外国法院，指出其对该案件没有管辖权，坚持将该案件由北京仲裁庭仲裁。

2. (1)卖方以不可抗力为由通知买方撤销合同的主张是不对的。(2)本案例涉及不可抗力问题。所谓不可抗力是指买卖合同签订后，不是由于合同当事人的过失或疏忽，而是由于发生了合同当事人无法预见、无法预防、无法避免和无法控制的事件，以致不能履行或不能如期履行合同，发生意外事故的一方可以免除履行合同的责任或推迟履行合同。不可抗力的后果有两种：一种是延期履行合同，即不可抗力事件导致的后果并不是十分严重，有继续履行合同的可能性。另一种是解除合同，即不可抗力事件导致的后果严重，完全排除了继续履行合同的可能性。根据《联合国国际货物销售公约》规定：合同签订后，发生了合同当事人订约时无法预见和事后不能控制的障碍，以致不能履行合同义务，则可免除责任。(3)结合本案例：卖方存货仓库距震中远而未受严重损失，其对合同所产生的实际影响程度尚不至于达到使合同完全履行的程度，只是暂时对合同履行造成一定影响，故卖方以不可抗力为由通知买方撤销合同，而只能同买方协商将合同延期履行。

3. (1)我公司可拒绝德国客户的索赔要求。(2)这个安全 CFR 条件下商品质检索赔问题。根据国际惯例，按 CFR 条件成交，买卖双方的风险界点在装运港的船舷，货物在越过装运港船舷以前的风险由卖方承担，货物越过船舷之后的风险由买方承担；索赔是有期限的，超过索赔期限的索赔，对方有权拒绝；索赔是要有索赔依据的，索赔的商检证书的开出地点机构应符合合同规定，否则有权拒绝。(3)结合本案例：①德国公司按期议付了货款，表示我公司产品在目的港后本身没有问题，也即说明产品的锈损发生在内地，这风险已超过了装运港的船舷，应由买方承担；②德国出具的商检证书是某地的，并未按合同规定的在目的港检验，这不符合合同的规定；③合同中明确规定货到目的港后 30 天内检验，而德国公司却在半年后才发来检验证书。凭以上三点，我公司可拒绝德国客户的索赔要求。

4. (1)日方的要求是不合理的，我方应尽快回电，催促日方尽快履约。(2)本案例涉及合同履行过程中不可抗力问题。所谓不可抗力是指买卖合同签订后，不是由于合同当事人的过失或疏忽，而是由于发生了合同当事人无法预见、无法预防、无法避免和无法控制的事件，以致不能履行或不能如期履行合同，发生意外事故的一方可以免除履行合同的责任或推迟履行合同。不可抗力的后果有两种：一种是延期履行合同，即不可抗力事件导致的后果并不是十分严重，有继续履行合同的可能性。另一种是解除合同，即不可抗力事件导致的后果严重，完全排除了继续履行合同的可能性。根据《联合国国际货物销售公约》规定，合同签订后，发生了合同当事人订约时无法预见和事后不能控制的障碍，以致不能履行合同义务，则可免除责任。(3)结合本案例：日本政府宣布禁止该产品出口，是属于社会因素的不可抗力，对合同影响大，买卖双方的合同本应无法继续履行，但由于其宣布的生效日在宣布之日(9 月 15 日)起的 15 天以后，也即 10 月 1 日，而买卖双方合同中明确规定交货日为 9 月，卖方可不受此政府禁令的约束，不应以不可抗力为由解除合同，故我方应拒绝日方的不合理要求，并督促日方按期交货。

5. (1)A 公司是有权拒收货物、撤销合同的。(2)本案例涉及违约问题。所谓违约，是指合同一方当事人没有履行或没有完全履行约定的义务的行为。根据《联合国国际货物销售公约》规定：违约可划分为根本性违约和非根本性违约。所谓根本性违约，是指一方当事人违反合同的行为，如使另一方当事人蒙受损失，以至于实际上剥夺了其根据合同有权期待得到的东西。所谓非根本性违约，是指除非违反合同的一方并不预知而且同样一个通情达理的人在相同情况中也没有理由预知会发生这种结果，也即不构成根本性违约的都可称为非根本性违约。另外，《公约》还规定：根本性违约受损方可解除合同，同时也可以请求损害赔偿；非根本性违约，受损方只可请求损害赔偿，不可解除合同。(3)结合本案例：由于 B 公司迟延交货而使该批冻火鸡到达美国时圣诞节已过，致使 A 公司无法从该批货物拿到预期的利润值，故 B 公司已构成根本性违约，根据《公约》规定，A 公司是有权拒收货物、撤销合同的。

6. (1)依《公约》对不可抗力事件的规定，阿方事件不构成不可抗力，因该事件并非不可克服的，豆饼是种类货，可以替代，合同不要求特定产地，阿商可从其他地方收购，尤其是离交货尚有 4 个月可供阿方备货，故中方不应同意阿方要求，阿方应如期履约，如阿方拒不履约，我方可要求阿方履约。

7. (1)商品净重检验证书是由商检机构签发的关于货物重量的公证文件，而重量单为发货人所出具的货物重量说明文件，两者是不同的。(2)信用证中要求卖方提供商品净重检验证书，而议付行误以为重量单即商品净重检验证书，则议付行必须为此过失承担责任。按《跟单信用证统一惯例》的规定，开证行有权对议付行拒付，而议付行可向出口商追索。

8. 该案例的要害问题是合同签订者把引进设备仅看作是订合同、交货、收货几个简单环节，完全忽略了检验、索赔这两个重要环节。特别是索赔有效期问题，合同质量条款订得再好，索赔有效期订得不合理，质量条款就成为一句空话。大量事实说明，外商在索赔有效期上提出不合理意见，往往表明其质量上存在问题，需要设法掩盖。如果你只满足于合同中形容质量的漂亮词藻，不注意索赔条款，就很可能发生此类事。

9. (1)出口商；(2)运输公司；(3)保险公司。

10. 本案是因负有给付义务的一方当事人(被执行人)不履行我国涉外仲裁机构——中国国际经济贸易仲裁委员会的裁决，对方当事人(申请执行人)申请人民法院强制执行的案件。涉外经济仲裁是终局裁决，即裁决一经作出即具有法律效力，当事人对裁决不服的，也不得再向人民法院起诉；负有义务的当事人应当依照裁决自觉执行；逾期不执行的，对方当事人可以向被申请人住所地或者财产所在地的中级人民法院申请执行。如果被申请执行人或者其财产不在我国领域内，那么申请执行人应当向有管辖权的外国法院申请承认和执行。由于本案是在《民事诉讼法(试行)》施行期间审结的，申请执行人向仲裁机构所在地的北京市中级人民法院申请执行，北京市中级人民法院予以执行，符合《民事诉讼法(试行)》第一百九十五条的规定，是正确的。

第十四章　习题参考答案

一、名词解释

1. 定期结汇是指议付行根据向国外付款行索偿所需时间，预先确定一个固定的结汇期限，到期后主动将票款折成人民币付给出口单位。

2. 收妥结汇是指议付行寄出单据索汇，待开证行或付款行通知已将货款划入议付行账户，才按当日外汇牌价，折成人民币付给出口单位。

3. 押汇是指议付行在审单无误后，先垫付货款，买入汇票和单据，从票面金额中扣除利息和手续费，将余款按议付日外汇牌价折成人民币，付给出口单位。

4. 商业发票是卖方开给买方的载有货物名称、品质、数量、价格、包装、运输、支付方式等内容的清单，是双方交接货物、结算货款的主要单证，也是进出口报关完税的依据。

5. 大副收据是指货物通关并装船后，由船长或大副签收收货单。

二、单项选择

1. A　2. B　3. A　4. B　5. B　6. C　7. B　8. C　9. B　10. B
11. A　12. B　13. B　14. B　15. C　16. B　17. B　18. B　19. A　20. B

三、多项选择

1. ACD　2. AB　3. ABC　4. ABC　5. ABD　6. ABCD　7. ABCD
8. ABCD　9. AC　10. AC

四、判断

1. ×　2. ×　3. √　4. √　5. ×　6. √　7. ×　8. √　9. ×　10. ×
11. ×　12. ×　13. ×　14. ×　15. ×　16. ×　17. ×　18. √　19. ×　20. ×

五、简答

1. 货物的品质、规格应和合同规定一致，忌偏高或偏低；货物的数量应满足合同要求，并适当留有余地，以备调换和适应舱容；货物包装与合同一致，能保护商品和适应运输；备货时间与信用证装运期限相适应，结合船期安排，便于船货衔接；卖方对货物应有完全的所有权并不得侵犯他人权利。

2. 在实际业务中，外商往往会因市场变化，资金短缺等原因而拖延开证。

3. 信用证的内容应与合同相符，在实践中由于买方的工作疏忽或故意，使信用证条款与合同不符，这给卖方履行交易程序、安全结汇带来隐患，应根据合同进行核对与审查。

4. 改证应当一次性向客户提出，不能多次要求对方修改，否则既增加手续和费用，还将造成不良影响。对同一修改通知书内容不能部分接受，只能全部接受或拒绝。

5. 信用证种类和开证时间应严格按照合同规定掌握；一般情况避免改证；必须改证时应按国际银行惯例办理；对方改证请求与操作也必须符合国际惯例，否则可以置之不理。

六、案例分析

1. CY BY CY，意指整箱装运、整箱交货，即货物由出口方自行装箱、自行封箱后将整箱货物运至集装箱堆场。箱内货物的情况如何，船方概不负责。各方证明集装箱完好无损，说明货物包装的破损和数量的短少是由于装箱的疏忽造成的，因而，我方不能推卸责任。

2. 开证行拒绝有理，因为我方要求开证行拒付，实质为撤销信用证，而不可撤销信用证未经有关当事人同意不可撤销。开证行在单证相符时必须付款，不管货物是否与合同相符。有关品质不符，进口方应直接向出口方索赔。

3. 根据惯例，一个限量分批交货的信用证，如果其中任何一批交货未按时按量装运，则本批及以后各批信用证均告失效。根据《公约》有关规定，合同一方当事人因不可抗力而不能履行合同或不能按合同条件履行合同，该当事人可免除违约的责任。但是，这些规定不能适用于信用证交易。因为，信用证一经开立，即成为合同之外的独立文件，银行不受合同约束。根据《UCP500》规定，银行不承认受益人因不可抗力而有改变信用证条款的权力。

4. 此案的案情并不复杂，却给我方带来巨大的损失，不得不引起人们的深思。我们应该从中吸取以下教训：(1)应尽早办理装运。A公司虽然在信用证规定的装船期限内办理了装运，满足了信用证的要求，但距B公司开证时已4个多月了。在这段时间内，由于货物本身的消费特征以及国际市场供求情况的变化，货物的当地市场价格有可能大幅下降，为避免价格下降给我方带来的损失(其实也为避免我方的损失)，我方应尽快办理装运。在此案中，B公司曾多次来电要求我方尽早装运，但我方认为装运期未到，没有很合理地安排生产进度，以致在装船期即将临近时才办理装运，货物到港时已距B公司开证5个多月，又恰逢当地市场价格下降，其实已为客户拒付货款埋下了伏笔。(2)应严格按照信用证与《UCP500》的要求制作与审核单据。信用证要求提供“已装船”提单，我方应提供相应的提单，以便做到“单证相符”。根据《UCP500》第二十三条A款第2项规定，除非信用证另有规定，提单应注明货物已装船或已装具名船只，可由提单上印就的“货物已装上具名船只”或“货物已装运具名船只”的词语来表示，在此情况下，提单的出具日期即视为装船日期与装运日期。在所有其他情况下，装上具名船只，必须以提单上注明货物装船日期的批注来证实，在此情况下，装船批注日期即视为装运日期。案中的提单(提单上没有印就上述词语)则属于后一种情况，只要在提单上注明货物装船日期的批注就行了。如果我方业务人员能按照信用证的要求制作托运单(在托运单上注明要求提供“已装船”提单)，承运人或其代理能根据托运单内容与《UCP500》的规定制作并签发提单，银行能根据信用证与《UCP500》来审核A公司交来的议付单据，那么上述案例也许就不会发生。因此，本案例的拒付带给我们的启示是，应在信用证的装船期内尽快办理装运，严格按照信用证与《UCP500》的要求制作以及审核单据。

5.(1)“不符点”没有大小之分。在本案中，A公司事先知道单据存在“不符点”的情况下还是出单，存在潜在的风险。A公司认为十分微小的“不符点”却恰恰成了银行拒付的正当理由。因此，在已知“不符点”的情况下，最好要将其修改。(2)FOB运费的上涨，与A公司并无关系，因此客户主要是借“不符点”进行讨价还价。本案可以吸取的教训是：为了报关时不发生问题，卖方在报关时需注意，最好用铅笔在报关单上注明正确的品名、数量单位等以防发生错误。关于报关单据和改单有以下注意点：(1)报关时应注意报关单上资料的准确性。由于一个资料的问题，可能会造成不能正常报关、正常出运、正常退单、正常退税等。(2)注意报关单据上的单位，为了避免类似的事情再次发生，在海关计量单位与我们要求的计量单位不同时，需要特别加注我们所要求的单位/品名。(3)可能会因为货名的英文品名太长，在报关单商品名下加注数量和单位时由于海关的计算机问题不能全部显示，为防止这样的事情发生，应把需在下面注明数量和单位的英文货名尽量简写。(4)报关的品名、数量与单位，必须和工厂开具的增值税发票一致。(5)报关过程中，可能会碰到我们提供的H.S.的编号与货物中文品名有所出入，海关提出更改品名，但是不管怎样，都要显示我们要求的中文品名，可以加在括号内。

6.A文化用品公司是涉案货物买卖合同的卖方和提单上的托运人，其将货物交给美国B运通公司承运，并取得美国B运通公司签发的记名提单，在收货人C贸易公司未付货款的情况下，A文化用品公司仍然是合法的提单持有人，有权主张提单项下的物权。作为物权凭证，提单的主要意义就在于，合法的提单持有人有权控制和支配提单项下的货物。美国B运通公司在未征得托运人同意，又未收回正本提单的情况下将货物交给非提单持有人的行为，显然侵犯了A文化用品公司在提单项下的物权，造成A文化用品公司未收回货款而对提单项下的货物失控，依法应当对A文化用品公司因此遭受的经济损失承担赔偿责任。最后，法院判决美国B运通公司向原告A文化用品公司赔偿所有货款及利息损失。

本案中，由于A文化用品公司只凭运输合同对承运人美国B运通公司提起了诉讼，所以法院最终判决承运人承担无单放货的责任。根据我们以上的分析，A文化用品公司还可以美国C贸易公司未按合同约定付款为由向C贸易公司提起诉讼。同时，如果C贸易公司向承运人出具的是见索即付的保函，则A文化用品公司还可以直接向汇丰银行要求承担付款义务。

7.根据承租人香港LINKVEST有限公司与奥玛维塔船务公司签订的航次期租船合同，承租人和她/或他的代理人有权代表船长，按照大副收据签发提单。据此，出租人已将船长的提单签发权授予承租人。承租人(或通过其代理人)以船长名义签发的提单，依照租船合同就是船长签发的提单。根据《中华人民共和国海商法》第七十二条的规定，提单由载货船舶的船长签发的，视为代表承运人签发。由此可见，作为出租人的奥玛维塔船务公司即是所涉提单的承运人，应受该提单的约束。奥玛维塔船务公司已经通过合同将船长签发提单的权利授予了承租人，不存在对承租人(通过其代理人)签发的提单进行追认的必要。奥玛维塔船务公司认为该提单对其没有法律约束力的主张不能成立。据此，广州海事法院判决：奥玛维塔船务公司赔偿汕头市潮兴贸易公司短少货物的实际价值38 065.73美元及其利息；驳回汕头市潮兴贸易公司的违约罚金和检验费请求。

8.据了解，食品进出口公司在装运时对于三种等级没有各以50%比例分等量两批装出，其客观原因是，当时A级库存的货源暂时短缺10公吨，所以计划于第二批装运时补10公吨。又由于经办人员没有充分理解信用证条款，认为信用证规定900公吨分等量两批装运，也就是说，第一批装运的数量应该是900公吨之50%，即装运450公吨就已符合信用证条款要求了。至于三种等级的数量如何搭配的问题，信用证并没有特别要求和任何限制，所以可以随意安排。这是食品进出口公司发生这次事故的主要原因。本案例的信用证规定900公吨货物包括三种等级，并且三种等级各规定有数量，然后又规定数量分相等的两批装运，当然包括三种等级的数量都要按等量分两批装。否则就是不符合信用证的规定。食品进出口公司最后考虑本批货物并不是一般的杂货，而是冻鲜货物。货已到目的港，对方不接受单据，又无法收回货款，如果再拖延下去无人提货，货物将受到更大的损失，所以才被迫接受对方的赔偿要求，造成了损失。本案例的教训可以说主要有两条：其一是审查信用证工作薄弱。外贸企业一般都有审证工作，如果各外贸企业能专门设立具有一定水平的专业审证人员负责审证工作，其效果要好些。要求在审证工作时能严格审查信用证条款，逐字逐句地严格审核。遇到不了解或不清楚的条款绝不可自以为是，应及时与有关方面了解、商讨，最后落实。如果办不到，绝对不能随便进行装运，严格掌握修改信用证后才能装运。其二就是加强单证工作。如本案例的情况，作为单证人员应该把好单证的关。本案例的单证明显存在单证不符，本案例的单证人员如果在装运前接到货运委托单或在制单前就发现并提出问题，本案例的结果可能就不会发生。

9. 鉴于上述问题，我方提出自己的看法：(1)我方要求对方来工厂检验。对方坚持装运港检验，理由是其要在装运港同时检验很多工厂的货物，没有时间到每个工厂去检验。我方只好同意客户的决定。(2)要求船公司出具保函，凭我方的书面通知才可以放提单给对方，保证在汇票兑现前替我方保留提单。要求船公司即传真相应保函给我方。

在上述协议达成以后，我方将货物发往装运港，并派业务员前往装运港。客户在装运港检验，货物均符合合同要求，因此，客户当即将银行汇票给了我方。我方即去船公司取得保函正本。

我方将汇票交给我方银行向汇丰银行上海分行托收。期间客户来电要求放单，我方拒绝。经过二十天左右才收到货款，我方放单给对方。

10. 我方应负责赔偿。作为出口公司理应知道所售货物的英文名称。如来证货名与实际不符，我方一是应要求对方改证，二是应自己更改货物的英文名称。如只考虑单证相符而置货物上的名称不顾，势必会给对方在办理进口报关时造成严重后果。

第十五章　习题参考答案

一、名词解释

1. 包销是指经销商在协议规定的期限和地域内，对指定的商品享有独家专营的经销方式。

2. 独家代理是指委托人给予代理商在规定地区和一定期限内享有代销专营权的代理。

3. 套期保值即对冲交易，分买期保值和卖期保值。

4. 补偿贸易一般是指一方在信贷的基础上，从国外另一方买进机器、设备、技术、原材料或劳务，约定在一定期限内，用其生产的产品、劳务，分期清偿贷款的一种贸易方式。

5. 拍卖是指专营拍卖业务的拍卖行在规定的时间和地点，按照一定的章程和规则，将货物向买主公开展示后，由买主相互出价竞购，最后由拍卖人把现货给出价最高的买主的贸易方式。

二、单项选择

1. A　2. C　3. B　4. A　5. B　6. A　7. C　8. C　9. A　10. B
11. B　12. A　13. C　14. B　15. A　16. B　17. C　18. A　19. C　20. C

三、多项选择

1. ACD　2. ABCD　3. ABCD　4. ABCD　5. ACD　6. ABCD　7. ABC
8. ACD　9. BC　10. AC

四、判断

1. × 2. × 3. √ 4. √ 5. √ 6. √ 7. √ 8. √ 9. × 10. ×
11. √ 12. √ 13. × 14. √ 15. × 16. √ 17. √ 18. × 19. × 20. ×

五、简答

1. 代理是委托代理关系,包销是买卖关系;代理是由代理商根据委托人规定的交易条件在约定的地区内推销商品,收取佣金,不占自己的资金,不承担经营风险,包销是自负盈亏。

2. 独家代理享有独家专营权,而一般代理则无;独家代理收取佣金的范围,既包括招揽生意介绍客户成交的金额,也包括委托人直接成交的金额,一般代理商收取佣金的范围只限于介绍生意成交的金额。

3. 来料加工是指加工一方由国外另一方提供原料、辅料和包装材料,按照双方商定的质量、规格、款式加工为成品,交给对方,自己收取加工费。进料加工是指用外汇购入国外的原材料、辅料,利用本国的技术、设备和劳动力,加工成成品后,销往国外市场。

4. 寄售有利于调动代销人经营的积极性,利用其销售渠道扩大出口,同时便于买主看货成交,对买主有吸引力,有利于促进成交。对委托人承担风险较大,费用较高,不利于资金周转,如代销人不守协议将货款两空。

5. (1)贸易与信贷结合;(2)贸易与生产相联系;(3)设备进口与产品出口相联系;(4)贸易双方是买卖关系。

6. 套期保值即对冲交易,在商业习惯上称之为海琴,分为买期保值和卖期保值。

7. (1)租赁贸易往往是三边贸易;(2)出租方和租赁人之间是租用和出租关系,而非买卖关系;(3)在租赁基础上进行;(4)租赁期一般较长。

8. 招标分为公开招标与不公开招标,方式有竞争性招标、谈判招标、两段招标。

9. 展卖是一种灵活的贸易方式,可由货主自己举办,也可由货主委托他人举办。它是一个商品交易场所,具有广告宣传和打开销路的性质。随着国际贸易关系和技术的日益发展,展卖的地位日益重要。它为买卖双方了解市场、建立商品和技术联系提供了有利条件,成为各国商人签订贸易合同的重要场所。

10. (1)交易方式虚拟化;(2)交易成本低;(3)交易透明化。

模拟试卷(1)参考答案

一、填空题(每空1分,共15分)

1. 非歧视原则 透明度原则 自由贸易原则 公平竞争原则
2. 更具灵活性 更具有效性 、更具隐蔽性和歧视性
3. 付款交单 即期付款交单 远期付款交单
4. 根本性违约 非根本性违约 根本性违约 非根本性违约
5. OCP

二、单项选择题(每小题1分,共10分)

1. B 2. A 3. C 4. A 5. C 6. B 7. D 8. A 9. D 10. C

三、多项选择题(每小题 2 分,共 10 分)

1. ABC　　2. CD　　3. ABCD　　4. AD　　5. AD

四、名词解释(每小题 3 分,共 15 分)

1. 对外贸易依存度是指一国对外贸易与国民经济之间的关系。

2. 普遍优惠制是指发达国家承诺对从发展中国家或地区输入商品,给予普遍的、非歧视的、非互惠的优惠关税待遇。

3. D/D 即票汇,是汇出行应汇款人的申请,代汇款人开立以其分行或代理行为解付行的银行即期汇票,支付一定金额给收款人的汇款方式。

4. 中性包装是指根据国外买方的要求,商品的内外包装上不注明生产国别、地名、厂名的包装。

5. offer 即发盘。《公约》规定,凡向一个或一个以上特定的人提出订立合同的建议,如果其内容十分确定并且表明发盘人在得到接受时承受约束的意思,即构成发盘。

五、简答题(每小题 4 分,共 20 分)

1. 出口导向措施:(1)出口补贴;(2)出口退税;(3)出口信贷;(4)削减贸易壁垒;(5)积极引进外资与技术。

2. 海运货物保险承保范围包括海上风险、海上损失与费用以及海上风险以外的其他外来原因造成的风险与损失。

3. 信用证的特点是:(1)开证行负首要付款责任;(2)信用证是一项自足文件;(3)信用证业务是纯粹的单据业务。

4.

贸易术语	货物风险转移地点	进口报关责任	卖方费用负担	适用的运输方式
FOB	船舷	买方	出口清关费用	水上运输
CIF	船舷	买方	出口清关费用、运费、保险费用	水上运输
CFR	船舷	买方	出口清关费用、运费	水上运输

5. 不可抗力是指在合同签订之后,不是由于任何一方当事人的过失或疏忽,而是由于发生了当事人所不能预见、也无法预防的意外事故。

前提条件:(1)意外事件必须发生在订约之后;(2)意外事件非当事人过失、疏忽所致;(3)意外事件无法预见和控制。

六、计算题(每小题 5 分,共 20 分)(以下答案请保留两位小数)

1.

W=0.4×100=40 公吨　M=0.36×100=36 立方米　W>M

运费=80×40×(1+20%+10%)=4 160(港元)

答:该批货物运费为 4 160 港元。

2.

按 460 美元 CIF 价格换算:FOB=460−460×10% = 414(美元)

按 182 英镑 FOB 价格换算:FOB=182×2.2335 = 406.497(美元)

答:FOB 仁川每公吨 182 英镑对向远公司有利。

3.

$$CIF=\frac{CFR}{1-投保加成\times 保险费率}=\frac{12\ 000}{1-110\%\times 0.8\%}=12\ 106.537(美元)$$

保险费 = 12 106.537×110%×0.8% = 106.54(美元)

答:保险费为106.54美元。

4.

出口销售人民币净收入 = (100 000－1 800－200)×6.70 = 656 600(元)

$$出口总成本=(468\ 000+468\ 000\times 10\%)-\frac{468\ 000}{1+17\%}\times 9\%$$

$$=514\ 800-360\ 000=478\ 800(元)$$

$$出口盈亏率=\frac{656\ 600-478\ 800}{478\ 800}\times 100\%=37.13\%$$

答:出口盈亏率为37.13%。

七、案例分析题(每小题5分,共10分)

1. 该案例是典型的凭卖方样品买卖。此案例接受的教训是:根据农产品的性质,应在合同中规定一些弹性条款。

2. 我公司不应理赔,以CIF条件成交,风险划分以装运港船舷为界,其后的风险由买方负责,货物在运输途中灭失,应由买方向保险公司索赔。

模拟试卷(2)参考答案

一、填空题(每空1分,共15分)

1. 初级外向型政策　进口替代政策　出口导向政策

2. 积极作用　消极作用

3. 平安险　水渍险　一切险　不在　在

4. 商业

5. 违反担保　违反要件　违反要件　违反担保

二、单项选择题(每小题1分,共10分)

1. A　2. D　3. B　4. D　5. D　6. A　7. B　8. C　9. D　10. B

三、多项选择题(每小题2分,共10分)

1. ABCD　2. BC　3. ABCD　4. BC　5. ABCD

四、名词解释(每小题3分,共15分)

1. 不可抗力是指在合同签订后,不是由于任何一方当事人的过失或疏忽,而是由于发生了当事人所不能预见、也无法预防的意外事故。

2. 佣金是指中间商因介绍买卖而取得的报酬。

3. T/T即电汇,是汇出行应汇款人的申请,拍发加押电报或电传给汇入行,指示解付一定金额给汇款人的汇款方式。

4. 定牌是指卖方按买方要求在其出售的商品或包装上标明买方指定的商标或品牌。

5. 还盘是指受盘人对发盘内容不完全同意而提出修改或变更的表示。

五、简答题(每小题6分,共18分)

1. 合同成立的有效条件:(1)当事人必须具有签约能力;(2)合同必须有对价或约因;(3)合同的内容必须合法;(4)合同必须符合法定形式;(5)合同当事人的意思表示必须真实。

2. 构成共同海损的条件:(1)危险必须是危及共同安全,并实际存在或不可避免;(2)采取消除共同危险的措施是有意和合理的;(3)损失具有特殊性,支付费用是额外的;(4)损失和费用的支出最终必须是有效的。

3. 信用证项下结汇的主要单据有:(1)汇票;(2)发票;(3)C 提单;(4)保险单;(5)产地证明书;(6)普惠制单据;(7)装箱单和重量单;(8)检验证书。

六、计算题(每小题5分,共20分)(以下答案请保留两位小数)

1.(计5分)

$$公量=\frac{实际重量\times(1+标准回潮率)}{1+实际回潮率}=\frac{10\times(1+11\%)}{1+12\%}=9.91(吨)$$

2.

实际采购成本:

$$每只实际采购成本=含税成本\times(1-\frac{出口退税率}{1+17\%})$$

$$=100\times(1-\frac{13\%}{1+17\%})=88.89(元/只)$$

国内费用:

$$每只分摊国内费用=\frac{50+50}{10}+\frac{200}{100}=12(元/只)$$

国外运费:

每只国外运费=500/100=5(美元/只)

(1)

$$CIFC5=\frac{(实际采购成本+各项国内费用)/美元汇率+国外运费}{1-预期利润率-(1+投保加成率\times保险费率)-佣金率}$$

$$=\frac{(88.89+12)/7.2+5}{1-10\%-110\%\times0.5\%-5\%}=22.51(美元/只)$$

(2)

$$FOBC2=\frac{(实际采购成本+各项国内费用)/美元汇率}{1-预期利润率-佣金率}$$

$$=\frac{(88.89+12)/7.2}{1-10\%-2\%}=15.92(美元/只)$$

3.

$$换汇成本=\frac{出口总成本}{FOB净收入}=\frac{1\ 000+500}{300-20-10-10}=5.77(美元)$$

4.

$$CFR=CIF\times(1-投保加成\times保险费率)=50\times(1-110\%\times1.05\%)=49.42(美元)$$

七、案例分析题(每小题6分,共12分)

1. 分析:应由我方承担货损。因为我方没有按规定履行应承担的义务。

2. 不能使合同成立。因为我方8月20日发盘已构成还盘。

知之者，不如好之者；好之者，不如乐之者。—《论语·雍也》

行有余力，则以学文。—《论语·学而》

敏于知，健于行，知行合一。—王阳明《传习录》

高职高专“十二五”经管类规划教材

国际贸易理论与实务

第三版

习题集

徐冬梅 主 编
倪良新 郁 青 副主编

随书附赠

知行

上海财经大学出版社

高职高专"十二五"经管类规划教材
安徽省教育厅指定"十二五"规划教材

国际贸易理论与实务

（第三版）

徐冬梅　主　编

倪良新
郁　青　副主编

上海财经大学出版社

图书在版编目(CIP)数据

国际贸易理论与实务/徐冬梅主编．—3版．—上海：上海财经大学出版社，2015.8

高职高专"十二五"经管类规划教材

安徽省教育厅指定"十二五"规划教材

ISBN 978-7-5642-2250-5/F·2250

Ⅰ.①国… Ⅱ.①徐… Ⅲ.①国际贸易理论-高等职业教育-教材 ②国际贸易-贸易实务-高等职业教育-教材 Ⅳ.①F740

中国版本图书馆CIP数据核字(2015)第191024号

□ 责任编辑 台啸天

□ 封面设计 钱宇辰

GUOJI MAOYI LILUN YU SHIWU

国际贸易理论与实务

（第三版）

徐冬梅 主 编

倪良新
郁 青 副主编

上海财经大学出版社出版发行

（上海市武东路321号乙 邮编200434）

网 址：http://www.sufep.com

电子邮箱：webmaster @ sufep.com

全国新华书店经销

上海新文印刷厂印刷装订

2015年8月第3版 2019年7月第2次印刷

700mm×960mm 1/16 23.5印张 421千字

（配套习题集 11印张 197千字）

印数：22 501—23 500 定价：48.00元

（本教材随书赠送配套习题集，请向售书单位索取）

前　言

“国际贸易理论与实务”是融国际贸易理论与国际贸易实务为一体的综合性应用课程，是经济类专业必修的专业内容之一。本书自2008年3月第一版出版以来，为了适应日益蓬勃发展的国际贸易新形势，作者在多年教学研究的基础上，结合近年来国际贸易的新规定、新趋势，反复修订了本教材，使本教材更加切合当前国际贸易实际。

通过本教材的教授与学习，能使学生掌握国际贸易方面系统的基础理论知识和实际业务操作技能，掌握国际贸易中的策略和技巧，了解国际贸易的发展趋势，培养学生分析和解决国际贸易问题的能力。

本教材包括国际贸易理论和国际贸易实务两个部分：上篇，国际贸易理论。通过本篇的学习，可以了解和掌握国际贸易的基本概念、国际分工理论和世界市场知识，掌握国际贸易中的政策、措施及发展变化，掌握世界贸易组织及其主要协定与协议，了解区域经济一体化的发展状况。下篇，国际贸易实务。通过本篇的学习，可以了解与掌握国际贸易中的术语及其惯例，掌握国际贸易合同中的基本条款及其履行程序，了解国际货物买卖的贸易方式。

本书由徐冬梅担任主编，负责总纂和统稿，参加本书编写的人员有：徐冬梅（第一、四、五、十五章）、郁青（第二章）、汪利平（第二、三章）、倪良新（第五、六、十、十一章）、潘松（第七章）、何桃花（第八、九章）、陈江（第十二、十四章）、孟丽(第十三章)、潘理权(第十五章)。

尽管我们做出了努力,但还可能会有遗漏、不妥之处,在此,我们衷心地希望得到各位专家、读者赐教。

另外,为了方便教师的教学,上海财经大学出版社备有教师教学用的课件。如有需要,请致电或者 E-mail 联系。联系人:台啸天,电话 021—65904706,E-mail:404485100@qq.com。

编 者

2015 年 6 月

目 录

前言 …… 1

上篇 国际贸易理论

第一章 导论 …… 3
第一节 国际贸易的基本概念 …… 4
第二节 国际贸易的分类 …… 8
第三节 国际贸易的职业要求 …… 11
第四节 国际贸易理论与实务的内容与学习方法 …… 13

第二章 国际分工与世界市场 …… 16
第一节 国际分工的形成与发展 …… 16
第二节 国际分工理论 …… 21
第三节 世界市场 …… 31

第三章 国际贸易政策 …… 38
第一节 国际贸易政策概述 …… 38

第二节 西方发达国家的对外贸易政策 …… 40
第三节 发展中国家的对外贸易政策 …… 49

第四章 国际贸易措施 …… 57
第一节 关税措施 …… 57
第二节 非关税壁垒 …… 73
第三节 其他贸易保护措施 …… 81

第五章 经济全球化组织 …… 92
第一节 世界贸易组织基本知识 …… 92
第二节 区域经济一体化 …… 108
第三节 跨国公司 …… 112

第六章 国际服务贸易与国际技术贸易 …… 116
第一节 国际服务贸易 …… 116
第二节 国际技术贸易 …… 129

下篇 国际贸易实务

第七章 国际贸易合同的订立 …… 145
第一节 国际贸易合同概述 …… 145
第二节 国际贸易合同的磋商 …… 150
第三节 国际贸易合同的种类和结构 …… 160

第八章 商品的品质、数量及包装 …… 169
第一节 商品的品名与品质 …… 169
第二节 商品的数量 …… 177
第三节 商品的包装 …… 181

第九章 贸易术语与价格……………………………………………… 188
第一节 贸易术语……………………………………………………… 188
第二节 商品的价格及价格的换算…………………………………… 206

第十章 国际货物运输…………………………………………………… 213
第一节 国际货物运输方式…………………………………………… 213
第二节 运输单据……………………………………………………… 228
第三节 货物装运条款………………………………………………… 233

第十一章 国际货运保险………………………………………………… 238
第一节 国际货运保险概述…………………………………………… 238
第二节 海运保险范围与保险险别…………………………………… 243
第三节 其他货物运输保险…………………………………………… 250
第四节 国际货运保险实务…………………………………………… 253

第十二章 国际贸易结算………………………………………………… 258
第一节 国际结算票据………………………………………………… 258
第二节 汇付和托收…………………………………………………… 264
第三节 信用证………………………………………………………… 271
第四节 信用融资……………………………………………………… 281

第十三章 检验、索赔、不可抗力和仲裁………………………………… 288
第一节 商品检验……………………………………………………… 288
第二节 索赔…………………………………………………………… 294
第三节 不可抗力……………………………………………………… 296
第四节 仲裁…………………………………………………………… 298

第十四章 进出口合同的履行程序…………………………………………… 301
第一节 出口合同的履行…………………………………………………… 301
第二节 进口合同的履行…………………………………………………… 318

第十五章 国际贸易方式……………………………………………………… 327
第一节 国际贸易方式概述………………………………………………… 327
第二节 无固定组织形式的贸易方式……………………………………… 329
第三节 有固定组织形式的贸易方式……………………………………… 338
第四节 国际电子商务方式………………………………………………… 344

附录 联合国国际货物销售合同公约………………………………………… 349

参考文献……………………………………………………………………… 367

上 篇
国际贸易理论

本篇是国际贸易理论部分，通过学习，可以帮助学生掌握国际贸易的分工理论、政策和相关措施，提高学生的国际贸易理论水平。

本篇主要内容：

一	导论
二	国际分工与世界市场
三	国际贸易政策
四	国际贸易措施
五	经济全球化组织
六	国际服务贸易与国际技术贸易

第一章　导　论

本章课程概况

课题内容:国际贸易的基本概念和分类,以及对职业的要求。

课时:4 课时。

教学目的:使学生懂得什么叫国际贸易,并了解国际贸易的基本概念,明确国际贸易在贸易经济中的地位及作用,熟悉国际贸易的不同分类方式。掌握本课程的学习方法。

教学要求:掌握国际贸易的基本概念,明确国际贸易的分类,了解国际贸易的职业要求。

教学方式:理论讲授。第一节课先以生动的案例引发学生对国际贸易课程的兴趣,第二节课介绍国际贸易的基本概念,第三节课介绍国际贸易的分类,第四节课介绍国际贸易的职业要求和本课程的学习方法及推荐参考书。

随着世界经济的快速发展,国际贸易已深刻影响着我们的经济社会生活。尤其是进入 21 世纪后,世界贸易额一直保持着增长的态势,我国的对外贸易更是高速增长。2000 年全年我国对外贸易总额超过 4 700 亿美元,2004 年全年超过 11 547 亿美元,而 2014 年,全国进出口总额高达 43 030.38 亿美元,在世界贸易中位居第一。中国已成为世界当之无愧的贸易大国。

国际贸易正为各国国民经济的快速增长发挥着重要作用。

第一节 国际贸易的基本概念

一、国际贸易的概念

国际贸易(International Trade) 一般定义为世界各国(或地区)[①]之间进行商品、技术和劳务交换的贸易活动。这种贸易活动又称作世界贸易(World Trade)或全球贸易(Global Trade)。它既包含有形商品的交换,又包含无形商品的交换。

国际贸易与对外贸易(Foreign Trade)是两个不同的概念,两者既有区别又有联系。如果从某一国家(或地区)来看,其与另一国(或地区)的商品、技术和劳务的交换活动就是对外贸易;如果从全球来看这种交换活动,就称之为国际贸易。

国际贸易与国内贸易也有很大的区别:

(1)难度更大。由于国际贸易的双方处在不同的国家和地区,因此他们所处的政治、法律环境不同,语言、风俗习惯不同,贸易惯例和习惯做法也是千差万别,加大了贸易的难度。

(2)换算复杂。一是各国(或地区)之间的度量衡制度差异较大,数量换算复杂;二是外汇汇率经常变动,结汇金额换算复杂;三是商业习惯、海关制度有较大差别,在货物运输及保险费方面计算复杂。

(3)风险更多。国际贸易货物一般涉及远距离的跨国运输,时间长,可能遭遇各种自然灾害、意外事故,或一些外来风险(如资信风险、汇率风险、外贸政策风险、战争风险等),加大了国际贸易的风险程度。

二、国际贸易中的基本概念

(一)出口和进口

出口(Export)是指将本国生产或加工的商品(包括劳务)运往国外市场进行销售的贸易活动;进口(Import)就是将外国商品(包括劳务)购买后输入本国市场进行销售的贸易活动。一国商品销往另一国,对一国(卖方)而言是出口,对另一国(买方)而言就是进口。

---

① 下文中的各国、本国、一国一般包含地区。

(二)复出口和复进口

当外国商品进口以后未经加工制造又出口时,称为复出口(Reexport);反之,本国商品出口后,在国外未经加工又重新输入本国国内,称为复进口(Reimport)。

(三)净出口和净进口

若一国在一定时期内,某一商品既有出口又有进口,但如果出口数量大于进口数量,其差额即为净出口(Net Export);反之,出口数量小于进口数量,其差额为净进口(Net Import)。

(四)对外贸易值和对外贸易量

1. 对外贸易值

对外贸易值(Value of Foreign Trade)又称为对外贸易额,是用货币表示的一定时期内对外贸易总额。它反映对外贸易的规模,是衡量对外贸易状况的重要指标。对外贸易值通常分为各国的对外贸易额与国际贸易额两种。

各国的对外贸易额就是用货币金额表示一国(或地区)一定时期内(通常为1年)的进出口规模。

$$\text{对外贸易值}=\text{出口贸易额}+\text{进口贸易额}$$

国际贸易额则是指世界各国和地区的出口贸易额的总和,即:

$$\text{国际贸易额}=\sum_{i=1}^{n}(\text{世界各国和地区的出口额})$$

2. 对外贸易量

对外贸易量(Quantum of Foreign Trade)是以一定时期的不变价格来计算的对外贸易值。它能准确反映国际贸易或一国对外贸易的实际规模的发展变化。对外贸易量也可分为各国的对外贸易量和国际贸易量。

$$\text{对外贸易量}=\text{对外贸易值}/\text{进出口价格指数}^{①}$$

$$\text{国际贸易量}=\text{贸易额}/\text{价格指数}$$

例如:见表1—1,比较1970年国际贸易额和国际贸易量与1978年国际贸易额和国际贸易量的增长变化情况。

表1—1 国际贸易量和国际贸易值的计算

	贸易额	价格	贸易量
基期:1970年	2 800	100	2 800
报告期:1978年	11 736	265	4 429

① 进出口价格指数=报告期价格/基期价格×100%。

从表1—1中可以看出，将基期的进出口价格指数确定为100，则：

1978年的进出口价格指数＝报告期价格/基期价格×100％

＝265/100＝265％

1978年的国际贸易量＝贸易额/价格指数

＝11 736/2.65＝4 429

对比1970年与1978年的贸易值的增长情况：增长了320％，即：(11 736－2 800)÷2 800×100％＝320％。而贸易量的增长情况：增长了58％，即：(4 429－2 800)÷2 800＝58％。可见两者的差别。联合国以及欧、美等发达国家都是用这种方法来计算对外贸易实际规模变动情况的。

(五)贸易差额

贸易差额(Balance of Trade)是指一国在一定时期内出口值与进口值之间的差额，即：

贸易差额＝出口值－进口值

如果出口值大于进口值，就称为贸易顺差，又叫出超、盈余、黑字；如果出口值小于进口值，就称为贸易逆差，又叫入超、亏损、赤字；如果二者相等，就称为贸易平衡。

一般认为，贸易顺差表明该国商品在世界市场的竞争中处于优势，对外贸易收入的资金大于支出的资金，在对外贸易中处于有利地位；贸易逆差则表明该国商品在国际市场中处于劣势，对外贸易收入的资金少于支出的资金。

(六)贸易条件

贸易条件(Terms of Trade，TOT)是指一国在一定时期内出口商品价格与进口商品价格之间的比率，即出口一个单位的商品可以换回多少个单位的进口商品，或者进口一个单位的商品要用几个单位的国内商品去交换。其计算公式为：

贸易条件(TOT)＝出口价格指数/进口价格指数×100

当TOT＞100时，说明该国贸易条件有所好转，出口越多，交换越有利；当TOT＜100时，说明该国贸易条件恶化，出口越多越不利。

(七)国际贸易商品结构

国际贸易商品结构(Composition of Foreign Trade)是指一定时期内各大类商品或某种商品在整个国际贸易中的构成比例，即各大类商品或某种商品出口贸易额与整个世界出口贸易额之比。国际贸易商品结构可以反映出整个世界的经济发展水平、产业结构状况和科技发展水平。

研究国际贸易商品结构通常是看初级产品和工业制成品两大类分别占世

界贸易额的比重。初级产品是没有经过或很少经过加工的农、林、牧、渔、矿产品;而工业制成品是经过机器加工完成的产品。工业制成品又可分为劳动密集型产品、资本密集型产品和技术密集型产品,劳动密集型产品中劳动力含量高,比如服装;资本密集型产品中资本含量高,比如电力企业;技术密集型产品中技术含量高,比如高科技产品。

联合国秘书处于1950年出版了《国际贸易标准分类》(Standard International Trade Classification,SITC),并于1960年、1974年、1985年三次进行了修订。在1985年的修订本中,把国际贸易商品依次分为10大类、69章、261组、1 033个分组和3 118个项目。10大类商品分类如下:

0类 食品和主要供食用的活动物

1类 饮料和烟草

2类 燃料以外的非食用原料

3类 矿物燃料、润滑油有关原料

4类 动植物油脂及醋

(0~4类为初级产品)

5类 化学品及有关制品

6类 按原料分类的制成品

7类 机械及运输设备

8类 杂项制品

(5~8类为制成品)

9类 没有分类的其他商品(未列品)

(八)国际贸易地理方向

国际贸易地理方向(International Trade by Regions)是指世界贸易额的国别分布或洲别分布情况,它反映了各国或各洲在国际贸易总额中所占的比重。对一个国家而言,则称为对外贸易地理方向(Foreign Trade by Regions)。其计算公式为:

出口方向=对某国的出口额/该国出口总额×100%

进口方向=从某国的进口额/该国进口总额×100%

研究对外贸易地理方向,从横向看,可以看出本国的主要贸易对象和主要贸易伙伴;从纵向看,可以看出一个国家同其主要贸易伙伴间贸易关系的变化。

我国对外贸易的主要地理方向,货物出口:美国、日本、欧盟、韩国等国家和地区;货物进口:日本、欧盟、韩国、美国等国家和地区。

(九)对外贸易依存度

对外贸易依存度(Ratio of Dependence on Foreign Trade)是指一国国民经济对进出口贸易的依赖程度,是以本国对外贸易(进出口总额)占国民生产总值(GNP)或国内生产总值(GDP)多少比重为标志的。换句话说,就是指一个国家的全部国民生产总值中有多少是由对外贸易创造的。其计算公式为:

对外贸易依存度=进出口额/国民生产总值(GNP)或国内生产总值(GDP)×100%

还可以分别计算出出口依存度和进口依存度:

出口依存度=出口总额/国民生产总值或国内生产总值×100%

进口依存度=进口总额/国民生产总值或国内生产总值×100%

一般来说,对外贸易依存度受该国的人口多少、地域辽阔与否、自然资源多寡、对外开放程度等各种因素的制约。伴随经济的全球化,对外贸易在各国经济中的比重都在增加。据统计,1980~2000 年间,世界货物贸易的年均增长速度达到 6.1%,而世界经济增长速度为 5.4%。据世界贸易组织(WTO)和国际货币基金组织(IMF)的数据测算,1960 年全球外贸依存度为 25.4%,1970 年为 27.9%,1990 年升至 38.7%,2000 年升至 41.7%,2003 年已接近 45%。中国作为转型中的发展中大国,对外贸易依存度逐年提高。2004 年中国的对外贸易依存度已达到 70%,随着对外贸易政策的变化,2014 年对外贸易依存度有所回落,降至 46%。而中国香港、台湾地区的对外贸易依存度已超过 100%。

第二节 国际贸易的分类

一、从货物移动方向划分

根据商品货物的移动方向不同,可将国际贸易分为出口贸易(Export Trade)、进口贸易(Import Trade)和过境贸易(Transit Trade)三类。出口贸易是指一国把生产或加工的商品(包括本国拥有的劳务)输往国外市场销售的对外贸易活动;进口贸易是指一国从国外市场购进外国所生产或加工的商品(包括外国拥有的劳务)的贸易活动;过境贸易是指商品生产国与消费国之间进行的商品买卖活动,实物运输必须经过第三国国境,对第三国而言,就构成了该国的过境贸易。过境贸易属于间接贸易,即:如果商品通过第三国输到消费国,从生产国来说,是间接出口;从消费国看,是间接进口;从第三国看是转口,都是间接贸易。

二、从商品形态划分

根据国际贸易中商品的形态划分，可分为两类，即有形贸易(Tangible Trade)和无形贸易(Intangible Trade)。有形贸易是指贸易双方交易的商品是具体的、有形的实物商品，也被称为货物贸易(Goods Trade)。无形贸易是指在国际贸易活动中所进行的没有物质形态的商品的交易，一般包括服务贸易和技术贸易。它包括运输、保险、包装、广告、咨询、旅游、投资、金融等活动。无形贸易的金额并不反映在海关统计上，但显示在一国的国际收支表上。

三、从交易是否通过第三国划分

根据贸易是否经过第三国(或有第三者参加)，可分为三类，即直接贸易(Direct Trade)、间接贸易(Indirect Trade)和转口贸易(Entrepot Trade)。直接贸易是商品直接从生产国销往消费国，不通过第三国而进行的贸易，即指进出口两国直接达成的交易；间接贸易则是指商品生产国与消费国通过第三国进行商品买卖的行为(前面提到的过境贸易就是间接贸易的一种方式)；转口贸易又称为中转贸易，是区别于商品生产国与商品消费国直接买卖商品的直接贸易行为而言的。转口贸易额列入转口国家的贸易统计中，而过境贸易额则不列入一国的贸易统计中。

四、从运输方式划分

根据目前主要货物运送方式的不同可分为四类，即陆路贸易(Trade by Road)、海路贸易(Trade by Seaway)、空运贸易(Trade by Airway)和邮政贸易(Trade by Mail Order)。陆路贸易是陆地相邻的国家采用陆路运输货物的方式来交易，运输工具主要有火车、汽车等。海路贸易主要是通过海上运送货物的国际贸易方式，运输工具是船舶。国际贸易大部分的运输方式都是海上运输的。据美航运杂志统计，海运已占国际贸易运输量的75%～80%。空运贸易一般用于急用货物或为了争取时间而采用的运输方式。邮购贸易采用邮政包裹寄送的方式。

随着经济发展的需要，各种运输工具必将越来越丰富，运输方式也越来越多。

五、从国境、关境角度划分

根据商品进入国境与关境的不同划分为总贸易(General Trade)和专门贸易(Special Trade)。总贸易是指进出口以国境为标准，凡进入国境的商品一律列为进口，离开国境的商品一律列为出口；前者称为总进口，后者称为总出口，总进口额加上总出口额就是一国的总对外贸易额，即总贸易额。专门贸易是指进出口以关境为标准，进入一国关境的货物就是本国的进口，离开一国关境的货物就是本国的出口；前者称为专门进口，后者称为专门出口，专门进口额加上专门出口额是一国的专门贸易额。

总贸易和专门贸易对一国而言，通常被作为该国家记录和编制进出口货物统计的方法。采取总贸易划分方法的通常称为总贸易体系（General Trade System），如中国、美国、日本、英国、加拿大、澳大利亚等 90 多个国家或地区采用这种总贸易的统计方法。采用专门贸易划分的称为专门贸易体系（Special Trade System），如德国、意大利、瑞士等国家就采用这种专门贸易的统计方法。

六、从清偿工具划分

根据清偿工具的不同，国际贸易可分为现汇贸易（Spot Exchange Trade）和易货贸易（Barter Trade）。现汇贸易是指在国际贸易中以货币作为偿付工具的贸易方式，又称为自由结汇贸易。易货贸易是指以经过计价的商品货物作为清偿手段，即一国（或地区）与另一国（或地区）间货物互换的贸易方式，也就是通常所说的"以货换货"。

七、从商业单证的形式划分

根据贸易过程中是否使用有关单证等商业性文件，国际贸易可分为有证贸易（Documentary Trade，DT）和无证贸易（Electronic Data Interchange，EDI）。有证贸易是指通过单证等商业文件的交接进行结算支付的一种贸易方式。国际贸易中常见的商业文件有汇票、发票、提单、装箱单、保险单等，这些单据是象征性贸易中贸易双方履行权利和义务的重要依据，在履行提货和付款时，往往只是凭单提货，凭单付款。无证贸易是指通过计算机联机或网络把根据统一标准格式编制的各种信息、数据在国际和国内有关企业和部门之间进行传递和交换，从而进行交易结算的一种贸易方式。它以电子方式在贸易伙伴以及相关单位间传输贸易文件和单据，实现了无纸化贸易。

第三节　国际贸易的职业要求

一、岗位能力的一般要求

(1)关心政治。既要对国际政治、法律方面进行关注,更要掌握本国对外贸易政策方针和法律制度。

(2)把握商机。关注国际局势变化,细致分析国际市场,及时掌握市场信息。

(3)知识丰富。熟悉经贸地理,了解各国的风俗习惯、物产资源、人文景观等。

(4)外语过硬。熟悉将要进行贸易的国家的语言,以便于沟通,进行商务洽谈,签订合同,缮制单证。

(5)多赢意识。要具有良好的多方合作意识,处理好与供应商、国外客户及相关部门的关系。只有多赢,才能获得长期稳定的贸易合作。

(6)勤奋进取。要勤奋工作,精益求精,善于学习,积极进取。

(7)遵纪守法。遵守国家的法律法规,遵守外经贸工作纪律,遵守本企业的各项规章制度。

二、岗位能力的专业要求

(1)熟悉交易磋商程序,掌握合同洽谈的技巧。

(2)掌握外贸函电的格式、特点、内容、技巧。

(3)熟悉进出口业务流程,能正确地签订合同,审核合同,履行合同。

(4)掌握国际贸易单证的基本知识,能正确缮制、理解、审核信用证及附属单证的有关内容。

(5)掌握国际贸易术语和运输、保险、商检、报关、结算等基本知识,熟悉运输、海关、保险、商检、贸促会、银行等部门的工作程序。

三、与国际贸易相关联的部分岗位

外贸企业里岗位众多,下面仅介绍直接与参与国际贸易有关联的部分岗位。

(一)外贸业务员

外贸业务员是指在进出口业务中主要负责寻找客户、贸易磋商、风险防范、签订合同、组织履约、核销退税、处理争议等进出口业务全过程操作和管理的综合性外贸从业人员。

为了规范外贸业务员的工作，进一步提高外贸业务从业人员的素质和能力，根据《中华人民共和国行政许可法》的有关规定及国家商务部《"十一五"人才强商规划》的精神，从 2006 年起商务部中国国际贸易学会在全国范围内组织开展外贸业务员的培训和考核认证工作，旨在通过培训使大多数的外贸业务从业人员取得上岗资格证书，并逐步在全国范围内推行持证上岗制度，从根本上促进整个国际商务领域的健康发展。

（二）国际商务单证员

国际商务单证员是外贸企业里以外贸单证处理为主要工作内容的基础性人才。其具体工作为：在国际贸易结算业务中，根据销售合约和信用证条款从事缮制、出具各种对外贸易结算单据和证书，交银行办理议付手续或委托银行进行收款等工作；办理货物交付、运输、保险、商检、出口结汇、进口提货等进出口业务中，从事审证（受证）、制单、审单、交单、归档等业务。

为了规范国际商务单证员工作，进一步提高国际商务单证员从业人员缮制单证、审核单证的业务能力，自 2005 年起中国对外贸易经济合作企业协会开展了国际商务单证员的培训，组织了国际商务单证员全国统一考试，成绩合格者领取协会统一制发的《国际商务单证员资格证书》。

（三）报关员

报关员是指在海关注册，向海关办理进出口货物报关业务的人员。报关协会统一组织报关员资格考试，向考试成绩合格者发放《报关员资格证书》。

（四）报检员

报检员是负责本企业的进出口货物或者接受委托人的委托向国家质量监督检验检疫总局申请办理商品检验、动植物检验、卫生检验等报检手续的人员，也是报检单位与检验检疫机构联系的桥梁，报检员素质的高低直接影响检验检疫工作的效率和质量。相关协会组织报检员资格考试，向考试成绩合格者发放《报检员资格证书》。

（五）国际货代员

国际货代员是在贸易交往中接受货主委托，组织、实施和协调公路、铁路、海路、航空等运输过程，办理有关货物交接、仓储、调拨、包装、转运、订车皮、租船、订舱等业务的综合性国际物流人才。相关协会组织国际货代员资格考试，向考试成绩合格者发放《国际货代员资格证书》。

（六）外贸跟单员

外贸跟单员的主要工作是在企业业务流程运作过程中，以国外客户订单为依据，跟踪产品（服务）运作流向并督促订单落实的专业人员，是外贸企业开展各项业务的基础性人才之一。一名合格的跟单员需要掌握外销、物流管理、生产管理、单证与报关等综合知识。相关协会组织外贸跟单员资格考试，向考试成绩合格者发放《外贸跟单员资格证书》。

第四节　国际贸易理论与实务的内容与学习方法

一、国际贸易理论与实务的内容

本课程包括国际贸易理论和国际贸易实务两个部分。上篇为国际贸易理论。通过本篇的学习，使学生了解和掌握国际贸易的基本理论，掌握国际贸易中的政策、措施及发展变化，掌握世界贸易组织及其主要协定与协议。下篇为国际贸易实务。通过本篇的学习，使学生了解与掌握国际贸易中的术语及其惯例，掌握国际贸易合同中的基本条款及其履行程序，了解国际货物买卖的贸易方式。其主要内容有：

（一）国际贸易理论部分

（1）国际分工理论。阐述了国际分工的形成与发展，明确影响国际分工发展的因素及对国际贸易的影响，说明当代世界市场的基本特征和进入世界市场的途径。

（2）国际贸易政策。解析了对外贸易政策的类型与内容构成，认识和了解各国贸易政策制定的理论依据，并能客观地对贸易政策的适用做出评价。

（3）国际贸易措施。阐述关税和非关税壁垒的概念、产生、发展和性质及主要种类，明确海关税则与通关手续，以及关税、非关税壁垒对国际贸易的影响；介绍鼓励出口方面的措施和在出口管制方面的措施。

（4）国际贸易组织及其协定。介绍世界贸易组织的宗旨、目标、职能、基本原则，WTO 的主要规则、协议和我国加入 WTO 后享有的权利和承担的义务；解析区域经济一体化与经济全球化的基本成因，说明区域经济一体化对全球经济的影响。

（二）国际贸易实务部分

（1）国际贸易合同的磋商和订立。介绍了国际贸易合同的概念、特点、形式、作用及交易磋商的四个环节：询盘、发盘、还盘、接受；重点阐述了书面合同的类型和合同基本条款:商品名称、品质、数量、包装、价格、装运、保险、付款、检验、不可抗力以及索赔、仲裁等。

(2)国际贸易合同的履行。介绍了进出口合同履行程序的基本环节和步骤,强调结汇、外汇核销和出口退税工作的重要性。

(3)国际贸易方式。国际贸易的方式多种多样,并随着国际贸易的发展不断涌现出一些适应时代发展的新的贸易方式。本课程介绍了经销、代理、寄售、加工贸易、补偿贸易、易货贸易、租赁贸易七种无固定组织形式的贸易方式,展销、招标与投标、拍卖、商品期货交易四种有组织形式的贸易方式以及无纸化贸易的电子商务方式。

二、本课程的学习方法

(1)多看。多看新闻,了解时事,了解国际局势动态,学会分析国际市场的变化和发展。

(2)多读。多读书籍,能广泛了解世界各国的政治、经济、法律制度,了解各国的地理、人文、物产、风俗习惯,储备更多的国际贸易信息资源。

(3)多学。学习他国多年的国际贸易经验和先进的国际贸易理论,以指导本国本企业的国际贸易业务。

(4)多思。通过多看、多读、多学,学会学习,学会分析,提高国际贸易素养和预测国际市场风险的能力。

(5)多练。重视社会实践活动。提倡校企联合,经常到外贸企业进行岗位训练。

本章小结

本章界定了国际贸易的定义,指出国际贸易是指世界各国(或地区)之间商品和劳务的交换活动。国际贸易主要由各国或各地区的对外贸易构成,是世界各国对外贸易的总和,它既包含有形商品(实物商品)的交换,又包含无形商品(劳务、技术等)的交换。

本章还介绍了国际贸易中的概念,包括:出口与进口、贸易值和贸易量、贸易差额、贸易条件、国际贸易商品结构、国际贸易地理方向和对外依存度。

本章讨论了国际贸易的分类,认为根据商品货物的移动方向不同,可将国际贸易分为出口贸易、进口贸易和过境贸易;根据国际贸易中商品的形态划分,可分为有形贸易和无形贸易;根据贸易是否经过第三国(或有第三者参加)，可分为直接贸易、间接贸易和转口贸易；根据商品进入国境与关境，划分为总贸易和专门贸易；根据清偿工具不同，可分为现汇贸易和易货贸易；根据货物运送方式不同，可分为陆路、海路、空运和邮政贸易；根据贸易过程中是否使用有关单证等商业性文件，可分为有证贸易和无证贸易。

本章对国际贸易的职业要求作了介绍。

思考与练习

1. 对外贸易与国内贸易的联系与区别是什么？
2. 贸易量与贸易额的区别是什么，怎样计算？
3. 贸易差额与净出口、净进口之间的区别是什么？
4. 过境贸易与转口贸易之间的区别是什么？
5. 当今世界国际贸易的新发展有哪些？

第二章　国际分工与世界市场

本章课程概况

课题内容:国际分工与世界市场。

课时:4 课时。

教学目的:使学生了解国际分工的形成与发展,明确影响国际分工发展的因素及对国际贸易的影响,掌握当代世界市场的基本特征,熟知进入世界市场的途径。

教学要求:掌握国际分工的定义和影响国际分工的主要因素,熟悉西方国际分工的有关理论,掌握当代世界市场的基本特征。

教学方式:理论讲授。第一节课讲述国际分工的定义和国际分工的形成与发展,第二节课介绍西方国际分工理论,第三节课讨论各种国际分工理论在不同历史时期的作用,第四节课介绍世界市场的形成及其特点。

第一节　国际分工的形成与发展

一、国际分工形成与发展的阶段

(一)国际分工的含义

国际分工(International Division of Labor)是指世界各国之间的劳动分工。只有在国家出现和社会生产力发展到一定水平后,才会产生国际分工。国际分工是国际贸易和世界市场的基础。

(二)国际分工形成与发展的阶段

1. 国际分工的萌芽阶段(16～18 世纪中叶)

在前资本主义社会,自然经济占统治地位,生产力水平低,各个民族、各个国家的生产方式和生活方式的差别较小，商品生产不发达，所以只存在不发达的社会分工和不发达的地域分工。

随着生产力的发展，11 世纪欧洲城市兴起，手工业与农业进一步分离，商品经济有了较快的发展。特别是 15 世纪末和 16 世纪上半叶的“地理大发现”和随后的殖民地开拓，大大地扩展了世界市场，促进了手工业向工场手工业的过渡。这种过渡体现了社会分工水平的进一步提高。在这一时期，欧洲一些国家一方面加强对本国人民的剥削，另一方面用暴力和超经济手段，掠夺亚非拉美殖民地的人民。他们开发矿山，建立种植园，为本国生产和提供农作物原料，并扩大本国工业品的生产和出口，出现了宗主国和殖民地之间最初的分工形式。

2. 国际分工的形成阶段(18 世纪 60 年代～19 世纪 60 年代)

这一阶段发生了第一次产业革命，大机器工业代替了工场手工业，生产力水平有了极大提高，社会分工和商品经济进一步发展，由此也促成了国际分工的形成。

这一阶段国际分工呈现如下特点：

第一，大机器工业的建立为国际分工的形成奠定了物质基础。首先，大机器生产使生产能力和规模迅速扩张，源源不断生产出来的商品使国内市场饱和，需要寻求新的销售市场。同时，生产的急剧膨胀引起原料供应不足，要求开辟大量且稳定的原料来源，而依靠本国的生产和市场是无法满足这些需求的。因此，大机器工业日益脱离本国基地，依赖于世界市场、国际贸易和国际分工。其次，大机器工业生产的物美价廉的商品成为英国资产阶级征服国外市场的武器，使得其他国家按照英国的生产和消费需要改变他们的产业结构，成为原料产地和商品销售市场。再次，大机器工业改革了传统的运输方式，提供了电报等现代化的通信工具，把原料生产国和工业品生产国联系在 起，使国际分工成为可能。最后，大机器工业打破了以往地方和民族的自给自足与闭关自守的市场，把各种不同类型的国家卷入到世界经济中。

第二，这一阶段的国际分工基本上是以英国为中心形成的。由于英国首先完成产业革命，其经济实力强大，在国际经济中处于绝对优势地位。英国在实行全面的自由贸易政策以后，加强了对农产品、矿产品尤其是对进口的谷物和棉花的依赖，将亚非拉落后的农业、矿业经济逐步拉入到国际分工和世界市场体系中来，进一步推动了国际分工的发展。

第三，随着国际分工的发展，世界市场上交换的商品种类发生了变化。除了那些满足贵族阶级和商人所需要的奢侈品，更多的是那些大宗商品，如小麦、棉花、羊毛、咖啡、铜和木材等。

3. 国际分工的发展阶段(19 世纪中叶～第二次世界大战)

19 世纪末 20 世纪初,出现了第二次科技革命,蒸汽机、内燃机、发动机和电动机的推广应用,新兴工业部门如电力、电气、汽车、石油工业的建立,促进了资本主义生产的迅速发展和资本的积聚与集中。这一时期,自由竞争资本主义发展到了垄断资本主义,资本输出成为主要的经济特征之一,资本主义国家国际分工的重要形式,即宗主国与殖民地半殖民地间的分工、工业产品生产国与初级产品(农产品、矿产品)生产国之间的分工日益加深与强化,资本主义国际分工体系最终形成并进一步发展。

这一阶段国际分工呈现如下特点:

第一,科技革命以重工业为主,制造业也大多数以重工业为主。

第二,英国的地位下降,美、德等国地位上升。分工的中心由英国变为一组国家,世界各国通过国际分工加强了相互间的依赖关系。

第三,除少数国家外,大多数国家(尤其是亚非拉国家)的经济变为单一经济,其经济发展主要依赖于一种或几种产品的生产和出口,从而造成了这些国家经济上的两种依赖性:一是经济生活上依赖少数几种产品;二是高度依赖世界市场,特别是工业发达国家的市场。

第四,交通运输事业有了极大的发展。苏伊士运河和巴拿马运河建成,海底电缆出现,铁路达百万公里以上。

第五,国际贸易迅速增长。1870～1913 年间,世界贸易额增加了 3 倍多,交换的范围也迅速扩大,形成了无所不包的市场。

4. 国际分工的深化阶段(第二次世界大战后)

20 世纪 40 年代末 50 年代初开始了以电子计算机、原子能、空间技术发展为主要标志的第三次科技革命,原子能工业、宇航工业和海洋工业等一系列新兴工业相继建立,大大促进了生产力的发展,使整个世界以前所未有的速度向前发展。

这一阶段国际分工的特点是:

第一,参加国际分工国家的经济所有制形式发生了变化,资本主义主宰国际分工的时代不复存在,殖民体系瓦解,殖民地附属国在政治上纷纷独立,一批社会主义国家相继成立,这些国家都以独立自主的身份参与国际分工。

第二,国际分工的形式多样化,向多层次方向发展,垂直型国际分工、水平型国际分工和混合型国际分工并存。

第三,参加国际分工的方式发生了变化。战前主要是通过货物贸易参与国际分工;战后,在货物贸易的基础上,又出现了与贸易相结合的服务贸易。

第四,国际分工的机制发生了变化,分工的机制变得更加文明。战前的国际分工处于无政府状态,受价格支配;现在由于跨国公司和国际贸易集团的大量出现,使分工向着有组织、有计划的方向发展。

第五,在国际分工的格局中,工业国与工业国之间的分工占主导地位。战前,主要是制成品的生产国和初级产品生产国之间的分工,其次才是工业国之间的分工。战后,由于科学技术的发展,改变了分工的格局,以自然资源为基础的分工逐步改变为以现代化工艺、技术为基础的国际分工,从而工业国与工业国之间的分工占主导地位。

第六,各国间工业部门内部的分工有逐步加强的趋势。战前的国际分工是各国不同部门之间的分工,各工业国在钢铁、汽车、造船、纺织等行业间进行分工。战后,随着分工的发展,原来的部门分工划分得更细、更多,出现了工艺之间和车间之间的分工。

第七,发达国家与发展中国家之间的分工在发展,而工业国与农业国、矿业国之间的分工在削弱。

(三)影响国际分工形成与发展的因素

1. 生产力是影响国际分工形成和发展的主要因素

生产力是国际分工的基础,它决定着国际分工的产生、地位、内容和深度。

第一,历史上发生的三次科技革命都大大地提高了生产力,从而使国际贸易和国际分工变为可能,如果没有这些科技革命,生产力就不会发展,也就不会有国际贸易和国际分工。

第二,生产力水平决定着各国在国际分工体系中的地位。

第三,生产力的发展决定国际分工的产品内容。随着生产力的发展,国际贸易中的工业制成品、高精尖产品不断增多,中间产品、技术贸易和服务贸易也出现在国际分工中。

第四,生产力的发展决定国际分工的形式、深度和广度。就形式来说,除去贸易外,还有合营企业、补偿贸易、国际分包、来料加工和生产协作等;就深度来说,分工已发展到企业内部、车间、工序、工艺之间的分工;就广度来说,出现了经济全球化、集团化等。

2. 自然条件是国际分工产生和发展的基础

自然条件是指环境、气候、地上和地下资源、国土面积等,没有一定的自然条件,进行任何经济活动都是困难的。随着生产力的发展,自然条件对国际分工的作用相对下降。自然条件只提供国际分工的可能性,不提供现实性,要把可能性变为现实性，还需要一定的生产力为条件。

3. 上层建筑可以推进和延缓国际分工的形成与发展

为了形成有利于自己的国际分工体系，一些发达国家利用其上层建筑来影响国际分工。它们通过各种不平等的条约和规定，甚至通过暴力和军事干涉来实现其目的。

4. 跨国公司的兴起促进国际分工向多层次发展

跨国公司把产品的生产、加工和装配分散到世界各个地方，使商品交换不断扩大，国际分工的层次增多，有的只进行零部件的生产，有的只进行装配。

5. 现代化的交通和通信事业对国际分工有重要影响

它们主要表现在空间距离的缩小、时间的节约、运输费用的下降以及工业布局的改变等方面。

二、国际分工对国际贸易的影响

(一)国际分工是国际贸易的基础

国际分工对国际贸易有着积极的促进作用，两者之间为正比例关系。国际分工加快，国际贸易发展就快。第二次世界大战后，国际分工向广度和深度发展，国际贸易有了一个比较稳定的基础，从而使国际贸易的增长速度大大超过了同期工业的发展速度。

(二)国际分工的发展影响国际贸易商品结构

在国际分工日益深化的情况下，国际贸易中制成品的比重不断增加，初级产品的比重不断下降。这一点在发达国家和发展中国家都有相同的表现。近年来，服务贸易的发展也十分迅速，1967 年服务贸易额大约为 700 亿～900 亿美元，目前大约为 13 000 多亿美元。

(三)国际分工影响国际贸易的地区分布和地理方向

在国际分工中处于中心地位的国家，在国际贸易中也处于重要地位。如英国 18～19 世纪在国际分工中处于中心地位，贸易也占主导地位。而到了 1913 年，随着其在国际分工中地位的下降，贸易额也随之下降。

(四)国际分工影响国际贸易的利益

各国在国际分工中的地位决定其利益的大小，发达国家由于生产力发达，处于国际分工的中心地位，得到的利益就大一些；不发达国家由于生产力低下，处于国际分工的边缘，生产和消费都受制于发达国家，所得的利益也就较小，即“肥了中心，亏了边缘”。

(五)国际分工的发展使国际贸易方式多样化

除了有形商品贸易外,还有技术贸易、补偿贸易、合资、合营等形式。

(六)国际分工的发展使对外贸易依存度不断提高

随着国际分工的发展,特别是第二次世界大战后国际分工的深入,整个世界的对外贸易依存度都在不断提高。

第二节 国际分工理论

早在16世纪,西欧重商主义就开始对国际贸易问题进行探讨。随着资本主义的发展,国际贸易理论的研究不断发展。总的来说,西方国际分工理论的发展大体上经历了以下几个阶段。

一、古典国际分工理论

(一)亚当·斯密的绝对优势说

1. 绝对优势说的主要内容

亚当·斯密认为,如果一件东西在购买时所费的代价比在家里生产时少,就永远不要在家里生产,这是每个精明的家长都知道的格言。一个人所需要的东西,不要样样都靠自己去生产,而应利用其所长,生产自己最擅长的东西,以此来与别人交换,取得他所需要的产品。这样花费最少,最为有利。

他认为,分工可以提高劳动生产率,降低产品成本,促进财富增长。其理由:一是分工能提高劳动者的劳动熟练程度;二是分工可使每个人专门从事某项作业,从而节省与生产没有直接关系的时间;三是分工可使专门从事某项工作的劳动者比较容易改进工具和发明机械。

亚当·斯密运用实证论的方法,由个人之间的经济关系推及整个国家之间的经济关系,论述了国际分工和国际贸易的必要性。他认为个人之间可以进行分工,国家内部也可以进行分工,国家之间也可以进行分工。国际分工的基础是有利的自然禀赋,或后天的有利生产条件。这些都可以使一国在某种产品的生产上占绝对优势。每个国家都应充分利用自己在生产上的优势,进行专业化生产,生产自己占绝对优势的产品,然后进行交换,那么双方都可以通过交换从中获得绝对的利益,从而整个世界也可以获得分工的好处。

为此,他举例说明:假定英国、葡萄牙两国均可生产葡萄酒和毛呢两种产品,它们在分工前和分工后的情况如表2—1所示。

表 2-1 两个国家、两种产品分工前后状况

	国家	酒产量（单位）	所需劳动投入（人/年）	毛呢产量（单位）	所需劳动投入（人/年）
分工前	英国	1	120	1	70
	葡萄牙	1	80	1	110
分工后	英国			2.7	190
	葡萄牙	2.375	190		
交换后	英国	1		1.7	
	葡萄牙	1.375		1	

如表 2-1 所示，按照斯密的分工原则，英国、葡萄牙两国进行分工：英国将其分工前的劳动投入全部用来生产其有优势的产品——毛呢，葡萄牙也将其分工前的劳动投入全部用来生产其有优势的产品——酒，结果两国所拥有的产品产量都比分工前提高了。通过交换，两国的消费均有所增加，或劳动消耗有所减少，福利水平相应提高。

2. 对绝对优势说的评价

第一，肯定了劳动对价值的形成关系，是劳动价值论的雏形。

第二，自由贸易理论加速了英国资本主义进程，促进推翻了英国封建贵族王朝。

第三，从劳动分工的生产领域强调按绝对成本优势参与国际贸易，是对国际贸易理论的重大贡献。

第四，认为分工引起交换，而不承认交换是生产力发展的结果。

第五，绝对优势说的存在有一个必要的假设，即一国要想参与国际贸易，就必然要有至少一种以上产品在生产上与交易伙伴相比处于劳动生产率绝对高或生产消耗绝对低的地位上，否则该国就不具备参与国际分工的条件，或者在国际贸易中就没有任何利益而只有伤害。这一点在理论上过于绝对，在实践中不符合实际情况。

(二)大卫·李嘉图的比较优势说

1. 比较优势说的假设条件

(1)只考虑两个国家（英国和葡萄牙）和两种商品（葡萄酒和毛呢）；

(2)坚持劳动价值论，以两国真实劳动成本的差异建立该学说，并假定所有的劳动都是同质的；

(3)生产是在成本不变的情况下进行的；

(4)不考虑交易费用和运输费用，没有关税和其他影响国际贸易进行的壁

垒；

(5)在一国内生产要素充分就业并自由流动，但在国家间不流动；

(6)生产要素市场和商品市场都是完全竞争的；

(7)收入分配没有变化；

(8)贸易按物物交换的方式进行；

(9)不存在技术进步和经济发展。

2. 比较优势说的主要内容

李嘉图的比较优势说是在亚当·斯密绝对优势理论的基础上发展起来的。他认为每个国家不一定要生产各种商品，而应集中生产优势最大或劣势最小的产品，然后通过国际贸易，在资本和劳动力不变的情况下，生产总量将增加，由此形成的国际分工对贸易各国都有利。

为了说明这个理论，李嘉图沿用了英国和葡萄牙的例子，但对条件做了一些变化，如表2－2所示。

表2－2　　李嘉图比较优势下的国际分工

	国　家	酒产量(单位)	所需劳动投入(人/年)	毛呢产量(单位)	所需劳动投入(人/年)
分工前	英　国	1	120	1	100
	葡萄牙	1	80	1	90
分工后	英　国			2.2	220
	葡萄牙	2.125	170		
交换后	英　国	1		1.2	
	葡萄牙	1.125		1	

从表2－2中可以看出，葡萄牙生产酒和毛呢，所需劳动人数均少于英国，也就是说英国在这两种产品的生产上都处于不利地位。根据斯密的绝对优势理论，两国之间不会进行国际分工。而李嘉图认为，葡萄牙生产酒所需劳动人数比英国少40人，生产毛呢比英国只少10人，即分别少1/3和1/10。显然，葡萄牙在酒的生产上优势更大一些，虽然它在毛呢生产上也具有优势；英国在两种产品的生产上都处于劣势，但在毛呢生产上劣势较小一些。根据李嘉图的比较优势理论应“两优取其重，两劣取其轻”，即英国虽都处于绝对不利地位，但应取利益较大的酒生产。按这种原则进行国际分工，在两国投入的劳动人数没有发生变化的条件下，两国产量都会增加，通过国际贸易，两国都会获得利益。

李嘉图认为，当资本与劳动力在国家间不能自由流动的情况下，按照比较优势理论的原则进行国际分工，可使劳动配置更合理，可增加产品总量，对贸易各国均有利。但其前提必须是完全的自由贸易。

3. 对比较优势说的评价

第一，比较优势说用劳动价值论来说明国际贸易的必要性是正确的。它为自由贸易政策提供了理论基础，推动了英国资本主义生产方式的建立。

第二，分析和揭示了国际贸易所具的互利性，认为各国通过出口相对成本比较低的产品、进口相对成本比较高的产品就可以实现贸易互利。这是该学说在研究国际分工方面的主要贡献。

第三，没有揭示国际分工与发展的主要原因。

第四，没有说明比较成本差异产生的原因以及分工后贸易利益在贸易国家之间怎样分配的问题。

第五，把多变的经济情况抽象为静态的、凝固的状况，与现实有较大差距，既容易使人忽视国际分工的动态变化，也不利于落后国家赶超先进国家。

二、现代国际分工理论

（一）赫克歇尔—俄林的资源禀赋理论

1. 资源禀赋论的假设条件

（1）在各个区域或国家内部，生产诸要素是完全自由流动的，但在区域和国家之间，它们是不能自由流动的；

（2）货物流通中的一切限制都不存在；

（3）只有商品贸易，贸易是平衡的，出口恰好可以支付进口；

（4）生产诸要素是完全可以分割的，单位生产成本不随着生产的增减而变化，因而没有规模经济利益问题；

（5）只有两个区域或两个国家；

（6）两国技术水平相同，生产函数相同。

2. 资源禀赋论的主要内容

（1）生产要素供给比例理论。俄林的生产要素供给比例理论是从商品价格的国际绝对差开始逐层展开的，其内容有以下几个方面：

①价格的国际绝对差。各国所生产的同样产品的价格绝对差是国际贸易的直接原因。当两国间的价格差别大于商品的各项运输费用时，则从价格较低的国家输出商品到价格较高的国家是有利的。

②成本的国际绝对差。价格的国际绝对差来自成本的国际绝对差，因而成本的国际绝对差是国际贸易发生的第一个原因。

③不同的成本比例。国际贸易发生的第二个条件是在两国国内各种商品的成本比例不同。

④相同的成本比例。如果两国的成本比例是相同的，一国的两种商品成本都按同一比例低于另一国，则两国间只能发生暂时的贸易关系，直到两国的汇率变化使两国商品的单位成本完全相等。

⑤生产诸要素的不同的价格比例。不同的商品是由不同的生产要素组合生产出来的。在每一国，商品的成本比例反映了它的生产诸要素的价格比例关系，也就是工资、地租、利息、利润之间的比例关系。由于各国的生产要素价格比例不同，因而产生了成本比例的不同。

⑥生产诸要素的不同的供求比例。各国在生产要素的供给方面是不相同的，即各国所拥有的各种要素的数量、种类和质量是不同的。国际贸易就是建立在各个国家各种生产要素的多寡不同和价格的高低不同的基础上。另外，即使生产诸要素的供给比例是相同的，对这些生产要素不同的需求也会产生生产诸要素的不同的价格比例，从而为国际贸易提供基础。

⑦国际分工和国际贸易的基础和利益。俄林从价格的国际绝对差出发，分析了成本的国际绝对差，又探讨了不同国家内不同的成本比例，进而探讨了生产诸要素的不同的价格比例，最后分析了生产诸要素的不同的供给和需求比例。他认为，在这个链条中，供给比例是最重要的环节，但没有一个单一的环节是国际贸易的最终的基础。各个环节之间互相依赖的关系决定了每一个国家的价格结构。而各个国家的价格结构决定了它们在国际分工和国际贸易体系中的比较利益，同时这也就构成了国际分工和国际贸易的基础。

俄林还认为国际生产要素不能充分流动使生产达不到理想结果，但是商品的流动在一定程度上可以弥补国际生产要素缺少流动性的不足，即通过国际贸易可以部分解决国际要素分配不均的缺陷。

(2)生产要素价格均等化理论。赫克歇尔和俄林不仅认为不同国家的不同的要素禀赋是国际贸易发生的原因，而且还进一步论述了国际贸易将会导致各国生产要素的相对价格和绝对价格趋于均等化，即所谓生产要素价格均等化理论。美国经济学家P.A.萨缪尔森(P. A. Samuelson)发展了这一理论，他认为，国际要素价格均等化不仅是一种趋势，而且是一种必然。鉴于他对赫—俄原理的发展，因此这个理论又称为赫—俄—萨原理。

按照这种理论，虽然生产要素在国家间不能自由流动，但在国家间商品的自由流动将会导致这两个国家的工人取得同等的实际工资、资本获取同样的利息、土地获得同等的地租。这是因为两国在实行分工和发生贸易之后，各自大量使用本国丰裕要素进行商品生产，从而使这类要素价格日趋上涨；同时，由于各自不断进口本国稀缺要素密集的外国产品，将使本国这类要素价格不断下跌。这样，通过国际贸易导致了两国间的生产要素价格差异的缩小，并使要素价格趋向均等化。

但是，俄林认为，要素价格完全相同几乎是不可能的，要素价格均等只是一种趋势，其主要原因有以下几点：第一，影响市场价格的因素复杂多变，而不同地区的市场又存在差别，价格水平难以一致；第二，生产要素在国家间不能充分流动，即使在国内，生产要素从一个部门移向另一个部门，也不是充分便利的；第三，产业对几个要素的需求往往是“联合需求”，而且它们的结合不能任意改变，这种整体性和固定性的结合，影响要素价格的均等；第四，集中的大规模生产必然使有些地区要素价格相对高点，而另一些地区要素价格相对低点，从而阻碍了生产要素价格完全均等。

萨缪尔森针对这个问题做了进一步的推论。他认为国际贸易将使不同国家间生产要素相对价格和绝对价格均等化。这种均等化不是一种趋势，而是一种必然。因为在多种要素相对价格有差异的情况下，国际贸易仍将持续扩大和发展，而贸易的扩大和发展将会减少两国间要素价格的差异，直到两国国内各种商品的相对价格完全均等化为止，这时就意味着两国国内的要素相对价格也完全均等化了。同时，在要素的相对价格均等化、商品市场和要素市场存在着完全的自由竞争以及两国使用同样的技术等条件下，国际贸易将会导致要素绝对价格完全均等化。

3. 对资源禀赋论的评价

(1)进一步完善了李嘉图的比较优势学说。比较优势学说说明了两国贸易的原因是互利，但没有说明比较优势产生的原因，对此，资源禀赋论作了一定的研究。

(2)为一国如何利用本国资源优势参与国际分工以获得贸易利益提供了一种思路。

(3)具有庸俗性。赫—俄学说完全违背了劳动价值论，抹杀了劳动收入与财产收入的差别。

(4)忽视科学技术的作用。在当代国际分工和国际贸易中，科学技术起着越来越重要的作用。技术革新、技术进步可以改变要素成本和比例，从而改变比较成本。

(5)这个理论的建立是以一系列不符合实际的假设为前提的，与当代发达国家之间的贸易现实不符。

(6)抹杀了国际生产关系,掩盖了国际经济关系中发达国家剥削发展中国家的事实。

(二)里昂惕夫之谜

1. 里昂惕夫之谜的提出

20世纪50年代初,美国著名经济学家瓦西里·W.里昂惕夫(Vassily.W. Leontief)运用他首创的投入产出分析方法对美国的对外贸易商品结构进行具体计算,试图验证赫—俄原理。他把生产要素分为资本和劳动力两种,先后两次分别根据1947年和1951年美国200种商品的统计资料进行分析,计算出每百万美元的出口商品和进口替代商品所使用的资本和劳动量,从而得到美国出口商品和进口替代商品的资本—劳动比例;并于1953年发表了论文《国内生产和对外贸易:美国资本地位的再审查》。文中的主要数据如表2—3所示。

表2—3　美国每百万美元出口商品和进口替代商品对国内资本和劳动的需要量

	1947年		1951年	
	出口品	进口替代品	出口品	进口替代品
资本(美元)	2 550 780	3 091 339	2 256 800	2 303 400
劳动(人/年)	182.313	170.004	173.91	167.81
人平均年资本量	13 991	18 184	12 977	13 726

从表2—3中可以看出,1947年美国出口商品的资本与劳动比率只是进口替代商品的资本与劳动比率的77%,1951年为95%。尽管这两年数字不同,但由此得出的结论是基本相同的,即美国出口商品的是劳动密集型产品,进口的是资本密集型产品。而一般认为美国是资本丰裕的国家,根据赫—俄学说,它应该出口资本密集型产品,进口劳动密集型产品。这个验证结果正好与赫—俄学说相反。

里昂惕夫这一结论,使西方经济学界大为震惊,因而将这个不解之谜称为"里昂惕夫之谜"或"里昂惕夫反论",并掀起了一个验证和探讨"里昂惕夫之谜"的热潮。

2. 对里昂惕夫之谜的解释

对于里昂惕夫之谜,西方经济学界提出了各种各样的解释,有代表性的学说主要有以下几种:

(1)劳动高效率论。这是里昂惕夫自己的解释,他认为,"谜"的产生可能是由于美国工人的劳动效率比其他国家工人高所造成的，美国工人的劳动效率大约是其他国家工人的三倍。因此，美国是个劳动要素相对丰富、资本要素相对缺乏的国家，里昂惕夫之谜就很容易理解了。他还认为，美国工人的劳动高效率是由于美国有先进的科学管理、高水平的教育和优良的培训以及工人较强的进取精神。

(2)贸易壁垒论。美国经济学家R.E.鲍德温(R.E.Baldwin)认为美国关税结构偏向保护国内劳动密集型产业，从而人为增加了资本密集型产品的进口比重。按照鲍德温的计算结果，如果美国没有关税结构因素，其进口商品中资本与劳动的比例将比实际要低5%。可见，贸易壁垒是产生里昂惕夫之谜的原因之一。

(3)竞争和垄断论。该理论认为，由于国际贸易中某些产品的竞争和垄断程度不同，使国际贸易不可能完全按生产要素的组合及其对各国的相对有利程度来进行，所以有利于输出国的产品不一定能够顺利地输入另一国，而比较不利于输出国的产品却能比较容易地进入另一国。

(4)跨国公司内部交易论。该理论认为，美国跨国公司的国外子公司向美国母公司输出资本密集型产品，这种跨国公司的内部交易应看作是国内贸易，如果扣除这部分贸易，美国进口资本密集型产品就会小于出口。美国就会是出口资本密集型产品、进口劳动密集型产品的国家。

对于里昂惕夫之谜的解释除以上几种外，还有人力资本与人力技能论、需求偏好论、要素密集倒转论、研究发展论、技术进展论、其他要素论等观点。

三、国际分工理论的新发展

(一)产品生命周期理论

产品生命周期理论由美国经济学家雷蒙德·弗农(Raymond Vernon)提出，并由L.T.威尔士(L. T. Wells)等人加以发展。它是用来解释产品生命周期不同阶段贸易流向变化的理论。

1. 产品生命周期理论的研究前提

(1)技术差距理论。该理论认为各个国家技术水平与革新进展情况不同，技术水平高和革新领先的国家有可能享受出口知识密集型产品的比较优势。然而随着现代经济全球化、信息全球化的发展，其他国家迟早会掌握这种新技术，从而消灭这种技术差距。在技术创新国利用技术优势开发新产品并问世，直至其他国家仿制生产之前这段时间称为“模仿时滞”。当然，在时滞阶段，技术创新国具有明显的技术差别优势来发展出口优势。

(2)贸易国家分类。弗农假设参与贸易的国家可以分为三种类型：一是发明与出口新产品的工业发达国家,如美国;二是比较小的工业发达国家,如西欧诸国、日本等;三是发展中国家。

(3)产品市场生命周期。它说明一个新产品投放到市场销售后,其销售量经由慢速、快速增长、饱和稳定以及减少直至退出市场的过程。这种销售量变化借助于人体生命变化可分为产品的市场导入、成长、成熟与衰退阶段。在销售量演变过程中,产品自身的生产也经历了创新到成熟再到标准化的演变。当然经营者可以根据上述变化在各阶段采取相应策略来获取最大利益。

2. 产品生命周期理论

(1)产品创新阶段。这是新产品研制成功刚投放市场进行销售的阶段。少数在技术上领先的创新国家的创新企业根据本国资源条件和市场需求首先开发出新产品,而后在国内投入生产。此时的新产品属于技术密集型产品,数量少、价格昂贵,只能满足国内小部分人的需求。

(2)产品成长阶段。在该阶段产品创新国已经依靠密集使用资本来组织大规模生产,产品已经趋于资本密集型,市场不断扩大,同时国内竞争也日益加剧,促使产品向收入水平相似的国家(即其他发达国家)出口。初期,由于技术模仿的时滞,使创新国向其他发达国家出口增长,然后当其他发达国家克服技术模仿时滞障碍,制造进口替代产品保护本国市场后,创新国对其出口就会逐渐减少。为获取技术创新带来的最大利益,创新国开始谋求向发展中国家出口,产品价格也有所下降。

(3)产品成熟阶段。在这个阶段产品由成熟趋向于标准化。由于产品生产日益标准化,密集使用的生产要素也由资本逐渐转向劳动力,技术优势不复存在,资本优势也日益衰败,低成本低价格在市场中日益重要。此时由于发达国家劳动力价格较高,生产的最佳地点从发达国家转向劳动力丰富且价格低廉的发展中国家。创新国的技术优势已不复存在,国内对此类产品的需求转向从国外进口。创新企业若想继续保持优势,选择只有一个,那就是继续进行新产品的发明创新。

总之,产品生命周期理论是一种动态经济理论。它从产品的生命运动过程出发,将其与赫—俄学说相结合,来说明比较利益是一个随着产品生命周期的变化从一类国家转移到另一类国家的动态过程,不存在一国永远具有相对优势的产品,不同国家应生产那些在生命周期中本国资源处在相对优势阶段的产品。产品生命周期理论较之传统的贸易理论前进了一大步。

(二)部门内贸易理论

美国经济学家 H.G.格鲁贝尔(H. G. Grubel) 等人在研究共同市场成员

国之间贸易量的增长时，发现发达国家之间的贸易大量属于部门内同类产品的贸易。对此他们进行了研究，提出部门内贸易理论。该理论在论述贸易发生的基础时，主要有三种观点。

1. 同类产品的差异性是部门内贸易的重要原因

他们认为，从实物形态上，同类产品可以由于商标、牌号、款式、包装、规格等方面的差异而被视为差异产品，即使实物形态相同，也可以由于信贷条件、交货时间、售后服务和广告宣传等方面的差异而被视为差异产品。这种同类的差异性产品可以满足不同消费心理、消费欲望和消费层次的需要，从而导致不同国家之间部门内贸易的发生与发展。

2. 需求偏好相似是部门内贸易的又一原因

这是S.B.林德(S.B.Linder)理论的运用。他认为人均收入影响一国的需求结构，而需求结构则会影响国际贸易。如果两个国家人均收入相似，其需求结构和消费偏好也会相似，产品的相互适应性就越强，双方的贸易机会就越多，贸易潜力就越大；如果这些国家的需求结构和需求偏好完全一样，一国可能进出口的商品，也就是另一国的可能进出口的商品，从而促进各国之间部门内贸易的发展。

3. 规模经济是部门内贸易的重要成因和贸易利益的来源

这一观点认为，生产要素比例相近或相似的国家之间能够进行有效的国际分工，并获得贸易利益，其主要原因是企业规模经济的差别。一国的企业可通过大规模专业化生产，取得规模经济效果，其成本随着产量的增长而递减，使生产成本具有比较优势，打破各生产企业之间原有的比较优势均衡状态，使自己的产品处于相对的竞争优势，在国际市场上具有更强竞争力，从而扩大产品出口。这样，部门内部的分工和贸易也就形成了。

部门内贸易理论将产业组织理论引入贸易理论，强调通过企业规模经济创造出口优势，这是分析国际贸易竞争条件的新角度。

(三)竞争优势理论

竞争优势理论是1990年由美国哈佛大学商学院的M. E.波特(M. E. Porter)教授在《国家竞争优势》一书中提出的。

该理论认为，一个国家的竞争优势就是企业、行业的竞争优势，也就是生产力发展水平上的优势。一国兴衰的根本原因在于能否在国际市场中取得竞争优势，竞争优势形成的关键在于能否使主导产业具有优势，优势产业的建立有赖于生产力的提高，提高生产力的源泉在于企业是否具有创新机制。从宏观角度来看，一个国家的竞争优势来源于四个基本因素和两个辅助因素。四个基本因素是：生产因素状况；国内需求状况；相关和辅助行业状况；企业营销战略、组织结构与竞争环境。两个辅助因素是机遇和政府的作用。

生产因素状况包括自然资源、人力资源、知识资源、资本资源和基础设施，可分为两种类型：一是基本因素，指一个国家拥有的或较易获得的生产因素，如自然资源、普通劳动力、地理环境等；二是推进因素，指通过投资于研究与开发而新创的生产因素，如先进设备、高级技术人才、尖端科技、生产配方等，这是保持竞争优势的源泉。

需求状况是指应高度重视国内需求。因为满足国内需求是企业提高产品质量、降低成本、创新品种、增加特色的发动机，只有满足国内需求的产品才有可能参与国际竞争并取得优势。

相关与辅助行业是指产业之间的关联性与相互支持的能力。强调产业链的连锁作用对增强国际竞争力的影响。

营销战略是企业对未来竞争方案的规划，涉及营销目标、营销战术和组织结构。其中营销目标对企业竞争力影响最大。竞争环境是指国内市场的竞争强度，高强度竞争环境将迫使企业不断奋进。

机遇包括重要的新发明、重大的技术变化、外汇汇率的重大变化、突然出现的需求和战争等。机遇的重要性在于它可能为企业进入国际市场并扩大和巩固国际市场提供一种营销机会。

政府对国家竞争优势的作用主要是通过制定有关法规制度和政策来调节四个因素实现的。

波特认为，相对于两个辅助因素而言，四个基本因素对国际竞争力的影响更为重要。

波特的竞争优势理论是对比较优势理论的超越，由静态研究比较优势转向动态研究，由对某产业部门比较成本优势的研究转向对整个国家竞争优势的研究。这是对当代国际贸易理论的创新。他关于国家竞争优势来源的论述以及对取得和保持国家竞争优势途径的探讨，对任何国家的对外贸易都具有重大的借鉴意义。

第三节　世界市场

一、世界市场的形成

(一)世界市场的含义

世界市场是各国交换产品、服务和技术的场所，是由在世界范围内通过国际贸易联系起来并加入国际贸易的各国市场组成的,是国际贸易扩展到世界规模时的产物。世界市场是个经济概念,其扩张并不是随着国际贸易地理范围遍布各国而终止,而是随着商品生产的发展而不断拓展的。

(二)世界市场的形成

世界市场起始于封建社会末期和资本主义生产方式准备时期。地理大发现使欧洲的经济活动范围扩大到全世界,统一的世界市场初见雏形。

18 世纪中叶开始的第一次产业革命对世界市场的扩大起着巨大的推动作用。在这一时期,大机器的广泛使用,使生产由原来的简单再生产发展为扩大再生产,产品的数量急剧增加,需要更多的销售市场;同时,大机器生产需要有更大量的全球性的原料供应市场来支撑,因此,资本主义生产必须要在全世界范围内进行采购和销售。另外,大机器生产为世界交通业的发展提供了物质条件和技术基础,使世界各国的市场得以有效地联系在一起。

世界市场最终形成于资本主义由自由竞争向垄断竞争的过渡阶段。在这一阶段,电力的发明与广泛使用,极大地提高了劳动生产率,使得生产对于农、矿原料的需求迅速扩大,亚、非、拉国家因此被全面地卷入世界市场之中。

世界市场形成的主要标志为:

1. 多边贸易、多边支付体系的形成

19 世纪末,作为老牌资本主义国家的英国,一方面,对西欧大陆工业国和美国的工农业产品的流入不加限制,经常出现贸易赤字;另一方面,英国是经济不发达国家工业品的主要供应国,因而呈现大量的贸易顺差。与此同时,随着国际分工的发展,西欧大陆各国和美国等发达资本主义国家从不发达国家和地区进口的农产品和原材料越来越多,因而欧洲大陆的工业国和美国出现了大量的贸易赤字。这样就出现了对多边支付的需求:英国需要用其对不发达国家的贸易顺差来弥补对西欧大陆和美国的贸易逆差;不发达国家和地区需要用其对西欧大陆工业国和美国的贸易顺差来弥补其对英国贸易的逆差;西欧大陆工业国和美国则需要用其对英国贸易的顺差来弥补对不发达国家和地区的贸易逆差。由于英国在海外有大量的投资收益和经营利润需要汇回,因而成为世界多边贸易、多边支付体系的中心。该体系为所有的国际贸易参与国提供货物交易的支付手段,同时使国际债权债务的清偿、利息和红利的支付能够顺利完成,有助于资本输出和国际资金流动。多边贸易、多边支付体系的形成使世界市场成为一个有机的整体。

2. 国际金本位制度的建立与世界货币的形成

世界市场的发展是与世界货币的发展密切相关的,两者相互促进、相辅相成。所谓世界货币是指在世界各国都能通用的、担任一般等价物的商品。早期的世界货币是黄金和白银并用，是一种复本位制。1816 年英国最早过渡到单一的金本位制。1873 年至 1897 年间，欧洲许多国家和美国、日本等主要资本主义国家纷纷放弃复本位制而采用单一的金本位制。到 20 世纪初，世界上大多数国家都实行了金本位制。国际金本位制的好处在于：(1)它使世界市场上各国的货币价值有了一个相互比较的尺度，并使各国货币之间的汇率保持稳定。(2)它给世界市场上各国的商品价格提供了一个互相比较的尺度，使人们很容易把商品价格从一种货币表示转换为另一种货币表示，有利于把各国的价格结构联系在一起。国际金本位制的确立使当时的多边支付体系顺利地发挥作用，是世界市场形成的重要标志。

3. 各国市场与世界市场共存关系的形成

19 世纪末 20 世纪初，随着许多大型的商品交易所、博览会的出现，航运、保险、银行及各种机构进一步健全，交通设施、运输工具进一步完善，比较健全固定的销售渠道已经形成，有利于各国贸易往来的规则和惯例也已经形成，这既保障了国际贸易的顺利进行，同时也使各国的进出口贸易受世界市场行情变化的影响。至此，各国市场与世界市场的各个部分已经紧密地结合在一起，相互影响、共同繁荣。

二、世界市场的分类

世界市场是一个广泛的概念，人们根据不同的标准，可以把它划分为不同的类型。

(1)按照参加国的经济发展水平划分，可以分为发达国家市场和发展中国家市场。

(2)按照参加国的地理分布划分，可以分为北美市场、欧洲市场、亚洲市场、拉美市场、非洲市场、澳洲市场等；或干脆按国别划分为美国市场、日本市场、德国市场等。

(3)按照经济集团划分，可以分为欧洲联盟市场、东南亚联盟市场、阿拉伯共同市场、西非国家经济共同体市场、中美洲共同市场等。

(4)按照商品构成情况划分，可分为工业制成品市场、半制成品市场和初级产品市场。这些大类商品还可以根据产品的种类进一步细分，其中，工业制成品市场可分为机械产品市场(如钢铁市场、世界汽车市场、世界飞机市场)、电子产品市场(如电子计算机市场)、纺织品市场等；初级产品市场可分为石油市场、粮食市场、棉花市场等。

(5)按照交易对象划分,可以分为商品市场、劳务市场、技术市场、资金市场等。资金市场又分为货币市场和资本市场。

(6)按照垄断程度划分,可以分为垄断市场、半垄断市场和非垄断市场。

在以上 6 种分类中,以参加国的地理位置或国别为标准,以及按照商品构成为标准来对世界市场进行划分的方法比较常见。所有这些按照不同标准划分的市场都是局部性的、特定类型的世界市场,是广义世界市场的重要组成部分。各国(各地区)之间在世界市场上的经济贸易联系,往往是通过这些特定类型的世界市场来实现的。

三、当代世界市场发展的主要特点

随着科技的高速发展和国际化进程的加速,当代世界市场发展呈多样化趋势,其主要特点如下:

(一)国家类型多样化

第二次世界大战后,在世界市场上出现了三种类型的国家,即发达市场经济国家、发展中国家(地区)和社会主义国家。在国际贸易中,发达市场经济国家约占 70%左右,发展中国家或地区约占 20%,而社会主义国家包括苏联、东欧国家约占 10%左右。我国在结束"文革"以后,以邓小平理论为指导实行改革开放,逐步与其他国家、地区建立和发展多层次的经贸关系,恢复了在世界银行、国际货币基金组织中的合法席位,并加入了世界贸易组织。自从党的十四大确立我国"建设社会主义市场经济体制"的目标之后,我国在世界市场上的竞争力不断增强,与世界市场的联系也更加紧密。作为最大的发展中国家,我国与广大的发展中国家一起,积极要求改变原来不合理的国际经济秩序,建立新的国际经济秩序,以便更有利于世界各国的发展。

(二)贸易方式多样化

第二次世界大战后出现了一些新的贸易形式,如补偿贸易、对外加工装配贸易、租赁贸易等;同时,由于科技革命和经济的高速增长,国际分工不断深化,各种生产要素在国家间的流动加强,国际服务贸易迅速发展。20 世纪 80 年代以后服务贸易的增长速度大于同期商品贸易的增长速度。世界服务贸易已从原来的国际运输、旅游、金融、保险等扩大到包括科技、信息、数据、计划编制、工程咨询、管理技术和培训在内的生产性服务,还包括市场调查、广告宣传、商业信息、可行性研究、编制指标文件、提供销售和分销服务等商业性服务。1987 年世界服务贸易总额为 9 600 亿美元,相当于世界商品贸易总额的 1/4。1993 年底乌拉圭回合《服务贸易总协定》的签订,使世界服务贸易的发展又上了一个新台阶。

(三)贸易商品结构发生了重大变化

由于第二次世界大战后国际分工格局的变化,国际贸易商品结构也发生了相应的变化。第一,工业制成品的比重上升。战前初级产品与工业制成品在世界贸易中所占的比重大约是60%与40%;战后工业制成品的比重上升,1987年,工业制成品在世界贸易中所占的比重已达68.8%,而初级产品只占27.8%左右。第二,在工业制成品中,机械产品、电子产品等新技术产品的比重在加大。造成这种情况的根本原因是:科技革命带来国际分工的深化,部门内分工的发展使国际贸易中的中间产品大大增加;大量的合成材料代替了原先的初级产品原料;发达资本主义国家的新技术使它们的农产品自给率提高,同时生产所消耗的物质却减少。例如,世界GDP在增长,但单位GDP消耗的能源资源是下降的。20世纪80年代石油需求占世界产出的比重为7%,但90年代后期仅占1.5%。第三,燃料在初级产品贸易中的比重急剧上升。第二次世界大战后,由于石化工业和金属制成品工业的重要性加大,对燃料的需求加大。1987年燃料在世界初级产品贸易中的比重由1955年的22.2%上升到39.9%。第四,新能源、新服务、新工具等层出不穷。科技的进步,也带来了市场的科技化与多元化,带来了新产品的消费革命。

(四)垄断与竞争并存

第二次世界大战后,世界市场由卖方转为买方市场,垄断进一步加强,市场上的竞争更为激烈。为了争夺市场,各国采取了各种各样的方式:组织经济贸易集团控制市场、通过跨国公司打进他国市场、国家积极参与世界市场的争夺、争夺手段从价格竞争转向非价格竞争。其中,区域经济一体化和跨国公司对世界市场的影响巨大。一部分国家通过结成地区性经济集团,如欧盟、北美自由贸易区,对内实行程度较高的自由贸易,对外则实行一定程度的歧视或排斥。这些地区性经济集团,大大促进了集团内的国际分工和国际贸易,促进了世界市场的发展。与此同时,战后跨国公司利用其雄厚的资本和科学技术上的优势,通过对外直接投资,绕过别国的关税和非关税壁垒,进入别国市场。它们采用多种组织形式和策略,垄断了世界销售市场和原料产地,从而垄断了世界市场上很大一部分贸易。有人估计,当今世界上国际贸易的80%与跨国公司有关,而跨国公司的内部贸易在资本主义世界贸易中的比重约占1/3。

(五)国际协调开始介入世界市场

世界市场是在资本主义制度下产生、发展起来的,资本主义经济规律对其有支配性的影响。市场上的每个企业都是以利润最大化作为其最终目标,并以自我为中心一厢情愿地进行决策。在信息不充分的情况下，企业的决策就不可避免地带有一定的盲目性，整个世界市场也因此存在一定的盲目性，导致历史上爆发了几次世界性的经济危机。

随着垄断资本主义的发展，资本主义国家的政府开始干预经济，从宏观角度对经济发展进行指导，并对微观经济运行产生影响，努力使国家经济对内对外都达到均衡。为实现这种均衡，各国签订了各种双边和多边的条约和协议，组织了各种国际经济组织，如国际货币基金组织（International Monetary Fund，IMF）、世界银行（World Bank，WB）等。这些措施使世界市场处于一定干预状态下的平衡，避免了大的危机和波动的出现。

（六）世界市场中替代性与互补性共存

替代性是指在世界市场中一种产品被另一种产品排挤出市场，并取而代之，包括优质产品取代劣质产品、加工程度高的产品取代加工程度低的产品以及新型产业产品取代传统的工业产品。

互补性是指不同的产品在世界市场中存在着互补的因素。不同国家的产业结构因要素禀赋的不同而不同，有的生产劳动密集型产品，有的生产技术密集型产品，有的生产资本密集型产品等。这些使用价值各异的产品，对于每一个消费者来说都是必需的，因此国家之间就会用交换来弥补要素禀赋的差异，从而使世界市场上的产品具有了互补性。另外，企业之间也存在互补关系，如上游企业生产最终产品，中游企业生产半制成品，下游企业提供原、辅材料。

本章小结

本章系统阐述了国际分工的产生与发展以及影响国际分工的因素，指出国际分工是世界上各国之间的劳动分工，它是社会分工发展到一定阶段、国民经济内部分工超越国家界限发展的结果，国际分工是国际贸易和世界市场的基础。本章着重论述了国际分工对国际贸易的影响，介绍了古典的、现代的与当代的西方国际分工理论。本章还介绍了当代世界市场的概念、特征及分类等问题。

思考与练习

1. 什么叫国际分工？国际分工的发展对国际贸易产生哪些影响？

2. 比较斯密和李嘉图的国际分工理论。联系实际说明李嘉图比较优势理论的意义。

3. 简述赫—俄学说的主要内容并作出评价。
4. 西方经济学者解释里昂惕夫之谜的主要理论有哪些？具体内容如何？
5. 产品生命周期理论主要内容是什么？对发展中国家有什么启发？
6. 当代世界市场发展的主要特点是什么？

第三章　国际贸易政策

本章课程概况

课题内容：国际贸易政策及其类型。

课时：4 课时。

教学目的：使学生了解各国各地区在一定时期内对进口贸易和出口贸易所实行的政策，掌握两种基本的对外贸易政策类型——自由贸易政策和保护贸易政策，了解发展中国家与地区的贸易发展形式，熟悉我国不同历史时期的对外贸易政策。

教学要求：掌握各种对外贸易政策的内涵，明确各国对外贸易政策的具体表现。

教学方式：理论讲授。第一节课讲述国际贸易政策概述，第二节课介绍西方发达国家的对外贸易政策，第三节课介绍一般发展中国家的对外贸易政策，第四节课介绍我国对外贸易政策的变化。

第一节　国际贸易政策概述

国际贸易政策是世界各国（各地区）所采取的对外贸易政策的总和，是国际贸易理论的具体运用和国际贸易利益得以实现的重要手段和方式。国际贸易政策不仅对各国经济增长和经济发展起着重要作用，而且对世界经济发展也起着绝对的作用，因此，它是各国政府最关心的问题，也是国际贸易学研究的主要领域之一。

对外贸易政策是指一国在一定时期，根据自身的发展目标和国内经济状况所制定的进出口贸易的方针和政策。它集中体现了一国在一定时期所实行对外贸易的法律、规章、条例及措施等，是国际贸易政策的组成部分和研究基础。

一、对外贸易政策的内容

对外贸易政策是一国对外贸易活动的原则，是该国总的经济政策和对外政策的重要组成部分。一般来说，对外贸易政策由以下几部分构成：

(1)对外贸易总政策。它是从国民经济整体出发，在一个较长的时期内实行的对外贸易政策，包括货物进口与服务获取总政策和货物出口与服务提供总政策。

(2)进出口商品政策。它是根据对外贸易总政策和国内产业结构、经济状况、市场状况等因素，针对不同的商品与服务项目分别制定的政策。

(3)对外贸易国别政策。它是根据对外贸易总政策和对外政治、经济关系的需要，对不同的国家(地区)制定不同的对外贸易政策。

二、对外贸易政策的目的

各国制定对外贸易政策的根本目的在于促进本国经济的发展，为本国的外交政策服务。具体来说，有以下几点：

(1)保护本国市场；

(2)扩大本国产品的出口市场；

(3)促进本国产业结构的改善；

(4)维护本国的国际地位；

(5)积累资金；

(6)维护和发展同其他国家和地区的政治经济关系。

三、对外贸易政策的类型

自对外贸易产生与发展以来，基本上有三类对外贸易政策：自由贸易政策、保护贸易政策和管理贸易政策。

(一)自由贸易政策

自由贸易政策是指国家对进出口贸易不加干预，取消对进出口贸易的限制和障碍，取消对本国进出口商品及服务的各种特权和优惠，使商品和服务能够自由进出，在国内外市场上自由竞争。

自由贸易政策可以减少人为干预对经济的扭曲，使资源在全世界范围内有效配置，形成更为有利的国际分工，从而使参与贸易的国家乃至全世界的整体福利增加，推动世界经济的发展。但是，由于各国经济发展的不平衡，自由贸易使发达国家获利较多；而发展中国家因可用于交换的商品和服务有限，在贸易中处于越来越不利的地位,从而加剧了世界经济的不平衡。

(二)保护贸易政策

保护贸易政策是指国家广泛利用各种限制进口、控制经营领域和范围的措施,保护本国市场免受外国商品的竞争,并对本国商品和服务的出口给予优待和补贴。其实质就是“限入奖出”。

保护贸易政策在特定的时期对特定国家的发展起着重要的作用。例如,通过保护幼稚工业可以培育发展中国家的国际竞争力;通过反倾销、反补贴可以维护公平贸易等。但从长期看,它不利于世界经济的发展,凡保护贸易盛行的时期,世界经济的发展都在一定程度上受到限制。

(三)管理贸易政策

管理贸易政策又称协调贸易政策,是指一国对内制定一系列的贸易政策、法规 ,加强对外贸易的管理,实现对外贸易的健康、有序发展;对外通过谈判签订双边、区域及多边贸易条约或协定,协调与其他贸易伙伴在经济贸易方面的权利与义务。管理贸易政策是 20 世纪 80 年代以来,在国际经济联系日益加强而新贸易保护主义重新抬头的双重背景下逐步形成的。在这种背景下,为了既保护本国市场,又不伤害国际贸易秩序,保证世界经济的正常发展,各国政府纷纷加强了对外贸易的管理和协调,从而逐步形成了管理贸易政策或者说协调贸易政策。管理贸易是介于自由贸易和保护贸易之间的一种对外贸易政策,是一种协调和管理兼顾的国际贸易体制,是各国对外贸易政策发展的方向。

第二节　西方发达国家的对外贸易政策

一国对外贸易政策随着世界环境及本国在国际分工中地位的变化而不断变化。一国在不同的时期往往实行不同的对外贸易政策;而同一时期的不同国家往往会实行不同的对外贸易政策。西方一些发达国家在不同的发展阶段采取了不同的对外贸易政策。

一、重商主义政策

15～17 世纪的欧洲正处于资本主义生产方式准备时期,也就是资本主义原始积累时期。为完成从封建社会到资本主义社会的过渡,以英国为代表的一些国家实行了重商主义的保护贸易政策。

（一）重商主义的产生

重商主义产生于15世纪的意大利，于16世纪和17世纪上半叶盛行于欧洲各主要工业国家。在资本主义原始积累时期，资产阶级迫切需要使国家迅速强大。这一时期的人们认为，谁拥有财富谁就能主宰世界，因此，国家要想强大，首先要增加财富。当时财富成为人们追求的唯一目标。通过商业扩展，人们开始大量地积累金钱，尤其对黄金更加趋之若鹜。这种拜金主义的思潮是重商主义产生的基础。到15世纪末，对黄金的追逐上升为国家行为。国王和关心国家及自身钱袋的上层人士整日思考，如何通过商业使黄金倍增，如何通过商业使国家富强。这种对财富的追求以及通过商业可以积累财富的思想逐渐被提炼出来，并形成一种势力、一种手段，最终形成重商主义。

（二）重商主义的思想内容

重商主义作为盛行一时的理论思潮，并没有形成完整的理论体系。在众多的观点中，主要可分为早期和晚期两大流派。早期的重商主义又称"拜金主义"，主要以斯塔福为代表，认为金银等贵重金属是唯一的财富，因此，绝对禁止金银外流，只买不卖，以此增加本国的财富。晚期的重商主义又称"贸易顺差论"，以托马斯·孟为代表，认为国际贸易顺差是获得财富的唯一手段，因此一国要想真正富裕起来就应该重视对外贸易。他主张国家干预经济活动，要求政府用法律手段保护国内工商业，在对外贸易中实行少买多卖的原则，保持贸易顺差，使国外的金银流入国内，增加国家财富。

（三）重商主义政策的主要措施

重商主义政策的主要措施包括：

(1)课征高额进口关税。

(2)以补贴和出口退税等措施来扩大出口。

(3)实行独占性的殖民地贸易政策。由政府授予一些贸易公司特许权，垄断某些殖民地贸易（如英、法、荷等国的东印度公司）。

(4)颁布航海法。实行国家对外贸易运输的垄断经营。

(5)禁止技术工人离境，鼓励人口增长。

虽然重商主义在理论上尚不成熟，但其政策主张对当时新兴的工业国家加速原始积累起到了积极的作用。其中，一些贸易措施至今仍被广泛采用。

二、自由贸易政策和保护贸易政策

18世纪中叶～19世纪70年代，资本主义的经济基础已经形成，资本主义生产方式得到确立并进入自由竞争时期。但因各国经济发展水平不同,各国所采取的贸易政策也完全不同。这一时期,英国等资本主义国家实行自由贸易政策,而德国、美国等后起的资本主义国家则实行保护贸易政策。

(一)自由贸易政策

1. 自由贸易政策的产生

从18世纪末起,英国已经逐步成为"世界工厂",一方面,英国工业制成品的产量大大增加,需要扩大出口;另一方面,大机器生产需要进口大量的原材料和粮食。英国工业资本家从自身的利益出发,对政府采取的限制自由贸易的措施强烈不满,尤其是《谷物法》对粮食进口以及来自非殖民地的食糖和其他热带作物征收重税,迫使企业支付给工人较高的工资,以维护他们的基本生活水平。并且,由于限制外国商品的进口,降低了外国购买英国工业制成品的能力,使英国经济的继续扩张受到极大的限制。因此,英国工业资本家产生了打破重商主义时期贸易限制的愿望。1845年,爱尔兰马铃薯歉收,粮食进口需求大大增加,英国资产阶级迫切需要政府抛弃重商主义的保护贸易政策主张。经过长期的斗争,以亚当·斯密的绝对优势学说和大卫·李嘉图的比较优势学说为代表的自由贸易思想终于取代了重商主义思想。

自由贸易理论认为:第一,自由贸易可以形成互相有利的国家分工。在自由贸易环境下,各国可以按照自然条件、比较利益和要素禀赋状况,专心生产其最有利或有利较大或不利较小的产品,从而使生产要素得到最优化的配置,节省社会劳动时间,促进发明。故分工范围越广、市场越大,生产要素配置越合理、获取的利益越多。第二,自由贸易可以扩大国民的真实收入。在自由贸易环境下,每个国家都根据自己的条件发展最擅长生产的部门,劳动和资本会得到正确的分配和运用。再通过贸易以较少的花费换回较多的商品,就能增加国民财富。第三,在自由贸易条件下,可进口廉价商品,减少国民开支。第四,自由贸易可以反对垄断,加强竞争,提高经济效益。

英国于1846年废止限制农产品进口的《谷物法》,开始全面实行自由贸易政策。

2. 自由贸易政策的措施

英国实行自由贸易政策主要有以下措施:

(1)废除《谷物法》。这为英国的农产品与原材料的自由进口扫清了障碍。

(2)降低关税。进口纳税的商品项目由1841年的1 163种减至1862年的44种,税率大大降低。

(3)废除航海法。英国政府将外贸运输和沿海贸易全部向外国开放。

(4)取消特权公司,结束了特权公司对殖民地贸易的垄断经营,并允许殖民地和其他国家自由贸易。

(5)签订贸易条约,促进了英国与其他国家的友好贸易。例如,1860年的英法《科伯登条约》,就是互相给予对方进口商品优惠关税的贸易条约。

自由贸易政策使得英国的对外贸易以及国民经济迅速发展,进一步巩固了其世界霸主的地位,使英国经济跃居世界首位。到1870年,英国在世界工业生产中所占比重为32%,占国际贸易额的1/4,成为国际金融中心。在英国的带动下,荷兰、比利时等国相继推行了自由贸易政策。

但是,由于英国等国家采取了太彻底的自由贸易政策,从而使本国经济对国际市场的依赖太大,导致了本国经济的不稳定。更为重要的是,英国等国家通过自由贸易政策控制了国际市场、获取了巨额的垄断利润后,使本国工业失去了把握新机遇的迫切感,没有抓住两次科技革命的重大机遇,逐渐被以德国为首的采取保护贸易政策的后起工业国所赶超。

(二)保护贸易政策

在英国倡导自由贸易、经济得到迅速发展的同时,德国、美国等后进资本主义国家由于工业化水平不高、经济实力不强,商品无力与英国竞争。为了发展本国工业,赶超以英国为首的欧洲工业国家,德国、美国等国推行贸易保护政策。

保护贸易政策由美国第一任财政部长汉密尔顿(Hamilton)提出。当时,美国刚刚结束英国的殖民统治,为使美国经济自立,汉密尔顿于1791年向美国国会递交了《关于制造业的报告》。他认为,一国对外贸易政策应适应其自身实际的经济条件,因此,美国必须干预经济,通过提高关税、限制重要原料的出口、为生产必需品的工业发放津贴等措施,保护国内市场,以促进国内幼稚工业发展。

汉密尔顿的报告只是一种适应性的政策主张,真正对保护贸易作出系统而深刻阐述的是德国历史学家李斯特(List)。他在《政治经济学国民经济体系》一书中系统地阐述了这一观点。李斯特认为,生产力就是创造财富的能力,是一国财富的源泉。李斯特根据生产力进化程度把社会发展分为五个阶段:原始未开化时期、畜牧时期、农业时期、农工业时期、农工商业时期。前三个阶段属于经济发展的初级阶段,生产力水平低下。农工商业时期劳动生产力发展到了相当高的程度,进入了现代化社会。农工业时期则是由落后的畜牧业、农业社会向先进的工业社会过渡的时期。因此,李斯特认为,在这五个历史阶段中,农工业后期需要强调贸易保护政策。他说:“在一个国家的经济由未开化转入畜牧、农业及农工业时期的初级发展阶段，同先进城市或国家进行自由贸易是大有好处的。因为这可以通过自由贸易为其农产品、畜牧产品谋得出路，并用他们交换回工业品。在一个国家的经济发展进入农工商时期以后，实行自由贸易也是可取的，因为这样可以在国内外市场进行无所限制的竞争，使从事农工商的人们在精神上不至于松懈，并且可以鼓舞他们不断努力保持既得的优势地位。”根据李斯特的观点，当时的英国经济已进入农工商业时期，应实行自由贸易政策，但是德国尚处于工业初建时期，所以为了保护国内幼稚工业必须采取保护贸易政策。据此，他提出了对外贸易政策主张：①贸易保护应以保护工业的发展为目的；②主要通过递增关税的方式来建立和保护国内工业；③在工业中保护对象并不是一概而论，而是保护那些对国家经济独立发展有着重要意义的幼稚工业；④保护期限不宜过长，一般以 30 年为限，如仍不能自立则不应再保护下去。

李斯特的保护贸易政策的实施，为德国经济发展提供了平台，为以后经济实力的增强奠定了基础。同时，这些措施为落后的国家发展外向经济提供了政策依据。

三、超保护贸易政策

19 世纪末 20 世纪初，资本主义发展到垄断时期，各国普遍完成了产业革命，工业得到迅速发展。与此同时，市场问题日益暴露，周期性的经济危机开始困扰资本主义国家，失业成为最重要的经济难题。为转嫁国内危机，各发达工业国纷纷采取超保护贸易政策。

超保护贸易论的代表人物是凯恩斯(Kenyes)。他认为，传统理论是以各项生产要素的充分就业为前提的，包括劳动力的充分就业。在这种情况下，按比较优势原则进行交易，既能保证充分就业，又可以享受国际分工带来的利益。但由于实际上经常存在大量的非自愿失业，如果按照比较优势原则“两优取其重，两劣取其轻”，放弃或缩小缺乏比较利益的部门，势必会加重失业。而贸易顺差对一国是有利的，可以促进资金流入，从而降低利率，扩大货币供给，提高投资的预期收益(因为物价上涨了)，这将推动投资，扩大就业和收入。同时他还提出了对外贸易乘数理论。他认为，当一国外贸出现顺差时，贸易乘数的作用将导致国民收入倍增，由此凯恩斯认为贸易顺差越大，本国国民收入增加就越多，从而就业和经济危机问题就能解决得越好。这为资本主义国家的超保护贸易政策提供了理论依据，对资本主义经济的发展有着一定的现实意义。不过，它忽略了国际贸易发展的大趋势以及顺差可能导致的一系列连锁反应。

以凯恩斯主义为基础的超保护贸易政策，不仅保护国内的幼稚工业，而且保护已经高度发展的垄断工业；不仅通过关税手段，而且开始广泛采用非关税手段来加强和巩固对国内外市场的垄断，带有明显的进攻性和侵略性。

四、战略性贸易政策

随着产业内贸易理论的发展和经济全球化步伐的加快，人们日益意识到国家间的竞争由比较优势间的竞争越来越多地演化成国家间综合经济实力的较量，国与国之间的贸易优势也更多地来源于一国的经济实力、经济规模等方面。随着以规模经济和不完全竞争为基础的国际贸易理论的形成，进入20世纪80年代后，以詹姆斯·布朗德、巴巴拉·斯潘塞等人为代表的西方经济学家提出了通过保护和扶持某些具有发展潜力的战略产业来创造和强化一国的贸易优势，以此来提高该国的经济综合国际竞争能力的新的理论观点，即所谓的战略贸易理论。自该理论出现后，对国际贸易理论体系和西方许多发达国家的对外贸易政策的制定和实施都产生了重大的影响。

(一)战略性贸易政策的理论依据

所谓战略性贸易政策，是指在不完全竞争市场和规模经济条件下，一国政府积极运用生产补贴、出品鼓励和保护国内市场等手段，对本国那些被认为存在着规模经济、外部经济或大量“租”(某种要素所得到的高于该要素用于其他用途所获得的收益)的战略性产业予以扶持，增强其在国际市场上的竞争能力，并获取规模经济效益。该政策的理论主要由利润转移理论和外部经济理论构成。

1. 利润转移理论

利润转移理论是战略性贸易政策的主体内容，由加拿大经济学家巴巴拉·斯潘赛和詹姆斯·布朗德首先提出。该理论认为，在不完全竞争特别是寡头竞争市场上，寡头厂商可以凭借其垄断力量获取垄断超额利润。在与国外寡头厂商进行古诺(Cournot)双头竞争的国际市场上，政府通过对国内厂商提供出口补贴，可使其降低边际成本，提高在国际市场的销售份额和利润，同时减少国外厂商的市场份额和利润；或者通过关税等措施保留更多的国内市场份额，实现规模经济，降低成本，迫使外国厂商降低价格，从而实现由外国垄断利润向本国的转移，增加本国的福利。

2. 外部经济理论

外部经济理论认为，某些具有显著外部性的产业或厂商会对相关产业和进口产生有利的影响。但是由于知识和技术的外溢，这些外部经济不能完全被这些厂商拥有，从而导致厂商有可能不愿意投入资金用于科研开发，这些厂商或产业不能发展到社会最优状态。因此，如果政府能够对这些产业或厂商给予适当的保护和扶持，就能够促进这些产业与相关产业的发展，获得外在规模经济效应，提高其国际竞争力，以获得长远的战略利益。

（二）战略贸易政策的主要措施

1. 以补贴促进出口

为了谋取规模经济效益，一国政府可以通过对本国厂商实行生产或出口补贴，包括直接的资金转移和减免税收等形式，这种补贴刺激了生产，生产扩张必然会使该产品在国际市场上的价格下跌，进而在国外市场上占有更大的市场份额，据以实现规模经济，获取规模经济效益。

2. 以关税保护国内市场，促进出口

在规模经济和寡头垄断条件下，一个受到保护的厂商可以充分利用国内封闭市场扩大生产，形成超过外国竞争厂商的规模经济优势，这种规模经济优势可以通过产量增加—边际成本下降—产量增加相互强化作用机制夺取本国和国外的市场份额，形成良性循环，这一循环过程形成了“进口保护作为出口促进”的机制。

（三）战略性产业的确定

1. 高附加值产业

高附加值产业是指“投入产出”比较高的产品，其技术含量、文化价值等比一般产品要高出很多，市场升值幅度大，并且可以获取高额利润。通过扶持理想的具有战略性的高附加值的目标产业，将可能提高该产业的国际竞争能力，扩大市场份额，促进整个国民经济的发展和福利水平的提高。因此政府应该将高附加值产业作为优先考虑的战略性产业。

2. 高科技产业

新兴的高科技产业往往具有积极的外部经济效应，它们一旦成长为战略性支柱工业，其创造的知识、技术和创新产品将会对全社会的科技进步和经济增长发挥不可估量的作用。因此，政府给予高科技产业扶持等保护政策，创造有利于高科技产业发展的外部环境，将会提高整个国民的福利水平。一般认为，高科技产业指信息产业（包括计算机、通信、信息服务业等）、生物制药产业、新材料产业、新能源产业、航空航天产业和海洋产业六大产业。

战略贸易政策理论作为传统贸易理论的补充和发展，与历史上的保护贸易所主张的政府干预有所不同，历史上的保护贸易是把政府对贸易的干预作为外生变量，而战略性贸易政策则是把政府干预的作用内生化并纳入对国际贸易中企业行为的分析，这样使得国际贸易理论更接近于现实，并改变了经济学家研究贸易理论和贸易现实的思维方式。随着对该理论基本模型的扩展和向相关领域的不断发展和完善，战略贸易政策的应用已经超出了最初的影响，向着产业结构、竞争力、公司所有权构成、产业集中度等方面进一步发展，该理论对于各国经济发展和政策制定以及企业决策的影响愈加深远。但是，从理论上来看，以不完全竞争理论为基础的战略性贸易理论并没有上升到替代传统贸易理论的高度，其中还存在着许多缺陷和不足之处。

五、贸易自由化和新贸易保护主义政策

长期以来，在经济上采取自由主义还是保护主义一直是理论界和实践中争论不休的问题。20 世纪 90 年代以来，随着乌拉圭回合谈判的最后结束以及世界贸易组织的建立，贸易保护措施受到了很大限制，自由贸易原则为世界各国所普遍接受。贸易自由化的发展，一方面可以促进国际贸易的扩大和经济全球化的进程，同时也加强了各国之间的经济竞争，使原本已十分激烈的国际竞争更趋白热化。在这种新的形势下，贸易保护主义思潮并未因此而销声匿迹，而是变换手法，寻求新的保护手段，逃避世界多边贸易制度的约束。因此，第二次世界大战后，资本主义社会出现了自由贸易与保护贸易政策交替的局面。

(一)贸易自由化

第二次世界大战后，世界政治经济力量发生了很大的变化。战争使美国在政治、经济、军事等各方面都取得了绝对优势。强大的经济实力和日益膨胀的对外扩展的需要，使其一直致力于在全球范围内推行贸易自由化。1947 年 4 月至 10 月，在美国的倡导下，23 个国家缔结了旨在推动贸易自由化的关税与贸易总协定(GATT)。战后，由于日本、西欧恢复经济的需要、发展中国家经济建设的需要、国际分工的深化发展及跨国公司的迅速兴起，进一步推动了生产的国际化、资本的国际化，出现了全球范围内的贸易自由化浪潮。

这一时期的贸易自由化主要表现在以下方面。

1. 大幅度降低关税税率

(1)GATT 成员国通过多边贸易谈判，大幅度降低了关税。1947 年，美国签订“关税和贸易总协定”时同意平均降低关税 21%。日本政府限制进出口的商品种类逐渐减少，到 1978 年只有 27 种商品受到进口限制。经过 GATT 前八轮谈判，发达国家的平均关税水平下降到 4%，发展中国家下降到 13%。

(2)经济集团内部逐步取消关税。如欧共体实行关税同盟,对外统一关税,对内取消关税。

(3)对发展中国家降低关税。1977年,欧洲共同体与非洲、加勒比海沿岸及太平洋地区的46个发展中国家签订《洛美协定》:对来自以上三个地区的全部工业品和96%的农产品的进口给予免税待遇。在发展中国家的努力下,发达国家终于对发展中国家实行单方面的优惠,通过"普遍优惠制"发达国家对来自发展中国家的制成品和半制成品的进口给予优惠关税待遇。

2. 降低或撤销非关税壁垒

第二次世界大战后,发达的资本主义国家通过进口限额、进口许可证和外汇管理等措施,严格限制商品进口。随着经济的恢复和发展,这些国家不同程度地放宽了进口数量限制。到20世纪80年代,经济合作与区域组织成员国之间的进口数量限制已取消90%;同时放宽或取消外汇管制,实行货币自由兑换。

这一时期的贸易自由化是一种有选择的自由化。由于贸易自由化是在各种协议的框架下实现的,协议中对不同的国家、不同的产品,降低壁垒的程度和时间是有选择的。例如,工业制成品的贸易自由化程度超过农产品,机器设备等资本品的贸易自由化程度超过工业消费品,区域集团内部的贸易自由化程度超过集团外部,发达国家之间的贸易自由化程度超过发展中国家间、发展与发达国家之间的贸易自由化程度。

20世纪90年代以来,随着冷战的结束,发展成为世界经济的主题,高新技术给各国经济发展带来了新的机遇。世界贸易组织的正式成立,促使贸易自由化成为不可逆转的趋势。

(二)新的贸易保护主义政策

自由贸易给世界经济的发展带来了巨大利益,但是,在世界各国经济发展不均衡的时代,保护贸易无疑也给一些国家带来了好处。20世纪70年代以来,贸易保护主义开始抬头,且呈有增无减的趋势,至20世纪末已成为国际贸易的热点问题。贸易保护的形式也越来越多样化,手段越来越隐蔽,我们称其为"新的贸易保护主义政策"。

新贸易保护主义的主要表现有:

(1)被保护的范围不断扩大。随着各国政府的积极介入,新贸易保护主义保护的商品范围从传统工业品、农产品转向高级工业产品及"敏感商品"。在服务贸易方面,各种限制准入的政策在各国普遍实行。

(2)限制进口的主要措施从关税壁垒转向非关税壁垒。目前,关税减让的幅度越来越大，关税壁垒的作用越来越有限，各发达国家更多地利用技术壁垒、绿色壁垒等非关税壁垒措施来限制进口。

(3)限入奖出的重点由以前的限制进口变为鼓励出口。由于限制进口是一种消极的做法，其使用越来越受到各种贸易协议的制约。因此，各国陆续把保护措施的重点转为以奖出为主，通过出口补贴、出口退税、低息出口信贷、干预外汇市场等手段鼓励出口，保证出口产品的国外市场份额，维护本国经济的发展。

(4)加强外贸管理，使外贸管理制度化、法律化。1984 年 10 月 30 日，当时的美国总统里根签署了《关税与贸易法》，其主要目的在于扩大出口，限制进口，改善美国大量贸易逆差的状况。1988 年 8 月 23 日，里根总统又签署了保护色彩浓厚的《综合贸易法》，针对给美国的贸易进行不公正待遇的国家实施制裁和报复。在美国的带动下，其他各资本主义国家纷纷效仿，通过制定相关的贸易政策法规，加强对外贸易秩序的管理，使国际贸易政策措施越来越向制度化、系统化和综合化发展。

新贸易保护主义政策作为一种保护主义思潮，必然会扭曲正常的贸易流向，妨碍资源在世界范围内的有效配置，导致商品价格的上涨，损害消费者的利益。关贸总协定 1993 年 8 月的报告显示：由于日本拒绝开放大米市场，使日本的米价比美国高出 4～5 倍。同时，新贸易保护政策的实施，加剧了发展中国家贸易条件的恶化，且使世界范围内的贸易摩擦增多。

第三节 发展中国家的对外贸易政策

一、发展中国家的基本经济特征

世界上发展中国家有 140 多个，大多分布在亚洲、非洲和拉丁美洲地区。这些国家过去都是资本主义国家统治下的殖民地、半殖民地。第二次世界大战后，大批殖民地、半殖民地国家取得政治独立，走上发展民族经济的道路。尽管它们有各自的自然经济、历史文化和社会经济结构，但一般都具有以下基本经济特征。

(一)生产力水平低下

绝大多数发展中国家过去都是西方资本主义国家的殖民地、半殖民地，遭受了长期的殖民掠夺，获得民族独立之后，由于经济基础十分薄弱，且经济发展的时间短，生产力水平低下，工业不发达；农业是这些国家国民经济的主要部门,但是农业耕作技术落后,农业劳动生产率水平低下,许多发展中国家粮食不能自给,每年要进口大量粮食。同时,一些发展中国家独立后,在发展战略和政策上出现了一定的偏差和失误,使其生产力水平没有得到迅速的提升。

(二)社会经济体制多元化

在发展中国家,自然经济、市场经济同时并存。大体上,农村以自然经济形态为主,采用旧的生产方式,分散从事农业生产;沿海城市和工矿区以市场经济形态为主,采用现代生产方式,集中从事工业生产。在撒哈拉以南的非洲国家,有的地方还存在部落土地所有制,土地归部落或氏族公社所有。在拉丁美洲,大庄园与个体农民所有制并存,外国垄断资本的跨国公司仍然占有大片的土地。多元化的社会经济结构阻碍了发展中国家市场经济的进程。

(三)对外经济结构单一

由于在殖民地时期,侵略者为满足自己国家对廉价原料的需要,大量推广和种植少数品种的农作物或掠夺性地采掘当地富有的矿藏,使发展中国家长期生产单一的农、矿原料产品,以供出口。这种单一产品的出口收入成为国民收入的主要来源。

(四)经济发展不平衡

在国民经济结构方面,跟发达国家相比,发展中国家国民经济中农业所占的比例较高,工业多是以农矿原料为基础的加工工业。至于技术要求高的电子工业部门,发展中国家的产量很低,且大部分还是为西方跨国公司提供加工和装配业务。

在地区经济发展方面,发展中国家沿海地带的经济水平一般较高,而广大的农村和边远内地则较为落后。

(五)收入分配不均,生活水平低下

发展中国家生活水平很低,卫生状况差和教育水平低,贫困比例大。在许多发展中国家,占人口总数10%的富人拥有国民收入的50%左右,而占人口总数40%的穷人拥有的财富只占国民收入的10%左右。据世界银行的专家估计,发展中国家30%的人正在绝对贫困水平线上挣扎,如孟加拉、印度、埃塞俄比亚、扎伊尔等。

二、发展中国家的对外贸易政策

第二次世界大战后,多数发展中国家都相继制定了本国的经济发展战略,致力于工业化和民族经济的发展。从总体上看,由于战后发展中国家的经济发展战略是由内向型经济发展模式逐步转向外向型经济发展模式的,所以在对外贸易方面，对外贸易政策是由初级外向型政策过渡到进口替代型政策，并逐步发展为出口导向型政策。

（一）初级外向型政策

第二次世界大战后，刚刚走上独立道路的发展中国家工业基础薄弱、生产力水平低下，为了满足国内生产、生活的需要，不得不依靠自然资源的出口换回必需的进口品。另外，当时的西方国家为谋求工业的发展，不断扩大生产规模，对原材料的需求随之不断增加。于是，大量的外国资本流入矿产资源丰富的国家，从事矿产开采，或是流入自然气候条件优越的国家发展种植业，将工农业原料输送回国内进行加工。这为发展中国家实施初级外向型政策提供了条件。

初级外向型政策扩大了发展中国家的进口能力，促进了国内需求的全面增长，使辅助性部门得到了发展，为工业化的实现提供了一定的条件。然而，这一政策的有效性受到诸多因素的制约。第一，由于初级资源型产品的国际市场需求和价格不稳定，加上其贸易条件的日趋恶化，使发展中国家的经济难以稳定增长。第二，初级外向型政策实施期间，国内工业品的需求依赖进口满足，而对这些资源的加工过程则随着资源的出口而移至国外，不利本国工业的发展。第三，由于该类产品的出口是为发达国家跨国公司服务的，带有受剥削的成分。因此，实施初级外向型政策的发展中国家的经济是单一、不稳定、片面、畸形的经济。为改变这种局面，发展中国家试图通过进口替代政策，自力更生，达到经济独立的目的。

（二）进口替代型政策

进口替代型政策是一种内向型的经济发展战略，是指发展中国家（地区）有意识地推动国内（区内）工业的建立，以本国（本地区）生产的工业制成品取代原来的进口产品，以满足国内（区内）市场的需求，并逐步实现工业化。

1. 进口替代型政策的措施

（1）通过关税、非关税措施，保护国内（区内）的市场。对最终消费品征收高关税，或通过进口配额等措施限制进口；对国内生产所必需的中间产品征收低关税甚至免税，以降低国内企业的生产成本。

（2）建立国家外汇管理制度，通过外汇控制，将农产品出口创汇的收入集中管理，保证工业部门的进口用汇。

（3）政府采取强制手段改变落后的生产关系，实行土地改革，打破地方封锁，建立统一的市场，促进资源合理配置。

（4）建立宏观经济管理体系，在财政、税收、外汇等方面给私营企业以各种优惠,鼓励私人资本投资工业企业。

(5)借助于国家力量,直接建立国有企业。

2. 进口替代型政策对经济发展的影响

进口替代型政策的目的在于:克服初级外向型政策的缺陷,促进工业化和经济发展。一般认为,它对经济发展具有以下积极作用:

(1)促进国民经济的工业化,并由此产生社会、经济的外溢效应,包括技术进步、工人技能的提高。

(2)国际收支效应。进口替代可以从多方面影响与国际收支相关的经济活动,包括:节约进口外汇支出;促进发达国家向实行进口替代的发展中国家投资(放弃货物的出口),从而有利于解决发展中国家资金短缺、技术落后等问题。此外,进口替代还可以降低外国产品的进口价格,并增强实行进口替代的国家在国际贸易上的讨价还价的能力。

(3)能够有效地调动本国(本地区)的各种生产要素,使其配置合理,提高要素的利用效率。

(4)增长效应。进口替代以进口限制为条件,使国内市场受到保护,从而能够避免他国经济危机与世界市场价格波动对本国经济的影响。

但是这种积极作用因进口替代经济发展战略本身的弊病而难以长期持续,其弊病主要体现在以下几方面:

(1)进口替代阶段,工业化是在国家高度保护下发展的,进口替代品的生产效率低下,成本高、出口竞争能力较弱,而大量工业原材料和中间产品依然要依靠进口,因而不能改善发展中国家的贸易条件。

(2)进口替代阶段,经济发展的基点局限于本国(本地区)有限的人力、物力和财力,无法积极参与国际经济活动,丧失了利用外部条件发展本国经济的可能性。

面对进口替代政策的弊端,发展中国家不得不重新调整外贸政策,许多实行该政策的国家纷纷转向实行出口导向型政策。

(三)出口导向型政策

出口导向型政策是指通过扩大出口来带动本国的工业化和国民经济的增长。

1. 出口导向型政策的措施

(1)实行出口补贴,可以对出口产品进行直接补贴,也可以对出口产品进行间接补贴。

(2)出口退税。

(3)政府为出口行业提供低息的出口信贷或出口生产信贷担保以及外汇留成等措施以鼓励出口创汇。

(4)削减贸易壁垒,大大降低平均关税税率;减少数量限制的使用,以有利于出口工业低价进口所需投入品,在国内形成比较合理的生产要素价格,降低出口成本。

(5)积极引进外资和技术,设置出口加工区等各类经济特区,提高出口企业的生产效率,增强出口产品的竞争力。

2. 出口导向型政策的特征

出口导向型政策把经济活动的重心转向国际市场,同进口替代型政策相比,有着很大的区别。具体来说,主要有以下几方面。

(1)战略目标上由内需带动经济发展,转向由外需促进经济发展。在进口替代经济发展战略时期,经济发展主要是以满足内需来带动经济的发展。而在出口导向经济发展战略时期,满足外需成为促进经济增长的主要动力。

(2)战略措施上由保护内部市场转向鼓励面向国际市场。在进口替代经济发展时期,新兴国家(地区)均实施保护内部市场的政策措施,对国内(地区内)的产业实行保护,以利于民族工业的发展。但转入出口导向经济发展战略后,鼓励出口政策成为其政策的核心,包括降低关税、减免出口税、给予出口补贴、加速折旧、货币贬值等一系列政策,以确保出口导向经济发展战略的实现。

(3)制造业的侧重点不同。进口替代经济发展战略和出口导向经济发展战略都是工业化战略,因而制造业首先成为主导产业,但两者的侧重点不同。前者着重发展一般消费品工业;后者主要根据市场变化,为扩大工业品的出口,着重发展有国际竞争力的、技术含量高的工业品。

3. 出口导向型政策对经济发展的影响

出口导向型政策具有积极的作用。

(1)全力促进了对外贸易的发展。由于发展中国家采取了一系列鼓励出口的政策,引进了国外的资金、技术和先进的管理经验,使这些国家制成品的技术含量不断提高,并逐渐在世界市场上打开了销路,从而使这些国家和地区的对外贸易发展迅速。据世界银行估计,1990～1995年间,拉丁美洲发展中国家的年均贸易增长率为5.5%,巴西、墨西哥则高达16%以上。亚洲“四小龙”从20世纪60～90年代的年均贸易增长率更是高达30%以上。

(2)增加了资金积累,使国民经济出现较快的增长。新兴工业化国家制成品出口的增长,不仅为这些国家和地区积累了资金,为国内投资率以及国外机器、设备及原材料进口的扩大提供了可能,同时也直接推动了与出口工业有关的经济部门的发展,带动了国民经济的增长。这些新兴工业化国家的制造业在国内生产总值所占的比重明显上升,一些国家已接近发达国家的水平。在工业内部,轻重工业比重进一步调整,20 世纪 80 年代末至 90 年代第三产业的比重迅速上升。1965～1985 年间韩国第三产业的比重由 37%上升至 52%,中国香港地区由 58%升至 68%,超过美、日、德等西方国家。新加坡明确提出第三产业是 90 年代的主要发展目标,其在亚太地区金融和贸易中心的地位也随之得到加强。

但是,出口导向型政策也存在一定的局限性,主要表现为:

(1)面临发达国家强有力的竞争,发展中国家很难在非传统出口产业中建立具有竞争力的工业。

(2)以出口导向为主的国家对国外市场的依赖性较大,容易受到世界经济波动的干扰。

(3)建立出口工业必须要大量引进外资和先进的技术及管理方法,发达国家的跨国公司加紧对出口工业渗透和控制,造成本国资源的大量外流。

随着发达国家贸易保护政策的加强,发展中国家的出口变得越来越困难。因此,发展中国家想通过出口导向型政策来实现工业化,成为新兴工业强国,道路是非常曲折的。

三、中国的对外贸易政策

新中国成立后,国内经济落后,百废待兴;国际上受到帝国主义的封锁和禁运。为捍卫政治、经济的独立,中国实行"对外贸易的管制,并采用保护贸易政策"。1978 年党的十一届三中全会提出对外开放战略方针后,原来的内向型的保护贸易政策逐步退出历史舞台。随后,中国的外贸体制进行了一系列的调整。2001 年底,以加入世界贸易组织为起点,中国的外向型经济得到了较大发展。伴随着关税、非关税壁垒的大幅度削减,中国的国内市场渐渐纳入到世界市场体系之中,中国政府审时度势,实行了进出口导向政策:首先,遵守承诺,逐步与世界贸易组织所要求的国际规范接轨;其次,努力把国际竞争限制在国内经济发展水平所能承受的范围内;再次,充分发挥国内的市场机制在资源配置中的作用,并与国际市场机制保持有机联系。

中国的进出口导向政策具有以下特点:(1)进口不仅是为满足国内市场的需要,而是为扩大出口服务的。(2)出口的目的不仅是为了创汇,而是为了促进国民经济的技术改造和国民经济结构的升级,从而提高中国在国际市场上的整体竞争力。(3)逐步完善市场经济体制,与国际接轨。

由于这一政策的实施,保护了国内支柱产业,稳定了国内就业,加快了对外开放的深度和广度,贸易顺差迅速增大。

中国对外贸易迅速发展,提高了我国对外支付和抵御金融危机的能力,推动了资本积累、技术进步和国内产业升级,获得了大量的外汇资源。但是,随着对外贸易迅速发展,贸易顺差持续扩大也带来诸多问题和风险。一是加大了国民经济发展的内外需失衡,我国经济不得不过分依赖国际市场保持经济的增长;二是持续的大规模顺差造成了与贸易伙伴间双赢格局的失衡,增加了贸易摩擦的几率与负面效应的冲击力;三是贸易结构不尽合理,过分依赖欧、美、日市场,过分依赖加工贸易方式,过分依赖三资企业的贸易业绩等;四是在承接国际产业转移中,不但有高耗能和高污染行业向我国转移,也有贸易顺差的转移,即投资国将其与第三国的贸易顺差通过在我国的直接投资,形成对该国的出口,转变为我国与该国的贸易顺差。

党的十八大以来,我国对外贸易政策强调"和平、发展、合作、共赢"。提出"全面提高开放型经济水平",要求适应经济全球化新形势,完善互利共赢、多元平衡,坚持出口和进口并重,协调发展,平衡发展,形成以技术、品牌、质量、服务为核心的出口竞争优势,增强企业国际化经营能力,培养世界水平的跨国公司,加快实施自由贸易区战略。这些政策的实施,必将推动国家间的互联互通,增强对外贸易水平,提高抵御国际经济风险的能力。

本章小结

本章介绍了国际贸易政策的含义、目的、基本内容及资本主义国家对外贸易政策的演变,考察了发展中国家在不同历史时期所实行的国际贸易政策。

重商主义主张政府干预对外贸易,力争顺差,增加国家财富。1846 年英国开始实行全面的自由贸易政策,有力地促进了国际贸易的发展以及本国经济的扩张。汉密尔顿和李斯特提出的保护贸易政策,支持了美国和德国的贸易保护,使美、德经过短短几十年时间,跻身于世界经济强国的前列。在 1929～1933 年间,西方国家经历了一次世界经济大危机,凯恩斯提出了超贸易保护政策,企图输出失业,转嫁危机,结果却大大加深和延续了本国以及世界经济危机。第二次世界大战后,美国积极倡导自由贸易,推动了国际贸易与世界经济的发展。进入 20 世纪 70 年代中期,发达国家又开始采取各种更加隐蔽的贸易保护措施,加强对本国市场的保护,并争夺国外市场。由于自由贸易能在全球范围内合理调配资源,符合各国共同发展的愿望,故20世纪90年代以来,贸易自由化成为不可逆转的潮流。

发展中国家相对于发达国家而言,经济水平较为落后,为了实现工业化,发展中国家在不同的时期采取了不同的外贸政策,其中最主要的有进口替代型政策和出口导向型政策。

思考与练习

1. 简述重商主义的内容。
2. 英国推行自由贸易政策有何利弊?
3. 德国和美国在短时间内迅速发展为工业强国,是否应完全归功于贸易保护政策?
4. 如何看待自由贸易政策和保护贸易政策?
5. 简述新贸易保护主义理论的主要内容。
6. 简述发展中国家对外贸易政策。
7. 简述新中国不同历史时期的对外贸易政策。

第四章　国际贸易措施

本章课程概况

课题内容：关税措施、非关税壁垒、鼓励出口和限制进口等方法。

课时：4课时。

教学目的：学以致用，使学生掌握关税措施、非关税措施和其他一些国际贸易措施的概念和方法，学会分析目前世界各国采用的对外贸易政策和措施，明确国际贸易的手段及其对策。

教学要求：掌握关税的含义和作用，掌握关税的主要种类及关税的征税方法，了解关税税则和通关手续。掌握非关税壁垒的概念和主要种类，了解非关税壁垒的特点和分类，熟悉并理解非关税壁垒对国际贸易的影响。掌握鼓励出口的主要措施，熟悉经济特区措施，了解出口管制的目的、商品以及管制的形式。

教学方式：理论讲授与案例分析相结合。第一节课先回顾国际贸易政策内容，以此引出各国为执行政策而采用的种种贸易措施案例。第二节课介绍关税措施。第三节课介绍非关税壁垒。第四节课介绍其他贸易措施。

第一节　关税措施

一、关税的概念

关税(Customs Duties；Tariff)是由海关代表国家，按照国家制定的关税政策和公布的税法及进出口税则，对准许进出关境的货物和物品向纳税义务人征收的一种流转税。

征收关税是海关的重要任务之一。我国海关征收的税费(船舶吨税除外)

直接属于中央财政，占中央财政总收入的1/3，占全国税收总额的约1/6。

海关征收关税的领域叫关境或关税领域。关境（Customs Territory）是一国关税法令实施的境域。一般情况下，关境和国境是一致的，但如果在一国存有关税同盟、自由港（区）、保税区等自由区域情况，关境与国境就不一致。一国自由港（区）设在国境之内，但在关境之外，进出自由港（区）的商品可不征收关税，此时该国关境小于国境；但当国与国结成关税同盟时，组成一个共同关境，实施统一的关税制度，彼此之间商品进出国境不征收关税，只对非同盟成员国的商品进出才征收关税时，此时关境大于国境。

关税是一种古老的税收。在欧洲，《大英百科全书》对Customs（海关，也泛指关税）的来源诠释为古时在商人进入市场交易时向当地领主缴纳的一种例行的入市税，后来就把Customs作为关税的专用名称。在我国，自西周以后，便设"关卡"开始征税。《周礼》："关市之赋，以待王之膳服。"到了大唐，还设立了市舶机构管理对外贸易，征收关税。

随着国际贸易的快步发展，关税不仅作为一种财政收入的手段，更成为一种行之有效的贸易保护手段，被越来越多的国家所重视。如美国在1983年突然将机车进口关税由原来的4.4%提高到49%，目的是阻止日本机车进口而挽救自己仅存的哈雷机车制造公司。而大多数发展中国家也凭借高额进口关税，作为保护民族经济和反对他国进行商品倾销、转嫁经济危机的重要手段。如墨西哥对纺织品进口征收50%的关税，巴西则对外国酒类及香肠征收105%的高额关税。我国是发展中国家，为保护国内市场和民族工业的发展，也曾采取过高额关税手段以限制和削弱外来的竞争能力。如我国在1991年关税总水平为42.5%。自从2001年12月11日加入世界贸易组织后，我国经济增长速度名列前茅，我国关税总水平也开始逐年降低，至2005年我国关税总水平仅为9.9%，大大低于对发展中国家加入WTO关税总水平要求降低到15%的水平。可以说，我国已完成了加入WTO时关税减让的承诺。2010年，我国进口关税总水平为9.8%。

二、关税的主要特点

关税是国家税收的一个重要组成部分。它除了具有与一般税收同样的强制性、无偿性和预定性以外，还具有以下特点。

（一）关税的征收主体是国家海关

海关是国家行政机构，是国家进出境监督管理机关，它是本国有关进出口政策、法令和规章的重要执行者。《海关法》明确规定海关有四项基本任务：

(1)监管进出境的运输工具、货物、行李物品、邮递物品和其他物品;(2)征收关税和其他税费;(3)查缉走私;(4)编制海关统计。其中征收关税是海关最重要的职责之一。

(二)关税的课税对象是进出境货物和进出境物品

进出境货物主要包括一般进出口货物,保税货物,暂准进出境货物,特定减免税货物,过境、转运和通运货物及其他进出境货物。另外,一些特殊形态的货物,如以货品为载体的软件等也属于此范围。

进出境物品主要包括进出境的行李物品、邮递物品和其他物品。以进出境人员携带、托运等方式进出境的物品为行李物品;以邮递方式进出境的物品为邮递物品;其他物品主要包括享有外交特权和豁免的外国机构或者人员的公务用品或自用物品等。

(三)关税的纳税主体是进出境货物收、发货人和进出境物品的所有人

进出口货物收发货人是指依法直接进口或者出口货物的中华人民共和国关境内的法人、其他组织或者个人。

进出境物品的所有人主要指携带、托运进出境物品的进出境人员。

(四)关税的征税依据是国家关税政策和法律法规

海关代表国家征收关税的依据有三层:《海关法》、《关税条例》和《进出口税则》。

(五)关税的税收类别是流转税

海关征收的关税属于流转税的一种,它以进出口货物和物品的成交价格或者数量为计征税依据的一类税收。一般计入进出口货物和物品的价格中,关税税赋最终要由消费者承担。它也是政府财政收入的重要来源。

进出口商品在缴纳关税放行后,要在国内流通和消费,所以,它还应和国内商品一样,按照国家的税法缴纳国内税费。这些国内税一般在商品进口时由海关代征,但不属于关税范畴。

三、关税的作用

关税具有积极和消极双重作用。

(一)关税的积极作用

1. 关税可以增加一国的财政收入

一国海关征收关税时既可以监管、调节进出口货物和物品价格和数量,也可以增加财政收入,而且大多数发展中国家依赖关税的征收来增加财政收入。不过随着生产力的发展和国民收入的提高,关税的这种目的和作用不断下降。

发达国家关税收入占财政收入的3%。我国关税收入在2006年约占财政收入的17%。

2. 关税可以保护国内生产和国内市场

多数国家凭借进出口关税保护国内的幼稚工业、农业、稀缺资源以及反对他国进行商品倾销,或者转嫁经济危机。为保护本国的国内生产和国内市场而对进出口商品所征收的关税,称为保护关税。保护关税通过对进出口商品征收较高的关税,提高了进口商品的成本,限制了稀缺资源的出口,削弱了国外商品与本国同类商品的竞争能力,从而达到保护本国的生产和市场免受外国竞争者损害的目的,提高了本国商品的市场竞争力。

3. 关税可以起到调节进出口贸易发展的作用

关税税率的高低,可以影响进出口商品的价格和数量,影响国内市场的商品结构,调节市场供求关系,调节贸易收支。目前各国征收的关税主要针对进口商品。关税对进口商品的调节作用,主要表现在以下几个方面。

(1)对于国内能大量生产或者暂时不能大量生产但将来可能发展的产品,规定较高的进口关税,以削弱进口商品的竞争能力,保护国内同类产品的生产和发展。

(2)对于非必需品或奢侈品的进口制定更高的关税,达到限制甚至禁止进口的目的。

(3)对于本国不能生产或生产不足的原料、半制成品、生活必需品或生产上的急需品的进口,制定较低税率或免税,鼓励进口,满足国内的生产和生活需要。

(4)通过关税调整贸易差额。当贸易逆差过大时,提高关税或征收进口附加税以限制商品进口,缩小贸易逆差。当贸易顺差过大时,通过减免关税、缩小贸易顺差,以减缓与有关国家的贸易摩擦与矛盾。

4. 关税可以改善涉外贸易关系

关税一直与国际经济关系和外交关系有密切联系。它是签订国际友好贸易条约中的一个重要内容。减免关税,可以使两国贸易关系更加友好密切,甚至成为经济同盟。截至2007年3月,我国分别签订了《亚太贸易协定》、《中国—东盟全面经济合作框架协议》、《中巴自贸协定》、《中国—智利自贸协定》、《对非洲33个最不发达国家给予特别优惠关税待遇》等优惠协议,以优惠的关税税率获得这些发展中国家的信赖,改善了贸易环境,开创了新的贸易格局。

(二)关税的消极作用

(1)增加了消费者的负担。提高进口或出口关税,其实也就提高了进口或出口商品的价格，增加了消费者的开支，加重了消费者的负担。

(2)影响国际贸易的开展。征收进出口关税，会阻碍进出口商品的流动，减少进出口商品的流量，阻碍全球经济一体化的进程，影响国际贸易的开展。

(3)容易恶化贸易伙伴间的友好关系。增设或提高进出口关税，容易引起与贸易伙伴间的矛盾，导致对方进行报复，影响贸易关系。

(4)保护过度，就会出现保护落后。关税具有保护国内生产和国内市场的积极作用，但如果保护过度，就会使本国的落后工业养成依赖性，不能参与国际竞争，从而长期处于落后地位。

四、关税的主要种类

关税按照不同的标准划分，可分为以下几种主要类别：

(一)按照征税的对象不同，关税可以分为进口税、出口税和过境税

1. 进口税

进口税(Import Duties)是指一国海关以进境货物和物品为课税对象所征收的关税，这是一种主要关税。这种进口税在外国商品直接进入关境或国境时征收，或者外国商品由自由港、自由贸易区或海关保税仓库等提出运往进口国的国内市场销售、在办理海关手续时，由海关征收。在国际贸易中它一直被各国公认为是一种重要的经济保护措施。

2. 出口税

出口税(Export Duties)是指一国海关以出境货物和物品为课税对象所征收的关税。征收出口税的主要目的是限制、调控某些商品的过度、无序出口，特别是防止本国一些重要自然资源和原材料的无序出口。世界各国一般不征收出口税，或仅对少数商品征收出口税。我国海关目前仅对鳗鱼苗、铅矿砂、锌矿砂等少数出口产品按《进出口税则》征收出口税。

3. 过境税

过境税(Transit Duties)是指一国对于通过其关境的外国商品所征收的一种关税。过境税又称通过税，其征收目的是为了增加本国的财政收入。在资本主义生产方式准备时期，这种税制普遍流行于欧洲各国。但由于过境货物对本国生产和市场都没有影响，所征税率也很低，财政意义不大。这种关税又影响本国的运输和其他服务方面的收入，因此在19世纪后半叶，各国相继废止了过境税。

目前，大多数国家在外国商品通过其领土时，一般只征收少量的准许费、印花费、登记费和统计费等。

(二)按照关税的目的不同,关税可以分成财政关税和保护关税

1. 财政关税

财政关税(Revenue Tariff)是指以增加国家的财政收入为主要目的而征收的关税,该关税又称收入关税。该税率一般较低,如果税率过高,不利于该国进出口贸易的发展,也达不到增加财政收入的目的。随着各国生产力的快速提高,各国财政关税在财政收入中的重要性已相对降低,而利用高额关税限制外国商品进口、保护国内生产和国内市场的保护关税逐渐代替了财政关税。

2. 保护关税

保护关税(Protective Tariff)是指以保护本国工业或农业发展为主要目的而征收的关税。该关税又称经济关税。该关税税率越高,保护程度越强。有时税率高达100%以上,等于禁止进口或禁止出口,成为禁止关税(Prohibited Duty)。

(三)按照差别待遇和特定的实施情况不同,关税可以分为进口附加税、差价税、特惠税和普遍优惠制

1. 进口附加税

进口附加税(Import Surtax)是指进口国家对进口商品除了征收一般进口关税以外,再加征的关税。这种附加税是一种临时性关税,其征收往往是为了某时期的特种目的而加征的,所以进口附加税又称为特别关税。世界贸易组织不准其成员方在一般情况下随意征收进口附加税,只有在符合世界贸易组织反倾销、反补贴条例等有关规定时才可以征收。

进口附加税主要有反补贴税和反倾销税两种。

(1)反补贴税。反补贴税(Countervailing Duty)是对于直接或间接接受奖金或补贴的外国商品进口所征收的一种进口附加税。凡进口商品在生产、制造、加工、买卖、输出过程中接受了直接或间接奖金或补贴,并使进口国生产的同类产品遭受重大损害的,都构成征收反补贴税的条件。反补贴税额一般按补贴的数额征收,即对方补贴多少,征收多少,以不超过“补贴额”为限。其目的在于提高进口商品的价格,抵消进口商品中所享受的补贴金额,削弱其在国际贸易中的竞争能力。因此,反补贴税又称抵消税或补偿税。

(2)反倾销税。反倾销税(Anti-Dumping Duty)是为抵制外国商品倾销进口,保护国内相关产业而征收的一种进口附加税。凡进口商品以低于正常价值的价格进行倾销,并对进口国的同类产品造成重大损害的,即构成征收反倾销税的条件。反倾销税的税额一般按倾销差额征收。

此外,进口附加税还包括保障措施关税和报复性关税。根据《中华人民共

和国保障措施条例》规定:进口产品数量增加,并对生产同类产品或者直接竞争产品的国内产业造成严重损害或者严重损害威胁的,依照本条例的规定进行调查,采取保障措施。保障措施可以采取提高关税和采取数量限制两种形式,采取提高关税形式的就是保障措施关税。报复性关税是指因他国对本国出口产品实施歧视性关税和待遇,因此对其产品也相应征收的报复性的进口附加税。美国的"超级 301 条款"就是对"不公平"的贸易伙伴实施报复的条款,其报复手段之一就是加征报复性关税。

2. 差价税

差价税(Variable Levy)是指按进口商品价格低于国内市场同种商品价格的差额而征收的关税。其目的是为了削弱进口商品的竞争能力,保护国内生产和国内市场,它也被称作差额税。由于差价税是随着国内外价格差额变动而变动的,因此它是一种滑动关税(Sliding Duty)。

3. 特惠税

特惠税(Preferential Duties)是指对某个国家或地区进口的全部产品或部分商品,给予特别优惠的低关税或免税待遇。特惠税又称优惠税,有的是互惠的,有的是非互惠的,但都是一种地区性的优惠安排,所以它不适用于从非受惠国家或地区进口的商品,非受惠国家不能援引最惠国待遇条款来要求享受特惠税待遇。

特惠税开始于宗主国与殖民地附属国之间的贸易。第二次世界大战后,欧洲共同体对来自非洲、加勒比海和太平洋地区的一些发展中国家的出口产品给予特惠税待遇。最有影响的特惠税是《洛美协定》国家之间的特惠税。根据《洛美协定》,欧洲共同体在免税不限量条件下,接受协定的发展中国家全部工业品和 96%的农产品进入欧洲共同体市场,而不要求这些发展中国家提供"反向优惠"。

4. 普遍优惠制

普遍优惠制(Generalized System Preferences)是指发达国家承诺对从发展中国家或地区输入的商品,特别是制成品和半制成品,所给予的普遍的、非歧视性的、非互惠的优惠关税待遇。普遍优惠制也称普惠制,所有的发展中国家都可以享受,无一例外。普惠制是不反向的,只是发达国家单方面给予发展中国家或地区关税优惠,而不要求发展中国家或地区提供反向优惠。

普惠制的目标是:增加发展中国家或地区的出口收益;促进发展中国家或地区的工业化;加速发展中国家或地区的经济增长率。

普惠制的作用是通过关税削减产生的价格影响来体现的。即由于给受惠国减免关税，使受惠国出口商品的价格可以降低，增强竞争能力，吸引进口商向受惠国购买更多的受惠商品，从而使受惠国制成品和半成品的出口扩大。

五、关税征收的基本方式

关税征收的基本方式主要有两种：从量税和从价税。在上述两种方式的基础上，又有混合税、选择税和滑准税。

（一）从量税

从量税（Specific Duties）是以数量（包括重量、容量等）为计税标准，相同计量单位税额相同。数量越多，税款越多。从量税征收的优点是方法最简单，不会出现低报价格逃税。从量税征收的缺点是税额无法体现货物价值，不公平。其适用范围主要用于对价值变化不大的商品征税。目前我国对进口采用从量税征收的主要商品有冻鸡、原油、啤酒、胶卷四类产品。

从量税的计算公式为：

从量税额＝货物数量×每单位从量税

例如，国内某公司从中国香港地区购进柯达胶卷10 000卷（宽35毫米、长1.8米），成交价格为10.00港币（已知适用的外汇牌价1港币＝人民币0.84元）。经查该胶卷适用进口关税税率为28元/平方米，以规定单位换算表折算，规格“135/36”的彩色胶卷1卷＝0.057 75平方米。计算应征进口关税。计算方法：

确定胶卷的实际进口量＝10 000卷×0.057 75平方米/卷

＝577.5平方米

应征进口关税税额＝577.5平方米×28元/平方米＝16 170元

从上例可知，若采用从量税，在进口货物时，海关无须确定其价值而只需要知道其数量便可征纳关税。由于征收从量税对货物价值不敏感，从而其保护作用会受到通货膨胀的抵消。

（二）从价税

从价税（Ad Valorem Duties）是以货物的完税价格为计税依据，以应征税额占货物完税价格的百分比为税率。价格越大，税款越多。从价税的优点是方法比较简单，税额能体现货物价值。从价税的缺点是容易低报价格逃税。目前国际上对进口商品、出口商品采用最多的计征关税的方法就是从价税。

从价税额的计算公式为：

从价税额＝货物的完税价格×从价税率

例如，国内某公司向中国香港地区购进日本产丰田皇冠轿车10辆，成交价格合计为12万美元，实际支付运费5 000美元，保险费800美元。经查该车适用进口关税税率为25%，适用的外汇牌价1美元=人民币7.71元。计算应征进口关税。计算方法：

审定轿车的完税价格=(120 000美元+5 000美元+800美元)×7.71元/美元
=969 918.00元

应征进口关税税额=969 918.00元×25%=242 479.50元

在采用从价税征收关税时，其税额随着商品价格的变动而变动。如果进口商品价格上涨，则从价税的保护程度与关税水平同步变动，特别对高价格的制成品，其保护作用和从量税相比更有效。反之，如果进口商品价格下跌，其税率不变，从价税相应减少，此时保护关税的作用也有所下降。

在征收从价税中，较为复杂的问题是确定进口商品的完税价格，即经海关审定作为计征关税的货物价格，每个国家采用的标准不一致，大体有三种情况：(1)以成本、保险费加运费价格(CIF)计征；(2)以装运港船上交货价格(FOB)计征；(3)以法定价格计征。

(三)混合税

混合税(Mixed or Compound Duties)是对某种商品采用从量税和从价税同时征收的一种方法，又被称作复合税。在具体征收时，可以是以从量税为主，另外加征从价税；也可以是以从价税为主，另外加征从量税。2007年我国主要对录像机、摄像机、非家用型摄录一体机、部分数字照相机等进口商品征收混合税。美国、日本等许多国家也对部分进口产品征收混合税。

混合税额的计算公式为：

混合税额=从量税额+从价税额

例如，某公司从日本购进广播级电视摄像机40台，其中20台成交价格为4 000美元/台，其余20台成交价格为5 200美元/台。已知适用的外汇牌价为1美元=人民币7.71元。经查，适用的进口关税税率为：完税价格不高于5 000美元/台的，关税税率为单一从价税35%；完税价格高于5 000美元/台的，关税税率为3%，另每台加收12 960元从量税。计算应征进口关税税额。

计算方法：

先审定4 000美元/台电视摄像机的完税价格及税额：

4 000美元/台电视摄像机的完税价格=4 000美元/台×20台×7.71元/美元
=616 800.00(元)

应征单一从价进口关税税额＝616 800.00 元×35％＝215 880.00 元

再审定 5 200 美元/台电视摄像机的完税价格及税额：

5 200 美元/台电视摄像机的完税价格＝5 200 美元/台×20 台×7.71 元/美元
＝801 840.00 元

应征混合进口关税税额＝801 840.00 元×3％ ＋12 960 元/台×20 台
＝283 255.20(元)

合计进口关税税额＝215 880.00＋283 255.20＝499 135.20(元)

(四)选择税

选择税(Alternative Duties)是指对于一种进口商品同时定有从价税和从量税或混合税，海关需要限制进口时可选择其中税率高的一种形式征税，如需要鼓励进口时可选择低税率的一种形式征税的一种关税。比如日本对坯布的进口征收税率有协定税率 10％或 7.5％另外每平方米加征 2.6 日元两种，具体征收关税时，按其高者进行。

(五)滑准税

滑准税(Slide Duties)亦称滑动税，是对进口税则中的同一种商品按其市场价格标准分别制定不同价格档次的税率而征收的一种进口关税。其高档商品价格的税率低或不征税，低档商品价格的税率高。征收这种关税的目的是使该种进口商品不论其进口价格高低，其税后价格保持在一个预定的价格标准上，以稳定进口国内该种商品的市场价格。

2008 年，我国对关税配额外进口一定数量的棉花实行 5％～40％的滑准税。对滑准税率低于 5％的进口棉花按 0.570 元/千克计征从量税。具体方式：一是当进口棉花完税价格高于或等于 11.397 元/千克时，按 0.570 元/千克计征从量税；二是当进口棉花完税价格低于 11.397 元/千克时，暂定关税税率按下述公式计算，即：

$$R_i = 8.686/P_i + 2.526\% \times P_i - 1$$

$$\text{应征关税税款} = R_i \times P_i$$

其中：

R_i 为暂定关税税率，当 R_i 按上式计算值高于 40％时，取值 40％；

P_i 为关税完税价格。

例如，某加工生产企业内销一批配额外未梳棉花 1 吨，原产地美国，成交价格 1 000 美元/吨。企业已向海关提交由国家发改委授权机构出具的关税配额外优惠关税税率进口棉花配额证，经海关审核确认后，征收滑准税。

已知其适用外汇牌价1美元=人民币7.71元，计算应征滑准税款。计算方法：

先审定完税价格：

完税价格=1 000×7.71÷1 000 =7.710<11.397(元/千克)

再计算暂定关税税率：

R_i=8.686/7.71+2.526%×7.71−1=32.14%

应征滑准税税额=1 000.00×7.71×32.14%=2 477.99(元)

六、关税的保护程度

一国对进口商品征收保护关税可以产生保护国内市场和国内生产的作用。进口税率的高低，说明一国对于本国生产同类产品部门的保护程度。在其他条件相同的条件下，进口税率越高，保护程度越高；反之，保护程度就低。

(一)名义保护税率

名义保护税率(Nominal Rate of Protection，NRP)是对进口商品征收进口关税所规定的百分比。

其计算公式为：

$$NRP=\frac{P-P^*}{P^*}$$

其中：

NRP 为名义保护税率；

P 为进口商品的国内价格，包括国内关税；

P^* 为自由贸易价格或国际价格。

因此，也可以说，名义保护税率是和自由贸易状况下相比征收关税后使商品价格增长的比例。

(二)有效保护税率

有效保护税率(Effective Rate of Protection，ERP)是针对某个加工工业产品增值部分而计征的关税比率。其税率代表着关税对本国同类产品的真正有效的保护程度。

在1955年，加拿大的巴伯(C. L. Barber)在其《加拿大关税政策》一书中首次提出了有效保护的概念。他认为，一国对某产业的实际保护程度不能单纯从该产品的名义税率高低来判断。

其计算公式为：

$$Z=\frac{W-V}{V}$$

其中：

Z 为有效保护税率；

W 为国内加工增值；

V 为国外加工增值。

例如，某进口产品的单位价值为 20 元，另征收关税 10%，而国外生产同类产品的单位投入成本为 15 元，这表明国外加工后增值为 5 元。如果进口该产品改进口该工业产品原料（进口原料不征收关税），那么国内加工增值为 7 元[(20+20×10%)−15]，则：

$$Z=\frac{7-5}{5}=40\%$$

假如对进口原料也征 10%的关税，则国内加工增值为 5.5 元(即：[(20+20×10%)−(15+15×10%)])，则：

$$Z=\frac{5.5-5}{5}=10\%$$

再假如对进口原料征 20%的关税，则国内加工增值为 4 元(即：[(20+20×10%)−(15+15×20%)])，则：

$$Z=\frac{4-5}{5}=-20\%$$

通过以上例子，得出以下结论：一国在进口原料和产品时规定的税率一定要合理。一般来说，各国对进口产品计征的税率越高于进口其原料的税率，对产品的有效保护率越高；若对进口产品计征的税率等于进口其原料的税率，对产品的有效保护率就等于名义税率；若对进口产品计征的税率小于进口其原料的税率，则会出现负数的保护率。所以说对原材料进口征收的关税过高，不但起不到保护作用，反而会对本国的出口加工工业有害。

七、《商品名称及编码协调制度》及进出口税则

(一)《商品名称及编码协调制度》的含义

长期以来，世界各国为了保护国内市场和实行关税差别和歧视政策，对进出口商品采用了不同的分类方法和相应的海关税则。有的国家按照货物的自然属性分类，如动物、植物、矿物等；有的国家按货物的加工程度或制造阶段分类，如原料、半制成品和制成品等；还有的国家按货物的成分分类或按工业部门的产品分类，如钢铁制品、塑料制品、化工制品等；有的按货物的用途分类，

如食品、药品、燃料、乐器等；也有的按货物的自然属性分成大类，再按加工程度分成小类；等等。不同分类的商品采用不同的管理方法和不同的税率征收关税。

《商品名称及编码协调制度》(Harmonized Commodity Description and Coding System，HCDCS)(以下简称《协调制度》或 HS)就是原海关合作理事会(1995 年更名为世界海关组织)在《海关合作理事会商品分类目录》(CCCN)和联合国的《国际贸易标准分类》(SITC)的基础上，参照主要国家的税则、统计、运输等分类目录而制定的一个多用途的国际贸易商品分类目录。自 1988 年生效以来，《协调制度》一般若干年就要修订一次，至今为止共进行了 4 次修订，形成了 1988 年、1992 年、1996 年、2002 年和 2007 年共五个版本。

我国海关自 1992 年 1 月 1 日起开始采用《协调制度》，使进出口商品归类工作成为我国海关最早实现与国际接轨的执法项目之一。

(二)《协调制度》的基本结构

《协调制度》在总体结构上将各种商品按照生产部类、自然属性和不同功能用途等分为 21 类、97 章。从类来看，它基本上按社会生产的分工分类的，如农产品在第一类、第二类，纺织工业品在第十一类等；从章来看，它基本上按自然属性或用途(功能)来划分的，如第一章至第五章是活动物和动物产品，第六章至第十四章是活植物和植物产品，等等。

《协调制度》主要由税(品)目和子目构成。在商品编码中，前四位号为税(品)目，第五位开始称为子目。四位数的税目中，前两位数表示项目所在的章，后面的数则表示项目在有关章的排列次序。如冷冻红小豆，商品编码为 0710.2210。

例示：

商品编码	07	10	2	2	1	0
位数含义	章号	税(品)目序号	一级子目	二级子目	三级子目	四级子目

其中，章号、税(品)目号和一级子目、二级子目号列为《协调制度》原有的编码(又称 HS 子目)；三级子目、四级子目号列为我国增加的编码(又称本国子目)。

为了避免各税(品)目和子目所列商品发生交叉归类，在许多类、章下加有类注、章注和子目注释。

《协调制度》设有商品归类总规则，作为指导整个分类目录商品归类的总原则。总规则共有六条：

(1)类、章及分章的标题，仅为查找方便而设。具有法律效力的归类，应按税(品)目条文和有关类注或章注确定。

(2)如税(品)目、类注或章注无其他规定,按以下规则确定:

①税(品)目所列货品,应视为包括该项货品的不完整品或未制成品,只要在进口或出口时该项不完整品或未制成品具有完整品或制成品的基本特征;还应视为包括该项货品的完整品或制成品(或按本款可作为完整品或制成品归类的货品)在进口或出口时的未组装件或拆散件。

②税(品)目中所列材料或物质,应视为包括该种材料或物质与其他材料或物质混合或组合的产品,税(品)目所列某种材料或物质构成的货品,应视为包括全部或部分由该种材料或物质构成的货品,由一种以上材料或物质构成的货品,应按规则(3)归类。

(3)当货品按规则(2)②或由于其他任何原因看起来可归入两个或两个以上税(品)目时,应按以下规则归类:

①列名比较具体的税(品)目,优先于列名一般的税(品)目。但是,如果两个或两个以上税(品)目都仅述及混合或组成货品所含的某部分材料或物质,或零售的成套货品中的某些货品,即使其中某个税(品)目对该货品描述得更为全面、详细,这些货品在有关税(品)目的列名应视为同样具体。

②混合物、不同材料构成或不同部件组成的组合物,以及零售的成套货品,如果不能按照规则(3)①归类时,在本款可适用的条件下,应按构成货品进本特征的材料或部件归类。

③货品不能按照规则(3)①或②归类时,应按号列顺序归入其可归入的最末一个税(品)目。

(4)根据上述规则无法归类的货品,应归入与其最相类似的税(品)目。

(5)除按上述规则外,本规则适用于下列货品的归类:

①制成特殊形状仅适用于盛装某个或某套物品并适合长期使用的,如照相机套、乐器盒、枪套、绘图仪器盒、项链盒及类似容器,如果与所装物品同时进口或出口,并通常与所装物品一同出售的,应与所装物品一并归类。但本款不适用于本身构成整个货品基本特征的容器。

②除规则(5)①规定的以外,与所装货品同时进口或出口的包装材料或包装容器,如果通常是用来包装这类物品的,应与所装货品一并归类。但明显可重复使用的包装材料和包装容器不受本款限制。

(6)货品在某一税(品)目项下各子目的法定归类,应按子目条文或有关的子目注释以及以上各条规则来确定,但子目的比较只能在同一数级上进行。除《协调制度》条文另有规定的以外,有关的类注、章注也适用于本规则。

《协调制度》目录将国际贸易的主要商品全部分类列出，既符合科学分类，又照顾了商业习惯与实际操作，而且其所列税（品）目概念明确，内涵、外延明了，不重复，在国际上影响颇大，目前已为200多个国家（地区）所采用。

（三）进出口税则

根据各国海关征税和海关统计的需要，一般都会在《协调制度》的基础上增设本国子目，形成本国海关进出口商品分类目录，然后再分别编出《进出口税则》和《统计商品目录》。

进出口税则，也称海关税则，它是各国海关征收进出口关税的依据。它的分类大致如下：

1. 按进出口税则的栏数划分，有单式税则和复式税则

(1)单式税则(Single Tariff)。单式税则又称一栏税则。这种税则，一个税目只有一个税率，适用于来自任何国家的商品，没有差别待遇。在垄断前资本主义时期，各国都实行单式税则。到垄断资本主义时期，发达资本主义国家为了在关税上搞差别与歧视待遇，或争取关税上的互惠，都放弃单式税则，改行复式税则。现在只有少数发展中国家仍实行单式税则。

(2)复式税则(Complex Tariff)。复式税则又称多栏税则。这种税则，在一税目下定下两个或两个以上的税率。对来自不同国家的进口商品，适用不同的税率。发达国家规定差别税率的目的在于实行差别待遇和贸易歧视政策。为了反对发达国家的歧视待遇，保卫本国的民族权益，许多发展中国家也实行复式税则。现在绝大多数国家都采用这种税则。这种税则有二栏、三栏、四栏不等。

2. 按制定税则的权限，又可分为自主税则和协定税则

(1)自主税则(Autonomous Tariff)。自主税则又称国定税则，是指一国立法机构根据关税自主原则单独制定而不受对外签订的贸易条约或协定约束的一种税率。自主税则可分为自主单式税则和自主复式税则。前者为一国对一种商品自主地制定一个税率，这个税率适用于来自任何国家或地区的同一种商品；后者为一国对一种商品自主地制定两个或两个以上的税率，分别适用于来自不同国家或地区的同一种商品。自主复式税则又可分为最高和最低税则(Maximum and Minimum Tariff)，前者适用于来自未与该国签订贸易条约或协定的国家或地区的商品；后者适用于来自与该国签订了贸易条约或协定的国家或地区的商品。

(2)协定税则(Conventional Tariff)。协定税则是指一国与其他国家或地区通过贸易与关税谈判，以贸易条约或协定的方式确定的关税率。

这种税则是在本国原有的国定税则以外，另行规定的一种税率。它是两国通过关税减让谈判的结果，因此要比国定税率低。协定税则不仅适用于该条约或协定的签字国，而且某些协定税率也适用于享有最惠国待遇的国家。

另外，进出口税则还可分为进口货物税则和出口货物税则。有的将进出口货物的税率合在同一税则中，分列进口税率栏和出口税率栏。我国现行的进出口税则就属于这种税则制。

八、通关手续

通关手续又称报关手续，是指出口商或进口商向海关申报出口或进口，接受海关的监督与检查，履行海关规定的手续。办完通关手续，结清应付的税款和其他费用，经海关同意，货物即可通关放行。通关手续通常包括货物的申报、查验、征税和放行环节。以进口为例：

1. 货物的申报

货物的申报是指货物运抵进口国的港口、车站或机场时，进口商向海关提交有关单证和填写由海关发出的表格，向海关申报进口。一般来说，除提交进口报关单(Import Declaration)、提单、商业发票或海关发票外，还往往根据海关特殊规定，提交原产地证明书、进口许可证或进口配额证书、品质证书和卫生检验证书等。

2. 单证的审核

当进口商填写和提交有关单证后。海关按照海关法令与规定，查审核对有关单证。审核有关单证的具体要求是：

(1)应交验的单证必须齐全、有效；

(2)报关单填报的内容必须正确、全面；

(3)所报货物必须符合有关政策与法规的规定。

审核单证发现有不符合上述各项规定时，海关通知申报人及时补充或更正。

3. 货物的查验

货物的查验是通过对进口货物的检查，核实单货是否相符，防止非法进口。查验货物一般在码头、车站、机场的仓库、场院等海关监管场所内进行。

4. 货物的征税与放行

海关在审核单证、查验货物后，照章办理收缴税款等费用。进口税款一般用本国货币缴纳。货物到达时，如发现货物短缺损失一部分，可扣除缺失部分的进口税。当一切海关手续办妥以后，海关即在提单上盖上海关放行章以示放行，进口货物即此通关。货物到达后，通常进口商应在货物到达后所规定的工作日内办理通关手续。如果进口商对于某些特定的商品，如水果、蔬菜、蟹鱼等易腐商品，要求货到时即刻从海关提出，则可日后再正式结算进口税。如果进口商想延期提货，则可在办理存栈报关手续后将货物存入保税仓库，暂时不缴纳进口税。在存放仓库期间，货物可再行出口仍不必缴纳进口税。如要运往该国内市场销售，则应在提货前办妥通关手续，货物到达后，进口商如在规定的日期内未办理通关手续，海关有权将货物存入候领货物仓库，一切责任和费用均由进口商负责。如果存仓货物在规定期间内仍未办理通关手续，海关有权处理该批货物。

许多国家的通关手续往往十分繁杂。为了及时通关提货，进口商也可委托熟悉海关规章的报关行代为办理通关手续。

第二节 非关税壁垒

一、非关税壁垒概述

随着贸易自由化的推进，世界贸易组织对进口关税水平的约束加强，世界贸易组织各成员方的平均关税水平已经大幅度下降，关税已不再成为国际贸易中的主要障碍。但国际市场并未因此停下激烈竞争的步伐，以新的手段代替关税措施来限制进口，奖励出口，保护本国市场的情形越来越多，越来越复杂。非关税壁垒（Non-Tariff Barriers，NTBS）就是指使用关税以外的办法来限制商品进口的措施。目前，非关税壁垒已经日益成为主要的贸易保护手段，在国际贸易中起到越来越重要的作用。

与关税措施相比较，非关税壁垒更具灵活性、针对性、隐蔽性、合理性和有效性。由于税法修订程序繁琐并表现明显，关税措施往往很难迅速和隐秘地紧急限制进口，还容易造成贸易伙伴间的关系恶化。而非关税措施则只要采用行政程序，或者规定极为复杂的技术标准，或者规定繁琐的进口手续，可随时针对某国的某种商品采取或更换相应的限制措施，有效、快速地达到限制该种商品进口的目的。

二、非关税壁垒的主要种类

（一）进口配额制

进口配额制（Import Quotas System）又称进口限额制，是一国政府在一定时期内，对某些商品的进口数量或金额加以直接的限制，在规定的期限内，配额以内的商品可以进口，超过配额不准进口，或者征收较高关税后才能进口。

进口配额制在实施中又可以分为绝对配额和关税配额两种。

1. 绝对配额

绝对配额(Absolute Quotas)是指在一定时期内，对某些商品的进口数量或金额规定一个最高额数，达到这个额数后，便不准进口，这种进口配额又可分为两种方式：

(1)全球配额(Global Quotas or Unallocated Quotas)。全球配额是指一国当局在一定时期内对某种商品规定一个全球性配额额度，对来自任何国家或地区的商品一律适用，直到配额总额用完为止，超过总额就不准进口。

(2)国别配额(Country Quotas)。国别配额是指在总配额内，按照国别和地区分配给固定的最高配额，来自任何国家或地区的商品超过规定的配额便不准进口。国别配额又可以分为自主配额和协议配额。自主配额(Autonomous Quotas)，又称单方面配额，是由进口国自主地、单方面强制规定在一定时期内从某个国家或地区进口某种商品的配额，这种配额不需征求输出国家的意见。协议配额(Agreement Quotas)，又称双边配额，是由进口和出口两国政府或民间团体之间协商确定的配额。

2. 关税配额

关税配额(Tariff Quotas)是指对在规定配额以内的进口商品，给予低税、减税或免税待遇；对超过配额的进口商品则征收较高的关税，甚至罚款。这就起到了限制商品进口的目的。

关税配额按商品进口的来源，可分为全球性关税配额和国别性关税配额。按征收关税的目的，可分为优惠性关税配额和非优惠性关税配额。优惠性关税配额是指在关税配额以内，对进口的商品给予较大幅度的关税减让，甚至免税；超过配额的进口商品即按原来的最惠国税率征收关税。非优惠性关税配额是指在关税配额内仍征收原来的进口税，但对超过配额的进口商品则征收极高的附加税或罚款。

(二)自动出口配额制

自动出口配额制(Voluntary Export Quotas System)又称自动限制出口(Voluntary Restriction Export)，是指出口国家或地区在进口国的要求或压力下，“自动”规定某一时期内(一般是3～5年)，限制某些商品对该国的出口，在限定的配额内自行控制出口，超过限额即禁止出口。

"自动"出口配额制最早始于美国。20 世纪 70 年代,由于日本和东亚其他一些国家的商品大量涌入美国和欧洲,在这种情况下,美国强迫日本实行"自动"限制商品出口,开始仅限于日本的纺织品出口,以后又延伸到钢铁业、汽车业。日本对美国出口的汽车曾实行"自动"出口限额,每年不超过 168 万辆。日本的这种做法,完全是在美国的强大压力下被迫做出的。

"自动"出口配额制主要有两种形式:

(1)非协定的"自动"出口配额。即在进口国的压力下,出口国单方面规定某些商品的出口金额和数量,自行控制商品出口。这种配额有的由政府有关机构规定配额,并予以公布,出口商必须向有关机构申请配额,领取出口授权书或出口许可证才能出口;有的由本国大的出口厂商或协会"自动"控制出口。

(2)协定的"自动"出口配额。即进出口双方通过谈判签订"自限协定"(Self - restraint Agreement)或"有秩序销售协定"(Orderly Marketing Agreement)。在协定中规定于有效期内某些商品的出口配额,出口国应根据此配额实行出口许可证制或出口配额签证制(Export Visa),自行限制这些商品的出口。

(三)进口许可证制

进口许可证制(Import License System)是指国家为管制对外贸易,规定某些进口商品必须领取进口许可证,没有许可证,一律不准进口的制度。进口许可证必须注明有效期与进口商品名称、来源、数量及金额等。

进口许可证可分为如下两类:

(1)按进口许可证与进口配额的关系,进口许可证分为有定额的进口许可证和无定额的进口许可证。

①有定额的进口许可证,有定额的进口许可证是指国家有关机构预先规定有关商品的进口配额,在配额的限度内,根据进口商的申请对于每笔进口货物发给进口商一定数量或金额的进口许可证。

②无定额的进口许可证。无定额的进口许可证是指进口许可证不与进口配额相结合,国家有关政府机构也不预先公布进口配额,颁发有关商品的进口许可证,只是在个别考虑的基础上进行。此种进口许可证没有公开的标准,因而给正常贸易造成更大的困难,其限制进口的作用更大。

(2)按进口管制的程度,进口许可证分为公开一般许可证(Open General License)和特种进口许可证(Specific License)。

①公开一般许可证。又称公开进口许可证、一般许可证或自动进口许可证。它对进口国别或地区没有限制,凡列明属于公开一般许可证的商品,进口

商只要填写公开一般许可证后，即可获准进口。

②特种进口许可证。又称非自动进口许可证。进口商必须向政府有关当局提出申请，经逐笔审查批准后才能进口。这种进口许可证对进口的管制最严，而且多数都指定进口国别或地区。

(四)外汇管制

外汇管制(Foreign Exchange Control)是一国政府通过法令，对国际结算和外汇买卖实行限制，以平衡国际收支和维持本国货币汇价的一种制度。

在外汇管制的国家，国家把外汇全部控制在手中，出口商必须把他们出口所得到的外汇，按官定汇率卖给外汇管制机关，进口商也必须在外汇管制机关按官定汇率申请购买外汇。本国货币携带出入境也受到严格的限制。国家通过外汇管制，可以达到外汇集中使用，控制商品进出口数量、种类和国别的目的。

外汇管制的方式较为复杂，一般可分为以下几种：

1. 数量性外汇管制

数量性外汇管制是指国家外汇管理机构对外汇买卖的数量直接进行限制和分配。进口商如欲进口商品，必须向国家外汇管理部门申请外汇额度，经外汇管理部门批准后，方可获得外汇，支付进口货款。

2. 成本性外汇管制

成本性外汇管制是指国家外汇管理机构对外汇买卖实行复汇率制度(System of Multiple Exchange Rates)，利用外汇买卖成本的差异，间接影响不同商品的进出口。所谓复汇率制度，是指一国货币对外有两个或两个以上的汇率。其目的是利用汇率的差别限制和鼓励某些商品进口或出口。一般说来，对于适当允许进出口的商品使用普通汇率；对于鼓励进出口的商品使用优惠汇率；对于严格限制进口的商品则使用惩治性汇率，即高价购买外汇，使进口商品成本增加，竞争力下降，从而达到限制其进口的目的。

3. 混合性外汇管制

混合性外汇管制就是同时运用上述两种管制方式，使国家能更有效地控制外汇和商品进口。

(五)进出口国家垄断

进出口国家垄断(Foreign Trade Under State Monopoly)是指在对外贸易中，对某些或全部商品的进出口，须由国家机关直接经营，或是把商品的进口、出口权给予垄断组织。大多数国家只对少数关系国计民生的大宗、特殊商品采用进出口国家垄断，如对烟、酒、农产品、武器等。

(六)歧视性政府采购政策

歧视性政府采购政策(Government Procurement Policies of Discrimination)是指国家通过立法,规定政府机构在采购时要优先购买本国产品的做法和行为。它是限制进口商品销售的一种歧视性政策。

美国是世界上最早立法实行政府采购政策的国家。1920 年美国通过了《琼斯法》,该法律规定国内贸易的运输必须使用美国造船厂生产的船只,该船只必须由美国驾驶员驾驶,为美国人所有,同时必须在美国注册。这一法律一直延续到今天。这种保护性措施使美国造船业的竞争能力下降,其成本比日本大约高出 3 倍。美国在汽车销售上也规定,凡是用来做公务车,必须购买美国国产车。1933 年制定了《购买美国货法案》,并经过多次修订。这一法案规定,美国政府所要采购的货物,应该是美国制造的,或是用美国原料制造的。开始规定凡商品的构成中有 50%以上是在国外生产的,就称为外国货。接着又做了修改,即在美国自己生产的数量不够,或者国内价格太高,或者不买外国货就会伤害美国利益的情况下才可以购买外国货。优先采购美国商品的价格约高于国际市场价格的 6%~12%。美国国防部和财政部也常常购买比外国货贵 50%的美国货。《购买美国货法案》直到"东京回合"美国签订了政府采购协议后才废除。许多国家都有类似的制度。

(七)各种国内税

各种国内税(Internal Taxes)是指利用国内各种课税制度对已经进口到国内的外国商品征收各种税,以达到限制进口目的的办法。

采用征收国内税限制进口的做法具有一定的灵活性、伪装性和差别性。因为征收国内税属于一国国内政策,不受贸易条约或多边协定的限制和约束。法国曾规定对不同发动机的汽车征收不同的养路费。美国、日本对进口酒精饮料的消费税都大于本国制品。

(八)最低限价与禁止进口

一国政府规定某种商品进口的最低价格,凡进口货价低于规定的最低价格时,则征收进口附加税,或禁止进口。这种规定则为最低限价与禁止进口(Minimum Price and Prohibition of Imports)。

当一些国家感到实行其他限制进口措施已不足以解救经济困难,可以实行最低限价或颁布法令,直接禁止某些商品的进口。1983 年,委内瑞拉面临严重的经济困难,为应付这一局面,委内瑞拉政府公布禁止进口的商品达 515 种之多。20 世纪 70 年代,美国对从日本进口的钢材,按其生产成本、运费等因素的变化,逐季公布钢材进口的启动价格,即只有超过这一价格的钢材才能进口。进口最低限价实质上是通过抬高进口商品的价格，削弱其在进口国国内市场的竞争能力。

(九)进口押金制

进口押金制(Import Advanced Deposit System)又称进口存款制，它是指进口商在进口商品时，必须预先按进口金额的一定比率和规定的时间，在指定的银行无息存储一笔现金的制度。这种制度加重了进口商的资金负担，使其不愿进口，从而达到限制进口的目的。如1974年5月7日到1975年3月24日，意大利曾对400多种商品实行这种制度，规定进口商无论从何国进口，必须向中央银行缴纳相当于货值半数的现金押金，无息冻结6个月。

(十)海关设置障碍

1. 专断的海关估价，变相提高关税

进口国政府专断地提高进口商品的海关估价，来提高进口商品的关税负担，阻碍商品的进口，称为专断的海关估价。

目前，为了不使海关估价成为国际贸易发展的障碍，世界贸易组织全面实施了一套公正、统一、中性的货物估价制度——《关于实施关税与贸易总协定第七条的协议》。这个协议规定了下列六种不同的依次采用的新估价法：

(1)进口商品的成交价格。根据协议的第1条规定，成交价格是指“商品销售出口运往进口国的实际已付或应付的价格”，即进口商在正常情况下申报并在发票中所载明的价格。如果海关不能按上述规定的成交价格确定商品的海关估价，那就采用第2种办法。

(2)相同商品成交价格，又称同类商品成交价格。是指与应估价商品同时或几乎同时出口到同一进口国销售的相同商品的成交价格。所谓相同商品，根据协议第15条第2款，其定义为：“它们在所有方面都相同，包括相同性质、质量和信誉。如表面上具有微小差别的其他货物，不妨碍被认为符合相同货物的定义。”当发现两个以上相同商品的成交价格时，应采用其中最低者来确定应估商品的完税价格。如按以上两种估价办法都不能确定时，可采用第3种估价方法。

(3)类似商品的成交价格。是指与应估商品同时或几乎同时出口到同一进口国销售的类似商品的成交价格。所谓类似商品就是尽管与应估商品比较，各方面不完全相同，但它有相似的特征，使用同样的材料制造，具备同样的效用，在商业上可以互换的商品。在确定某一商品是否为类似商品时，应考虑的因素包括该商品的品质、信誉和现有的商标等。

(4)倒扣价格法。是指以进口商品,同类或类似进口商品在国内第一环节的销售价格为基础减去有关的税、费后来估定的完税价格。其倒扣的项目包括代销佣金、销售利润和进口国内的运费、进口国内保险费、进口关税和国内税等。

(5)计算价格法。计算价格又称估算价格,是以发生在生产国制造该进口商品的原材料、部件、生产费用、运输和保险费用等成本费以及销售进口商品所发生的成本和一般费用为基础进行估算的完税价格。这种方法必须以进口商能否提供有关资料和单据,并保存所有必要的账册等为条件,否则海关就不能采用这种办法确定其完税价格。

(6)合理办法。是指海关不能根据上述各种办法确定进口商品的完税价格时,按公平、统一、客观的估价原则,以客观量化的数据资料为基础审查确定进口货物完税价格的估价方法。

2. 改变进口关道

改变进口关道就是让进口商品在海关人员少、海关仓库狭小、商品检验能力差的海关进口,拖长商品过关时间,以达到限制商品进口的目的。如1982年10月,法国政府称“日本电子消费品入侵”,宣布所有录像机进口必须通过普瓦蒂埃港,而不是马赛港。普瓦蒂埃是位于法国北部港口数百英里的内地小镇,该镇的海关人员很少,仓库狭小,而且规定了一套特别繁杂的海关手续。规定所有伴随文件要经过彻底检查,每个容器都要打开,认真校对录像机序号,查看使用说明书是否是法文的,检查是否是所报原产地生产的,其结果是严重地限制了日本录像机进入法国市场。使用普瓦蒂埃海关之前,1981年前10个月,进入法国的录像机每月多达6.4万台,大部分来自日本;此后,普瓦蒂埃海关每月入关的录像机不足1万台。此事被称为“普瓦蒂埃之战”。

(十一)技术性贸易壁垒

技术性贸易壁垒(Technical Barriers to Trade)是指为了限制商品进口所规定的复杂苛刻的技术法规、技术标准、卫生检疫规定以及商品包装和标签等规定。

WTO关于技术性贸易壁垒的文件有两个,分别是“技术性贸易壁垒协定”(TBT协定)和“实施卫生与动植物卫生措施协定”(SPS协定),所涉及的领域和环节有农产品、食品、机电产品、纺织服装、信息产业、家电、化工医药,既包括它们的初级产品、中间产品和制成品,又涉及它们的加工、包装、运输和储存等环节。

目前我国面临的国外技术性贸易壁垒主要有以下三个特点：

1. 与知识产权保护相结合

我国对外贸易中遭遇的技术性贸易壁垒，许多以知识产权为支撑，或直接以知识产权构筑技术壁垒，如DVD、彩电、手机等，构成了技术含量更高的双重技术壁垒。例如2003年初，美国通信设备制造商思科公司起诉中国华为公司在美国销售的路由器抄袭了思科公司的软件等。

2. 与保护人类与环境相结合

以人类和环境保护为主要目的来阻止或限制商品进口成为技术性贸易壁垒的新特点。例如欧盟2003年发布的重要技术性贸易壁垒《报废电子电气设备指令》、《关于在电子电气设备中禁止使用某些有害物质指令》和《欧盟未来化学品政策战略白皮书》，2006年日本实行的《肯定列表制度》等，都以保护人类和环境为主要目的，对我国产品出口影响较大。

3. 与社会责任相结合

一些国家为保护企业内部劳工的权利，规定了企业必须承担的对社会和利益相关者的责任，并把此标准作为对外贸易的准入条件。例如SA8000(Social Accountability 8000)就是社会责任标准，它是全球首个道德规范国际标准。其宗旨是确保供应商所供应的产品皆符合社会责任标准的要求。它规定：(1)不得使用或者支持使用童工；(2)不得使用或支持使用强迫性劳动，也不得要求员工在受雇之初交纳“押金”或寄存身份证件；(3)应尊重所有员工结社自由和集体谈判权；(4)反歧视原则；(5)不得从事或支持体罚、精神或肉体胁迫以及言语侮辱；(6)工作时间要严格遵守当地法律规定；(7)企业支付给员工的工资不应低于法律或行业的最低标准；(8)应具备避免各种工业与特定危害的知识，为员工提供安全健康的工作环境，采取足够的措施，降低工作中的危险因素，尽量防止意外或健康伤害的发生，为所有员工提供安全卫生的生活环境，包括干净的浴室、洁净安全的宿舍、卫生的食品存储设备等；(9)高层管理阶层应根据本标准制定公开透明、各个层面都能了解并实施、符合社会责任与劳工条件的公司政策；(10)员工辞工需要提前一个月写出书面申请。

有些国家还把动物福利(Animal Welfare)也作为企业社会责任的内容之一，以保护动物，或以维护动物福利为由，制定一系列动物保护或维护动物福利的措施，以限制甚至拒绝外国货物进口。动物福利标准要求农场饲养中的动物要与其环境协调一致，生理完全健康。强调要合理、人道地利用动物，要尽量保证那些为人类作出贡献和牺牲的动物，享有最基本的权利。例如欧盟对猪的福利规定如下：小猪出生要吃母乳；要睡在干燥的稻草上；拥有拱食泥土的权利;运输车须清洁并在途中按时喂食和供水,运输中要按时休息;杀猪要快,须用电击且不被其他猪看到,要等猪完全昏迷后才能放血分割等。

政府对于进口产品制定和实施技术的统一标准,提出健康和安全的最低标准的要求,并提出保护环境的标准等,是合理和必要的,这些标准和规定以维护生产、消费者安全和人民健康的理由而制定,但却规定得十分复杂,而且经常变化,使外国产品难以适应,从而起到限制外国商品进口和销售的作用。越来越多的国家将这些标准作为限制进口的措施和手段。

第三节 其他贸易保护措施

一、鼓励出口的措施

(一)出口信贷

出口信贷(Export Credit)是一个国家的银行为了扩大商品出口,加强出口商品的竞争能力,对本国出口厂商或国外进口厂商提供的贷款,它是一国的出口厂商利用本国银行的贷款扩大商品出口,特别是金额较大、期限较长如成套设备、船舶等出口的一种重要手段。出口信贷又可分为如下两类。

1. 卖方信贷

卖方信贷(Supplier's Credit)是出口国银行向出口厂商(即卖方)提供的贷款。这种贷款合同由出口厂商与本国银行之间签订的,是出口国银行直接资助出口厂商向外国进口厂商提供延期付款,以促进商品出口的一种方式。

2. 买方信贷

买方信贷(Buyer's Credit)是出口国银行直接向进口厂商(即买方)或进口方银行提供的贷款,其附带条件就是此贷款必须用于购买出口国的商品,因而起到促进商品出口的作用,这就是通常所称的约束性贷款(Tied Loan)。这种信贷一般有两种形式:一是由出口方银行直接向进口厂商提供贷款,由进口厂商以限期付款的方式将银行提供的贷款付给出口厂商,然后按贷款合同所规定的条件,向供款银行还本付息。二是由出口方银行向进口方银行提供贷款,要求进口方银行以即期付款的方式代进口厂商支付应付的货款,并按贷款协议规定的条件向供款银行归还贷款和利息等。

买方信贷不仅使出口商可以较快地得到货款和减少风险,而且使进口厂商对货价以外的费用比较清楚,便于其掌握讨价还价的分寸。

(二)出口信贷国家担保制

出口信贷国家担保制(Export Credit Guarantee System)就是国家为了扩大出口,对于本国出口厂商或商业银行向外国进口厂商或银行提供的信贷,由国家设立的专门机构出面担保。当外国债务人拒绝付款时,这个国家机构即按照承保的数额给予补偿。

出口信贷国家担保制主要内容如下。

1. 担保的项目与金额

担保项目包括政治风险和经济风险两种。

(1)政治风险。对进口国发生政变、革命、暴乱以及战争或其政府颁布冻结资金和限制对外支付等政治原因造成的损失,可给予补偿。该风险承保金额为合同金额的85%～95%。

(2)经济风险。如因进口商或借款银行破产倒闭,无力偿付因货币贬值及通货膨胀等经济原因造成的损失,才予以补偿。承保金额为合同金额的70%～80%。为了扩大出口,有时对于某些出口项目的承保金额达到100%。

2. 担保的对象

担保的对象主要有:

(1)对出口厂商的担保。出口厂商输出商品时提供的短期信贷或中长期信贷,可向国家担保机构申请担保,有些国家的担保机构本身不向出口厂商提供出口信贷,但它可以为出口厂商取得出口信贷提供有利条件。

(2)对银行的直接担保。通常银行提供的出口信贷均可申请担保,这种担保是担保机构直接对供款银行承担的一种责任。这种办法有利于银行扩大出口信贷业务,从而促进商品输出。

3. 担保期限与费用

根据出口信贷期限,担保期限通常可分为短期与中、长期。短期信贷担保为6个月,为简化手续,有些国家对短期信贷采用综合担保的方式。出口厂商只要一年办理一次投保,就可承保在这期间对海外的一切短期信贷交易。一旦外国债务人拒付时,即可得到补偿。中、长期信贷的担保,由于金额大、时间长,因而采用逐笔审批的特殊担保方式,担保时间通常为2～15年。

(三)出口补贴

出口补贴(Export Subsidies)是指国家政府或同业公会对某商品的出口商所给予的现金补贴或财政上的优惠待遇,其目的在于降低出口商品的价格,加强其在国外市场的竞争能力。

出口补贴方式有直接补贴和间接补贴两种。

1. 直接补贴

直接补贴(Direct Subsidies)是指一国政府或同业公会对本国或本行业的出口商在出口某项商品时，直接付给出口商的现金补贴，如西欧共同市场对其农产品出口就采取这种直接补贴法。

2. 间接补贴

间接补贴(Indirect Subsidies)是指政府对某些出口商品给予财政上的优惠。主要有以下几种：

(1)退还或减免出口商品所缴纳的国内税。如免征销售税、消费税、增值税和盈利税等，以减轻他们的业务经营费用。

(2)暂时免税进口。如果某些进口商品不是为本国消费，而是经过改制、修理或加工以后再出口时，允许其暂时免税进口。通常这种待遇仅仅给予进口原料或半制成品，以降低制成品的成本，提高出口商品的竞争能力。

(3)退还进口税。进口原料或半制成品，在加工为制成品后出口时，退还已缴纳的进口税。例如，英国曾对进口人造纤维加工成衣服、台布等产品，在出口时退还人造纤维进口税。

(四)商品倾销

商品倾销(Dumping)是指出口商在国际市场上，以低于国内市场价格甚至低于成本的价格向国外市场抛售商品，以打击竞争者并占领市场。

1. 实施商品倾销的原因

(1)清仓。国内商品积压多了，需要清理，故低价抛售库存积压商品；

(2)为了打击竞争对手，以低价把对方从某一国外市场挤走；

(3)开拓市场。在开辟和进入一个新市场时，以低价易于进入并站稳脚跟；

(4)为了独占(垄断)的优势，以最低价格全面占领和垄断市场后再提价。

2. 商品倾销的主要形式

(1)偶然性倾销(Sporadic Dumping)。这种倾销通常是因为销售旺季已过，或因公司改营其他业务，在国内市场上不能售出“剩余货物”，而以倾销方式在国外市场抛售。这种倾销对进口国的同类产品生产当然会造成不利的影响，但由于时间短暂，进口国家一般较少采用反倾销措施。

(2)掠夺性倾销(Predatory Dumping)。这种倾销的方法是以低于国内价格甚至低于成本的价格，在某一国外市场上倾销商品，在打垮或摧毁了所有或大部分竞争对手，垄断了这个市场后，再抬高价格。这种倾销的目的有的是为了打垮竞争对手，以扩大和垄断其产品的销路；有的是为阻碍当地同类产品或类似产品的生产和发展，以继续在当地市场维持其垄断地位；有的是为了在国外建立和垄断产品的销售市场等。总之，其目的是占领、垄断和掠夺国外市场，获取高额利润。这种倾销对进口国家的利益会造成严重损害，因而进口国一般都要采取反倾销措施予以抵制。不过，在当今国际市场竞争极为激烈的情况下，这种倾销不太容易实施，因为一旦任何竞争者抬高价格想获取高额垄断利润，马上会有新的竞争者加入，使他们的梦想不能实现。

(3)持续性倾销(Persistent Dumping)。这种倾销是在一个相当长的时期内，持久地连续地以低于国内市场的价格，在国外市场上抛售商品。这种倾销有长期目标，但从经济利益来考虑，长期的亏本必须要有足够的经济承受力。这种倾销行为出现的可能性比掠夺性倾销要多，但对于这些企业长期的倾销行为，经济学界有不同的意见，他们认为，如果进口国消费者能够长期享受这种低价、优质产品，不是一件好事吗？

实施商品倾销初期，企业必然受到一定损失。这些损失可通过以下途径予以补偿：①在贸易壁垒的保护下，维持国内市场的垄断高价，获取超额利润，以补偿出口损失；②国家机构利用出口补贴来补偿垄断组织在倾销时所遭到的亏损；③垄断组织在国外市场进行倾销，打垮了国外竞争者，垄断国外市场后，再抬高价格，获取垄断超额利润，以弥补先期倾销时所受到的损失。

实现商品倾销有一定的条件限制，首先，倾销的商品不应再复进口；否则，通过实施商品倾销而卖到他国市场上的商品，又原封不动地以同样价格进口到本国市场内，倾销的作用也就不复存在了。其次，对方国家不采取报复措施。对方国家未采取反倾销措施，即没有征收反倾销税；否则，倾销也就失去了作用。

(五)外汇倾销

外汇倾销(Exchange Dumping)是指出口企业利用本国货币对外贬值的机会，进行商品倾销，争夺国外市场的一种特殊手段。由于一国货币贬值后，以外币表示的出口商品的价格就会降低，这样无疑就提高了出口商品的竞争能力，导致扩大商品出口的结果。不仅如此，在一国货币贬值后，货币贬值的国家从国外进口的商品以贬值后的货币计算，其商品价格必然上涨，从而削弱了进口商品的竞争力，限制了外国商品的进口。因此，货币贬值起到了促进出口、限制进口的双重作用。

外汇倾销不能无限制和无条件地进行，只有具备以下条件才能奏效：

(1)货币贬值的程度大于国内物价上涨的程度。货币贬值必然会引起一国国内物价上涨。当国内物价上涨程度赶上或超过货币贬值的程度，对外贬值与对内贬值的差距随之消失，外汇倾销的条件也就不存在了。

(2)进口对方国家不采取同样的措施。如果进口对方国家采取相应的货币贬值的措施，外汇倾销的作用也就被抵消了。

(3)进口对方国家不采取其他报复性措施。如果进口对方国家采用征收进口附加税等措施以抵消贬值的作用，则外汇倾销也就不起作用了。

(4)出口商品不再复进口到本国市场。如果出口商品又复进口到本国市场，那么货币贬值的作用也就消失了。

二、经济特区措施

所谓经济特区，是指一个国家(或地区)在其国境以内、关境以外所划出的一定范围，并建立良好的交通运输、通信联络、仓储等基本设施和实行关税等方面的优惠政策，吸引外国企业从事贸易与出口加工工业等业务活动的区域。经济特区是一些国家或地区为促进经济和对外贸易的发展而采取的一项重要的措施。它的建立，有助于促进对外贸易的发展，鼓励转口贸易和出口加工贸易，吸引外国投资，引进先进的生产和技术，增加财政收入和外汇收入，从而繁荣本国经济。

经济特区的主要形式有：

(一)自由港或自由贸易区

自由港(Free Port)又称自由口岸，一般设在港口或港口地区；自由贸易区(Free Trade Zone)又称自由区或对外贸易区，一般设在邻近港口的地区或港口的港区。自由港和自由贸易区除名称不同，所设置的地理位置略有不同外，在性质、特征、作用等方面基本是一样的，所以人们一般都把它们并为一类。无论是自由港还是自由贸易区都划在关境以外，对进出口商品的全部或大部实行免征关税，并且允许外国或本国的厂商在港内或区内自由从事储存、展览、改装、重新包装、整理、加工和制造等业务活动，以便于本地区的经济和对外贸易的发展，增加财政收入和外汇收入。

自由港和自由贸易区的设立既可以是把整个港口或港区所在的城市都划进去，如中国香港、新加坡，也可以把港口或港区所在城市的一部分划为自由港或自由贸易区，如汉堡自由贸易区只是把汉堡市的一部分划为自由区，这个自由贸易区位于港区中心，占地 14.6 平方千米。

许多国家对自由港或自由贸易区也有一定的限制，主要有以下规定。

(1)关税方面。对于准许进入自由港或自由贸易区的外国商品，不用办理报关手续，免征关税。少数已征收进口税的商品，如烟、酒等，再行出口时可退还进口税。但是，如果港内或区内的外国商品转运入所在国的国内市场上销售，则必须办理报关手续，缴纳进口税。

(2)业务活动。对于准许进入自由港或自由贸易区的外国商品，可进行储存、展览、拆散、分类、分级、修理、改装、重新包装、重贴商标、清洗、整理、加工制造、销毁、与外国的原材料或所在国的原材料混合，再出口或向所在国国内市场出售。

(3)禁止和特别限制。大多数国家或地区通常都对武器、弹药、爆炸品、毒品及其他危险品以及国家专卖品如烟草、酒、盐等禁止输入或凭特种进口许可证才能输入；有些国家对少数消费品的进口要征高关税；有些国家对某些生产资料在港内或区内使用也征收关税。如意大利规定，在迪里雅斯特自由贸易区内使用的外国建筑器材、生产资料等也包括在应征关税的商品之内。有些国家如西班牙等，还禁止在区内零售。

(二)保税区

保税区(Bonded Area)又称保税仓库，它是指经海关批准设立专门存放保税货物及其他未办结海关手续货物的仓库。它一般设立在海港、机场等区域，允许境外货物不办理进口手续暂时储存在那里。

在保税区储存期间，进口商品可暂时不缴纳进口税，如再出口，也不缴纳出口税。运入保税区内的商品可进行储存、改装、分类、混合、展览、加工和制造等业务活动。它起到类似自由港或自由贸易区的作用。一般的自由港或自由贸易区都设有保税仓库，并独立存在。有的国家还设立保税工场，专门供外国货物加工之用。设立保税区的主要目的是为了发展转口贸易，增加有关各项收入，同时给予进口商以经营上的便利。

各国设立的保税区都有不同的时间规定，货物储存期限一般为 1 个月到 3 年不等，逾期货物未办理有关手续，即视为放弃货物，海关有权对其进行拍卖处理，所得的款项除抵偿关税、仓租及其他杂费外，余款归还货主。

我国保税区内不得存放国家禁止进境货物，不得存放未经批准的影响公共安全、公共卫生或健康、公共道德或秩序的国家限制进境货物以及其他不得存入的货物。

(三)出口加工区

出口加工区(Export Processing Zone)是指经国家批准，在关境内或关境线上的港口、国际机场附近的地方，划出一定的范围，由海关对保税加工进出口货物进行封闭式监管的特定区域。

出口加工区是在 20 世纪中后期，在一些发展中国家或地区建立和发展起来的。其目的在于吸收外国投资,引进先进技术与设备,促进本地区的生产技术和经济的发展,增加外汇收入。现阶段出口加工区的主要功能是保税加工。

出口加工区内设置加工区管理委员会和出口加工企业、专为出口加工企业生产提供服务的仓储企业以及经海关核准专门从事加工区内货物进出的运输企业。区内不得经营商业零售、一般贸易、转口贸易及其他与加工区无关的业务,不得建立营业性的生活消费设施。除安全人员和企业值班人员外,其他人员不得在加工区内居住。

海关在出口加工区内设立机构,并依法对进出加工区的货物及区内相关场所实行 24 小时监管。从境外运入区内的加工贸易货物全额保税。境内区外进入出口加工区的货物视同出口,办理出口报关手续,可以办理出口退税手续。

出口加工区与自由港均为经济特区,两者有区别:自由港或自由贸易区以发展转口贸易,取得商业方面的收益为主,属于贸易型经济特区;而出口加工区则是以发展出口加工工业,取得工业方面的收益为主,属于生产型经济特区。

(四)自由边境区

自由边境区(Free Perimeter)是指由国家批准在本国边境地区,按照自由贸易区或出口加工区的优惠措施,吸引国外厂商投资,以开发边境区经济为目的的自由区域。凡区内使用的机器设备、原材料和消费品,都可免税或减税进口。但商品从区内转运到本国其他地区出售,则须照章纳税。

设立自由边境区的主要目的是利用外资开发边境区域经济。区内的进口商品加工后大多是在区内使用,只有少数是用于再出口。当这些边境区生产能力发展后,国家就会逐渐取消一些优惠待遇,直至废除自由边境区。

(五)科学园区

科学园区(Scientific Area)是指由国家批准、为了实现产业结构改造和促进高科技产业发展而在本国境内划出的,以新兴工业产品的研究和开发、高科技产业的生产为主要内容的区域。

科学园区一般选在靠近信息渠道畅通和交通网络发达的大城市附近,区内企业设施先进、资本雄厚、技术密集程度高,国家给予各方面的优惠政策,特别注重形成创新和创业的环境,使投资者可以顺利地进行高科技产业的投资活动。

世界首例科学园区是1951年正式创办于美国加利福尼亚州的"斯坦福科研工业区",后发展成为"硅谷"。目前全世界大约有500多个科学园区,且呈迅速发展的趋势。作为高科技发展的一种新趋势,科学园区在一些发展中国家和地区也有不同程度的发展。例如,新加坡、中国都设立了许多高新技术开发区。

(六)过境区

沿海国家为了方便内陆邻国的进出口货物运输,开辟一些海港、河港或国境城市作为货物过境区(Transit Zone)。过境区对过境货物简化海关手续,不征关税或只征少量的过境费用。过境货物一般可在过境区内作短期储存,重新包装,但不得加工。

三、出口管制方面的措施

出口管制措施(Measurement for Export Control)是指出口国家政府为了政治、军事和经济目的,所采取的限制或禁止某些商品出口的各种经济的和行政的办法和手段。它体现了一国对外贸易政策,也是一些西方发达国家通过运用出口管制实行其贸易歧视的措施。

(一)出口管制的原因

1. 出于政治目的

出口国为了干涉和控制进口国的政治经济局势,在外交活动中保持主动地位,遏制敌对国家或臆想中的敌对国家的经济发展,维护本国的政治利益和安全,通过出口控制手段,限制或禁止某些可能增加其他国家军事实力的物资,特别是战略物资和可用于军事的高技术产品的出口;或通过出口控制手段对进口国施加经济制裁压力,迫使其在政治上妥协就范。

2. 出于经济目的

出口国为了保证国内市场的正常供应,促进国内有关产业部门或加工工业的发展,为了保护国内稀缺资源或再生资源,以及稳定国际市场商品价格,避免本国贸易条件的恶化等原因,需要对有关商品的出口进行适当的控制。

3. 履行贸易伙伴间的协定

根据国际性组织间的协定,采取出口管制措施。

(二)出口管制的商品

(1)战略物资。军火、飞机、核潜艇等。

(2)先进技术。如宇航设备、通信设备等。

(3)国内生产所需的各种原材料、半成品及国内市场供应不足的某些商品。

(4)重要的文物、艺术品、黄金、白银等特殊商品。

有的国家还规定了一些其他禁止出口的产品，如世界濒危物种、独有的野生动植物、药品等。

(三)出口管制的形式

1. 单方面出口管制

一国根据本国的出口管制法案，设立专门机构对本国某些商品出口进行审批和颁发出口许可证，自主的实行出口管制。

2. 多边出口管制

几个国家政府，通过一定的方式建立多边出口管制机构，共同商讨和编制出口管制货单和出口管制国别，规定出口管制的办法，协调彼此的出口管制政策和措施，以达到共同的军事、政治和经济目的。

本章小结

国际贸易措施包括关税措施、非关税壁垒、鼓励出口和限制进口措施等方法。

关税措施是指进出口商品经过一国关境时，由政府所设置的海关向其进出口商所征收的税收。关税具有积极和消极的双重作用。按照征税的对象不同，关税可以分为进口税、出口税和过境税；按照关税的目的不同，关税可以分成财政关税和保护关税；按照差别待遇和特定的实施情况不同，关税可以分为进口附加税、差价税、特惠税和普遍优惠制。

关税征收的基本方式主要有两种：从量税和从价税。

关税的征收靠海关。海关税则是一国海关对进出口商品计征关税的规章和对进出口的应税与免税商品加以系统分类的一览表。海关税则主要可分为单式税则和复式税则两类。在单式税则或复式税则中，依据制定税则的权限，又可分为自主税则和协定税则。通关手续又称报关手续，是指出口商或进口商向海关申报出口或进口，接受海关的监督与检查，履行海关规定的手续。

国际贸易的发展和变化受到各种因素的影响，其中关税有着重大的影响。

一国对进口商品征收保护关税可以产生保护国内市场和国内生产的作用。进口税率的高低，说明一国对于本国生产同类产品部门的保护程度。在其他条件相同的条件下，进口税率越高，保护程度越高；反之，保护程度就低。名义保护税率是对进口商品征收进口关税所规定的百分比。有效保护税率是针对某个工业产品增值部分而计征的关税比率。其税率代表着关税对本国同类产品的真正有效的保护程度。

非关税壁垒是指以关税以外的办法限制进口的措施。非关税壁垒具有灵活性和针对性,更具有效性、隐蔽性和歧视性的特点。

从对进口限制的作用上分类,非关税壁垒可分为直接限制和间接限制两大类。从对进口不同的法令和实施上分类,非关税壁垒又可以分为以下几类:从直接限定进口数量和金额的实施上,有进口配额制、"自动"出口配额制、进口许可证制等。从国家直接参与进出口经营上,有进出口国家垄断、政府采购政策等。从外汇管制的实施上,有数量性外汇管制、成本性外汇管制和混合性外汇管制。从海关通关程序上和对进口价格的实施上,有海关估价制、繁琐的通关手续、征收国内税和进口最低限价等。非关税壁垒对国际贸易有重大影响的措施有以下几种:进口配额制、"自动"出口配额制、进口许可证制、外汇管制、进出口国家垄断、歧视性政府采购政策、各种国内税、最低限价与禁止进口、进口押金制、海关设置障碍、技术性贸易壁垒等。

非关税壁垒已经日益成为主要的贸易保护手段,在国际贸易中起到越来越重要的作用。

鼓励出口措施主要包括出口信贷、出口信贷国家担保制、出口补贴、商品倾销、外汇倾销。一些国家或地区为促进经济和对外贸易的发展,鼓励转口贸易和出口加工贸易,吸引外国投资,引进先进的生产和技术,增加财政收入和外汇收入,还设立了经济特区。所谓经济特区,是指一个国家或地区在其国境以内、关境以外所划出的一定范围,并建立良好的交通运输、通信联络、仓储等基本设施和实行关税等方面的优惠政策,吸引外国企业从事贸易与出口加工工业等业务活动的区域。

出口管制措施是指出口国家政府通过各种经济和行政的办法和措施,对本国出口贸易实行管制行为的总称。它是一国对外贸易政策的组成部分,尤其是西方发达国家往往运用出口管制作为其实行贸易歧视的重要手段。

思考与练习

1. 什么是关税?关税与国内税有何区别?
2. 什么是财政关税与保护关税?其主要特点是什么?
3. 什么是进口附加税?反补贴税与反倾销税有何异同?
4. 什么是差价税?为何征收差价税?
5. 什么是普遍优惠制?一般说来,普惠制方案主要有哪些规定?
6. 试简要说明名义关税与有效关税。

7. 征收关税的方法主要有哪几种？如何计算应征的税额？

8. 海关税则可分为哪几类？

9. 发达国家甲国是世界贸易组织成员，采用三栏税则：普通税率、最惠国税率和普惠制税率。某商品进口税的普通税率为 20%，最惠国税率为普通税率的 50%，普惠制税率的减税幅度为削减 5%。发展中国家乙国没有与甲国签订贸易条约，也不享受甲国的普惠制待遇；乙国于 2000 年 1 月 1 日加入世界贸易组织。2001 年 1 月 1 日，甲国将乙国列入其普惠制受惠国名单。现假定在 1999 年到 2001 年 3 年间，甲国每年从乙国进口该商品 100 万美元。问：在这 3 年中，甲国的进口商每年各应缴纳多少关税？

10. 假定某国对进口手表征收混合关税，该国进口从价税率为 15%，从量税率为每只手表 10 美元；现一进口商以每只 100 美元的价格进口 10 000 只手表，问该进口商共要缴纳多少美元的关税？

11. 什么是非关税壁垒？试比较它与关税壁垒对限制进口的作用。

12. 什么是进口配额制？绝对配额与关税配额、“自动”出口配额的主要区别是什么？

13. 外汇管制可分为哪几种？它如何起到限制进口的作用？

14. 发达国家如何利用技术标准达到限制进口的目的？

15. 什么是最低进口限价制？

16. 试述非关税壁垒措施对国际贸易的影响。

17. 什么是出口信贷？它有哪些类型？

18. 为什么说出口信贷国家担保制可以起到促进出口的作用？

19. 什么是出口补贴？它有哪些具体的方式？

第五章　经济全球化组织

本章课程概况

课题内容:世界贸易组织的基本知识、区域经济一体化和跨国公司理论。

课时:4 课时。

教学目的:使学生了解经济全球化组织,熟悉 WTO 的基本知识、WTO 的法律框架,熟悉区域经济一体化形式和区域经济一体化对国际贸易发展的影响,熟悉跨国公司的经营战略。

教学要求:了解世界贸易组织的产生;掌握世界贸易组织的基本原则和世界贸易组织的法律体系;掌握区域经济一体化形式和区域经济一体化理论;掌握跨国公司的特点和经营战略。

教学方式:理论讲授。第一、第二节课先介绍世界贸易组织的基本知识,第三节课介绍区域经济一体化形式、区域经济一体化理论,第四节课介绍跨国公司理论。

第一节　世界贸易组织基本知识

一、多边贸易体制的演变

(一)关税与贸易总协定的产生

第二次世界大战后期,美国及其他国家的国际政治学家和经济学家认为,20 世纪 30 年代的以邻为壑的政策给各国经济和政治带来了损害,这期间的贸易保护主义不仅导致了经济灾难,也间接带来了国际性战争。因此,国家间必须进行国际合作和政策协调,重新建立国际经济新秩序。1944 年的布雷顿森林会议成立了国际货币基金组织(IMF)和国际复兴与开发银行;1945 年美国提议成立国际贸易组织(International Trade Organization);1946 年联合国成立筹备(国际贸易组织)委员会;1947 年 4～10 月,23 个国家在双边谈判的基础上签订了 100 多项关税减让协议;1947 年 10 月 30 日,筹备委员会将关税减让协议和以前达成的商业政策合并,并取名为《关税与贸易总协定》(General Agreement on Tariff and Trade,GATT);由于当时 GATT 的生效日期没有确定,美国、英国、法国、比利时、荷兰、卢森堡、澳大利亚和加拿大 8 国签署《关税与贸易总协定临时适用书》,临时实施 GATT。后来由于美国国内政治变化等原因,国际贸易组织最终没有成立,GATT 临时实施一直到 1995 年。

(二)关税与贸易总协定的作用

GATT 自实施以来,先后组织了八轮多边谈判,其内容和活动涉及的领域不断扩大,对国际贸易的影响日益加强。其作用主要表现在以下几个方面。

(1)促进了国际贸易的发展和规模的不断扩大。经过 GATT 的多轮贸易谈判,发达国家的平均关税从 1947 年的 35%,降到 1995 年的 4.7%左右,发展中国家则降到 13%左右;在第七、第八轮的谈判中涉及取消非关税措施,这些都促进了贸易自由化,国际贸易规模从 1950 年的 607 亿美元增加到 1995 年的 43 700 亿美元。

(2)形成了国际贸易政策体系,成为国际贸易的"交通规则"。GATT 的基本原则及其谈判所达成的一系列协议,形成了处理国际贸易的规章制度和法律准则,因此成为各个缔约方进行国际贸易的"交通规则"。

(3)提供多边争端解决机制和谈判场所,缓和了贸易摩擦和矛盾。各国由于立场不同和文化差异,在国际贸易中难免出现纠纷。对于国际争端的解决,一般有以下几种方式:一是单边报复,这种方式容易引起贸易战;二是双边谈判,这种方式的最终结果往往受谈判力量的制约而有失公允;三是集团内部解决,这种方式会对集团外部的国家产生不利影响。GATT 提供了多边的争端解决机制,这种机制在客观上有利于保护国际贸易中的弱势群体。另外 GATT 还提供了缔约方谈判场所,这也有利于争端的解决并有利于多边贸易体制的延伸。

(4)客观上有利于发展中国家的发展。国际贸易中强调公平思想,但对于公平的理解,发达国家与发展中国家存在着差异,发达国家注重"形式公平",即要求所有国家享受同样权利并承担相同义务;而发展中国家要求"实质公平",即在国际贸易中根据一国的经济发展水平享受相应的权利并承担相应的义务。随着发展中国家的强大和纷纷加入 GATT,GATT 制定了一些有利于发展中国家的条款，例如发展中国家可以享受非互惠的普惠制，可以享受更长的过渡期，关税水平可以相对较高等。这些措施在客观上有利于发展中国家的对外贸易和经济的发展。

(三)关税与贸易总协定的局限

GATT由于其产生背景的特殊性，必然存在许多局限。以下几点说明了GATT的局限性和WTO的改进。

(1)GATT只是一个临时生效的政府间行政协议，不是一个正式的国际组织；而WTO则是一个常设并具有永久性的国际组织。

(2)GATT产生于20世纪40年代末期，货物贸易当时占绝大多数，因此GATT仅仅管辖货物贸易，并且在实施过程中农产品以及服装和纺织品贸易先后脱离其控制；WTO的管辖范围进一步拓宽，将货物、服务和知识产权融为一体，置于其管辖范围之内。

(3)GATT的许多协议是以守则的方式加以实施的，缔约方可以接受，也可以不接受；WTO对其所管辖的多边协议采用“一揽子”方式，不能提出保留，这增加了管理的权威性。

(4)GATT的争端解决机制在做出决策时要求所有缔约方“完全协商一致”，即只要有一个缔约方不同意争端解决专家小组的仲裁结果，则该专家组报告不能通过；WTO采用反向协商一致，即除非所有成员方都反对，否则视为完全协商一致。这种改变增强了争端解决机构解决争端的效力。

(四)世界贸易组织的建立

鉴于上述GATT的作用和局限性，各缔约方认为对于GATT既不能完全废止，又不能原样保留，有必要在GATT的基础上建立一个正式的国际经济组织。1994年4月15日，在摩洛哥的马拉喀什的部长级会议上，乌拉圭回合的各项议题均获通过，并采取一揽子方式加以接受。根据一揽子协议中的《建立世界贸易组织协定》的规定，1995年1月1日世界贸易组织正式成立。1995年1月1日，WTO与GATT并行运行1年；1996年1月1日，WTO正式担当起全球经济贸易组织的角色。截至2014年6月，WTO共有160个成员方。

二、世界贸易组织的宗旨、目标、职能和组织机构

(一)世界贸易组织的宗旨

(1)提高人们的生活水平，保证充分就业，大幅度稳步地提高实际收入和有效需求。

(2)扩大货物、服务的生产和贸易。

(3)坚持走可持续发展之路,各成员应促进对世界资源的最优利用,保护和维护环境,并以符合不同经济发展水平下各自成员需要的方式,加强采取各种相应的措施。

(4)积极努力以确保发展中国家,尤其是最不发达国家,在国际贸易增长中获得与其经济发展水平相适应的份额和利益。

(二)世界贸易组织的目标

WTO的目标是建立一个完整的包括货物、服务、与贸易有关的投资及知识产权等更具活力、更持久的多边贸易体系,它包括GATT贸易自由化的成果和乌拉圭回合多边贸易谈判的所有成果。

WTO实现目标的途径是协调管理贸易。为了有效地实现上述目标和宗旨,WTO规定各成员应通过达成互惠互利的安排,大幅度削减关税和非关税壁垒,在国际经贸竞争中,消除歧视性待遇,坚持非歧视贸易原则,对发展中国家给予特殊和差别待遇,扩大市场准入程度及提高贸易政策和法规的透明度,以及实施通知与审议等原则,从而协调各成员间的贸易政策,共同管理全球贸易。

(三)世界贸易组织的主要职能

(1)制定规则。组织实施WTO负责管辖的各项贸易协定、协议,积极采取各种措施努力实现各项协定、协议的目标。

(2)组织谈判。为成员提供处理各项协定、协议有关事务的谈判场所。

(3)争端解决。解决各成员间发生的贸易争端。

(4)政策评审。对各成员的贸易政策、法规进行定期评审。

(5)国际合作。协调与国际货币基金组织和世界银行等国际经济组织的关系,以保障全球经济决策的凝聚力和一致性,避免政策冲突。

(四)世界贸易组织的组织机构

1. 部长会议

部长会议是世界贸易组织的最高权力机构,由所有成员主管外经贸的部长、副部长级官员或其全权代表组成。部长会议至少每两年举行一次,部长会议具有广泛的权力,主要有:立法权;准司法权;豁免某个成员在特定情况下的义务;批准非世贸组织成员国所提出的取得世贸组织观察员资格申请的请示。

2. 总理事会

在部长会议休会期间,由全体成员代表组成的总理事会代行部长会议职能。总理事会可视情况需要随时开会,自行拟订议事规则及议程。随时召开会议以履行其解决贸易争端和审议各成员贸易政策的职责。

3. 理事会

总理事会下设货物贸易理事会、服务贸易理事会、知识产权理事会。这些理事会可视情况自行拟订议事规则,经总理事会批准后执行。所有成员均可参加各理事会。

4. 各专门委员会

部长会议下设专门委员会,以处理特定的贸易及其他有关事宜。已设立贸易与发展委员会,国际收支限制委员会,预算、财务与行政委员会,贸易与环境委员会等10多个专门委员会。

5. 秘书处与总干事

世贸组织成立由一位总干事领导的世界贸易组织秘书处(下称秘书处)。世贸组织秘书处设在瑞士日内瓦,大约有500人。秘书处工作人员由总干事指派,并按部长会议通过的规则决定他们的职责和服务条件。总干事由部长会议选定,并明确总干事的权力、职责、服务条件及任期规则。世贸组织总干事主要有以下职责:他可以最大限度地向各成员施加影响,要求它们遵守世贸组织规则;总干事要考虑和预见世贸组织的最佳发展方针;帮助各成员解决它们之间所发生的争议;负责秘书处的工作,管理预算和所有成员有关的行政事务;主持协商和非正式谈判,避免争议。

截至1999年5月,世贸组织共有30多个理事会和常设委员会。这个数目是关贸总协定的两倍,世贸组织制度建设比关贸总协定要完善得多。

三、世界贸易组织的基本原则

WTO的基本原则并非WTO的法律条文中明确规定,只是人们根据WTO的法律条文和精神归纳出带有一定规律性和普遍性的内容。其内容包括:

(一)非歧视原则

非歧视原则是WTO中最重要的原则,是WTO的基石。在WTO中非歧视原则通过最惠国待遇条款和国民待遇条款体现。

1. 最惠国待遇条款

最惠国待遇条款是贸易条款和协议的一项重要条款。它的基本含义是:缔约国一方现在和将来所给予任何第三国的一切特权、优惠及豁免,也同样给予缔约对方。最惠国待遇的基本要求是缔约一方在缔约另一方享有不低于任何第三国享有的待遇,即所有缔约方享受相同的待遇。最惠国待遇条款分为有条件的最惠国待遇和无条件的最惠国待遇。

2. 国民待遇条款

国民待遇是最惠国待遇的有益补充。在实现所有 WTO 成员平等待遇的基础上，WTO 成员的商品或服务进入另一成员领土后，也应该享受与该国商品或服务相同的待遇。具体来讲，国民待遇是指对外国的产品、服务或服务提供者及知识产权所有者和持有者提供的待遇不低于本国同类产品、服务或服务提供者及知识产权所有者和持有者的待遇。

（二）透明度原则

贸易政策的透明度原则，是指成员方必须公布所制定和实施的有关进出口贸易（包括货物、服务、知识产权）的政策、法律、规章和其他措施及其变化情况，不公布的不得实施，同时应将这些贸易措施通知 WTO。成员方所参加的有关影响国际贸易政策的国际协议也在公布和通知之列。实施透明度原则的目的是使各成员方贸易管理具有透明度，增加国际贸易的可预见性，防止成员方之间进行不公开的、与 WTO 协议不相适应的贸易管理，从而造成贸易歧视和贸易壁垒。

（三）自由贸易原则

WTO 是一个致力于贸易自由化的国际组织，其目标是通过谈判逐步实现更大程度的贸易自由化，促进开放的贸易体制的形成。自由贸易原则的含义是通过多边贸易谈判，实质削减关税和减少其他贸易壁垒，不断扩大成员方之间的货物贸易和服务贸易。自由贸易原则主要体现在关税减让与关税约束、取消数量限制与减少非关税壁垒、服务贸易的市场准入等几个方面。

（四）公平竞争原则

在 WTO 中，公平竞争原则是指成员方应避免采取扭曲市场竞争的措施，纠正不公平的贸易行为，在货物贸易、服务贸易和与贸易有关的知识产权领域，创造和维护公开、公平、公正的市场环境。公平竞争原则要求各成员方为来自于本国和其他任何成员的产品、服务或服务提供者提供公平的竞争环境和条件。

四、世界贸易组织法律框架

WTO 法律体系，是在 1948 年临时适用的 GATT 基础上，经过历次贸易谈判、修改、增加和补充而产生的一系列协定和议定书，特别是在乌拉圭回合达成的一揽子协定的基础上而最终形成 WTO 的法律框架。因此，WTO 法律体系的基本框架及其主要内容集中体现在“乌拉圭回合多边贸易谈判的最后文本”。当然，乌拉圭回合后，WTO的法律体系仍然在不断修改和延伸。WTO法律体系框架如下：

附件一：A. 货物贸易法律；B. 服务贸易法律；C. 知识产权法律。

附件二：《关于争端解决程序与规则的谅解》。

附件三：《贸易评审机制》。

附件四：诸边协定，包括《民用航空器贸易协定》、《政府采购协定》、《国际牛肉协定》和《国际奶制品协定》。

（一）WTO的基本法

《建立世界贸易组织协定》是WTO的基本法，该协定列于各协定之首。该协定规定了WTO的宗旨和原则、活动范围、职能、组织机构、成员制度、法律地位、决策机制以及协定修改等内容。

1. 加入和退出机制

根据《建立世界贸易组织协定》的规定，WTO的创始成员必须具备两个基本条件：一是关税与贸易总协定的缔约方，并在一揽子协定生效后两年内接受一揽子协定；二是在货物贸易和服务贸易领域做出减让和承诺。WTO对任何加入的成员无限期开放。申请新加入的成员必须按同WTO成员谈判议定的条件加入，具体体现在加入议定书和减让表中。

加入WTO的程序大体上可分为四个阶段，分别是：(1)提出申请与受理；(2)对外贸易制度的审议和双边市场准入谈判；(3)多边谈判和起草加入文件；(4)表决和生效。任何成员都可以退出WTO。在WTO总干事收到书面退出通知之日的6个月期满后，退出生效。

2. 决策机制

世界贸易组织在进行决策时，主要遵循“协商一致”原则，只有在无法协商一致时才通过投票表决决定。

（二）货物贸易法律

世界贸易组织的货物贸易法律含13个协定。这些协定按其涉及的领域可以分为五组。一是货物贸易的框架协定，即《1994年关税与贸易总协定》，它是货物贸易法律中最重要的一个协定，也是其他协定的基础。二是自由化回归协定，包括《农业协定》和《服装与纺织品协定》。三是保障协定，包括《反倾销协定》、《补贴与反补贴协定》和《保障措施协定》。四是非关税措施协定，包括6个协定，分别是《技术性贸易壁垒协定》(TBT)、《实施卫生与植物卫生措施协定》(SPS)、《海关估价协定》、《原产地规则协定》、《装运前检验协定》和

《进口许可程序协定》。五是涉及新议题的协定,即《与贸易有关的投资措施协定》,简称 TRIMS。

1. 框架协定

《1994 年关税与贸易总协定》一般称为 GATT1994,是指乌拉圭回合谈判结束后的关税与贸易总协定,在法律上有别于 1947 年 10 月 30 日签订的关税与贸易总协定。现实中通常有这样的误解,认为 1995 年世界贸易组织代替关税与贸易总协定后,关税与贸易总协定不存在了。实际上原来的关税与贸易总协定只是失去了组织的作用,作为一份协定,它仍然得以保留并加以完善,实际上它是其他协定的原则和法律基础。

《1994 年关税与贸易总协定》的结构主要包括以下几个部分:(1)《1947 年关税与贸易总协定》的各项条款,不包括临时适用议定书。(2)世界贸易组织成立前的关税减让议定书、各缔约方的加入议定书、根据《1947 年关税与贸易总协定》所给予的并仍然有效的豁免,以及缔约方全体做出的其他决定。(3)乌拉圭回合达成的解释《1994 年关税与贸易总协定》有关条款的 6 个谅解。(4)《1994 年关税与贸易总协定马拉喀什议定书》。这是一份重要的法律文件,它将乌拉圭回合达成的货物减让与承诺表收入了《1994 年关税与贸易总协定》,并确定了执行的方式。

2. 自由化回归协定

(1)《农业协定》。在国际贸易中,农产品贸易是极为敏感、极其复杂的问题,它涉及一国的粮食安全战略、政治因素、地理环境与气候、生产结构、就业、出口国与进口国的利益等多方面问题。因此,世界各国或是为了促进经济发展,或是为了保护国内农业,或是为了改善国际收支,或是为了全球战略等经济和政治目标,都在实施名目繁多的农业政策及其措施。1947 年的关税与贸易总协定并未区分工业制成品和农产品,但是一开始就对初级产品确立了一些例外规定,而大多数农产品均可被认为是初级产品。因此,农产品实际上没有被有效地纳入 GATT 的约束之中,一直享受出口补贴和国内生产补贴。农业保护主义导致国际农产品贸易冲突在 20 世纪 80 年代初不断升级,严重扭曲了国际农产品市场。在乌拉圭回合谈判中,各缔约方就农产品问题专门设立了一个议题组,经过艰苦的努力,参加方终于在 1993 年 12 月 15 日达成了《农业协定》。从此,农产品贸易开始了自由化进程。

《农业协定》由 1 个序言、13 个部分和 5 个附件组成,共 21 条。各成员方签订本协定的目标是通过在农产品的市场准入、减少农产品的国内补贴和出口补贴等领域达成具体的约束性承诺,同时在卫生和植物检疫等问题上达成协定，发动农业贸易体制改革，逐步减少农业支持和保护，纠正和防止世界农业市场上的种种限制和扭曲现象。《农业协定》中最具重要意义的是GATT对农业贸易体制的改革，主要涉及市场准入、国内支持和出口补贴三大问题。

(2)《纺织品与服装协定》。服装与纺织品贸易约占世界贸易的20%左右，在国际贸易中占有非常重要的地位；同时，服装与纺织品也是发展中国家的支柱产品。自1974年以来，先后实施了四个《多种纤维协定》，该协定主要用于发达国家对发展中国家纺织品出口的限制。所以使得服装与纺织品与农产品一样成为一种背离GATT原则的特殊商品。在乌拉圭回合中，发展中国家要求将该领域纳入谈判。经过发达国家(进口国)和发展中国家(出口国)的反复谈判，终于达成了《纺织品与服装协定》。

《纺织品与服装协定》由1个序言、9个条款和1个附件组成。具体包括以下内容：①序言。《纺织品与服装协定》制定了一种模式，使服装与纺织品最终纳入GATT的管辖范围，并推动该领域的自由化。②一体化和自由化。一体化是指将原来受配额限制的服装与纺织品纳入关贸总协定的管辖范围。自由化则是对于剩余配额规定了增长速度。③过渡期保障条款。对于尚未纳入一体化的服装与纺织品可以采用过渡保障机制。当一方确定某一产品进口数量的增加对其生产同类产品或直接竞争产品的国内工业造成严重损害或实际威胁时，该成员方可采取保障措施。④加强GATT规则和纪律。通过减让和约束关税，减少和取消非关税壁垒，简化海关、行政和许可证手续实现对服装和纺织品市场准入的改善；公平实施反倾销和反补贴以及知识产权的保护等。⑤设置了机构。世界贸易组织专门设立纺织品监督机构，以监督《纺织品与服装协定》的实施。该机构是一个常设机构，由1名独立主席和10名成员组成。

3. 保障协定

保障协定是指WTO成员方由于某种原因使得其“国内产业”受到损害的情况下，可以采取某些救济行为以抵消对国内产业的损害。具体来讲，包括《反倾销协定》、《补贴与反补贴协定》和《保障措施协定》。

(1)《反倾销协定》。倾销是国际贸易中的一种不正当竞争。所以各国几乎都采取反倾销措施，一般是征收反倾销税。《反倾销协定》由三大部分18个条款和两个附件组成。其主要内容如下：

①倾销的确定。反倾销一般要满足三个条件：一是倾销行为，出口价格低于正常价格即为倾销。二是损害事实，是指对国内产业的损害、损害威胁或对新建工业的实质阻碍。国内产业是指同类产品的全部国内生产者，或总产量占同类产品全部国内产量主要部分的国内生产者。三是因果关系，倾销与损

害之间必须具有因果关系。以上三个条件缺一不可。如 2000 年 3 月，美国对我国钢丝绳进行反倾销申诉，美国商务部裁决我国钢丝绳倾销幅度为 75%，但美国国际贸易委员会裁定未对美国同类产业造成实质损害或带来损害威胁，由于第二个条件不存在，所以该案于 2001 年 3 月 21 日终止调查。

②反倾销程序。反倾销程序一般要经过以下几个步骤：一是申诉，一般情况下，由国内产业或其代表提出。申诉应提出倾销、损害和因果关系的证据。二是立案，主管部门审查证据，并且给出超过微量和可以忽略不计的标准。倾销幅度按出口价格的百分比表示，小于 2%是微量；如果从一个国家进口产品的数量占进口成员中同类产品的 3%，则可忽略不计。三是反倾销调查，一旦发起调查，就应做出公告。反倾销调查应在 1 年内结束，无论如何不能超过 18 个月。四是初裁与终裁。初裁的法律意义是主管部门可以采取临时措施与价格承诺措施。终裁结果可以征收反倾销税。五是行政复审与司法审查。行政复审是指在征收一段时间反倾销税后，对于是否需要继续征收反倾销税，主管部门可以主动或应申请进行复审，但一般情况下反倾销税的期限为 5 年，5 年后自行终止规定，即所谓的日落条款。司法审查是指当事人对行政部门的决定不服，可以向独立的司法、仲裁或行政裁判要求进行司法审查。

③对倾销的救济措施。对倾销的救济措施主要包括以下几种：一是临时措施。初步裁定为肯定裁定，则可以采取征收临时反倾销税或要求担保即支付现金或保证金。临时措施只能在正式调查后 60 天才能实施，一般不超过 4 个月，最长不超过 9 个月。二是价格承诺。出口商主动承诺提高出口商品的价格，则反倾销调查程序可以暂时终止或中止。三是征收反倾销税。征收不超过倾销幅度的反倾销税。四是追溯征收的反倾销税。做出损害裁决的情况下可以对实施临时措施期间征收反倾销税。做出损害裁决的情况下如果没有临时措施将会导致损害，则对于实施临时措施期间征收反倾销税。其他情况下则在独自做出决定时征收反倾销税。

(2)《补贴与反补贴措施协定》。补贴与反补贴措施都可能对国际贸易或其他国家的利益造成扭曲或损害。如果对企业或企业的产品提供了补贴，就会增加它的竞争力；如果对其他国家的补贴行为采取过分的措施，又会损害该国的利益。所以关贸总协定对补贴与反补贴问题作了原则性规定。东京回合也将这一问题作为重要议题，并最后达成了一项较为详细的规定。但这一协定在结构上不够严密，而且只有 20 多个缔约方接受，所以实际效用不大。为了加强关贸总协定的反补贴机制，乌拉圭回合达成了《补贴与反补贴措施协定》。

所谓补贴是指政府或公共机构对企业提供的财政援助以及对价格或收入的支持,以增加出口或减少进口,或对其他成员方的利益形成损害。一般来说,补贴必须满足三个条件,即提供了财政援助、公共机构提供和授予了某项利益。世界贸易组织将补贴分为红灯补贴、黄灯补贴和绿灯补贴。

补贴与倾销都会对进口国国内产业造成影响,但两者的区别也很明显。主要表现为:①倾销是一种企业行为,而补贴是一种政府行为;②WTO管辖的客体是政府,所以对于补贴的救济措施是双轨制,既可以适用于WTO的争端解决程序,也可通过国内的反补贴法律程序来解决。

(3)《保障措施协定》。《保障措施协定》通常被称为"保障条款"的是关贸总协定的19条,该条认为在特定紧急情况下允许缔约方为保障本经济利益而解脱关贸总协定的一定义务。但该条款只是一个框架,所以一方面造成许多缔约方的滥用,另一方面又造成国际贸易中形成许多"灰色区域措施"。所以乌拉圭回合重新对这个问题进行讨论,并达成了一个新的协定《保障措施协定》。

《保障措施协定》由前言、14个条款和1个附件组成。其主要内容包括如下两个方面:一是保障措施实施的条件。《保障措施协定》规定实施保障措施必须满足四个条件,即有关产品的进口大量增加;进口增加是因意外情况或承担义务造成的;对国内工业造成严重损害或严重损害威胁;进口增加与国内工业损害之间有因果关系。二是保障措施的实施。《保障措施协定》规定保障措施的实施程度,即在防止或拯救损害的程度和时间内;保障措施的实施应遵循非歧视原则;禁止灰色区域措施;保障措施实施的期限一般不超过4年,在特殊情况下可以延长,但最长只能延至第8年。

4. 非关税措施协定

与非关税壁垒有关的协定,包括6个协定,分别是《技术性贸易壁垒协定》(TBT)、《实施卫生与植物卫生措施协定》(SPS)、《海关估价协定》、《装运前检验协定》、《进口许可程序协定》和《原产地规则协定》。

(1)《技术性贸易壁垒协定》。1979年"东京回合"谈判时,32个缔约方曾达成了一项《贸易技术壁垒协议》。该协定的缔结与生效是总协定历史上第一个全面规范技术标准的法律文件,具有重要的意义。但是由于"东京回合"中该项协议的接受具有任选性,使得其适用的空间和效力范围非常有限。"乌拉圭回合"在原有协议的基础上达成了一项新的《技术性贸易壁垒协定》,对所有WTO成员方都有约束力。协议由1个序言、6部分(含15个条款)和3个附件组成。

(2)《实施卫生与植物卫生检疫措施协定》。关贸总协定允许缔约方采取卫生与植物卫生措施,前提是这些措施不得对情形相同的成员构成歧视,也不得构成对国际贸易的变相限制。但由于有关条款过于笼统、缺乏操作性,滥用此类措施的行为并没有被制止。“乌拉圭回合”最初将“实施卫生与植物检疫措施问题”作为《农业协议》的一部分,纳入谈判议程。有些缔约方担心,农产品非关税措施被转换成关税后,某些缔约方会更多地、不合理地使用卫生与植物卫生措施,阻碍国际贸易的发展。因此,缔约方最终达成了《实施卫生与植物卫生检疫措施协议》,同时在《农业协议》中设有专门条款,成员方同意《实施卫生与植物卫生检疫措施协议》。《实施卫生与植物卫生检疫措施协议》也与《技术性贸易壁垒协定》有一定的联系,实际上在《实施卫生与植物卫生检疫措施协议》生效前,许多食品卫生、动植物检疫管理都属于《技术性贸易壁垒协定》的管辖范围。但两者涉及范围有一定的区别。《实施动植物卫生检疫措施协定》由 14 个条款和 3 个附件组成。

(3)《海关估价协定》。海关估价是为确定进口产品计税价格而对进口产品估价的一种海关程序。在国际贸易实践中,海关估价是一种重要的非关税壁垒。关贸总协定第 7 条要求海关估价应根据进口商品的实际价格,而不是本国产品的价格和任意虚构的价格。但由于该条款过于笼统,使得各国海关行为差异很大,而且多是采取对国际贸易限制的海关估价方法。在 1979 年东京回合中,各方谈判达成了一套新规则,即《东京回合估价守则》,目的是建立一个可预见的海关估价体制。乌拉圭回合中对这个守则稍作改动,达成了《关于实施 1994 年关贸总协定第 7 条的协定》,又称《海关估价协定》。协定包括 1 个序言、24 个条款和 3 个附件,其中附件 1 是指导海关估价使用者的解释性说明,几乎和 24 个条款一样长,这样就减少了任意估价的机会。该协定主要规定了 6 种海关估价的方法。这 6 种方法分别是:①成交价格。这是最主要一种估价方法,只有这种方法受到限制时才顺序使用。②相同货物成交价格。③类似货物成交价格。④销售价格。⑤计算价格。⑥其他合理价格。

(4)《装运前检验协定》。装运前检验制度是国际贸易中的一种习惯做法。它指的是向用户(进口商)或用户政府通过专业检验机构对出口的商品进行核查的活动。核查的项目包括出口商品的数量、质量、价格,还包括外汇汇率、融资条件和关税分类。进行核查的机构可以是出口商品国的商检机构及其国外的分支机构,也可以委托或授权外国的专门私人公司。实行这个制度的目的是防止逃汇、虚报产品价格的质量、偷漏关税等欺骗行为。《装运前检验协定》共有 10 项条款,包括适用范围和定义、用户政府的义务、出口商政府的义务、价格验证、独立的审议程序、通知、审议、磋商、争端解决、最后条款。

(5)《进口许可程序协定》。进口许可证制度是一国海关规定某些商品的进口必须申领许可证,没有许可证海关不予进口的制度。它是世界各国进口贸易行政管理的一种重要手段,也是国际贸易中一项应用较为广泛的非关税措施。如何简化进口许可证手续,提高进口许可证程序的透明度,防止滥用或不适当应用许可证制度而阻碍世界贸易的发展,这是从肯尼迪回合开始多边贸易谈判的一项重要内容。东京回合中制定进口许可证程序协议与关贸总协定相互独立的,对已接受或加入该协议的各国政府生效。所以,接受进口许可证程序协议的国家不多,到乌拉圭回合时,继续把进口许可证作为多边贸易谈判的内容之一,对东京回合制定的进口许可证协议进行了修改,通过了《进口许可程序协定》。《进口许可程序协定》的主要内容包括协定的主要目标、协定的基本原则、自动进口许可证程序、机构、协商和争端解决方面等内容。

(6)《原产地规则协定》。货物的原产地即货物的国籍,是指货物的产生地、生产地或进行最后实质加工的加工地。货物原产地是国际贸易中非常重要的一个问题。特别是在一个国家采用禁运、反倾销、进出口配额、贸易制裁、卫生防疫管制、外汇管制等措施的时候,只有对货物原产地做出准确的判断,这些措施才能很好地加以运用。因此,原产地规则是一个背后隐藏着巨大经济利益的政策性问题,而不是一个单纯用于贸易统计的技术性问题。早在1947年的关贸总协定中就对原产国标记作了原则说明,即各国在原产国标记规定方面应遵守最惠国待遇并且不给出口国的贸易带来不便。东京回合也提到这个问题,但没有达成协定。乌拉圭回合中,美国、欧盟、日本和中国香港都提出议案,最终在这些议案的基础上达成了《原产地规则协定》。《原产地规则协定》除序言外,共由4个部分(含9个条款)和2个附件组成,是迄今为止在原产地规则领域最具系统性的一项法律文件。

5. 涉及新议题的协定

第二次世界大战以后,跨国公司发展迅速,发达国家对发展中国家的投资措施非常关心,尤其是美国。美国是全球最大的投资者,早就想把有关投资问题纳入关贸总协定的框架。1986年6月在美国等发达国家的提议下,投资问题被纳入乌拉圭回合谈判,最终达成了《与贸易有关的投资措施协定》,简称TRIMS。TRIMS包括两部分:一部分是正文,共9个条款;另一部分是附件。

(1)适用范围。《与贸易有关的投资措施协议》规定,各成员方实施与贸易有关的投资措施,不得违背《1994年关贸总协定》中国民待遇原则和取消数量限制原则。该协议附有一份清单,具体列举了5种违反上述原则的与贸易有关的投资措施。无论这些投资措施是针对外国投资企业的，还是针对成员方本国企业的，都要受 TRIMS 的约束。

(2)禁止实施的与贸易有关的投资措施。TRIMS 附件清单中所列举的与贸易有关的投资措施，可以表现为法律、法规形式，也可以表现为政府的行政裁决形式，还可以是要求外国投资企业必须达到一些业绩标准(如一定比例的国产化率)才能得到某种优惠的投资措施。TRIMS 列举了两种违反国民待遇原则的与贸易有关的投资措施形式，即当地成分(含量)要求和贸易(外汇)平衡要求。TRIMS 同时列举了三种违反普遍数量限制原则的与贸易有关的投资措施，它们分别是：贸易(外汇)平衡要求、进口用汇限制和国内销售要求等。

(三)服务贸易法律

1995 年 1 月 1 日正式生效的《服务贸易总协定》由以下三部分组成：适用于所有成员的基本义务的协定，即《服务贸易总协定》条款；作为《服务贸易总协定》有机组成部分的涉及各服务部门的特定问题和供应方式的附件，以及关于最惠国待遇豁免的附件；根据《服务贸易总协定》的规定应附在《服务贸易总协定》之后，并成为其重要组成部分的具体承诺。

除上述 3 个主要部分外，还有 9 项有关决议，包括部长决定和金融服务承诺谅解书，以及四项组织机构决定和一项关于服务贸易与环境的决定。它们都是《服务贸易总协定》的组成部分。《服务贸易总协定》的主要内容如下：

(1)范围和定义。《服务贸易总协定》适用于成员影响服务贸易的各种措施，既涉及私有企业，也涉及政府所有(或控制)的公司，前提是这些服务业是基于商业目的。

《服务贸易总协定》中的服务有四种形式，即跨境交付、境外消费、商业存在和自然人流动。

(2)一般义务和纪律。《服务贸易总协定》第二部分“普遍义务与原则”共 14 条，规定了各成员必须遵守的基本义务，其中最重要的原则有：最惠国待遇；服务贸易政策、法规、措施的透明度义务；服务贸易一体化安排；垄断和专营服务提供者和服务贸易自由化中的紧急保障措施等。

(3)具体承诺。《服务贸易总协定》具体承诺包括扩大市场准入和国民待遇。市场准入和国民待遇是《服务贸易总协定》中最重要的条款。《服务贸易总协定》在结构上的一个重要特征就是将市场准入和国民待遇不是作为普遍义务，而是作为具体承诺与各个部门或分部门市场开放联系在一起。这样可以使分歧较小的部门早日达成协议。而发展中国家在谈判中应以更多参与这一原则作为先决条件，并且可以把互惠不局限在发达国家占优势的部门，可以谋求部门间的妥协来获取在自己较愿意开放的部门中达成有利的协议。各国在进行部门开放谈判时,应充分考虑到各国发展水平的不同和实际情况、各国竞争优势的不同,本着"利益互惠"的原则来达成市场准入方面的具体承诺。"利益互惠"不是一种绝对数量上的"对等互惠",而应该是一种"相互优惠",这样才符合发展水平不同国家的需要。

(四)与贸易有关的知识产权协议(Trade Related Aspects of Intellectual Property Rights,$TRIP_S$)

知识产权是指智力成果所有人对创造性活动成功依法享有的权利。随着技术进步和科技创新,知识成果对于经济发展的重要性越来越大。在农业社会和工业社会里,强调的是厂房、设备和土地等有形物对经济的作用,而到了知识经济时代,知识成果的作用则越来越大。

$TRIP_S$ 由 1 个序言和 7 个部分组成,共 73 个条款,是乌拉圭回合三个新议题中最长的一个协定。$TRIP_S$ 在结构上简单明了,序言部分明确了缔结该协定的目的与宗旨:一是减少对国际贸易的扭曲与阻碍;二是促进对知识产权国际范围内更充分、更有效的保护;三是确保知识产权的实施不对合法贸易构成壁垒。具体来讲,$TRIP_S$ 的内容如下:

(1)提出和重申了保护知识产权的原则。重申的原则是指在 $TRIP_S$ 以前的国际公约中已经确立的原则。$TRIP_S$ 重申的原则有:①国民待遇原则。②保障公共秩序、社会公德和公众健康原则。③对权利的合理限制原则。④专利、商标优先权原则。⑤版权的自动保护原则。提出的原则是指 $TRIP_S$ 创设的新原则,主要包括:①最惠国待遇原则。②透明度原则。③争端解决原则。④对行政终决的规定。不能以行政裁定为终局裁定。⑤承认知识产权为私权。

(2)确立了与其他知识产权国际公约的关系。世界范围内知识产权公约有 40 多种,$TRIP_S$ 与这些公约有 3 种关系:①基本肯定,主要包括《巴黎公约》、《伯尔尼公约》、《罗马公约》和《华盛顿公约》;②按对等原则执行,主要包括《巴黎公约》的子公约;③不要求遵守并执行,主要包括《世界版权公约》和《录音制品公约》等。

(3)规定了成员方保护各类知识产权的最低要求。$TRIP_S$ 对知识产权保护的最低标准主要涉及两个方面的内容:权利范围和最低保护水平。①权利范围是指 $TRIP_S$ 协定要求成员方必须保护的知识产权有七项,分别是版权与有关权利、商标权、地理标志权、工业品外观设计权、专利权、集成电路布图设计(拓扑图)权和未披露的信息权。其中,有关权利相当于邻接权,未披露的信息则大致相当于通常所讲的商业秘密。②最低保护水平是指 $TRIP_S$ 协定关于知识产权最低保护水平的具体规定应当从以下四点把握:获得权利的条件;不授予权利的情形;权利的范围或内容和期限;对申请人或权利人的要求。

(4)规定和强化了有关知识产权的执法程序。$TRIP_S$ 协定具有一整套保证执法的规则。$TRIP_S$ 规定了成员的一般义务,同时要求成员必须采取民事和行政程序、临时措施、边境措施以及刑事程序以保护知识产权。

(5)有条件地将不同类型成员方区别对待。$TRIP_S$ 原则上将成员分为发达国家成员、发展中国家成员、正在从中央计划经济向市场经济转型国家成员、最不发达国家成员等几类,在一些条款的执行上给予不同的限期。

(五)争端解决机制(Dispute Settlement Body,DSB)

《WTO 协定》附件二是关于世界贸易组织成员方之间争端解决的法律,叫《关于争端解决规则与程序的谅解》(Understanding on Rules and Procedures Governing the Settlement of Disputes),简称《争端解决谅解》,是世界贸易组织管辖的一项多边贸易协议。自 1995 年 1 月 1 日 WTO 成立以来,截至 1999 年底,WTO 共处理了 180 多件贸易争端,这充分显示了 WTO 争端解决机制的效力。《关于争端解决规则与程序的谅解》的主要内容:

(1)争端解决机制的适用范围。根据《关于争端解决规则与程序的谅解》第 1 条的规定,世界贸易组织争端解决机制适用于各成员根据世界贸易组织各项协定、协议所提起的争端。

(2)争端解决涉及的组织机构和人员。主要包括:①争端解决机构,在通常情况下,总理事会在履行争端解决的职责时视为争端解决机构。DSB 有权设立专家小组、通过专家小组和上诉机构的裁决报告、对裁决和建议的执行进行监督、授权中止减让等。②秘书处,协助专家小组工作,提供法律咨询和文秘工作。③专家小组。④上诉机构。⑤总干事。

(3)争端解决程序。①磋商:要求 10 日内答复、30 日内开始、60 日内通过磋商。②斡旋、调停和调解:任何时候开始,任何时候结束。属于自愿选择的程序。③专家小组:自动成立。④上诉程序:任何争端方对于专家小组的最终报告不服,均可提交上诉机构。上诉机构可以审查专家小组报告中的法律问题,并做出维持、修改和推翻专家小组的裁定和结论。⑤DSB 通过裁决并监督执行:专家小组和上诉机构的裁决报告要 DSB 通过才能成为正式的裁决。裁决通过后 DSB 还要监督裁决的执行,一般来说,执行建议的期限不得超过 15 个月。

(4)裁决的执行。裁决的执行包括履行协定、提供补偿和授权报复(可以交叉报复)。

(六)贸易政策审议法律

《WTO协定》附件三为《贸易政策审议机制》。早在1988年GATT就建立贸易政策审议机制。《贸易政策审议机制》内容很少,只包括A～G7个部分的内容。贸易政策审议的目标是敦促成员方遵守WTO的多边规则,增加透明度。WTO规则的存在主要是为了给世界经济提供一个可预测的和自由的经济和法律环境。贸易政策审议机制则保证了WTO这一目标的实现。所有成员方都要接受审议。按各个成员方在世界贸易中的比重确定审议的期限。最大的四个贸易实体(美国、欧盟、日本和加拿大)每2年审议一次;第5～20位的每4年审议一次;其他成员每6年审议一次;最不发达国家可以确定更长的期限。

由于我国刚加入世界贸易组织,在贸易政策审议方面有特殊规定。我国加入WTO后8年内,WTO相关委员会将对中国履行WTO的义务和实施加入WTO谈判所作承诺的情况进行年度审议,然后在第10年完全终止审议。10年以后根据中国在国际贸易中的地位确定审议的周期。

(七)诸边协定

《WTO协定》附件四包括四个协定,分别是《政府采购协定》、《民用航空器贸易协定》、《国际奶制品协定》和《国际牛肉协定》。这些协定是根据20世纪70年代东京回合谈判中达成的守则修改而来的,后两个协定已于1997年废止。《政府采购协定》是最重要的一个诸边协定,因为该协定管辖的范围很大,而且将贸易自由化引入关贸总协定管辖外的一个重要领域。目前该协定的参加方主要是发达国家,今后几年其参加方将增多,我国正积极准备加入该协定。

第二节　区域经济一体化

一、区域经济一体化概述

区域经济一体化(Economic Integration)是指地理位置相临近的两个或两个以上国家(地区),以获取区域内国家(地区)间的经济聚集效应和互补效应为宗旨,为促使产品和生产要素在一定区域内的自由流动和有效配置而建立的跨国性经济区域集团。

区域或双边自由贸易协定的盛行已经成为国际经济活动的一个重要趋势,体现了国际经济活动不断向深度整合发展的趋势。截至2014年1月,全球共签署双边或自贸协定583个，正在实施的自贸协定381个。这些自贸协定构成了全球相互交织的自由贸易区网络。几乎所有WTO成员方都在不同程度上参加了区域或双边贸易协定，其中最主要的区域经济一体化组织包括欧洲联盟、北美自由贸易区和亚太经合组织等。世界银行研究报告指出，当前区域贸易协定(RTAs)和自由贸易协定(FTA)具有以下发展趋势：一是不完全属于封闭型的区域主义，强调促进而非控制国际商业活动；二是经贸整合超越了仅降低关税与非关税的层面，扩及境内经济政策的协调；三是发达国家之间的区域或双边自由贸易协定成为主流；四是新的区域或双边自由贸易协定突破了地理限制，由邻近国家之间转向跨洲之间的RTAs、FTA。就中国而言，目前积极参与FTA有下列好处：可以充分利用WTO所允许的区域合作发展我国的对外贸易，减少我国"加入WTO三大不利条款"所带来的歧视性待遇；可以减少其他国家的区域经济合作所带来的贸易转移效应和政治上的不利；可以减少我国遭遇的各种贸易摩擦。为此我们应做好以下工作：首先设立专门机构，推进区域经济合作；其次应当优先选择周边国家展开区域经济合作；再次应当在多个地区确定重点合作伙伴；最后是通过APEC推动区域经济合作。

值得注意的是，近年来，美国为掌控国际贸易投资规则制定主导权，积极推动跨太平洋伙伴关系协议(TPP)、跨大西洋贸易与投资伙伴协议(TTIP)以及国际服务贸易协定(TISA)，这些协定将影响竞争政策、贸易便利化、原产地标准、劳工标准、市场开放、环境产品等领域新规则的形成，表明美欧等国试图推动建立WTO之外的规则体系。这些规则将对WTO多边体系规则构成挑战，并使其面临调整的可能性，从而形成全球国际贸易投资新规则。

二、区域经济一体化形式

区域经济一体化从不同角度划分有不同的形式，如果按照贸易壁垒的取消程度和经济联系的紧密程度，区域经济一体化大致可分成以下几种形式。

(一)优惠贸易安排

优惠贸易安排(Preferential Trade Arrangements)是市场经济一体化中最低级、最松散的一种形式。成员国之间，通过协定或其他形式，对全部商品或部分商品规定其特别的关税优惠，只适用于成员国之间。例如，1932年英国与英联邦成员国建立的英联邦特惠制，第二次世界大战后的"东南亚国家联盟"、"非洲木材组织"等就属于此种经济一体化。

(二)自由贸易区

自由贸易区(Free Trade Area)是在优惠贸易安排基础上，成员国之间通过协定逐步减少，最后彻底取消一切贸易壁垒。成员国之间的商品可以完全自由流动，但各成员国保持独立的对非成员国的贸易壁垒。成员国之间仍须保留海关，用以限制非成员国的商品通过税率较低的成员国进入本国市场。像欧洲自由贸易联盟、拉丁美洲自由贸易协会等就是这样的自由贸易区。

（三）关税同盟

关税同盟（Customs Union）指区内各国完全消除关税和削减非关税壁垒，即撤换成员国之间的关境，合并成一个统一的对外共同关境，并对非同盟国家实行统一的关税税率和对外政策所缔结的同盟。它除了包括自由贸易区的基本内容外，还在成员国之间建立统一的关税税率。结盟的目的在于使成员国的商品在统一的关税以内市场上处于有利地位，创造一个有利于成员国的公平竞争环境，排除非同盟国的商品竞争。关税同盟具有超国家级调节机构，如东非共同市场。

（四）共同市场

所谓共同市场（Common Market），就是除成员国完全取消关税和数量限制，对非成员国实行统一的关税外，还实现共同市场成员国之间的生产要素自由移动。例如，欧洲经济共同体于 1992 年底建成了统一大市场，商品、人员、劳务和资本可以自由流通。

（五）经济同盟

所谓经济同盟（Economic Union），就是成员国不但商品与生产要素可以完全自由移动，建立共同的对外关税，而且要求成员国制定和执行某些共同经济政策和社会政策，逐步废除政策方面的差异，使一体化的程度从商品交换扩展到生产、分配乃至整个国民经济，形成一个庞大的经济实体。例如，目前的欧盟就属于此类经济同盟。

（六）完全经济一体化

完全经济一体化（Complete Economic Integration）是经济一体化的最后阶段。在此阶段，区域内各国在经济、金融、财政等政策上完全统一。在各成员国内完全消除商品、资金、劳动力等自由流通的各种障碍，实行统一的货币。欧共体于 1991 年底签署的《经济与货币联盟条约》，决定自 1999 年 1 月 1 日起建立欧洲货币联盟，就是朝着完全经济一体化迈出的实质性一步。

三、区域经济一体化相关理论与经济效应

（一）区域经济一体化相关理论

西方学者范纳和李普西提出关税同盟理论，主要论及关税同盟的静态效

果和动态效果。关税同盟的静态效果主要包括贸易创造效果、贸易转移效果、贸易扩大效果等，且在关税同盟建立后可以减少行政支出、减少走私和加强集体谈判力量等。关税同盟的动态效果包括：关税同盟使成员国之间的竞争加剧，专业化程度加深，资源使用效率提高；获取规模经济；刺激投资；促进技术进步；提高要素的流动性；加速经济成长等。以西托夫斯基和德纽为代表人物的大市场理论认为，共同市场把那些被保护主义分割的小市场统一起来形成大市场，通过扩大市场才可能获得规模经济，从而实现技术利益，依靠因市场扩大化而竞争激烈化的经济条件来实现上述目的。日本教授小岛清在考察经济共同体内部分工的理论基础以后，提出了国际分工的新的理论依据，即协议性国际分工。协议性国际分工认为经济一体化的目的就是要通过大市场化来实现规模经济，从而使成本长期递减。根据协议性国际分工，经济一体化必须在同等发展阶段的国家之间建立。

(二)区域经济一体化经济效应

1. 贸易创造效应

贸易创造效应由生产利得和消费利得构成。关税同盟成立以后，在比较优势基础上使生产更加专门化，关税同盟某个成员国的一些国内生产产品将被其他成员国生产成本更低、价格更低的产品所取代。其结果是资源使用效率提高，扩大了生产利益；同时，由于该国该项产品消费开支减少，提高了社会福利水平。

2. 贸易转移效应

在关税同盟成立以前，某国自己不生产某种产品，就会从世界上生产效率最高、成本最低的国家进口。关税同盟成立后，该国就会从同盟内部生产效率最高、成本最低的国家进口。如果同盟内部生产效率最高的国家不是世界上生产效率最高的国家，其结果会增加进口成本，扩大消费开支，从而使得进口国社会福利水平下降。

3. 贸易扩大效应

关税同盟成立后，进口产品价格无论是在贸易创造条件下，还是贸易转移条件下都比成立前要低，进口产品价格的下降必然导致进口需求的增加，从而促进了成员国之间贸易的扩大，这就是贸易扩大效应。

4. 规模经济效应

关税同盟成立以后，成员国之间进行专业化分工和协作，扩大了生产规模，进而降低成本，提高生产要素和设备的使用效率。

5. 投资刺激效应

关税同盟的专业化和规模生产，以及竞争力的增强和对技术进步的追求，刺激了投资的增加。投资的增加来源于两个方面：一个方面是成员国厂商增加投资，另外一个方面是非成员国厂商对同盟内投资增加。

6. 生产要素移动效应

关税同盟建立后，区域内部市场统一，生产要素的流动性提高。生产要素投入地区从要素禀赋富裕的地区转向要素禀赋匮乏的地区。因此，生产要素得到更合理地配置，提高了生产要素的使用效率。

7. 市场结构效应

关税同盟使市场得到进一步的扩大，在自由贸易体制中市场从垄断性向竞争性转化，在此过程中市场结构趋于完善。

8. 技术进步效应

在经济一体化的市场中，竞争日趋加强。为了在竞争中取胜，厂商必须努力不断开发新产品，资本需求因此而增加，企业的技术水平也不断提高。

第三节 跨国公司

一、跨国公司的定义及特征

21 世纪是经济全球化的世纪，跨国公司的膨胀速度是经济全球化格局的主要驱动者。联合国贸发会《世界投资报告》指出，跨国公司（Transnational Corporation）是指由母公司及其国外分支机构构成的联合的或非联合的企业。

跨国公司作为国际化生产的企业组织，与一般国内企业及其他国际经济组织相比有以下几个特征。

1. 生产经营活动的跨国化

这是跨国公司经营方式的最基本特征。跨国公司对再生产周期的所有环节都实行国际化的安排。它通过直接投资，在海外新建或收买现有企业，利用当地资源就地进行生产经营活动，从而使再生产过程在国际范围内实现。

2. 具有全球战略目标

跨国公司在作经营决策时，不是孤立地考虑某一子公司所在国的市场、资源等情况和某一子公司的局部损失，而是从多国或全球的角度考虑全公司的发展，制定“全球经营战略”，使整个公司取得最大限度的利润和长远的利益。

3. 公司内部一体化原则

跨国公司要求实行高度集中的管理体制，以母公司为中心，把遍布世界各地的分支机构和子公司作为一个整体，统一安排子公司的生产、产品销售、利润分配、资金筹措和人事等。

二、跨国公司的产生与发展

19 世纪末，一些发达资本主义国家的大型企业为了获得高额利润，开始通过对外直接投资，在海外设立分支机构，开展跨国性经营。

在第二次世界大战期间，跨国公司在数量上、规模上有所发展。

第二次世界大战以后，尤其是 20 世纪 50 年代起，国际环境相对稳定，国际直接投资急剧增加，跨国公司尤其是美国的跨国公司获得了惊人的发展，具体表现为：(1)跨国公司及其海外子公司的数目大大增加。(2)对外直接投资额增加迅速。(3)跨国公司的投资规模不断扩大。跨国公司投资日益向新兴的工业部门发展，投资地区由发展中国家转向发达国家；投资的部门，除了传统的采掘业以外，日益向新兴的技术发展快的制造工业发展。对汽车工业、石化工业、电子、机械等部门投资比重增加；采矿业和传统工业部门，如纺织、钢铁等行业的比重下降。

进入 20 世纪 70 年代以后，跨国公司的发展进入了第三次高峰期：美国的跨国公司有了很大发展，仍是拥有跨国公司最多的国家；德国的跨国公司发展速度明显加大；日本的工业公司开始走向世界市场。

20 世纪 90 年代以后，随着世界经济全球化趋势的加剧、当代科学技术的发展和国际竞争的剧烈，大型跨国公司在激烈争夺市场的同时，相互间联合与协作的势头进一步加强。尤其是 90 年代中期以来，跨国公司在全球范围内兴起了一场规模宏大、影响深远的收购与兼并浪潮。例如，迪士尼兼并美国广播公司、通用兼并休斯、波音对麦道的兼并。这些兼并并不是弱肉强食的兼并性质，它们完全属于跨国公司的战略行为。

进入 21 世纪，跨国公司的发展又呈现了新的色彩。它在产业分布上加速向第三产业和技术密集型产业发展；地域分布上也将随着经济形势的变化而不断调整；投资方式上继续向多样化发展；经营结构由单一型向多元型发展；传统的经营管理体制逐步被网络化、开放化的经营战略管理体制所取代；研究与开发更趋国际化；跨国公司日益向“无国籍”化发展。

三、跨国公司的经营策略

跨国公司以世界市场为角逐目标，在世界范围内实施生产力配置。它的全球战略使之能够享受各种一体化效果,如生产一体化,新技术、新产品一体化,营销一体化等效果。为了使这些效果最大化,跨国公司采用产品多样化策略、产品生命周期策略、出口带动投资策略、转移定价策略等。

1. 产品多样化策略

跨国公司的产品多样化是资本高度集中和竞争激化的必然结果。多种经营有利于不同市场的需要推出产品,也可以分散跨国公司的风险,还可以同时发展长线和短线产品,使公司在资金上取得较大的回旋余地。跨国公司运用产品多样化策略把产品的市场,即销售的地理方向;产品的生产,即合理化使产品富有竞争性,紧密地结合在一起。

2. 产品生命周期策略

美国经济家雷蒙德·弗农(Raymond Vernon)提出,产品市场生命周期可分为产品的市场导入、成长、成熟与衰退四个阶段。在产品生命周期的不同阶段,跨国公司的策略是不同的。在产品的成长和成熟初期,主要依靠出口,只做小规模的投资;在进入产品成熟以后,跨国公司在国外集中投资进行大规模发展,同时增加营销宣传。

3. 出口带动投资策略

该策略和产品周期策略紧密联系。跨国公司最初的出口是委托国外经销商的。随着业务的扩大,公司必须在国外设立一系列销售服务机构。随着市场扩大和竞争加剧,并且产品走向成熟。公司开始到国外装配或直接制造产品,就近在当地市场销售以取得更大利润。这样跨国公司随着出口把投资带到各新市场,形成全球一体化的生产经营。

4. 转移定价策略

该策略是跨国公司独有的一种经营策略。它是指跨国公司内部母公司和子公司、子公司之间出售或采购商品、劳务和技术时相互约定的价格。这种定价在一定程度上不受市场供求法则制约,而是根据公司的全球战略制定的。

跨国公司运用转移定价可以达到以下目的:

(1)减轻税负。如运用转移定价将公司利润由高税区转到低税区,减少所得税。

(2)调拨资金。转移定价可使国外子公司分担母公司的研究管理费用,也可用以提前收回投资。

(3)增强子公司竞争力。通过高价收购子公司产品等扶植创建的子公司。

(4)规避风险。转移定价会损害东道国和母国的利益。因此,各国政府通常采用“比较定价原则”或“公平交易价格”来审核跨国公司的转移定价。

本章小结

经济全球化包括全球范围和区域范围。前者主要表现为 GATT/WTO 多边贸易体制，后者则表现为区域经济一体化组织。

1947 年成立的关税与贸易总协定对国际贸易具有重要作用，但其本身存在着局限性。1995 年 1 月 1 日成立了世界贸易组织，对关税与贸易总协定的原则和纪律加以延伸和强化。世界贸易组织的基本原则包括非歧视原则、透明度原则、自由贸易原则和公平贸易原则。

世界贸易组织法律体系，是在临时适用的 GATT 基础上，经过历次贸易谈判、修改、增加和补充而产生的一系列协定和议定书，特别是在乌拉圭回合达成的一揽子协定的基础上而最终形成 WTO 的法律框架。世界贸易组织法律主要包括：(1)《建立世界贸易组织协定》；(2)货物贸易法律；(3)服务贸易法律；(4)知识产权法律；(5)争端解决法律；(6)贸易政策评审法律；(7)诸边协定。

加入 WTO 后我国能够享受一些基本权利和好处，同时必须承担遵守规则和开放市场的义务。

区域或双边自由贸易协定的盛行已经成为国际经济活动的一个重要趋势，体现了国际经济活动不断向深度整合发展的趋势。区域经济一体化从不同角度划分有不同的形式，如果按照贸易壁垒的取消程度和经济联系的紧密程度，区域经济一体化大致可分成六种形式。区域经济一体化经济效应包括贸易创造效应、贸易转移效应和贸易扩大效应等。

跨国公司以世界市场为角逐目标，在世界范围内实施生产力配置。为了使利益最大化，跨国公司采用产品多样化策略、产品生命周期策略、出口带动投资策略、转移定价策略等。它的国际贸易优势是一般国内企业及其他国际经济组织所不能比拟的。

思考与练习

1. 世界贸易组织和关税与贸易总协定的区别是什么？
2. 世界贸易组织有哪些重要的原则？
3. 世界贸易组织的法律体系包括哪些内容？
4. 叙述我国加入 WTO 后的权利与义务。
5. 试述区域一体化的理论及其经济影响。
6. 简述跨国公司的经营特点和竞争手段。

第六章　国际服务贸易与国际技术贸易

本章课程概况

课题内容：国际服务贸易和国际技术贸易。

课时：4 课时。

教学目的：使学生了解国际服务贸易和国际技术贸易这两种无形贸易的含义、特征、分类和作用，看清服务贸易和知识产权贸易在国际贸易中日益增加的事实，明确在知识经济和经济服务化背景下学习它们的重要性。

教学要求：掌握国际服务贸易的概念与分类，掌握国际技术贸易的含义与特征，熟悉国际技术贸易方式和作用。

教学方式：理论讲授。第一、第二节课介绍国际服务贸易，第三、第四节课介绍国际技术贸易。

第一节　国际服务贸易

一、国际服务贸易概述

(一)服务与经济服务化

1. 服务的概念与特征

(1)服务的一般定义。服务是一种非常复杂的社会现象，其表现千姿百态，涉及范围大小难以界定。迄今为止，尚未有一个权威的定义能够为人们普遍接受。1960 年，美国市场营销协会(AMA)最先给服务定义为“用于出售或者是同产品连在一起进行出售的活动、利益或满足感”。这一定义在很长时期里被学者们普遍采用，但其缺点是未能将有形产品与无形服务区分开，因为有形产品也是用于出售并使购买者获得利益和满足。1984 年，美国市场营销协会对 1960 年的定义进行了修改，将服务重新表述为："服务是可被区分界定，主要为不可感知，却可使欲望得到满足的活动，而这种活动并不需要与其他产品或服务的出售联系在一起。生产服务时可能会或不会需要利用实物，而且即使需要借助某些实物协助生产服务，这些实物的所有权将不涉及转移的问题。"

(2)服务的特征。尽管对服务的定义莫衷一是，但对于服务特性却基本得到认同。一般来说，服务具有五个基本特征：①无形性。同有形产品不同，服务在很大程度上是无形的和抽象的。服务多为一种行为、过程，不可触摸；服务产品不易展示和沟通；服务不涉及物品的所有权转移。②差异性。差异性是指服务不像有形产品那样有固定的质量标准，具有较大的差异性。服务商品的最终形成与不同顾客有关；服务生产与顾客满意和员工的行动有关；服务质量与许多不可控因素有关；服务生产难以按计划执行。③不可分离性。该特征是指服务的生产过程与消费过程同时进行，顾客只有加入到服务的生产过程，才能最终消费到服务。因此，顾客参与并影响交易，员工影响服务的结果，顾客之间相互影响。④不可贮存性。由于服务的无形性和不可分离性，使得服务不可能像有形产品一样贮存起来，以备未来销售。因此，服务无法在消费之前生产与储存，导致供应和需求矛盾较大。⑤缺乏所有权。即服务的生产者与服务消费者之间并没有所有权的转让。

2. 经济服务化理论与概念

根据配第—克拉克定理，随着经济发展，即随着人均国民收入水平的提高，劳动力首先由第一产业向第二产业移动，当人均国民收入水平进一步提高时，劳动力便向第三产业移动；劳动力在产业间的分布状况为第一产业将减少，第二、第三产业将增加。库兹涅茨在继承克拉克研究成果的基础上，从国民收入和劳动力在产业间的分布两个方面，对产业结构变化作了分析研究，结论如下：首先，农业部门实现的国民收入在整个国民收入中的比重以及农业劳动力在全部劳动力中的比重，随着时间的推移处于不断下降之中。其次，工业部门的国民收入的相对比重，大体是上升的；而工业部门劳动力的相对比重，大体不变或略有上升。最后，服务部门的劳动力相对比重几乎在所有国家都呈上升趋势。但是，国民收入的相对比重却未必和劳动力相对比重的上升同步。早在 20 世纪 60 年代，富克斯就宣称美国在西方发达国家率先进入服务经济社会，并认为该转变和农业经济向工业经济转变一样具有革命性意义。如果服务业就业比重超过 50%，该社会就进入了服务经济社会。

由此产生了经济服务化。所谓经济服务化就是经济活动中服务性要素逐渐增多并发挥主导作用的过程及其造成的经济和社会结果。经济服务化具有深厚内涵，主要表现为：经济服务化是一个过程，产品型经济逐步转向服务型经济；经济服务化也是过程造成的结果，其表现形式是服务业逐渐成为主导产业；工业为服务业提供坚实的基础，服务业为工业发展提供动力；经济服务化的根本原因在于技术进步导致的社会分工深化等。

3. 经济服务化主要表现

(1)服务业经济作用加强。从17世纪工业革命开始到20世纪中叶，制造业的发达程度一直是衡量一国经济发展水平的关键指标。随着经济发展和科技进步，服务业在一国国民经济和日常生活中的作用日益增强，并且关系到一个国家在全球竞争中的地位、成败和兴衰。服务业经济作用加强主要表现为以下几个方面：①服务业的产出创造了大部分GDP。世界银行数据显示，2000～2010年全球服务业年均增长率为2.8%，2010年，全球服务业增加值占GDP比重为70.9%。②全球服务业就业份额持续稳步上升。2012年发达国家代表OECD国家服务业劳动力就业占全部劳动力就业GDP比重为74%。③服务业在吸引投资方面居于主导地位。根据联合国统计，从20世纪70年代开始，英国、前联邦德国和日本等三个国家服务业固定资本投资都占60%以上。④服务业满足了现代消费的多样化需求。随着人类进入信息时代，社会更加发达，科技更加进步，人们更加追求多方面的需求，除了需要实物形态的产品，还需要非实物形态的服务。⑤服务业与制造业的关系不断加强。这种关系主要表现在三个方面：一是服务业和制造业界限模糊，在市场交换中有时很难将有形产品与无形服务分开；二是服务业对于制造业提供强有力的支持；三是制造业企业活动外置带动新兴服务业的发展。

(2)国际服务贸易增加迅速。从全球层面上看，2013年全球服务贸易总额达到89 650亿美元，比2012年增长6.1%，相比全球商品贸易增速2.1%明显加快。近年来，全球服务贸易一直保持着较快的增长速度，1990～1995年服务贸易年平均增速为8%，1995～2000年年平均增速为5%，2000～2005年年平均增速上升至11%，2005～2010年年平均增速为9%。伴随着服务贸易的增长，2013年服务贸易占全球贸易的比例达到20%。

(3)国际直接投资流向服务业。2004年9月22日，联合国贸发会议发表了《2004年度世界投资报告》(以下简称《报告》)，提出当前外国直接投资的一个重要趋势是转向服务业，并以此作为该报告的封面标题。据统计，2001～2002年间，服务业占到整体FDI流入总量的2/3，约为5 000亿美元，而在1989～1991年间仅占54%；服务业在世界外国直接投资存量中的比重由20

世纪70年代初期的1/4、90年代的不到一半发展到2002年的60%,估计约4万亿美元,表明了服务业已经取代制造业,成为FDI结构中的主流。

(4)服务贸易自由化、制度化。美国国会在其《1974年贸易法》中授权总统就服务贸易问题与其他国家进行多边谈判以寻求"更公平的贸易"。美国认为服务贸易的自由化将和商品贸易的自由化一样,对所有国家都有好处,从而对全世界都有好处。服务贸易自由化符合美国的利益,这主要表现在以下几个方面:①服务贸易在美国的国际收支中占有极重要的地位。以1984年为例,美国的商品贸易有1 140亿美元的逆差,而服务贸易却有140亿美元的顺差。②服务业在美国国内生产总值和就业中所占的比重均超过65%。③美国的国内服务业市场已实现了对外开放,美国强烈要求其他国家也开放自己的国内市场,而美国在服务业上又具有相当大的比较优势,进入别国市场。④服务贸易自由化符合美国跨国公司的利益。跨国公司是国际服务贸易的主角,而美国的跨国公司在全世界又占有领先地位。美国国会在《1984年贸易与关税法》中授权政府就服务贸易、投资和知识产权进行谈判,并授权对不在这些问题上同美国妥协的国家进行报复。欧共体起初对美国的提议颇具戒心,但经过对自己12国服务业的调查,发现欧共体的服务业出口是美国的3倍,进而成为美国的坚强支持者。日本从一开始就积极地支持美国的服务贸易自由化主张,这很大程度上在于日本对美国和欧共体一直存在巨大的商品贸易顺差,日本此举的主要目的是为了缓解美欧的政治压力。

当美国开始提出服务贸易问题时,绝大多数发展中国家都坚决反对进行服务贸易多边谈判。其理由是:①服务业中的许多部门,如银行、保险、通信、信息、咨询、法律事务、数据处理等,都是资本、知识密集型行业,在发展中国家里,这些行业是非常脆弱的,不具备竞争优势。②发展中国家的服务部门尚未成熟,经不起发达国家激烈竞争的冲击,过早地实行服务贸易自由化会毁坏和断送其不断增长的服务业前程。因此,他们坚决主张在本国的"幼稚服务业"没有获得竞争力以前,决不会开放他们的服务市场。③有些服务行业还涉及国家主权、机密和安全。随着发达国家在进行服务贸易谈判问题上的认识逐渐统一,发展中国家不愿意谈判的立场也有了改变。首先,一些新兴的发展中国家和地区因在某些服务业已经取得相当的优势,如韩国的建筑工程承包业就具有相当强的国际竞争力;新加坡的航空运输业在资本、成本和服务质量上也具有明显的优势。这些国家和地区的态度是希望通过谈判来扩大本国优势服务的出口。其次,大部分发展中国家,一方面迫于来自发达国家的压力;另一方面也认识到如果发展中国家不积极参与服务贸易的谈判,将会形成由发达国家制定服务贸易规则的局面，这是极其被动的，且在谈判可能产生具体规则的前景下不参加谈判，也可能会损害已取得的货物贸易利益。因此，其他发展中国家也先后表示愿意参加服务贸易的谈判。

在1986年9月关贸总协定缔约方部长会议上，服务贸易被正式列为新一轮多边贸易谈判议题。1994年，在乌拉圭回合达成的一揽子协定的基础上而最终形成WTO的法律框架中包括《服务贸易总协定》，从而使得服务贸易逐步向自由化、制度化方向发展。

（二）国际服务贸易的概念

虽然服务业作为一个传统的产业部门已经有数千年的发展史，但是"服务贸易"(Trade in Services)这一概念的提出相对于古老的货物贸易而言，则是一件并不遥远的事情。国际货币基金组织(IMF)在进行各国国际收支统计时一直把服务贸易列入无形贸易(Invisible Trade)一栏中，这种情况直到1993年才做出了调整，而中国过去一直把服务贸易称作劳务贸易。在1986年9月发起的乌拉圭回合多边贸易谈判之前，服务贸易只是在发达国家的有限范围内展开，还谈不上作为国际贸易的普遍问题引起人们的高度关注。

据文献记载"服务贸易"这个概念，最早出现在1972年9月经济合作与发展组织(OECD)提出的《高级专家对贸易和有关问题报告》中。1974年，美国在其《1974年贸易法》第301条款中首次使用了"世界服务贸易"的概念。

目前，由于服务的界定本来就很复杂，此外不同的国家和研究人员从各自的立场出发有不同的视角，因此关于国际服务贸易，各国统计和各种经济贸易文献并无统一的、公认的概念和定义。下面仅介绍几种代表性定义。

1. 联合国贸发会议的定义

联合国贸易与发展会议是联合国处理有关贸易和发展问题的常设机构。它从过境这一视角来阐述国际服务贸易，将国际服务贸易定义为：货物的加工、装配、维修以及货币、人员、信息等生产要素为非本国居民提供服务并取得收入的活动，是一国与他国进行服务交换的行为。

狭义的国际服务贸易是无形的，是指发生在国家之间的符合于严格服务定义的直接服务输出与输入活动。而广义的国际服务贸易既包括有形的劳动力的输出与输入，也包括无形的提供者与使用者在没有实体接触的情况下的交易活动，如卫星传送与传播、专利技术贸易等。一般人们所指的服务贸易都是广义的国际服务贸易概念。

2.《服务贸易总协定》对服务贸易的定义

《服务贸易总协定》(General Agreements on Trade in Services，GATS，

1994年4月15日)将服务贸易的概念定义为:跨越国界进行服务交易的商业活动,即服务提供者从一国境内向他国境内,通过商业或自然人的商业现场向消费者提供服务并取得外汇报酬的一种交易行为。这个定义已为各国所普遍认同,该定义包含着服务贸易的以下4种方式:①从一成员国的国境内向另一成员国的国境内提供服务,即过境交付(Cross Border Supply),这种服务不构成人员、物资或资金的流动,而是通过电信、邮电或计算机网络实现的服务,如视听、金融和信息等;②在一成员国的国境内向另一成员国的消费者提供服务,即境外消费(Consumption Abroad),如接待外国游客、提供旅游服务,为国外病人提供医疗服务,为国外客户提供医疗服务,接收外国留学生等;③通过一成员国提供的服务实体(法人)在另一成员国以商业存在提供服务,即商业存在(Commercial Presence),它是一国的企业或经济实体到另一国开业,提供服务,包括投资设立合资、合作和独资企业;④由一成员国的自然人在另一成员国境内提供服务,即自然人流动(Movement of Personnel),如一国的医生、教授或艺术家到另一国从事个体服务。

同时,GATS对服务贸易的判别有四个标准,即服务和交付的过境移动性;目的具体性;交易连续性;时间有限性。从而可以较为有效地鉴别与理解服务贸易。

3.《美国和加拿大自由贸易协定》(FTA)对服务贸易的定义

作为世界上一个在国家间贸易协议上正式定义服务贸易的法律文件,其基本表述为:服务贸易是指由或代表其他缔约方的一个人,在其境内或进入另一缔约方提供所指定的一项服务。这里的"指定"包括:①生产、分配、销售、营销及传递一项所指定的服务及其进行的采购活动。其基本类型为:农业和森林服务(Agriculture and Forestry Services)、矿业开采服务(Mining Services)、建筑服务(Construction Services)、分销贸易服务(Distributive Trade Services)、保险和不动产服务(Insurance and Real Estate Services)、商业性服务(Commercial Services)和其他服务(Other Services)。②进入或利用国内的分配系统,即要受到缔约方国内分配制度的约束。③形成或确定一个商业存在(Commercial Presence),为分配、营销、传递或促进一项指定服务,这里的商业存在,并非是一项投资,而是综合的过程。④根据国际投资法的规定,任何为提供指定服务的投资及任何为提供指定服务的相关活动。比如,公司、分公司、代理机构、代表处和其他商业经营机构的组织、管理、保养和转让活动;再比如,各类财产的接管、使用、保护及转让,以及资金的借贷等活动。这里的一个人是既可以是法人,也可以是自然人。

从以上对国际服务贸易的定义可看出，其基本表述为说明性的，而非规范性的；同时，也窥见服务贸易活动的复杂性。

（三）国际服务贸易的发展

1. 国际服务贸易发展概况

古代服务业主要包括古代商业、古代交通运输业和古代旅游业，另外还包括古代各国之间的文教、卫生、科技活动的交往。早期的服务贸易起源于原始社会末期、奴隶社会早期，但具有一定规模的国际服务交换始于15世纪世界航运事业的兴起和新大陆的发现。在当时，狭义的劳务输出和输入是服务交换的主流。19世纪初，欧洲的金融和运输网络已经初具规模。国际服务交换的内容和形式更加丰富。到了19世纪，资本主义进入自由竞争时期，世界商品市场的范围不断扩大，国际服务交换的范围也扩大了，科技革命改变了传统服务业的内容。铁路、海运、金融、通信和教育等服务的基础设施得到加强，也发生了革命性的质的变化。第二次世界大战以后，世界服务市场逐渐从世界商品市场分离出来，并随之显现其独特的功能，即为世界市场内部其他组成部分提供服务。

2. 第二次世界大战后国际服务贸易的发展阶段

第二次世界大战以后国际服务贸易发展迅速，大致经历以下阶段。

(1)作为货物贸易附属地位的服务贸易阶段（20世纪70年代之前）。这一时期，世界各国还未意识到服务贸易作为一个独立实体的存在，在实际经贸活动中，服务贸易基本上是以货物贸易附属的形式进行。如仓储、运输、保险等服务。因此，当时尽管事实上存在着服务贸易，但它却独立于人们的意识之外，所以对服务贸易缺乏具体的数量统计。

(2)服务贸易快速增长阶段（1970～1994年）。这一时期，服务贸易从货物贸易附属地位逐渐开始独立出来，并得到快速发展。根据国际货币基金组织统计，1970～1980年间，国际服务贸易年均增长率为17.8%，与同期货物贸易的增长速度大体持平。20世纪80年代后，服务贸易开始超过货物贸易的增长速度。1980～1990年间，国际服务贸易年均增长率为5.02%，而同期货物贸易年均增长率只有3.69%，这一势头一直持续到1993年。

(3)服务贸易在规范中向自由化发展阶段（1994年至今）。1994年4月，规范服务贸易的多边框架体系《服务贸易总协定》(GATS)签署后，服务贸易的发展进入了一个新的历史时期，但服务贸易在高速发展的同时又有一些反复。1994～1995年间，服务贸易的增长速度分别为8.03%和13.76%，比同期货物贸易的增长速度低。但从1996年以来，服务贸易和货物贸易几乎处于同步增长并略高于货物贸易的增长速度。

（四）第二次世界大战后国际服务贸易发展的主要特点

1. 国际服务贸易发展迅速

20 世纪 70 年代以来，国际服务贸易发展迅速，规模不断扩大，这种迅速发展的趋势一直延续至今。据世界贸易组织统计，1970 年世界服务贸易额 640 亿美元；1980 年 3 830 亿美元，增长了 5 倍；1990 年 8 490 亿美元，翻了一番多；1992 年首次突破万亿美元；2000 年达到 14 354 亿美元；2004 年达到 2.1 万亿美元。服务贸易在整个国际贸易中所占比重，在 20 世纪 70 年代和 80 年代约占 1/5，进入 20 世纪 90 年代后则增至 1/4。在今后 20～30 年间，服务贸易在整个国际贸易中的比重大约每年提高一个百分点，预计到 21 世纪 30 年代，服务贸易的比重将与货物贸易的比重大体相当，甚至超过货物贸易的比重，成为国际贸易的主要对象和主要内容。这是当代国际服务贸易发展的首要特征。

2. 服务贸易地区发展不平衡

国际服务贸易的格局随着经济、科技的发展不断变化。世界经济的不平衡性决定了服务贸易的不平衡性。从地区分布来看，2013 年，世界服务贸易的 70％集中在发达国家，仅欧盟 27 国就接近世界服务贸易的 45％。发达国家始终是服务贸易的主要出口国和进口国，在世界服务贸易中占据主要地位。根据 WTO 统计，2013 年世界服务贸易进口和出口前十位的国家中除中国和印度外，全是发达国家，且发展中国家所占份额很小，中国只占出口的 4.55％和进口的 7.58％，印度分别占 3.21％和 2.79％。南北国家在服务贸易差额上也是极为失衡的分布状态。发达国家享有巨额的服务贸易顺差，而发展中国家几乎全部处于服务贸易逆差的状况。1980 年，发达国家服务贸易顺差为 167 亿美元，而 2013 年服务贸易顺差总额已经达到 5 538 亿美元，增长了 32 倍多。相应的，发展中国家 1980 年服务贸易逆差为 662 亿美元，2013 年则达到2 742亿美元，服务贸易逆差状况不断恶化。另外，南北国家服务贸易差额的来源结构也极为不同。以欧盟为例，欧盟是以资本、技术和知识密集型服务贸易巨额顺差来弥补以资源、劳动密集型为特征的传统服务贸易逆差。发展中国家服务贸易逆差结构分布也较为集中，主要在金融、保险、专有权利使用和特许费等生产性服务部门。

3. 由于技术进步而产生的新型国际服务贸易的发展远快于传统形式的服务贸易项目

通信、广告、设计、咨询、技术信息等新型服务贸易的发展速度远远超过旅游、运输等传统型服务贸易。特别是信息技术、网络等新兴产业的出现，更大大促进了新型服务贸易的发展。2004 年，通信服务、建筑服务、保险服务、金融服务、计算机和信息服务、特许权使用和许可、专业服务等现代服务贸易已占到整个服务贸易的将近一半。

4. 发达国家生产性服务贸易增长较快，而发展中国家劳务贸易发展较快

如发达国家的金融服务、通信、知识产权贸易等发展迅速，而发展中国家建筑工程承包、劳务输出发展迅速。

在发达国家，生产性服务业在整个服务业的比重要超过 60%，其发展速度也明显快于消费性服务业，特别是金融、保险、物流、运输、信息、商务服务发展最快。1980～2004 年间，全球服务贸易规模从 3 600 亿美元扩大到 21 000 亿美元，增长了近 5 倍，增长的主要是生产性服务业。

（五）当代国际服务贸易发展迅速的原因

当代国际服务贸易迅速发展的根本原因在于世界经济结构发生了历史性的变化。20 世纪 60 年代兴起的新科技革命加速了这种历史演变的进程，从而导致世界贸易结构和人们社会生活方式的改变。具体来说，当代国际服务贸易的发展主要有以下几方面的原因。

1. 世界产业结构升级的驱动

按照发展经济学的经济增长阶段论，随着国家经济能力的增长，该国的产业结构将依次提升，逐步由农业经济过渡到工业经济，再由工业经济发展到服务经济。20 世纪 60 年代初，主要西方国家都已完成了本国的工业化进程，开始步入后工业化的发展阶段，即国内经济重心向服务业偏移。由各国经济能力增长所带动的产业升级使得世界产业结构发生大规模的调整。在这一过程中所形成的新的世界经济结构不平衡，导致了对国际服务的更大规模的需求，使全球服务性产业的贸易总额有了高速增长的潜力。

2. 国际货物贸易和国际投资增长的带动

战后半个多世纪以来，国际货物贸易流量不断扩大，以世界货物贸易出口总值为例，1950 年总计为 611 亿美元，1990 年达 33 949 亿美元，40 年时间增长了近 56 倍，远远超过了同期世界工业生产和国民生产总值的增长速度。在货物贸易高速增长的带动下，同货物进出口直接关联的传统服务贸易项目，如国际运输服务、国际货物保险、国际结算服务等，都相应地在规模上、数量上成倍增长。而国际投资的迅速扩大和向服务业倾斜，不仅带动了国际货物贸易的增长，而且带动了国际服务贸易的迅猛增长。特别是国际投资收益作为要素服务项目，其迅速扩张本身就构成海外服务贸易流量的扩大。

3. 新科技革命的有力推动

新科技革命,特别是20世纪60年代兴起的信息技术革命,有力地推动了国际服务贸易的迅猛发展。首先,高新技术的发展广泛应用到了服务产业,使许多原先“不可贸易”的服务转化成“可贸易”的服务,从而使国际服务贸易的种类增加,范围扩大。例如,一些传统的教育服务、健康服务一向被认为是“不可贸易”的服务,现今可被储存在磁盘或软件中进行买卖。信息技术和通信技术的发展促使银行、保险、商品零售等得以在全球范围内开展业务,为跨国界服务带来了机遇。其次,科学技术革命加快了劳动力和科技人员的国际流动,特别是促进了专业科技人员和高级管理人才向他国流动,推动国际服务贸易流量的扩大。最后,随着科技的进步,发达国家的产业结构逐渐向技术密集和资本密集的高科技产业转移,把劳动密集型产业转移到新兴工业化国家和部分发展中国家,使这些国家和地区能够利用本地区丰富廉价的劳动力资源,赚取外汇服务收入,形成大规模的境内服务输出。

4. 世界经济全球化和社会生活国际化的促进

世界经济区域化、全球化的发展和各国人民生活水平的大幅度提高,使得现代人的社会生活越来越国际化,出国旅游、接受教育以及聘请专门人才等,即使对于发展中国家的人民来说也不是可望而不可即的了。在过去40多年间,旅游业成为国际上发展最快的行业之一,同社会生活国际化相关的服务贸易也得到了长足的发展。

二、国际服务贸易的分类

(一)民间分类

1. 以“移动”为标准

R. M. 期特恩在1987年所著的《国际贸易》一书中,将国际服务贸易按服务是否在提供者与使用者之间移动分为四类。

(1)分离式服务(Separated Services)。这是指服务提供者与使用者在国与国之间不需要移动而实现的服务。运输服务是分离式服务的典型例子。如民用航空运输服务,一家美国航空公司可以为中国的居民提供服务,但并不需要将这家美国航空公司搬到中国去,也不必要求中国顾客到这家航空公司所在的美国去接受服务。GAST中定义的第一种服务提供方式“跨境交付”类似于这一类服务。

(2)需要者所在地服务(Demander-located Services)。它是指服务的提供者转移后产生的服务,一般要求服务的提供者与服务使用者在地理上毗邻、接近。银行、金融、保险服务是这类服务的典型代表。例如,一英国银行要想占有日本的小额银行业务市场份额,它必须在日本开设分支机构,这就要求国与国之间存在着资本和劳动力的移动。GATS 中定义的第三种服务提供方式“商业存在”类似这一类服务。

(3)提供者所在地服务(Supplier-located Services)。它是指服务的提供者在本国国内为外籍居民和法人提供的服务,一般要求服务消费者跨国界接受服务。国际旅游、留学教育、涉外医疗属于这类服务贸易。例如,外国游客到中国的长城、桂林等地游览接受中国旅行服务,此时,服务提供者并不跨越国界向服务消费者出口服务,对服务提供者而言,也不存在生产要素的移动。GATS 中定义的第二种“境外消费”类似这一类服务。

(4)自由并非分离的服务(Footloose Non-separated Services),又称流动的服务。它是指服务的消费者和生产者相互移动所接受和提供的服务,服务的提供者进行对外直接投资,并利用分支机构向第三国的居民或企业提供服务。如设在意大利的一家美国旅游公司在意大利为德国游客提供服务。流动式服务要求服务的消费者和提供者存在不同程度的资本和劳动力等生产要素的移动。GATS 中定义的第三种“商业存在”和第四种“自然人流动”中的部分服务属于这类服务。

这种分类方法其本质涉及资本和劳动力等生产要素在不同国家间的移动问题。由于这种生产要素的跨国界移动往往涉及各国国内立法或地区性法律的限制,并涉及在需求者所在国的开业权问题,因此,研究这类问题用这种分类方法比较合适。但存在难以准确、彻底地将服务贸易进行划分的缺陷,如各国间相互开业提供的旅游服务就很难加以划分。

2. 以生产过程为标准

这种分类方法根据服务与生产过程之间的内在联系,将服务贸易分为三类:

(1)生产前服务。主要涉及市场调研和可行性研究等。这类服务在生产过程开始前完成,对生产规模及制造过程均有重要影响。

(2)生产服务。主要指在产品生产或制造过程中为生产过程的顺利进行提供的服务,如企业内部质量管理、软件开发、人力资源管理、生产过程之间的各种服务等。

(3)生产后服务。这种服务是指联结生产者与消费者之间的服务,如广告、营销服务、包装与运输服务等。通过这种服务,企业与市场进行接触,便于研究产品是否适销、设计是否需要改进、包装是否满足消费者需求等。

这种以“生产”为核心划分的国际服务贸易，其本质涉及应用高新技术提高生产力的问题，并为产品的生产者进行生产前和生产后的服务协调提供重要依据。这使生产者能够对国际市场的变化迅速做出反应，以便改进生产工艺，进行新的设计或引入新的服务，最终生产出为消费者满意的产品或服务。

3. 以要素密集度为标准

沿袭商品贸易中所密集使用某种生产要素的特点，有的经济学家按照服务贸易中对资本、技术、劳动力投入要求的密集程度，将服务贸易分为：

(1)资本密集型服务。这类服务包括空运、通信、工程建设服务等。

(2)技术、知识密集型服务。这类服务包括银行、金融、法律、会计、审计、信息服务等。

(3)劳动密集型服务。这类服务包括旅游、建筑、维修、消费服务等。

这种分类以生产要素密集程度为核心，涉及产品或服务竞争中生产要素，尤其是当代高科技的发展和应用问题。

4. 以商品为标准

关贸总协定乌拉圭回合服务贸易谈判期间，1988 年 6 月，谈判小组曾经提出依据服务在商品中的属性进行服务贸易分类，据此服务贸易分为：

(1)以商品形式存在的服务。这类服务以商品或实物形式体现，如电影、电视、音像、书籍、计算机及专用数据处理与传输装置等。

(2)对商品实物具有补充作用的服务。这类服务对商品价值的实现具有补充、辅助功能，如商品储运、财务管理、广告宣传等都属于这类服务。

(3)对商品实物形态具有替代功能的服务。这类服务伴随有形商品的移动，但又不是一般的商品贸易，不像商品贸易实现了商品所有权的转移，只是向服务消费者提供服务，如技术贸易中常用的特许经营、设备租赁及设备维修等。

(4)具有商品属性却与其他商品无关联的服务。这类服务具有商品属性，其销售并不需要其他商品补充才能实现，例如通信、数据处理、旅游、旅馆和饭店服务等。

这种分类将服务与商品联系起来加以分析，事实上，它就是从理论上承认“服务”与“商品”一样，既存在使用价值，也存在价值，与商品同样能为社会生产力的进步作出贡献。服务的特殊性就在于它有不同于商品的“无形性”，但是，这种“无形性”也可以在一定情况下以商品形式体现。

(二)世界贸易组织的分类

乌拉圭回合服务贸易谈判小组在对以商品为中心的服务贸易分类的基础

上，结合服务贸易统计和服务贸易部门开放的要求，并在征求各谈判方的提案和意见的基础上，提出了以部门为中心的服务贸易分类方法，将服务贸易分为12大类。

1. 商业性服务

商业性服务指在商业活动中涉及的服务交换活动，服务贸易谈判小组列出的6类这种服务，其中既包括个人消费的服务，也包括企业和政府消费的服务。分别是专业性(包括咨询)服务、计算机及相关服务、研究与开发服务、不动产服务、设备租赁服务和其他服务。

2. 通信服务

通信服务主要指所有有关信息产品、操作、储存设备和软件功能等服务。主要包括邮政服务、速递服务、电信服务、视听服务和其他电信服务。

3. 建筑服务

建筑服务主要指工程建筑从设计、选址到施工的整个服务过程。具体包括:选址服务，涉及建筑物的选址;国内工程建筑项目，如桥梁，港口、公路等的地址选择等;建筑物的安装及装配工程;工程项目施工建筑;固定建筑物的维修服务;其他服务。

4. 销售服务

销售服务指产品销售过程中的服务交换。主要包括:商业销售，主要指批发业务;零售服务;与销售有关的代理费用及佣金等;特许经营服务;其他销售服务。

5. 教育服务

教育服务指各国间在高等教育、中等教育、初等教育、学前教育、继续教育、特殊教育和其他教育中的服务交往。如互派留学生、访问学者等。

6. 环境服务

环境服务指污水处理服务、废物处理服务、卫生及相似服务等。

7. 金融服务

金融服务主要指银行和保险业及相关的金融服务活动。

8. 健康及社会服务

健康及社会服务主要指医疗服务、其他与人类健康相关的服务，社会服务等。

9. 旅游及相关服务

旅游及相关服务指旅馆、饭店提供的住宿、餐饮服务、膳食服务及相关的服务，旅行社及导游服务。

10. 文化、娱乐及体育服务

文化、娱乐及体育服务指不包括广播、电影、电视在内的一切文化、娱乐、新闻、图书馆、体育服务，如文化交流、文艺演出等。

11. 交通运输服务

交通运输服务主要包括：货物运输服务，如航空运输、海洋运输、铁路运输、管道运输、内河和沿海运输、公路运输服务，也包括航天发射以及运输服务，如卫星发射等；客运服务；船舶服务（包括船员雇用）；附属于交通运输的服务，主要指报关、货物装卸、仓储、港口服务、起航前查验服务等。

12. 其他服务

（三）国际货币基金组织的分类

国际货币基金组织按照国际收支统计将服务贸易分为：

1. 民间服务（或称商业性服务）

民间服务指1977年国际货币基金组织编制的《国际收支手册》中的货运，其他运输、客运、港口服务等，旅游，其他民间服务和收益。

2. 投资收益

投资收益指国与国之间因资本的借贷或投资等所产生的利息、股息、利润的汇出或汇回所产生的收入与支出。

3. 其他政府服务和收益

其他政府服务和收益指不列入上述各项的涉及政府的服务和收益。

4. 不偿还的转移

不偿还的转移指因属单方面的（或片面的）、无对等的收支，即意味着资金在国家间移动后，并不产生归还或偿还的问题，因而，又称单方面转移。

第二节 国际技术贸易

一、国际技术贸易概述

（一）技术与国际技术贸易

1. 技术的含义

技术一词在不同的领域有不同的解释。在社会科学领域，技术是指用于解决社会发展中所面临的问题的具体措施；而在自然科学领域，则被认为是解决生产领域问题的某种发明或技能。我国《辞海》中将技术定义为劳动工具和技能的总和，强调技术是人们在生产或服务过程中运用的经验、知识、技能和物质手段相结合的系统。世界知识产权组织 1977 年出版的《供发展中国家使用的许可贸易手册》一书第一章第 778 条第 8 款中给技术所下定义是:“技术是指制造一种产品的系统知识,所采用的一种工艺,或提供的一项服务,不论这种知识是否反映在一项发明、一项外形设计、一项实用新型或者一种植物的新品种,或者反映在技术情况或技能中,或者反映在专家为设计、安装、开办、维修、管理一个工商企业而提供的服务或协助等方面。”这是迄今为止国际上给技术所下的最为全面和完整的定义。

2. 技术的特征

技术有三个显著特征:(1)无形性。技术是一种看不见、摸不着的知识性的东西,它只能靠理解去把握。有些技术可用语言来表达,而有些技术只存在于“能人”的经验中。(2)系统性。零星的技术知识不能称之为技术。只有关于产品的生产原理、设计、生产操作、设备安装调试、管理、销售等各个环节的知识、经验和技艺的综合,才能称之为技术。(3)商品属性。技术是无形的特殊商品。正因为技术不仅有使用价值,而且也有交换价值,所以它才能充当技术贸易的交易标的。

3. 技术转让

技术转让是指拥有技术的一方通过某种方式将其技术出让给另一方使用的行为。物品转让是所有权的转让,与此不同,技术转让一般只是技术使用权的转让。一件物品只能完整地转让给一个对方,原物主也将因转让而丧失对该物的所有权。而一项技术可同时完整地转让给多个对方,且原有技术的持有者并不因转让而失去对该技术的所有权。技术转让是技术转移的一种特殊形式。技术转移是指技术从一领域传向另一领域或从一地区传向另一地区的过程。技术转让则是其中有特定双方的,以援助、赠予或出售为方式的一类技术转移形式。

4. 国际技术贸易

国际技术贸易是世界不同的国家或地区间,一方将某种内容的技术通过签订商业协议或合同的形式,转让给另一方,并收取一定的技术使用费,这种交易即称为国际技术贸易。国际技术转让可以是有偿的,也可以是无偿的。有偿的国际技术转让就是国际技术贸易。

国际技术贸易的主要内容有:各种工业产权,如专利、商标;各种专有技术或技术诀窍;提供工程设计,工厂的设备安装、操作和使用;与技术转让有关的机器、设备和原料的交易等。总之,技术贸易既包括技术知识的买卖,也包括与技术转让密切相关的机器设备等货物的买卖。

5. 国际技术贸易的特点

与国际货物贸易比较，国际技术贸易一般具有以下特点。

(1)交易标的性质不同。国际货物贸易的标的是有形的物质商品，易计量、论质和定价；而国际技术贸易的标的是无形的知识，其计量、论质和定价的标准都是很复杂的。

(2)交易双方当事人不同。一方面，货物贸易双方当事人一般不是同行，而技术贸易双方当事人则一般都是同行。因为只有双方是同行，引进方才会对转让方的技术感兴趣，引进方才有能力使用这种技术。另一方面，货物贸易中的卖方始终是以销售为目的，而技术贸易中的卖方(转让方)，一般并不是为了转让而是为了自己使用才去开发技术的，只是在某些特定情况下才转让技术。

(3)交货过程不同。货物贸易的交货是实物移交，其过程较简单。技术贸易的"交货"则是传授技术知识、经验和技艺的复杂而又漫长的过程。

(4)所涉及的问题和法律不同。国际技术贸易涉及的问题多、复杂、特殊。如国际技术贸易涉及工业产权保护、技术风险、技术定价、限制与反限制、保密、权利和技术保证、支持办法等问题，其涉及的国内法律和国际条约、公约也比货物贸易多。因而，从事国际技术贸易远比从事国际货物贸易难度大。

(5)政府干预程度不同。政府对国际技术贸易的干预程度大于对货物贸易的干预程度。由于技术出口实际上是一种技术水平、制造能力和发展能力的出口，所以为了国家安全和经济利益上的考虑，国家对技术出口审查较严。由于在技术贸易中，技术转让方往往在技术上占优势，为了防止其凭借这种优势迫使引进方接受不合理的交易条件，也为了国内经济、社会、科技发展政策上的考虑，国家对技术引进也予以严格的管理。

(二)国际技术贸易的产生与发展

科学技术知识的国际交流由来已久，几乎在人类发展的各个时期，都有不同程度的技术贸易活动。当然，由于技术贸易受社会需求和社会条件的严格制约，在不同时期、不同的生产力和生产关系条件下，技术贸易的传播方式、手段乃至产生的效果都明显不同，具有显著的时代特征。综观人类数千年的文明史，可将技术贸易划分为4个时期：远古时代、中世纪、工业化社会和现代。前两个时期，一般表现为无偿的技术转让；后两个时期，技术成为商品，表现为有偿的技术贸易。

1. 远古时代的技术转让

由于生产力发展水平的限制，这一时期的技术转让活动仅是一些简单的、偶然的活动，传播的速度相当缓慢，对社会经济发展的影响不大。如公元2世纪我国发明的造纸术，经过1 000年以后才传入欧洲。

2. 中世纪的技术转让

这一时期技术转让的特点是以技术产生地为中心，依照一定的地理方位由近及远，逐渐向四周区域扩散，呈“梯度式”缓慢发展状态。如中国养蚕、丝织技术、指南针、印刷术的传播，意大利眼镜技术、德国机械表技术的传播等。

3. 工业化社会的技术贸易

人类历史上出现的第二次技术转让高潮发端于完成了工业革命、刚刚进入工业社会的欧洲。这一时期包括19世纪末到20世纪初的多年时间。这一时期技术转让的特点是，技术已成为独立的商品，技术贸易已经成为独立的贸易形式，迅速发展的国际投资是技术贸易的重要渠道，技术贸易已从原始的“梯度式”发展到不受地理条件限制可以直接跨越某一地理区域的“跳跃式”状态。但是，这一时期的技术贸易活动无论从内容、方式及其规模来看都相对简单、狭小，远不能同现代技术贸易相比较。

4. 现代技术贸易

第二次世界大战后，国际技术贸易迅速发展，究其原因主要有以下几点：(1)科技革命为技术贸易的迅速发展提供了技术基础，但是各国综合国力不同，造成科学技术水平发展不平衡；(2)进行技术贸易可带来较大的经济利益；(3)国际化和全球一体化的趋势不断地促使跨国公司向外部企业转让技术；(4)战后各国都开始重视科学技术的发展，将引进先进技术作为国家科技、经济发展的长期战略。在国际贸易中，技术贸易逐渐成为国家扩大贸易规模、优化贸易结构、平衡进出口的关键一环。国际技术贸易的发展带动了生产要素在不同国家转移，促进了先进技术在全球的普及，提升了技术贸易参与国的技术水平，推动了经济的发展。

（三）国际技术贸易的特点和发展趋势

随着国际技术市场竞争的日趋激烈，国际技术贸易出现了以下特点。

1. 发达国家在国际技术市场上占有统治地位

长期以来，国际技术转让活动主要集中在发达国家之间，发达国家的技术贸易额占世界技术贸易额的80%以上，而且主要集中在美国、法国、英国、日本、德国等少数几个国家。这5个国家的技术贸易额占发达国家技术贸易总额的90%以上。近年来，发展中国家技术贸易有了长足进展，但在国际技术市场上的份额极为有限，一般不超过10%，而且还局限在少数几个新兴工业化国家。

2. 软件技术在国际技术贸易中的比重日益提高

20世纪80年代以前，国际技术贸易主要通过引进和出口先进设备等硬件来进行，以软件为交易对象的交易较少，进口国往往是以购买设备等硬件为目的兼买软件。进入20世纪80年代以后，这种状况发生了根本的变化，以许可贸易形式进行的软件交易占据主导地位，技术的进口国往往为了购买某项专利或专有技术而附带进口一些设备。尤其是发达国家的技术贸易，软件技术的转让已经占技术贸易额的80%以上。

3. 发达国家的跨国公司控制着国际技术贸易

据统计，发达国家的跨国公司控制着发达国家技术贸易的80%以上，而发展中国家技术贸易的90%以上也被控制在跨国公司手中。这主要是与这些跨国公司资金雄厚、技术力量强大、重视技术开发，并拥有众多的专利技术有关。跨国公司在国际技术贸易中的垄断地位使得他们在技术转让的谈判中处于有利地位，由此获取较多的谈判利益。

二、国际技术贸易的方式

国际技术贸易采用的方式主要有许可贸易、特许经营、合同制造、技术服务与咨询，以及含有知识产权和专有技术许可的设备买卖等。

（一）许可贸易

1. 许可贸易概念

许可贸易又称许可证贸易。它是指知识产权或专有技术的所有人作为许可方，通过与被许可方（引进方）签订许可合同，将其所拥有的技术授予被许可方，允许被许可方按照合同约定的条件使用该项技术，制造或销售合同产品，并由被许可方支付一定数额技术使用费的技术交易行为。许可贸易是国际技术贸易中使用最为广泛的技术贸易方式。

2. 许可贸易分类

（1）按交易的标的划分。许可贸易按其标的内容可分为专利许可、商标许可、计算机软件许可和专有技术许可等形式。在国际技术贸易实践中，一项许可贸易可能包括上述一项内容，如单纯的专利许可；也可能包括上述两项或两项以上内容，成为一揽子许可。

（2）按授权范围划分。根据其授权程度大小，许可贸易可分为如下五种形式：

①独占许可。它是指在合同规定的期限和地域内，被许可方对转让的技术享有独占的使用权，即许可方自己和任何第三方都不得使用该项技术和销

售该技术项下的产品。所以这种许可的技术使用费是最高的。

②排他许可，又称独家许可。它是指在合同规定的期限和地域内，被许可方和许可方自己都可使用该许可项下的技术和销售该技术项下的产品，但许可方不得再将该项技术转让给第三方。排他许可是仅排除第三方而不排除许可方。

③普通许可。它是指在合同规定的期限和地域内，除被许可方允许使用转让的技术和许可方仍保留对该项技术的使用权之外，许可方还有权再向第三方转让该项技术。普通许可是许可方授予被许可方权限最小的一种授权，其技术使用费也是最低的。

④可转让许可，又称分许可。它是指被许可方经许可方允许，在合同规定的地域内，将其被许可所获得的技术使用权全部或部分地转售给第三方。通常只有独占许可或排他许可的被许可方才获得这种可转让许可的授权。

⑤互换许可，又称交叉许可。它是指交易双方或各方以其所拥有的知识产权或专有技术，按各方都同意的条件互惠交换技术的使用权，供对方使用。这种许可多适用于原发明的专利权人与派生发明的专利权人之间。

（二）特许经营

1. 特许经营的含义

特许最早是行政法上的概念。在行政法上，特许是特殊许可（或特别许可）的简称。《行政法词典》中对许可的定义如下：国家行政机关对一般人的禁止措施和对于特定人和特定事的禁止措施依法予以解除的行政措施，简称解除禁止措施。并且认为许可的特点之一是，因为许可是对被管理者实施的禁止措施的解除，因而许可是批准的一种特殊形式。同时认为许可是禁止的解除，在性质上属于许可的行政措施，在法律用语上有时也称认可或特许。

1960 年成立的国际特许专营协会（International Franchise Association，IFA）对特许经营的定义为："特许经营是一种特许权授予人与被授予人间的合同关系。在这种关系中，授权人愿意或有义务对被授人的经营在专有技术和培训等方面给予不断的支持；同时，被授人利用授权人所拥有的共同一致的商号、运作方式或方法进行经营。在这个关系中，被授人利用自有资金对自己的企业进行实质性投资。"

从法理角度分析，所谓特许经营，实际上是一种授权协议。特许经营的授权协议，其法律效力限于一定的时间和地域，被特许方在此地域与时间内享有独家经营的权利。

2. 特许经营的发展

现代商业特许经营起源于19世纪的美国，南北战争后，美国国内消费商品数量急剧上升，美国的商业模式随着这种上升发生了巨大的变化，即连锁商业系统的形成。

现代特许经营的鼻祖美国胜家缝纫机公司于1865年成立，当时该公司的产品属于美国领先的新产品，但由于消费者对该产品的性能及产品本身的认识不足，使胜家公司的销售遇到了很多的困难。为打开销路，胜家公司采用特许经营的方式在美国各地建立销售网络，结果销售势头非常良好，很快占领了国内市场，胜家获得了巨大的成功。此后，美国餐饮业和汽车行业都像胜家公司一样在美国开始尝试着建立特许经营的网络销售体系。

美国汽车制造业在20世纪20年代，由于福特公司开发了现代化的汽车生产的流水线，生产效率大为提高，进而整个汽车制造业都大幅度地提高了产量，随之带来的销售却未能像生产这样大幅度提高，尤其是资金的短缺，使汽车制造业纷纷采取特许经营的方式，把汽车的销售委托给一些代理机构，这种方式使汽车制造业迅速摆脱了销售不力的隐患，大大带动了汽车工业的发展。

随着胜家公司特许经营的成功，特许经营在美国进入了一个全面的发展时期。在随后的几十年中，随着福特公司、可口可乐、麦当劳等许多家著名公司的高速发展和扩张，特许经营的模式受到了全美企业的高度关注。到了1959年，美国10多家实行特许经营的企业，成立了国际特许专营协会。到目前为止，IFA已经成为世界上一个影响非常广泛的国际性的商业协会。它代表600多家特许经营企业，为会员和有志于从事特许经营的人提供各种资料、咨询，并且制定特许经营中的道德规范和营运标准，为会员提供各种交流经验、专业知识、管理建议的机会而且适时进行培训。1972年9月23日，欧洲成立了欧洲特许权联合会。日本也早在1963年成立了第一家实行特许经营的“不二家”西式糕点咖啡店。20世纪70年代后，吉野家、7-11便利公司等纷纷采取特许经营的模式，都取得了较大的成功。

3. 特许经营的特点

特许专营的受方与供方经营的行业、生产和出售的产品、提供的服务、使用的商号名称和商标(或服务标志)都完全相同，甚至商店的门面装潢、用具、职工的工作服、产品的制作方法、提供服务的方式也都完全一样。例如，美国的麦当劳快餐店在世界各地几乎都有它的被授人，他们所提供的服务同美国一样，所生产和销售的汉堡包的味道也完全一样。

特许专营类似许可，但它的特许方和一般的许可方相比要更多地涉入对方的业务活动，从而使其符合特许方的要求。因为全盘转让，特别是商号、商标(服务标志)的转让关系到他自己的声誉。

特许专营的被特许方与特许方之间仅是一种买卖关系。各个特许专营企业并不是由一个企业主营的,被特许人的企业不是特许人企业的分支机构或子公司,也不是各个独立企业的自由联合,它们都是独立经营、自负盈亏的企业。特许人并不保证被特许人的企业一定能盈利,对其盈亏也不负责任。

特许专营合同是一种长期合同,它可以适用于商业和服务业,也可以适用于工业。

(三)合同制造

1. 合同制造(OEM)的含义

OEM 是英文 Original Equipment Manufacturer 的缩写,中文直译为原始设备制造商。最初的含义指采用其他公司生产的原件组装产品,以自有品牌销售产品的公司。随着经济的发展,OEM 的含义已经演变为委托生产或代工生产的方式,现在 OEM 所涉及的内容脱离了最初的"原始设备制造"而更加丰富和多样化了。

在 OEM 过程中,存在着合作的双方:品牌厂商和供应商。品牌厂商利用自有品牌、销售渠道、核心技术和其他市场资源,将非自己擅长的生产环节交给别的企业去做,把有限的资源集中用于核心业务,以便提高自身的核心竞争力;供应商(OEM Supplier)根据品牌厂商的要求提供产品或组件,供应商可以自行生产产品,也可以将业务外包给合同制造商(Contract Manufacturer, CM);同时,许多品牌厂商也是其他品牌厂商的供应商。

2. 选择 OEM 的几个原因

(1)经济全球化带来的国际产业分工(产业内分工)。当今世界的发展趋势是技术创新速度越来越快,竞争越来越激烈,社会分工越来越细化。OEM 就是经济全球化带来的国际产业分工的必然结果。OEM 在服装、IT、家电、汽车配件、玩具和日化等行业被广泛应用的重要原因之一是 OEM 正好适应了这些行业的产业结构特点。正是上述产业中的采购、生产和市场销售的高度社会化分工造成了 OEM 的盛行。

(2)有效配置资源的要求。OEM 产生的驱动力也来自社会资源合理化配置的要求,其目的是使有限资源得到专业化的高效利用。近代工业发展的中期就有了 OEM 的形式,OEM 实际上是企业追逐利润最大化的一种方式,专业化的厂家制造单一零部件,在技术条件和固定成本一定的情况下,生产规模越大,其产生的边际成本就越低、边际收益越大,对 OEM 双方来说都实现了利润最大化。

(3)企业构建核心能力的要求。品牌厂商需要将自己掌握的优势资源集中于自己擅长的研发、市场运作和品牌推广上，摆脱生产制造环节有利于构建核心业务，提高专业化的核心竞争力和降低企业运行费用。对供应商来说，不论其生产能力有多强、产品线多么丰富，也不能包罗万象，必然需要与其他厂商的合作。供应商只能垄断部分含有关键技术或整机不可缺少的零部件、组件的生产或供应，而不可能将整个生产链中的各个环节全部垄断，而合同制造商只能将其有限的资源最大限度地集中在专门的生产制造领域。

(4)品牌厂商和供应商双赢企业价值观的体现。品牌厂商和供应商都处于同行业或相关行业，其中一方拥有品牌优势或市场优势，一方拥有生产制造优势。在一般情况下，OEM双方结成合作伙伴关系，能提高业务运作的效率和降低市场风险。双方的业务合作是长期的，而且是分期分批进行的，供应商希望通过OEM方式充分利用产能，实现规模效益；品牌厂商希望通过OEM方式生产和销售开发成本高、周期长而又淘汰更新快的产品。所以双方在技术支持、人员培训和售后服务等方面必须进行合作，以共同解决最终客户在购买和使用中的问题。

(四)技术服务和咨询

1. 技术服务和咨询的含义

技术服务和咨询是指独立的专家或专家小组或咨询机构作为服务方应委托方的要求，就某一个具体的技术课题向委托方提供高知识性服务，并由委托方支付一定数额的技术服务费的活动。技术服务和咨询的范围和内容相当广泛，包括产品开发、成果推广、技术改造、工程建设、科技管理等方面。大到大型工程项目的工程设计、可行性研究，小到对某个设备的改进和产品质量的控制等。企业利用"外脑"或外部智囊机构，帮助解决企业发展中的重要技术问题，可弥补自身技术力量的不足，减少失误，加速发展自己。我国"二汽"委托英国的工程咨询公司改进发动机燃烧室形腔设计，合同生效半年内就取得了较好的技术经济效果。

2. 技术服务和咨询与许可贸易不同

许可贸易与技术咨询服务是国际技术贸易的两种基本的贸易方式，其他技术贸易形式一般都是这两种方式在特殊情况下的运用或是包含了这两种方式。但两者也存在一定区别。

(1)许可贸易是以技术成果为交易对象的，而技术服务和咨询则是以技术性劳务为交易对象的。

(2)许可贸易的技术供方所提供的技术是被其垄断的新的独特的技术，这些技术属于知识产权或专有技术。而在技术服务和咨询中，服务方所提供的技术多是一般技术，即知识产权和专有技术以外的技术。

(3)在国际技术贸易实践中，许可贸易特别是专有技术许可中常含有技术服务和咨询(如设备安装调试、人员培训)的内容。而在技术服务和咨询活动小，也有提供服务的供方以其专利或专有技术完成其服务任务的。

(五)含有知识产权和专有技术转让的设备买卖

在国际贸易实际业务中，在购买设备特别是关键设备时，有时也会含有知识产权或专有技术的转让内容。这种设备买卖也属于技术贸易的一种方式。但是，单纯的设备买卖，即不含有知识产权和专有技术许可的设备的买卖属于普通商品贸易，不是技术贸易。

含有知识产权和专有技术转让的设备买卖，其交易标的包含了两方面的内容：一是硬件技术，即设备本身；二是软件技术，即设备中所含有的或与设备有关的技术知识。这些技术知识又分为两部分：一部分属于一般的技术知识，另一部分是专利技术和专有技术。这种设备的成交价格中不仅包括设备的生产成本和预得利润，而且也包括有关的专利或专有技术的价值。在这种设备的买卖合同中含有专利和专有技术许可条款以及技术服务和咨询条款。

这种方式的技术转让在发达国家与发展中国家的技术贸易中占有相当大的比重。它也常用于工程承包中。

除上述五种情形外，许可贸易的做法还常出现在补偿贸易中，一方提供的设备中含有专利或专有技术，该方以设备出口和技术许可的综合方式向对方提供技术设备，对方以该项设备生产的产品或其他产品补偿其技术和设备的价款。许可贸易的做法也常出现在合资经营方式中。或者拥有专利和专有技术的一方直接转让其技术，实行技术作价入股；或经过许可方式获得他人专利或专有技术使用权的一方，经技术产权方的允许后，以分许可的方式向合资企业进行技术的再转让。

三、国际技术贸易的作用和影响

1. 开展国际技术贸易，有利于缩小国家间技术水平的差异

联合国教科文组织 1994 年 2 月 14 日发表的《国际商品贸易和国际技术贸易的区别报告》指出，当今世界发达国家与发展中国家的差距是“知识的差距”。目前全世界 80%的“研究与发展”活动集中在发达国家，它们每年用于科研的经费约占国民生产总值的 22.9%。其中，日本为 3.1%，是世界上最多的，平均每人每年 700 美元；其次是美国，为 2.8%，平均每人每年 600 美元；

欧共体为2%，平均每人每年300美元。相反，发展中国家每年用于科研的经费在国民生产总值中占的比例还不到发达国家的1/10，如拉美国家每人每年仅平均10美元。世界上一些贫穷国家更是低得可怜，如非洲的尼日利亚每人每年平均只有0.22美元。上述数字足以说明开展国际技术交流、发展国际技术贸易的必要性和现实意义。

2. 开展国际技术贸易，有利于贯彻经济合理的原则

当今世界，各技术领域相互渗透，新技术乃至新产品越来越复杂，从而导致新技术、新产品开发费用增加。而且，随着开发难度的加大，商业失败的几率也在增加。实践表明，在科研开发中总有相当大的一笔资金是不成功的，在商业上有效益的开发费用只占总费用的一小部分。国家或企业为了减少技术投入的风险，往往在国际技术市场上寻找机会，以比自己开发投入少得多的费用，来购买自己所需要的技术。同时，不管是一个企业还是一个国家，用于科技开发的人才、资金和物力总是有一定限度的，即使是发达国家或大企业集团有力量全靠自己去开发自己所需的技术，但这样做有时并不经济，况且它们也不是在各个领域都具有优势。不顾主客观条件开发力不能及的项目，势必事倍功半，甚至劳而无功。因此，通过国际技术贸易，用人之长补己不足，可以用一定的费用支出，取得更大、更多的技术成果；或是为了取得一定的技术成果，可以用更少的花费。

3. 开展国际技术贸易，有利于技术进步和经济增长

国际技术贸易推动了技术进步，技术进步又促进了经济的增长。目前，美国是世界第一技术强国，是世界科学技术的中心，但美国仍不断从国际市场引进先进的技术，仅此一项每年要支付5亿美元之多。第二次世界大战后，日本的科学技术水平落后，但由于其大量引进国外先进技术，使日本战后经济迅速恢复和发展，一跃成为世界第二经济大国，现如今在许多科学技术领域已居世界领先地位。技术进步对经济增长的促进作用，已越来越被人们所认识，技术进步对经济发展的影响将会越来越大。积极开展国际技术贸易，将有力地推动这一势头的发展。

4. 开展国际技术贸易，有利于社会经济变革

在当今世界，科技进步在各国社会经济发展中所起的作用越来越大。可以说，当今科技的最新成就已经渗透到人类社会活动的各个领域之中。在20世纪末21世纪初，人们正处于高科技全面发展的时代，以高技术为中心在各个领域的新的科技革命首先在美国、日本、西欧发达国家兴起，然后逐渐向世界其他国家和地区扩展。人类发展了科技，科技又造福于人类社会。高科技

已逐渐成为人类社会文明的强大引擎。技术进步加速了产品的更新换代,使老产品的生命周期日益缩短,影响了产业结构,它使投资回报率远高于传统产品,它使国际分工深化,从而推动了世界贸易的发展,使世界贸易的增长速度超过世界生产增长的速度。高新技术的引进和推广,对人力资源提出了更高的要求,从而对各类教育提出了新的要求。另外,新技术革命还将给人类未来消费带来重大变化。

当然,在国际技术贸易中也有可能发生风险。例如,技术引进可能缺乏先进性、可靠性、适应性和经济性;技术出口可能发生无形磨损、技术转让费或技术使用费不能回收。因此,要加强防范,进行早期风险识别,建立科学高效的风险预警系统等。

本章小结

《服务贸易总协定》将服务贸易的概念定义为:指跨越国界进行服务交易的商业活动,即服务提供者从一国境内向他国境内,通过商业或自然人的商业现场向消费者提供服务并取得外汇报酬的一种交易行为。该定义包含着服务贸易的以下4种方式:(1)从一成员国的国境内向另一成员国的国境内提供服务,即过境交付。(2)在一成员国的国境内向另一成员国的消费者提供服务,即境外消费。(3)通过一成员国提供的服务实体(法人)在另一成员国以商业存在提供服务,即商业存在。(4)由一成员国的自然人在另一成员国境内提供服务,即自然人流动。

《美国和加拿大自由贸易协定》对服务贸易的定义基本表述为:服务贸易是指由或代表其他缔约方的一个人,在其境内或进入另一缔约方提供所指定的一项服务。“指定”包括:(1)生产、分配、销售、营销及传递一项所指定的服务及其进行的采购活动。(2)进入或利用国内的分配系统,即要受到缔约方国内分配制度的约束。(3)形成或确定一个商业存在。(4)根据国际投资法的规定,任何为提供指定服务的投资及任何为提供指定服务的相关活动。比如,公司、分公司、代理机构、代表处和其他商业经营机构的组织、管理、保养和转让活动;再比如,各类财产的接管、使用、保护及转让,以及资金的借贷等活动。这里的一个人既可以是法人,也可以是自然人。

经济服务化表现为各国服务业在国民经济和就业中比重上升,国际直接投资流向服务业增加,国际服务贸易在国际贸易中地位不断加强。国际服务贸易迅速增加是因为世界产业结构升级的驱动、国际货物贸易和国际投资增长的带动、世界经济一体化和社会生活国际化的促进和新科技革命的有力推动等原因。

国际技术转让有两层含义：首先，它是一种国际技术交换与交流活动，具有国际性因素。其次，它是一种技术转让活动。现代国际技术转让可分为非商业性技术转让和商业性技术转让两种。非商业性技术转让是指公有性的科学技术知识的转移，以无偿方式进行。商业性的技术转让是带有产权的技术知识的转移，是有偿转让，主要通过经济合作途径和贸易途径两种方式进行。商业性国际技术转让被称为国际技术贸易。

国际技术贸易与货物贸易比较具有下列特点：交易标的性质不同、交易双方当事人不同、交货过程不同、所涉及的问题与法律不同和政府干预程度不同。国际技术贸易包括许可贸易、特许经营、合同制造、技术服务与咨询和含有知识产权和专有技术的设备买卖。开展国际技术贸易无论对发达国家，还是对发展中国家，都有十分重要的意义。

思考与练习

1. 什么是服务？它具有哪些特征？
2. 国际服务贸易发展的特点和原因是什么？
3. 国际技术贸易与国际货物贸易有何区别？
4. 国际技术贸易包括哪些形式？
5. 开展国际服务贸易和国际技术贸易有哪些经济影响？

下　篇
国际贸易实务

本篇是国际贸易实务部分。通过学习，可以帮助学生掌握交易磋商程序，学会订立国际贸易合同的各项条款，明确进出口合同的履行程序，从而提高学生的国际贸易实务的操作水平。

本篇主要内容：

一	国际贸易合同的订立
二	商品的品质、数量与包装
三	贸易术语与价格
四	国际货物运输
五	国际货运保险
六	国际贸易结算
七	检验、索赔、不可抗力和仲裁
八	进出口合同的履行程序
九	国际贸易方式

第七章 国际贸易合同的订立

本章课程概况

课题内容:国际贸易合同的概念、种类及交易磋商程序。

课时:3+3课时。

教学目的:使学生懂得国际货物买卖合同的商订是一项十分重要的工作,要做好此项工作,洽商交易人员事前应做好各项准备,了解和掌握《联合国国际货物销售合同公约》对发盘、还盘、接受的规定。在磋商交易的各个环节中要善于应变、多谋善断,争取在平等互利的基础上达成交易和签订合同。

教学要求:了解国际贸易合同的概念和特点;掌握交易磋商的四个环节,重点掌握发盘和接受这两个环节;掌握国际贸易合同的基本条款和国际贸易合同成立的法律规范。

教学方式:理论和实训相结合。理论讲授部分:第一节课介绍国际贸易合同的概念、特点、形式、作用,第二、第三节课介绍交易磋商程序和合同条款;实训部分:第一、第二节课进行案例分析,第三节课尝试完成一份销售确认书。

第一节 国际贸易合同概述

国际贸易按传统的或狭义的理解,是指货物的进出口,即商品贸易。在WTO多边贸易体系中,商品贸易与技术贸易、服务贸易被并列为三大贸易。在现代国际贸易中,后两者已占有相当大的比重,而且还有不断上升的趋势。但无论是在我国,还是在国际上,货物进出口仍然是国际贸易中最基本和最重要的部分,仍在国际贸易中占有最大的比重。而且,有关技术贸易和服务贸易的业务做法,不少是从货物贸易的基本做法中脱胎而来的,有的还直接沿用货物买卖的基本做法。因此,国际货物贸易是国际其他交易形式的基础。所以,掌握了国际货物买卖合同的特点、内容、交易磋商的程序，签订合同的必要条件、基本条款等，是掌握技术贸易和服务贸易合同知识和方法的重要途径。本章所阐述的国际贸易合同主要是就国际货物买卖合同而言的。

一、国际贸易合同的概念

国际贸易合同是合同的一种类型。对于合同的概念，各国法律有不同的解释。例如，英美法系的解释为：合同是可以依法执行的。而大陆法系对合同的解释有所不同，如《法国民法典》规定：合同是一人或数人对另一人或另外数人承担给付某物，做或不做事的义务的含意。又如中国《合同法》规定：合同是平等主体的自然人、法人、其他组织之间设立、变更、终止民事权利义务关系的协议。通过对上述概念的考察和综合，我们可以对合同的概念表述如下：合同(Contracts)是两个或两个以上当事人依照法律通过协商所达成的设立、变更、终止他们间权利义务关系的一种具有法律约束力的协议。

各国对合同的概念解释不尽相同，并且合同种类繁多，因此，需要对国际货物买卖合同的概念做一般性的解释。根据《联合国国际货物销售合同公约》(1980年)(以下简称《公约》)的规定，国际货物买卖合同(Contract for the International Sale of Goods)，是指营业地处于不同国家的当事人之间所订立的货物买卖合同。货物买卖合同是指卖方为了取得货款而把货物的所有权移交给买方的一种双务合同。所谓"双务"(Bilateral)，是指合同双方相互承担义务，同时双方都享有权利，一方所承担义务正是另一方享有的权利。即卖方的基本义务是交出货物的所有权，买方的基本义务是支付货款，这是货物买卖合同区别于其他种类合同的一个主要特点。中国在对外经济活动中与国外交易方订立的合同很多，而国际货物买卖合同却是一种基本涉外经济合同。国际货物买卖合同又称国际货物销售合同或国际货物进出口合同。

二、国际贸易合同的特点

在国际贸易中，国际货物买卖合同的当事人处于不同的国家，因此国际货物买卖合同与国内货物买卖合同相比，具有不同的特点：

1. 国际性

衡量某个货物买卖合同是否具有国际性的标准，是买卖双方的营业地点是否处在不同的国家，而不是双方当事人的国籍。即如果当事人的营业地在不同的国家，其签订的合同即为"国际性"合同；反之，则被称为"国内"合同。如果当事人没有营业地，则以其长期居住所在地为"营业地"。

2. 合同的标的物是货物

国际货物买卖合同的标的物是货物，即有形资产，而不是股票、债券、投资证券、流通票据或其他财产，也不包括不动产和提供劳务的交易。

3. 国际货物买卖合同的货物必须由一国境内运往他国境内

国际货物买卖合同的订立可以在不同的国家完成，也可以在一个国家完成，但履行合同时，卖方交付的货物必须运往他国境内，并在其他境内完成货物交付。

4. 国际货物买卖合同具有涉外因素

国际货物买卖合同具有涉外因素，被认为与一个以上的国家有重要的联系，因此在法律的适用性上，各国法律的规定就与国内合同有所不同。概括起来，国际货物买卖合同适用的法律有三种：国内法、国际贸易惯例和国际条约。

三、国际货物贸易合同的作用

首先，国际贸易合同是各国经营进出口业务的企业开展货物交易最基本的手段。这种合同不仅关系到合同当事人的利益，也关系到国家的利益以及国与国之间的关系，因此国际贸易合同具有重要的作用。

其次，国际贸易合同明确规定了当事人各方的权利和义务，是联系双方的纽带，对双方具有相同的法律约束力。在合同的履行过程中，合同双方当事人都必须严格执行合同条款，否则就是违反合同，即违约。当违约造成损失或损害时，受损害方可依据相关适用法律提出索赔要求，违约方必须承担造成的损失。如果一方因客观原因需要修改合同的某些条款或终止合同时，必须提请对方确认。如果对方不同意修改或终止合同，除非提请方证明出现了不可抗力等特殊情况，否则提请方仍需履行原合同。

四、国际贸易合同成立的法律规范

合同对当事人构成的约束力是建立在法律基础上的。因此，合同必须符合法律规范才能得到法律的承认和保护。各国的法律对于合同的成立，都要求具备一定的条件，即所谓合同有效成立的条件，但各国的要求不完全相同。综合起来看，主要有以下几项：

(一)合同当事人的意思表示要一致

这种意思表示一致是通过要约(Offer)和承诺(Acceptance)而达成的。也就是说，一方向另一方提出要约，另一方对该项要约表示承诺，双方的意思表示达成一致，合同即告成立，对双方均产生法律约束力。如果有要约，没有承诺,合同就不成立。即使双方相互要约(Cross Offer),意思表示正好一致,合同仍不成立。

要约和承诺在国际贸易实务中分别被称作发盘和接受。在有关国际贸易法律中,对发盘和接受这两个行为的定义非常严格。判定国际贸易合同是否成立,不仅要看有无发盘和接受,还要看发盘和接受这两个行为是否成立。

(二)对价和约因的规定

对价(Consideration)是英美法中有关合同成立所必须具备的一个要素。按英美法解释,合同当事人之间存在着我给你是为了你给我的关系。这种通过相互给付,从对方那里获得利益的关系称作对价。例如,在货物买卖合同中,买方付款是为了获得卖方的货物,而卖方交货是为了获得买方的货款。

约因(Cause)是大陆法中提出的合同成立要素之一。它是指当事人签订合同所追求的直接目的。例如,在货物买卖合同中,买卖双方签订合同都要有约因。买方的约因是获得货物,卖方的约因是获得货款。

在国际贸易合同中,要有对价或约因,法律才承认合同的有效性;否则,合同得不到法律的保障。

(三)合同当事人必须有订立合同的能力

国际贸易合同一般是在法人之间签订的。我国《对外贸易法》规定我国的涉外经济合同当事人必须是企业或者其他经济组织;但是,法人是由自然人组织起来的,它必须通过自然人才能进行活动,因此,代表法人的自然人必须具备订立合同的能力。另外,法人本身也必须具有一定的行为和能力。法人采取的最普遍的具体形式是公司。

(四)合同标的和内容必须合法

各国法律都规定合同不得违反法律,不得违反公共政策和公共秩序。我国《合同法》规定:订立合同,必须遵守法律,并不得损害社会公共利益。这里的公共利益是广义的,包括公众安全、优良习惯和道德规范。在国际贸易中对违禁品,如毒品、走私物品、严重败坏社会道德风尚的物品等签订贸易合同是不合法的;与敌国或国家明令禁止的贸易对象国签订贸易合同也是不合法的。

对于不合法的合同,在当事人之间,没有权利和义务关系。一旦双方当事人发生争议或纠纷,任何一方都不能上诉。法律对这种合同不予承认和保护。同时,如果法律认为必要时,还要追究当事人的刑事责任,没收买卖的货物。

(五)当事人必须在自愿和真实的基础上签订合同

合同是双方当事人意思表示一致的结果。根据各国的法律规定,如果由于各种原因或事实，构成当事人表示的意思不是自愿和真实的，合同则不成立。这些原因和事实大致有以下几种：

1. 胁迫

各国法律都一致认为，凡在胁迫(Duress)下订立的合同，受胁迫的一方可以主张合同无效。因为在受胁迫的情况下所作的意思表示，不是自愿表达的意思。在英美法中，除普通法中有胁迫的法律原则外，在平衡法中有“不正当影响”(Undue Influence)的原则。“不正当影响”主要适用于滥用特殊关系以订立合同为手段从中谋取利益的场合。在大陆法中，除有胁迫的法律原则外，还有“绝对强制”的法律原则。前者是指施加心理上的压力；后者是指除施加心理压力外，还对其人身加以强制。在“不正当影响”和“绝对强制”下订立的合同都是无效的。

2. 欺诈

欺诈(Fraud)是指以使他人发生错误为目的的故意行为。各国法律都认为，凡因受欺诈而订立合同时，蒙受欺诈的一方可以撤销合同。我国《合同法》第 52 条规定：采取欺诈或者胁迫手段订立合同无效。英美法把欺诈称为“欺骗性的不正确说明”(Fraudulent Misrepresentation)，受欺骗的一方，可要求损害赔偿并撤销合同。

对某种事实保持沉默是否构成欺诈的问题，国外一般认为，只有当一方负有对某种事实提出说明的义务时，不作说明才构成欺诈；如果没有此项义务，则不能仅因沉默而构成欺诈。以买卖合同举例，在磋商过程中，当事人没有提供商品的国际市场价格的义务，因此没有必要提供说明，不能认为是欺诈。但对于买卖标的物的情况一定要如实说明，因其与对方决定是否订约有关，买方必须告知。若明知一旦告知买方，买方就不会订约，因而采取沉默的办法隐瞒，这就构成欺诈。

3. 错误

错误(Mistake)是指当事人意思表示错误。错误导致意思表示不真实，从而影响合同的有效性。各国法律都认为，任何意思表示的错误，都使合同无效，交易就会缺乏必要的保障。所以，对此问题应采取谨慎的态度。英美法认为，订约当事人一方的错误，原则上不能影响合同的有效性，只有当该项错误导致当事人之间根本没有达成真正的协议，或者虽已达成协议，但双方当事人在合同标的物的存在、性质、数量或有关交易的其他重大事项存在分歧时，才可主张合同无效。

(六)合同形式的法律规定

在大陆法中,把合同形式分为要式合同(Formal Contract)和不要式合同(Informal Contract)。所谓要式合同是指依照法律的规定,应按其规定的形式和程序成立的合同。例如,必须由双方当事人签字,并由证人或公证机关证明的合同。不要式合同,可以用口头,或者书面,或者包括人证在内的其他证明形式的合同,而无须一定要采用书面形式。在英美法中,虽没有要式和不要式的划分,但也有相同的概念,如在英美法的分类中,有签字蜡封的合同。该合同应属于一种按要求的形式和程序订立的合同,它与大陆法中的要式合同相似。美国的《统一商法典》规定,凡是价金超过500美元的货物买卖合同,须以书面形式作成,但仍保留了例外,如卖方已在实质上开始生产专为买方制造的,不宜于售给其他买方的商品,则该合同虽然没有采取上面的形式,但仍有约束力。

《公约》对于国际货物买卖合同的形式,原则上不加以任何限制。《公约》第11条明确规定,买卖合同无须以书面订立或证明,在形式方面不受任何其他条件的限制。《公约》的这一规定既兼顾西方国家的习惯做法,也是为了适应国际贸易发展的特点。因为许多国家贸易合同是以现代通讯方法订立的,不一定存在书面合同。但《公约》允许缔约国对该条的规定提出声明予以保留。我国对此做了保留。

买卖双方在以函电成交时,任何一方当事人如果要以签订书面合同作为合同成立的依据,都必须在发出要约或在承诺通知中提出这一保留条件。这时,合同的成立不是以双方函电达成协议时成立,合同应于签订书面合同时成立。如果任何一方当事人都没有提出签订书面合同作为合同成立的依据,则按合同法的一般原则,合同应于双方的函电达成协议时成立,即当载有承诺内容的信件、电报或电传生效时,合同即告成立。

第二节 国际贸易合同的磋商

交易磋商是指买卖双方为了买卖某种商品,通过一定程序就交易的各项条件进行洽商,最后达成协议的整个过程。交易磋商是以成立合同为目的的,一旦双方对各项交易条件协商一致,买卖合同即告成立。交易磋商的过程是合同成立的过程;磋商是合同的根据,合同是磋商的结果。交易磋商决定交易的成败和合同质量的高低,它直接关系到企业的利益。

一、交易磋商的形式和内容

商品的交易磋商是指买卖双方为购销某项货物或劳务就各项交易条件进行洽商，最后达成协议的过程。交易洽商是以成立合同为目的的，一旦双方对各项交易条件协商一致，合同即告成立，交易双方都要受合同的约束。

（一）交易磋商的形式

商务合同的磋商有四种形式：第一种是与客户谈判洽商，是指买卖双方面对面地直接进行业务协商，如广交会、"小交会"上的洽谈。第二种是书面形式的洽商，是指买卖双方通过信函、电传、电报等通信方式进行业务洽商。目前，较多企业使用传真进行洽谈。由于传真会褪色，不能长期保存，所以如通过传真达成交易，必须补寄正本的文件或另行签订销售合同或确认书，以掌握合同成立的证据。第三种为无纸贸易(Paperless Trade)，即通过电子数据交换(Electronic Date Interchange, EDI)，也就是按照协议，通过具有一定结构的标准信息在计算机网络中进行交易。第四种是行为表示方式，如在拍卖市场进行拍卖或购进等。目前，进出口贸易磋商使用最多的方式是书面洽谈。随着现代化通信技术的发展，书面洽谈也越来越简便易行，而且费用也相对低廉一些。通过以上四种形式的交易磋商，双方在交易条件方面达成协议后，即可制作正式书面合同。

（二）交易磋商的内容

交易磋商的内容，涉及拟签订的买卖合同的各项条款，其中包括品名、品质、数量、包装、价格、装运、保险、支付以及商检、索赔、仲裁和不可抗力等条款。从理论上讲，只有就以上条款逐一达成一致意见，才能充分体现"契约自由"的原则。然而，在实际业务谈判中，对上述条款并非都要逐条进行协商，只就主要条款磋商即可。这是因为，在普通的商品交易中，一般都使用固定格式的合同，而上述条款中的商检、索赔、仲裁、不可抗力等，通常作为一般交易条件(General Terms and Conditions)印就在合同中，只要对方没有异议，就不必逐条重新协商。这些条件也就成为双方进行交易的基础。对某些客户来说，由于长期形成的贸易习惯，为了节约时间和费用，对一般性的交易条件没有必要一一列出。对于新客户，首次交易时，则应将我方印有一般交易条件的合同格式交给对方，如果对方接受，这些条件可以成为今后进行交易的基础；如果对方提出异议，则也可以重新商订。但无论新老客户，关于成交商品的数量、价格、支付方式和交货期都是主要的交易磋商内容。

二、交易磋商的程序

进出口贸易磋商是一项充满灵活性的工作，没有固定的模式。但是从其进行的基本程序看，一般可分为询盘、发盘、还盘和接受四个环节，其中发盘和接受是达成交易、合同成立不可缺少的两个基本环节和必经的法律步骤。

（一）询盘

询盘（Inquiry）又称询价，是指交易的一方打算出售或购买某一商品，向另一方提出有关交易条件的询问。询盘的目的是为了试探对方对交易的诚意和了解其对交易条件的意见。其内容可以涉及价格、规格、品质、数量、包装、交货期以及索取样品、商品目录等，而多数是询问价格，所以又称询价。

询盘可以是出口方向进口方发出，也可以是进口方向出口方发出。在我国外贸业务中前者称作索盘（Selling Inquiry），后者称作操盘（Buying Inquiry）。

例 1：Please cable offer soybean oil most favorable price.

请报豆油最惠价。

例 2：Can supply aluminium ingot 99pct july shipment pls cable if interested.

可供 99%铝锭，7 月装运，如有兴趣请电告。

例 3：Please quote lowest price CFR Singapore for 500 pcs Flying Pigeon Brand bicycles May shipment cable promptly.

请报 500 辆飞鸽牌自行车成本加运费至新加坡最低价，5 月装运，尽速电告。

询盘不是每笔交易必经的步骤，有的交易磋商不必使用询盘，可直接向对方做出发盘。因此，在询盘和处理询盘时应特别注意以下几个问题。

（1）询盘是没有法律约束力的，但为了建立或保持良好的商业信誉，在实际工作中应尽可能避免只询盘不购买，或不售货的情况发生。

（2）询盘是可以同时向几个交易对象发出的，但在实际操作中应避免集中对外询价，从而暴露我方销售或购买的迫切愿望，以免在交易条件的具体磋商中处于不利地位。

（3）询盘的内容本来是没有约束力的，但如果双方在询盘基础上经过进一步的磋商最终达成协议，那么询盘的一部分内容很可能就会成为合同的组成部分。因此，应该认真对待询盘的内容。

（二）发盘

发盘（Offer）又称发价或报价，在法律上称为要约。根据《公约》规定："凡向一个或一个以上特定的人提出的订立合同的建议，如果其内容十分确定并且表明发盘人在得到接受时承受约束的意思，即构成发盘。”

发盘可以是出口方向进口方发出，也可以是进口方向出口方发出。在我国外贸业务中，前者称作卖方发盘(Selling Offer)，后者称作买方发盘(Buying Offer)。发盘一般采用发盘(Offer)、报价(Quote)、定购(Order)、递盘(Bid)等术语。

例1：We offer firm for reply here by january 16 500 cases salted eggs, 20 dozen to case, each HKD 72.00 fob Hong Kong, shipment during february, irrevocable sight credit.

兹确定报价，咸蛋500箱，每箱20打，FOB香港每箱72港元，2月装运，不可撤销即期信用证，1月16日复到我方有效。

例2：Order 50 M/T dried yeast powder content about 30 percent, packing 80kg glass fiber packages Aug./Sept. shipment USD 500 per M/T CIF Genoa irrevocable sight L/C reply here 30/5 our time.

订购50公吨干酵母粉，含量约30%，80千克纤维包装，8月或9月装船，每公吨500美元CIF几内亚，以不可撤销即期信用证付款，5月30日我方时间复到有效。

发盘与询盘的区别在于：询盘是要求对方提出交易条件，发盘是自己向对方提出交易条件。询盘中即使有自己提出的交易条件，但所提交易条件是不足以构成合同成立的，因而没有法律约束力；而发盘中自己提出的交易条件是合同中的主要交易条件，足以构成合同的成立。即如发盘被有效地接受，则发盘人须按发盘中提出的交易条件行事，或按发盘条件与对方订立合同。

1. 发盘的构成条件

由于发盘在法律上构成一项要约，对发盘人具有约束力，因此法律上有效的发盘必须符合一定要求。一项发盘的构成必须具备以下四个条件。

(1)表明订约意旨。发盘要有订约意旨，即发盘一旦被受盘人接受，发盘人就按发盘中的交易条件与接受人订立合同，承受这些交易条件的约束。在发盘中可以使用有关术语，如“发盘”(Offer)、“定购”(Order)或明确规定有效期等。如果发盘中没有表明订约意旨，或表示了发盘人不受其发盘的约束，该项发盘就不是真正的发盘，而只能被看作是发盘的邀请(Invitation to Offer)。例如，发盘中出现“以我方确认为准”(Subject to Our Confirmation)、“以货物未出售为准”(Subject to Prior Sale)、“不受约束”(Without Engagement)等语句都不能视为发盘。

(2)必须向一个或一个以上特定的人发出,也就是说,发盘必须指定受盘人。《公约》第 14 条第 2 款明确指出:"非向一个或一个以上特定的人提出的建议,仅应视为邀请作出发价,除非提出建议的人明确地表示相反的意向。"所谓特定人,是指发盘必须指定的受盘人。因此,不指定受盘人的发盘,只能构成"发盘的邀请"。例如,出口人向国外大批客户寄发商品目录,散发价目表,或在报刊上登载广告,向社会广大公众宣传等,这些对出售者没有法律上的约束。在实际业务中,为了防止发生误解,出口人在寄发商品目录、价目表时,最好注明"价格仅供参考"(The Prices Are For Reference Only),或"上列价格经确认为准"(The Above Prices Are Subject to Confirmation)等保留条件。

(3)内容必须十分确定(Definite)。其体现在发盘中所列的条件是明确的(Clear)、终局的(Final)和完整的(Complete)。

所谓明确的,是指主要交易条件清楚确切,没有"参考价""可接受的价格"这一类含糊或模棱两可的词句。

所谓终局的,是指无保留条件,没有"subject to our final confirmation"、"subject to unsold"这类限制合同生效的字句。

所谓完整的(Complete),可分为三种情况:

①在实际工作中,发盘应当列明货物的名称、品质规格、数量、包装、交货期、价格和支付 7 项条件。

②《公约》第 14 条第(1)款规定,一项订立合同的建议"如果写明货物并明示或暗示地规定数量和价格或规定如何规定数量和价格,即为十分确定",其他交易条件,则按该《公约》的有关规定使之完整。

③表面上不完整,实际上完整。由于买卖双方在以前的函电和合同中对某些交易条件已作了规定,或者买卖双方事先已订有带有"一般交易条件"的协议,或者买卖双方在先前的业务交往中对某些交易条件已形成了习惯的做法,使得发盘没有完全列出上述 7 项交易条件,是否具备这些条件,要根据具体的情况来决定。这类情况主要有以下三种:

第一,交易双方国家订有双边贸易协定。按惯例,凡交易双方国家订有双边贸易协定的,交易条件中与双边贸易协定有关的条件一般按协定规定执行。这就可能造成发盘中的交易条件不完整的假象。

第二,交易双方订有"一般交易条件"。由于一般贸易条件适用于交易双方的长期交易,因此,双方在交易磋商过程中无须就一般交易条件的内容加以重复。

第三,援引往来函电和先前的合同。如果交易双方是经常性的贸易伙伴,双方在以后的交易磋商中，为节省开支，简化发盘内容，可以援引以往历次交易磋商中双方往来的函电，或说明建议中的某些条件与先前订立的某一合同等。这已是进出口贸易中的习惯做法。这些习惯做法已为双方承认和熟知。因此，无须在以后的交易磋商中进行重复磋商，只要按已形成的习惯做法行事即可。

(4)送达受盘人。发盘只有在送达受盘人时方能生效，如果发盘由于某些原因，如电报、信函等在传递途中遗失等，致使受盘人未能收到，该项发盘无效。

发盘在被送达受盘人之前，如果发盘人改变主意，可以撤回发盘，即使发盘是不可撤销的，或者明确规定了发盘的有效期。但发盘人必须做到：撤回通知要在发盘送达之前或同时送达受盘人，以阻止发盘生效。

2. 发盘的有效期

发盘的有效期是指可供受盘人作出接受的期限。《公约》第 15 条第 1 款对发盘生效时间作了明确规定："发盘在送达受盘人时生效。"在进出口贸易中，任何一项发盘都有有效期。目前，国际上表示发盘有效期的方式有三种：

(1)在发盘中明确规定具体的有效期。

例 1：发盘限 5 日复……(Offer subject reply fifth…)

例 2：发盘 3 天内复……(Offer…reply in three days…)

上例 1 是规定最迟的期限，例 2 是规定一段可以表示接受的期间。《公约》第 20 条第 1 款明确规定，关于有效期的起算："发价人在电报或信件内规定的接受期间，从电报发出时刻或信上载明的发信日期起算，如信上未注明发信日期，则从信封上所载日期起算。发价人以电话、电传或其他快速通信方法规定的接受期间，从发价送达被发价人时起算。"

在计算接受期间时，接受期间内的正式假日或非营业日应计算在内。但是，如果接受通知在接受期间的最后一天未能送到发价人地址，因为那天在发价人营业地是正式假日或非营业日，则接受期间应顺延至下一个营业日。

(2)在发盘中不明确规定有效期。

例 1：发盘……复(Offer…Reply)

例 2：发盘……急复(Offer…Reply Urgently)

发盘中未明确规定具体的有效期，并不意味着该发盘没有有效期，根据《公约》第 18 条规定，此时，受盘人必须在合理的时间内作出接受表示，否则接受无效，所以此类发盘的有效期限为"合理时间"。

"合理时间"究竟应当如何把握？《公约》及有关国家的法律并没有明确的规定。一般应根据商品特性、市场行性、行业习惯、传达方式等因素具体确定。

为避免争议,最好在发盘中明确规定有效期。

(3)口头发盘。按《公约》规定,口头发盘,在没有其他约定的情况下,应以立即接受为有效,否则发盘人不受约束。

在我国的对外贸易实践中,为避免争议,一般都在发盘中明确规定有效期,而且习惯上都采用"复到有效"(Reply Here)的方式。

3. 发盘的撤销与撤回

发盘人在发盘后,由于市场行情的突变,或由于其他某种原因,使发盘人不愿意承担按发盘条件与受盘人订立合同的责任。这种情况下,按《公约》规定,发盘人有权在一定条件下撤销发盘和撤回发盘。

发盘的撤销与撤回是两个不同的概念,发盘的撤回是指发盘人在发盘以后,在其尚未到达受盘人之前,将该项发盘收回,使其不发生效力。而发盘的撤销是指发盘人在其发盘已经到达受盘人之后,即在其发盘已经生效之后,将该项发盘取消,从而使其产生的效力归于消灭。

关于发盘的撤回,《公约》中第15条第2款规定:"一项发盘,即使是不可撤销的,也可撤回,如果撤回的通知在发盘到达受盘人之前或同时到达受盘人。"这一规定是基于发盘到达受盘人之前对于发盘人没产生约束力,所以发盘人可以将其撤回。但是,这要有个前提条件,就是发盘人要以更快的通信方式使其撤回的通知赶在发盘到达发盘人之前到达受盘人,或起码与之同时到达。

关于发盘撤销,即对于发盘生效后能否撤销的问题,各国合同法规定有较大分歧。概括起来,主要有以下三种:

(1)英美法系国家的法律认为,发盘原则上对发盘人没有约束力,发盘在被受盘人接受前,发盘人可予以撤销,即使发盘中规定了有效期,在有效期内发盘人仍可予以撤销,除非是受盘人已付出某种"对价"(Consideration)的发盘以及由发盘人签字蜡封的发盘。这显然对发盘人片面有利,这种观点在英美法国家中也不断受到责难,有些国家已在不同程度上放弃了这种观点。

(2)大陆法系国家的法律认为,发盘对发盘人具有约束力,发盘生效后,原则上发盘人不得撤销该发盘。其中法国法律规定:发盘人在发盘有效期内撤销发盘的,必须负损害赔偿责任;《德国民法典》明文规定:订有具体有效期的发盘,在有效期内不得撤销,未规定具体有效期的发盘,按通常情况在可望得到答复以前(即合理时间)不得撤销。

(3)《公约》对上述两种法系的不同规则进行调和并做了折中的规定:发盘,即使是不可撤销的,也可予以撤回,只要撤回的通知先于发盘或与发盘同时到达受盘人。但是,在下列情况下,发盘不得撤销:受盘人收到发盘而尚未发出接受;发盘明确规定了有效期,或以其他方式表明它是不可撤销的;受盘人有理由信赖该项发盘是不可撤销的,并已本着对该发盘的信赖采取了行动(例如受盘人已据此将发盘中的货物向他人发盘或转售)。

我国在进出口贸易中关于发盘撤销也是依此原则办理的。例如,一家日商发来3 000万公吨土特产实盘,规定有效期5天,我某公司于有效期满前一天去电报表示接受。接受电报发出后不久,收到该日商来电,以国际运价上涨为由,要求撤销发盘。该日商的销售电报与我方接受的电报传递中交叉。我方公司接电后,即复电指出:对方发盘系实盘并规定有效期5天;接受已在有效期内并在接到撤销通知前发出,故要求撤销属无效。结果,买卖合同仍按原发盘条件成立,如期履行。

4. 发盘的失效

《公约》第17条规定:"一项发盘,即使是不可撤销的发盘,应于拒绝该发盘的通知送达发盘人时终止。"一项发盘遇到以下情况之一便告失效,发盘人便不再受原发盘的约束:(1)过期。发盘于有效期满时即行失效。(2)拒绝。受盘人表示拒绝,原发盘即告失效。(3)还盘。一项实盘一经受盘人还盘,原发盘即告失效。(4)不可抗力。如在原发盘的有效期内,有关国家的政府颁布命令禁止该发盘中的商品出口或进口,则该发盘亦随之失效。(5)发盘人或受盘人在发盘被接受前丧失行为能力或死亡、法人破产,原发盘即告失效。

(三)还盘

还盘(Counter Offer)是指受盘人不同意或不完全同意发盘人在发盘中提出的条件,为了进一步协商,对发盘提出的修改意见。还盘可以是针对价格的,也可是针对品质、数量、交货时间及地点、支付方式等重要条件提出的修改意见。

在通常的贸易谈判中,很少有一方一发盘即被对方无条件全部接受的情况。虽然从法律上讲,还盘并非交易磋商的基本环节,而且交易的达成可以不经过还盘这一环节。然而,在实际业务中,还盘的情况还是很多的。有时,一项交易需经多次还盘才最后达成协议,订立合同。

例1:Yours thirteenth acceptable if shipment November reply twenty second here.

你13日电如11月装我方接受,限22日复到。

例2:Your cable 10th counter offer till 26th our time USD 70.00 per dozen CIF New York.

你10日电收悉,还盘每打70美元CIF纽约,26日复到。

还盘的法律后果是对原发盘的拒绝或否定,一项发盘经受盘人拒绝或还盘之后，原发盘即失去效力，原发盘人就不再受其约束。由于还盘是一项新的发盘，因此有关法律规定与发盘相同。

（四）接受

接受（Acceptance）是指受盘人接到对方发盘或还盘后，同意对方提出的条件，愿意与对方达成交易，并及时以声明或行为表示出来。这在法律上称作承诺。

接受可由卖方作出，也可以由买方作出。例如："你 10 日电我接受。"（Yours tenth we accept.）无须重复列出有关的交易条件。有时，因金额较大，或还盘和再还盘的往返函电较多，为避免差错与误解，可将最后协议的主要条件重述一遍。

在交易磋商中表示接受，一般用接受（Accept）、同意（Agree）和确认（Confirm）等术语。

1. 构成接受的条件

构成一项有效的接受，必须具备以下条件。

（1）接受必须由指定的受盘人作出。发盘是向特定的人提出的，因此，只有特定的人才能对发盘作出接受。由第三者作出的接受，不能视为有效的接受，只能作为一项新的发盘。

（2）接受必须在发盘的有效期内作出，并送达发盘人。任何发盘都有有效期，因此，受盘人必须在发盘规定的有效期内（若发盘未规定具体有效期，则在"合理时间"内）作出接受表示并送达发盘人。在发盘的有效期过后才到达发盘人的接受，构成逾期接受。逾期接受在法律上构成一项新的发盘或发盘人可拒绝的接受。

（3）接受的内容必须与发盘内容完全一致。接受是受盘人愿意按照发盘的内容与发盘人达成交易的意见表示。因此，接受内容应当与发盘内容完全一致。如果受盘人在答复对方的发盘时虽使用了"接受"的字眼，但同时又对发盘的内容作出了某些更改，这就构成有条件的接受，而不是有效接受。按《公约》第 19 条第 1 款的规定：对发盘表示接受但载有增加、限制或其他变更的答复，即为拒绝该项发盘，并构成还盘。

（4）接受要采取声明的方式表示出来。即以口头或书面的声明向发盘人明确表示出来。另外，还可以用行为表示接受。比如，买方在发盘中提出交易条件，卖方同意其条件并及时发运货物。或者买方同意卖方在发盘中提出的交易条件并随即支付货款或开出信用证。这种做法在合同法中要求以书面形式订立合同方为有效的国家（包括中国）是不适用的。

2. 接受的生效和撤回

在接受的撤回或修改问题上,《公约》采取了大陆法系到达生效的原则。

大陆法系的国家认为:接受的函电必须到达发盘人,接受才能生效。如果表示接受的函电,在邮递途中延误或遗失,合同不能成立。

英美法系的法律认为:作为一般规则,接受必须送达发盘人才生效。但是,如果接受是用信件或电报作出时,法律例外地承认,当信件投邮或电报交发时,接受即生效。即使接受的函电在邮递途中延误或遗失,发盘人未能在发盘有效期内收到,甚至根本没有收到,也不影响合同的成立。

考虑到国际上对用函电表示生效的时间解释不一,我国各公司在对外发盘时,除明确规定有效期外,最好同时规定:以在有效期内答复到达为准。以免引起不必要的纠纷。

关于接受的撤回问题,由于《公约》采用的是"到达生效原则",因而接受发出后一定条件下是可以撤回的。发盘人发出接受通知后,如果后悔,他可以撤回其接受,但条件是,他必须保证撤回的通知赶在接受到达发盘人之前传达到发盘人或者两者同时到达。而如果按照英美法系的原则,接受一经投邮立即生效,合同就此成立,也就不存在接受的撤回问题了。

但要注意,接受是不可撤销的。因为,接受一旦到达发盘人,接受生效,合同即告成立。此时宣布取消接受,实质上是毁约行为,其后果是要承担法律责任的。

3. 逾期接受

逾期接受是指接受通知到达发盘人的时间已经超过了发盘所规定的有效期,或在发盘未规定有效期时,已超过了合理的时间。按照各国的法律,逾期的接受不能被认为是有效的接受,而只是一项新的发盘。《公约》也认为逾期的接受原则上是无效的。但为了有利于双方合同的成立,对逾期的接受采取了一些灵活的方法,使它在符合某些条件的情况下,仍然具有接受的效力。按照《公约》第 21 条第 1 款的规定,如果发盘人于收到逾期接受后,毫不迟延地通知受盘人,确认其为有效,则该逾期接受仍有接受的效力;反之,如果卖方不及时对此项迟到的接受予以确认,或表示由于接受逾期,其发盘已经失效,则该项迟到的接受就不具有接受的效力,合同就不能成立。

如果一项接受由于传递不正常而未能及时送达发盘人,造成了延误(该项接受,从它使用信件或其他书面文件表明,在传递正常的情况下,本应能够及时送达发盘人的)。对于这种逾期接受,《公约》第 21 条第 2 款规定,仍具有接受的效力,除非发盘人毫不迟延地用口头或书面通知受盘人他的发盘已经失效。

第三节 国际贸易合同的种类和结构

一、国际贸易合同的形式

买卖双方经过磋商，一方的发盘被另一方有效接受，交易即达成，合同即告成立。各国法律对于国际贸易合同的形式要求不同，但概括来说，在国际贸易中，国际贸易合同有书面形式、口头形式以及其他形式。一些国家要求订立合同必须是书面的，另外一些国家原则上对合同形式不加限制。《欧洲合同法原则》规定：本原则不要求合同以书面形式订立，或用书面形式证明，或在形式上有其他方面的要求。《公约》第11条规定：销售合同无须以书面订立或书面证明，在形式方面也不受任何其他条件的限制。销售合同可以用包括人证在内的任何方法证明。

(一)书面形式

书面形式是指合同书、信件以及数据电文等可以有形地表现所载内容的形式。采用这种形式订立合同，可以加强当事人的责任心，督促全面、正确地履行合同；在发生纠纷时，便于举证和分清责任。因此，它是合同的主要形式。

(二)口头形式

口头形式是交易双方当事人之间通过对话方式，包括当面谈判和通过电话方式而订立的合同。采用这种形式简便易行，对保证交易迅速达成起着一定的作用。但因缺乏文字依据，一旦发生纠纷，当事人往往举证困难，不易分清责任。

(三)其他形式

其他形式是指可能存在的除书面形式、口头形式之外的合同形式。如通过发运货物或者预付货款等行为形式表示对合同内容的确认。

二、书面合同的意义和类型

书面合同的意义主要体现在以下几个方面。

1. 作为合同成立的依据

在法律上，当双方当事人在交易(合同)的履行过程中发生争端或纠纷时，提供以书面形式所签订的合同是证明双方存在合同关系的一种最有效、最简便的方法，也可作为仲裁员和法官进行仲裁和作出判断的一个有力的证据。因此，签订书面合同，为将来争议的解决提供了一种法律的依据。

2. 作为履行合同的依据

无论是口头还是书面达成的协议，如果没有一份包括各项条款的合同，则给履行带来许多不便。所以，在业务中，双方都要求将各自应享受的权利和应承担的义务用文字规定下来，作为正确履行合同的依据。

3. 可作为合同生效的条件

在国际贸易实务中，有时合同的生效是以书面签订合同作为条件的。买卖双方达成协议所交换的信件、电报、电传也常常可构成书面合同。特别是在一方当事人要求签订确认书时，只有签订确认书后，合同才告成立；否则，在此之前，即使双方已对交易条件全部取得了满意的结果，也不存在法律上有效的合同。

在国际贸易中，书面合同的格式和名称不尽相同，形式很多，均无特定的限制。一般常用的有销售合同、购货合同、成交确认书、协议、备忘录、意向书、订单等。我国对外贸易业务中，主要采用的书面合同是销售合同、销售确认书两种。

(1)正式合同(Contract)。它是带有“合同”字样的法律契约。包括销售合同的购货合同。合同的文字解释要清楚、经济责任要明确，并对双方要有约束性，签订手续完备。

(2)确认书(Confirmation)。确认书较正式合同简单，是买卖双方在通过交易磋商，达成交易后，寄给对方加以确认的列明达成交易条件的书面证明，经买卖双方签署的确认书，是法律上有效的文件，对买卖双方具有同等的约束力。确认书包括销售确认书和购货确认书。

(3)协议(Agreement)。协议在法律上是合同的同义词。只要协议对买卖双方的权利和义务作出明确、具体和肯定的规定，即使书面文件上被冠以“协议”或“协议书”的名称，一经双方签署确认，即与合同一样对买卖双方具有约束力．有时，协议是主合同中不可分割的组成部分，与主合同一样具有法律效力。此外，协议根据买卖双方磋商的内容和过程，有时是初步性协议，有时是原则性协议。

(4)备忘录(Memorandum)。备忘录也是书面合同的形式之一。它是指在买卖双方磋商过程中，对某些事项达成一定程度的理解与谅解及一致意见，将这种理解、谅解、一致意见以备忘录的形式记录下来，作为双方今后进一步磋商，达成最终协议的参考，并作为今后双方交易与合作的依据。由于备忘录不具有最终交易条件达成一致、合同有效成立的性质，故不具有法律约束力。

(5)意向书(Expression)。意向书是指买卖双方当事人在磋商尚未达成最后协议之前，为达成某种交易的目的，而作出的一种意愿的表示，并把设想、意愿、初步商订的条件以书面形式记录下来，作为今后谈判的参考与依据。由于它只是买卖双方的一种意愿表示，而不是最后商定签署的契约，因此，不属于法律文件，不具有法律约束力。

三、书面合同的基本内容

书面合同格式多种多样，内容也不尽相同，但不论采取何种格式，其基本内容通常包括约首、基本条款和约尾三个组成部分。

(一)约首

约首是指合同的首部，通常包括合同名称、合同编号、订约日期、订约地点、订约双方当事人的名称、地址、电报挂号、电传号码、传真号码、网址、序言等内容。在履行合同业务中，有些项目对确定合同的效力及解决纠纷产生重大的影响作用。

(1)订约人的名称和地址。订约人的名称必须正确填写全称，不能错填或用简称，否则可能导致合同纠纷、拒付货款或单方面毁约等问题。订约人的地址也应该正确填写名称，否则也可能导致合同纠纷，还可能导致法律管辖范围的问题。

(2)订约日期。根据国际货物买卖惯例，订约合同的日期，即为合同生效日期，对确定合同的法律效力的讫止日期，起到重要的作用。

(3)订约地点。在对外经济活动中，解决合同纠纷的法律原则一般为：依据双方当事人选定的法律；依据订约地点所在国家的法律；依据履行地点所在国家的法律；依据仲裁地点法律；等等。如果合同中未注明适用法律，并且出现合同纠纷时，应按照订约地点所在国家的法律来解决。因此，订约地点对当事人的利益有重大的影响。

(4)序言。此部分主要注明双方当事人签订合同的意图和合同必须遵循的原则等。

(二)基本条款

基本条款是合同的主体和中心，具体规定双方当事人达成交易条件的各项条款，规定双方当事人的权利和义务，包括：

(1)商品名称(Name of Commodity)。商品的名称必须写全称。对于有商标、品牌的商品，一般需要注明商标；对于有不同品牌、等级、型号的商品，为了明确起见，也需要在商品名称条款注明其具体品种、等级和型号。

(2)品质(Quality)。在品质条款中，一般要写明商品的名称和具体品质，规定一定的品质机动幅度要求；同时，要视商品特性来正确运用各种品质表示方法。

(3)数量(Quantity)。数量条款必须注明交易商品的具体数量和计量单位;可以注明数量方法和数量机动幅度。

(4)包装(Package)。商品的包装规定一般包括包装材料、包装方式、包装标志和包装费用的负担等内容;要注明每件包装的大约重量。

(5)价格(Price)。价格条款包括商品的单价(Unite Price)和总值(Total Value)两项基本内容;单价的作价方法;与单价有关的佣金和折扣的运用等。

(6)装运(Shipment)。装运条款主要包括运输方式(Vehicle)、装运时间(Time of Shipment)、装运港(Port of Loading)、目的港(Port of Destination)、运输单据(Document)、装运通知(Advice of shipment)、分批装运(Partial Shipment)、转运(Transhipment)、滞期(Demurrage)等内容。

(7)保险(Insurance)。保险条款的规定方法与合同的价格条款有着直接的联系,它主要包括保障投保人、保险公司、保险险别、保险费率和保险金额的约定等。按 FOB 或 CFR 贸易术语成交时,保险条款一般只注明"由买方自理保险";如果买方要求卖方代办保险,应在合同保险条款中注明。按 CIF 或 CIP 贸易术语成交时,由于货价中包括保险费,需要在合同保险条款中详细约定运输保险的有关事项。

(8)付款(Payment)。付款条款是合同双方当事人协商时讨价还价的重点,它主要包括计价方式、结算方式、收付时间、地点、方式以及计价货币种类等。在信用证方式下付款时,必须对开证日期、信用证类别、付款时间、信用证金额、信用证有效期和到期地点等事项作出明确具体的规定。

(9)检验(Inspection)。检验条款是买卖双方交接货物、支付货款、处理索赔的依据,也是确定与商品损害有关的承担人、保险人、港口等部门责任的依据,它的主要内容包括检验机构、检验权与复验权、检验时间与地点、检验方法与方式、检验标准、检验证书等。

(10)不可抗力(Force Majeure)。不可抗力条款的作用是注明如果出现不可抗力致使一当事人不能履行或不能如期履行合同时,该当事人可以免除履行合同的责任,它主要包括不可抗力事故的范围、不可抗力事故的后果、出具事故证明的机构和通知方法等。

(11)索赔(Claim)。索赔条款的作用是解决合同纠纷和保护受害一方的正当权利,其主要内容包括索赔依据、索赔期限、索赔方式等。

(12)仲裁(Arbitration)。仲裁具有程序简便、结案较快、费用开支较少、终局性和裁决易于执行等优点,因此仲裁已成为解决合同争议的普遍方式,其内容主要包括仲裁范围、仲裁地点、仲裁机构、仲裁规则、仲裁费用的负担和仲裁裁决的效力等。

总之，合同的基本条款主要涉及合同的标的、货物的价格、买方的义务、卖方的义务、争议的预防和处理等五个方面，它们之间相互衔接和相互补充。至于基本条款的繁简多少，则视具体合同的种类和交易性质而定。但一般而言，在规定合同时内容详细周全，与磋商内容一致，就可以促进合同的履行和纠纷的解决，以减少不必要的损失。

(三)约尾

约尾一般包括合同使用的文字及其效力、附件名称、买卖双方的签字、合同正本份数、副本效力等。

合同正本如下：

合　同　　　　No.

CONTRACT　　　　Date：

卖方　　　　中国矿产进出口公司

The Sellers：CHINA NATIONAL MINERALS IMPORT & EXPORT CORPORATION

北京二里沟　　　　电报挂号

Erh Li Kou. Beijing　　Cable Address：MINMETALS BEIJING

22773 MIMET CN 22241 MIMET CN

Telex：22774 MIMET CN 22190 MIMET CN

FAX：8315079

Cable address：

Telex：

买方

The Buyers：

双方同意按下列条款由卖方出售，买方购进下列货物：

The Sellers agree to sell and the Buyers agree to buy the undermentioned goods on the terms and conditions stated below：

<table>
<tr><td>(1)货物名称、规格、包装及唛头
Name of Commodity, Specifications, Packing term and shipping Marks</td><td>(2)数量
Quantity</td><td>(3)单价
Unit Price</td><td>(4)总值
Total Amount</td></tr>
<tr><td rowspan="2">检　验：以中国商品检验机构出具的品质重量证书作为付款依据。
Inspection：The Certificates of Quality and Weight issued by the China Commodity Inspection Bureau are to be take as the basis for effecting payment.</td><td></td><td></td><td></td></tr>
<tr><td colspan="3">卖方有权在　　%内多装或少装
Shipment　　% more or Less at Sellers' option</td></tr>
</table>

(5)装运期限：

Time of Shipment：

(6)装运口岸：

Port of Loading：

(7)目的口岸：

Port of Destination：

(8)保险：由卖方按发票金额110%投保。

Insurance：To be effected by the Sellers for 11096 of invoice value covering。

(9)付款条件：

凭保兑的、不可撤销的、可转让的、可分割的即期信用证在中国见单付款。信用证以卖方为受益人，并允许分批装运和转船，该信用证必须在装运月____天前开到卖方，并在装船后在上述装港继续有效15天。否则，卖方无须通知即可有权取消本销售合同，并向买方索赔因此而发生的一切损失。

Terms of Payment：

By confirmed，irrevocable，transferable and divisible Letter of Credit in favour of the Sellers payable at sight against Presentation of shipping documents in China，with partial shipments and transhipment allowed. The covering Letter of Credit must reach the Sellers ____ days before the contracted month of shipment and remain valid in the above loading port until thc 15th day after shipment，failing which the Sellers reserve the right to cancel the contract without further notice and to claim against the Buyers for any loss resulting therefrom.

(10)单据：卖方应向议付银行提供已装船清洁提单、发票、中国商品检验局或工厂出具的品质证明、中国商品检验局出具的数/重量鉴定书；如果本合同按CIF条件，应再提供可转让的保险单或保险凭证。

Documents：The Sellers shall present to the negotiating bank，Clean On Board Bill of Lading，Invoice，Quality Certificate issued by the China Commodity Inspection Bureau or the Manufacturers，Survey Report on Quantity/ Weight issued by the China Commodity Inspection Bureau and Transferable Insurance Policy or Insurance Certificate when this Contract is made on CIF basis.

(11)装运条件：

Terms of Shipment：

①载运船只由卖方安排，允许分批装运并允许转船。

The carrying vessel shall be provided by the Sellers. Partial shipments and transhipment are allowed.

②卖方于货物装船后，应将合同号码、品名、数量、船名、装船日期以电报通知买方。

After loading is completed, the Sellers shall notify the Buyers by cable of the contract number, name of commodity, quantity, name of the carrying vessel and date of shipment.

(12)品质与数量、重量的异议与索赔：货到目的口岸后，买方如发现货物品质及/或数量/重量与合同规定不符，除属于保险公司及/或船公司的责任外，买方可以凭双方同意的检验机构出具的检验证书向卖方提出异议。品质异议须于货到目的口岸之日起 30 天内提出，数量/重量异议须于货到目的口岸之日起 15 天内提出。卖方应于收到异议后 30 天内答复买方。

Quality/ Quantity Discrepancy and Claim：

In case the quality and/or quantity/weight are found by the Buyers to be not in conformity with the Contract after arrival of the goods at the port of destination. The Buyers may lodge claim with the Sellers supported by survey report issued by an inspection organization agreed upon by both parties, with the exception, however, of those claims for which the insurance company and/or the shipping company are to be held responsible. Claim for quality discrepancy should be filed by the Buyers within 30 days after arrival of the goods at the port of destination. While for quantity/weight discrepancy claim should be filed by the Buyers within 15 days after arrival of the goods at the port of destination. The Sellers shall, within 30 days after receipt of the notification of the claim, send reply to the Buyers.

(13)不可抗拒力：由于不可抗力事故，使卖方不能在本合同规定期限内交货或者不能交货，卖方不负责任。但卖方必须立即以电报通知买方。如买方提出要求，卖方应以挂号函向买方提供由中国国际贸易促进委员会或有关机构出具的发生事故的证明文件。

Force Majeure：In case of Force Majeure, the Sellers shall not be held responsible for late delivery of non-delivery of the goods but shall notify the Buyers by cable. The Sellers shall deliver to the Buyers by registered mail, if so requested by the Buyers, a certificate issued by the China Council for the Promotion of International Trade or and competent authorities.

(14)仲裁:凡因执行本合同或与本合同有关事项所发生的一切争执,应由双方通过友好方式协商解决。如果不能取得协议时,则在被告国家根据被告仲裁机构的仲裁程序规则进行仲裁。仲裁决定是终局的,对双方具有同等的约束力。仲裁费用除非仲裁机构另有决定外,均由败诉一方负担。

Arbitration: All disputes in connection with this Contract or the execution thereof shall be settled by negotiation between two parties. If no settlement can be reached, the case in dispute shall then be submitted for arbitration in the country of defendant in accordance with the arbitration regulations of the arbitration organization of the defendant country. The decision made by the arbitration organization shall be taken as final and binding upon both parties. The arbitration expenses shall be borne by the losing party unless otherwise awarded by the arbitration organization.

(15)备注:

Remarks:

卖方:中国矿产进出口公司　　　　　　　　买方:

Sellers: CHINA NATIONAL MINERALS IMPORT & EXPORT CORPORATION　　　　Buyers:

本章小结

本章主要讲述国际贸易合同的概念、特点、形式、作用以及交易磋商阶段的询盘、发盘、还盘、接受四个环节,介绍了订立合同的条件和国际贸易合同的种类和结构。

国际贸易合同是国际贸易关系中最为重要的一种合同,长期以来在国际贸易合同的订立、生效、履行和争议的处理上形成了一系列的基本原则、做法和要求,与国内贸易相比具有不同的特点。

国际贸易合同的交易磋商阶段的四个环节中,其中发盘和接受是两个必经步骤。发盘和接受都具有相应的法律效力,一经做出,发盘人/接受人即受其约束,因而,发盘人/接受人必须熟悉一项发盘接受的成立条件、生效条件,以及撤销或撤回的具体过程。

交易磋商结束,合同即告成立,但买卖双方一般还要签订书面合同以进一步明确各自的权利和义务,作为合同履行的依据。书面合同可采用正式的合同、确认书、协议、备忘录等多种形式。书面合同的基本内容通常包括约首、基本条款和约尾三个组成部分,其中基本条款,是合同的主体和中心,具体规定双方当事人达成交易条件的各项条款,规定双方当事人的权利和义务。合同要产生法律效力,还要具备其他一些法律所规定的条件,否则不受法律保护。

思考与练习

1. 简述国际贸易合同的概念。
2. 简述国际贸易合同的特点。
3. 国际贸易合同有哪些形式?
4. 合同要具有法律效力,应具备哪些条件?
5. 请举例说明什么是询盘? 什么是发盘?
6. 构成一项法律上有效的发盘必须具备哪些条件?
7. 在贸易洽谈中,若接受通知在接受期限的最后一天,而发盘人营业地点正好是假日或非营业日而未能送达,该项接受是否可以延期?
8. 发盘发出后,如发生意外情况或发现内容有误,发盘人能否撤销或撤回发盘?
9. 没有具体规定有效期的发盘可否为对方接受而订立合同? 为什么?
10. 发盘经受盘人拒绝或还盘后,在发盘原先规定的有效期届满前,受盘人可否重新对原发盘表示接受而成立合同? 为什么?
11. 国际贸易合同中一般应具有哪些内容?
12. 交易磋商一般需要经过哪几个环节?

第八章　商品的品质、数量及包装

本章课程概况

课题内容：国际货物买卖合同中品名、品质、数量和包装条款。

课时：3＋3 课时。

教学目的：使学生懂得在国际货物买卖合同中，品名、品质、数量和包装条款是合同中的主要条款，订好这些条款有着重要的法律和实际意义。

教学要求：掌握国际贸易中表示商品品质的方法和列明品质公差、品质机动幅度的意义；掌握数量条款所涉及成交的数量、计量单位、计量方法及数量机动幅度；掌握包装条款表示包装材料、包装方式、包装规格、包装标志等的方法。

教学方式：理论和实训相结合。理论讲授部分：第一节课介绍商品的品名和品质条款，第二节课介绍商品的数量条款，第三节课介绍商品的包装条款；实训部分：第一、第二节课进行商品品名、品质、数量、包装条款方面的案例分析，第三节课对不同标的物品名、品质、数量、包装方面进行合同条款设计。

第一节　商品的品名与品质

一、商品的品名

（一）列明品名的意义

在国际贸易中，由于地域及其他原因，现货成交的情况较少；而且由于从签订合同到交付标的物需要间隔一段较长时间，交易双方在洽谈与签订合同时，一般只是凭借对拟买卖的标的物作必要的描述来确定交易的标的物。

从业务角度来说，商品的名称是双方交易的物质内容，是交易双方洽谈和拟定其他条款的基础。因此，在合同中订明品名，并用国际上通用的名称就成为订约的必要。

另外，从法律的角度来说，按照有关的法律和惯例，对交易标的物的描述，是构成商品说明(Description)的一个主要组成部分，是交易双方交接货物的一项基本依据，它关系到双方的权利和义务。若卖方交付的标的物不符合约定的品名或说明，买方有权要求卖方予以赔偿，直至拒收货物或撤销合同。因此，列明合同标的物的具体名称，具有重要的法律和实践意义。

(二)品名表示方法及品名条款的内容

1. 品名的表示方法

①采用国际上通用的商品名称来表示品名。

如：Crude oil，wheat

②对商品进行定义或描述。

如：Linolenic acid，An unsaturated 18-carbon fatty acid

③以商品的具体的特征来表示品名。

如：Super Chinese green tea

2. 品名条款

品名条款是买卖双方对拟买卖的商品或技术、服务等商品达成共识的一种文字描述，又称标的物条款。如：Soybean 150 EUR per M/T CIF DALIAN，其中，Soybean 即为品名条款。

就一般商品而言，只需在合同中列明双方意欲买卖的商品通用名称，如红小豆。但如果一种商品有许多不同的品种、型号、等级时，为明确起见也可将商品的品质规格条款合并。合同中有关标的物的规定并没有统一的、固定不变的格式，可根据双方当事人的意思予以确定。如：

Bright Brand Infant Milk Powder

Golden Star Brand Color Television Set

Handmade Writing Paper.

在通常情况下，品名条款一般是在“商品名称”或“品名”(Name of Commodity)的标题下，但有时也可以直接在合同的开头部分，列明交易双方同意买卖某种标的物的文句。这里所指的标的物，是指用于换取对价的货物，技术或服务等，属于广义的标的物。一般来说，列明品名条款时应注意：

(1)必须明确具体，切实反映商品的实际情况；

(2)尽可能使用国际通用名称；

(3)选用恰当的名称，避免触碰文化、宗教禁忌；

(4)更好地利用品名降低运费和关税等费用。

二、商品的品质

(一)品质的重要性

商品的品质(Quality of Goods)是指商品的内在质量和外观形态的综合，是反映商品满足客户明确和隐含需要的能力的特征总和。前者指自然属性，包括物理性能、化学成分、生物特性、技术指标和要求等;后者指外在属性，包括商品的外形、色泽、款式、造型、透明度等。品质的优劣是决定商品使用效能和影响市场价格和国际竞争力的因素。因此，必须加强对品质的全面管理，以质取胜。

合同中的品质条款是构成商品说明的重要组成部分，是买卖双方交接货物的依据。《公约》规定，卖方交付货物必须符合约定的质量，如卖方交货不符合约定的品质条款，买方有权要求损害赔偿，也可以要求修理或交付替代物，甚至拒收货物和撤销合同。

(二)品质的表示方法

在国际贸易中，商品种类繁多，表示品质的方法也较多，归纳起来，主要有两大类：以实物表示和以说明表示。

1. 以实物表示商品品质

以实物表示商品品质通常包括凭成交商品的实际品质和凭样品两种表示方法。前者为看货买卖，后者为凭样品买卖。

(1)看货买卖

看货买卖(Sale by Looking at Goods)是指交易双方根据成交商品的实际品质(Actual Quality)进行交易。一般是先由买方或其代理人验看货物，达成交易后，卖方即应按看过的商品交付货物。只要卖方交付的货物是验看过的商品，买方就不得对品质提出异议。

在国际贸易中，由于双方远隔两地，验看货物有诸多不便，所以采取此种方法有一定的局限性。一般多用于寄售、拍卖和展卖业务中。

(2)凭样品成交

样品(Sample)通常是从一批商品中抽选或者由生产部门设计加工出来的，足以反映和代表整批商品实际品质的少量实物。样品一般包括参考样品和标准样品，前者是指为宣传、介绍产品之用，仅供对方参考，不作为交货的品质依据;后者是指交易双方成交的最终的品质依据。样品若未标明是参考样品还是标准样品，则一律视为标准样品。

在国际贸易中，按样品提供者的不同，可分为：

①卖方样(Seller's Sample)。它是由卖方提供的样品。凡凭卖方样品作为交货的品质依据者,称为"凭卖方样品买卖"。在向买方送交代表性样品时,卖方应留存一份或数份同样的样品,即复样或留样,并妥善保管,以备将来组织生产、交货或处理纠纷时作核对之用。

②买方样(Buyer's Sample)。指由买方提供样品,卖方所交整批货的品质,必须与买方样品相符。

③对等样品(Counter Sample)。指由卖方根据买方提供的样品,加工复制出一个类似的样品提供给买方确认的样品。有时也称"回样"、"确认样"。如买方同样凭对等样交易,则等于把"凭买方样品买卖"转变成了"凭卖方样品买卖"。

除上述三种外,按样品的用途不同还可分为品质样品(Quality Sample)——用以表示商品的品质;色彩、形式样品(Pattern Sample)——用以表示商品的花样形态,装船样品(Shipping Sample)——用以表示装船时的货物品质。

样品无论是由买方提供,还是由卖方提供,一经双方商定以此成交,便成为履行合同时交接货物的质量依据。卖方承担交付的货物质量与样品完全一致的责任(strictly same as sample),否则,买方有权提出索赔甚至拒收所交货物。如果由于商品的特征或生产、加工技术的原因,难以保证所交货物质量与样品完全相同,则应该在磋商订约时,双方应约定所交货质量与样品大致相同或相似,并在合同中明确规定。

另外,凭样品买卖,需要在制定品质条款时注意列明样品提交的日期、样品的编号,不能笼统地表述为"商品品质以样品品质为依据"。如:

Plush toys, quality as per Seller's sample No.141208 submitted on Oct. 8th,2014.(长毛绒玩具,质量以卖方 2014 年 12 月 8 日提供的第 141208 号样品为准。)

2. 以说明表示商品品质

凡以文字、图表、相片等方式来说明商品的品质者,均属凭说明表示商品品质的范畴,具体包括以下几种:

(1)凭规格买卖(Sale by Specification)

商品规格(Specification)是指一些足以反映商品品质的主要指标,如成分、含量、容量、纯度、性能、大小、粗细等。凭规格买卖时,说明商品品质的指标因商品而异。即使是同一商品,因用途不同,对规格的要求也有所不同。用规格表示商品品质的方法简单易行、明确具体,而且可根据每批货物的具体情况灵活调整，所以在国际贸易中广为应用。如：

SESAMES MOISTURE (MAX.)8% [芝麻 水分(最高)8%]
ADMIXTURE (MAX.)2% [杂质(最高)2%]
OIL CONTENT (MIN.)52% [含油量(最低)52%]

(2)凭等级买卖(Sale by Grade)

商品的等级(Grade of Goods)是指同一类商品，按其规格上的差异，分为品质优劣各不相同的若干等级。如特级、一级、二级；大号、中号、小号等。同一类商品不同等级的产生，是长期生产与贸易实践的结果，等级不同的商品规格不同。如果交易双方都熟悉每个级别的具体规格，则只列明等级即可；若对于双方不熟悉的等级内容，则在品质列明等级的同时，最好规定每一等级的具体规格。如：9371 CHINA GREEN TEA SPECIAL CHUMMY GRADE 1 (9371 中国绿茶，特珍一级)

(3)凭标准买卖(Sale by Standard)

凭标准买卖是指将商品的规格和等级予以标准化。标准是指将商品规格和等级统一化，一般是由国家机关或有关部门规定并公布实施的。商品的质量标准体系一般包括国际标准、国际行业组织标准、国家(地区)标准及我国的标准。

国际标准是指国际标准组织(ISO)、国际电工委员会(IEC)和国际电信联盟(ITU)所制定的标准，以及 ISO 为促进《关贸总协定——贸易技术壁垒协议》即标准守则的贯彻实施所出版的《国际标准题内关键词索引》中收录的其他国际组织制定的标准。国际标准具体包括：ISO9000 系列(ISO9001、ISO9002、ISO9003、ISO9004)、ISO14000(ISO14001～14100)、SA8000、动物福利标准等。ISO14000 标准的主要目的是支持环境保护，改善并维持生态环境的质量，减少人类各项活动所造成的环境污染，使之与社会经济发展达到平衡。所以又被称为“绿色标准”、“绿色壁垒”等。SA8000 即“社会责任标准”，是 Social Accountability 8000 的英文简称，是根据国际劳工组织公约、世界人权宣言和联合国儿童权益公约制定的全球首个道德规范国际标准，1997 年 10 月公布。其宗旨是确保供应商所提供的产品皆符合社会责任标准的要求。SA8000 标准适用于世界各地、任何行业、不同规范的企业。因此，SA8000 又被称为“蓝色壁垒”。行业团体标准中受到国际公认的有：美国材料与实验协会标准 ASTM、美国石油学会标准 API、英国劳氏船级社船舶入级规范 LR、英国石油学会 IP 等。另外，在国家(地区)标准中，比较有影响力的有：美国标准 ANSI、日本标准 JISC、德国标准 DIN、加拿大标准 CSA 等。我国的标准主要由国家标准、行业标准、地方标准与企业标准组成。CCC认证是“中国强制认证”，其英文名称为“China Compulsory Certification”。目前的CCC认证标志分为四类：

CCC+S　　安全认证标志

CCC+EMC　　电磁兼容类认证标志

CCC+S&E　　安全与电磁兼容认证标志

CCC+F　　消防认证标志

在援引某个标准时，应标明所采用的版本年份，以免引起纠纷。如利福平(甲派利福霉素)英国药典，1993年版。

另外，在国际贸易中，一些初级产品的交易及品质构成条件复杂的某些工业制成品交易时，由于长期形成的习惯或出口国家尚未对产品予以等级化或标准化，采用以下方法说明其品质。

①良好平均品质(Fair Average Quality, FAQ)。这一般是指中等货，它的具体解释和确定办法是：农产品的每个生产年度的中等货。它是指某一季度或某一装船月份在装运地发运的同一种商品的“平均品质”。它一般是从各批出运的货样中抽样，然后综合起来，取其平均水平作为良好平均品质的标准。这种解释一般由生产国在农产品收获后，经过对产品进行广泛的抽样，从而制定出该年度的“良好平均品质”的标准和样品，并予以公布。

在我国出口的农副产品中，也有用FAQ来说明品质的。但我们所说的FAQ一般指“大路货”，是和“精选货”(Selected)相对而言的，而且在合同中除了标明“大路货”之外，还标明具体的规格。

②上好可销品质(Good Merchantable Quality, GMQ)，是指卖方所交货物品质只需保证为上好，适合于销售即可。在国际上，有些商品没有公认的规格和等级，如冷冻鱼虾等。由于这种标准含义笼统，履行时容易引起争议，所以不宜采用。如果发生争议，通常由同业公会以仲裁方式予以解决。

(4)凭说明书和图样买卖(Sale by Description and Illustrations)

在国际贸易中，有些机器、电器、仪表、大型设备、交通工具等技术密集型产品，由于其结构复杂，制作工艺不同，有时有些产品即使名称相同，但由于所使用的材料、设计和制造技术的某些差别，也可能导致功能上的差异，所以无法用样品或简单的几个指标来反映其质量的全貌。因此，对这类商品的品质，通常以说明书并附以图样和照片、设计、图纸、分析表及各种数据来说明其具体性能和结构特点。按此方式进行交易，称为凭说明书和图样买卖。在采用时，除列入说明书的具体内容外，往往要订立卖方品质保证条款和技术服务条款。

(5)凭商标或牌号买卖(Sale by Trade Mark or Brand)

商标(Trade Mark)是生产者或企业用来说明其所生产或出售的商品的标志。它可由一个或几个具有特色的单词、字母、数字、图形或图片组成,如:Coca Cola、GE、GM、Kodak 等。牌号(Brand)是指工商企业给其制造或销售商品时所冠的名称。使用商标或牌号主要是与其他企业的同类商品区别开来,以利销售。一个牌号可用于一种产品,也可用于一个企业的所有产品。商品的牌号或商标不仅代表着一定的质量水平,而且能够诱发顾客的购买欲望,成为强有力的竞争优势。如大白兔奶糖、劳力士手表等。

(6)凭产地名称买卖或凭地理标志买卖(Sale by Name of Origin or Sale by Geographical Indication)

有些地区的产品,因产区自然条件、传统加工工艺等因素的影响,尤其是一些农副产品,具有独特的风格和特色。如法国的香水,德国的啤酒,我国的东北大米、四川榨菜、金华火腿、黄山毛峰等。这些标志不仅标注了特定商品的产地,更为重要的是无形中对这些商品的特殊质量提供了一定的保障。而且,地理标志已被世界贸易组织正式列入知识产权保护的范畴。

以上几种表示品质的方法,一般单独使用,也可根据实际情况或习惯混合使用。

(三)品质条款的规定

在品质条款中,表示商品质量的方法不同,合同中品质条款的内容也各异,应按商品特性而定。规定品质条款,需注意以下事项。

1. 对某些商品可规定一定的品质机动幅度

在国际贸易中,卖方所交货物的品质如果与合同规定稍有不符,即可构成违约。为了保证合同的顺利履行,可以在合同品质条款中做些规定,常见的变通规定有:

(1)品质公差

品质公差(Quality Tolerance)是指允许交付货物的特定质量指标在公认的一定范围内的差异。在工业品生产过程中,对产品的品质指标产生一定的误差有时是在所难免的。如一圆形物体的直径误差若干毫米、手表每天出现误差若干秒。这种国际上公认的误差,即使合同没有规定,只要交货品质在此范围内,即可认为与合同相符,不得拒收或要求调整价格。

如果没有国际公认的品质公差或交易双方对品质公差理解不一致时,或由于生产加工原因,需要扩大公差范围时,也可在合同中具体规定相关内容,即双方共同认可的误差。

(2)品质机动幅度

品质机动幅度指对特定品质指标在一定幅度内可以机动，即允许卖方所交货物的品质在一定的幅度内有灵活性。主要适用于初级产品，以及某些工业制成品的品质指标。

①规定范围。指对商品的主要品质指标允许有一定的机动幅度，如棉布幅宽为35/36。

②规定极限。指对商品的品质规格，规定上下极限，如最大、最小；最多、最少。如白籼米：碎粒(最高)25%，杂质(最高)0.25%，水分(最高)15%。卖方交货只要没有超过极限，买方就无权拒收。

③规定上下差异。即在规定某一具体指标的同时，规定必要的上下变化幅度。有时为了包装的需要，也可订立一些灵活办法。如C708中国灰鸭绒，含绒量90%，允许±1%。

另外，在使用以上机动幅度时，有些货物也可根据商品品质的实际情况来调整价格，即所谓的增减价条款。在品质机动幅度内，商品品质低于合同规定者扣价，而高于合同规定的不增加价格。至于扣价方法因不同情况作具体规定，如累进比例扣减。但是，在采用品质增减价条款时，应注意选用对价格有重要影响而又允许有一定机动幅度的主要指标，对次要的品质指标或无机动幅度的，则不适用。

2. 正确使用各种表示品质的方法

在交易合同中，品质条款的内容应视商品品质的表示方法而定。一般包括商品的品名、规格、等级、品牌、标准以及交付货物的品质依据等。对于上述介绍的几种品质表示方法应合理选用。凡能用一种方法表示品质的，一般就不宜用两种或两种以上的方法来表示。例如，同时采用凭样品和规格买卖，这样所交货品质既要和样品一致，又要符合约定的规格，有时难以兼备，反而给合同的正常履行带来障碍。

3. 品质条款的科学性与合理性

(1)要从实际出发，合理规定适当的品质指标

确定品质条款时，既要考虑客户的具体要求，又要考虑到实际生产的情况，不应过高，否则势必给生产或合同的履行带来困难，招致不必要的品质索赔；但也不应过低，否则会影响商品的售价、销路及声誉，使对方产生疑虑而不敢交易。

(2)要合理规定影响品质的各项重要指标

在订立品质条款时，凡影响品质的重要指标，要不遗漏地明确订好；对于次要指标，则可以少订；而对于无关紧要的指标，则不宜订入。

(3)品质条款应明确、具体

规定品质条款时，力求明确具体，不宜采用如“大约”、“左右”等模糊笼统字眼，以免日后交货时产生品质纠纷。但也不能由此而订得过死，给履行带来困难，如对一些矿产品、农副产品和轻工业品的品质条款的规定要有一定的灵活性。

第二节　商品的数量

一、约定数量的意义

对于标的物为技术、服务等无形商品来说，数量的确定简便易行，在此不再赘述。这里主要介绍有形商品的数量。

在国际贸易中，商品的数量是国际货物买卖合同中的主要交易条件之一。合同中的数量条款是双方交接货物的数量依据。《公约》规定，按约定的数量交付货物是卖方的一项基本义务，如卖方交货数量大于约定的数量，买方可以拒收多交的部分，也可以收取其中多交部分的全部或部分，但应按合同价格付款；如卖方所交货数量少于约定数量，卖方应在规定的交货期届满前补交，但不得使买方遭受不合理的不便或承担不合理的开支；同时，买方也有保留要求损害赔偿的权利。商品成交数量的多寡，受到很多因素的影响，如商品的生产、供应能力、目标市场上实际需求量和销售量、商品价格变动趋势等微观条件；有时甚至受到进出口商品管理政策、产业政策、配额制度等宏观经济因素的影响。所以正确掌握成交数量，对于顺利达成交易、履行合同及今后的合作发展都具有十分重要的意义。

二、计量单位

由于世界各国的度量衡制度不同，以致造成同一计量单位所表示的数量也不同。在国际贸易中，通常采用公制（The Metric System）、英制（The Britain System）、美制（The U. S. System）和国际标准计量组织在公制基础上颁布的国际单位制（The International System of Unit）。根据我国《计量法》规定：“国家采用国际单位制。国际单位制计量单位和国家选定的其他计量单位，为国家法定计量单位。”目前，除个别特殊领域外，一般不许再使用非法定计量单位。我国出口商品,除照顾对方国家贸易习惯约定采用公制、英制或美制计量单位外,应使用我国法定计量单位。我国进口的机器设备和仪器等应要求使用法定计量单位。否则,一般不许进口。如确有特殊需要,也必须经有关标准计量管理部门批准。

上述不同的度量衡制度导致同一计量单位所表示的数量有差异。例如,就表示重量的吨而言,实行公制的国家一般采用公吨,每公吨为 1 000 公斤;实行英制的国家一般采用长吨,每长吨为 1 016 公斤;实行美制的国家一般采用短吨,每短吨为 907.2 公斤。此外,有些国家对某些商品还规定有自己习惯使用的或法定的计量单位。在国际贸易中,具体交易采用何种计量单位和方法,要视商品的性质、包装种类、运输方法、市场习惯等而定。

1. 按重量(Weight)计量

这是目前国际贸易中使用最多的计量单位,适用于很多商品。如一般天然产品,以及部分工业制成品和大宗农副产品。常用的计量单位有:公吨(M/T)、千克(kg)、长吨(L/T)、短吨(S/T)、磅(lb)、盎司(OZ)、公担(Q)、英担(BWT)、美担(CWT)等。如黄金、白银一般采用克或盎司,金刚钻采用克拉作为计量单位。

2. 按数量(Number)计量

大多数工业制成品,尤其是日用消费品、轻工业品、机械产品以及部分土特产习惯按数量交易。计量单位有:个(PC)、件(PKG)、套(ST)、打(DZ)、令(RM)、卷(ROLL)、捆(BALE or BDL)、桶(BARREL)、包(BALE)、罗(GR)等。

3. 按长度(Length)计量

一般适用于金属绳索、丝绸、布匹等商品的买卖中。计量单位有米(M)、英尺(FT)、码(YD)等。

4. 按面积(Area)计量

对于皮制商品、塑料制品、地毯等商品习惯于以面积作为计量单位,如平方英尺(SQ · FT)、平方米(SQ · M)、平方码(SQ · YD)等。

5. 按体积(Volume)计量

对于木材、化学气体、天然气等商品,适用于以体积作为计量单位,如立方米(CU · M)、立方码(CU · YD)等。

6. 按容积(Capacity)计量

谷物类和部分流体、气体物品,习惯于按容积计量,如公升(L)、加仑(GAL)、蒲式耳(BU)等。

三、重量的计量方法

按重量计量时，计量重量的方法主要有以下几种：

1. 毛重

毛重(Gross Weight)是指商品本身的重量加包装的重量即皮重(Tare)的重量。有些单位价值不高的商品，可以毛重作为计价和交付货物的基础。这种方法被称为"以毛作净"。

2. 净重

净重(Net Weight)指商品本身的重量，即毛重扣除包装物重量后的实际重量，净重是国际贸易中最常见的计重方法。

3. 公量

在计算货物重量时，使用科学仪器，抽去商品中所含的水分，再加上标准水分所得到的重量称为公量(Conditioned Weight)。这种计重方法较为繁杂，主要用于少数经济价值较高而水分含量极不稳定的商品，如羊毛、生丝、棉花等。

计算公式如下：

公量＝实际重量－商品实际水分＋标准水分

　　＝实际重量×(1＋标准回潮率)/(1＋实际回潮率)

例：某厂出口生丝10公吨，双方约定标准回潮率是11%，用科学仪器测量出实际水分后，生丝净重8公吨。其公量为多少？

实际回潮率＝水分/干量

＝[(10－8)/8]×100%

＝25%

公量＝实际重量×(1＋标准回潮率)/(1＋实际回潮率)

＝10×(1＋11%)/(1＋25%)

＝8.88(公吨)

根据计算结果，该批生丝的公量为8.88公吨。

4. 理论重量

理论重量(Theoretical Weight)适用于有固定规格和固定体积的商品，规格一致体积相同的商品，每件重量也大致相等，所以，可以根据其件数推算出总重量。如马口铁、钢锭等。但重量经常发生变化时，则不宜使用。

5. 按法定重量和净净重计

法定重量(Legal Weight)是海关依法征收从量税时，作为征税基础的计量方法，指的是纯商品的重量加上直接接触商品的包装材料，如内包装等的重量。而净净重(Net Net Weight)的计量方法也为海关征税时使用,是指扣除包装材料的重量及其他所含杂物(如水等)的重量。

四、数量条款的内容

合同中的数量条款主要包括成交商品的数量和计量单位,有的还需要规定确定数量的方法。合同中的数量应力求完整准确,对计量单位实际含义的理解双方应完全一致,且注意换算的准确,以保证合同的履行。对于一些数量难以严格控制的商品,如大宗农副产品、矿产品、钢材等,交货数量往往难以完全符合合同约定的某一具体数量,为便于合同的履行,通常都要在合同中规定数量的机动幅度条款,一般称为溢短装条款(More or Less Clause)或约量条款(About or Approximately)。这种条款一般包括机动幅度、机动幅度的选择权以及计价方法。

1. 规定机动幅度的方法

在使用溢短装条款时,可简单规定机动幅度或者约定机动幅度选择权由谁行使,短装或溢装计价方法如何确定等。例如,数量 10 000 公吨,卖方溢装或短装 3%,超过或不足部分按当日市场价格计算。另外,在少数场合,也有使用"约数"(Approximately or About)条款来表示数量的机动幅度,即在具体数量前加上"约"、"近似"、"左右"等类似含义的文字,表示成交数量只是一个约量,使卖方交货时有一定的灵活性。但由于约数的含义在国际贸易中缺乏统一的解释,容易引起纠纷,所以在我国很少采用。除非买卖双方事先在合同中做了必要的约定,否则应慎用。

2. 机动幅度的选择权

合同中规定了数量机动幅度时,具体数量的伸缩大多由卖方决定(at Seller's Option),但如果由买方派船装运时,可规定由买方决定(at Buyer's Option)。在租船运输的情况下,如由买方负责,则数量机动幅度由买方和船方商定;如由卖方承担租船,则应由卖方和船方商定。

3. 溢短装数量的计价方法

在数量机动幅度内,溢装或短装的货物,其计价方法一般有两种:一种是按合同价格计价,另一种是按装船时的市价来计算。因为在国际贸易中,从合同的签订到履行往往间隔一段较长时间,双方所约定的价格,可能会发生较大的波动。因此,有溢、短装选择权的一方可利用价格的波动,有意多装或少装从而获取额外的好处(如价格下跌时,卖方按最高约定数量交货;而价格上升时,卖方则尽量少交货,按最低约定数量交货)。为了预防这种情况的发生,交易双方可在合同中做出规定：溢、短装数量按当日装船时或到港时的市场价成交，如有争议可申请仲裁。

第三节　商品的包装

一、包装的重要性

国家标准《包装通用术语》GB4122－83 对包装所下的定义是指在商品流通过程中为保护商品，方便储运，促进销售，按一定技术方法采用的容器、材料及辅助物等的总称。有一个好的包装常常和一个好的商品一样重要。它的作用主要分为技术作用和传播作用，是实现商品的使用价值和增强国际竞争力的必要工具之一。在实际贸易中，我们对出口商品的包装力争做到符合科学、经济、牢固、美观、适销的要求；另外，还应符合环保的要求。在国际贸易中，包装还是说明货物的重要组成部分，包装条件是买卖合同中的一项主要交易条件，提供约定的或通用的商品包装是卖方的主要义务之一。有些国家的法律规定，如卖方未按约定或行业习惯包装交货，就构成违约，买方有权拒收。

二、包装的种类

商品的包装根据在流通过程中所起的作用的不同，可分为运输包装和销售包装。此外，还有中性包装与定牌等。

（一）运输包装

运输包装（Transport Packing）又称外包装、大包装。其主要作用是保护货物在长时间和远距离的运输中不被损失和散失，而且方便货物的搬运、储存和运输。

1. 运输包装的分类

由于运输包装的方式、造型多样，包装材料、包装程度各异。因此，从运输包装的不同角度对其划分为以下几种类型。

(1)按包装造型可分为箱、袋、包、桶和捆等不同形状的包装。

(2)按包装材料可分为纸制包装、金属包装、木制包装、塑料包装、麻制品包装、玻璃制品包装和陶瓷包装等。

(3)按包装方式可分为单件运输包装和集合运输包装。单件运输包装是指货物在运输过程中作为一个计件单位的包装；集合运输包装是指若干包装组合成一件大包装，以便有效保护商品，提高装卸效率。另外，随着集装箱运输和托盘运输的出现,将货物装在特制的集装箱内或固定的特制的托盘上进行运输的情况越来越多。目前,集合运输包装包括托盘、集装箱等。

(4)按包装性质可分为软包装、半硬性包装和硬性包装。

(5)按包装的程度可分为全部包装和局部包装两种。绝大多数商品都需要全部包装。而对于局部包装则是指对商品需要保护的部位加以包装,而对于不受外界影响的部分则不予包装。

2. 运输包装的标志

运输包装的标志是为了便于货物运输、装卸、储存、检验和交接工作的顺利进行,识别货物和防止货物损坏而在运输包装上刷写的各种有关标志。按其用途可分为运输标志(Shipping Mark)、指示性标志(Indication Mark)和警示性标志(Warning Mark)。

(1)运输标志。俗称"唛头",通常是由一个简单的几何图形和一些字母、数字及简单的文字组成。其基本内容有:收发货人的名称代号、简单的几何图形、目的港或目的地的名称、件号。由于运输标志的内容繁简不一,差异较大,为适应实际需要,联合国欧洲经济委员会简化国际贸易程序工作小组,在国际标准化组织和国际货物装卸协调会的支持下,制定了一套运输标志,向各国推荐使用。该标准运输标志包括:

收货人或买方的英文缩写字母或简称

参考号(如买卖合同号码、订单号或发票号码等)

目的地、货物的最终目的港或目的地的名称

件号

例如:

LEC——收货人的代号

41055——参考号

SHANGHAI CHINA——目的地

NO. 10/100——件数代号

另外,标准运输标志不使用几何图形或其他图形。这是为了便于刻唛、刷唛,以节省时间和费用。在我国的外贸业务中,参照上述国际标准运输标志进行设计和制作唛头。

(2)指示性标志。指示性标志是根据商品的特性,提示人们在搬运装卸和存放保管时需要注意的事项,用图形和文字在包装的醒目部位予以说明。如"怕热"、"小心轻放"、"禁止翻动"、"怕湿"等。

为了统一各国的运输包装标志的图形和文字,一些国际组织,如 ISO、国际航空运输协会(IATA)和国际铁路货运协会(RID)分别制定了包装储运指示性标志,并建议各会员国予以采纳。我国有国家标准,所用图形与国际上通用的基本一致。

(3)警告性标志。又称危险品标志(Dangerous Cargo Mark)。系指在装有爆炸品、易燃品、腐蚀物品、氧化剂、放射性物品和有毒物品等危险货物时,都必须在运输包装上用图形或文字表示出来。其作用是警告有关的装卸、运输和保管人员,按货物特性采取相应的措施,以保障人身和物资的安全。

为了保证国际危险货物运输的安全,联合国海事协商组织规定了一套《国际海运危险品标志》,在国际上已被许多国家采用。我国也制定了《危险品货物包装标志》。因此,我国出口危险货物时,在其运输包装上,要标记我国和国际海运所规定的两套危险品标志。

(二)销售包装

销售包装(Selling Packing)又称内包装(Inner Packing)或直接包装(Immediate Packing),即初级包装。随着自选式销售的发展和普及,尤其是在大中型商场中,许多商品实行自选销售,所以包装此时起着"无声销售员"的作用。此外,包装在功能方面或视觉方面的优点可将差异很小的商品分出高低。由此,可以看出包装的重要性。

1. 销售包装的种类

根据商品的特性和形状,销售包装可采用不同的包装材料和造型结构、式样。主要有以下几种:

(1)挂式包装。可在商店货架上悬挂展示的包装,即带有吊钩、吊带、挂孔等装置的包装。

(2)堆叠式包装。这种包装是指包装品顶部和底部设计有吻合装置,使商品能上下堆叠,而且稳定性强。其优点是便于摆放陈列,节省货位。

(3)便携式包装。在包装上设计有提手装置,以便携带。

(4)易开包装。要求有严密封口的销售包装,标有特定的开启部位,易于打开。如易拉罐、易开盒等。

(5)喷雾包装。在气密性容器内,当打开阀门或按钮时,内包装物由于推进产生的压力能喷射出来的包装,如香水、空气清洁剂等。

(6)配套包装。对于搭配成交的商品,则装在同一容器内销售。

(7)礼包包装。为了显示礼品的名贵和包装的美观,往往采用专作礼品用的包装。

(8)复用包装。具备多种用途的包装,即除了包装出售的商品外,还可用于存放其他商品或用作观赏。

2. 销售包装的标示和说明

在设计、制作销售包装时，包括以下几种：

(1)文字说明。通常包括商品名称、品牌、数量、规格、成分构成与使用说明等内容。

(2)装潢画面。销售包装装潢，通常包括图案与色彩。装潢应美观大方，富于艺术吸引力，并突出商品的特性。同时，还应适应进口国的民族习惯、风俗与爱好，特别是一些民族禁忌要全面了解，以使装潢促进商品销售。通常文字说明与装潢画面是紧密结合、和谐统一、彼此补充的，以达到树立产品和企业形象、促进销售的目的。另外，还应注意有关国际检验管理的特殊规定，如语种使用的规定：有些国家明文规定进出口品的文字说明使用本国文字，有些国家使用英文等。

(3)条形码。条形码是指由一组带有数字的黑白间隔不等的平行线所组成的标记。它是利用光电扫描阅读设备为计算机输入数据的代码语言，自从1949年问世以来，被广泛运用。通过对条形码的扫描阅读，即可判断出该商品的相关信息，如品名、生产日期、生产厂家、制造厂商、售价等，大大提高了结算的效率和准确性，也方便了顾客。

国际上通用的条形码种类很多，主要有两种：一种是由美国、加拿大组织的统一代码委员会编制的 UPC 条码(Universal Product Code)；另一种是由欧洲 12 国成立的欧洲物品编码协会，后改名为国际物品编码协会编制的 EAN 条码(European Article Number)，目前，该系统已成为国际公认的物品编码标识系统。为了适应国际贸易发展的需要，我国国务院于 1988 年批准成立了中国物品编码中心。1991 年 4 月，该中心代表中国加入国际编码协会。该协会分配给我国的国别号为“690”、“691”和“692”。凡标有这三大国别号的商品，即为中国商品。为了加强对条形码工作的管理，国家质量技术监督局在 1998 年 9 月颁布了《商品条形码管理办法》。该办法于当年 12 月 1 日正式生效实行。该办法规定，凡依法取得营业执照的生产者、销售者均可申请，获得申请者，由中国物品编码中心发给《中国商品条码系统成员证书》。取得系统成员资格的，不得擅自转让他人使用，也不得冒用他人注册的条码。系统成员应按规定的时间及时办理变更、续展等手续。逾期不办，将被注销资格；如仍需使用，应重新注册厂商识别代码。

EAN 商品条形码分为 EAN-13(标准版)和 EAN-8(缩短版)两种。EAN-13 通用商品条形码一般由前缀部分、制造厂商代码、商品代码和校验码组成。

商品条形码中的前缀码是用来标识国家或地区的代码，赋码权在国际物品编码协会，如 00～09 代表美国、加拿大。45～49 代表日本。690～692 代表中国大陆，471 代表中国台湾地区，489 代表中国香港地区。制造厂商代码的赋权在各个国家或地区的物品编码组织，中国由国家物品编码中心赋予制造厂商代码。商品代码是用来标识商品的代码，赋码权由产品生产企业自己行使，生产企业按照规定条件决定在自己的何种商品上使用哪些阿拉伯数字为商品条形码。商品条形码最后用 1 位校验码来校验商品条形码中左起第 1～12 数字代码的正确性。如海天酱油的条形码为 6902265120506，其中 690 代表我国，2265 代表广东佛山海天调味品有限公司，12050 为酱油的商品代码。

商品条形码的编码遵循唯一性原则，以保证商品条形码在全世界范围内不重复，即一个商品项目只能有一个代码，或者说一个代码只能标识一种商品项目。不同规格、不同包装、不同品种、不同价格、不同颜色的商品只能使用不同的商品代码。

商品条形码的标准尺寸是 37.29mm×26.26mm，放大倍率是 0.8～2.0。当印刷面积允许时，应选择 1.0 倍率以上的条形码，以满足识读要求。放大倍数越小的条形码，印刷精度要求越高，当印刷精度不能满足要求时，易造成条形码识读困难。

由于条形码的识读是通过条形码的条和空的颜色对比度来实现的，一般情况下，只要能够满足对比度(PCS 值)的要求的颜色即可使用。通常采用浅色作为空的颜色，如白色、橙色、黄色等，采用深色作为条的颜色，如黑色、暗绿色、深棕色等。最好的颜色搭配是黑条白空。根据条形码检测的实践经验，红色、金色、浅黄色不宜作为条的颜色，透明、金色不能作为空的颜色。

EAN-8 商品条形码是指用于标识的数字代码为 8 位的商品条形码，由 7 位数字表示的商品项目代码和 1 位数字表示的校验符组成。

商品条形码的诞生极大地方便了商品流通，现代社会已离不开商品条形码。据统计，中国已有 50 万种产品使用了国际通用的商品条形码。

(三)中性包装和定牌

1. 中性包装

中性包装是指在商品上和内外包装上不注明生产国别、地名和厂商名称，也不标明原有的商标或牌号的包装。中性包装包括定牌中性和无牌中性两种。定牌中性是指在商品包装上使用买方指定的商标或牌号，但不注明生产国别和厂商。无牌中性是指在商品的包装上，既不使用任何商标或牌号，又不注明生产国别。

采用中性包装，是为了适应某些特殊需要，如绕过关税壁垒、转口贸易等以扩大出口。但此种做法也屡遭非议。所以，在实际业务中需谨慎使用。

2. 定牌

定牌是指卖方按要求在出售的商品或包装上使用买方指定的商标或牌号。卖方同意采用定牌，是为了利用买方的经营能力、企业商誉或品牌声誉，以提高商品售价和销售量。但有时也要谨慎买方利用定牌来排挤卖方的同类商品的销售，从而影响其市场份额和品牌的树立。

三、包装条款的规定

如前所述，包装是主要交易条件之一，所以，交易双方必须认真洽谈，并在合同中作出明确、具体的规定。包装条款一般包括包装材料、包装方式、包装规格、包装费用的负担、每件包装中所含物品的数量或重量。包装条款的订立，要明确具体，以免引起纠纷。另外，针对不同的商品和运输方式的要求，使约定包装达到科学合理和适销的要求。

关于包装费用，一般是包括在货价以内的。如买方有特殊包装要求，除非事先约定包装费用包含于货价内，否则，其超过的包装费用原则上应由买方承担，并应在合同中具体规定负担的费用以及支付方法。如果合同中规定由买方提供包装或包装材料，则应明确规定买方提供包装或包装材料的最后期限和逾期到达的责任。

本章小结

本章主要介绍了标的物的名称、品质、数量及其包装。这些都是国际贸易的主要要件，也是国际贸易合同必须要注意的问题。由于进入国际贸易领域的标的物种类繁多，其品种、花色、质量、产地、外形各不相同。标的物名称及其品质的不同，不仅会影响其用途、运输方式，而且还会影响其价格和市场份额。而数量的约定也是合同必不可少的内容，要明确具体，即使是约定条款也应有双方意思一致的限定；否则，容易引起纠纷，造成不必要的损失。另外，对于包装，它不仅保护商品在流通过程中的完好和数量的完整，而且对销售也有着深远的影响。我们应根据市场需求和促进商品销售的角度，在全面了解相关进出口国或地区的民族习惯、风俗和偏好，设计出优质包装。通过本章的学习，应对标的物的相关条款的内容有一个全面的认识，在实际业务中，将有较大的帮助。

思考与练习

1. 合同中规定商品质量的方法有哪些？
2. “凭买方/卖方样品买卖”时，应注意哪些问题？
3. 为什么要在合同中规定数量机动幅度条款？它包含哪些内容？
4. 商品的包装有哪些种类，主要作用及基本要求有哪些？
5. 什么是定牌、无牌和中性包装？在实际业务中，应如何使用？

第九章　贸易术语与价格

本章课程概况

课题内容:贸易术语和价格换算。

课时:3＋3 课时。

教学目的:使学生了解贸易术语的含义和作用以及有关贸易术语的国际贸易惯例,掌握《国际贸易术语解释通则》的适用范围和实质性的变化及 E、F、C、D 各组术语的特点,明白在国际货物买卖中价格是买卖双方共同关心的问题。合同中的价格条款反映了交易双方的利益,了解主要贸易术语的价格构成和换算方法。让学生学会使用不同的作价方法,灵活运用佣金和折扣,结合经营意图,在平等互利的基础上确定合同的价格条款。

教学要求:了解贸易术语概念及作用,掌握主要贸易术语之间的区别及选用;掌握在不同情况下,货物价格及其换算。

教学方式:理论和实训相结合。理论讲授部分:第一、第二节课介绍贸易术语及相关内容,第三节课介绍国际贸易货物的价格及其换算;实训部分:第一、第二节课进行贸易术语的案例分析,第三节课进行价格换算练习和相关合同条款的书写。

第一节　贸易术语

一、贸易术语与国际贸易惯例

(一)贸易术语的含义及作用

贸易术语(Trade Term)又称贸易条件或价格条件,是指在长期的国际贸易实践中产生的,以简明的语言或缩写的字母,或国际代码来概括说明买卖双方在交易中的交货地点，确定责任、费用以及风险的划分和价格构成等方面的专门用语。使用贸易术语可以简化交易手续、节省磋商时间和费用等，并使谈判在某种程度上趋于标准化。

在国际贸易中，买卖双方在签订一笔具体交易时，必须首先就以下问题做出安排：

(1)在何地、以何种方式交货？

(2)由谁租船订舱、办理货物运输、保险和申领进出口许可证？

(3)由谁承担上述责任下的各种费用？

(4)风险在何时转移？

(5)买卖双方需要交接哪些有关的单据？

在国际贸易的长期实践中，贸易界、法律界逐渐形成了一整套相对固定的习惯做法，于是就形成了在国际贸易中广泛使用的贸易术语。每一种贸易术语代表一种做法，其中交货地点是核心问题。交货地点不同，卖方承担的风险、责任和费用也不相同，所以双方要从实际情况出发，选择有利于己方的交货地点。例如，双方约定，在出口国国内的商品产地交货，卖方只需按约定的时间和地点备妥货物，买方则承担运输、一切风险、责任和费用，在这种条件下成交的货价则很低；反之，如约定在进口国国内的约定地点交货，则卖方承担一切风险、责任、费用，货价自然会高得多。所以，贸易术语直接关系到商品的价格构成，故称之为“价格术语”。

(二)有关贸易术语的国际惯例

19 世纪初，在国际贸易中开始使用贸易术语。但是最初没有对各种贸易术语作出统一的解释。后来为了消除分歧，国际商会、国际法协会等国际组织试图对贸易术语作统一的解释，于是这些解释和规则被广泛采用，形成一般的国际惯例。

国际贸易惯例的适用，是以当事人的意思表示为基础的。因为，惯例对交易双方不具有强制性，这一点区别于法律，所以，买卖双方可以不遵循国际惯例而在合同中另作规定。但如果双方均同意受国际惯例的约束，并在合同中约定，则国际惯例具有强制性；如果双方未作明确规定，而在合同执行过程中发生争议时，受理该争议的司法和仲裁机构也往往援引某一国际惯例进行裁决。所以国际贸易惯例我们不容忽视，应予以全面了解；必要时，还可利用国际惯例争取对己方有利的地位。

目前在国际上有较大影响的有关贸易术语的国际惯例有如下三种：

1.《1932 年华沙—牛津规则》(Warsaw-Oxford Rules 1932)

该规则是以英国贸易习惯以及判例为基础，专门解释 CIF 合同的，明确规定了买卖双方的权利、义务及责任。最初订立的是《1928 年华沙规则》，后经 1930 年纽约会议、1931 年巴黎会议和 1932 年牛津会议修订为 21 条，并定名为《1932 年华沙—牛津规则》，沿用至今。

2.《美国对外贸易定义 1941 年修正本》

该规则是以美国贸易为基础，由美国九大商业团体于 1919 年制定的。其后为适应国际贸易的实际发展，于是在 1941 年的美国第 27 届全国对外贸易会议对该定义作了修订，并改称为《美国对外贸易定义 1941 年修正本》(Revised American Foreign Trade Definitions 1941)。该修正本对以下几种术语做了详细解释，主要有：Ex point of origin、FOB、FAS、C&F、CIF 和 Ex Dock 六种术语，并且对 FOB 又分列六种不同情况加以规定。

3. 2000 年《国际贸易术语解释通则》(INCOTERMS 2000)

1936 年，国际商会为了统一对各种贸易术语的解释而制定了《国际贸易术语解释通则》(以下简称《通则》)。原文为 International Rules for the Interpretation of Trade Terms，缩写形式为 INCOTERMS，后进行过六次修改和补充，分别于 1953 年、1967 年、1976 年、1980 年、1990 年和 2000 年进行。由于《通则》在世界上已得到广泛认可和应用，为尽量避免变化过大，因此，《2000 年通则》的修订内容很少，只在以下两个方面做了实质性改变(Substantive Changes)。

(1)在 FAS 和 DEQ 术语下，办理清关手续和缴纳关税的义务；

(2)在 FCA 术语下关于装、卸货的义务。

这些变化的具体内容稍后再作详细叙述。

另外，《2000 年通则》在形式上也进行了一些改变，将每一种贸易术语买卖双方义务逐项间隔排列，上下对照，如：

A. 卖方义务

B. 买方义务

A1 提供符合合同规定的货物

卖方必须提供符合合同规定的货物。

B1 支付货款

买方必须根据买卖合同支付货款。

A10 其他义务

根据请求，卖方必须提供为办理保险所必需的信息。

B10 其他义务

买方必须支付为取得在A10中所述的单据的货款。

沿袭《1990年通则》的做法,《2000年通则》将全部13种贸易术语按E、F、C、D四个组进行了分类。

4. 2010年《国际贸易术语解释通则》(INCOTERMS 2010)

国际商会于2010年9月通过了Incoterms ® 2010,并规定该版本于2011年1月1日生效,是迄今为止的关于贸易术语的含义的国际惯例的最新版本。需要注意的是,解释通则不存在以新代旧的问题,贸易双方仍可在Incoterms ® 2010实施后继续选择使用INCOTERMS 2000的解释,如果合同中出现了新版本中没有的术语(如DAF、DES、DEQ等),则仍将被认为适用早期版本。因为目前世界上存在多种解释贸易术语含义的惯例及其不同年份的版本,为避免误解,2011年1月1日以后签订的贸易合同中最好标明合同适用的贸易术语的惯例的名称及其版本。

(1)INCOTERMS 2010与INCOTERMS 2000的关系

虽然INCOTERMS 2010已于2011年1月1日正式生效,新通则较2000年通则更准确地标明了各方承担货物运输风险和费用的责任条款,使船舶管理公司更易于理解货物买卖双方支付各种费用时的角色,从而避免现实中经常出现的码头处理费(THC)等纠纷。此外,新通则也增加大量指导性贸易解释和图示,以及电子交易程序的适用方式。

但是INCOTERMS 2010实施之后并非INCOTERMS 2000就自动作废。因为国际贸易惯例本身不是法律,对国际贸易当事人不产生必然的强制性约束力。国际贸易惯例在适用的时间效力上并不存在"新法取代旧法"的说法,即INCOTERMS 2010实施之后并非INCOTERMS 2000就自动废止,当事人在订立贸易合同时仍然可以选择适用INCOTERMS 2000甚至INCOTERMS 1990。

但在国际贸易中,未来两三年INCOTERMS 2000仍然会是贸易合同的主角;而INCOTERMS 2010所引发的纠纷2~3年之后才会大量出现。

(2)INCOTERMS 2010的主要变化

①术语分类的调整:由原来的EFCD四组分为适用于两类:适用于各种运输方式和水运。其中第一组包括适用于任何运输方式的术语七种:EXW、FCA、CPT、CIP、DAT、DAP、DDP。第二组包括适用于水上运输方式的术语四种:FAS、FOB、CFR、CIF。

②贸易术语的数量由原来的13种变为11种。

③删除了INCOTERMS 2000中四个D组贸易术语,即DDU(Delivered

Duty Unpaid)、DAF(Delivered At Frontier)、DES(Delivered Ex Ship)、DEQ(Delivered Ex Quay),只保留了 INCOTERMS 2000D 组中的 DDP(Delivered Duty Paid)。

④新增加两种 D 组贸易术语,即 DAT(Delivered At Terminal)在指定目的地或目的港的集散站交货与 DAP(Delivered At Place)在指定目的地交货。即用 DAP 取代了 DAF、DES 和 DDU 三个术语,DAT 取代了 DEQ,且扩展至适用于一切运输方式。

⑤E 组、F 组、C 组的贸易术语基本没有变化。

⑥取消了"船舷"的概念,卖方承担货物装上船为止的一切风险,买方承担货物自装运港装上船后的一切风险。在 FAS、FOB、CFR 和 CIF 等术语中加入了货物在运输期间被多次买卖(连环贸易)的责任与义务的划分。考虑到一些大的区域贸易集团内部贸易的特点,规定 INCOTERMS 2010 不仅适用于国际销售合同,也适用于国内销售合同。

由于在国际贸易中,未来一段时间内 INCOTERMS 2000 仍然会是贸易合同的主角,因此,下面仍主要介绍 INCOTERMS 2000 所包含的贸易术语。

二、主要贸易术语

这里主要介绍 2000 年的 INCOTERMS2000 中的 13 种贸易术语,并对 Incoterms ® 2010 中新增的两种贸易术语 DAT、DAP 进行解释。

(一)FOB

FOB 全称为 Free on Board(…named port of shipment)船上交货(……指定装运港),是指货物在指定装运港越过船舷后,卖方就完成了交货任务。买方要负责货物越过船舷以后的一切手续、费用和风险。FOB 仅适用于海运或内河运输,如果交易双方不以越过船舷作为完成交货,则应采用 FCA 术语。

1. 买卖双方的主要义务

卖方的主要义务:

(1)在合同规定的日期或期限内,在指定装运港,将货物装到买方指定的船上,并给予买方充分通知;

(2)负担货物在装运港越过船舷为止的一切费用和风险;

(3)负责办理出口清关手续,提供出口许可证,支付各种关税与费用;

(4)负责提供商业发票、清洁已装船提单等单据或等效的电子信息;

(5)根据买方要求,向买方提供必要的投保信息。

买方的主要义务:

(1)按时租船订舱并开往约定装运港,支付运费,并将船名、到港及装船交货时间给予卖方充分通知;

(2)办理进口有关的手续,并承担相关风险和费用;

(3)按合同规定支付货款;

(4)承担货物在越过船舷后的一切费用和风险。

2. 使用FOB术语应注意的问题

(1)风险划分。FOB术语风险的转移是以船舷为界,即在越过船舷之前的风险由卖方承担,而越过船舷之后,风险则从卖方转移给买方,由买方承担一切运输过程中所发生的货物损坏或灭失的风险。这种风险的划分是指在正常的情况下,且交易双方均按合同要求履行了自己的义务。如果在越过船舷之前,已有一方或双方存在违约行为,则此时风险的划分不以船舷为界,而应由违约方来承担。而且同一船只运输多家货物时,只有已明确划归合同项下的货物,即货物已经特定化,风险才以船舷为界由卖方转移给买方。另外,在实际业务中,由于装船作业是一个连续的过程,所以卖方往往根据合同规定或习惯做法,负责把货物装到船上,并提供已装船清洁提单。因此,交货地点已从船舷延伸到了船舱。

(2)船货的衔接。在FOB术语的应用下,租船订舱由买方负责,所以就存在船货衔接的问题。如果买方未能按时派船,这里包括未经对方同意提前派船和延迟派船两种情况,卖方都有权拒交货物。而且买方应承担由此而造成的各种损失,如空舱费、滞期费等。如果船只按时到达装运港,而卖方因货未备妥而不能及时装运,由此而产生的各种损失和费用均由卖方承担。所以,船货衔接的问题需要双方紧密配合,加强联系才能得以妥善解决。

如果双方约定由卖方代理租船订舱时,由于其属于代办性质,由此而产生的费用和风险仍由买方承担。如装船手续费、订不到舱位的风险等。

(3)装船费用的负担。装船费用主要包括装船费及与装货有关的理舱费和平舱费。以下几种FOB术语的变形即是解决装船费用的承担问题。主要有:

①FOB班轮条件(FOB Liner Terms)。指装船费用,按照班轮的做法来办,由支付运费的一方(即买方)负担。

②FOB吊钩下交货(FOB Under Tackle)。指卖方将货物置于指定船只吊钩所及之处,从货物起吊开始时的装船费用由买方承担。

③FOB包括理舱(FOB Stowed,FOBS)。指卖方负责将货物装入船舱,并支付包括理舱费在内的装船费用。

④FOB包括平舱(FOB Trimmed ,FOBT)。指卖方负责将货物装入船舱,并承担包括平舱费在内的装船费用。

由于对FOB术语的变形,国际上的解释存在着差异,所以,如果有需要承担的额外义务,应在合同中明确列明。而且,FOB术语的变形只是说明了装船费用如何承担,关于交货地点和风险的划分并没有改变。

(4)充分通知对方。由于FOB术语是由买方承担租船订舱和购买保险,因此,为了做好船货的及时衔接,买方一定要及时充分通知对方船名、装船点和要求交货的时间,以便卖方做好装船准备;同时,卖方也要给予买方货物已按规定交货的通知,以便让买方及时投保,否则,风险的划分就不能以船舷为界,而应由违约方进行承担。

3. 美国对FOB术语的特殊解释

《美国对外贸易定义1941年修订本》,将FOB术语分为六种。其中只有"指定装运港船上交货"(FOB vessel named port of shipment)与《2000年通则》的解释相近,但也存在着较大的差异。如只有在买方的申请及承担各种费用的情况下,卖方才有义务协助买方取得出口许可证。而且,内陆运输工具上交货和在装运港船上交货两种解释极易混淆,在使用时应特别注意。如果买方要求在装运港船上交货,则应在FOB和港名之间加上"vessel",即FOB(vessel),否则为内陆运输工具上交货。所以,在实际业务中,与使用该解释条款的国家洽谈业务时,应在合同中明确加以规定,避免日后产生纠纷。如:上海的出口商出口商品到美国纽约使用FOB术语时,应表述为FOB (vessel) Shanghai。

由于FOB是买方负责海运定舱,货代为指定货代,因此FOB的付款方式最好选择T/T(预付款),或者起码得争取到一定的预付,这样才能保证安全。有些国家的风险比较高,经常发生买方和指定货代相互勾结,无单提货,或者私下放提单给客人,这样对卖方风险太大,所以要坚持做全金额T/T预付。因此,T/T付款方式和FOB贸易术语是一组常用的组合,可以有效控制该贸易术语下的潜在风险。欧美国家选择FOB的比较多。

(二)CFR

CFR全称是Cost and Freight(…named port of destination),即成本加运费(……指定目的港),是指卖方在装运港货物越过船舷时,即完成了交货。在此术语下成交时,卖方必须支付将货物运至指定目的港所需的费用和运费,而交货后货物的损失或灭失的风险以及发生的各种额外费用,均由买方承担。该术语只适用于海运或内河运输。如果交易双方不以越过船舷为完成交货,则应采用CPT术语。如:青岛的商品出口到英国的伦敦,使用CFR术语,则表述为CFR London。

1. 买卖双方的主要义务

卖方的主要义务:

(1)负责租船订舱、支付运费,并按合同规定,交付货物并在装运港装船,装船后向买方发出已装船的充分通知;

(2)负责办理出口清关手续,并承担货物在越过船舷为止的一切风险以及费用;

(3)负责提供符合合同规定的单证。

买方的主要义务:

(1)承担货物在装运港越过船舷后的一切风险,以及发生的额外的费用;

(2)办理进口清关手续以及支付费用,收取符合合同的货物;

(3)收取符合合同的各种单证并支付相应货款。

2. 使用CFR术语应注意的问题

(1)风险的承担

CFR术语也是装运港交货,由卖方支付运费,负责签订运输合同和安排运送货物。风险的划分也和FOB术语一样,以船舷为界。越过船舷后的一切风险以及额外费用,均由卖方转移至买方承担。

(2)卸货费用的负担

为明确卸货费用的负担,一般也采用CFR术语的不同变形,并在合同明确订立以免产生争议,具体说来,有以下三种情况:

①CFR班轮条件(CFR Liner Terms)。如前所述,在班轮条件下,费用由卖方或船方承担。

②CFR船底交货(CFR Ex Ship's Hold)。指在目的港从船舱底起吊到卸货码头的费用,由买方承担。

③CFR卸至岸上(CFR Landed)。指由卖方将货物从船上卸至码头上的费用由卖方负担。

CFR的各种变形也只是说明卸货费用由谁来承担,其风险和交货内容均不变。

(3)装船的通知

因为在CFR术语下成交时,卖方租船订舱并将货物装上船,而保险由买方自行办理,风险的转移以船舷为界。所以卖方装船后应充分通知买方,以便买方及时向保险公司办理保险。这里的充分通知是指在时间上及时,在内容上是详尽的。根据有关货物买卖合同的适用法律,卖方如因遗漏或不及时向买方发出装船通知,而使买方未能及时办妥货运保险所造成的后果,卖方应承担违约责任。所以,在CFR术语下,装船后的通知就显得尤为重要。

(三)CIF

CIF全称Cost,Insurance and Freight(…named port of destination),即成本加保险加运费(……指定装运港),指当货物越过船舷时,卖方即完成交货。卖方必须支付将货物运至指定目的港所需的费用和运费。交货后货物灭失或损坏的风险,以及由于发生的各种事件而引起的任何额外费用,由卖方转移至买方。另外,卖方还必须办理海运货物保险,并支付保险费。但卖方在此办理的是按最小责任的保险险别,如需更大责任保险的险别保障,则应另外订明。该术语一般适用于海运和内河运输。如果交易双方不以越过船舷为完成交货,则应采用CIP术语。

1. 买卖双方的主要义务

卖方的主要义务:

(1)负责租船订舱,按合同规定的时间,在装运港将货物运往指定目的港的船上,办理出口手续,自负风险,并支付至目的港的运费,然后给予买方充分的通知;

(2)负责办理货物运输保险,并支付保险费;

(3)承担货物在装运港越过船舷为止的一切费用和风险;

(4)负责提供约定的单据或等效的电子信息。

买方的主要义务:

(1)收取与合同相符的货物与单据,并支付相应的货款;

(2)承担货物在装运港越过船舷后的一切费用和风险;

(3)办理货物进口手续,取得进口许可证或其他核准书,并自负风险和费用。

2. 使用CIF术语应注意的问题

(1)CIF与到岸价的区别。CIF合同属于"装运合同",即它是属于装运港交货的合同。所以在CIF术语下,卖方在装运港将货物装上船,就算完成了交货的义务,并不承担保证把货物送到约定目的港的义务。交付装运后可能发生的任何风险都不再由卖方承担。所以,不宜将CIF称为"到岸价",即区别于"到货合同"的价格。

(2)卖方办理保险的问题。在CIF术语中,货价中已包含了保险费,这就涉及保险金额、保险险别等内容。如果交易双方就保险金额及保险险别等相关内容在合同明确订明，就按合同的规定办理保险。如果在签订合同时，未对保险相关内容做出明确、具体的规定，那就按有关国际贸易惯例来处理。《2000年通则》规定，在此情况下，卖方只需投保最低责任的险别，但如果买方另有要求且承担费用时，卖方可加保战争、罢工、暴动和民变险。最低保险金额应为合同规定的价款加成10%。

(3)运费核算的问题。采用CIF术语成交时，卖方的基本义务之一是租船订舱，办理运输事宜，并支付运费。因此，卖方在确定最终成交价时，应认真核算运费。核算运费时，应注意航线、距离的远近、运价变动的趋势等因素。

(4)象征性交货的问题。CIF从交货方式上来看，是一种典型的象征性交货(Symbolic Delivery)。所谓象征性交货是指按期在约定地点完成装运，并向买方提供商业发票、保险单和运输单据等有关单据，即完成了交货义务，而不需保证到货。这是相对于实际交货而言的，即卖方要在规定的时间、地点将货物交给买方或其代理人。所以，象征性交货是卖方凭单据交货，买方凭单据付款。只要卖方向买方提供符合合同规定的一整套单据，即完成交货。即使货物在运输途中发生灭失或损坏的风险，买方仍应交付货款。但如果提交的单据不符合要求，有缺失或瑕疵，则即使货物到达目的地完好无损，买方仍有权拒收单据、拒付货款。

在此要明确的是，按CIF术语成交，虽然是象征性交货，但并不是说卖方无须履行交货义务，如果卖方违约，不按合同交货，买方即使已付了款，仍可向卖方索赔。

(四)FCA

FCA全称是Free Carrier(…named place)，即货交承运人(……指定地点)，是指卖方将已办理出口清关手续的货物在指定地点交给买方指定的承运人后，就完成了交货义务。此处承运人指承诺通过铁路、公路、空运、海运内河运输或上述多式联运方式履行运输义务的承运人或运输代理人。

FCA术语是在FOB基础上发展起来的，适用于各种运输方式，特别是集装箱和多式联运的一种贸易术语。而且此处指定地点的选择，对在该地装货和卸货的义务会产生影响。如在卖方所在地交货，则卖方应负责装货；如卖方在任何其他地方交货，卖方则不负责卸货。

1. 买卖双方的主要义务

卖方的主要义务：

(1)负责办理出口清关手续，按照合同规定将货物交付给指定的承运人，并给予买方货已经交付的充分通知；

(2)承担货交承运人前的费用和保险；

(3)向买方提供相应的单据或等效的电子信息。

买方的主要义务：

(1)自费订立承运合同，并将承运人名称以及指定地点及时通知卖方；

(2)承担货交承运人后的一切风险；

(3)收取相关单证，并支付相应的货款。

2. 使用FCA术语应注意的问题

(1)交货地点的选择。由于FCA术语适用各种运输方式，所以它的交货地点应按照不同的运输方式和不同的指定的交货地点而定。根据《2000年通则》，将FCA术语中卖方如何完成交货义务，概括为以下几种情况。

若合同中约定的指定地点为卖方所在地，则当货物被装上买方指定的承运人或代表买方的其他人提供的运输工具时，卖方即完成了交货义务。

若在合同中约定的指定地点不是在卖方所在地，而是在其他任何地点，那么在买方指定的交货地，当货物在卖方的运输工具上且尚未卸下(not unloaded)、而交由买方指定的承运人或其他人处置时，卖方即完成了交货义务。

若在指定地点对具体交货地点未作明确规定，而且存在多种选择时，则卖方可以选择最适合其目的的交货地点。当货物被置于买方指定的承运人或其他人的处置之下时，货物灭失或损坏的风险即从卖方转移至买方，由买方承担。

(2)运输的安排。使用FCA术语，一般买方必须自付费用订立自指定地运输货物的合同。但如果买方请求在与承运人签订运输合同、需要卖方提供帮助时，卖方可代其安排。由于其代办性质，相关费用和风险均由买方负担。

(3)承运人的指定。根据《2000年通则》，由买方负责订立承运货物的合同，并自行承担费用和风险。如果买方请求，并承担费用和风险，卖方也可代为指定承运人并与其签订运输合同，这里的代办业务卖方也可拒绝，但要及时通知买方，以防出现遗漏安排的情况。

(五)CPT

CPT全称是Carriage Paid to(…named place of destination)，即运费付至(……指定目的地)，是指当货物由卖方交给其指定的承运人时，卖方即完成了交货的义务，而且卖方还必须支付将货物运至目的地的运费。交货后，货物在运输途中灭失或损坏的风险，即由卖方转移给买方承担。额外产生的费用也由买方承担。

该术语可适用于各种运输方式，包括多式联运。如果为了将货物运至指定目的地需要若干后续承运人，则货物交给第一承运人处置时风险即发生转移。

1. 买卖双方的主要义务

卖方的主要义务：

(1)办理出口清关手续，自付费用订立运输合同，按合同规定将货物交给承运人，并向买方发出货物已交付的充分通知；

(2)承担货交承运人前的一切费用和风险，以及从装运地到目的地的通常运费；

(3)按合同要求向买方提供相关单据或等效的电子信息。

买方的主要义务：

(1)承担货交承运人后的一切风险；

(2)承担除通常运费之外的在运输途中所产生的各项费用与卸货费；

(3)从承运人处收取货物，领取相关单据并按合同规定支付价款。

2. 使用CPT术语应注意的问题

(1)风险的划分。使用CPT术语时，卖方支付运费至目的地，但从交货后风险即由卖方转移给买方，并不延伸到目的地。卖方承担将货物交由承运人处置前的风险。如果在多式联运的情况下有多个承运人时，则卖方承担的风险应于货交第一承运人处置时转移给买方。

(2)CPT与CFR的区别。从以上叙述中，我们可以看出CPT与CFR这两种术语有诸多相似之处。两种术语的货价构成中都包含有运费，卖方负责安排运输，货物在运输途中的风险均由买方承担，所以都属于装运地交货的术语。但两者之间也存在着差异，如适用的运输方式不同，CPT适用于包括多式联运在内的任何运输方式，而CFR只适用于水上运输；交货的地点也不同，CPR由于有多种运输方式，所以选用不同的运输方式以及不同的约定，而对于CFR而言，交货地点为装运港船舷，风险在越过船舷即发生转移。

(六)CIP

CIP全称是Carriage and Insurance Paid to (…named place of destination)，即运费、保险费付至(……指定目的地)，它是指卖方除了承担在CPT术语上规定的义务外，必须对货物在运输途中灭失或损坏的风险办理保险，并支付保险费。该术语可适用于包括多式联运在内的各种运输方式。同样，在多式联运的运输方式下，风险从货交第一承运人时起即由卖方转移给买方。

1. 买卖双方的主要义务

卖方的主要义务：

(1)办理出口清关手续,自付费用签订运输合同和保险合同,按合同规定将货物交付给承运人,并向买方发出货已交付的充分通知;

(2)承担货交承运人以前的一切费用和风险;

(3)负责向买方提供约定的单据或等效的电子信息。

买方的主要义务:

(1)承担货交承运人以后的一切风险;

(2)承担除通常运费外的有关货物在运输途中所产生的各项费用和卸货费;

(3)从目的地的承运人处收取货物,并收取相关单据和支付货款。

2. 使用CIP术语时应注意的问题

(1)保险的负担。在使用CIP术语时,货物运输保险及保费的支付都由卖方负责。与CIF一样,这里的保险属于代办性质,有关保险险别、保险金额的处理与CIF一样。

(2)CIP与CIF的区别。从以上的解释中,我们可以看到,CIP与CIF两种术语的价格构成中都包括有运输费用和保险费用,卖方都承担安排运输、支付保险费和运费。而且,这两种术语都属于装运地交货,所以,货物在运输途中的风险均由买方承担。两者也存在差异,主要是适用范围不同,如运输方式的选择,CIP适用于包括多式联运在内的各种运输方式,而CIF仅适用于水上运输。

(七)六种术语之间的区别

FCA、CPT、CIP三种术语分别是从FOB、CFR、CIF三种传统术语的基础上发展起来的,它们之间的区别如下:

(1)适用的运输方式不同。FOB、CFR、CIF三种术语仅适用于水上运输,如海运和内河运输,其承运人一般为船公司;而FCA、CPT、CIP适用于包括多式联运在内的各种运输方式,其承运人也多样化,可以是船公司、铁路局、航空公司及联合运输经营人。

(2)交货和风险转移的地点不同。FOB、CFR、CIF三种术语的交货地点为船舷,风险以船舷为界发生转移。而FCA、CPT、CIP三种术语则要复杂得多,因为它们适用于各种运输方式,所以应视不同的运输方式和约定而定。风险则于货交承运人或第一承运人时,由卖方转移给买方。

(3)装卸费用负担不同。在FOB、CFR、CIF三种术语中,卖方承担货物在装运港越过船舷为止前的一切费用。在FOB合同中,应明确装货费用由谁承担;而在CFR、CIF合同中,则应明确卸货费用由谁承担。但对于FCA、CPT、CIP三种术语而言,有时这些费用就不存在。如在海洋运输条件下,FCA合同中的装货(装船)费用和CPT、CIP合同中的卸货(卸船)费用就不再存在。

(4)运输单据不同。FOB、CFR、CIF三种术语,卖方一般应向买方提供已装船清洁提单;而在FCA、CPT、CIP三种术语条件下,情况也视不同的运输方式而定,如在多式联运方式下,则卖方需提交铁路运单、公路提单或航空运单等相应的单据。

三、其他贸易术语

(一)EXW

EXW全称是Ex Work(…named place),即工厂交货(……指定地点),指卖方在所在地或指定地(如工厂、工场、仓库等)将货物置于买方控制下,即完成了交货任务。卖方不负责将货物装上买方准备的运输工具上,也无须办理出口清关手续。买方应承担在卖方所在地收取货物至目的地的一切费用和风险。所以这个术语是卖方承担风险最小、费用最少的一种贸易术语。

如果买方要求使用该术语时,即负责装货和一切的风险、费用时,应在合同中订明。这种术语在陆地接壤国家之间的国际贸易中普遍应用。它适用于包括多式联运在内的各种运输方式。

由于在使用EXW术语时,办理出口清关手续由买方承担,所以在成交前应对出口国的实际情况作全面了解,避免产生不必要的风险和损失。如果买方不能直接或间接地办理出口手续,则不应采用,而选用FCA术语。

(二)FAS

FAS全称是Free Alongside Ship (…named port of shipment),即装运港船边交货(……指定地点),指卖方在装运港将货物交到船边即完成交货的义务,买方从该时刻起必须承担一切费用和货物灭失或损失的风险。

关于货物出口清关手续的办理,《1990年通则》规定由买方办理。而《2000年通则》为适应国际贸易实际业务操作的需要作了修改,规定由卖方办理出口清关手续。如果卖方要求买方办理,则应在合同中另作规定。该术语仅适用于海运和内河运输。

另外,使用FAS术语与美国进行贸易时,要在FAS后加上"vessel"字样,如FAS(vessel)London,才能表示伦敦船边交货,否则易引起争议。

(三)DAF

DAF全称是Delivered At Frontier(…named place),即边境交货(……指定地点),指在毗邻国家海关边界前的边境指定地点和具体交货点,将要出口清关手续的交货运输工具上的货物置于买方控制之下,即完成了交货的义务。

交货后的一切风险和费用均由买方承担。此处的"边境"可用于国境,包括出口国边境。因此,确切地限定有关边境的具体交货地点,是极为重要的。如未作任何限定,则卖方可选择最适合其要求的具体地点。

另外,关于卸货及其风险和费用的承担,买卖双方可在合同中明确订明。该术语适用于任何运输方式,但主要用于铁路或公路运输。

(四)DES

DES全称是Delivered Ex Ship(…named port of destination),即目的港船上交货(……指定目的港),指卖方在不办理货物进口清关手续的情况下,在指定的目的港将货物交付买方,即完成了交货的义务。卖方应承担货物在运至指定目的港卸货前的一切风险和费用。买方则承担交货后的费用和风险。

在海轮能直接靠岸的情况下,DES是名副其实的"到岸价",因为卖方要负责把货物运抵目的港,并在船上把货物交付买方才算完成了交货的义务。卖方需承担货物在运输途中的一切风险。所以,在此他们办理的保险完全是为了自己的利益,而并非像前面的几种术语是为买方的利益。

在使用DES术语时,应注意以下几点。

(1)做好货物的交接工作。作为卖方来讲,要及时将船货到港的时间通知买方,让买方做好必要的接货准备。另外,卖方要将提货单、运输单据等相关的单据提供给买方,使其能顺利收取到货物。对于买方来讲,要及时到目的港的船上收取符合合同规定的货物,否则要承担由此而产生的额外费用和风险。

(2)区别DES与CIF两种术语,前面我们曾经提过不要将CIF条件下成交的价格称为"到岸价"。两者的区别是:

①交货方式不同。在CIF合同中,交货方式是象征性的,即交付相关的一整套单据;而在DES合同中,则是实际交货。

②交货地点不同。CIF术语是在装运港交货;而DES术语则是在目的港船上交货。

③风险划分方式不同。由于CIF术语属装运港交货,风险在越过船舷时即发生转移,所以在运输途中,货物灭失或损坏的风险均由买方承担;而在DES条件下,它属于目的港交货,所以运输途中的相关风险均由卖方承担。

④费用承担不同。在CIF条件下,卖方只要负担通常的运费和约定的保险费;而在DES条件下,卖方不仅要承担通常的运费和保险费,还要承担如转船、绕航等产生的额外费用,以及根据需要加保各种特殊附加险时所支付的费用。

鉴于以上的区别,一般CIF合同属于装运合同,卖方只保证按时装运,而不负责保证货物顺利、及时到达目的港。而DES合同则属于到达合同,卖方不仅要按时装运，而且还要保证货物在合同规定的时间完好无损地到达目的港，如果不及时，买方有权拒收或要求赔偿。

(五)DEQ

DEQ 全称是 Delivered Ex Quay(…named port of destination)，即目的港码头交货(……指定目的港)。卖方负责将合同规定的货物按通常的航线和方式运抵指定目的港码头，并将货物置于买方的控制之下时，即完成了交货的义务。卖方应承担货物运抵目的港并卸下至指定码头的一切风险和费用，将船名和预计到达时间及时通知买方，以便买方做好必要的准备。卖方无须办理进口清关手续，买方承担交货后的一切费用和风险。

在 DEQ 条件下，卖方应及时提供相关单据或凭证，使买方能顺利、及时地收取货物。买方则要办理进口清关手续，并支付关税、捐税和进口时所需的其他费用。这是《2000 年通则》做出的与以前版本相反的规定。如果买方要求卖方负担货物进口时的某些费用，则应在合同中明确具体规定。

该术语适用于海运和内河运输及多式联运，但要求在目的港码头卸货。

(六)DDU

DDU 全称 Delivered Duty Unpaid(…named place of destination)，即未完税交货(……指定目的地)，指卖方将货物运至进口国的指定地，可供买方收取时，即完成了交货义务。卖方应承担货物运抵指定目的地的费用和风险，但不包括关税、捐税和进口时所需支付的其他费用，以及办理海关手续的费用和风险。即在交货时，风险即由卖方转移给买方，如果交易双方同意由卖方办理进口的海关手续和承担相关的费用和风险，应在合同中明确具体地加以规定，如"delivered duty unpaid, VAT paid"(未完税交货增值税已付)。该术语是为适应贸易集团内部成员之间的贸易需要，而在《1990 年通则》中新增加的，可适用于任何运输方式。

此外，在使用 DDU 术语时，应注意以下几点。

(1)因为 DDU 要求卖方将货物运抵进口国国内的指定地点交付给买方，而进口的清关手续和关税由买方承担，所以，卖方在使用此术语前，应全面了解进口国海关管理方面的情况，预计买方在办理进口清关手续时是否会遇到困难。如果会遇到困难，则应考虑采用其他术语；否则，卖方会由此而承担一定的风险。

(2)在 DDU 术语下，卖方要在进口国国内的指定地点，将货物实际交给买方处置后，风险才转移给买方。如果买方未能按规定办理进口清关手续，则他要承担由此而引起的货物的灭失或损坏的一切风险。另外，如果买方确定了收取货物的具体时间和地点时,但却未能给予卖方充分的通知,则从交货日或期限届满时,货物的灭失或损失的风险均由买方承担。

(3)由于 DDU 属于实际交货,交货前的风险由卖方承担,所以卖方订保险合同是为自己的利益的。因此,在国际贸易中,为了保证货物的顺利到达,卖方应根据货物的性质以及运输方式和路线来决定保险险别,以此来转移风险。

(七)DDP

DDP 全称是 Delivered Duty Paid(…named place of destination),即完税后交货(……指定目的地),指卖方将货物运至进口国的指定地,可供买方收取时,即完成了交货的义务。卖方必须承担货物运至指定目的地的一切风险和费用,包括关税、捐税和其他费用,并办理货物进口的清关手续。由此可见,该术语是卖方承担责任、风险和费用最多的一种,与 EXW 术语正好相反。

在使用 DDP 术语时,应注意以下几点。

(1)由于在此术语下成交,卖方要承担很大的风险,为了能在货物受损或灭失时及时得到经济补偿,卖方为自己的利益,应根据货物的性质、运输方式以及运输路线等选择保险险别。

(2)由于在 DDP 条件下,卖方需在办理好进口清关手续后,在指定目的地交货,所以卖方在使用该术语前,应调查清楚该国海关管理情况。如果卖方不能直接或间接取得进口许可证,则应选用其他术语。如果双方愿意由买方办理货物的进口手续和支付关税,则应使用 DDU 术语。

(八)DAP

DAP 全称是 Delivered At Place (…named place of destination),即目的地交货(……指定目的地)。是指在指定目的地,将到达的运送工具上准备卸载的货物交由买方处置时,即属于卖方交货,卖方负担货物运至指定地的一切风险。当事人最好能清楚地列明约定目的地内的地点,因为至该地点的风险均由卖方承担。其中,"Place"可以指港口,也可以是陆地的地名。

DAP 是 Incoterms ® 2010 新增加的贸易术语解释。其解释为:卖方自行负担费用和风险订立运输合同,按惯常路线和方式,在规定日期或期限内,将货物从出口国运到进口国内指定目的地,将货物置于买方支配之下,就算完成交货义务。在 DAP 合同项下,卖方在目的地不需卸货。

(九)DAT

DAT 全称是 Delivered At Terminal(…named place of destination) ,即运输终端交货(……指定目的地)。是指卖方于指定目的港或目的地指定运输终端，从到达运输工具上一旦卸下货物并交由买方处置时，卖方交货即算完成。运输终端包括任何地方，无论是否有遮蔽（即是否露天），例如码头、仓库、集装箱堆场或公路、铁路或航空运输站。

卖方负担将货物运至位于指定目的港或目的地的运输终端并在该处将货物卸载的一切风险。

DAT 也是 Incoterms ® 2010 新增加的贸易术语解释。其解释为：卖方自行负担费用和风险订立运输合同，按惯常路线和方式，在规定日期或期限内，将货物从出口国运到进口国内指定目的地或目的港的终端（港口码头、仓库、集装箱堆场或者铁路、公路或航空货运站等），卸货之后，将货物置于买方支配之下，才算完成交货义务。

因此，除了在指定目的地的卸货费用的分担不同外，DAP 和 DAT 的差异并不明显。

以下将 15 种术语做一对比（见表 9—1）。

表 9—1　　15 种术语对照表

	国际电码	交货地点	风险转移界限	出口清关手续、费用的承担方	进口清关手续、费用的承担方	适用运输方式
C组	CFR	装运港口	货物越过船舷	卖方	买方	水上运输
	CIF	装运港口	货物越过船舷	卖方	买方	水上运输
	CPT	出口国内地、港口	货交承运人处置时	卖方	买方	水上运输
	CIP	出口国内地、港口	货交承运人处置时	卖方	买方	任何方式
D组	DAF	边境指定地点	货交买方处置时	卖方	买方	任何方式
	DES	目的港口	目的港船上交货后	卖方	买方	任何方式
	DEQ	目的港口	目的港船上交货后	卖方	买方	水上运输
	DDU	进口国国内	在指定目的地交给买方	卖方	买方	任何方式
	DDP	进口国国内	在指定目的地交给买方	卖方	卖方	任何方式
	DAP	指定目的地（进口国边境目的港）	货物交给卖方控制后	卖方	买方	任何方式
	DAT	运输终端	买方处置货物后	卖方	买方	任何方式
E组	EXW	商品产地所在地	货交买方处置时	买方	买方	任何方式

续表

	国际电码	交货地点	风险转移界限	出口清关手续、费用的承担方	进口清关手续、费用的承担方	适用运输方式
F组	FCA	出口国内地、港口	货交承运人处置时	卖方	买方	任何方式
	FAS	装运港口	货交船边	卖方	买方	水上运输
	FOB	装运港口	货物越过船舷	卖方	买方	水上运输

第二节　商品的价格及价格的换算

一、商品的价格

在国际贸易中，价格条款是买卖合同中的核心条款，买卖双方在其他条款上的利害与得失，一般也会在商品价格上体现出来。价格条款除了贸易术语外，还包括计价货币、作价方法、佣金与折扣等。因此，订明相关的价格条款并善于利用与价格有关的佣金、折扣及换算就显得尤为重要。

(一)作价的原则

在确定进出口商品价格时，必须遵循的原则是：按照国际市场价格水平，结合国别、地区的不同政策，并根据购销意图进行适当定价。同时，也应注意影响价格变化的因素，如商品质量的优劣、成交数量的大小、运输距离的远近、交货条件的不同、货款支付条件与外汇汇率变动的风险以及货物保险条件等。

(二)计价的货币

计价货币(Money of Account)不同于支付货币(Money of Payment)。计价货币是指用以表示合同价格的货币，而支付货币则是指实际支付给卖方的货币。一般情况下，两者为同一货币。如若不同，则可用下式计算其实际支付的金额：

实际支付的金额＝以计价货币表示的合同金额×计价货币与支付货币的汇率

因此，其中影响最大的因素为计价货币的汇率，要采取相应的措施来规避汇率波动的风险。

在国际贸易中，用来表示计价货币的可用进出口国或第三国的货币。在可能的情况下，应遵循进口时选用软通货、出口时选用硬通货的原则。硬通货

(Hard Currency)是指币值比较稳定且呈上升的趋势；而软通货(Soft Currency)是指币值比较疲软且呈下降的趋势。

(三)作价的方法

在国际贸易的实际业务中，根据不同的情况，买卖双方的作价方法主要有以下几种。

1. 固定作价

国定作价(Fixed Price)是国际贸易中的一种常规做法，是指在合同中订明价格，不再随市场行情的变化而进行调整。价格一旦确定，买卖双方均应严格遵守，否则被视为违约。固定作价具有明确、具体和便于核算的特点，我国大多数国际贸易合同中均采用该种方法。但由于国际市场行情的多变性，因此，在采用固定作价时，需认真分析行情和对方的资信状况，以求降低风险。

综上所述，固定作价主要适用于以下几种情况：价格敏感度小、较为稳定；订约与结算时间间距较短；买卖双方能较为准确地预测商品的价格及汇率的波动。

2. 暂不固定价格

在国际贸易中，若交易双方对市场价格的趋势难以预测，可签订活价合同，即只约定商品的品名、数量、交货和支付条件等，具体的价格暂不确定。这种规定的常见做法包括有：一种是在价格条款中明确定价时间及方法，如"以装船时的国际市场价为准"。另一种做法是只规定作价时间，如"交易双方在2007年5月12日协商价格"。其中，第二种做法易引起争端，因此，此种方法只适用于有长期稳定贸易关系的客户之间。

3. 暂定价格

针对某些价格波动较大、交货期较长的商品，交易双方可在合同中订立一个初步价，以作为开立信用证、初步结算货款之用。待正式价格确定后，双方再进行一次清算，多退少补。正式价格交易双方可选择适当时机商定，也可参照装船时的市场价格。

4. 部分固定，部分不固定

即在订立合同时，对于大宗交易和分批交货的商品，交易双方为规避风险，可约定近期交货的部分商品固定定价，而远期交货的部分商品暂不定价。

5. 滑动价格

在进出口成套设备、机械时，由于从订立合同到交货结汇所需时间较长，因此，为了避免因原材料价格、工资的变化而带来的风险，交易双方在签订合同时，只规定一个初步价格，到交货前再按上述因素的实际变动做相应的调整，即为滑动价格。此时，价格的调整通过“价格调整条款”来进行。

二、佣金与折扣

在合同价格条款中，有时会涉及佣金(Commission)和折扣(Discount; Allowance)。国际贸易合同中的价格，可分为包含有佣金或折扣的价格和不包含有这类因素的净价(Net Price)。包含有佣金的价格，即为“含佣价”。

(一)佣金

1. 含义

在国际贸易中，中间商为委托人介绍生意或代买代卖而收取的一定的酬金，即为佣金。凡在合同价格条款中，明确规定佣金百分比的为“明佣”；如不标明佣金百分比，甚至连“佣金”字样也不予以显示的，有关佣金的问题由双方当事人另行约定，此为“暗佣”。佣金直接关系到商品的价格，正确合理地运用佣金，有利于调动中间商的积极性和扩大交易。

2. 表示办法

在确定商品的具体价格时，通常以文字来说明佣金率。如：“每公吨 500 美元 CIF 旧金山，包括 3%佣金”(US＄500 Per M/T CIF San Francisco including 3% commission)。也可在贸易术语上加注佣金的缩写英文字母“C”和所付的佣金率来表示。如“每公吨 400 美元 CIFC4%旧金山”(US＄400 per M/T CIF SanFrancisco including 4%commission)。另外，佣金还可以用绝对数来表示。如“每公吨付佣金 50 美元”。

以上为明佣的表示方法，暗佣是通过双方的具体洽谈而确定，达成相关的协议。佣金的规定应合理，其比率一般掌握在 1%～5%之间，不宜偏高。

3. 计算与支付方法

在国际贸易中，佣金的计算方法可分为：按成交金额约定的百分比计算或者按成交商品的数量来计算。在按成交金额计算时，一般以发票总金额作为计算的基数。但也有以 FOB 总值为基数来计算佣金的。此时，用其他贸易术语表示价格时，就要做相应的换算。

计算佣金的公式如下：

$$单位货物佣金额＝含佣价\times佣金率$$

$$净价＝含佣价－单位货物佣金额$$

也可改写为：

$$净价＝含佣价\times(1－佣金率)$$

或

含佣价＝净价/(1－佣金率)

如在国际贸易实际交易中，我方报价为 10 000 美元，对方要求 3%的佣金。在此情况下，我方改报含佣价，按上述公式算出应为 10 309.3 美元，这样才能保证实收 10 000 美元。

佣金的支付方法一般包括：一种是由中间商直接从货价中予以扣除；另一种是在委托人收清货款之后，再按事先约定的期限和佣金比率，另行支付给中间商。

(二)折扣

1. 含义

折扣是指卖方按原价给予买方一定比例的价格减让。国际贸易中使用的折扣种类繁多，如为扩大销售而使用的数量折扣(Quantity Discount)，为实现某种特殊目的而给予的特别折扣(Special Discount)以及年终回扣(Turnover Bonus)等。凡在价格条款中明确规定折扣率的为“明扣”；而交易双方另行约定，在价格条款中却不明示折扣率的为“暗扣”。折扣直接关系到商品的价格，对其加以正确运用，有利于调动采购商的积极性和拓宽市场。

2. 规定办法

在国际贸易中，折扣通常在合同价格条款中用文字明确表示出来。如“CIF 伦敦每公吨 400 美元，折扣 4%”(US＄400 per Metric ton CIF London including 4% discount)。或表示为“CIF 伦敦每公吨 400 美元，减 3%折扣”(US＄400 Per metric ton CIF 伦敦 Less 3% discount)。此外，折扣也可以用绝对数来表示。例如，“每公吨折扣 6 美元”。

在采取“暗扣”时，则在合同价格中不予规定，应按交易双方暗中达成的协议处理。这种做法属于不公平竞争，公职人员或企业雇佣人员拿“暗扣”，应属贪污受贿行为。

3. 计算与支付方法

折扣一般是以成交额或发票金额为基数进行计算。其计算公式为：

单位货物折扣额＝原价(或含折扣价)×折扣率

卖方实际净收入＝原价－单位货物折扣额

如，CIF 伦敦，每公吨 4 000 美元，折扣 2%，卖方的实际净收入为多少美元?

其计算方法如下：

卖方实际净收入＝原价－单位货物折扣额

＝4 000－4 000×2%

=3 920(美元)

折扣一般是在买方支付货款时预先予以扣除。若为"暗扣",则按暗中达成的协议另行支付给买方。

佣金与折扣虽都对价格有直接的影响,但两者也有所区别:佣金是由卖方或买方支付给中间商的报酬,而折扣是卖方给予买方的价格减让。另外,有些国家对佣金予以征税,而对折扣不予征税。

三、主要贸易术语的价格换算

(一)主要贸易术语的价格构成

1. FOB、CFR、CIF三种贸易术语的价格构成

这三种术语仅适用于海上或内河运输,因此,在价格构成中,通常包括三方面的内容:进货成本、费用和净利润。费用的核算最为复杂,包括国内费用和国外费用。

国内费用主要有:加工整理费用;包装费用;保管费用(包括仓租、火险等);国内运输费用(仓库至码头);证件费用(包括商检费、公证费、领事签证费、产地证费、许可证费、报关单费等);装船费(装船、起吊费和驳船费等);银行费用(贴现利息、手续费等);预计损耗(耗损、短损、漏损、破损、变质等);邮电费(电报、电传、邮件等费用)。

国外费用主要有:国外运费(自装运港至目的港的海上运输费用);国外保险费(海上货物运输保险);如果有中间商,还包括支付给中间商的佣金。

计算公式如下:

FOB价=进货成本价+国内费用+净利润

CFR价=进货成本价+国内费用+国外运费+净利润

CIF价=进货成本价+国内费用+国外运费+国外保险费+净利润

2. FCA、CPT和CIP三种贸易术语的价格构成

这三种贸易术语适用范围广。在价格构成中,通常有:进货成本、费用和净利润。

国内费用主要有:加工整理费用;包装费用;保管费用(包括仓租、火险等);国内运输费用(仓库至码头);拼箱费(如果货物构不成一整集装箱);证件费用(包括商检费、公证费、领事签证费、产地证费、许可证费、报关单费等);银行费用(贴现利息、手续费等);预计损耗(耗损、短损、漏损、破损、变质等);邮电费(电报、电传、邮件等费用)。

国外费用主要有:外运费(自出口国内陆启运地至国外目的地的运输费

用);国外保险费;如果有中间商,还应包括支付给中间商的佣金。

计算公式如下:

FCA 价=进货成本价+国内费用+净利润

CPT 价=进货成本价+国内费用+国外运费+净利润

CIP 价=进货成本价+国内费用+国外运费+国外保险费+净利润

(二)主要贸易术语之间的净价换算

1. FOB、CFR 和 CIF 三种术语之间的净价换算

(1)FOB 价换算为其他价。

CFR 价=FOB 价+国外运费

CIF 价=(FOB 价+国外运费)/(1-投保加成×保险费率)

(2)CFR 价换算为其他价。

FOB 价=CFR 价-国外运费

CIF 价=CFR 价/(1-投保加成×保险费率)

(3)CIF 价换算为其他价。

FOB 价=CIF 价×(1-投保加成×保险费率)-国外运费

CFR 价=CIF 价×(1-投保加成×保险费率)

2. FCA、CPT 和 CIP 三种术语之间的净价换算

(1)FCA 价换算为其他价。

CPT 价=FCA 价+国外运费

CIP 价=(FCA 价+国外运费)/(1-保险加成×保险费率)

(2)CPT 价换算为其他价。

FCA 价=CPT 价-国外运费

CIP 价=CPT 价/(1-保险加成×保险费率)

(3)CIP 价换算为其他价。

FCA 价=CIP 价×(1-保险加成×保险费率)-国外运费

CPT 价=CIP 价×(1-保险加成×保险费率)

(三)净价与含佣价之间的换算

以上均为主要贸易术语净价之间的换算,如若含佣价与净价之间需进行换算,则多一个变量,即佣金率。详细说明如下。

1. FOBC 价换算为其他价

FOB 净价=FOB 含佣价×(1-佣金率)

CIF 净价=FOB 含佣价×(1-佣金率)/(1-投保加成×保险费率)

CFR 净价=FOB 含佣价×(1-佣金率)+运费

2. CIFC 价换算为其他价

FOB 净价＝CIFC×（1－投保加成×保险费率－佣金率）－运费

CIF 净价＝CIFC×（1－佣金率）

CFR 净价＝CIFC×（1－投保加成×保险费率－佣金率）

3. CFRC 价换算为其他价

FOB 净价＝CFR 含佣价×（1－佣金率）－运费

CIF 净价＝CFR 含佣价×（1－佣金率）/（1－投保加成×保险费率）

CFR 净价＝CFR 含佣价×（1－佣金率）

本章小结

本章介绍了国际术语及相关内容，以及国际货物价格及价格换算。国际贸易术语又称“贸易术语”或“价格条件”，是以简明的语言或缩写的字母，或国际代码来概括说明买卖双方在交易中的交货地点，确定责任、费用以及风险的划分和价格构成等方面的专门用语。现行的《2000 年国际贸易术语解释通则》将 13 种贸易术语分为 C、D、E、F 共四组，其中，常用的有 FOB、CIF、CFR、FCA、CPT 及 CIP。本章对上述六种术语中所涉及的买卖双方的风险、责任的划分及费用的承担进行了详细的介绍，并对余下的七种术语也进行了解释。

另外，由于价格条款为国际贸易合同中的核心条款，买卖双方在其他条款上的利害与得失，一般也会在商品价格上体现出来。价格条款除了贸易术语外，还包括计价货币、作价方法、佣金与折扣等。因此，文中在对作价的原则、方法、货币的选用以及佣金与折扣进行分析的基础上，详细介绍了主要贸易术语的价格构成，净价之间的换算以及含佣价与净价之间换算的具体方法。

思考与练习

1. 什么叫“贸易术语”，它们有何作用？
2. 关于贸易术语的国际贸易惯例主要有几种，内容分别是什么？
3. 国际贸易中常用的六种贸易术语的含义及它们之间的区别是什么？
4. 六种主要贸易术语的交货点、风险转移点及适用的运输方式是什么？
5. 什么是佣金？什么是折扣？两者有何区别？

第十章　国际货物运输

本章课程概况

课题内容：国际货物运输和货物装运条款。

课时：3+3课时。

教学目的：通过本章的教学，使学生懂得国际货物运输是国际贸易中的一个重要环节，国际货物运输可使用的运输方式有多种，各种运输方式都有其各自的特点和独特的经营方式。不同的运输方式使用不同的运输单据，各种运输单据的性质和作用也不尽相同。国际货物买卖合同中的装运条款主要包括装运时间、装运港(发货地)和日的港(日的地)以及分批装运和转运等。

教学要求：掌握班轮运费的计收标准和班轮运费的计算；熟悉海运提单的性质、作用及其种类，了解分批装运和转运条款的规定。

教学方式：理论和实训相结合。理论讲授部分：第一节课介绍国际货物运输方式，第二节课介绍运输单据，第三节课介绍货物装运条款；实训部分：第一节课进行案例分析，第二节课进行运费计算训练，尤其是班轮运费的计算，第三节课练习一份海运提单。

第一节　国际货物运输方式

国际货物运输是指在国家与国家、国家与地区之间的货物运输。它具有以下特点：(1)一般运输距离较长；(2)涉及面广，情况复杂多变；(3)时间性特别强；(4)风险较大；(5)涉及国际关系问题等。按运输工具不同，运输分为海洋运输、陆路运输、航空运输、邮包运输和管道运输五种基本运输方式。近年来国际贸易中出现了一些新的运输方式，如集装箱运输、联合运输等，主要是对于五种运输方式的组合和改进。每种运输方式各具特点，在实际业务中，应根据进出口货物的特点、货运量大小、距离远近、运费高低、风险程度、自然条件和装卸港口的具体情况等因素的变化，选择合理的运输方式。

一、海洋运输

（一）海洋运输概述

海洋运输是指利用商船在国内外港口之间通过一定的航区和航线运输货物的方式。

1. 海洋运输的特点

与其他国际贸易运输方式相比，海洋运输具有很多特点。

(1)运输量大。国际货物运输是在全世界范围内进行的商品交换，地理位置和地理条件决定了海上货物运输是国际货物运输的主要手段。国际贸易总运量的75%以上是利用海上运输来完成的，有的国家对外贸易运输海运占运量90%以上。主要原因是船舶向大型化发展，如50万～70万吨的巨型油船、16万～17万吨的散装船，以及集装箱船的大型化，船舶的载运能力远远大于火车、汽车和飞机，是运输能力最大的运输工具。

(2)通过能力大。海上运输利用天然航道四通八达，不像火车、汽车要受轨道和道路的限制，因而其通过能力要超过其他各种运输方式。如果因政治、经济、军事等条件的变化，还可随时改变航线驶往有利于装卸的目的港。

(3)运费低廉。船舶的航道天然构成，船舶运量大，港口设备一般均为政府修建，船舶经久耐用且节省燃料，所以货物的单位运输成本相对低廉。据统计，海运运费一般约为铁路运费的1/5，公路汽车运费的1/10，航空运费的1/30，这就为低值大宗货物的运输提供了有利的竞争条件。

(4)对货物的适应性强。由于上述特点使海上货物运输基本上适应各种货物的运输。如石油井台、火车、机车车辆等超重大货物，其他运输方式是无法装运的，而船舶一般都可以装运。

(5)运输的速度慢。由于商船的体积大、水流的阻力大、加之装卸时间长等其他各种因素的影响，所以货物的运输速度比其他运输方式慢。

(6)风险较大。由于船舶海上航行受自然气候和季节性影响较大，海洋环境复杂，气象多变，随时都有遇上狂风、巨浪、暴风、雷电、海啸等人力难以抗衡的海洋自然灾害袭击的可能，遇险的可能性比陆地要大。同时，海上运输还存在着社会风险，如战争、罢工、贸易禁运等因素的影响。为转嫁损失，海上运输的货物、船舶保险尤其应引起重视。

2. 海洋运输方式

海洋运输可分为班轮运输(Liner Transport)和租船运输(Shipping by Chartering)两大类。

(二)班轮运输

班轮运输又称定期船运输,它是在不定期租船运输的基础上发展起来的,是国际航运的一种主要方式。

1. 班轮运输的特点

(1)四固定:固定的船期表、固定的航线、固定的港口和相对固定的运费率。

(2)船方负责配载装卸,装卸费包含在运费中,货方不再另付装卸费,船货双方也不计算滞期费和速遣费。

(3)船、货双方的权利、义务与责任豁免,以船方签发的提单条款为依据。

(4)班轮承运货物的品种、数量比较灵活,货运质量较有保证,且一般采取在码头仓库交接货物,故为货主提供了较便利的条件。

2. 班轮运费构成

班轮运费包括基本运费和附加费两部分。前者是指货物从装运港到卸货港所应收取的基本运费,它是构成全程运费的主要部分;后者是指对一些需要特殊处理的货物或者由于突然事件的发生或客观情况变化等原因而需另外加收的费用,包括超重附加费、超长附加费、直航附加费、转船附加费、选港附加费、绕港附加费、港口拥挤附加费、货币贬值附加费、燃料附加费、变更卸货港附加费、冰冻附加费等多种。

根据商品的种类不同,班轮运费的计收一般可采用下面几种标准:

(1)按货物重量(Weight)计算,以"W"表示。如1公吨(1 000千克)、1长吨(1 016公斤)或1短吨(907.2千克)为一个计算单位,也称重量吨。

(2)按货物尺码或体积(Mcasurement)计算,以"M"表示。如1立方米(约合35.314 7立方英尺)或40立方英尺为一个计算单位,也称尺码吨或容积吨。

(3)按货物重量或尺码,选择其中收取运费较高者计算运费,以"W/M"表示。

(4)按货物FOB价收取一定的百分比作为运费,称从价运费,以"A. V"或"ad. val."(Ad. Valorem)表示。这原是拉丁文,英文是按照价值的意思(即According to Value)。

(5)按货物重量或尺码或价值,选择其中一种收费较高者计算运费,用"W/M or ad. val."表示。

(6)按货物重量或尺码选择其高者，再加上从价运费计算，以“W/M plus ad. Val.”表示。

(7)按每件为一单位计收，如活牲畜和活动物，按“每头”(per head)计收；车辆有时按“每辆”(per unit)计收；起码运费按“每提单”(per B/L)计收。

(8)临时议定的价格(open rate)。由承运人、托运人双方临时议定的价格收取运费。一般多用于低价货物。在运价表中以“Open”表示。

根据一般费率表规定：不同的商品如混装在一个包装内(集装箱除外)，则全部货物按其中收费高的商品计收运费。同一种货物因包装不同而计费标准不同，但托运时如未申明具体包装形式时，全部货物均要按运价高的包装计收运费。同一提单内有两种以上不同计价标准的货物，托运时如未分列货名和数量时，计价标准和运价全部要按高者计算。这些是在包装和托运时应该注意的。此外，对无商业价值的样品，凡体积不超过 0.2 立方米，重量不超过 50 千克时，可要求船方免费运送。

3. 班轮运费计算

计算班轮运费，一般可使用下列计算公式：

(1)当附加费为绝对值时：

班轮运费＝基本费率×运费吨＋附加费

(2)当附加费是百分比时：

班轮运费＝基本费率×运费吨×(1＋附加费百分比)

(三)租船运输

租船运输又称不定期(Tramp)船运输，通常是指包租整船，大宗货物一般采用这种方式。租船运输与班轮运输有很多差别。租船运输没有固定的船期表，船舶经由的航线和停靠的港口也不固定。运费或租金也由双方根据租船市场行情在租船合同中加以约定。

租船运输的方式包括：

1. 定程租船

定程租船(Voyage Charter)是指由船舶所有人负责提供船舶，在指定港口之间进行一个航次或数个航次承运指定货物的租船运输。定程租船就其租赁方式的不同可分为：单程租船、来回航次租船、连续航次租船、包运合同。

定程租船有以下特点：

(1)船舶的经营管理由船方负责。

(2)规定一定的航线和装运的货物种类、名称、数量以及装卸港口。

(3)船方除对船舶航行、驾驶、管理负责外，还应对货物运输负责。

(4)在多数情况下,运费按所运货物数量计算。

(5)规定一定的装卸期限或装卸率,并计算滞期费、速遣费。

(6)船租双方的责任、义务,以定程租船合同为准。

2. 定期租船

定期租船(Time Charter)是指由船舶所有人将船舶出租给承租人,供其使用一定时期的租船运输。承租人也可将此期租船充作班轮或程租船使用。

定期租船有以下特点:

(1)租赁期间,船舶的经营管理由租船人负责。

(2)不规定船舶航线和装卸港口,只规定船舶航行区域。

(3)除特别规定外,可以装运各种合法货物。

(4)船方负责船舶的维护、修理和机器的正常运转。

(5)不规定装卸期限或装卸率,不计算滞期费、速遣费。

(6)租金按租期每月每吨若干金额计算。

(7)船租双方的权利与义务,以期租船合同为准。

3. 光船租船

光船租船(Bareboat Charter)是指船舶所有人将船舶出租给承租人使用一个时期,但船舶所有人所提供的船舶是一艘空船。承租人自己要任命船长、船员,负责船员的给养和船舶营运管理所需的一切费用。

目前,我国外贸企业使用较多的租船方式是定程租船。定程租船主要用于运输量较大的大宗初级产品。定程租船的运费包括基本运费和装卸费。

二、陆路运输

(一)铁路运输概述

铁路是国民经济的大动脉,铁路运输是现代化运输业的主要运输方式之一,铁路与其他运输方式相比较,具有以下主要特点。

(1)铁路运输的准确性和连续性强。铁路运输几乎不受气候影响,一年四季可以不分昼夜地进行定期的、有规律的、准确的运转。

(2)铁路运输速度比较快。铁路货运速度每昼夜可达几百公里,一般货车可达 100 公里每小时左右,远远高于海上运输。

(3)运输量比较大。一列货物列车一般能运送 3 000 公吨～5 000 公吨货物,远远高于航空运输和汽车运输。

(4)铁路运输成本较低。铁路运输费用比汽车运输费用低,运输耗油量约是汽车运输的二十分之一。

(5)铁路运输安全可靠,风险远比海上运输小。

(6)初期投资大。铁路运输需要铺设轨道、建造桥梁和隧道,建路工程艰巨复杂;需要消耗大量钢材、木材;需要占用土地,其初期投资大大超过其他运输方式。另外,铁路运输由运输、机务、车辆、工务、电务等业务部门组成,要具备较强的准确性和连贯性,各业务部门之间必须协调一致,这就要求在运输指挥方面实行统筹安排,统一领导。

(二)国际铁路运输方式

我国进出口货物的铁路运输包括内地铁路运输、至中国香港地区的铁路运输和国际铁路联运三部分。国内铁路运输主要指进出口货物在口岸和内地之间的集散。供应港、澳地区的物资经铁路运往香港九龙,也属于国内铁路运输的范围,但这种运输同一般内地铁路运输有所区别。

凡是在两个以上国家铁路货运中,使用一份统一的国际联运票据,由铁路负责办理全程运送的货物运输,在由一国铁路向另外一国铁路移交货物时无须发、收货人参加,这种运输方式称国际铁路货物联运,一般简称"国际联运"。

采用国际铁路货物联运,有关当事人事先应有书面约定。欧洲国家的铁路联运工作开始较早,1890 年欧洲各国在瑞士伯尔尼制定了《国际铁路货物运送规则》,以后在 1938 年改称为《国际铁路货物运送公约》(简称《国际货约》)。1951 年 4 月 1 日起,我国同苏联开办铁路联运;同年 11 月,苏联和东欧各国签署《国际铁路货物联运协定》(简称《国际货协》)。我国于 1954 年加入《国际铁路货物联运协定》。

(三)公路运输方式

国际公路货物运输指国际货物借助一定的运载工具,沿着公路作跨及两个或两个以上国家或地区的移动过程,起着重要的衔接作用。它既是一个独立的运输体系,又是车站、港口和机场集散物资的重要手段。它是沟通生产和消费的桥梁和纽带,是连接铁路、水路、航空运输始端和末端的不可缺少的条件,是实现"门对门"运输的充分条件。

公路货物运输与其他运输方式相比较,具有以下特点:投资少、收效快、运距短、单程货多;适应点多、面广、零星、季节性强的货物运输;机动灵活、简捷方便、应急性强,能深入到其他运输工具到达不了的地方,是空运班机、船舶、铁路衔接运输不可缺少的运输方式。随着公路现代化、车辆大型化,公路运输是实现集装箱在一定距离内"门到门"运输的最好的运输方式。汽车的载重量小,车辆运输时震动较大,易造成货损事故,费用和成本也比海上运输和铁路运输高。

公路运输的特点决定了它最适合短途运输。它可以将两种或多种运输方式衔接起来，实现多种运输方式联合运输，做到进出口货物运输的“门到门”服务。

公路运输可以配合船舶、火车、飞机等运输工具完成运输的全过程，是港口、车站、机场集散货物运输的重要手段。尤其是鲜活商品、集港疏港抢运，往往能起到其他运输方式难以起到的作用。可以说，其他运输方式往往要依赖汽车运输来最终完成两端的运输任务。

公路运输也是一种独立的运输体系，可以独立完成进出口货物运输的全过程。公路运输是欧洲大陆国家之间进出口货物运输的最重要的方式之一。一国的边境贸易运输、港澳货物运输，其中有相当一部分也是公路运输独立完成的。

集装箱货物通过公路运输实现国际多式联运。集装箱由交货点通过公路运到港口装船，或者相反。

公路运输的经营方式主要有公共运输业、契约运输业、自由运输业、汽车货运代理等。

三、航空运输

（一）航空运输的特点

航空货运虽然起步较晚，但发展异常迅速，特别受到现代化企业管理者的青睐，原因之一就在于它具有许多其他运输方式所不能比拟的优越性。

概括起来，航空货物运输的主要特征有：

(1)运送速度快。常见的喷气式飞机的巡航速度大多在每小时850～900公里左右。对于那些易腐烂、变质的鲜活商品，时效性、季节性强的报刊、节令性商品，抢险、救急品的运输，这一特点显得尤为突出。

(2)不受地面条件影响，深入内陆地区。航空运输利用天空这一自然通道，不受地理条件的限制。对于地面条件恶劣交通不便的内陆地区非常合适，有利于当地资源的出口，促进当地经济的发展。航空运输使本地与世界相连，对外的辐射面广，而且航空运输相比较公路运输与铁路运输占用土地少，对寸土寸金、地域狭小的地区发展对外交通无疑是十分适合的。

(3)安全、准确。1997年，世界各航空公司共执行航班1 800万架次，仅发生严重事故11起，风险率约为三百万分之一。航空公司的运输管理制度也比较完善，货物的破损率较低；如果采用空运集装箱的方式运送货物，则更为安全。

(4)节约包装、保险、利息等费用。由于采用航空运输方式，货物在途时间短，周转速度快，企业存货可以相应减少。一方面有利于资金的回收，减少利息支出；另一方面企业仓储费用也可以降低。又由于航空货物运输安全、准确，货损、货差少，保险费用较低，与其他运输方式相比，航空运输的包装简单，包装成本减少。这些都构成企业隐性成本的下降，收益的增加。

不过，航空运输也有其缺陷：运输费用较其他运输方式更高，不适合低价值货物；航空运载工具——飞机的舱容有限，对大件货物或大批量货物的运输有一定的限制；飞机飞行安全容易受恶劣气候影响；等等。

(二)航空运输方式

航空运输方式主要有班机运输、包机运输、集中托运和航空快递业务。

1. 班机运输

班机运输(Scheduled Airline)是指具有固定开航时间、航线和停靠航站的飞机。通常为客货混合型飞机，货舱容量较小，运价较贵，但由于航期固定，有利于客户安排鲜活商品或急需商品的运送。

2. 包机运输

包机运输(Chartered Carrier)是指航空公司按照约定的条件和费率，将整架飞机租给一个或若干个包机人(包机人指发货人或航空货运代理公司)，从一个或几个航空站装运货物至指定目的地。包机运输适合于大宗货物运输，费率低于班机，但运送时间则比班机要长些。

3. 集中托运

集中托运(Consolidation)可以采用班机或包机运输方式，是指航空货运代理公司将若干批单独发运的货物集中成一批向航空公司办理托运，填写一份总运单送至同一目的地，然后由其委托当地的代理人负责分发给各个实际收货人。这种托运方式，可降低运费，是航空货运代理的主要业务之一。

4. 航空快递业务

航空快递业务(Air Express Service)是由快递公司与航空公司合作，向货主提供的快递服务，其业务包括：由快递公司派专人从发货人处提取货物后以最快航班将货物出运，飞抵目的地后，由专人接机提货，办妥通关手续后直接送达收货人，称为“桌到桌运输”(Desk to Desk Service)。这是一种最为快捷的运输方式，特别适合于各种急需物品和文件资料。

外贸企业办理航空运输，需要委托航空运输公司作为代理人，负责办理出口货物的提货、制单、报关和托运工作。委托人应填妥国际货物托运单，并将有关报关文件交付航空货运代理、空运代理，向航空公司办理托运后，取得航空公司签发的航空运单，即为承运开始。航空公司需对货物在运输途中的完好负责。货到目的地后，收货人凭航空公司发出的到货通知书提货。

四、邮政运输

邮政运输又称邮包运输(Parcel Post Transport)，是一种最简便的运输方式。各国邮政部门之间订有协定和公约，从而保证了邮件包裹传递的畅通无阻、四通八达，形成了全球性的邮政运输网，遂使国际邮政运输得以在国际贸易中被广泛使用。近年来，特快专递业务迅速发展。目前快递业务主要有国际特快专递(International Express Mail Service，简称 EMS)和 DHL 信使专递(DHL Courier Service)

五、集装箱运输、国际多式联运与陆桥运输

集装箱运输、国际多式联运与大陆桥运输是目前国际货物运输使用较多的三种新型的运输方式。

(一)集装箱运输

1. 集装箱运输的发展

集装箱是海陆空不同运输方式进行联运时用以装运货物的一种容器。中国香港地区称为货箱，中国台湾地区称为货柜。集装箱运输(Container Transport)是以集装箱为运输单位进行运输的一种现代化的先进的运输方式，它可适用于各种运输方式的单独运输和不同运输方式的联合运输。集装箱运输的优点是加速货物装卸，提高港口吞吐能力，加速船舶周转，减少货损货差，节省包装材料，减少运杂费用，降低营运成本，简化货运手续和便利货物运输等。集装箱运输是运输方式上的一大革命，它的出现和广泛运用，对国际贸易产生了很大的影响。集装箱运输实际上是指货物运输过程中的一种装载形式。集装箱是一种能反复使用的便于快速装卸的标准化货柜。

集装箱最早出现在英国。19 世纪 30 年代，英国在铁路运输中采用了集装箱这种大型容器，装运百货杂货和煤炭，从火车换装到马车上，以减少换装时间，加快装卸速度。

19 世纪 50 年代，美国在铁路运输中也采用了这种被称之为“容器装运法”的集装箱运输。由于当时工业化水平较低，装卸机械还不能满足集装箱运输的需要，这种先进的方法终于停止使用。

到 19 世纪末，铁路运输受到了汽车运输的严重挑战。为了与公路运输竞争，1926 年起，英、美、法、日等国的铁路系统又先后采用了集装箱运输。与此

同时，公路运输为与铁路运输抗衡，也发展了自己的集装箱运输。由于当时各国铁路运输和公路运输所采用的集装箱的外形、结构、尺寸各不相同，1931年，国际集装箱协会在法国巴黎成立，打算共同制定统一的集装箱标准规范。由于当时铁路、公路各部门为了各自的利益互不相让，制定统一的集装箱标准规范未能实现。各种运输方式的集装箱不能实现联运，使集装箱的优势未能得到发挥，集装箱的发展又一次受到挫折。

在第二次世界大战期间，美军为了加快军队的战略机动能力，需要解决向欧洲、亚洲各个军事地点大量、迅速地运送军需装备的问题，使用了一种称之为连接陆海的新式运输工具，这为集装箱的大规模使用迈出了一步。第二次世界大战结束后，一些资本主义国家的经济得到了很大的发展，由于生产中大量采用了新技术和新装备，生产的规模日益扩大，商品的品种数量也不断增加，生产的现代化迫切要求运输业与之相适应。

从1955年开始，集装箱运输又一次引起了人们的重视。当时由于美国的汽车运输业利用汽车运输灵活、迅速的特点，争拉货物运输业务，使铁路运输受到影响。因此，铁路运输为维持自己的业务，又采用了一种新的运输方法——平板车运输。平板车运输就是把集装箱放在平板车上的运输，这一方法使铁路运费低、速度快的特点和汽车可以门到门的优点结合起来，达到了速度快、费用低、破损少的要求。

后来，集装箱运输又在海运以及海陆联运中获得了成功，突破了集装箱运输仅用于陆地用的范围。随着海洋运输业运量的增加和远洋船舶向大型化、高速化、自动化方向发展，使得件杂货运输中普通货轮所暴露的缺陷日益显著。船舶在港口卸货停泊的时间长、周转率低，妨碍了船舶向大型化发展。在这种情况下，解决这一矛盾的唯一出路，就是实现装卸的合理化，而其关键则是将货物成组化，即把货物集合成一组大单元，来适应装卸的机械化，以加快船舶的周转，提高运输能力。当时美国的两家船公司，先后把十余艘油轮和普通货轮改为集装箱船，同时又在有关港口建立了装卸转造基地，实现了船舶和车辆的快速周转。

20世纪60年代以后，集装箱运输得到了迅速发展。国际集装箱运输则发展更快，国际集装箱多式联运被称为运输业的“第三次革命”，是世界科技、经贸高度发展的产物。它将海上、公路、铁路和航空等运输方式有机地衔接在一起，以其便捷、安全、经济的优势获得了迅速发展。

进入20世纪70年代，许多经济发达的国家已实现了集装箱化，彻底改变了过去传统的一件一件装卸搬运杂货的做法。在集装箱管理方面，已普遍采用电子计算机，许多港口开始向集装箱运输的大型化、高速化、自动化的方向发展。

2. 集装箱的定义

关于集装箱的定义，历年来国内外专家学者存在分歧。现以国际标准化组织（ISO）对集装箱的定义做以下介绍，国际标准化组织（ISO）对集装箱下的定义为，集装箱是一种运输设备，应满足以下要求：

(1)具有耐久性，其坚固强度足以反复使用；

(2)便于商品运送而专门设计的，在一种或多种运输方式中运输时无须中途换装；

(3)设有便于装卸和搬运的装置，特别是便于从一种运输方式转移到另一种运输方式；

(4)设计时应注意到便于货物装满或卸空；

(5)内容积为1平方米或1平方米以上。

3. 国际集装箱运输方式

由于集装箱是一种新的现代化运输方式，与传统的货物运输有很多不同，做法也不一样，目前国际上对集装箱运输尚没有一个行之有效并被普遍接受的统一做法。但在处理集装箱具体业务中，各国大体上做法近似。现根据当前国际上对集装箱业务的通常做法，简介如下。

(1)集装箱货物装箱方式。根据集装箱货物装箱数量和方式可分为整箱和拼箱两种。

①整箱(Full Container Load，FCL)。指货方自行将货物装满整箱以后，以箱为单位托运的集装箱。这种情况在货主有足够货源装载一个或数个整箱时通常采用，除有些大的货主自己置备有集装箱外，一般都是向承运人或集装箱租赁公司租用一定的集装箱。空箱运到工厂或仓库后，在海关人员的监管下，货主把货装入箱内、加锁、铅封后交承运人并取得站场收据，最后凭收据换取提单或运单。

②拼箱(Less than Container Load，LCL)。指承运人(或代理人)接受货主托运的数量不足整箱的小票货运后，根据货类性质和目的地进行分类整理，把去同一目的地的货，集中到一定数量拼装入箱。由于一个箱内有不同货主的货拼装在一起，所以叫拼箱。这种情况在货主托运数量不足装满整箱时采用。拼箱货的分类、整理、集中、装箱(拆箱)、交货等工作均在承运人码头集装箱货运站或内陆集装箱转运站进行。

(2)集装箱班轮进出口程序。

①订舱。发货人或货物托运人根据贸易合同或信用证有关条款的规定，

在货物托运前一定的时间，填制订舱单向船公司或其代理人，或其他运输经营人申请订舱。

②接受托运申请。船公司或其代理人，或其他运输经营人在决定是否接受发货人的托运申请时，首先应考虑其航线、港口、船舶、运输条件等能否满足发货人的要求。在接收托运申请后，应着手编制订舱清单，然后分送集装箱码头堆场、集装箱货运站，据以安排空箱及办理货运交接。

③发放空箱。通常，整箱货(FCL)的空箱由发货人到集装箱码头堆场(CY)领取，拼箱货运(LCL)的空箱则由集装箱货运站(CFS)负责领取。

④拼箱货装箱。发货人将不足一整箱的货物交集装箱货运站，由货运站根据订舱清单的资料，核对场站收据、装箱。

⑤整箱货交接。由发货人自行负责装箱并加海关封志的整箱货运至集装箱码头堆场，码头堆场根据订舱清单，核对场站收据及装箱单验收货物。

⑥集装箱的交接签证。集装箱码头堆场在验收货物和集装箱后，在场站收据上签字，并将签署的场站收据交还给发货人，据此换取提单。

⑦换取提单。发货人凭经签署的场站收据向负责集装箱运输的人或其代理换取提单，然后到银行结汇。

⑧装船。集装箱码头根据待装的货箱情况，制订出装船计划，待船舶靠泊后即行装船。

⑨海上运输。海上承运人对装船的集装箱负有安全运输、保管、照料之责任，并依据集装箱提单条款划分与货主之间的责任、权利、义务。

⑩卸船。集装箱码头根据装船港承运人代理寄来的有关货运单证制订出卸船计划，待船舶靠泊后即卸船。

⑪整箱货交付。如内陆运输由收货人自己负责安排，集装箱码头堆场根据收货人出具的提货单将货箱交收货人。

⑫拼箱货交付。集装箱货运站在掏箱后，根据收货人出具的提货单将货物交收货人。

⑬空箱回运。收货人和集装箱货运站在掏箱完毕后，应及时将空箱收回。

(3)集装箱货物交接地点。集装箱货物的交接，根据贸易条件所规定的交接地点不同一般分为：

门到门(Door to Door)。从发货人工厂或仓库至收货人工厂或仓库；

门到场(Door to CY)。从发货人工厂或仓库至目的地或卸箱港的集装箱堆场；

门到站(Door to CFS)。从发货人工厂或仓库至目的地或卸箱港的集装箱货运站；

场到门(CY to Door)。从起运地或装箱港的集装箱堆场至收货人工厂或仓库；

场到场(CY to CY)。从起运地或装箱港的堆场至目的地或卸箱港的集装箱堆场；

场到站(CY to CFS)。从起运地或装箱港的集装箱堆场至目的地或卸箱港的集装箱货运站；

站到门(CFS to Door)。从起运地或装箱港的集装箱货运站至收货人工厂或仓库；

站到场(CFS to CY)。从起运地或装箱港的集装箱货运站至目的地或卸箱港的集装箱堆场；

站到站(CFS to CFS)。从起运地或装箱港的集装箱货运站至目的地或卸箱港的集装箱货运站。

(二)国际多式联运

1. 国际多式联运的含义

根据《联合国国际货物多式联运公约》的解释，国际多式联运(International Multimodal Transport)是指按照多式联运合同，以至少两种不同的运输方式，由多式联运经营人将货物从一国境内接收货物的地点运往另一国境内指定交付货物的地点。国际多式联运人多以集装箱为媒介，把海洋运输、铁路运输、公路运输、航空运输等单一运输方式有机地结合起来，构成一种连贯的运输，是实现门到门运输的有效方式。

2. 国际多式联运的特点

构成国际多式联运应具备以下条件：

(1)必须有一个多式运输合同；

(2)必须使用一份包括全程的多式运输单据；

(3)必须至少有两种不同运输方式的连贯运输；

(4)必须是国际货物运输；

(5)必须有一个多式运输经营人对全程运输负责；

(6)必须是全程单一的运费率。

(三)大陆桥运输

1. 大陆桥运输概述

大陆桥运输(Land Bridge Transport)是指利用横贯于大陆的铁路或者公路，乃至航空运输系统作为中间桥梁，通过各种运输方式的相互衔接，把大陆两端的海洋(港口)连接起来的联合运输方式,即海—陆—海的连续运输。它可有海—陆(铁路)—海、海—陆(公路)—海和海—陆(航空)—海三种形式。但是,不论哪种形式,一般都是以集装箱为媒介的,即以集装箱这种运输方式完成其相互间的连接贯通,故它又名大陆桥集装箱运输。

大陆桥运输,在途中一般均要经过两装两卸,若采用传统的海陆联营方式,则会加长运输时间,而且会大大增加装卸费用和损货率;而以集装箱为运输单位,可简化理货、搬运、储存、保管和装卸等操作环节和过程。集装箱是经海关铅封的,中途不必开箱检验,可以迅速而直接地转换运输工具,是开展大陆桥运输的理想形式。从这个意义上讲,大陆桥运输既是当代国际贸易迅速发展的需要,亦是集装箱运输开展以后的产物。大陆桥运输给海洋沿岸国家(地区),特别是太平洋和大西洋区域各国(地区)、亚欧两洲的贸易往来提供了便捷之路,从而也给有关国家(地区)带来良好的收益,促进其经济发展和繁荣。

世界大陆桥集装箱运输是从苏联和美国开始的。20 世纪 30 年代,苏联西伯利亚大铁道修通后,即把大西洋沿岸国家的铁路线和太平洋沿岸的符拉迪沃斯托克(海参崴)港连接了起来,日本的部分国际贸易(货物)即利用这大陆桥进行运输,不过,那时不是集装箱运输,而是传统的海陆联运。经过 30 多年的发展,大型集装箱运输的条件不断成熟,大陆桥运输的组织管理、计费原则和运输线路相继得到解决。1967 年,由欧洲经西伯利亚铁路发往日本的第一批集装箱货物联运获得成功。1971 年,远东航运公司利用商船装运集装箱货物,开辟了日本—苏联—欧洲的海陆(铁路)联运,至此,西伯利亚大陆桥正式开通。

1967 年 6 月,爆发了第三次中东战争,导致苏伊士运河封闭,航运中断;其时,巴拿马运河又值堵塞,远东与欧洲之间的海上货运船舶不得不改道,绕航非洲好望角,或者南美的麦哲伦海峡,致使航运距离和运输时间倍增;加上当时世界石油价格上涨,航运成本猛增,却又正值集装箱运输的勃然兴起,值此之际,美国大陆桥运输于 1967 年应运而生。

将原来全程海运,改为海—陆—海大陆桥运输方式,可以缩短运输里程、减少运费、降低运输成本和加速货物运输,取得了良好的经济效果。如以日本横滨港至英国伦敦港为例,若全程海运,西行航线经过苏伊士运河,是 11 235 海里,绕道非洲好望角的,则达 14 788 海里;东行航线经巴拿马运河,是 12 352海里;绕道南美麦哲伦海峡,达 17 000 海里。如采用美国大陆桥运输路线,全线航程仅为 11 225 海里,比通过巴拿马运河的缩短航程 1 127 海里,比绕道好望角缩短 2 436 海里航程，至于比绕道南美麦哲伦海峡则缩短里程更多。虽然大陆桥运输比全程海运多两次装卸，但由于运输距离大为缩短，且能使用铁路集装箱专用直达列车，故运输时间仍然比全程海运节省 7～8 天，运输费亦便宜了 10%～25%左右。所以，大陆桥运输越来越普遍地受到重视，大有继续发展之势。

目前，世界主要的大陆桥运输线有 3 条。第一条是美国大陆桥运输线和加拿大大陆桥运输线，由于两者是平行的，且都是连接大西洋和太平洋的大陆通道，情况相似，可统称北美大陆桥运输路线。第二条是连接太平洋和大西洋、波罗的海以及黑海的西伯利亚大陆桥运输路线，因地跨欧、亚两洲，故又称欧亚大陆桥运输路线。第三条则是我国最近修建成的新亚欧大陆桥运输线，也叫第二条欧亚大陆桥运输路线。

2. 美国大陆桥运输线

美国大陆桥运输包括两条路线：一条是从西部太平洋口岸至东部大西洋口岸的铁路（或公路）运输系统，全长约 3 200 公里。另一条是西部太平洋沿岸至南部墨西哥湾口岸的铁路（或公路）运输系统，全长约 500～1 000 公里。由于东部港口和铁路太拥挤，货物到达后很难保证及时换装，使大陆桥运输带来的优越性——节省时间——不能体现。因此，目前美国的大陆桥运输基本处于停顿状态。但是，由此派生而成的小陆桥（Mini-Land Bridge）和微型陆桥（Micro Land Bridge）运输方式却在不断发展。

当今，美国的大陆桥运输有 3 种形式。

（1）OCP 运输（Overland Common Points，OCP）。意即“内陆地区”。它将横跨太平洋的轮船公司、美国西海岸的内陆承运人和美国进口商联合起来，组成一个货物流程，经由西海岸各港口与各铁路线运往洛基山脉以东的美国广大地区（约占全美的 2/3 地域）。这种货运按海运与内陆提单，在港口的转运费和内陆的运输费用全由进口商支付，且作出港口和铁路安排。其海运运费较低，一般要比其他运输形式优惠 3～5 美元/吨。根据测算，在对美贸易中，采用这种运输形式，对买卖双方均是有利的。

（2）美国小陆桥运输（Mini Land Bridge，MLB）。这是一种海运与陆运（铁路或公路）联合运输与联合收费的运输方式，比大陆桥运输（即海—陆—海）缩短一段海上运输，成为海—陆或陆—海运输形式。例如，远东至美国东部大西洋口岸或美国南部墨西哥湾口岸的货运，由原来的全程海运，改为由远东装船运到美国西部太平洋口岸，转装铁路（或公路）专用列车运至东部大西洋口岸或南部墨西哥湾口岸，用陆上铁路（或公路）作为陆桥，将美国西海岸港口同东海岸与南部墨西哥湾港口连接起来。这种小陆桥运输享受铁路集装箱专用列车优惠价，降低了运输成本；避免绕道巴拿马运河，省去了船舶过运河的费用，还缩短了运输时间，使到货时间提前；货物可以直接运到市区卸货，乃至直接送货上门等优势，特别是通往美国墨西哥湾口岸的获益更大，以致目前从远东到美国墨西哥湾地区的货运已有70%以上通过此方式运输。

(3)美国微型陆桥运输(Inter Point Intermodal，IPI)。它是比小陆桥更缩短一段的海陆联运，只利用部分陆桥，没有通过整条陆桥，故又称为半陆桥运输。例如，远东去美国内陆地区的货物，装船运至美国太平洋口岸，然后换装铁路(或公路)集装箱专用列车，将货物直接运送到美国内陆城市。这样就克服了绕道和迂迴等不合理运输，缩短了运输距离和时间，使到货时间提早，还减少了运费。近些年来，这种运输发展异常迅速。海运承运人只需办理一张远洋提单，决定内陆运输路线，并支付一切港口费用和内陆运输费用。

第二节 运输单据

运输单据是承运人收到承运货物后签发给托运人的证明文件，它是交接货物、结算货款的重要单据。不同的运输方式使用的运输单据各不相同，这里主要介绍海运提单和铁路运单、航空运单以及多式联运单据等其他运输单据。

一、海运提单

(一)海运提单的性质和作用

海运提单(Bill of Lading，B/L)简称提单，是指由船长或船公司或其代理人签发的，证明已收到特定货物，允诺将货物运至特定的目的地，并交付给收货人的凭证。海运提单也是收货人在目的港据以向船公司或其代理提取货物的凭证。海运提单的性质和作用可以概括为以下三个方面。

(1)提单是承运人或其代理人签发的货物收据(Receipt for the Goods)。

(2)提单是一种货物所有权的凭证(Document of Title)。

(3)提单是承运人与托运人间订立的运输契约的证明(Evidence of the Contract Carriage)。

(二)海运提单的种类

海运提单可从不同角度进行分类，以下是主要的几种。

1. 根据货物是否已装船，可分为“已装船提单”和“备运提单”

(1)已装船提单(On Board B/L；Shipped B/L)。它是指承运人已将货物装上指定轮船后所签发的提单。

(2)备运提单(Received for Shipment B/L)。它是指承运人已收到托运货物等待装运期间所签发的提单。

2. 根据提单有无批注条款,可分为“清洁提单”和“不清洁提单”

(1)清洁提单(Clean B/L)。它是指货物在装船时“表面状况良好”,承运人在提单上未加任何有关货物受损或包装不良等批注的提单。

(2)不清洁提单(Unclean B/L;Foul B/L)。它是指承运人在提单上对货物表面状况或包装加有不良或存在缺陷等批注的提单。

3. 根据提单是否可以流通转让,可分为“记名提单”、“不记名提单”和“指示提单”

(1)记名提单(Straight B/L)。它是指提单上的收货人栏内填写特定的收货人名称。这种提单只能由该特定收货人提货,因此记名提单不能流通转让。

(2)不记名提单(Bear B/L)。它是指提单上的收货人栏不指明收货人,只注明提单持有人(Bearer)字样,这种提单无须背书转让,流通性强,风险大,实际业务中很少使用。

(3)指示提单(Order B/L)。它是指提单上的收货人栏内仅填写“凭指示”(To order)或“凭××人指示”(To order of…)字样,这种提单经背书后可转让给他人提货。目前,在实际业务中,使用最多的是“凭指示”并经空白背书的提单,习惯上称为“空白抬头、空白背书”提单。

4. 根据运输方式,可分为“直达提单”、“转船提单”和“联运提单”

(1)直达提单(Direct B/L)。它是指轮船从装运港装货后,中途不经过换船而直接驶往目的港卸货所签发的提单。

(2)转船提单(Transshipment B/L)。它是指轮船从装运港装货后,不直接驶往目的港,需要在中途港换装另外船舶运往目的港所签发的提单。

(3)联运提单(Through B/L)。它是指需经两种或两种以上的运输方式联运的货物,由第一程海运承运人所签发的,包括运输全程并能在目的港或目的地凭以提货的提单。

5. 根据其他分类,还有全式提单、略式提单、正常提单、过期提单、预借提单、倒签提单等

(1)全式提单。它是指提单既有正面的内容,又有背面列有承运人和托运人权利义务条款的提单。

(2)略式提单,又称简式提单。它是指省略了背面条款的提单。

(3)正常提单。它是指在信用证规定的交单期内交给银行议付货款的提单。

(4)过期提单。它有两种:一是指迟于货物到达目的港的提单;二是指超过提单签发日期后21天向银行交付的提单。

(5)预借提单。它是指货物在装船以前或装船完毕以前,托运人为及时结汇,向承运人预先借用的提单。

(6)倒签提单。它是承运人应托运人的请求,签发提单日期早于实际装船日期的一种提单。

(三)有关提单的国际公约

由于提单的利害关系人常分属于不同国籍,提单的签发地或起运港和目的港又分处于不同的国家,而提单又是由各船公司根据本国有关法规自行制定的,其格式、内容和词句并不完全相同,一旦发生争议或涉及诉讼,就会产生提单的法律效力和适用法规的问题,因此,统一各国有关提单的法规,一直是各国追求的目标。当前已经生效、在统一各国有关提单的法规方面起着重要作用或有关国际货物运输的国际公约有三种。

1.《海牙规则》

《海牙规则》的全称是《统一提单若干法律规定的国际公约》(International Convention for the Unification of Certain Rules of Law Relating to Bill of Lading),1924年8月25日由26个国家在布鲁塞尔签订,1931年6月2日生效。公约草案是1921年在海牙通过,因此定名为《海牙规则》。包括欧美许多国家在内的50多个国家先后加入了这个公约。1936年,美国政府以这一公约作为国内立法的基础制定了1936年美国海上货物运输法。《海牙规则》使得海上货物运输中有关提单的法律得以统一,在促进海运事业发展、推动国际贸易发展方面发挥了积极作用,是最重要的和目前仍被普遍使用的国际公约。我国于1981年承认该公约。《海牙规则》的特点是较多地维护了承运人的利益,在风险分担上很不均衡,因而引起了作为主要货主国的第三世界国家的不满,纷纷要求修改《海牙规则》,建立航运新秩序。

《海牙规则》的主要内容:(1)规定了承运人使船舶适航和合理管货两项最低限度义务;(2)规定了承运人17项免责事项,采用的是“不完全过失责任制”;(3)规定了承运人的责任期限是货物装上船时起至卸离船舶时止;(4)规定了承运人的责任限制是每件或每一计费单位100英镑;(5)规定了诉讼时效为1年。

2.《维斯比规则》

在第三世界国家的强烈要求下,修改《海牙规则》的意见已为北欧国家和英国等航运发达国家所接受,但他们认为不能急于求成,以免引起混乱,主张折中各方意见，只对《海牙规则》中明显不合理或不明确的条款作局部的修订和补充。《维斯比规则》就是在此基础上产生的。所以《维斯比规则》也称为《海牙－维斯比规则》，它的全称是《关于修订统一提单若干法律规定的国际公约的议定书》(Protocol to Amend the International Convention for the Unification of Certain Rules of Law Relating to Bill of Lading)，或简称为《1968年布鲁塞尔议定书》(The 1968 Brussels Protocol)，1968年2月23日在布鲁塞尔通过，于1977年6月生效。目前已有英、法、丹麦、挪威、新加坡、瑞典等20多个国家和地区参加了这一公约。

《维斯比规则》的主要修改内容包括：(1)明确了提单的最终效力。(2)提高了承运人的责任限额。每件或每单位的赔偿限额提高到10 000金法郎，同时还增加一项以受损货物毛重为标准的计算方法，即每千克为30金法郎，以两者中较高者为准。(3)扩大了规则的适用范围，只要提单或为提单所证明的运输合同上有适用《维斯比规则》的规定，该提单或运输合同就要受《维斯比规则》的约束。

3.《汉堡规则》

《汉堡规则》是《1978年联合国海上货物运输公约》(United Nations Convention of the Carriage of Goods by Sea)，1976年由联合国贸易法律委员会草拟，1978年经联合国在汉堡主持召开有71个国家参加的全权代表会议上审议通过。《汉堡规则》可以说是在第三世界国家的反复斗争下，经过各国代表多次磋商，并在某些方面作出妥协后通过的。《汉堡规则》全面修改了《海牙规则》，其内容在较大程度上加重了承运人的责任，保护了货方的利益，代表了第三世界发展中国家意愿，这个公约已于1992年生效。但因签字国为埃及、尼日利亚等非主要航运货运国，因此目前《汉堡规则》对国际海运业影响不是很大。

《汉堡规则》相对于前两个公约作了重大改变：(1)承运人的责任原则。《海牙规则》规定承运人的责任基础是不完全过失责任制，《汉堡规则》确定了推定过失与举证责任相结合的完全过失责任制。(2)承运人的责任期间，与《海牙规则》的"钩至钩"或"舷至舷"相比，其责任期间扩展到"港到港"。解决了货物从交货到装船和从卸船到收货人提货这两段没有人负责的空间，明显地延长了承运人的责任期间。(3)对迟延交付货物的责任。承运人应对因迟延交付货物所造成的损失承担赔偿责任。(4)承运人赔偿责任限额。《汉堡规则》第六条第一款规定："承运人对货物灭失或损坏的赔偿，以每件或其他装运单位的灭失或损坏相当于835特别提款权或毛重每公斤2.5特别提款权的金额为限，两者之中以其较高者为准"。(5)延长了诉讼时效，诉讼时效延长为两年。

二、其他运输单据

(一)国际铁路联运运单

国际铁路货物联运所使用的运单是铁路与货主间缔结的运输契约。该运单从始发站随同货物附送至终点站并交给收货人,它不仅是铁路承运货物出具的凭证,也是铁路同货主交接货物、核收运杂费用和处理索赔与理赔的依据。国际铁路联运运单副本,在铁路加盖承运日期戳记后发还给发货人,它是卖方凭以向银行结算货款的主要证件之一。

(二)承运货物收据

承运货物收据(Cargo Receipt)是承运人出具的货物收据,也是承运人与托运人签订的运输契约。我国内地通过铁路运往港、澳地区的出口货物,一般多委托中国对外贸易运输公司承办。当出口货物装车发运后,对外贸易运输公司即签发一份承运货物收据给托运人,以作为对外办理结汇的凭证。

(三)航空运单

航空运单(Airway Bill)是承运人与托运人之间签订的运输契约,也是承运人或其代理人签发的货物收据。航空运单还可作为承运人核收运费的依据和海关查验放行的基本单据。但航空运单不是代表货物所有权的凭证,也不能通过背书转让。收货人提货不是凭航空运单,而是凭航空公司的提货通知单。在航空运单的收货人栏内,必须详细填写收货人的全称和地址,而不能做成指示性抬头。

(四)多式联运单据

多式联运单据(Multimodal Transport Documents,MTD)是多式联运合同的证明,也是多式联运经营人收到货物的收据和凭以交付货物的凭证。根据发货人的要求,它可以做成可转让的,也可做成不可转让的。多式联运单据如签发一份以上的正本单据,应注明份数,其中一份完成交货后,其余各份自动失效。

(五)海运单

1. 海运单的定义及作用

海运单,又称海上运送单或海上货运单,它是承运人向托运人或其代理人表明货物已经被接管或装船的单据,是证明海上运输合同的单据,以及承运人保证据以将货物交给指定收货人的一种不可转让的单据。

海运单是一个流通的单证,不是货物的物权凭证,因此不能转让。

2. 海运单与海运提单的比较

(1)提单是货物收据、运输合同,也是物权凭证;海运单只具有货物收据和运输合同这两种性质，它不是物权凭证。

(2)提单可以是指示抬头形式，能够背书流通转让；海运单是一种非流通性单据，海运单上标明了确定的收货人，不能转让流通。

(3)海运单和提单都可以作为已装船形式，也可以是收妥备运形式。海运单的正面各栏目格式和缮制方法与提单基本相同，只是海运单收货人栏不能做成指示性抬头，应缮制确定的具体收货人。

(4)提单的合法持有人和承运人凭提单提货和交货，海运单上的收货人，并不出示海运单，仅凭提货单和身份证明提货，承运人凭收货人出示适当身份证明交付货物。

(5)提单有全式和简式提单之分；而海运单是简式单证，背面不列详细货运条款但载有一条可援用海运提单背面内容的条款。

(6)海运单和记名提单，虽然都具名收货人，不做背书转让，但它们有着本质的不同。记名提单属于提单的一种，是凭物权凭证，持记名提单，收货人可以提货却不能凭海运单提货。

第三节　货物装运条款

在国际贸易买卖中，卖方的义务是直接按合同规定的货物交付给买方，并移交与货物有关的单据和货物所有权。货物的装运条款涉及货物交接的时间、地点、装运地、目的地、运输方式、运输单据、一次装运还是分批装运，是否需要或允许通过第三地转运以及货物的运输保险问题。这些事项都事关交易双方的根本利益。下面就这些内容结合实际业务和相关的国际贸易惯例进行简要介绍。

一、货物交接的时间和地点

交货时间和地点是国际货物买卖合同中的重要条件。凡规定有交货时间的合同，卖方就按合同规定时间交货。若有提前或延迟，均构成违约。买方有权拒绝收取货物，解除合同并要求赔偿。交货地点直接涉及交易双方交接货物的具体安排，如涉及运输合同，还关系到租船订舱或指定承运人等事宜。而且，交货地点往往与买卖合同中所采用的贸易术语有密切的联系。关于交货时间和地点的问题，我们应注意以下几点。

(一)“交货”与“装运”的区别

在使用 FOB、CIF、CFR、FCA、CIP、CPT 六种装运术语时，交货与装运在一定程度上是一致的，因为卖方在这些术语条件下，在装运港或装运地将出口清关的货物装到船上或者交付承运人时就算完成了交货义务。所以，在实际业务中，人们这时将交货与装运当作同义语使用。但是，在这些术语条件下订立的合同中，这里的交货与实际交货，即把货物的占有权置于买方的控制之下是不同的。因为尚未转让货物单据之前的交货只是推定交货，货物的占有权并未从卖方转移至买方。所以，装运与交货是不同的。在实际业务中，最好还是把“装运条款”与“交货条款”严格区分开来，以免产生误解。即使是在C组和F组术语的合同中也是如此。

(二)交货时间

如前所述，在以C组和F组术语成交的条件下，装运时间即为交货时间。但对于交货时间的确定，由于国际货物情况的复杂多变，所以一般不采用规定某一具体日期，以免给合同的履行带来困难。在实际业务中，一般对交货时间的规定有如下几种情况。

1. 规定某月装运

这种规定方法使用广泛，只要规定在这一个月份的任何一天装运即可，如2004年4月装。也就是说，只要在2004年4月1日到30日这段时间内任何一天装运即符合合同的要求。

2. 规定跨月装运

在实际业务中，有时考虑到运输的困难或距离太远，则规定跨月，即从某月跨到下月或更后的月份，如2004年2/3/4月装(Shipment During Feb/Mar./Apr.2004)。

上述规定表示卖方可分别从2004年2月1日到2004年4月30日这段时间内任何时候装运都符合合同的要求。

3. 规定在某月月底或某日前装运

也就是在合同中限定最后装运期限，而这个最后期限可以是某月月底或某个具体日期。如2004年3月15日或以前装运(Shipment on or before March 15th,2004)即从订立合同之日起，最迟不能迟于2004年3月15日装运。

4. 规定在收到信用证后若干天内装运

如果卖方对买方的资信状况不够了解，或买方所在地区或国家的外汇管制较严，或提供专为买方定制的货物时，为了防止损失，一般在合同中可规定该种交货时间。

上述四种方法是最常见的方法，需要注意的是，在新版国际商会第500号出版物中，对一些语意模糊的装运期予以取消，规定不应使用诸如“迅速”、“立即"、"尽可能快"等类似词语。如使用这类术语，银行将不予置理。另外还取消了"开证之日起 30 天内装运"的规定。所以，在合同中对这类词语应避免使用，除非交易双方有一致的理解。所以，要慎重对待装运时间，选择要合理。另外，对于某些进口商所要求的规定货物到达时间，除非卖方有确切的把握达到合同中的要求；否则，不宜轻易接受。

（三）装运港（地）和目的港（地）

由于装运港（地）和目的港（地）的选择不仅关系到卖方于何地完成交货义务和货物灭失或损坏的风险何时转移，还关系到运输的安排、售价的确定等问题，所以在合同中必须加以明确规定。

1. 装运港（地）

在国际贸易中，装运港（地）一般由卖方提出，经买方同意后确定，在不同的贸易术语和运输方式下，装运港（地）也不相同。在使用 FOB、CIF、CFR 术语时，应选择海轮能够直接进入装运货物的港口为装运港。在多式联运的情况下，一般以多式联运经营人收货站的地方为装运地点；如果货物数量太大或过于分散，则可以争取两个或两个以上的装运地点，有时甚至可作笼统规定。但通常情况下只规定一个装运地点。如：

装运港：青岛（port of shipment：Qingdao）

装运港：青岛/上海/天津（port of shipment：Qingdao，Shanghai，Tianjin）

装运港：中国港口（port of shipment ：China ports）

凡是由卖方安排运输的 CIF、CFR、CPT、CIP 合同中，若规定有两个或两个以上的装运地，或规定笼统时，卖方可在合同规定的范围内，根据自己的实际装运需要来选择最适合的装运地点。在这种情况下，如果有买方来安排运输，卖方应在装运期前的一段时间将选定的装运地点充分通知买方，以便买方办理派船及指定承运人事宜。

2. 目的港（地）

目的港（地）一般由买方提出，经卖方同意后确定，在适用于水上运输的术语下，应规定目的港；在适用于其他运输方式的术语条件下，可规定内陆目的地。一般情况下，在实际业务中，只规定一个目的港（地），但如果双方有特殊要求（如使用用途不同，或销售地不同等）则可选用两个或两个以上的目的港（地）。也可作笼统规定，但卖方也应在货物开始运输前的适当时间将最终确定的目的地点完全通知卖方。如：

目的港：纽约（port of destination ：New York）

目的港：伦敦/利物浦/曼彻斯特（port of destination ：London /Liverpool

/Manchester)

另外,在我国出口业务中,在接受对方提出的目的港(地)之前,应考虑以下因素,再作决定,主要有:

(1)注意我国的相关外贸政策,对政策禁止贸易往来的国家或地区的目的港(地)切忌选择。

(2)对目的港(地)的规定力求明确具体,对于笼统的规定或者缺乏统一解释的目的港(地),应避免使用。

(3)目的港(地)必须是安全的,而且一般不接受以内陆城市为目的地。

(4)在确定目的港(地)时,如有重名,应列明国别与所处方位。如维多利亚(Victoria)全球有 12 个,所以一定要明确,以防产生不必要的争议。

(5)正确使用“选择港”(optional ports)。选择港即是允许收货人在预先提出的两个或两个以上的卸货港中,在货轮驶抵第一个港口前,按船公司规定的时间,将最后确定的卸货港通知船公司或其代理人。船方按通知的卸货港卸货。这一般是中间商未找到合适的买主时采用的。在我国业务中“选择港”一般不超过 3 个,而且备选港口必须在同一条航线上且班轮都停靠的港口。在确定价格和核算时,应按备选港口中最高的费率加上选港附加费计算。如 CIF 伦敦,任选汉堡/鹿特丹选港附加费由买方负担 CIF。

二、分批装运和转船

分批装运(Partial Shipment)和转船(Transhipment)是国际货物买卖合同中交货条款的重要内容。

(一)分批装运

分批装运是指一个合同项下的货物由于数量过大或其他原因而先后分成若干期或若干批装运。一个合同能否分批装运,应看是否有相关规定,如果没有允许分批装运,则不应分批装运,否则要在合同中明确定明。对于分批装运,有的只规定可以,但对具体的批次、时间、数量等都未作明确说明,在这种情况下,卖方可根据实际情况选择最适合自己的方式。但如果对于批次、数量、时间等具体条款都作了明确规定的,卖方应根据合同要求严格履行。因为在这种规定下,只要其中任何一批没有达到合同的要求,就算违反了合同。买方有权拒收货物甚至撤销合同,除非合同中另有规定。而且,应将同一运输项、同一航次、同一目的地的多次装运与上述的分批装运区别开来。

(二)转运

转运是指从装运港(地)至目的港(地)的货物运输过程中进行转装或重装

的行为。是否允许转运应在合同中明确订立。这种方式使卖方掌握主动权但要增加额外费用支出，所以，其相关条款应明确。

本章小结

国际货物运输包括海洋运输、铁路运输、航空运输、邮包运输和多式联运等，其中海洋运输是最重要的一种运输方式，海洋运输包括班轮运输和租船运输。

海运提单是签发给托运人的货物收据，也是运输契约的证明，在法律上具有物权证书的作用。海运提单从不同的角度划分，可以分为很多种类。

货物的装运条款涉及货物交付的时间、地点、装运地、目的地、运输方式、运输单据、一次装运还是分批装运，是否需要或允许通过第三地转运以及货物的运输保险问题。这些事项都事关交易双方的根本利益。其中交货时间和地点是国际货物买卖合同中的重要条件。凡规定有交货时间的合同，卖方就按合同规定的时间交货。若有提前或延迟，均构成违约。买方有权拒绝收取货物，解除合同并要求赔偿。交货地点直接涉及交易双方交接货物的具体安排，涉及运输合同，还关系到租船订舱或指定承运人等事宜。

思考与练习

1. 国际货物运输包括哪几种运输方式？
2. 什么是班轮运输？班轮运输运费的计算标准有哪几种？
3. 何谓清洁提单和已装船提单？
4. 提单与海运单有何异同？

第十一章　国际货运保险

本章课程概况

课题内容:国际货运保险条款及保险实务。

课时:2+2课时。

教学目的:通过本章的教学,使学生懂得国际货物运输保险在跨国长途运输中的重要性,了解中国人民保险公司对海、陆、空、邮等运输方式的货物运输制定的有关保险条款,尤其要掌握在海运货物保险中保险公司所承保的范围和险种。熟悉英国伦敦保险协会制定的《协会货物条款》,掌握我国外贸企业办理运输保险的基本做法。

教学要求:掌握海洋运输货物保险所承保的风险、损失和费用;熟悉《中国保险条款》和英国伦敦保险协会制定的《协会货物条款》;掌握保险金额和保险费的计算方法。

教学方式:理论和实训相结合。理论讲授部分:第一节课介绍国际货物运输保险承保的范围和险种,第二节课介绍伦敦保险协会的《协会货物条款》和其他运输保险及保险实务;实训部分:第一节课进行保险案例分析,第二节课练习处理一份保险单。

第一节　国际货运保险概述

一、保险的概念

(一)保险的起源

据古史文稿的引证和推论,自奴隶社会起,已有互助救济的群体方法和活动。约在公元前四五世纪,古埃及的石匠曾采取集体扶助办法,帮助石匠及其亲属解决生活困难。古希腊也有由宗教信仰相同的人或同行业的工匠集体采取救济受难者的方法。古巴勒斯坦对被盗或被野兽吞噬的牲口,采取由群体的牲口饲养人共同负担损失的办法。公元前 20 世纪,古巴比伦(Babylonia)时代,国王曾命令僧侣、法官及市长等,对其所辖镜内居民征收赋金,以备救济火灾及其他天灾损失之用。这些活动均蕴藏保险思想于其中。

海上保险起源最早,起源于 14 世纪。当时意大利的借贷盛行,因其条件苛刻,利息惊人,双方都负有很大的风险,盈利与承担风险责任的比例悬殊,素有冒险借贷之称。这种借贷逐渐传达至腓尼基(地中海东岸古国,今黎巴嫩、叙利亚一带)和古希腊船舶与货物的所有者。凡接受资本主的高利贷,当船舶及货物安全到达目的地时,即须偿还本金及利息;若中途船货蒙受损失,则可依其受损程度,免除借贷关系中债务的全部或一部。由于借贷利息极高,约为本金的 1/4 或 1/3,后被教会禁止。以后便逐渐改用交付保险费形式,出现了保险契约或保险单。

(二)保险的含义

所谓保险,是指保险人向投保人收取保险费,建立保险基金,并对投保人负有合同规定范围内的赔偿和给付责任的经济补偿制度。

从经济学角度来看,保险是归集同类风险分摊意外事故损失的一种财务安排。投保人参加保险,实际上是把他的不确定的大额损失变成确定的小额损失,即保险费。而保险人集中了大量的同类风险,能借助大数法则来正确预见损失的发生额,制定合理的费率,通过向投保人收取保费建立保险基金,用于补偿被保险人遭受的意外事故损失。

从法律的角度看,保险是一种合同行为,是一种一方收取保费并同意补偿另一方损失的合同安排,体现的是一种民事法律关系。这是一种合同行为,所以必须遵守合同的一些基本原则。

保险实际上是一种经济补偿制度,具有分散危险、补偿损失的职能,在国民经济中具有重要作用。其作用表现在三个方面:即保险是一种风险管理制度;保险是现代经济中重要的资本来源之一;保险为社会安定提供了保障。

二、保险的分类

保险的分类方法有很多种,但一般都以保险标的或事故对象为标准来划分。按此标准,可以将保险种类划分成四大类:财产保险、人身保险、责任保险和保证保险。

(一)财产保险

财产保险是以物质财富及其有关利益作为保险标的的保险。财产保险分为8种,分别是:

(1)火灾保险。是以火灾作为主要保障风险,以有形的财产作为承保对象的保险。

(2)海上保险,也称水险。是以保险标的发生风险的地域命名的,承保的是由于自然灾害或意外事故造成的海上财物、费用的灭失或损害,以及因海上事故引起的责任赔偿等。

(3)货物运输保险。是以运输中的货物作为保险标的的保险,一般只指陆上货物运输,保险责任是以火车、汽车作为主体来考虑的。

(4)汽车保险,包括车身险和责任险。车身险承保的是对汽车本身由于碰撞、自然灾害、外来原因等所造成的损失进行赔偿。

(5)航空保险。承保的是一切与航空有关的风险,其中以财物为标的的保险有飞机保险和空运货物保险,以责任为标的的保险有旅客责任险、飞机第三者责任保险、机场责任保险等。

(6)工程保险。是一种财产保险和责任保险的综合保险,它承保工程期间意外的物质损失和对第三者的人身伤害和财产损失,主要有建筑工程一切险、安装工程一切险、机器损坏险等。

(7)利润损失保险。是对传统的财产保险不承保的间接的损失的保险,主要承保因火灾等自然灾害或意外事故造成的被保险人一定时期内停产、停业或营业受到影响所造成的间接损失。

(8)农业保险。以种植业和养殖业为保险标的,对其生长、哺育、成长过程中遭受自然灾害和意外事故所造成的损失进行补偿。

(二)人身保险

人身保险是以人的身体或生命为保险标的的保险,保险人对被保险人在保险期间因意外事故、疾病等原因导致死亡、伤残,或者在保险期满后或依合同规定到达一定的期限后,根据保险条款的规定给付保险金。人身保险可分为人寿保险、人身意外伤害保险、健康保险。

人寿保险是以人的生死为保险事故,当发生保险事故时,保险人对被保险人履行给付保险金的责任。人寿保险一般分为死亡保险、生存保险、生死合险。死亡保险是在保险有效期内被保险人死亡即给付保险金的保险;生存保险是以被保险人在保险有效期内生存为给付保险金责任的保险;生死命合险是前两者的混合,即在保险有效期内无论被保险人生存还是死亡,保险人均有给付保险金的责任。

人身意外伤害保险是被保险人在保险有效期内因遭受非本意的、外来的、突然的意外事故，身体蒙受伤害而致死亡或残废时，保险人按照合同约定给付保险金的一种人身保险。

健康保险是指被保险人因疾病、分娩而造成的经济损失由保险人提供经济保障的保险。按损失形式可分为三类：残废和死亡保险、医疗费用保险、收入损失保险。

（三）责任保险

责任保险是以被保险人依法应负有的民事损害赔偿责任或经过特别约定的合同责任作为保险标的的保险。具体来说，对被保险人由于疏忽、过失等行为造成他人的财产或人身伤亡，根据法律或合同的规定，而应对受害者承担经济赔偿责任时，由保险人提供经济赔偿。责任保险主要有动作责任保险、产品责任保险、职业责任保险、雇主责任保险。

动作责任险主要承保企业、机关、团体、家庭、个人以及各种组织在固定的场所因被保险人疏忽、过失行为而造成他人人身伤害或财产损失，依法应由被保险人所承担经济赔偿责任。

产品责任险是承保产品制造者、销售者因产品缺陷而造成他人人身伤害或财产损失而依法应当承担经济赔偿责任的责任保险。

职业责任险是承保各种专业技术人员因工作上的疏忽、过失而造成他人的人身伤害或财产损失的经济赔偿责任的责任保险。主要适用于医生、药剂师、工程师、设计师、律师、会计师等专业技术人员。

雇主责任险是承保被保险人即雇主的雇员在受雇期间从事业务活动时因遭受意外导致伤残、死亡或患有与职业有关的疾病而依法或根据雇佣合同应由投保人即雇主承担的经济赔偿责任的责任保险。

（四）保证保险

保证保险是一种以经济合同所规定的预期应得的有形财产或预期应得的经济利益为保险标的的保险，是一种担保性质的保险，主要有保证保险和信用保险。

保证保险是被保证人根据权利人的要求，要求保险人担保自己信用的保险，也就是保险人代被保险人向权利人提供担保，如果由于被保险人不履行合同义务或者有犯罪行为，致使权利人受到经济损失时，保险人负赔偿责任。

信用保险是权利人要求保险人担保对方（被保险人）的信用的保险，也就是权利人投保他人的信用。例如，卖方担心买方不付款或不能如期付款，而要求保险人保险，保证其在遇到这种情况时，由保险人提供赔偿。

三、保险的原则

（一）保险利益原则

保险利益原则是指在签订和履行保险合同的过程中，投保人和被保险人对保险标的必须具有保险利益。保险利益是指投保人对保险标的具有的法律上承认的利益。保险标的是指作为保险对象的财产及其有关利益或者人的寿命和身体。如果投保人对保险标的不具有保险利益，签订的保险合同无效；保险合同生效后，投保人或被保险人失去了对保险标的的保险利益，保险合同随之失效，但人身保险合同除外。在寿险中，一般以下几种情况投保人有可保利益：(1)投保人对本人；(2)配偶、子女、父母等；(3)具有收养、赡养等法定义务；(4)对有合同关系或其他债务关系的人；(5)对其他与之有合法经济关系的人。

另外我国《保险法》还规定，被保险人同意投保人为其订立保险合同的，视为投保人对被保险人具有可保利益。

（二）最大诚信原则

最大诚信原则是指保险双方在签订和履行保险合同的同时，必须以最大的诚意，履行自己应尽的义务，互不欺骗和隐瞒，恪守合同的认定与承诺；否则，导致保险合同无效。这要求保险合同当事人在订立合同时，保险人即保险公司要诚实履行说明义务，并可以就保险标的或者被保险人的有关情况提出询问，同时投保人也应当如实告知，履行如实告知义务。保险合同中规定有关保险人责任免除条款的，保险人在订立保险合同时应当向投保人明确说明；未明确说明的，该条款不产生效力。投保人故意隐瞒事实不履行如实告知义务的，保险人可以直接解除合同；投保人因过失未履行如实告知义务，未告知事项足以影响保险人决定是否同意承保或者提高保险费率的，保险人也可以解除合同。保险中，投保人和保险人均需要讲诚信。

（三）近因原则

近因原则是指在风险与保险标的损失关系中，如果近因属于被保风险，保险人应负赔偿责任；近因属于除外风险或未保风险，则保险人不负赔偿责任。其中近因是指在风险和损失之间，导致损失的最直接、最有效、起决定作用的原因，而不是指时间或空间上最接近的原因。

近因原则是在处理保险事故时，判定事故发生的起因和事故责任方到底是谁时遵循的一种原则。如果近因是当初投保人投保的风险，那么保险公司就应当理赔；如果造成损失的近因不是投保人投保的风险，那么的就不能赔。

（四）损失补偿原则

损失补偿原则是指保险合同生效后，当保险标的发生保险责任范围内的损失时，通过保险赔偿，使被保险人恢复到受灾前的经济原状，但不能因损失而获得额外收益。因此，保险人在理赔时一般按以下三个标准确定赔偿额度：以实际损失为限、以保险金额为限、以被保险人对保险标的的可保利益为限。在这三个标准中，以最低的为限。

四、国际货运保险的内涵

国际货物运输保险是以对外贸易货物运输过程中的各种货物作为保险标的的保险。外贸货物的运输有海运、陆运、空运以及通过邮政送递等多种途径。国际货物运输保险的种类按其保险标的的运输工具种类可以分为四类：海洋运输货物保险、陆上运输货物保险、航空运输货物保险、邮包保险。其险种的选定一般以货运全过程中主要的运输工具来确定。

第二节　海运保险范围与保险险别

海运保险是各类保险中发展最早的一种，这是由于商船在海洋航行中风险大、海运事故频繁所致。

一、海运货物保险承保范围

海运货物保险承保范围包括海上风险、海上损失与费用以及海上风险以外的其他外来原因造成的风险与损失。

（一）海上风险

海上风险在保险界又称为海难，一般包括自然灾害和意外事故两种。按照国际保险市场的一般解释，这些风险所指的大致内容如下。

（1）自然灾害。所谓自然灾害，是仅指恶劣气候、雷电、洪水、流冰、地震、海啸以及其他人力不可抗拒的灾害，而非指一般自然力所造成的灾害。

（2）意外事故。海上意外事故不同于一般的意外事故，它所指的主要是船舶搁浅、触礁、碰撞、爆炸、火灾、沉没、船舶失踪或其他类似事故。搁浅是指船舶与海底、浅滩、堤岸在事先无法预料到的意外情况下发生触礁，并搁置一段时间，使船舶无法继续行进以完成运输任务。但规律性的潮汛涨落所造成的搁浅则不属于保险搁浅的范畴。触礁是指载货船舶触及水中岩礁或其他阻碍物（包括沉船）。沉没是指船体全部或大部分已经没入水面以下，并已失去继续航行的能力。若船体部分入水，但仍具航行能力，则不视作沉没。碰撞是指船舶与船或其他固定的、流动的固定物猛力接触。如船舶与冰山、桥梁、码头、灯标等相撞等。火灾是指船舶本身、船上设备以及载运的货物失火燃烧。爆炸是指船上锅炉或其他机器设备发生爆炸和船上货物因气候条件（如温度）影响产生化学反应引起的爆炸。失踪是指船舶在航行中失去联络，音讯全无，并且超过了一定期限后，仍无下落和消息，即被认为是失踪。

（二）海上损失

海上损失（简称海损）是指被保险货物在海运过程中，由于海上风险所造成的任何损失。根据国际保险市场的一般解释，凡与海陆连接的陆运过程中所发生的损坏或灭失，也属海损范围。就货物损失的程度而言，海损可分为全部损失和部分损失；就货物损失的性质而言，海损又可分为共同海损（General Average）和单独海损（Particular Average）。

1. 全部损失和部分损失

全部损失有实际全损和推定全损两种。前者是指货物全部灭失或完全变质或不可能归还被保险人；而后者是指发生事故后，认为实际全损已不可避免，或者为避免实际全损所需支付的费用与继续将货物运抵目的地的费用之和超过保险价值。凡不属于实际全损和推定全损的损失为部分损失。

2. 共同海损和单独海损

在海洋运输途中，船舶、货物或其他财产遭遇共同危险，为了解除共同危险，有意采取合理的救难措施，所直接造成的特殊牺牲和支付的特殊费用，称为共同海损。在船舶发生共同海损后，凡属共同海损范围内的牺牲和费用，均可通过共同海损理赔，由有关获救受益方（即船方、货方和运费收入方）根据获救价值按比例分摊。这种分摊，称为共同海损分摊。

以上表明，共同海损涉及各方的利害关系。因此，构成共同海损是有条件的。共同海损必须具有下列特点。

（1）共同海损的危险必须是共同的，采取的措施是合理的，这是共同海损成立的前提条件。如果危险还没有危及船货各方的共同安全，即使船长有意做出合理的牺牲和支付了额外的费用，也不能算作共同海损。

（2）共同海损的危险必须是真实存在的而不是臆测的，或者不可避免地发生的。

（3）共同海损的牺牲必须是自动的和有意采取的行为。其费用必须是额外的。

（4）共同海损必须是属于非常情况下的损失。

单独海损是指仅涉及船舶或货物所有人单方面利益的损失，它与共同海损的主要区别是：

(1)造成海损的原因不同。单独海损是承保风险所直接导致的船、货损失；共同海损则不是承保风险所直接导致的损失，而是为了解除或减轻共同危险人为地造成的一种损失。

(2)承担损失的责任不同。单独海损的损失一般由受损方自行承担；而共同海损的损失则应由受益的各方按照受益大小的比例共同分摊。

(三)外来风险及其损失

外来风险及其损失，是指海上风险以外由于其他各种外来的原因所造成的风险和损失。外来风险及其损失包括下列两种类型。

(1)一般的外来原因所造成的风险和损失。这类风险损失，通常是指偷窃、短量、破碎、雨淋、受潮、受热、发霉、串味、渗漏、钩损和锈损等。

(2)特殊的外来原因造成的风险和损失。这类风险损失，主要是指由于军事、政治、国家政策法令和行政措施等原因所致的风险损失，如战争和罢工等。

(四)费用

海上风险还会造成费用支出，主要有施救费用和救助费用。

所谓施救费用是指被保险货物在遭受承保责任范围内的灾害事故时，被保险人或其代理人或保险单受让人，为了避免或减少损失，采取各种措施而支出的合理费用。

所谓救助费用是指保险人或被保险人以外的第三者采取了有效的救助措施之后，由被救方付给的报酬。

保险人对上述费用都负责赔偿，但以总和不超过保险金额为限。

需要注意的是，保险货物在运输途中还可能发生其他损失，如运输途中的自然损耗以及由于货物本身特点和内在缺陷所造成的货损等，这些损失不属于保险公司承保的范围。

二、我国海运货物保险的险别

保险公司通常在其签发的保险单中列有各种保险条款，明确规定保险公司对承保货物遭受损失时的责任范围。这种对保险公司承保责任范围所作的规定，一般称为保险险别。中国人民保险公司参照国际保险市场的一般习惯做法，并结合我国实际情况，自行制定了各种保险条款，总称为“中国保险条款”(China Insurance Clause，缩写为 CIC)，其中包括《海洋运输货物保险条款》和《海洋运输货物战争险条款》。

(一)基本险别

基本险别又称主险,是可以独立承保的险别。中国人民保险公司所规定的基本险别包括平安险(Free from Particular Average,F. P. A.)、水渍险(With Average or With Particular Average,W. A 或 W. P. A.)和一切险(All Risks)。

1. 平安险

投保平安险,保险公司对下列损失负赔偿责任。

(1)被保险的货物在运输途中由于恶劣气候、雷电、海啸、地震、洪水等自然灾害造成整批货物的全部损失或推定全损。若被保险的货物用驳船运往或运离海轮时,则第一驳船所装的货物可视作一个整批。

(2)由于运输工具遭到搁浅、触礁、沉没、互撞、与流冰或其他物体碰撞及失火、爆炸等意外事故所造成的货物全部或部分损失。

(3)在运输工具已经发生搁浅、触礁沉没、焚毁等意外事故的情况下,货物在此前后又在海上遭受恶劣气候、雷电、海啸等自然灾害所造成的部分损失。

(4)在装卸或转运时由于一件或数件甚至整批货物落海所造成的全部或部分损失。

(5)被保险人对遭受承保责任内的危险货物采取抢救、防止或减少货损的措施所支付的合理费用,但以不超过该批被毁货物的保险金额为限。

(6)运输工具遭遇海难后,在避难港由于卸货引起的损失及在中途港或避难港由于卸货、存仓和运送货物所产生的特殊费用。

(7)共同海损的牺牲、分摊和救助费用。

(8)运输契约中如订有“船舶互撞责任”条款,则根据该条款规定应由货方偿还船方的损失。

2. 水渍险

投保水渍险,保险公司除担负上述平安险的各项责任外,还对被保险货物由于恶劣气候、雷电、海啸、地震、洪水等自然灾害所造成的部分损失负赔偿责任。

3. 一切险

投保一切险,保险公司除担负平安险和水渍险的各项责任外,还对被保险货物在运输途中由于外来原因而遭受的全部或部分损失,也负赔偿责任。

我国的《海洋运输货物保险条款》除规定上述各种基本险别的责任外,还对保险责任的起讫作了具体规定。在海运保险中,保险责任的起讫主要采用“仓至仓”条款(Warehouse to Warehouse Clause),即保险责任自被保险货物运离保险单所载明的起运地仓库或储存处所开始,包括正常运输中的海上、陆上、内河和驳船运输在内，直至该项货物运抵保险单所载明的目的地收货人的最后仓库或储存处所或被保险人用作分配、分派或非正常运输的其他储存处所为止。但被保险的货物在最后到达卸载港卸离海轮后，保险责任以60天为限。

（二）附加险别

附加险别不能单独投保，必须依附于基本险别。在海运保险业务中，进出口商除了投保货物的上述基本险别外，还可根据货物的特点和实际需要，酌情再选择若干适当的附加险别。附加险别包括一般附加险和特殊附加险。

1. 一般附加险

由于被保险货物的品种繁多、货物的性能和特点各异，而一般外来的风险又多种多样，故一般附加险的种类也很多，其中主要有偷窃提货不着险、淡水雨淋险、渗漏险、短量险、钩损险、污染险、破碎险、碰损险、生锈险、恶味险和受潮受热险11种。一般附加险只能在投保平安险或水渍险的基础上，根据货物的特性和需要加保一种或若干种一般附加险。如加保所有的一般附加险，这就称作投保一切险。可见一般附加险被包括在一切险的承保范围内，故在投保一切险时，不存在再加保一般附加险的问题。

2. 特殊附加险

特殊附加险是指承保由于军事、政治、国家政策法令以及行政措施等特殊外来原因引起的风险与损失的险别。特殊附加险主要是指战争险和罢工险，为了适应对外贸易货运保险的需要，中国人民保险公司除承保上述各种附加险外，还承保交货不到险、进口关税险、舱面险、拒收险、黄曲霉素险以及我国某些出口货物运至我国港、澳特别行政区存仓期间的火险等特殊附加险。

凡加保战争险时，保险公司则按保战争险条款的责任范围，对由于战争和其他各种敌对行为所造成的损失负赔偿责任。按中国人民保险公司的保险条款规定，战争险不能作为一个单独的项目投保，而只能在投保上述三种基本险别之一的基础上加保。战争险的保险责任起讫不采取“仓至仓”条款，而是从货物装上海轮开始至货物运抵目的港卸离海轮为止，即只承担水面风险。

根据国际保险市场的习惯做法，一般将罢工险与战争险同时承保，如投保了战争险又需加保罢工险时，仅需在保单中附上罢工险条款即可，保险公司不再另行收费。

三、英国伦敦保险协会规定的货物保险条款

（一）协会货物条款

英国伦敦保险协会所制定的《协会货物条款》在世界范围内使用较多。现

行英国伦敦《协会货物条款》是 1982 年 1 月 1 日的修订本。该条款共有 6 种险别。

1. 协会货物条款(A)

ICC(A)可以独立投保,其责任范围较广,采取“一切风险减除外责任”的方式。

ICC(A)的除外责任有:

(1)一般除外责任,如因包装原因造成的损失、由船方原因造成的损失、使用原子或热核武器所造成的损失;

(2)不适航、不适货除外责任,如被保险人在装船时已知船舶不适航、不适货;

(3)战争除外责任;

(4)罢工除外责任。

2. 协会货物条款(B)

ICC(B)可以独立投保,其责任范围采用“列明风险”的方法。

ICC(B)承保的风险包括:

(1)火灾、爆炸;

(2)船舶或驳船触礁、搁浅、沉没或者倾覆;

(3)陆上运输工具倾覆或出轨;

(4)船舶、驳船或运输工具同水以外的任何外界物体碰撞;

(5)在避难港卸货;

(6)地震、火山爆发、雷电;

(7)共同海损牺牲;

(8)抛货;

(9)浪击落海;

(10)海水、湖水或河水进入船舶、驳船、运输工具、集装箱、大型海运箱或贮存处所;

(11)货物在装卸时落海或跌落造成整件的全损。

ICC(B)的除外责任,除对“海盗行为”和恶意损害的责任不负责外,其余均与 ICC(A)的除外责任相同。

3. 协会货物条款(C)

ICC(C)可以独立投保,其责任范围也采用“列明风险”的方式。

ICC(C)承保的风险包括:

(1)火灾、爆炸;

(2)船舶或驳船触礁、搁浅、沉没或倾覆;

(3)陆上运输工具倾覆或出轨;

(4)船舶、驳船或运输工具同除水以外的任何外界物体碰撞;

(5)在避难港卸货;

(6)共同海损牺牲;

(7)抛货。

ICC(C)的除外责任与ICC(B)完全相同。

4. 协会货物战争险条款

可以独立投保。

5. 协会货物罢工险条款

可以独立投保。

6. 恶意损害险条款

恶意损害险承保除被保险人以外的其他人(如船长、船员)的故意破坏行为所造成的被保险货物的灭失或损坏,但出于政治动机的人的行为除外。它在ICC(A)中列为承保责任,但在ICC(B)和ICC(C)中均列为除外责任,如需取得这种风险的保障,应另行加保。

(二)中国保险条款与协会货物条款比较

我国现行海运货物保险条款是在1972年条款的基础上,于1976年和1981年经两次修订而成的。我国的条款一方面广泛地吸取了当时国际保险市场的内容和做法,另一方面又结合了我国的实际情况,基本上满足了我国对外贸易过程中对海运保险的要求。

英国现行的伦敦协会货物保险条款是在对原S.G.保险单(船货保单)和旧协会货物保险条款进行彻底改革的基础上制定的,于1982年起开始使用。

1. 两国海运货物保险合同的共同点

(1)承保责任范围相当。一切险和A险的承保责任虽然在文字表达上有所区别,但都是对海上自然灾害、意外事故和一般外来风险予以负责,内容比较接近;水渍险和B险的承保责任主要均是对海上自然灾害和意外事故的保障,内容也基本相当;平安险和C险所承保的风险虽然有所区别,但从保障的范围看,两者也比较接近。

(2)除外责任基本相同。从具体内容看,基本上都是把非意外的、间接的及特殊原因的和人为故意行为所致损失作为除外责任,两者区别不大。

(3)保险期限基本一致。我国保险条款的保险期限采取“仓至仓”的责任起讫,协会货物保险条款则包括运输条款、运输契约终止条款和航程变更条款,共同组成保险人的责任期限,实际上也是以“仓至仓”为责任起讫。

(4)被保险人义务大致相同。两种条款均规定货物发生损失时被保险人应迅速采取合理措施,防止或减少货物的损失;航程发生变更时,被保险人应立即通知保险人;被保险人应保证保险人向第三方追偿的权利等。

2. 两国货物保险条款的区别

(1)两国保险条款的名称不同。我国保险条款的基本险别分别命名为一切险、水渍险和平安险,实际的承保责任和名称并不符合,容易让人望文生义,从而引起误解。协会货物条款主要险别分别称为A险、B险和C险,可避免因名称而产生的误解,同时又非常简单,称呼方便。

(2)两国保险条款的结构不同。我国保险条款只有一个总的条款,共分为5条,包括3个基本险别,文字比较简明扼要,但由于各主险没有完整、独立的结构,不利于被保险人区分各险别的内容差距。协会货物协会条中,A条款、B条款和C条款均自成体系,包括结构完整的19条内容,由于各险别结构独立,便于被保险人确定各险别的具体内容,来区分它们之间的差距。

(3)承保责任和除外责任有所不同。我国的一切险和协会货物A险对一切风险的界定是基本一致的,但协会货物A险规定的除外责任比我国一切险更加具体,内容更加全面。我国的水渍险与协会货物B险的承保责任虽然大致相当,但也存在一些差别。我国的平安险和协会货物C险的承保责任也存在着差别。

(4)两国保险条款其他内容的不同。与我国海运货物保险条款相比,协会条款新增了“保险利益条款”、“增值条款”、“不适用条款”以及“法律和惯例条款”等内容,有利于避免保险合同双方之间发生不必要的纠纷,也有利于指导保险纠纷的解决。我国海洋运输货物保险条款虽然文字简练,但有些内容没有包括在内,在具体实践中一般参照以往的习惯做法和国际惯例,容易引发合同双方的纠纷。

第三节 其他货物运输保险

一、陆运货物保险

(一)风险与损失

货物在陆运过程中,可能遭受各种自然灾害和意外事故。常见的风险有:车辆碰撞、倾覆和出轨、路基坍塌、桥梁折断和道路损坏,以及火灾和爆炸等意外事故;雷电、洪水、地震、火山爆发、暴风雨以及霜雪冰雹等自然灾害;战争、罢工、偷窃、货物残损、短少、渗漏等外来原因所造成的风险。这些风险会使运输途中的货物造成损失。货主为了转嫁风险损失,就需要办理陆运货物保险。

(二)陆运货物保险的险别

根据中国人民保险公司制定的《陆上运输货物保险条款》的规定,陆运货物保险的基本险别有陆运险(Overland Transportation Risks)和陆运一切险(Overland Transportation All Risks)两种。此外,还有陆上运输冷藏货物险,它也具有基本险性质。

陆运险的承保责任范围同海运水渍险相似,陆运一切险的承保责任范围同海运一切险相似。上述责任范围,均适用于火车和汽车运输,并以此为限。陆运险与陆运一切险的责任起讫,也采用"仓至仓"责任条款。

陆运货物在投保上述基本险之一的基础上,可以加保附加险,如投保陆运险,则可酌情加保一般附加险和战争险等特殊附加险;如投保陆运一切险,就只需加保战争险,而不需再加保一般附加险;陆运货物在加保战争险的前提下,再加保罢工险,不需要另收保险费。陆运货物战争险的责任起讫,是以货物置于运输工具时为限。

(三)我国陆运货物保险的基本做法

陆运出口货物如由我方保险时,应按照有关规定及时向中国人民保险公司办理投保手续。陆运进口货物,则按同中国人民保险公司签订的陆运进口货物预约保险合同的规定办理投保手续。陆运货物如发生承保范围内的损失,应向保险公司提出索赔,其索赔时效,从被保险货物在最后目的地车站全部卸离车辆后起算,最多不得超过两年。

二、航空货物运输保险

(一)风险与损失

货物在空运过程中,有可能因自然灾害、意外事故和各种外来风险而导致货物全部或部分损失。常见的风险有:雷电、火灾、爆炸、飞机遭受碰撞倾覆、坠落、失踪、战争破坏以及被保险货物由于飞机遇到恶劣气候或其他危难事故而被抛弃等。为了转嫁上述风险,故空运货物一般都需要办理保险,以便当货物遭到承保范围内的风险损失时,可以从保险公司挽回损失。

(二)空运货物保险的险别

空运货物保险的基本险别有航空运输险(Air Transportation Risks)和航

空运输一切险(Air Transportation All Risks)两种。这两种基本险别都可以单独投保,在投保其中基本险别的基础上,经投保人与保险公司协商可以加保战争险等附加险。加保时须另付保险费。在加保战争险的前提下,再加保罢工险,则不需要另收保险费。

航空运输险和航空运输一切险的责任起讫期限也采用“仓至仓”条款。航空运输货物战争险的责任期限,是自货物装上飞机时开始至卸离保险单所载明的目的地的飞机时为止。

(三)我国空运货物保险的做法

空运出口货物,如由我方保险,则应按有关规定向中国人民保险公司办理投保手续。空运进口货物,应按预约保险合同的规定办理投保手续。

三、邮包运输保险

(一)风险与损失

邮包运输通常须经海、陆、空辗转运输,实际上是属于“门到门”运输,在长途运送过程中遭受自然灾害、意外事故以及各种外来风险的可能性较大。寄件人为了转嫁邮包在运送当中的风险损失,应该办理邮包运输保险,以便在发生损失时能从保险公司得到承保范围内的经济补偿。

(二)邮包运输保险的险别

根据中国人民保险公司制定的《邮政包裹保险条款》的规定,有邮包险(Parcel Post Risks)和邮包一切险(Parcel Post All Risks)两种基本险。其责任起讫是,自被保险邮包离开保险单所载起运地点寄件人的处所运往邮局时开始生效,直至被保险邮包运达保险单所载目的地邮局,自邮局签发出到货通知书当日午夜起算满 15 天终止,但在此期限内,邮包一经递交至收件人处所时,保险责任即告终止。

在投保邮包运输基本险之一的基础上,经投保人与保险公司协商可以加保邮包战争险等附加险。加保时,也须另加保险费。在加保战争险的前提下,如再加保罢工险,则不需要另收费。邮包战争险承保责任的起讫,是自被保险邮包经邮政机构收讫后自储存处所开始运送时生效,直至该项邮包运达保险单所载明的目的邮政机构送交收件人为止。

(三)我国邮包运输保险的基本做法

在办理国际邮包运输时,应当正确选用邮包的保价与保险。凡经过保价的邮包,一旦在途中遗失或损坏,即可向邮政机构按保价金额取得补偿。因此,对寄往办理保价业务的国家,可对货物予以保价。鉴于有些国家和地区不办保价业务，或有关邮政机构对保价邮包损失赔偿限制过严，或保价限额低于邮包实际价值，则可采取保险，也可采取既保险、又保价的做法。根据中国人民保险公司规定，凡进行保价的邮包，可享受保险费减半收费的优惠。我国通过邮包运输进口的货物，按邮包运输进口货物预约保险合同的规定办理投保手续。

第四节　国际货运保险实务

按 CIF 或 CIP 条件订立的出口合同，由出口方负责投保。按我国保险公司的有关规定，出口货物的投保一般需逐笔填写投保单，向保险公司提出书面申请，投保单经保险公司接受后由保险公司签发保险单。

凡按 FCA、FOB、CPT、CFR 条件订立的进口货物，由进口方负责投保。我国外贸企业为了防止漏保和延误投保，同时也为了简化手续，大多采用预约保险做法，即由我国外贸企业与保险公司事先签订各种不同运输方式的进口预约保险合同（Open Cover），又称预约保单（Open Policy）。按照预约保险合同规定，外贸企业无需逐笔填写投保单。在进口货物时，只需将国外客户的装运通知送交保险公司，即视为办理了投保手续，保险公司对该批货物自动承担承保责任。对于不经常有货物进口的单位，也可逐笔办理投保。

一、确定投保的金额

保险金额是指保险人承担赔偿或者给付保险责任的最高限额，也是保险人计算保险费的基础。保险金额是根据保险价值确定的，保险价值一般包括货价、运费、保险费以及预期利润。

货物的保险价值是保险责任开始时货物在起运地的发票价格或者非贸易商品在起运地的实际价格以及运费和保险费的总和。按《2000 年通则》和《跟单信用证统一惯例》规定，卖方有义务按 CIF 或 CIP 价格的总值另加 10%作为保险金额。这部分增加的保险金额就是买方进行这笔交易所支付的费用和预期利润。

保险金额由保险人与被保险人约定，保险金额不得超过保险价值；超过保险价值的，超过部分无效。我国进出口保险金额的计算采用下列公式：

出口保险金额＝CIF（或 CIP）价×（1＋保险加成率）

进口保险金额＝FOB（或 FCA）价×（1＋平均运费率＋平均保费率）

二、保险险别约定

按CIF或CIP条件成交时,运输途中的风险本应由买方承保,但一般保险费则约定由卖方负担,因货价中包括保险费。

买卖双方约定的险别通常为平安险、水渍险、一切险三种基本险别中的一种。但有时也可根据货物特性和实际情况加保一种或若干种附加险。

如果约定采用英国伦敦保险协会货物保险条款,也应根据货物特性和实际需要约定该条款的具体险别。

在双方未约定险别的情况下,按惯例,卖方可按最低的险别投保。

在CIF或CIP货价中,一般不包括加保战争险等特殊附加险的费用,因此,如果买方要求加保战争险等特殊附加险时,其费用应由买方负担。

三、填写投保单

出口合同采用CIF或CIP条件时,保险由我方办理。出口企业在向当地的保险公司办理投保手续时,应根据买卖合同或信用证规定,在备妥货物并确定装运日期和运输工具后,按规定格式逐笔填制投保单。主要填写被保险人名称,被保险货物的名称、数量、包装及标志、保险金额、起讫地点、运输工具名称、起航日期、投保险别,送交保险公司投保并交付保险费。

四、支付保险费

投保人交付保险费,是保险合同生效的前提条件。保险费率是计算保险费的依据。

目前,我国出口货物保险费率按照不同商品、不同目的地、不同运输工具和不同险别分别制定为"一般货物费率"和"指名货物加费费率"。

五、取得保险单据

(一)保险单据的含义和作用

保险单据是保险人与被保险人之间订立保险合同的证明文件,它反映了保险人与被保险人之间的权利和义务关系,也是保险人的承保证明。当发生保险责任范围内的损失时,它又是保险索赔和理赔的主要依据。

(二)保险单据种类

1. 保险单

保险单(Insurance Policy)是一种正规的保险合同,是完整独立的保险文件。

保单背面印有货物运输保险条款(一般表明承保的基本险别条款之内容),还列有保险人的责任范围及保险人与被保险人各自的权利、义务等方面的条款。俗称大保单。

2. 保险凭证

中国人民保险公司发出的保险凭证(Insurance Certificate)是表示保险司已经接受保险的一种证明文件,这是一种比较简化的保险单据。它包括了保险单的基本内容,但不附有保险条款全文。这种保险凭证与保险单有同等的法律效力。

3. 联合凭证

联合凭证(Combined Certificate)又称承保证明(Risk Note)。是我国保险公司特别使用的,比保险凭证更简化的保险单据;是最简单的保险单据;这种单证只有我国采用,并且仅限于我国港澳地区的少数客户。

保险公司仅将承保险别、保险金额及保险编号加注在我国进出口公司开具的出口货物发票上,并正式签章即作为已经保险的证据。

4. 保险声明

保险声明(Insurance Declaration)是指预约保险单项下的货物一经确定装船,要求被保险人立即以保险声明书的形式,将该批货物的名称、数量、保险金额、船名、起讫港口、航次、开航日期等通知保险人,银行可将保险声明书当作一项单据予以接受。

5. 预约保险单

预约保险单(Open Policy)是进口贸易中,被保险人(一般为进口人)与保险人之间订立的总合同。订立这种合同即可以简化保险手续,又可使货物一经装运即可取得保障。

6. 批单

保险单出立后,如需变更其内容,可由保险公司另出的凭证注明更改或补充的内容,称为批单。批单必须粘在保险单上并加盖骑缝章,作为保险单不可分割的一部分。

7. 暂保单

暂保单(Cover Note)是由保险经纪人(Insurance Broker)即投保人的代理人出具的非正式保单。除非信用证特别要求,银行不接受暂保单。

六、保险索赔

在索赔工作中,被保险人应做好下列工作。

1. 损失通知

当被保险人获悉或发现被保险的货物已遭损失，应立即通知保险公司或保险单上所载明的保险公司在当地的检验、理赔代理人，并申请检验。

2. 向承运人等有关方面提出索赔

被保险人或其代理人在提货时发现被保险的货物整件短少或有明显残损痕迹，除向保险公司报损外，还应立即向承运人或有关当局索取货损货差证明。

3. 采取合理的施救、整理措施

被保险货物受损后，被保险人应迅速对受损货物采取必要、合理的施救、整理措施，防止损失的扩大。被保险人收到保险公司发出的有关采取防止或者减少损失的合理措施的特别通知的，应按照保险公司的通知要求处理。

4. 备妥索赔单证

提出索赔时，除应提供检验报告外，通常还须提供其他的单证，包括：

(1)保险单或保险凭证正本；

(2)运输单据，包括海运单、海运提单等；

(3)发票、装箱单或重量单；

(4)向承运人等第三者责任方请求赔偿的函电及其他必要的单证或文件；

(5)货损货差证明；

(6)海事报告摘录；

(7)列明索赔金额及计算依据，以及有关费用的项目和用途的索赔清单。

本章小结

保险是一种经济补偿制度，其遵循保险利益原则、最大诚信原则、近因原则和损失补偿原则。不同的运输方式有不同的险别。海运货物保险承保范围包括海上风险、海上损失与费用以及海上风险以外的其他外来原因造成的风险与损失，我国海运保险险别分为基本险和附加险。目前国际上较为常用英国伦敦保险协会所制定的“协会货物保险条款”。

国际货物运输保险实务包括下列程序：确定投保的金额、保险险别约定、填写投保单、支付保险费、取得保险单据和保险索赔。

思考与练习

1. 最大诚信原则的基本内容有哪些？
2. 怎样理解实际全损？哪些情况构成实际全损？
3. 我国海运保险条款与英国伦敦保险协会保险条款有何异同？
4. 我国海洋货物运输保险有哪些基本险？
5. 什么是共同海损？构成共同海损的条件有哪些？

第十二章　国际贸易结算

本章课程概况

课题内容:国际贸易结算中各种结算票据和支付方式。

课时:3+3 课时。

教学目的:通过本章的教学,使学生熟悉国际贸易结算中使用的各种支付工具,掌握各种支付方式,并能在以后的实际工作中合理选用不同的结算方式并知晓具体的运作程序;学会审核各种结汇单证;熟练运用和填制合同支付条款的内容。

教学要求:掌握汇票、本票、支票的基本概念和填制方法,熟悉汇付和托收的支付方式,能基本操作信用证,了解其他的结算方式。

教学方式:理论和实训相结合。理论讲授部分:第一节课先介绍国际贸易结算中使用的支付工具及其单据的制作,第二节课介绍汇付和托收支付方式,第三节课介绍信用证及其他国际贸易结算方式;实训部分:第一、第二节课给出案例,指导学生制作汇票、本票、支票和信用证等;第三节课分析国际贸易中有关国际结算的案例。

第一节　国际结算票据

国际贸易货款的收付,是买卖双方的基本权利和义务。货款的收付直接影响双方的资金周转和融通,以及各种金融风险和费用的负担,因而这是关系到买卖双方切身利益的问题。因此,买卖双方在洽商交易时,都力争规定对自己有利的支付条件。《联合国国际货物销售公约》规定,卖方交货后,按照合同规定支付货款,是买方的基本义务。

当今国际贸易资金结算大多使用非现金结算,即使用代替现金作为流通手段和支付手段的信贷工具票据来进行国际债权债务的结算。

票据是国际通行的结算和信贷工具，其含义有广义和狭义之分。广义的票据主要是指在经济业务中使用的单据、凭证，范围宽泛，难以准确具体地界定，如证券、单证、仓单、票证、提单、货单、运单、发票、存款单等。狭义的票据仅指汇票、本票和支票。我国的票据法所规范的票据仅为狭义的票据，是指出票人约定自己或委托付款人在见票时或规定的期限内向收款人或持票人无条件支付一定金额并可流通转让的有价证券。

一、汇票

（一）汇票的含义

汇票（Bill of Exchange；Draft）是一个人向另一个人签发的，要求即期或定期或在将来可以确定的时间，对某人或其指定人或持票人支付一定金额的无条件的书面支付命令。

（二）汇票的基本内容

汇票的基本内容包括“汇票”字样、出票人、受票人、收款人、汇票金额、付款期限、出票日期和地点、付款地点、出票人签字和无条件的支付命令。

出票人（Drawer）、受票人（Drawee）、收款人（Payee）称为汇票的当事人。

汇票的收款人有三种写法：限制性抬头（此种汇票不能转让）；指示式抬头（记名抬头），此种汇票经抬头人背书后，可以自由转让；持票来人抬头（无须背书即可转让）。

汇票的付款期限有以下几种规定方法：见票即付；见票后××天付；出票后××天付；提单日后××天付；指定日期付。

对于见票后或出票后或提单后固定日期付款的汇票，其时间的计算，均不包括见票日、出票日或提单日，但须包括付款日，即“算尾不算头”。

按照各国票据法的规定，汇票的要项必须齐全，否则受票人有权拒付。汇票不仅是一种支付命令，而且是一种可转让的流通证券。

（三）汇票的种类

1. 根据出票人的不同，汇票分为银行汇票（Banker's Bill）和商业汇票（Commercial Draft）。银行汇票是出票银行签发的，由其在见票时按照实际结算金额无条件支付给收款人或者持票人的票据。商业汇票是出票人签发的，委托付款人在指定日期无条件支付确定的金额给收款人或者持票人的票据。

2. 按照有无随附单据，汇票可以分为光票（Clean Bill）和跟单汇票

(Documentary Bill)。没有附任何单据的汇票称光票。商业光票一般仅用于收付运费、保险费、利息等小额款项,但银行汇票都是光票。出票时附有代表货物所有权的货运单据的汇票称跟单汇票。使用跟单汇票表示出票人不仅要提供汇票,而且要提供有关规定单据才能取得货款;而受票人只有付清或保证付清汇票规定的金额才能取得单据以提取货物。这里,单据实际上成了卖方(出票人)收汇、买方(付款人)得货的一项保证。因此,国际贸易中商业跟单汇票最为普遍。

3. 按照付款时间的不同,汇票可以分为即期汇票 (Sight Draft)和远期汇票 (Demand Draft)。即期汇票上应注有"见票即付"等类的字样。这种汇票要求付款人见票后立即将汇票规定的金额交给汇票指定的受益人。没有规定付款时间的汇票一般也看成即期汇票。远期汇票又称为有信用期限的汇票,即出票人对付款人提供了付款时间上的信用。远期汇票规定付款人在某一个固定时间或某一可以确定的将来时间付款,而不是见票即付。需要注意的是,远期汇票的付款时间必须明确、肯定,否则汇票无效。

4. 按照承兑人的不同,汇票可以分为商业承兑汇票 (Commercial Acceptance Draft)和银行承兑汇票 (Banker's Acceptance Draft)。

一份汇票通常同时具备几种属性,如一份涉外的、由贸易公司签发的见票后立即付款的汇票,既是商业汇票同时又是即期汇票。

(四)汇票的票据行为

票据行为也可以称为票据处理手续。为了使各当事人的权利义务确定明了,票据的形式和内容是"要式"的。所谓票据的要式性就是指票据的形式和内容必须符合规定,必要的项目必须齐全,对票据的处理,以及出票、提示、承兑、追索等行为也必须符合一定要求。只有这样,才能减少票据纠纷,保证票据的顺利流通。

1. 出票(Issue)。出票是指将格式完备的汇票交付给受款人的行为。出票包括三个动作:制作汇票、签字和交付(to draw a draft, and sign it and deliver the draft to payee)。出票人完成出票行为,并在票据上签字后,即成为票据的主债务人。他对汇票债务的责任有两个方面:担保承兑和担保付款。对于受款人来说,获得了票据就成为持票人(Holder),得到了债权,使他获得付款请求权和追索权。

2. 提示(Presentation)。提示可以分为承兑提示和付款提示。持票人向付款人出示汇票要求承兑或付款的行为称为提示。票据只是一种权利的凭证,提示就是要求票据权利。无论是承兑提示还是付款提示,都要在规定的时效内、正常营业时间和规定的地点提示，只有如此，持票人才能获得票据权利。

3. 承兑(Acceptance)。受票人在持票人作承兑提示时，同意出票人的付款提示，在汇票正面写明“承兑”(Accepted)字样，注明承兑日期，由付款人签字并将汇票交还给持票人的行为。承兑后受票人变为承兑人，成为汇票的主债务人，而出票人则从主债务人的地位变为从债务人。所以，承兑人必须承担在远期汇票到期时支付票面金额的责任。

4. 付款(Payment)。即期汇票付款人和远期汇票承兑人在接到付款提示时，履行付款义务的行为。付款人向持票人作正当付款后，付款人一般都要求持票人在背面签字作为收款证明并收回汇票，注上“付讫”(Paid)字样，并且可以要求持票人出收据。此时汇票就注销了，不仅付款人解除了付款义务，所有票据债务人的债务都因此解除。

5. 背书(Endorsement)。汇票是可以在票据市场上流通转让的。背书是转让汇票权利的一种法定手续。背书是因背书人在票据背面签字而得名。持票人做背书以表明他转让票据权利的意图，从而转让票据权利，受让人成为持票人。同汇票抬头一样，背书有三种形式：

(1)限定性背书即不可转让背书，是指背书人在签写背书指示时带有限制性的词语(e. g. pay Mr. Smith only and not transferable)，凡做成限制性背书的汇票是不能再行转让或流通的。

(2)记名背书，又称正式背书、完全背书(e. g. pay to the order of Mr. Smith)，是指汇票持有人在汇票背面签上自己的名字，再加上受让人即被背书人的名字。这种背书的汇票可以经过再背书不断转让下去。对受让人来说，所有在他以前的背书人以及原出票人都是他的前手，所有在他之后的受让人都是他的后手。在背书这个行为中前手背书人要对后手背书人负有担保汇票必然会被承兑或付款的责任，后手可以对前手行使追索权。

(3)空白背书，也称无记名背书，背书人仅在票据背面签上自己的名字，而不记明谁是被背书人。

6. 拒付(Dishonor)。拒付又称“退票”，是指持票人在提示汇票付款和提示承兑时，受票人作出的不同意出票人指示的反应，即拒绝付款(Dishonor by Non-payment)和拒绝承兑(Dishonor by Non-acceptance)。除受票人明确表示拒绝付款和承兑外，受票人避而不见、死亡或宣告破产等均可称为拒付。持票人在遭拒付时，请公证机构做出拒绝证书(Protest)以证明持票人已按规定行使票据权利但未获结果。由此，持票人得以行使追索权。拒付证书的费用，持票人在追索时可以向前手收取。汇票遭拒付时,持票人必须按规定向前手作拒付通知(Notice of Dishonor)。前手背书人再通知他的前手,一直通知到出票人。如果不通知前手,持票人或背书人就丧失对前手的追索权。汇票债务人如果未接到拒付通知,他就可免除债务。

7. 追索(Recourse)。汇票遭拒付后,持票人在行使或保全汇票上的权利行为(包括提示、做拒付证书、拒付通知)之后,有权对其前手(背书人或出票人)要求退回汇票金额、利息及做拒付通知和拒付证书等其他有关费用。

8. 汇票的贴现(Discount)。商人以未到期的票据向银行兑换现款,银行在付款时预先扣除利息,这种金融交易行为就称为贴现。

对于银行来说,贴现实际上是做了一笔贷款,只是预先扣除了利息。由于一般商业票据都有贸易背景,银行有货物作担保,比较安全,一般银行也就不再收取其他抵押品。此外,贴入的票据,在资金较紧张时可以贴出,这使银行在资金运用上有较大的灵活性。

对于商人来说,通过票据贴现可以提前得到现款,获得资金融通,相当方便,一般贴现不需要抵押品,手续较简单,因此,通常用汇票进行的商业票据贴现是一种相当不错的融资渠道。但是并不是所有的票据都可以向银行进行贴现。由于那些信用较差的债务人的票据会给银行带来很大的风险,因此只有那些信用较高的票据才能贴现(见图 12—1)。

图 12—1 汇票的流通和使用程序

二、本票

(一)本票的含义

本票(Promissory Note)是指一个人向另一个人签发的,保证即期或定期或在可能确定的将来时间,对某人或其指定人或持票人支付一定金额的无条件书面承诺。

(二)本票的基本内容

本票内容包括“本票”字样,无条件支付承诺,收款人或其指定的人,出票人签字,出票日期和地点,付款期限,一定金额和付款地点等。

(三)本票的种类

按出票人的不同,本票可分为一般本票和银行本票。一般本票的出票人是工商企业或个人,又称商业本票。银行本票的出票人是银行或其他金融机构。根据付款时间的不同,一般本票分为即期本票和远期本票。即期本票项下见票即付,远期本票是承诺在未来某一规定的或可以确定的日期支付票款的本票。银行本票都是即期的。

(四)本票和汇票的主要区别

1. 本票是无条件的支付承诺;而汇票是无条件的支付命令。

2. 本票的票面有两个当事人;而汇票则有三个当事人。

3. 本票的出票人即是付款人,远期本票无须办理提示承兑和承兑手续;远期汇票则需办理承兑。

4. 本票在任何情况下,出票人都是主债务人;而汇票在承兑前,出票人是主债务人,在承兑后,承兑人是主债务人。

5. 本票只能开出一张;而汇票可以开出一套。

三、支票

(一)支票的含义

支票(Cheque,Check)是以银行为付款人的即期汇票,即存款人签发给银行的无条件支付一定金额的委托或命令,出票人在支票上签发一定的金额,要求受票的银行在见票时立即支付一定金额给特定人或持票人。

出票人在签发支票后,应负票据上的责任和法律上的责任。前者是指出票人对收款人担保支票的付款;后者是指出票人签发支票时,应在付款银行存有不低于票面金额的存款。如存款不足,支票持有人在向付款银行出示支票要求付款时,就会遭到拒付。这种支票称为空头支票。开出空头支票的出票人要负法律上的责任。

(二)支票的种类

支票都是即期的。按有无收款人姓名记载,支票分为记名支票和不记名支票,记名支票在收款人栏中记载收款人的名称,持记名支票取款时,须有指定收款人在背面签章,不记名支票,又称来人支票或空白抬头支票,不记载收款人的名称,只写明付交来人,支款时无须收款人的签章。

按是否有平行横线,支票分为划线支票和未划线支票。划线支票在支票的正面划两道平行横线,表明持票人只能委托银行收账,不能提现。未划线支票既可委托银行收款,也可凭票提现。

(三)支票和汇票的主要区别

1. 汇票既可做结算和押汇工具,也可做信贷工具;支票只能用于结算。

2. 汇票有即期和远期之分，远期汇票需要承兑；支票为即期的，无需承兑。

3. 汇票可以在较长的时间流通；支票只能在短期使用。

4. 即期汇票见票即付，远期汇票在承兑后不可撤销，承兑人到期付款，因此不存在止付问题；支票可以止付。

第二节 汇付和托收

在国际贸易中，交易双方采用一定的支付工具，通过一定的支付方式实现资金的转移。目前较为常用的支付方式有汇付和托收。

一、汇付

汇付(Remittance)是指付款人通过银行或其他途径主动将款项汇交收款人。

(一)汇付方式的当事人

在汇付业务中通常有四个当事人：

(1)汇款人(Remitter)。汇出货款的进口人；

(2)汇出行(Remitting Bank)。进口人所在地接受汇款人委托，办理汇付业务的银行；

(3)汇入行 (Paying Bank)。把汇款解付给出口人的银行，一般是汇出行设在出口人所在地的支行、代理行或来往行；

(4)收款人 (Payee)。汇付的受益人即出口人。

在上述关系人中，存在着两个委托代办关系：汇款人与汇出行之间的委托代办关系，涉及的权利义务范围以汇款人办理汇款时出具的汇款申请书为依据；汇出行与汇入行之间的委托代理关系，则以双方事先订有的合约为依据。

(二)汇付的种类及其业务程序

1. 电汇

电汇(Telegraphic Transfer，T/T)是汇出行应汇款人的申请，拍发加押电报或电传(Tested Cable/Telex)或者通过 SWIFT 给国外汇入行，指示其解付一定金额给收款人的一种汇款结算方式。

电汇以电报、电传作为结算工具，安全迅速，费用也较高，由于电报电传的传递方向与资金的流向是相同的，因此电汇属于顺汇。

电汇是目前使用较多的一种汇款方式，其业务流程是：先由汇款人电汇申请书并交款付费给汇出行，再由汇出行拍加押电报或电传给汇入行，汇入行给收款人电汇通知书，收款人接到通知后去银行兑付，银行进行解付，解付完毕汇入行发出借记通知书给汇出行，同时汇出行给汇款人电汇回执。

电汇时，由汇款人填写汇款申请书，并在申请书中注明采用电汇 T/T 方式。同时，将所汇款项及所需费用交汇出行，取得电汇回执。汇出行接到汇款申请书后，为防止因申请书中出现的差错而耽误或引起汇出资金的意外损失，汇出行应仔细审核申请书，不清楚的地方要与汇款人及时联系。

汇出行办理电汇时，根据汇款申请书内容以电报或电传向汇入行发出解付指示。电文内容主要有：汇款金额及币种、收款人名称、地址或账号、汇款人名称、地址、附言、头寸拨付办法、汇出行名称或 SWIFT 地址等。为了使汇入行证实电文内容确实是由汇出行发出的，汇出行在正文前要加列双方银行所约定使用的密押(Testkey)。

汇入行收到电报或电传后，即核对密押是不是相符，若不符，应立即拟电文向汇出行查询；若相符，即缮制电汇通知书，通知收款人取款。收款人持通知书一式两联向汇入行取款，并在收款人收据上签章后，汇入行即凭以解付汇款。实务中，如果收款人在汇入行开有账户，汇入行往往不缮制汇款通知书，仅凭电文将款项划入收款人账户，然后给收款人收账通知单，也不需要收款人签具收据。最后，汇入行将付讫借记通知书(Debit Advice)寄给汇出行。

电汇中的电报费用由汇款人承担，银行对电汇业务一般均当天处理，不占用邮递过程的汇款资金，所以，对于金额较大的汇款或通过 SWIFT 或银行间的汇划，大多采用电汇方式。

2. 信汇

信汇(Mail Transfer, M/T)是汇出行应汇款人的申请，将信汇委托书寄给汇入行，授权解付一定金额给收款人的 种汇款方式(见图 12－2)。由于信汇方式费力费时，加之国际电信的飞速发展，目前许多国家早已不再使用和接受信汇。

3. 票汇

票汇(Demand Draft, D/D)是汇出行应汇款人的申请，在汇款人向汇出行交款并支付一定费用的条件下，代替汇款人开立的以其分行或代理行为解付行支付一定金额给收款人的银行即期汇票，寄交收款人，由收款人凭以向汇入行取款。

票汇业务程序见图 12－3。

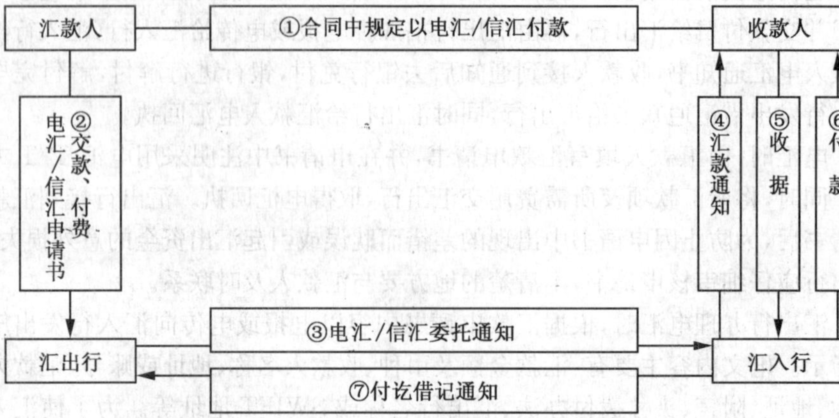

图 12—2 电汇/信汇业务程序

这种方式具有很大的灵活性，根据抬头情况，汇款人可以将汇票带到国外亲自去取款，也可以将汇票寄给国外债权人由他们去取款。票汇不像信汇，收款人只能向汇入行一家取款。一般来说，国外银行只要能核对汇票上签字的真伪，就会买入汇票。因此，汇票的持票人可以将汇票卖给任何一家汇出行的代理行而取得现款，票汇多用于小额汇款。

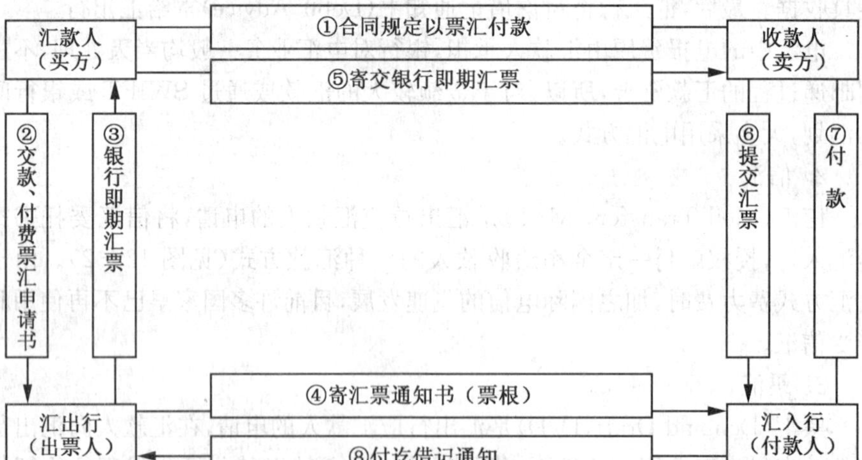

图 12—3 票汇业务程序

(三)汇付的特点及应用

1. 汇付的特点:

(1)商业信用

银行仅凭汇款人的指示转移相关款项,不负责传递单据,更不承担任何付款或担保责任。预付货款项下,出口人是否及时收货,所交的货物是否符合合同的约定;进口人是否全额、及时付款,全凭买卖双方的商业信用,因此存在商业风险。

(2)资金负担不平衡

预付项下,卖方可利用预付款备货、装货,减轻自行垫付资金的负担;货到付款项下,进口人可收货后甚至在出售货物后支付货款。

(3)手续简便,费用低廉

汇付的方式因方便快捷而受到相互信任的进出口商的青睐,此外,在支付小额交易的货款、订金以及一些贸易的从属费用时也使用这种方式。

2. 汇付的主要应用:

(1)预付货款

预付货款是指进口人先行支付全部或部分货款,允许出口人在收款后交货的做法,包括全额预付和部分预付。全额预付即出口人发货前,进口人先行预付全部货款;部分预付即进口人先行支付相当于买卖合同总金额一定比例的定金或在交货前分期分批预付货款。

(2)货到付款

货到付款又称"赊账交易",是指在签订合同后,出口人先行发货,进口人收到货物或单据后立即或在约定的一段时间后付款。

二、托收

托收(Collection)是指债权人(出口人)出具汇票,委托银行向债务人(进口人)收取货款的一种支付方式。

基本做法:由出口人根据发票金额开出以进口人为付款人的汇票,向出口地银行提出托收申请,委托出口地银行(托收行)通过它在进口地的代理行或往来银行代向进口人收取货款。

(一)托收方式的当事人

(1)委托人 (Principal)。委托银行办理托收业务的客户,通常是出口人。

(2)托收银行 (Remitting Bank)。接受委托人的委托,办理托收业务的银行。

(3)代理银行(Collecting Bank)。接受托收行的委托向付款人收取票款的进口地银行。通常是托收银行的国外分行或代理行。

(4)提示行(Presenting Bank)。向付款人作出提示汇票和单据的银行。

(5)付款人(受票人)。通常为进口人。

(6)需要时的代理。在托收业务中,如发生拒付,委托人可指定付款地的代理人代为办理货物存仓、转售、运回等事宜,称为"需要时的代理"。

(二)托收的种类及其业务程序

托收可根据所使用的汇票的不同,分为光票托收和跟单托收。国际货款的收取大多采用跟单托收。在跟单托收情况下,根据交单条件的不同,可分为付款交单和承兑交单。

1. 付款交单

付款交单(Documents against Payment,D/P)是指出口人的交单是以进口人的付款为条件。按付款时间的不同,可分为:

(1)即期付款交单(Documents against Payment at sight,D/P at sight)。即期付款交单是指出口人发货后,开具即期汇票连同货运单据,通过银行向进口人提示,进口人见票后立即付款,进口人在付清货款后向银行领取货运单据(见图 12—4)。

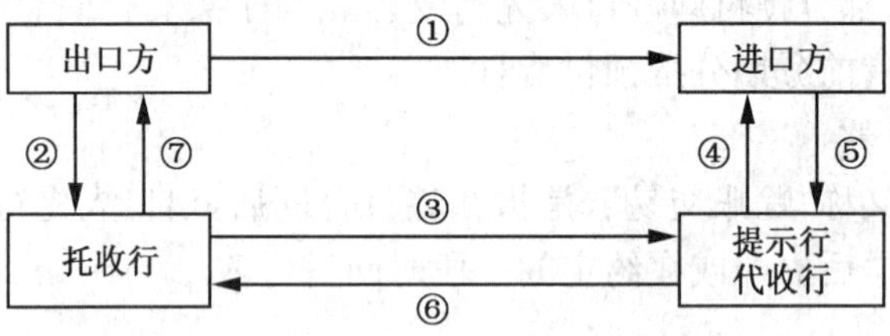

说明:

①委托人(出口方)向付款人(进口方)发货物;

②出口方整理好全套单据(含汇票、发票、提单等)交给托收行;

③托收行将全套单据寄交代收行;

④提示行向进口方提示汇票;

⑤进口方见票后立即履行付款责任,并取得全套单据;

⑥代收行将金额如数划拨给托收行;

⑦托收行将金额如数划拨给出口方。

图 12—4 即期付款交单业务流程

(2)远期付款交单(Documents against after sight,D/P after sight)。远

期付款交单是指出口人发货后,开具远期汇票连同货运单据,通过银行向进口人提示,进口人审核无误后,即在汇票上进行承兑,于汇票到期日付清货款后,再领取货运单据。如果付款日晚于到货日期,买方可以采取两种做法取得货物:

①在付款到期日之前提前付款赎单,扣除提前付款日至原付款到期日之间的利息,作为买方享受的一种提前付款的现金折扣。

②凭买方信托收据借单。信托收据(Trust Receipt)是进口人借单时提供的一种书面信用担保文件,用来表示愿意以代收行受托人的身份代为提货、报关、存仓、保险、出售并承认货物的所有权仍属银行。

A. 代收行同意借单。汇票到期不能收到货款,则代收行应对委托人负全部责任。

B. 出口人同意借单。即所谓的付款交单凭信托收据借单,是指出口人主动授权银行凭信托收据借单给进口人,日后如果进口人在汇票到期时拒付,则与银行无关。

2. 承兑交单

承兑交单(Documents against Acceptance,D/A)是指出口人的交单是以进口人在汇票上承兑为条件。

承兑交单是指代收银行根据出口方的指示,只要进口方承兑了远期汇票,就可以向其交出货运单据,并待汇票到期日再收回货款。

承兑交单和汇付中的货到付款一样,都是买方未付款之前,即可取得货运单据,凭以提取货物。一旦买方到期不付款,出口方便可能钱货两空。因此,出口商对采取此种方式持严格控制的态度。

(三)托收的性质及注意事项

托收的性质为商业信用。银行有“三不管”:一是不负责审查单据;二是不负责买方是否付款;三是不负责货物的真实情况。因此,跟单托收对出口人有一定风险,但对进口人却很有利,它不但可以免去申请开立信用证的手续,不必预付银行押金,减少费用开支,而且有利于资金融通和周转。由于托收对进口商有利,所以在出口业务中采用托收,有利于调动进口商采购货物的积极性,从而有利于促进成交和扩大出口,故出口商都把采用托收作为推销库存货物和加强对外竞销的手段。就卖方而言,使用托收应注意下列事项:

(1)要切实了解买方的资信情况和经营作风,成交金额不宜超过其信用额度。

(2)了解进口国家的贸易管制和外汇管制条例,以免货到目的地后,由于不准进口或收不到外汇而造成不应有的损失。

(3)了解进口国家的商业惯例,以免由于当地习惯做法,影响安全迅速地收汇。

(4)应争取CIF条件成交,除办理货运保险外,还应投保卖方利益险。

(5)对托收方式的交易,要建立、健全管理制度,定期检查,及时催收清理,发现问题应迅速采取措施,以避免或减少可能发生的损失。

(四)托收的国际惯例

为了适应国际贸易发展的需要,国际商会在吸收了多年来的实践经验的基础上,修订了《托收统一规则》(Uniform Rules for Collection Publication No. 522)(即522出版物),于1996年1月1日正式实施。

《托收统一规则》自公布实施以来,被各国银行广泛采纳和使用,但该规则本身不是法律,因而对当事人一般没有约束力。只有在有关当事人事先约定的条件下,才受该惯例的约束。

(五)银行在托收业务中的资金融通

在托收业务中,银行只作为代理人行事,不提供信用保障,但是在适当的条件下,银行也可以为进出口商提供融资便利,具体方法有以下几种:

1. 托收押汇(collection bill purchased, B/P)。托收行承做托收押汇,在出口商委托时买入全套商业单据,提前支付绝大部分货款给出口商,从而缓解其资金周转的困难。

2. 托收预付款(advance against collection)。实际上是部分押汇与部分托收的结合做法。托收行只对托收总金额的一定比例提供押汇融资,在扣除相应的利息及费用后,将净额预付给出口商,其余部分作托收处理。

3. 承兑信用。是指进口商或出口商签发以融资银行为付款人的融通汇票,由融资银行提供承兑信用,然后通过贴现以取得资金的融资方式。

4. 信托收据(trust receipt)。所谓信托收据,是指进口商承认以信托的方式向代收行借出全套商业单据时出具的证明。进口商借得单据后,处理货物,回笼资金,在承兑汇票到期时支付足额货款,赎回信托收据,该项融资业务即告结束。这种做法是D/P托收的变通。值得注意的是:凭信托收据提取的货物其产权仍属银行,进口商处于代为保管货物的地位,称为被信托人或代保管人。如果该项融资得到过委托人的同意或授权,则风险由委托人自负;如果未经委托人同意,而是由代收行主动提供这项融资,则风险由代收行承担,届时代收行必须对托收行支付票款,就好像是进口商已经支付一样。

5. 担保提货(shipping guarantee)。在有些特殊情况下,托收项下的货物可能早于商业单据抵达进口地港口。由于没有正本提单，进口商无法提货，而延期提货会使进口商增加额外开支，或者承受进口商品行情下跌，市价回落的风险。因此进口商会向代收行申请银行担保，凭担保在没有正本提单的情况下提货，银行保证向承运人赔偿因为不凭正本提单交货而遭受的损失。

第三节 信用证

一、信用证的含义

国际商会《跟单信用证统一惯例(1993 年修订本)》(UCP500)和之前的版本都没有信用证的定义条款，但对信用证(Letter of credit，L/C)的含义都做了描述。UCP500 在第 2 条中将信用证描述为一项“安排”(Arrangement)，在第 9 条中表述为不可撤销信用证构成一个“确定承诺”(Definite Undertaking)。UCP600 将信用证定义为开证行的一项安排，该项安排构成开证行的一种承诺(Undertaking)。从有关条款中可以看出，信用证是一种有条件的付款承诺，是由开证行发出的、不可撤销的、以提交与该信用证条款相符的单据为条件的付款承诺。简而言之，信用证是一种银行依照开证申请人的请求，开立给第三者的有条件的保证付款的书面文件。

二、信用证的特点

信用证具有如下特点。

(1)信用证是一种银行信用。开证行在开出信用证以后就要承担第一性的付款责任，由开证行以自己的信用作为付款的保证。从理论上说，即使将来进口商拒绝付款，也不能以此为理由向出口商追回已付的款项，因此，开证行是第一付款人。

(2)信用证是一种自足性的文件。对此，《跟单信用证统一惯例(1993 年修订本)》中有明确规定：“信用证与其可能依据的销售合同或其他合同是相互独立的交易，即使信用证中提及该合同，银行也与该合同无关，并不受其约束。”信用证的开立是以买卖合同作为依据，但信用证一经开出，就成为独立于买卖合同的另一种契约，不受买卖合同的约束。开证行和参与信用证业务的其他银行只按信用证的规定办事。

(3)信用证是一种单据的买卖。《跟单信用证统一惯例(1993 年修订本)》中规定：“在信用证业务中，有关各方面处理的是单据，而不是与单据有关的货物、服务或其他行为。"也就是说，信用证业务是一种纯粹的单据业务。银行虽然有义务合理小心地审核一切单据，但是，这种审核只是用以确定单据表面上是否符合信用证条款。银行只根据表面上符合信用证条款的装运单据付款，至于出口商是否已发货，发出的货物是否与合同相符，银行概不负责。这充分体现了凭单付款的原则。因此，进口商应明白货物的真实性是无法从结算中得到验证的。

信用证结算的特点可概括为：一个"原则"和两个"只凭"。一个"原则"是"严格符合的原则"，即受益人提交的单据必须与信用证条款的要求严格相符，做到"单、证一致"和"单、单一致"。两个"只凭"是指银行只凭信用证条款的要求办事，不受买卖合同的约束；只凭规定的单据行事，不问货物的实际情况。

三、信用证方式的当事人

(1)开证申请人(Applicant)。开证申请人是指向银行申请开立信用证的人，即进口人或实际买主。

(2)开证银行(Opening Bank，Issuing Bank)。开证银行是指接受开证申请人的委托，开立信用证的银行，它承担保证付款的责任，开证行一般是进口人所在地的银行。

(3)通知银行(Advising Bank，Notifying Bank)。通知银行是指受开证行的委托，将信用证转交出口人的银行。它只证明信用证的真实性，并不承担其他义务。通常是出口人所在地的银行。

(4)受益人(Beneficiary)。受益人是指信用证上所指定的有权使用该证的人。即出口人或实际供货人。

(5)议付银行(Negotiating Bank)。议付银行是指愿意买入受益人交来的跟单汇票的银行。它可以是指定的银行，也可以是非指定的银行，由信用证的条款来决定。

(6)付款银行(Paying Bank ，Drawee Bank)。付款银行是指信用证上指定的付款银行。一般是开证银行，也可以是它指定另一家银行，根据信用证的条款来决定。

(7)保兑银行(Confirming Bank)。保兑银行是指根据开证银行的请求在信用证上加以保兑的银行。保兑银行在信用证上加具保兑后，即对信用证独立负责，承担必须付款或议付的责任。

(8)偿付银行(Reimbursing Bank)，又称清算银行(Clearing Bank)。它是指接受开证银行在信用证中的委托，代开证行偿还垫款的第三国银行，即开证行指定的对议付行或代付行进行偿付的代理人。

(9)承兑行(Accepting Bank)。是指在汇票正面签字承诺到期付款的银行。在远期信用证项下,承兑行可以是开证行本身,也可以是通知行或其他愿意付款的出口地银行。

四、信用证的主要内容

信用证虽然没有统一的格式,但其基本项目是相同的,主要包括以下几方面内容。

(1)信用证本身的说明。包括信用证的种类、编号、开证日期、有效期、到期地点以及申请人、受益人等。

(2)信用证的金额和汇票。包括使用货币和金额及汇票的出票人、付款人、收款人、付款期限、金额等。

(3)货物条款。包括货物的名称、规格、数量、包装、单价及合同号码等。

(4)运输条款。包括运输方式、装运地和目的地、运输期限、能否分批装运及转运等。

(5)单据条款。说明要求提交的单据种类、份数、内容要求等。基本单据包括商业发票、运输单据和保险单。其他单据有检验证书、产地证、装箱单或重量单等。

(6)其他规定。包括对交单期的说明、银行费用的说明以及对议付行寄单方式、议付背批和索偿方法的指示等。

(7)责任文句。通常说明根据《跟单信用证统一惯例》开立以及开证行保证付款的文句。

(8)有权签字人的签名或电传密押。

五、信用证的业务流程

采用信用证方式结算货款,从进口人向银行申请开证,一直到开证行付款后又向进口人收回垫款,其中要经过许多环节,需要办理各种手续。加上信用证种类不同,信用证条款也有不同规定,这些环节和手续也繁简不一。但从总体上看,信用证的结算程序一般包括以下几个环节(见图 12—5)。

(1)买卖双方在合同中规定使用信用证支付货款。

(2)进口人向开证行提出开证申请,填制开证申请书,缴纳押金和手续费,要求开证行开出以出口人为受益人的信用证。

(3)开证行按要求开立信用证,并将信用证寄交出口人所在地的分行或代

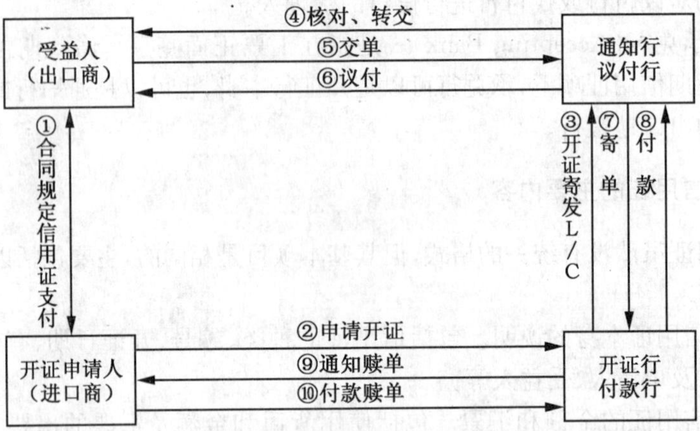

图 12—5 议付信用证业务程序

理行(通知行)；信用证有电开和信开两种方式。有时客户以简电形式开出信用证，只供卖方备货参考，不能作为出运货物的依据。

(4)通知行核对密押或印鉴无误后，将信用证转交出口人。

(5)出口人审核信用证与合同相符后，按信用证规定装运货物，并备齐各项货运单据，开具汇票，在信用证有效期内一并送交当地银行(议付行)请求议付。受益人对信用证的审核包括：(信)印鉴或(电)密押；符合出口国政策并无歧视条款(注意软条款，一般不接受)；开证行资信良好、不可撤销；使用可自由兑换的货币；装运期、有效期、交单期合理；有效地点在出口国；单据份数、种类；正副本内容是否一致，如不符，电告修改并规定修改书最迟到达期限；等等。

(6)议付行按信用证条款审核单据无误后，按汇票金额扣除利息和手续费，将货款垫付给出口人。

(7)议付行将汇票和货运单据寄交开证行或其指定的付款行索偿。

(8)开证行或其指定的付款行核对单据无误后，向议付行付款。

(9)开证行在向议付行办理转账付款的同时，通知进口人付款赎单。

(10)进口人审单无误后，付清货款；开证行收款后，将单据交给进口人，进口人凭以向承运人提货。

六、信用证开立的形式

1. 信开本

信开本是指开证银行采用印就的信函格式的信用证，开证后以航空邮寄送通知行。

2. 电开本

电开本是指开证行使用电报、电传、传真、SWIFT 等各种电信方式将信用证条款传达给通知行。电开本可分为简电本和全电本。

SWIFT 又称"环球同业银行金融电讯协会"(Society for Worldwide Interbank Financial Telecommunication)，是国际银行同业间的国际合作组织，成立于 1973 年，目前全球大多数国家的银行已使用 SWIFT 系统。SWIFT 的使用，为银行的结算提供了安全、可靠、快捷、标准化、自动化的通信业务，从而大大提高了银行的结算速度。由于 SWIFT 的格式标准化，目前信用证的格式主要是用 SWIFT 电文。SWIFT 方式有如下四个特点：

(1)SWIFT 需要会员资格。我国的大多数专业银行都是其成员。

(2)SWIFT 的费用较低。同样多的内容，SWIFT 的费用只有 TELEX(电传)的 18%左右，只有 CABLE(电报)的 2.5%左右。

(3)SWIFT 的安全性较高。SWIFT 的密押比电传的密押可靠性强、保密性高，且具有较高的自动化。

(4)SWIFT 的格式标准化。对于 SWIFT 电文，SWIFT 组织有着统一的要求和格式。开立 SWIFT 信用证的格式代号为 MT700 和 MT701，修改信用证的格式代号为 MT707。MT700 的开立格式见表 12－1。

表 12－1　　MT700 的开立格式

M/O	Tag 代号	Field Name 栏目名称	Content/Options 内　容
M	27	Sequence of Total 合计次序	1n/1n 1个数字/1个数字
M	40A	Form of Documentary Credit 跟单信用证类别	24x 24个字
M	20	Documentary Credit Number 信用证号码	16x 16个字
O	23	Reference to Pre-Advice 预告的编号	16x 16个字
O	31C	Date of Issue 开证日期	6n 6个数字
M	31D	Date and Place of Expiry 到期日及地点	6n29x 6个数字/29个字
O	51A	Applicant Bank 申请人银行	A or D A或D

续表

M/O	Tag 代号	Field Name 栏目名称	Content/Options 内容
M	50	Applicant 申请人	4 * 35x 4 行×35 个字
M	59	Beneficiary 受益人	4 * 35x 4 行×35 个字
M	32B	Currency Code, Amount 币别代号、金额	3a15n 3 个字母/15 个数字
O	39A	Percentage Credit Amount Tolerance 信用证金额加减百分率	2n/2n 2 个数字/2 个数字
O	39B	Maximum Credit Amount 最高信用证金额	13x 13 个字
O	39C	Additional Amounts Covered 可附加金额	4 * 35x 4 行×35 个字
M	41A	Available With…By… 向……银行押汇，押汇方式	A or D A 或 D
O	42C	Drafts at… 汇票期限	3 * 35x 3 行×35 个字
O	42A	Drawee 付款人	A or D A 或 D
O	42M	Mixed Payment Details 混合付款指示	4 * 35x 4 行×35 个字
O	42P	Deferred Payment Details 延迟付款指示	4 * 35x 4 行×35 个字
O	43P	Partial Shipments 分批装船	1 * 35x 1 行×35 个字
O	43T	Transshipment 转船	1 * 35x 1 行×35 个字
O	44A	Loading on Board/Dispatch/Taking in Charge at/from… 由……装船/发送/接管	1 * 65x 1 行×65 个字
O	44B	For Transportation to… 装运至……	1 * 65x 1 行×65 个字
O	44C	Latest Date of Shipment 最后装船日	6n 6 个数字
O	44D	Shipment Period 装运期间	6 * 65x 6 行×65 个字
O	45A	Description of Goods and/or Services 货物叙述和/或各种服务	50 * 65x 50 行×65 个字
O	46A	Documents Required 应提示单据	50 * 65x 50 行×65 个字
O	47A	Additional Conditions 附加条件	50 * 65x 50 行×65 个字
O	71B	Charges 费用	6 * 35x 6 行×35 个字
O	48	Period for Presentation 提示期间	4 * 35x 4 行×35 个字

续表

M/O	Tag 代号	Field Name 栏目名称	Content/Options 内　容
M	49	Confirmation Instructions　保兑期间	7x　7个字
O	53A	Reimbursement Band　偿付行	A or D　A或D
O	78	Instructions to the Paying/Accepting/Negotiation Band 对付款/承兑/议付行之指示	12＊65x　12行×65个字
O	57A	Advise Through Bank 通过……银行通知	A,B or D　A,B或D
O	72	Sender to Receiver Information 银行间的备注	6＊35x　6行×35个字

注:①M/O为Mandatory与Optional的缩写,前者是指必要项目,后者为任意项目。

②合计次序是指本证的页次,共两个数字,前后各一,如"1/2",其中"2"指本证共2页,"1"指本证为第1页。

七、信用证的种类

1. 按信用证项下的汇票是否附有货运单据分

(1)跟单信用证(Documentary Credit)。跟单信用证是指开证行凭跟单汇票或仅凭单据付款的信用证。

(2)光票信用证(Clean Credit)。光票信用证是指开证行仅凭不附单据的汇票付款的信用证。

2. 按是否有另一家银行加以保兑分

(1)保兑信用证(Confirmed Letter of Credit)。保兑信用证是指开证行开出的信用证,由另一家银行保证对符合信用证条款规定的单据履行付款义务。保兑行的付款责任,是以规定的单据到期日或以前向保兑行提交并符合信用证的条款为条件。保兑行通常是通知行,有时也可以是出口地的其他银行或第三国银行,与开证行一样承担第一性的付款责任。

(2)不保兑信用证(Unconfirmed Letter of Credit)。不保兑信用证是指开证行开出的信用证没有经过另一家银行保兑。

3. 根据付款时间的不同分

(1)即期信用证(Sight Credit)。即期信用证是指开证行或付款行收到符合信用证条款的跟单汇票或装运单据后,立即履行付款的信用证。

(2)远期信用证(Usance Credit)。远期信用证是指开证行或付款行收到信用证的单据时，在规定期限内履行付款义务的信用证。包括银行承兑远期信用证和延期付款信用证。

延期付款信用证不要求出口商开立汇票，所以出口商不能利用贴现市场资金，只能自行垫款或向银行借款。

假远期信用证(Usance Credit Payable at sight)。是指开证行规定受益人开立远期汇票，由付款行负责贴现，并规定一切利息和费用由进口人负担。

使用假远期信用证的原因主要有两个：一是进口商利用银行信用和较低的贴现息来融通资金，减轻费用负担，降低进口成本；二是有的国家由于外汇紧张，管汇法令规定进口交易一律需远期付款，银行只能开立远期信用证，或对银行开立即期信用证有严格限制。

假远期信用证与一般远期信用证的区别：一是假远期信用证项下买卖合同规定的支付条件一般为即期信用证付款，远期信用证项下买卖合同的支付条件则明确规定以远期信用证方式付款；二是假远期信用证要求开立远期汇票，即期信用证规定开立即期汇票；三是假远期信用证规定远期汇票的贴现息及承兑手续费等费用，概由开证人负担，而远期信用证的远期汇票由于远期收汇而发生的利息、贴现息，一般由受益人负担。假远期信用证能即期收汇，而远期信用证不能即期收汇。

4. 根据受益人对信用证的权利可否转让分

(1)可转让信用证 (Transferable Credit)。可转让信用证是指信用证的受益人(第一受益人)可以要求授权付款、承担延期付款责任，承兑或议付的银行(统称转让银行)——当信用证是自由议付时，可以要求信用证中特别授权的银行——将信用证全部或部分转让给一个或数个受益人(第二受益人)使用的信用证。

可转让信用证只能转让一次，即只能由第一受益人转让给第二受益人，第二受益人不得要求将信用证转让给其后的第三受益人；但若再转让给第一受益人，则不属被禁止转让的范畴。

如果信用证不禁止分批装运，在总和不超过信用证金额的前提下，可分别按若干部分办理转让，该项转让的总和，将被认为只构成信用证的一次转让。

(2)不可转让信用证 (Non-transferable Credit)。不可转让信用证是指受益人不能将信用证的权利转让给他人的信用证。

凡信用证中未注明“可转让”的，就是不可转让信用证。

5. 循环信用证

循环信用证(Revolving Credit)是指信用证被全部或部分使用后，其金额又恢复到原金额,可再次使用,直至达到规定的次数或规定的金额为止。

(1)按时间循环信用证。是指受益人在一定的时间内可多次支取信用证规定的金额。

(2)按金额循环信用证。是指在信用证金额议付后,仍恢复到原金额,可再使用,直至用完规定的金额为止。具体做法有:一是自动式循环使用。受益人按规定时期装运货物交单议付一定金额后,信用证即自动恢复到原金额,可再次按原金额使用。二是非自动式循环使用。受益人按规定时期装运货物交单议付一定金额后,必须等待开证行的通知到达后,才能使信用证恢复到原金额,并可再次使用。三是半自动式循环信用证。受益人每次装货交单议付后,在若干天内开证行未提出终止循环的通知,信用证即自动恢复至原金额,并可再次使用。

6. 对开信用证

对开信用证(Reciprocal Credit)是指两张信用证的开证申请人互以对方为受益人而开立的信用证。

对开信用证的特点是第一张信用证的受益人(出口人)和开证申请人(进口人)就是第二张信用证的开证申请人和受益人,第一张信用证的通知行通常就是第二张信用证的开证行。对开信用证多用于易货交易或来料加工和补偿贸易业务。

7. 对背信用证

对背信用证 (Back to Back Credit)又称转开信用证。是指受益人要求原证的通知行或其他银行以原证为基础,另开一张内容相似的新信用证。

对背信用证的开立通常是中间商转售他人货物,从中牟利;或两国(地区)不能直接办理进出口贸易时,通过第三者以此种方法来沟通贸易。

8. 预支信用证

预支信用证 (Anticipatory Credit)是指开证行授权代付行(通常是通知行)向受益人预付信用证金额的全部或一部分,由开证行保证偿还并负担利息。

9. 备用信用证

备用信用证 (Standby Letter of Credit)又称商业票据信用证、担保信用证或保证信用证,是指开证行根据开证申请人的请求对受益人开立的承诺承担某项义务的凭证。

备用信用证属于银行信用,开证行保证在开证申请人未履行其义务时即由开证行付款。备用信用证一般用在投标、还款或履约保证、预付货款和赊销等业务中。

八、信用证的相关业务操作

1. 信用证的审核

为了保护自身权益，受益人收到信用证后要进行审核，应对照合同逐条审核信用证，以确保信用证上的条款与合同的一致性，并保证信用证条款的可操作性和可接受性，保障安全收汇。如信用证条款与合同有不符之处，应尽快修改，如有受益人无法办到的软条款，应修改或取消。

2. 信用证的软条款

为了掌握付款的主动权，买方往往会开立带有软条款的信用证，常见的软条款的类型有：

(1)暂不生效条款。如规定“只能待到收到申请人指定船名的装运通知后才能装运，该装运通知由开证行随后以信用证修改书的方式发出，受益人应提交该修改书申请议付”。修改书能否在规定的装运期内到达，卖方难以控制。

(2)开证行免去其第一性付款责任的条款。如中东某银行来证规定，“开证行的付款以收到买方关于货已抵港的确认通知为条件”。

(3)信用证的不完整。如来证规定，提单的通知方在以后的修改书中告知。

(4)不平等条款。要求受益人承担信用证下的一切风险。如欧洲某银行在来证中规定：“货抵目的港后，如买方未能获得进口海关颁发的许可证，买方将保留撤销与本信用证有关交易的权利。受益人应承担因运送货物和撤销信用证所引起的一切费用。”

(5)以本国法律干预信用证业务的条款。如来证申明：“本证除受《跟单信用证统一惯例》约束外，本国法律同样适用”。

软条款直接影响受益人的收汇安全，应引起充分重视。

3. 信用证的修改

UCP600 规定，未经开证行、保兑行和受益人的同意，信用证既不能修改也不能撤销。受益人在审证中，如发现有不能接受的条款、与合同不一致的条款、内容不完整的条款，应通过开证申请人向开证行提出改证。开证申请人也可能因形式变化而要求修改信用证。

信用证的修改程序为：开证申请人向开证行发出修改信用证的指示，该指示必须完整、明确；开证行同意修改后，向原信用证的通知行发出信用证修改书；通知行收到修改书，鉴别其真实性，再通知受益人；受益人提供接受或拒绝修改的通知，如受益人未给予通知，但交单与信用证及修改通知书的内容一致时，视为受益人已接受修改。

第四节　信用融资

一、银行保函

(一)银行保函的含义

银行保函 (Letter of Guarantee,L/G)又称银行保证书,是指银行等金融机构应申请人的请求,向第三方(受益人)开立的一种书面信用担保凭证,保证在对受益人负有首要责任的申请人违约或失误时对债务负责。

从上述的定义中可以看出保函具有以下性质:

(1)有条件保函保证人的付款责任是第二性的。在使用保函时,通常受益人(债权人)应该先向申请人(债务人)请求付款,只有在债务人不付时,才可利用保函要求保证人付款,因此,在理论上,保证人的付款责任是第二性的。

在使用信用证时则不同,信用证一旦开出,开证行就负有首要的付款责任,受益人应该向开证行请求付款,而不是向申请人交单,因此,开证行负有第一性的付款责任。

(2)只有在违约情况发生时才能支付。信用证用于完成买卖合同下的支付,正常情况下,信用证下的支付是一定会发生的。保函与信用证正好相反,只有在申请人违约时(如申请人既未履约也未按约定赔款),受益人才会在保函下索偿,因此保函的支付不一定发生。

(3)开立保函只是为了提供信用担保。保证人是出于对申请人履约能力的信任才开立保函,其目的根本不是为了赔款,而只是为了提供信用保证。因此,一般不要求申请人交付押金,而只是要求质押或提供反担保。

(二)银行保函的主要当事人

1. 申请人 (Principal),又称委托人。即要求银行开立保函的一方。根据他与保函受益人之间的合同,他必须如约履行合同义务,否则将由保证人进行付款。对于申请人来说,保函的索偿条件应该能防止受益人在条件不成立的情况下支取款项。

2. 受益人 (Creditor)。即为收到保证书并凭以向银行索偿的一方。根据他与申请人之间的合同,在申请人未履行合同义务时,受益人可以通过保函取得款项。对受益人来说,保函应该能保证他的这种取款的权利。即使申请人反对,他仍能收款。

3. 保证人 (Guarantor),又称担保人。是保函的开立人。保证人根据申请人的要求，并由申请人提供一定担保的条件下向受益人开具保函。根据保函，只要其中的付款条件成立，保证人就应该向受益人付款。对于保证人来说，开立保函只是向申请人提供了自己的信用，往往只收取千分之几的手续费。为了避免把自己卷入申请人与受益人的合同纠纷，保函的索偿条件应该能使保证人自行判断付款的条件是否成立。

4. 传递行（The Transmitting Bank）。即根据开立保函银行的要求，将保函传递给受益人的银行。一般情况下，传递行只负责核对保函的印鉴或密押，而不负经济责任。

5. 保兑行（The Confirming Bank）。即在保函上加以保兑的银行。保兑行只在保证人不按保函规定履行付款义务时才向受益人赔付。受益人可以得到双重担保。

6. 转开行（The Reissuing Bank）。即指接受担保银行的要求，向受益人开出保函的银行。这种保函发生赔付时，受益人只能向转开行要求赔付。

上述当事人中，申请人、受益人、保证人是一份保函的基本当事人。

（三）银行保函的内容

银行保函并无统一格式，其主要内容如下：

1. 有关当事人。保函中应列出主要当事人，即申请人、受益人、保证人的完整名称和详细地址，其中保证人的地址尤为重要，因为保函通常是受开立地的法律所约束的。

2. 责任条款。保证人所应承担的责任，是银行保函的主体。保证人向受益人所承担的责任以保证书内所列的条款为限。

3. 担保金额。担保金额是保证人的责任限度，通常就是受益人的索偿金额。除保函中另有声明外，其担保金额不因合同被部分履行而减少。

4. 有效期限。除非保函中有特别声明，保函的到期日是指受益人索偿要求送达保证人的最后期限。一般来说，有效期已过，保证人的责任就解除了。如果受益人提出索赔，应在保函所规定的有效期或之前，以书面形式将索偿要求送达保证人。保证人收到后，应立即将索偿内容及收到的所有证件通知申请人，不得延误。

5. 索偿条件。只有在合同一方未履约或违反合同规定时，另一方才能利用保函取款。保证人如何认定申请人违约，什么情况下保证人可以向受益人付款，均由索偿条件决定。索偿条件直接关系到申请人和受益人的权益，各方均必须慎重考虑。

对保函的索偿条件究竟如何确定，目前意见不一。一种意见认为受益人索偿时，保证人有权调查事实以决定是否付款。对于保证人有利之处，不必马上付款；不利之处，易被卷入合同纠纷。另一种意见认为索偿条件应限于规定提交的单据。例如，可规定受益人需提供保函申请人签发的某种证明。对于保证人来说，只需审核证明是否符合保函规定，相当方便；对于申请人来说，只要他不出证明，受益人无法取款，也非常有利；但对受益人非常不利。索偿条件也可规定受益人凭他自己签发的说明申请人违约的证明索偿。这无疑对受益人非常有利。但万一受益人做假证明，申请人可以诉诸法庭，追回款项。目前多数保函都采用这种索偿条件。

(四)银行保函的类型

保函在实际业务中的使用范围非常广泛，它不仅使用于货物买卖，还广泛应用于国际工程承包、招标投标、国际借贷等。下面介绍一些常见的类型。

1. 投标保函 (Tender Guarantee)。这是指在国际投标时，银行、保险公司或其他当事人(保证人)应招标人(受益人)承诺，如果投标人(申请人)中标而不签约，保证人将在规定的金额限度内向招标人付款。投标保函主要是担保投标人在开标前不撤销投标或片面修改投标条件，中标后要保证签约和交履约金。保函金额一般为投标金额的1%～5%。

2. 履约保函 (Performance Guarantee)。这是指保证人承诺在申请人(可以是承包商、中标人、出口商、进口商)不履行他与受益人(业主、招标人、进口商、出口商)签订的合同时，由保证人负责在规定的金额限度内向受益人付款；或者，如果保函规定保证人有选择权，保证人亦可采取措施履行合同。保函金额一般为合同金额的10%～15%。

履约保函的适用范围很广，除用于工程承包、招标投标外，还可用于国际贸易。保证人应出口商的申请开立以进口商为受益人的出口履约保函，规定如果出口商未能按期交货，银行负责赔偿进口商的损失。保证人应进口商的要求开立以出口商为受益人的进口履约保函，规定如果出口商按约交货，进口商不能按期付款时，由保证人负责偿还。

3. 退款保函 (Guarantee for Refund of Advance Payments)。招标人签订合同后一般要向中标人支付一定金额的定金，银行向招标人(或业主、买方)担保，如果中标人(或承包商、卖方)未能履行商务合同中规定的义务时，银行负责向其偿还已经预付的款项和利息，但以保函金额为限。

4. 借款保函 (Loan Guarantee)。这是指在国际借贷活动中，银行应借款方的要求而向贷款方出具的本息还款担保。保函金额仅限于本金和利息，不包括其他任何费用(如佣金、诉讼费等)。

此外，还包括质量维修保函、保留金保函、关税保付保函、透支保函、付款保函、延期付款保函、提单保函、补偿贸易保函、汇票保函等等，种类众多，这里不再一一介绍。

（五）备用信用证与银行保函的区别

1. 在备用信用证方式下，银行负第一性付款责任；而银行保函方式下，银行负第二性付款责任。

2. 备用信用证的付款依据是按规定提供某项凭证，同被保证人与受益人的契约无关；而银行保函的付款依据则是某项契约或诺言是否已经履行，往往涉及契约的履行争议等。

二、国际保理

（一）国际保理的含义

保理（Factoring）又称承购应收账款，是指出口商以商业信用形式出售货物，在货物装船后立即将发票、汇票、装运提单等有关单据，卖断给保理组织，从而收进全部或部分货款的结算方式。保理组织买进出口商的票据后，即承购了出口商的债权，它通过一定的渠道向进口商催还欠款；如遭拒付，不能向出口商进行追索。

（二）国际保理业务的当事人

国际保理业务一般涉及四个当事人：

1. 出口人，又称供应商。指对所提供的货物或劳务出具发票，其应收账款由出口保理商续做保理的当事人；

2. 进口人，又称债务人。指对因提供货物或劳务所产生的应收账款负有付款责任的当事人，一般是货物或劳务的购买者；

3. 出口保理商。指出口保理合同项下对供应商的应收账款负责，并就供应商的履约行为对进口保理商负责的当事人；

4. 进口保理商。指有责任对进口人催收由供应商转让给出口商的应收账款，并对已受让的应收账款有支付义务的当事人。

（三）保理的业务流程

出口商为能将其应收款项售予保理组织，取得资金的融通，一般都与保理组织签订一份协议，明确规定双方必须遵守的条款与应负的责任。保理业务具体程序如下：

(1)出口商在以商业信用出售商品的交易磋商过程中，将进口商的名称及有关交易情况报告交给本国的保理组织。

(2)出口方保理组织将上列材料整理后，通知进口方的保理组织。

(3)进口方的保理组织对进口商的资信情况进行调查，并将调查结果通知出口方的保理组织，对可向进口商提供赊销的金额提出具体建议。

(4)如果进口商资信可靠，建议赊销金额可行，那么出口方保理组织即通知出口商，并对出口商与进口商的交易加以确认。

(5)出口商装运货物，把有关单据拿到出口方保理组织出售，并在单据上注明应收账款已转让给保理组织。

(6)出口方保理组织按汇票(或发票)金额扣除利息和承购费用后，立即或在双方商定的时间将货款支付给出口商。

(7)出口方保理组织将有关单据寄送进口方保理组织。

(8)进口方保理组织向进口商催收货款，并向出口方保理组织进行划拨。

有的国家的保理业务由专门的商行进行，有的国家则由财务公司进行。随着国际保理业务的发展，协调性的机构也相应组成。目前，世界上有三个这类组织，它们是“国际保理联合组织”(Factoring Chain International，FCI)、国际保理协会(International Factoring，IF)、哈乐海外公司(Heller Oversea Corporation)。其中，FCI是最有权威的组织，它向保理业务提供统一的标准、程序、法律依据和规则。通过这些组织，各国保理公司之间可以互换进口商的资信情报，掌握进口商的付款能力，大大促进和推动了国际保理业的发展。目前，我国的保理业务也已得到发展，如设在北京的“北京国际保理有限公司”(Beijing International Factoring Co. Ltd.)，由原国家对外贸易经济合作部与中国银行北京市分行合资经营。

三、福费廷

(一)福费廷的含义

福费廷(Forfaiting)是指银行无追索权地买入因真实贸易背景而产生的远期票据和债权的行为。它是一种为出口商贴现已经承兑的、通常由进口商方面的银行担保的远期票据服务，属票据融资。这样出口商能够立即回笼资金，使出口商在获得出口融资的同时，消除了出口商因远期收汇风险及汇率和利率带来的潜在风险。在国内也将这种方式称为包买票据业务，而融资商通常被称为包买商。

(二)福费廷业务的主要特点

1. 福费廷业务中的远期票据产生于销售货物或提供技术服务的正当贸易，包括一般贸易和技术贸易。

2. 福费廷业务中的出口商必须放弃对所出售债权凭证的一切权利，做包买票据后，将收取债款的权利、风险和责任转嫁给包买商，而银行作为包买商也必须放弃对出口商的追索权。

3. 出口商在背书转让债权凭证的票据时均加注"无追索权"字样（Without Recourse），从而将收取债款的权利、风险和责任转嫁给包买商，包买商对出口商、背书人无追索权。

4. 福费廷业务融资期限可以是短期或长期，按照票据的期限一般在1～5年，属中期贸易融资；但随着福费廷业务的发展，其融资期限扩充到1个月至10年不等，时间跨度很大。

5. 传统的福费廷业务属批发性融资工具，是100%合同金额的融资，融资金额由10万美元至2亿美元，可融资币种为主要贸易货币。

6. 包买商为出口承做的福费廷业务，大多需要进口商的银行做担保。

7. 出口商支付承担费（Commitment Fee），在承担期内，因为包买商对该项交易承担了融资责任而相应限制了他承做其他交易的能力，以及承担了利率和汇价风险，所以要收取一定的费用。

（三）福费廷的业务流程

福费廷业务的主要操作步骤：①出口商（受益人）与进口商（申请人）商谈签订贸易合同；②进口商（申请人）向所在银行（开证银行）申请向受益人（出口商）开立远期信用证；③出口商（受益人）所在银行收到远期信用证并通知信用证受益人；④出口商（受益人）安排货物出运并向银行交单；⑤出口商（受益人）将远期信用证无追索权地售予出口商所在银行；⑥出口商可按商订时间获得资金，不必等到信用证到期（见图12－6）。

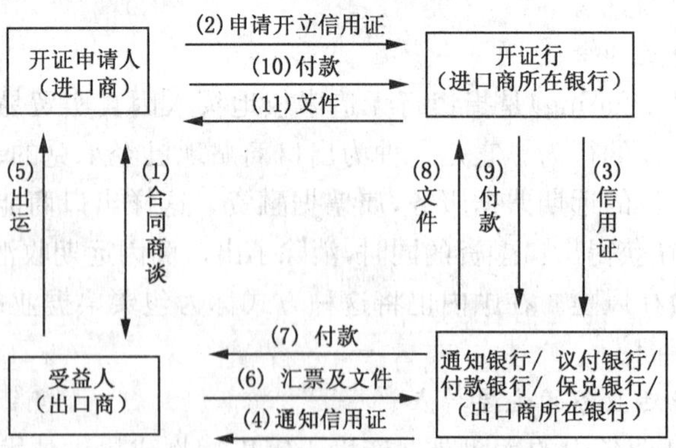

图12－6 福费廷业务中信用证操作流程

福费廷作为一种新型的融资工具，尤其是在大宗贸易和开拓向高风险国家的出口业务中，不仅使出口商获得了出口融资，而且消除了出口商远期收汇风险及汇率和利率风险，备受出口商的青睐。近几年来这种新型融资工具已在欧美及亚太地区的国际贸易中得到广泛使用。

本章小结

国际贸易结算一般采用票据结算，常用的结算票据包括汇票、本票和支票。票据结算涉及以下票据行为：出票、背书、提示、承兑、付款、参加、退票、追索和保证等。

国际贸易结算一般可以分为三种，即汇付、托收和信用证，另外还包括银行保函、国际保理和福费廷等方式。其中，信用证在国际贸易中被广泛采用，它是一种由银行依照客户的要求和指示开立的有条件的承诺付款的书面文件，有保证和融资作用。信用证涉及开证申请人、开证行、通知行、受益人、议付行和付款行等当事人。

思考与练习

1. 简述汇票与本票、支票的概念及结算程序。
2. 简述国际贸易中常用的货款结算方式及其程序。
3. 如何防范托收业务风险？
4. 信用证的特点及作用是什么？
5. 信用证有哪些类型？各有什么特点？
6. 银行保函与备用信用证的区别是什么？
7. 什么叫国际保理和福费廷？

第十三章　检验、索赔、不可抗力和仲裁

本章课程概况

课题内容:检验、索赔、不可抗力和仲裁。

课时:2+2课时。

教学目的:通过本章的教学,使学生明确进出口商品只有通过检验,才能确定其品质、数量、包装等是否符合合同的规定。商品检验条款应明确检验时间、地点、检验机构、检验证书等;同时明确买卖双方在履约中如发生争议,可进行索赔与理赔,合同中的索赔条款有异议与索赔条款和罚金条款两种订法;掌握不可抗力是买卖合同中的一种免责条款,不可抗力有其特定的含义,所引起的法律后果有两种;了解解决国际货物买卖中的争议方式有多种,其中对外贸易仲裁方式有其优点,如采用仲裁方式,争议双方应订有仲裁协议。

教学要求:了解商检、索赔、不可抗力和仲裁的基本知识;掌握商品检验证书的作用、索赔条款的规定、不可抗力的含义、不可抗力条款的规定;掌握仲裁的形式和作用。

教学方式:理论和实训相结合。理论讲授部分:第一节课介绍商品检验和索赔的相关知识和条款内容,第二节课介绍不可抗力和仲裁的相关知识和条款内容;实训部分:第一节课进行商品检验和索赔的案例分析,第二节课进行不可抗力和仲裁的案例分析。

第一节　商品检验

一、商品检验的意义

商品检验(Commodity Inspection)是指由专门的商检机构或其他指定的

机构，对进出口商品的品质、规格、数量、包装等实施检验、检疫和公证鉴定，并出具商检证书，以确定其是否符合法律、法规或贸易合同的规定，作为买卖双方交接货物、支付货款和处理索赔的依据。

为了维护国家的法律、法规，维护国家的尊严，维护贸易合同的严肃性，提高商品的信誉、企业的信用度，同时也为了保障进口方的利益，对于国际贸易的商品一般都需要进行检验、检疫。

我国规定，重要的进出口商品，非经检验发给证件的，不准输入或输出，以制止伪劣商品的进出口，杜绝掺杂使假，以维护贸易合同的严肃性，提高商品的信誉、企业的信用和国家的声誉，同时也保障买卖双方的利益。

二、合同中检验条款的主要内容

国际货物买卖合同中的检验条款，应根据商品的性质、特点以及不同的交易情况作出适当的规定。一般来说，进口合同中的检验条款与出口合同中的检验条款应有所区别。对进口而言，我方处于买方地位，此项条款的订立应谨慎，以免遭受经济上的损失。对出口而言，一般都规定在出口国检验，进口国复验。

商检条款，一般包括检验时间与地点、检验机构、检验标准与方法、检验证书检验的内容以及复验的期限、地点和机构等内容。

（一）检验时间与地点

检验时间就是指检验的有效期限。对进口商品而言，检验时间就是索赔期限，进口商品只有在索赔期内检验才有效。而出口商品的检验时间就是出口装运的期限，卖方要确保货物在装运前检验货物和取得检验证书。检验地点就是实施检验的地点，检验地点直接与检验权相连。所谓检验权是指依照合同的约定，买方或卖方所享有的对进出口商品进行检验约定，以确定其是否与合同相符的权利。按照国际通行的做法，进出口商行使检验权的检验地点有以下做法。

1. 在出口国检验

这类做法对卖方有利，可分两种：工厂检验和装船前或装船时检验。

(1)工厂检验，即在货物从工厂发运前进行检验。卖方承担货物离厂前的责任，而运输途中发生的风险则由买方承担。我国进口重要货物和大型成套设备，一般都采用工厂检验。

(2)装船前或装船时检验。即“离岸品质和离岸重量”(Shipping Weight and Shipping Quality)，是指出口货物在装船前交由双方约定的机构或人员进行检验,商品的品质、数量以当时的检验结果为准。有些散装货物采用传送带或其他机械操作方法装船,其抽样检验和衡量工作,一般是在装船时进行。这种做法依然属于离岸品质、重量的范畴。

2. 在进口国检验

这类做法对买方有利,也可分两种:目的港卸货时检验,即"到岸品质和到岸重量";用户所在地检验。

(1)卸货时检验。一般是指货物到达目的地卸货后,在约定的时间内进行检验。检验地点可因商品性质的不同而异,一般货物可在码头仓库进行检验,易腐货物通常应于卸货后,在关栈或码头尽快进行检验,并以其检验结果作为货物质量和数量的最后依据。这也就是国际贸易上通常所说的"到岸品质、重量"(Landed Weight and Landed Quality)。在采用这种条件时,卖方应承担货物在运输途中品质、重量变化的风险,买方有权根据货物到达目的港时的检验结果,在分清卖方、船方和保险公司责任的基础上,对属于卖方应该负责的货损、货差,向卖方提出索赔,或按事先约定的价格调整办法进行调整。

(2)用户所在地检验。对于一些不便在目的港卸货时检验的货物,例如密封包装,在使用之前打开有损于货物质量或会影响使用的货物,或是规格复杂、精密程度高、需要在一定操作条件下用精密仪器或设备检验的货物,一般不能在卸货地进行检验,需要将检验延迟到用户所在地进行。使用这种条件时,货物的品质和重量(数量)是以用户所在地的检验结果为准。

3. 出口国检验,进口国复验

目前,我国对外签订的买卖合同,大量使用的是货物在装船前进行检验,由卖方凭商检证书连同其他装运单据,交银行议付货款。货物到达目的港后,再由双方约定的机构在约定的时间内,对货物进行复检。如发现货物的品质或数量与合同规定不符,买方有权在规定时效内提出异议。这类做法兼顾了买卖双方利益,因此在国际贸易中被广泛使用。

4. 装运港检验重量,目的港检验质量

这种检验方法是指交货重量以装运港买卖双方约定检验机构检验货物后出具的重量检验证明为最后依据,交货品质以目的港双方约定的检验机构检验货物后出具的质量检验证明为最后依据,即"离岸重量、到岸品质"(Shipping Weight, Landed Quality)。这类检验多用于大宗商品交易,以调和买卖双方在商品检验中存在的矛盾。

(二)检验机构

检验机构就是实施商品检验工作的部门。世界各国都有自己的商检机构和公证检验机构，有的属于综合性的，有的属于专业性的；既有国家设立的，也有私人或同行公会经营的。具体实施检验工作的部门包括以下三种。

1. 官方机构

由国家设立的检验机构。如美国食品药物管理局(FDA)、日本通商产业检查所(TTIII)等。在我国，主管出入境检验、检疫、鉴定和管理工作的机构是中华人民共和国出入境检验检疫局及其设在各地的分支机构，习惯称为国家商检部门。2001 年 4 月 10 日，国务院宣布将国家质量技术监督局与国家出入境检验检疫局合并，成立了国家质量监督检验检疫总局，成为我国政府现时主管质量监督和检验检疫工作的最高行政执法机构。

2. 半官方机构

半官方机构指一些有一定权威的、已被该国政府认可并委托其办理一部分进出口商品的检验工作的民间机构。如美国的担保人实验室(UL)。根据美国政府规定，凡与安全有关商品(如电器、化学危险品等)均需担保人实验室的检验，并取得“UL”标志，方可进口。

3. 非官方机构

由私人或同业公会、协会等开设的检验机构。如瑞士日内瓦通用鉴定公司(SGS)是世界上历史悠久、规模庞大的提供质量控制和质量保证服务的检验和测试公司。

在实际交易中，究竟选用上述哪种机构，取决于各国的规章制度、商品性质以及交易条件等。此外，根据具体情况，双方也可约定由买方派人到供货的工厂、企业、用货单位或买卖双方派人实行联合检验。

(三)检验标准与方法

1. 检验标准

商品检验的标准很多，有生产国标准、进口国标准、国际通用标准以及买卖双方协议的标准等。商品检验一般按合同和信用证规定的标准作为检验的依据。如合同和信用证未规定或规定不明确时，进口商品首先采用生产国现行标准；没有生产国标准的，则采用国际通用标准；这两项标准都没有时，可按进口国家的标准检验。出口商品以买卖双方约定的标准作为检验的依据。无约定或约定不明确的，按国家标准；无国家标准按部标准或按企业标准。目前，我国有许多产品按国际标准生产和出口，并以此标准作为检验商品的依据。

2. 检验方法

商品检验方法主要有感官检验法、理化检验法、现代仪器检验法和实际试用观察法。应在签合同时，订明使用的检验方法，如抽样的方法与比例等。检验方法不同，其结果不一，容易引起争议。为避免争议，必要时应在合同中订明检验方法。在我国，检验方法的标准，由国家商检局制定。

(四)检验证书

检验证书(Certificate of Inspection)是商检机构对进出口商品检验、鉴定后所出具的证明文件。

检验证书具有法律效力，其作用主要有：通关的凭证，海关计征关税的凭证，出口商凭以议付货款的有效证件，贸易双方交接货物的依据，索赔、仲裁及诉讼的凭据。目前我国常见的商检证书主要有13种。

1.品质检验证书(Inspection Certificate of Quality)。它是证明进出口商品的质量、规格、等级等实际情况是否符合贸易合同或有关规定的证明文件。

2.重量或数量检验证书(Inspection Certificate of Weight of Quantity)。它是证明进出口商品的重量或数量是否符合贸易合同规定的证明文件。

3.包装检验证书(Inspection Certificate of Packing)。它是证明进出口商品包装及标志情况的证明文件。

4.兽医检验证书(Veterinary Inspection Certificate)。它是证明进出口动物产品经过检疫合格的证明文件，适用于冻畜肉、冻禽、禽畜肉、罐头、冻兔、毛类、绒类、猪鬃、肠衣等出口商品。有时还要加上卫生检验内容，称兽医卫生检验证书(Veterinary Sanitary Inspection Certificate)。

5.卫生检验证书(Sanitary Inspection Certificate)，又称健康检验证书(Inspection Certificate of Health)。它是证明可供人类食用或使用的动物产品食品等经过卫生检验或检疫合格的证明文件。适用于肠衣、罐头、冻鱼、冻虾、食品、蛋品、乳制品、蜂蜜等。

6.消毒检验证书(Inspection Certificate of Disinfection)。它用于证明出口谷物、油籽、豆类、山羊毛、羽毛、人发等商品经过消毒处理。

7.熏蒸检验证书(Inspection Certificate of Fumigation)。它用于证明出口谷物、油籽、豆类等商品，以及包装用木材与植物性填充物等已经过熏蒸灭虫的证书。其内容主要证明使用的药物、熏蒸的时间等情况。

8.温度检验证书(Inspection Certificate of Temperature)。它是证明出口冷冻商品温度的证书。测温结果一般列入品质检验证书中，若国外要求单独出证，可以单独出具温度检验证书。

9.残损检验证书(Inspection Certificate on Damaged Cargo)，简称验残证书。它是证明进口商品残损情况的证明文件。主要内容为确定商品的受损情况及其对使用、销售的影响，估计损失程度，判断致损的原因。它可以作为收货人向供货人或承运人或保险人等有关责任方索赔的有效证件。

10.船舱检验证书(Inspection Certificate on Tank/Hold)。它是证明承运出口商品的船舱清洁、牢固、冷藏及其他装运条件是否符合保护承载商品的质量和数量完整与安全要求的证明文件。可以作为承运人履行租船契约适载义务,对外贸易关系人进行货物交接和处理货损事故的依据。

11.货载衡量检验证书(Inspection Certificate on Cargo Weight & Measurement),又称衡量检验证书。它是证明进出口商品重量、体积吨位的证书。它是计算运费和制订配载计划的依据。

12.产地证明书(Certificate of Origin)。包括一般产地证、限制禁运产地证、野生动物制品产地证和普惠制产地证等。它是通关放行和减免关税的必要证明文件。

13.价值证明书(Certificate of Value)。主要用于证明发票所列商品的价值是否真实正确。它是进口国管理外汇和征收关税的凭证。

(五)商品检验的内容

商检机构对于进出口商品检验和鉴定的具体内容,根据商品的不同特性、法律法规规定的不同、合同中的具体规定以及申请委托人的意愿而不同。一般来说,商品检验的项目和内容主要包括品质(质量)检验、数量和重(质)量检验、包装鉴定、装运技术检验、卫生检验、残损鉴定、货载衡量鉴定以及对商品的标记、产地和价值等方面的检验和鉴定等。

(六)复验的期限、地点和机构

复验期限实际上就是索赔期限,过期买方就失去索赔权。应结合商品性质、港口情况确定期限。复验地点除非买卖双方另有规定,一般是在货物到达的目的地。复验机构一般由贸易双方指定政治上对自己友好、业务能力强的检验或公证机构。

三、商品检验的一般程序

1.报验。报验是指对外贸易关系人向商检机构报请检验。报验时需填写"报验申请单",填明申请检验、鉴定工作项目和要求,同时提交对外所签买卖合同,成交小样及其他必要的资料。

2.抽样。商检机构接受报验之后,及时派员赴货物堆存地点进行现场检验、鉴定。抽样时,按照规定的方法、一定的比例在货物的不同部位抽取一定数量的、能代表全批货物质量的样品(标本)供检验之用。

3.检验。商检机构接受报验之后,认真研究申报的检验项目,确定检验内容，仔细审核合同（信用证）对品质、规格、包装的规定，弄清检验的依据，确定检验标准、方法，然后对抽样进行检验。

4.签证。在出口方面，凡列入国家出入境检验检疫部门实施法定检验种类表（简称种类表）内的出口商品，经检验合格后签发通关单。凡合同、信用证规定由商检部门检验出证的，或国外要求签检证书的，根据规定签发所需封面证书；不向国外提供证书的，只发通关单。种类表以外的出口商品，应由商检机构检验的，经检验合格发给证书或通关单后，方可出运。在进口方面，进口商品经检验后，分别签发"检验情况通知单"或"检验证书"，供对外结算或索赔用。凡由收、用货单位自行验收的进口商品，如发现问题，供对外索赔用。对于验收合格的，收、用货单位应在索赔有效期内把验收报告送商检机构销案。

第二节 索 赔

一、争议与索赔、理赔的含义

争议（Dispute）是指交易的一方认为对方未能部分或全部履行合同规定的责任和义务而引起的纠纷。争议有时也称争端、争执、纠纷。从法律意义上来讲，争议是有关当事人之间的权利义务的不同主张。争议的产生主要有两种原因：一种是基于合同的争议，一方当事人认为另外一方未履行合同而使其利益受到损害，本书所说的争议就是属于这种类型；另外一种是基于法律关系而产生的争议。当事人之间虽然没有合同关系，但一方当事人依据某项法律中的强制性规定提出索赔，如有关产品责任、侵权、不当得利、商标专利等方面的争议就是属于这一类。

索赔（Claim）是指在争议发生后，受害方向违约方提出赔偿要求。按照各国法律的规定，当一方违反合同使对方的权利受到损害时，受损害的一方有权采取适当的措施。在法律上，索赔就是主张自己的权利。与索赔相对应的是理赔（Claim Settlement）。理赔就是违约方受理与处理受害方的赔偿要求。索赔与理赔是一个问题的两个方面，在受害方是索赔，在违约方是理赔。

国际贸易的索赔一般有三种情况，即货物买卖索赔、运输索赔和保险理赔。本节专门阐述货物买卖索赔。

二、争议产生的原因

1. 卖方违约

常见形式有不履行交货义务、不按时交货，或不按合同规定的品质、数量等交货，或提供的单证与合同、信用证规定不符。

2. 买方违约

常见形式有在 FOB 条件下不按期派船、不按时开立信用证、不付款、无理由拒收货物等。

3. 买卖双方均有违约责任

如合同条款规定不明确，导致双方理解分歧，引起纠纷；或在履约中双方均有违约行为。

三、不同法律对违约行为的不同解释

违约是指在买卖双方中，任何一方违反合同义务的行为。

(一)英国法的规定

英国法把违约分为违反要件和违反担保两种。违反要件是指违反合同的主要条款，受害方除了可以要求损害赔偿，还有权解除合同。违反担保是指违反合同的次要条款，受害方只可要求赔偿，不能解除合同。

(二)《联合国国际货物销售合同公约》的规定

1980 年《联合国国际货物销售合同公约》把违约分为根本性违约和非根本性违约。根本性违约是指由于当事人的主观行为造成的，以致给另一方当事人造成实质性损害，如卖方完全不交货，或买方无理由拒收货物，拒付货款，除了可以要求损害赔偿，还有权解除合同。非根本性违约是指由于当事人不能预知，而处于相同情况的另一个明智的人也不能预知这种结果，受害方只可要求赔偿，不能解除合同。

四、合同中索赔条款的主要内容

(一)异议与索赔条款(Discrepancy and Claim Clause)

(1)索赔依据。主要规定索赔必须具备的证据和出证机构。它包括法律依据和事实依据两个方面。前者是指合同和有关国家的法律规定；后者是指违约的事实真相及其书面证明，以证实违约的真实性。

(2)索赔期限。这是指索赔方向违约方索赔的有效期限，逾期违约方可不予受理。因此，索赔期限要根据商品的不同性质，做出合理规定。

(3)处理索赔的方法和索赔金额。这一条通常只作笼统规定。因为违约的情况比较复杂，金额也难以预算。

(二)罚金条款(Penalty Clause)

如一方违约应向对方支付约定的罚金,以补偿对方的损失。罚金亦称违约金。罚金条款一般适用于卖方延期交货,或买方延期开立信用证或延期接货等。罚金大小应视延误时间长短而定,并规定最高金额。各国法律对此条款有不同规定,法国等大陆法系国家认可该条款,英美法系国家则不承认这种带惩罚性的条款。

五、索赔、理赔时应注意的问题

1. 我方向对方索赔应注意:(1)注重实际,查明责任。(2)遵守索赔期限。(3)正确确定索赔项目与金额。(4)备齐索赔所需单证。

2. 我方理赔应注意:(1)依照合同与惯例,认真研究对方理由是否充足,情况是否属实,如逾期,可不予受理。(2)仔细审核对方的索赔证据是否符合规定和要求,是否齐全、清楚,有无夸大等。(3)合理确定赔付办法。

在实际业务中,一切争议应以友好协商为主,不能认为对方要求无理就断然拒绝,应该尽最大努力协助客户解决问题,尽量减少客户损失,这是维系长久经营的法则。

第三节　不可抗力

一、不可抗力的定义

(一)不可抗力的含义

不可抗力(Force Majeure)是指当事人在订立合同时不能预见、对其发生的后果不能避免并不能克服的事件。

(二)不可抗力的必备条件

(1)意外事件必须发生在订约之后。

(2)意外事件非当事人过失、疏忽所致。

(3)意外事件无法预见和控制。

(三)不可抗力的范围

(1)自然原因。它是指人类无法控制的自然界力量所引起的灾害,如水灾、火灾、地震等。

(2)社会原因。它是包括政府行为如政府发布新的法律、法规和禁令等;社会异常事件,如战争、罢工、暴乱等。

需要注意的是，并非所有自然原因和社会原因都属于不可抗力的范围，如价格涨落、汇率波动等正常贸易风险；再如怠工、关闭工厂、船期变更等并非不可抗力。

二、合同中不可抗力条款的主要内容

不可抗力条款是指在合同中订明如一方当事人因不可抗力事件不能履行合同全部或部分义务时，免除其全部或部分责任；不能按合同规定的期限履行其义务的，免除其迟延履行的责任。另一方当事人不得对此要求损害赔偿。

（一）不可抗力事件的范围

常见的规定方法有以下三种：

(1)概括式。例如，“由于不可抗力的原因”，这种规定过分空泛，易引发争议。

(2)列举式。例如，“由于战争、地震、火灾、水灾、雪灾、暴风雨的原因”，这种规定难以面面俱到，万一遇到未列明事故，仍会引发争议。

(3)综合式。例如，“如因战争、地震、火灾、水灾、雪灾、暴风雨或其他不可抗力的原因”，这一规定灵活、科学，合同中多采用这一种。

（二）不可抗力的后果

不可抗力事件的后果有两种：解除合同或变更合同。主要根据不可抗力事件对履行合同产生的影响程度来区分。只有当不可抗力事件使履行合同成为不可能，当事人才可免责，解除合同。如果不可抗力只是部分地或暂时地阻碍了合同履行，只能变更合同，包括延期履行、替代履行、减量履行、分期履行。

（三）发生事件后通知对方的期限和方式

例如，“一方遭受不可抗力事件之后，应以电报或电传方式通知对方，并应在15天内以航空挂号信提供事故的详情及其影响合同履行程度的证明文件”。

（四）证明文件及出具证明的机构

在国外一般由当地的商会或合法的公证机构出具证明文件。在我国，由中国国际贸易促进委员会出具证明文件。

三、援引不可抗力条款应注意的事项

当对方援引不可抗力条款要求免责时，我方应严格审查，确定事故是否属于合同中不可抗力规定的范围。如不属于，不能按不可抗力处理。即使有“双方同意的其他不可抗力事故”规定时，如果有一方不同意，也不能算作不可抗力。

援引不可抗力条款的后果时，应根据事故性质、影响履约程度等具体情况，来判断是解除还是变更合同。

第四节 仲 裁

一、仲裁的含义及特点

仲裁(Arbitration)是指买卖双方达成协议，自愿将争议提交双方所同意的仲裁机构进行裁决，这个裁决是终局的，对双方都有约束力。

在国际贸易中，如果发生贸易纠纷，解决争议的方式有多种，一般先是进行友好协商，协商不成，可找第三者调解，再不成，便提交仲裁。在发生争议后，双方又不能达成仲裁协议时，才通过司法诉讼解决。仲裁同司法诉讼相比具有以下特点：程序简单、迅速及时、收费低、公平、裁决终局性、既有力度又不伤感情。因此，包括我国在内的不少国家已通过立法，确定仲裁为解决国际商务纠纷的重要方式。

二、仲裁协议的形式与作用

仲裁协议有书面形式和口头形式。包括我国在内的许多国家规定仲裁协议必须是书面的。书面仲裁协议的形式有两种：在争议发生之前订立的和在争议发生之后订立的。

仲裁协议的作用：约束双方当事人解决争议的行为，授予仲裁机构对仲裁案件的管辖权，排除法院对有关案件的管辖权。

三、合同中仲裁条款的主要内容

(一)仲裁地点

在不同的国家进行仲裁，由于适用不同的仲裁法规对当事人利益会产生不同的影响。我国在订立进出口合同时，首先力争在我国仲裁；如争取不到，可在被诉方所在国仲裁；也可规定在双方同意的第三国仲裁。

(二)仲裁机构

国际贸易仲裁机构有两种：可以是常设仲裁机构，也可以是临时仲裁机构，即由双方当事人指定的仲裁员自行组成临时仲裁庭。目前国际上大多数仲裁案件选用常设机构。我国的常设仲裁机构是中国国际经济贸易仲裁委员会。

(三)仲裁程序

一般程序为:提交仲裁申请、指定仲裁员、组织仲裁庭、进行答辩、仲裁审理、做出裁决和缴纳仲裁费等。

(四)仲裁效力

包括中国在内的绝大多数国家规定,仲裁裁决具有终局性,对双方当事人均有约束力,任何一方都不得向法院起诉要求变更。裁决做出之后,如果败诉方拒不履行,而仲裁机构又不具有强制执行的权利,胜诉方可向法院提出申请,要求强制执行。

(五)仲裁费用的负担

一般在条款中明确规定由败诉方承担,但也有的由仲裁庭酌情决定。

本章小结

商品检验是指由专门的商检机构或其他指定的机构,对进出口商品的品质、规格、数量、包装等实施检验、检疫和公证鉴定,并出具商检证书,以确定其是否符合法律、法规或贸易合同的规定,作为通关、征税、议付、计收运费、交接货物以及索赔、仲裁或诉讼的依据。商品检验的程序有:报验、抽样、检验、签证。订立合同检验条款要注意与其他条款的衔接,准确规定检验标准和方法,明确复检的期限、地点和机构,以免后患。

索赔是指在争议发生后,受害方向违约方提出赔偿要求。对违约方而言就是理赔。索赔是处理违约的一种重要补救措施,而且在采取其他补救措施时仍不影响索赔的权利。在索赔时应注意查明责任、索赔期限、索赔项目与金额以及所需单据;理赔时应注意是否应受理及采取何种赔付办法等。

不可抗力条款是指在合同中订明如一方当事人因不可抗力事件不能履行合同全部或部分义务时,免除其全部或部分责任;不能按合同规定的期限履行其义务的,免除其迟延履行的责任。另一方当事人不得对此要求损害赔偿。合同中不可抗力条款的主要内容有:不可抗力事件的范围、后果、发生事件后通知对方的期限和方式及出证机构等。

仲裁是解决国际商务纠纷的重要方式。仲裁条款的主要内容包括:仲裁地点、仲裁机构、仲裁程序、仲裁效力、仲裁费用的负担等。

思考与练习

1.商品检验证书的作用是什么？合同中商品检验条款包括哪些内容？

2.仲裁协议的作用是什么？仲裁与诉讼相比，优点是什么？

3.某公司某年10月与外商签订一份农产品出口合同，交货期为当年10～12月。签约后派人去产区收货，但由于该年7～8月间产区遭受旱灾，产品无收，出口人能否以不可抗力为由撤销合同？

4.我方某公司A与新加坡某公司B以CIF Singapore的条件出口一批土特产品。货到新加坡后，B公司发现货物的质量有问题，但B公司仍将原货转船至马来西亚。其后，B公司在合同规定的索赔期限内凭马来西亚商检机构签发的检验证书，向A公司提出退货要求或打六折处理。试问：(1)A公司应如何处理？为什么？(2)若A、B公司有多年业务往来，A公司事先已知B公司拟将货物转卖给马来西亚某客户，在此情况下，A公司又应如何处理？

第十四章　进出口合同的履行程序

本章课程概况

课题内容：出口合同的履行程序和进口合同的履行程序。

课时：2+4 课时。

教学目的：通过本章的教学，使学生懂得“重合同、守信用”是履行交易程序时必须遵守的原则。掌握在履行出口合同时，卖方应抓好货、证、船、款四个环节；在履行进口合同时，买方应按约定条件及时开出信用证，并应办理租船订舱和货运保险，装运单据到达后及时付款赎单，做好报关和提货工作。

教学要求：掌握《联合国国际货物销售合同公约》对买卖双方基本义务的规定；掌握 UCP600 对审证、改证的有关规定，进口索赔应注意的问题；熟悉缮制各种单据应注意的问题。

教学方式：理论和实训相结合。理论讲授部分：第一节课介绍出口合同的履行程序，第二节课介绍进口合同的履行程序；实训部分：用四节课来熟悉各种相关单据及其缮制方法。

第一节　出口合同的履行

我国出口贸易中，常用的贸易条件为 FOB、CIF 和 CFR。本节选取其中出口商承担业务最多的 CIF 贸易条件和信用证结算为例，阐述出口合同的履行程序。如图 14－1 所示。

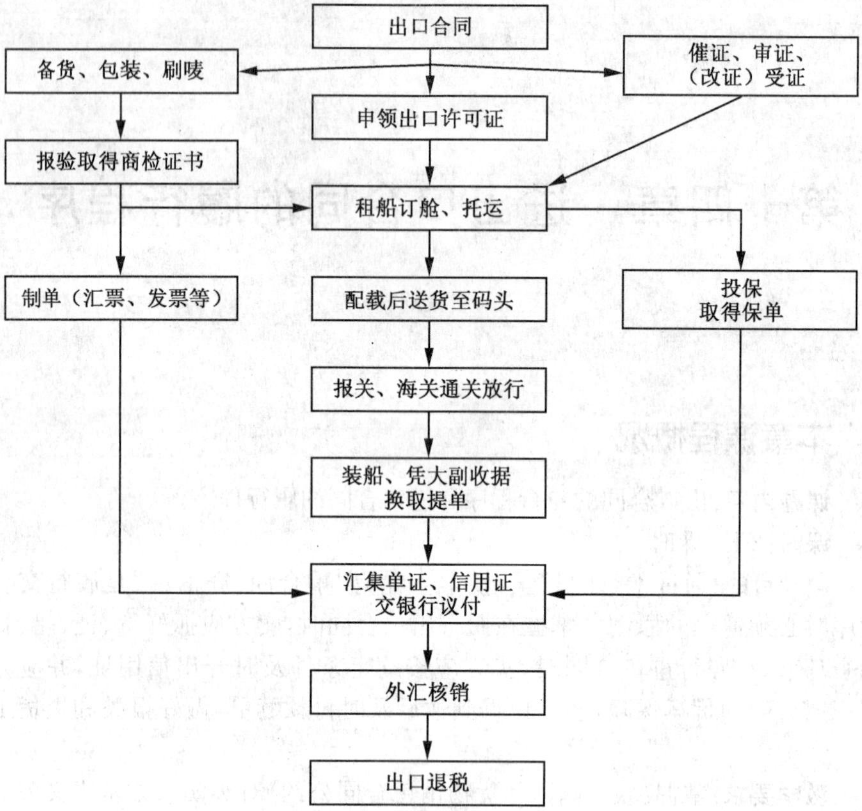

图 14－1　出口合同履行程序

一、信用证的催、审及修改

(一)催证

催证是指卖方以书面或口头形式向买方催促开证的情况。在通常情况下，国外客户能按时开证，但如果国外行市发生变化或进口商资金发生短缺，往往会拖延开证或不开证，甚至故意不开证。这对我方极为不利。鉴于此，我方应催促对方迅速办理开证手续。催证可在以下情况下进行：

1. 在合同规定的开证期之前催证，以提醒客户注意开证时间即将来临。

2. 在客户未按时开证的情况下催证或连续催证，以示必须立即开证，否则，将延误装运期。

3. 在装运期已到客户仍不开证的情况下催证。在这种情况下，如果经催证客户开来了信用证，则应在来证符合合同规定的条件下予以接受，但应注意装运期和信用证有效期必须以我方能接受为条件。

(二)审证

信用证的特点是受益人(通常为出口商)在提供了符合信用证规定的有关单证的前提下，开证行承担第一付款责任，其性质属于银行信用。应该说在满足信用证条款的情况下，利用信用证付款既安全又快捷。但必须特别注意的是，信用证付款方式强调"单单相符、单证相符"的"严格符合"原则，如果受益人提供的文件不符合信用证的规定，不仅会产生额外的费用，而且还会遭到开证行的拒付，给安全、及时收汇带来很大的风险。

从理论上来说，信用证是依据出口合同开立的，信用证的内容理应与合同的条款相一致。但在实际业务中，由于种种原因，如国外客户或开证银行工作的疏忽和差错，或者某些国家对开立信用证有特别规定，或者国外客户对我国政策不了解，或者开证申请人或开证行的故意行为等，往往会出现开立的信用证条款与合同条款不符。因此，事先对信用证条款进行审核，对于不符合出口合同规定或无法办到的信用证条款及时提请开证申请人(通常为进口商)进行修改，可以大大减少进口商收汇的风险。

审核信用证是银行和外贸企业的共同责任，但审核内容各有侧重。银行着重审核开证银行的政治背景、资信能力、付款责任及索汇路线等方面的问题，外贸企业则着重审核信用证与买卖合同是否一致和信用证的一些要求我方能否接受等。审核信用证的要点如下。

1. 开证银行

(1)开证行的政治背景和对我国的态度。凡是政策规定我国不与之进行经济贸易往来的国家银行开来的信用证，均应拒绝接受。

(2)开证行的资信情况。对于资信较差的银行，可分别采取适当的安全措施，如要求另一家银行保兑，加列电报索偿条款，分批装运、分批结汇等，通过这些措施可以减少收汇的风险。

(3)核查电开信用证的密押是否相符、信开信用证的签字或印鉴是否真实，以确定信用证的真伪。检查信用证内容是否完整。

(4)偿付路线是否合理，偿付条款是否恰当。检查信用证的通知方式是否安全、可靠。

信用证一般是通过受益人所在国家或地区的通知/保兑行通知给受益人的。这种方式的信用证通知比较安全，因为根据 UCP 的有关规定，通知行应对所通知的信用证的真实性负责；如果不是这样寄交的，遇到下列情况之一的应该首先通过银行调查核实:①信用证是直接从海外寄给受益人的,那么,受益人应该小心查明它的来历;②信用证是从本地某个地址寄出,要求受益人把货运单据寄往海外,而受益人并不了解其指定的那家银行。

2. 检查信用证的付款保证是否有效

有下列情况之一的,不是一项有效的付款保证或该项付款保证是存在缺陷的:

(1)信用证明确表明是可以撤销的,此信用证由于无须通知受益人或未经受益人同意可以随时撤销或变更,对受益人来说是没有付款保证的。因此,一般不予接受。信用证中如没有表明该信用证是否可以撤销,按照UCP600的规定,应理解为不可撤销。

(2)应该保兑的信用证未按要求由有关银行进行保兑。

(3)信用证未生效。

(4)有条件生效的信用证,如“待获得进口许可证后才能生效”。

(5)信用证简电或预先通知。

(6)由开证申请人提供的开证申请书。

3. 检查信用证的金额是否符合合同规定

主要检查的内容有以下几个方面:

(1)信用证金额是否正确。

(2)信用证中的单价、总值、币种及大小写是否一致。

(3)有无佣金、是否符合合同规定。如所开的金额已扣除佣金,就不能在信用证上再出现议付行内扣佣金的词句。

(4)如数量上可以有一定幅度的溢短装,那么,信用证的支付金额也应允许有一定的伸缩幅度。UCP600第三十条a款规定:“约”或“大约”用于信用证金额或信用证规定的数量或单价时,应解释为允许有关金额或数量或单价有不超过10%的增减幅度。

4. 对货物描述的审核

(1)审核信用证中货物的名称、货号、规格、包装、合同号码、订单号码等内容是否与买卖合同完全一致。

(2)检查信用证的数量是否与合同规定相一致。UCP600第三十条b款规定:除非信用证规定数量不得有增减,那么,在信用证未以包装单位件数或货物自身件数的方式规定货物数量时,货物数量允许有5%的增减幅度,只要总支取金额不超过信用证金额。

(3)检查价格条款是否符合合同规定。不同的价格条款涉及具体的费用,如运费、保险费由谁承担。例如，合同中规定：FOB SHANGHAI USD50/PC，那么，运费和保险费由买方承担；如果信用证中的价格条款没有按合同的规定表示，而是写成：CIF NEW YORK USD50/PC，对此条款如不及时修改，那么，受益人将承担有关的运费和保险费。

5. 检查信用证受益人和开证申请人的名称和地址是否完整和准确

受益人和开证申请人的名称和地址是出口单证中必不可少的，如来证开错应及时修改，以免制单和交单发生困难，影响收汇。

6. 有效期、交单期和交货期是否合理

(1)有效期

按UCP的规定，一切信用证均须规定一个到期日和一个交单付款、承兑的地点，或除了自由议付信用证外的一个交单议付的地点。规定的付款、承兑或议付的到期日，将被解释为交单到期日。据此，未注明到期日(即有效期)的信用证是无效的。

信用证的有效期还涉及到期地点的问题。一般有三种情况：①在出口地到期；②在进口地到期；③在第三国到期。这三种情况中，第一种规定方法对出口人最有利，而第二、第三两种情况，到期地点均在国外，有关单据必须寄送国外。由于我们无法掌握单据到达国外银行所需的时间且容易延误或丢失，因而风险较大。为此，出口商应争取在出口地到期，若争取不到，则必须提前交单，以防逾期。

(2)交单期

信用证还应规定运输单据出单后向银行提交的期限，即“交单期”。交单期通常按下列原则处理。

①信用证有规定的，应按信用证规定的交单期向银行交单。

②信用证没有规定的，向银行交单的日期不得迟于提单日期后21天。

(3)装运期

装运期是指卖方将货物装上运往目的地(港)的运输工具或交付给承运人的日期。信用证中可以没有装运期，只有有效期。若信用证未规定装运期，卖方最迟应在信用证到期日前几天装运。如信用证中的装运期和有效期是同一天，即通常所说的“双到期”，在实际业务操作中，应将装运期提前一定的时间(一般在有效期前10天)，以便有合理的时间来制单结汇。

超过信用证规定装运期的运输单据将构成不符点，银行有权不付款。检查信用证规定的装运期应注意以下两点。

①能否在信用证规定的装运期内备妥有关货物并按期出运。如来证收到

时装运期太近,无法按期装运,应及时与客户联系修改。

②实际装运期与交单期相距时间太短。

7. 运输条款是否可以接受

(1)装运港(地)和目的港(地)。信用证运输条款中的装运港(地)和目的港(地)应与合同相符,交货地点也必须与价格条款相一致。

(2)若来证指定运输方式、运输工具或运输路线,以及要求承运人出具船龄或船籍证明,应及时与承运人联系。

(3)分批装运和转运问题。多数来证是允许转运或分批的(其中包括信用证中未注明可否转运或分批),但也有信用证列明不许转运或不准分批,出口商应及时了解在装运期内是否有直达船到目的地、能否提供直运提单及了解货源情况、是否可以在装运期内一次出运。

对信用证列有必须分批,且规定每批出运的日期和出运数量,或类似的特殊分运条款,应根据货源情况决定是否可以接受。对于分期装运,UCP 规定,除非信用证另有规定,若一期未能按期完成,本期及以后各期均告失效。若要续运,必须修改信用证。

(4)信用证中指定运输标志。如货已备妥,运输标志已刷好而信用证后到,且信用证指定的运输标志与原运输标志不一致,应要求修改运输标志。否则,需按信用证重新刷制。

8. 保险条款是否可以接受

保险条款是否可以接受应按以下条件判断。

(1)保险金额是否符合合同规定。

(2)保险险别及其他保险条款是否符合合同规定。

若来证要求的投保险别或投保金额超出了合同的规定,受益人应及时和保险公司联系,若保险公司同意且信用证上也表明由此产生的额外费用由开证申请人承担并允许在信用证项下支取,则可接受。

9. 其他条款

(1)银行费用条款

此项条款 UCP600 也做了明确的规定,即银行费用(一般包括议付费、通知费、保兑费、承兑费、修改费、邮费等)由发出指示的一方负担。如信用证项下是由开证申请人申请开立的信用证,同时又由开证行委托通知行通知议付。因此,来证由受益人承担全部费用(all banking charges are for account of beneficiary)显然是不合理的。关于银行费用,可由出口商和进口商在谈判时加以明确,一般以双方共同承担为宜。

(2)检查信用证规定的单据条款是否合理

检查的主要内容如下：

①一些需要认证的单据特别是使馆认证等能否及时办理和提供。

②由其他机构或部门出具的有关文件如出口许可证、运费收据、检验证明等能否及时提供。

③要求提交的单据条款是否合理。例如，汇票的付款期限与合同规定不符；在信用证方式下，汇票的付款人为开证申请人；发票种类不当；提单收货人一栏填制要求不妥；提单抬头与背书要求有矛盾；对运输工具、方式或路线的限制无法接受；产地证明书出具机构有误；要求提交的检验证书与实际不符等。

(3)检查信用证中有无陷阱条款

下列信用证条款对于出口商来说是有收汇风险的：

①正本提单全部或部分直接寄交开证申请人的条款。如果接受此条款，将面临货、款两空的危险。

②将客检证作为议付文件的条款。要求提供客检证书，接受此条款，受益人正常处理信用证业务的主动权很大程度上掌握在对方手里，影响安全收汇，要谨防利用虚假客检证书诈骗。

③信用证规定必须由开证申请人或其指定的人签署有关单据的条款，如商业发票需由买方签字等条款内容，对此应慎重对待。

④信用证对银行的付款、承兑行为规定了若干前提条件，如货物清关后才付款等。

(4)检查信用证中有无矛盾之处

例如，合同中是空运，却要求提供海运提单；合同中价格条款是 FOB，保险应由买方办理，而信用证中却要求提供保险单；提单运费条款规定与成交条件有矛盾；要求提单的出单日期比装运期早，受益人无法做到。

(5)检查有关信用证是否受 UCP600 的约束

信用证受 UCP600 的约束可以使人们在具体处理信用证业务中，对信用证的有关规定有一个公认的解释和理解，避免因对某一规定的不同理解产生的争议。

(三)改证

在对信用证进行全面细致的审核之后，如果发现信用证上的条款与合同条款不符，受益人(通常为出口商)应按照“非改不可的坚决要改，可改可不改的根据实际情况酌情处理”的原则处理。凡是不符合相关法律法规规定，影响合同执行或安全收汇的条款，受益人应立即要求开证申请人，通过原开证行进行必要的书面修改。信用证修改的一般程序:卖方向买方发函要求改证一买方向开证行申请改证一开证行改证并转交通知行一通知行将改证通知卖方。

信用证的修改可以由开证申请人提出,也可以由受益人提出。由于修改信用证的条款涉及各当事人的权利和义务,因而不可撤销的信用证在其有效期内的任何修改,都必须征得各有关当事人的同意。

出口商对信用证的修改应掌握的原则和注意的问题有以下几个。

(1)非改不可的坚决要改,可改可不改的根据实际情况酌情处理。如合同中规定可以“分批装运”,信用证中规定“不许分批装运”,若实际业务中可以不分批装运,则不需修改该条款。

(2)不可撤销信用证的修改必须被各有关当事人全部同意后,方能有效。开证行发出修改通知后不能撤回。

(3)保兑行有权对修改不保兑,但它必须不延误地将该情况通知开证行及受益人。

(4)受益人应对开证申请人提出的修改发出接受或拒绝的通知。根据UCP的规定,受益人对不可撤销的信用证的修改表示拒绝的方法有两种:一是向通知行提交一份拒绝修改的声明书;二是在交单时表示拒绝修改,同时提交仅符合未经修改的原证条款的单据。

(5)在同一信用证上,如有多处需要修改的,原则上应一次提出。一份修改通知书包括两项或多项内容,要么全部接受,要么全部拒绝,不能只接受一部分而拒绝另一部分。

(6)受益人提出修改信用证,应及时通知开证申请人,同时规定一个修改通知书到达的时限。

(7)收到信用证修改后,应及时检查修改内容是否符合要求,并分情况表示接受或重新提出修改。

(8)对于修改内容要么全部接受,要么全部拒绝,部分接受修改中的内容是无效的。

(9)有关信用证修改必须通过原信用证通知行才真实有效,通过客人直接寄送的修改申请书或修改书复印件不是有效的修改。

(10)明确修改费用由谁承担,一般按照责任归属来确定修改费用由谁承担。

二、货物的准备及报验

(一)备货

所谓备货,是指根据出口合同所规定的商品品质、规格、数量、重量、花色品种、包装等要求，按时、保质、保量地准备好货物。其主要内容包括及时向供货部门或生产企业进行逐一地交代、检查和督促，核实应交货物的品质、规格、数量和交运时间，并进行必要的包装，以及刷制运输标志等项工作。在备货交运过程中，应注意以下几点。

(1)对所备货物的品质、规格、花色品种要严格核对，使所交运的货物完全符合合同和信用证的规定。对于那些不符合要求的货物必须重新加工或调换。

(2)备货数量可适当有余，以备不测，在短缺时可以补足，避免短交。

(3)所备货物的包装必须符合出口合同规定，包括内外包装的方式方法、用料、重量等。由于运输公司按重量或体积计算运费，出口企业应尽量选择重量轻的小体积包装，以节省运输费用。随着技术进步，自动仓储环境处理的货物越来越多，货物在运输和仓储过程中，通常由传送带根据条形码自动扫描分拣。因此，应注意根据仓储要求，严格按统一尺寸对货物进行包装或将货物放置标准尺寸的牢固托盘上，并预先正确印制和贴放条形码。

(4)运输包装的刷唛，要按买卖双方约定的式样，要求图形和文字清晰、醒目，位置适当，涂料不易脱落和防止错刷。运输标志式样一般由卖方自行制定，并及时通知买方，或在合同上加以说明，以便及时刷唛和货到时提货无误。如果在合同上仅规定由买方决定，则要求买方在开出的信用证上注明或发运前10～15天通知卖方，否则，卖方可自行决定，并在货物运往装运港前刷唛完毕。

(5)货物备妥的时间应结合信用证规定的装运期限和船期安排，做到船货相衔接。

(二)报检

报检是指有关当事人根据法律、行政法规的规定，对外贸易合同的约定或证明履约的需要，向检验检疫机构申请检验、检疫、鉴定，以获准出入境或取得销售使用的合法凭证及某种公证证明所必须履行的法定程序和手续。

我国自2000年1月1日起，实施“先报检，后报关”的检验检疫货物通关制度，对列入《法定检验检疫目录》范围内的出入境货物(包括转关运输货物)，海关一律凭货物报关地检验检疫机构签发的“出境货物通关单”或“入境货物通关单”验放。

进出口企业，可以自理报检，也可以委托代理报检单位报检。自理报检单位在首次报检时须办理备案登记手续，取得“自理报检单位备案登记证书”和报检单位代码后，方可由获得了《报检员证》的报检员，从事本单位的报检工作。代理报检单位须经直属检验检疫局注册登记，取得“代理报检单位注册登记证书”和报检单位代码后，方可依法代为办理检验检疫报检。报检单位无持证报检人员的，应委托代理报检单位报检。

出境货物的检验检疫工作程序是，报检后先检验检疫，再放行通关。法检的出境货物的报检人应在规定的时限内持相关单证向检验检疫机构报检；检验检疫机构审核有关单证，符合要求的受理报检并计收费，然后转施检部门实施检验检疫。

对产地和报关地相一致的货物，经检验检疫合格，检验检疫机构出具《出境货物通关单》后，向海关办理报关手续；对产地和报关地不一致的货物，报检人应向产地检验检疫机构报检，经检验检疫合格，出具《出境货物换证凭单》或出境货物换证凭条向口岸检验检疫机构报检，口岸检验检疫机构验证或核查货证合格后，出具《出境货物通关单》；对于经检验检疫不合格的货物，检验检疫机构签发《出境货物不合格通知单》，不准出口。进出口企业应在检验检疫证单的有效期内将货物出运。否则，应重新报检。

生产型企业（厂家）报检时，除按规定填写《出境货物报检单》，并提供外销合同（或信用证）、商业发票、装箱单等有关外贸单证外，还要根据需要提供厂检单、符合性声明、原始记录单、检测报告、包装性能结果单等单据。

市场采购货物（指发货人直接从国内市场上购买，货物存放在外贸仓库或集散地的出口商品）报检时，除按规定填写《出境货物报检单》，并提供外销合同（或信用证）、装箱单等有关外贸单证外，还应提供质量合格验收报告和市场采购发票。市场采购货物不适用于食品、化妆品、压力容器、危险品以及实施许可证管理的商品。

三、出口托运及报关、投保

出口企业在备齐货物并审核信用证无误后，即开始着手办理租船或订舱、报关和投保等事宜。

（一）出口托运

1. 出口企业在货、证齐备后，填制订舱委托书（booking note），随附商业发票（commercial invoice）、装箱单（packing list）及其他必要单据，委托货代代为订舱。有时还委托其代理报关及货物储运等事项。

2. 货代接受订舱委托后，缮制集装箱货物托运单，随同商业发票、装箱单及其他必要的单证一同向船公司办理订舱。

3. 船公司根据具体情况，如接受订舱，则在托运单的几联单证上编制与提单号码一致的编号，填上船名、航次，并签署，即表示已确认托运人的订舱，同时把配舱回单、S/O(shipping order，装货单，俗称“下货纸”)等与托运人有关的单据退给托运人。

4. 托运人持船公司签署的 S/O，填制出口货物报关单，连同商业发票、装箱单等其他有关的出口单证向海关办理货物出口报关手续。

5. 海关根据有关规定对出口货物进行查验，如同意出口，则在报关单及 S/O 上盖放行章，并将 S/O 等单据退还给托运人。

6. 托运人持海关盖章的由船公司签署的 S/O 要求船长装货。

7. 装货后，由船上的大副签署 M/R(mate's receipt 大副收据，又称收货单)，交给托运人。

8. 托运人持 M/R，向船公司换取正本已装船提单。

9. 船公司凭 M/R，签发正本提单并交给托运人凭以结汇。

办理货物发运手续前，出口企业应了解和掌握装运港的情况，如港口是否拥挤等，密切注意国际运输的动向。在整个发运过程中，要与外运公司经常取得联系，密切配合，发现问题，共同研究解决，保证如期装船。外运公司定期编制的船期表上载有船名、航线、国籍、抵港日期、截止收单期(简称截单期)、受载日期、停挂港口等内容，是船、货衔接的依据，可以作为参考。如果出口货物具有自身的特点(如易腐、易燃、易爆)，需要租用特种舱位或船舶，应在托运单上加以表明，以便使货物安全装运。

货物装运后，出口商应立即向进口商发出装船通知(shipping advice)，以便对方及时办理保险(以 FOB/FCA、CFR/CPT 术语成交时)或做好接货准备工作。

(二)报关

报关是指出口货物出运前，由发货人或其代理在规定的期限内向海关交验有关单证，办理出口货物申报手续的法律行为。按照《中华人民共和国海关法》(以下简称《海关法》)规定：凡是进出国境的货物，必须通过设有海关的港口、车站、国际航空站进出，接受海关的监管，经过海关查验、放行后，货物才可提取或者装运出口。

目前，我国的出口企业在办理报关时，可以自行办理报关手续，也可以通过专业的报关经纪行或国际货运代理公司来办理。首先必须填写出口货物报关单，必要时，还需提供出口合同副本、发票、装箱单或重量单、商品检验证书及其他有关证件，向海关申报出口。办理出口货物报关一般需经过以下程序：

1. 申报。出口企业按照实际出口的货物，根据“外销出仓通知单”填写

“出口货物报关单”，一式三份，其中两份连同出口许可证、出口合同副本、发票、装货单、装箱单、出口收汇核销单、商品检验证及其他有关证件，一并向装运口岸海关申报出口。

2. 查验。海关对各种申报单据进行核实，必要时要拆箱(包)查验货物种类、品质、数量、包装等项目。查验时货物所有人或其他代理人必须在场，以便及时处理发现的问题。经核查确定，出口货物符合国家有关法令，海关在有关货运单据上签署放行。

3. 纳税。纳税指出口货物的发货人或其代理人在规定的期限内向海关缴纳税款。按照我国《海关法》的规定，发货人应在海关填发“税款缴纳证”次日起的14日内缴纳税款；逾期缴纳的由海关征收滞纳金；超过3个月未缴纳的，海关可以责令担保人缴纳税款，或者将货物变价抵缴；必要时通知银行在担保人或者发货人存款内扣缴。

4. 放行。放行指海关经审核单证和查验货物未发现问题，在应纳税货物完成出口纳税或提供担保后，由海关在有关报关单证和查验货物记录上签章，并在装货单加盖放行印章，准予货物出境。海关放行后，出口企业或其代理即可提取和发运货物。

(三)投保

按CIF/CIP条件成交的出口合同，出口企业要在货物装运前，根据合同或信用证的有关规定向保险公司办理投保手续，取得保险单据，并在保险单背面空白背书，将受益人的权利(向保险代理提出索赔的权利)转让给进口商。投保的一般程序：首先，由出口企业填写投保单，根据信用证规定，逐项如实地表明货物名称、数量、险别、保额、起讫地点、保险期限、投保人名称等；然后，交由保险公司签发正式保险单。货物投保后，在运输途中遇到风险，投保人即可按照保险单规定的权利和义务向保险公司提出索赔。该保险单既是索赔的主要依据，也是向银行议付货款必不可少的单据。

四、制单结汇

出口企业在货物装运后，应立即按照信用证的要求，正确缮制各种单据，并在信用证规定的有效期和交单期内，将单据及有关证件送交银行，通过银行收取外汇，并将所得外汇出售给银行换取人民币的过程即为出口结汇。

(一)制单

1. 制单前的准备

在信用证付款方式下，制单的主要依据是信用证，电汇、托收等付款方式下，制单的主要依据是合同。制单前的主要准备工作是找全合同或信用证，分析判断其对单证的具体要求，并将有关内容一一列表，以便办理单证时查核，防止发生差错和遗漏。

2. 制单的基本要求

制作结汇单据有“五要求”：正确、完整、及时、简洁、清晰。“正确”一方面要求各种单据必须做到“三相符”（即单据与信用证相符、单据与单据相符、单据与实际货物相符）；另一方面，要求各种单据必须符合有关国际惯例和进出口国有关法令和规定。“完整”包含 3 个方面的内容：①单据内容完整：每一种单据本身的内容（包括单据本身的格式、项目、文字、签章、背书等）必须完备齐全，否则，就不能构成有效文件，也就不能为银行所接受；②单据种类完整：单据必须是成套齐全而不是单一的，遗漏一种单据，就是单据不完整；③单据份数完整：在信用证项下的交易中，进出口商需要哪些单据，一式几份都已明确，应按要求出齐。“及时”包括两个方面的内容：①各种单据的出单日期必须符合逻辑，也就是说，每一种单据的出单日期不能超过信用证规定的有效期限或按商业习惯的合理日期，如保险单、检验证的日期应早于提单的日期，而提单的日期不应晚于信用证规定的最迟装运期限，否则，就会造成单证不符；②交单议付不得超过信用证规定的交单有效期，如信用证不做规定，按国际商会 UCP 规定：“银行将拒绝接受迟于运输单据出单日期 21 天后提交的单据，但无论如何，单据也不得迟于信用证到期日提交。”“简洁”是指单证的内容应力求简化，避免复杂繁琐，提高工作效率。“清晰”是指单证表面的清洁、美观、大方。单证格式设计标准规范，内容排列整齐有序，字迹清晰，更改处要盖校对章或简签。如单证涂改过多，应重新缮制单证。

3. 出口结汇的主要单据

(1)汇票

汇票是我国对外贸易货款结算中使用最多的一种票据，是一种要式性文件，在制作时，既要满足相关票据法的规定，又要符合合同或信用证的要求。汇票通常是一套单据中最晚的一份单据。

(2)商业发票

商业发票是出口商开立凭以向进口商收款的发货价目清单，是出口商对装运货物的总说明。商业发票是全套货运单据的中心，其他单据均参照发票内容缮制。发票的种类除了商业发票外，还包括形式发票、厂商发票、海关发票、领事发票等。

(3)装箱单

装箱单是商业发票的一种补充单据，着重表现货物的包装情况，包括从最小包装到最大包装及所使用的包装材料、包装方式及重量和尺码等内容。

(4)海运提单

海运提单是海运时使用的运输单据。出口商结汇时需要提交的运输单据取决于所使用的贸易术语，使用适合水上运输的 FOB、CFR、CIF 等术语时，出口商必须提交已装船海运提单。使用适合任何运输方式的 FCA、CPT、CIP 等术语时，根据采用的运输方式，提交相应的运输单据即可。运输单据是各种单据中最重要的单据，必须严格按照信用证的要求填制。

(5)保险单

使用 CIF 或 CIP 术语时，出口商结汇时必须提交保险单据。保险单可由被保险人背书随物权的转移而转让，保险单的签发日期不得晚于提单日期。保险单据除了保险单外，还包括保险证明书(insurance certificate)、预约保险单(open policy)等。

(6)其他单据

其他单据主要有一般产地证、普惠制产地证、检验检疫证书、装船通知、各种证明等，要根据信用证的规定缮制提交。

(二)结汇

选择的付款方式不同，其结汇流程有所不同。

1. 信用证方式结算

我国银行出口结汇的做法主要有以下三种。

(1)收妥结汇。即先收后结，它是指议付行收到外贸企业提交的单据后，经审核无误，将单据寄往国外付款行索汇，待收到国外银行将价款转入议付行账户的贷记通知书时，即按当日外汇牌价，折成人民币付给外贸公司。

(2)定期结汇。它是指议付行根据向国外银行索偿的邮程远近，预先确定一个固定的结汇期限，到期后主动将票款金额折成人民币付给外贸公司。

(3)买单结汇，又称出口押汇。它是指议付行在审单无误的情况下，按信用证条款买入受益人的汇票和单据，从票面金额中扣除从议付日到估计收到票款之日的利息，将净额按议付日外汇牌价折成人民币，付给信用证的受益人。议付行买入跟单汇票后，即成为汇票的正当持有人，可凭票向付款行索取票款。若汇票遭拒付，议付行有权向受益人追回票款。银行同意做出口押汇，是为了对出口公司提供资金融通，有利于出口公司的资金周转。

货物发出后，单证不符又无法补救时，出口商可以采取以下两种方式收款，或通过托收方式收款。

(1)担保议付。即“表提”,即在征得进口商同意的情况下,出口商向开证行出具担保书,要求议付行凭担保议付具有不符点的单据,议付行向开证行寄单时,在随附单据上注明单证不符点和“凭保议付”字样。

(2)电提。由议付行先用电讯方式向开证行列明不符点,待开证行确认后,再将单据寄去。电提的目的是在尽可能短的时间内了解开证行对单、证不符的态度。

2. 托收方式结算

在D/P、D/A情况下,出口商要先行发货,取得货运单据,再根据合同要求缮制全套单据,委托国内托收行通过其国外代收行向进口商收取货款。进口商在付款(D/P)或承兑(D/A)的情况下,代收行将单据交给进口商,供进口商向承运人提货。虽然在托收方式下,单据是通过银行传递给进口商的,但银行在此业务中仅提供服务而不提供信用,能否收回货款完全取决于进口商的信誉。

3. 汇付方式结算

汇付方式中,T/T使用最广泛,T/T又分前T/T、后T/T。前T/T,即出口商先收到进口商电汇的货款后,再安排货物托运,取得货运单据后,自行将货运单据连同其他单据一起邮寄给进口商,供进口商向承运人提货;后T/T,即出口商先行发货,取得货运单据后,自行将货运单据连同其他单据一起邮寄给进口商,待进口商提货后,再通过银行将货款电汇给出口商。前T/T对出口商来说,没有收汇风险,而后T/T对出口商来说,收汇风险较大。

五、出口收汇核销和出口退税

(一)出口收汇核销

出口收汇核销制度是国家为加强出口收汇管理,防止国家外汇收入流失的一项重要措施。出口收汇核销的程序如下:

1. 出口企业先从外汇管理部门领取有顺序编号的核销单,并如实填写。

2. 在出口报关时,海关逐票核对报关单和出口收汇核销单的内容是否一致,报关单上的核销单编号与所附核销单编号是否一致,出口货物经审核无误后验放,海关在专为出口收汇核销用的报关单和核销单上盖“验讫章”。

3. 出口企业在向银行交单时,需在所提交的汇票及或发票上注明核销单编号。

4. 当货款汇至出口地指定银行后,该银行向出口企业出具结汇水单或收账通知时,提供出口收汇核销专用联。

5. 出口企业凭出口收汇核销单和出口收汇核销专用联的结汇水单或收

账通知及其他规定的单据，到国家外汇管理部门办理核销手续。

6. 国家外汇管理部门按规定办理核销后，在核销单上加盖“已核销”章，将其中的出口退税专用联退给出口企业。

(二)出口退税

出口退税是指对出口产品退还其在国内生产和流通环节实际缴纳的产品税、增值税、营业税和特别消费税等。通过退还出口产品的国内已纳税款来平衡国内产品的税收负担，使本国产品以不含税成本进入国际市场，与国外产品在同等条件下进行竞争，从而增强出口商品的国际竞争能力。

出口企业办理完出口收汇核销以后，携带以下材料到税务机关办理出口退税：

(1)《中华人民共和国海关出口货物报关单(出口退税联)》。

(2)外贸企业出口销售发票。

(3)《增值税专用发票》，即进货发票。

(4)结汇水单或收汇通知书。

(5)属于生产企业直接出口或委托出口自制产品，凡以到岸价 CIF 结算的，还应附送出口货物运单和出口保险单。

(6)有进料加工复出口产品业务的企业，还应向税务机关报送进口料件的合同编号、日期、进口料件名称、数量，复出口产品名称，进料成本金额和实纳各种税金额等。

(7)产品征税证明。

(8)《出口收汇核销单(出口退税专用)》，即出口收汇已核销证明。

(9)与出口退税有关的其他材料。

六、出口成本核算

在价格掌握上，要注意加强成本核算，以提高经济效益，防止出现不计成本、不计盈亏和单纯追求成交量的偏向。尤其在出口方面，强调加强成本核算，掌握出口总成本、出口销售外汇净收入和人民币净收入的数据，并计算和比较各种商品出口的盈亏情况，更有现实意义。出口总成本是指出口商品的进货成本加上出口前的一切费用和税金。出口销售外汇净收入是指出口商品按 FOB 价出售所得的外汇净收入。出口销售人民币净收入是指出口商品的 FOB 价按当时的外汇牌价折成人民币的数额。

(一)出口商品盈亏率

出口商品盈亏率是指出口商品盈亏额与出口总成本的比率。出口盈亏额是指出口销售人民币净收入与出口总成本的差额。前者大于后者为盈利；反之，为亏损。

计算公式如下：

出口商品盈亏率=(出口销售人民币净收入－出口总成本)/出口总成本×100%

例：出口某商品总价为US$73 000CIF旧金山，其中运费US$1 540，保险费US$443。进价374 980元(含增值税17%)，费用定额率6%，出口退税率9%。当时人民币市场汇价银行美元买入价为6.55元。试求该批商品的盈亏率。

解：出口外汇净收入(外汇折成本币)=(73 000－1 540－443)×6.55
=465 161.35(元)

出口总成本(本币)=374 980+(374 980×6%)－[374 980/(1+17%)×9%]
=368 634.18(元)

出口盈亏额=465 161.35－368 634.18=96 527.17(元)

盈亏率=盈亏额/出口总成本×100%
=96 527.17/368 634.18×100%
=26.185%

即该批出口商品的盈亏率为26.185%。

(二)出口商品换汇成本

出口换汇成本是以某种商品的出口总成品与出口所得的外汇净收入之比，得出用多少人民币换回1美元。出口商品换汇成本如高于银行的外汇牌价，则出口为亏损；反之，则说明出口盈利。

计算公式如下：

出口商品换汇成本=出口总成本(人民币)/出口销售外汇净收入(美元)

其中：

(1)出口总成本=进货成本+国内费用

(2)出口成本价格：企业以出口总成本为基础计算出来的单位成本价格，不涉及任何有关的国外费用(出口成交价格则可能包括商品的国外费用，如国外运费、保险费、佣金等)。

(3)出口销售外汇净收入是指出口商品按FOB价出售所得的外汇净收入，是外汇总收入中扣除国外运费、保险费、佣金等劳务费用等非贸易外汇后的部分。

例：某商品国内进价为人民币9 100元，加工费为950元，保险费为600

元，税金 250 元，出口退税为 400 元。出口销售外汇收入为 1 750 美元，给客户的佣金为 350 美元。试计算该商品的出口换汇成本。

解：出口所需总成本＝9 100＋950＋600＋250－400＝10 500 元人民币

出口销售净收入＝1 750－350＝1 400(美元)

换汇成本＝10 500 元人民币/1 400 美元＝7.50(元人民币/美元)

上述例子计算出的换汇成本为 7.50 元人民币/美元，也就是说企业用 7.50 元人民币换了 1 美元，如果现行人民币对美元汇率为 6.55 元人民币/美元，则换汇成本比汇率高，企业亏钱了。反之，如果换汇成本为 6.25 元人民币元/美元，企业就赚钱了。换汇成本越高，亏损越大。因此，要避免亏损，企业必须准确测算换汇成本。

(三)出口创汇率

出口创汇率又称外汇增值率，是指加工后成品出口的外汇净收入与原料外汇成本的比率。如原料为国产品，其外汇成本可按原料的 FOB 出口价计算；如原料是进口的，则按该原料的 CIF 价计算；若原料为部分进口、部分国产，则进口部分以 CIF 价计算其外汇成本，而国产部分按其 FOB 出口价计算其外汇成本，再将两者相加。

计算公式如下：

出口创汇率＝(成品出口外汇净收入－原料外汇成本)/原料外汇成本×100％

若计算结果为正，则表示外汇增值；若为负，说明“倒贴外汇”。

例：某公司欲做一笔进料加工业务，需要支付进料外汇 60 万美元 CIF 中国口岸，预计可加工成品出口 16 万件，出口价每件 5.15 美元 CIF 西雅图，应支付海运费7 200美元，保险费6 800美元，试计算这笔业务的出口创汇率。

解：成品出口外汇净收入＝16×5.15－0.72－0.68＝81(万美元)

外汇增值率＝[成品出口外汇净收入－进口原料外汇支出(CIF 价)]/进口原料外汇支出(CIF 价)×100％

＝(81－60)/60×100％

＝35％

第二节 进口合同的履行

我国进口贸易中，大多采用 FOB 方式成交。本节以 FOB 贸易条件和信用证结算为例，阐述进口合同的履行程序。如图 14－2 所示。

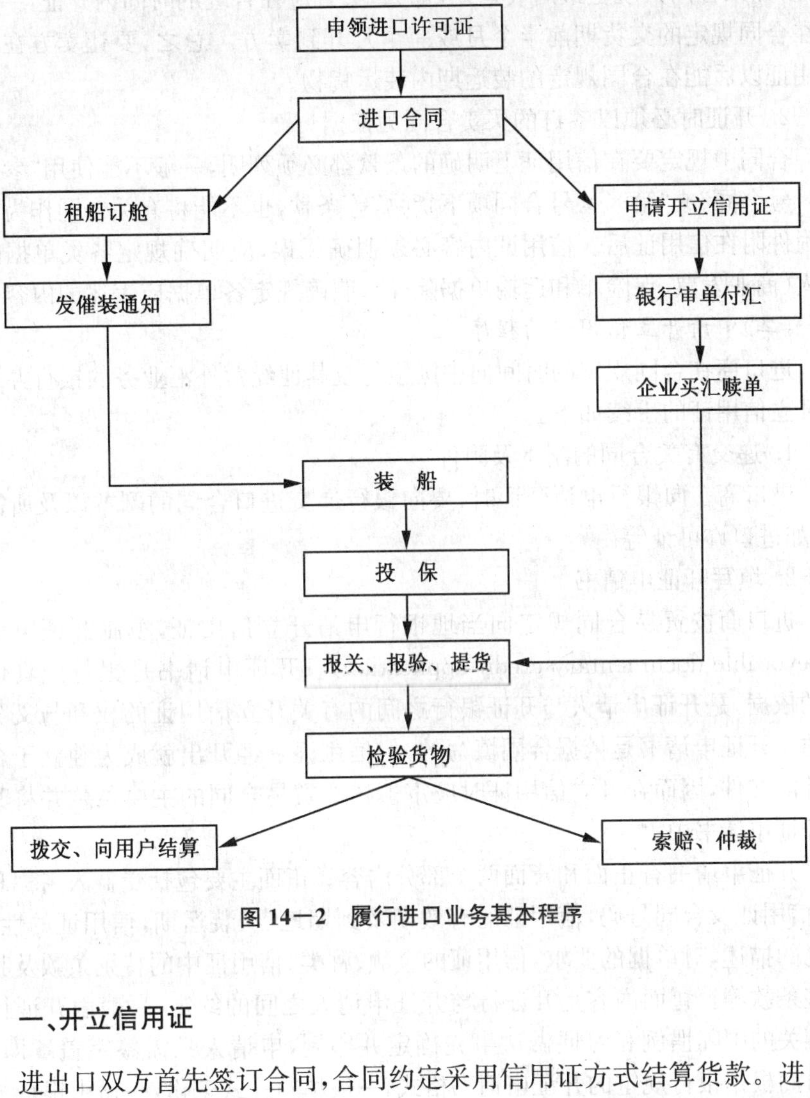

图 14—2　履行进口业务基本程序

一、开立信用证

进出口双方首先签订合同，合同约定采用信用证方式结算货款。进口商在申请开立信用证前，一定要落实进口审批手续及外汇来源，以免信用证开立后无法履行。

(一)申请开证时应注意的问题

1. 掌握好开证时间

如果合同规定了开证日期，就必须在规定期限内开立信用证；如果合同有装运期的起止日期，那么，最迟必须让卖方在装运期开始前的最后一天收到信用证;如果合同只规定最后装运期,那么,买方应在合理的时间内开证,一般掌握在合同规定的交货期前半个月或一个月开到卖方。总之,要让卖方在收到信用证以后能在合同规定的装运期内装运货物。

2. 开证时必须以签订的买卖合同为依据

合同中规定要在信用证上明确的条款都必须列明,一般不能使用"参阅第××号合同"或"第××号合同项下货物"等条款,也不能将有关合同作为信用证附件附在信用证后。信用证内容必须明确无误,应明确规定各类单据的出单人(商业发票、保险单和运输单据除外),明确规定各单据应表述的内容。

(二)申请开立信用证的程序

进口商在合同规定的时间向中国银行或其他经营外汇业务的银行办理申请开立信用证的手续如下:

1. 递交有关合同的副本及附件

进口商在向银行申请开证时,要向银行递交进口合同的副本以及所需附件,如进口许可证等。

2. 填写开证申请书

进口商按贸易合同规定向当地银行申请开立信用证,填制开证申请书(irrevocable documentary credit application)。开证申请书是银行开具信用证的依据,是开证申请人与开证银行之间的有关开立信用证的权利与义务的契约。开证申请书是依据合同填写的,但信用证一经开出就成为独立于合同以外的文件,因而在开立信用证时应审慎核查贸易合同的主要条款并将其列入开证申请书中。

开证申请书有正面和背面两个部分内容。正面主要包括受益人名称和地址,信用证及合同号码,信用证的有效期及到期地点、装运期,信用证的性质,货物的描述,对单据的要求,信用证的金额、种类,信用证中的特别条款及其他一些条款等。背面内容是开证行与开证申请人之间的约定,一般由开证行根据相关的国际惯例和习惯做法事先确定并印制,申请人只需签字盖章即可。进口商根据银行规定的开证申请书格式,一般填写一式三份,一份由银行结算部门留存,一份由银行信贷部门留存,一份由开证申请人留存。

3. 缴付保证金

按照国际贸易的习惯做法,除非开证行对开证申请人有授信额度,进口商向银行申请开立信用证时,应向银行缴付一定比例的保证金,其金额一般为信用证金额的百分之几到百分之几十不等,通常根据进口商的资信情况而定。在我国的进口业务中,开证行根据不同企业和交易的情况,要求开证申请人缴付一定比例的人民币保证金，然后银行才会开证。

4. 支付开证手续费

进口商在申请开证时，必须按规定支付一定金额的开证手续费。

二、安排运输和办理保险

（一）安排运输

国外装船后，卖方应及时向买方发出装船通知，以便买方及时办理保险和做好接货等项工作。在FOB术语下的派船接货活动主要包括以下过程：

1. 进口方必须在合同规定的装运期以前向船公司提出租船订舱的申请，并告诉船公司预计的装船期和装运港。如果船公司可以接受该笔货物的运输业务，进口方就可与其签订租船合同。在办好租船订舱手续后，进口方向出口方提供船名、船期等信息，以便出口方就备货及装船方面的情况与船方保持联系。

2. 如果进口方在出口国设有办事处或代办处，进口方还会要求在合同中规定，由进口方派人到装运港验货、监装。这时，进口方可通过其代理在装运港履行监督的职责，以维护自身权益。

3. 在装运过程中，进口方需要与船公司和出口方随时保持联系，以掌握装船的进度。当完成装货时，进口方可以及时向保险公司投保。因为有时会发生出口方在货物上船以后，没有及时发装运通知而造成货物漏保或迟保的现象。

（二）办理保险

FOB或CFR交货条件下的进口合同，保险由买方办理。进口商（或收货人）在向保险公司办理进口运输货物保险时，有两种做法：一种是逐笔投保方式，另一种预约保险方式。

逐笔投保方式是收货人在接到国外出口商发来的装船通知后，直接向保险公司填写投保单，办理投保手续。保险公司出具保险单，投保人缴付保险费后，保险单随即生效。

预约保险方式是进口商或收货人同保险公司签订预约保险合同，其中对各种货物应投保的险别做了具体规定，故投保手续比较简单。按照预约保险合同的规定，所有预约保险合同项下的按FOB及CFR条件进口货物保险，都由该保险公司承保。因此，每批进口货物，在收到国外装船通知后，即直接将装船通知寄到保险公司或填制国际运输预约保险启运通知书，将船名、提单号、开船日期、商品名称、数量、装运港、目的港等内容通知保险公司，即视为已办妥保险手续，保险公司则对该批货物负自动承保责任，一旦发生承保范围内的损失，由保险公司负责赔偿。

三、审单和付款

在信用证支付方式下，进口方在确认对方已完成发货义务后，将凭出口方提交的符合信用证规定的单据进行付款。

在我国，一般情况下出口方提供的全套单据会通过信用证的开证行转让给进口方，由进口方负责对单据进行全面的审核。进口方在审核单据时一定要将单据与信用证逐字逐句地进行核对。

（一）审核的单据

出口方在完成出口义务之后缮制并提交的单据就是进口方需要审核的单据。审单的内容主要包括单据是否齐全，单据的名称、份数、内容等与信用证是否一致，各单据之间是否矛盾，各种单据签发的日期之间是否存在矛盾（如装运期早于货物检验日期等）等。

（二）审单的时间限制

根据 UCP600 第十四条的规定："按指定行事的指定银行、保兑行（如有的话）及开证行各有从交单次日起至多 5 个银行工作日用以确定交单是否相符。这一期限不因在交单日当天或之后信用证截止日或最迟交单日届至而受到缩减或影响。"即开证行和进口方进行的审单活动不得超过 UCP600 所规定的时间。如果超过了时间限制，则认为开证行已接受了所有单据，开证行必须无条件付款。因此，我国的进口企业在拿到单据后一定要抓紧时间审单，以免超过审单期限而被动。

（三）审单的结果

在信用证支付方式下，进口方审单是一项非常重要的工作。进口方审单的目的是要保证"单单相符、单证相符"。只有做到这点，才能基本保证出口方提交的货物符合合同和信用证的要求，符合进口方的进货需要。

进口方的审单可能出现两种结果：

1. 进口方把出口方提交的单据与信用证条款进行严格对比，发现单据正确无误后，进口方即可通知开证行对外付款。

2. 进口方通过审单，发现单据和信用证规定存在不符。如果不符点对货物交付没有严重影响，进口方可以通知开证行暂时拒绝付款，并要求出口方进行修改；如果进口方发现不符点影响到合同履行的核心内容，如货物规格、数量、品质等重要条款与信用证不符，则进口方可拒绝付款提货，并可对由此造成的损失向对方提出索赔。

银行收到国外寄来的汇票及单据后，对照信用证的规定，核对单据的份数和内容。如内容无误，即由银行对国外付款。同时，进口方按照国家规定的有关外汇牌价向银行买汇赎单。如审核国外单据发现单、证不符时，应做出适当处理。例如，停止对外付款；相符部分付款、不符部分拒付；货到检验合格后再付款；凭卖方或议付行出具担保付款；要求国外改正单据；在付款的同时，提出保留索赔权等。

四、进口商检、报关及验货

(一)进口商检

法定检验检疫的入境货物，在报关时必须提供报关地检验检疫机构签发的《入境货物通关单》，海关才会验放。

入境货物检验检疫的一般工作程序是，报检后先放行通关，再进行检验检疫。在法检货物入境前或入境时，货主或其代理人应首先提供有关单证资料，向卸货口岸或到达口岸的检验检疫机构报检。检验检疫机构审核报检人提供的资料，符合要求的，受理报检并计收费。对来自疫区的、可能传播检疫传染病、动植物疫情及夹带有害物质的入境货物的交通工具或运输包装实施必要的检疫、消毒、卫生处理，然后签发《入境货物通关单》，供报检人办理报关手续。货物通关后，报检人及时与检验检疫机构联系检验检疫事宜，未经检验检疫的，不准销售、使用；检验检疫合格的，检验检疫机构签发《入境货物检验检疫证明》(进口食品签发《卫生证书》)，准予销售、使用；检验检疫不合格的，检验检疫机构签发《检验检疫处理通知书》，货主或其代理人应在检验检疫的监督下进行处理。无法进行处理或处理后仍不合格的，做退运或销毁处理。需要对外索赔的，检验检疫机构签发检验检疫证书。

(二)进口报关

进口货物到港后，应及时向海关填写"进口货物报关单"，并提交合同副本、正本提单、发票及其他有关单据，办理报关手续。海关按照《中华人民共和国海关进口税则》的规定，对进口货物计征进口税。货物在进口环节由海关征收(包括代征)的税种有关税、增值税、消费税、进口调节税等。海关根据申报人的申报，依法进行验关。如果货物符合国家的进口规定，即在货运单据上签章放行。未经海关放行的货物，任何单位或个人不得提取。

法定申报时限为自运输工具申报进境之日起 14 日内，超过 14 日未向海关申报的，由海关按日征收进口货物 CIF 或 CIP 价格的 0.5‰的滞报金。超过3个月未向海关申报的，由海关提取变卖。

（三）验收和拨交货物

1. 验收货物

进口货物运达港口卸货时，港务局要进行卸货核对。如发现短缺，应及时填制“短卸报告”交由船方签认，并根据短缺情况向船方提出保留索赔权的书面声明。卸货时，如发现残损，货物应存放于海关指定仓库，待保险公司同商检机构检验后做出处理。对于合同规定的卸货港检验的货物，或已发现残损短缺有异状的货物，或合同规定的索赔期将届满的货物等，都需要在港口进行检验。

一旦发生索赔，有关的单证，如国外发票、装箱单、重量明细单、品质证明书、使用说明书、产品图纸等技术资料、理货残损单、溢短单、商务记录等都可以作为重要的参考依据。

2. 向用货单位拨交货物

在办完上述手续后，如订货或用货单位在卸货港所在地，则就近转交货物；如订货或用货单位不在卸货地区，则委托货运代理将货物转运内地并转交给订货或用货单位。进口税和内地的运费，由货代向进口企业结算后，进口企业再向订货或用货单位结算。

五、进口索赔

进口商如发现进口商品品质、数量、包装等有不符合合同的情况，应及时向有关责任方提出索赔。

（一）进口索赔的对象

1. 向出口方索赔

当卖方没有按时、按质、按量、按规格交货时，可向卖方索赔。

2. 向船方索赔

当提单是清洁的，但货物发生残损或短缺；或货物所受损失，根据租船合同有关条款，应由船方负责的，均可向船方索赔。

3. 向保险公司索赔

当货物损失属于承保范围内的自然灾害、意外事故或运输中其他事故所致，或当货物损失承运人不予赔偿或赔偿金额不足以抵补损失的部分，且属于承保范围内的，均可向保险公司索赔。

（二）进口索赔应注意的事项

(1)索赔证据。包括索赔清单、商检证书、发票、装箱单、提单副本。此外，对不同索赔对象还须另附有关证件。向出口方索赔时,在证件中要提出确切的理由和根据,如系 FOB、CFR 条件,须随附保单。向船方索赔,须另附由船长及港务局理货员签证的理货报告及船长签证的短卸残损证明;向保险公司索赔,须另附保险公司与买方的联合检验报告等。索赔时应保持货物原状。

(2)索赔金额。除受损商品价值外,相关费用也可提出。

(3)索赔期限。索赔必须在合同索赔有效期限内提出,逾期,对方有权不受理。如商检工作有困难,可向对方要求延长索赔期限。

目前,我国进口索赔工作,属于船方和保险公司责任的,一般由外运公司代办;属于卖方责任的,则由进出口公司直接办理。为了做好索赔工作,要求外贸公司、商检部门、外运公司、订货单位等有关各方密切合作,以保证货物所受到的损失能按期如数挽回。

本章小结

本章主要阐述了进出口贸易的交易程序。履行交易应遵守"重合同、守信用"的原则。

出口贸易的交易程序以货(备货)、证(L/C 即信用证)、船(托运)、单(制单结汇)为基础。备货就是卖方依合同规定,按时、按质、按量准备好应交货物,并做好报验和领证工作。审证、改证直接关系到卖方能否顺利收汇。安排装运涉及几个部门的配合,要力求做到证、货、船三方面的衔接和平衡。制单结汇是一项细致、复杂的工作,要求业务人员有高度的责任心。外汇核销与出口退税要求出口企业与海关、外管局、税务局、银行等部门配合。同时做好出口成本核算以提高经济效益。

进口贸易的交易程序,在开立与修改信用证、安排运输、投保、审单、付款、报关、检验以及进口索赔等环节上不能有任何疏漏,否则会引致不同程度的损失或后果。

虽然进出口双方执行的是同一份合同,但却在履行各自的义务,只有认清这一点,才能把握进出口双方的权利、责任和义务,才能将交易程序顺利完成。

思考与练习

1. 在 FOB 合同下,卖方履行合同的一般程序包括哪些?
2. 受益人要求客户修改信用证时,应注意哪些问题?
3. 提单签发日期为 2013 年 10 月 30 日,信用证议付有效期规定为 2013

年 11 月 23 日。请问最迟交单议付有效期为哪天？

4. 我国某出口企业与中东某商人成交货物一批，到证按合同规定 10 月装运，但计价货币与合同规定不符。由于备货不及，直到 11 月对方来电催装时，我方才向对方提出按合同货币改证，同时要求延展装运期和信用证有效期。次日中东商人复电："证已改妥"，我方据此将货发运，但信用证修改书始终未到，致使货运单据寄达开证行时遭到拒付。我方为及时收回货款，避免在进口地的仓储费用支出，接受进口人改按 D/P 提货要求。终因进口人未能如约付款使我方遭受重大损失。试就我方在这笔交易中的处理过程进行评论。

第十五章　国际贸易方式

本章课程概况

课题内容：一般国际贸易方式和国际电子商务方式。

课时：3＋1 课时。

教学目的：通过本章的教学，使学生了解多种多样的国际贸易的方式，并熟练掌握经销、代理、寄售、加工贸易、补偿贸易、易货贸易、租赁贸易七种无固定组织形式的贸易方式，展销、招标与投标、拍卖、商品期货交易四种有组织形式的贸易方式，以及国际电子商务方式。

教学要求：掌握各种国际贸易方式的基本含义，并能够根据不同的商品和业务对象，灵活选择国际贸易方式。

教学方式：理论与实训相结合。理论讲授部分：第一节课熟悉国际贸易方式的分类，介绍国际贸易方式中的无固定组织形式的贸易方式，第二节课介绍国际贸易方式中的有固定组织形式的贸易方式，第三节课介绍国际电子商务方式；实训部分：一节课中通过不同的案例分析，学会选择国际贸易方式。

第一节　国际贸易方式概述

一、国际贸易方式的产生与发展

贸易方式是指国际贸易中买卖双方所采用的各种交易的具体做法。在对外贸易活动中，每一笔交易都要通过一定的贸易方式来进行，买卖双方可以根据双方交易的需要，按不同商品、不同地区、不同对象要求，由两方协议达成。

各种贸易方式是在资本主义生产方式下产生，为适应不同的政治、经济需要而逐渐发展形成的。20世纪60年代以后特别是80年代以来，由于许多发展中国家对外支付能力明显下降，贸易保护主义重新抬头，一些灵活的贸易方式如补偿贸易、易货贸易、来料加工、来件装配等应用日益普遍。各种贸易方式具有各自不同的特点和利弊，应根据具体情况选择可行性较强、风险较小、收益较大的贸易方式。当前在国际贸易中流行着各种各样的贸易方式，各种贸易方式也可交叉进行。

随着科学技术的发展，新的国际贸易方式不断涌现。特别是自20世纪90年代以来，随着计算机和信息技术逐步渗透到各行各业，引起了生产方式和国际贸易方式的根本改变。例如，通过计算机和通信网络技术把根据统一标准格式编制的各种信息、数据在国际和国内有关企业和部门之间进行交换传递，即EDI(Electronic Data Interchange)，从而产生了“国际贸易无纸化”。又如，以国际互联网(Internet)为媒介的电子商务发展异常迅猛，极大地改变了传统的国际贸易方式，对国际贸易的发展产生了巨大影响。

二、国际贸易方式的分类

国际贸易中常见的贸易方式按其组织形式可分为协定贸易方式、无固定组织形式的贸易方式、有固定组织形式的贸易方式。

(1)协定贸易方式。协定贸易方式是根据缔约国之间签订的贸易协定进行的贸易，可分为双边贸易协定和多边贸易协定、政府间的贸易协定和民间团体签署的贸易协定。

(2)无固定组织形式的贸易方式。无固定组织形式的贸易方式是指不按照固定的规章和交易条件，在非特定的地点进行交易的较为灵活的贸易方式，大体可分两类：一类是单纯的商品购销方式，如单边出口和单边进口；另一类是与其他因素结合的复合的购销方式，主要包括经销、代理、寄售、加工贸易、补偿贸易、易货贸易、租赁贸易等，这些贸易方式具有很大的灵活性，能够适应国际贸易中的各种不同需要。

(3)有固定组织形式的贸易方式。有固定组织形式的贸易方式是按照一定的规章和交易条件，在特定地点进行交易的贸易方式，主要有展销、招标与投标、拍卖、商品期货交易等。在国际贸易中，对某些商品特别是大宗商品的买卖，通常采用有固定组织形式的贸易方式。

近年来，我国为了扩大对外开放，针对不同国家和地区、不同的交易对象、不同的商品，灵活采用了国际上各种通行的贸易方式。

第二节 无固定组织形式的贸易方式

一、经销

(一)经销的含义及特点

在国际贸易中,经销(Distribution)是指经销商(即进口商)与国外供货商(出口商)订立购销协议,由供货商向经销商定期、定量供应货物,经销商在规定的期限和地域内销售指定商品的贸易方式。

经销商与供货商之间也是买卖关系,经销商必须自垫资金购买供货商的货物,自行销售,自负盈亏,自担风险。如果经销商在协议规定的区域内转售此类商品,也是以自己的名义进行,接受转售商品的客户与国外供货商不构成合同关系。

(二)经销的分类

经销方式有两种:一种是一般经销,也称定销,是指经销商不享有独家专营权,供货商可在同一时间、同一地区内确定多个商家经销同类商品。另一种是独立经销(Sole Distribution),也称包销(Exclusive Sales),是指经销商在协议规定的期限和地域内,对指定的商品享有独家专营的经销方式。

定销与包销相同之处在于:出口商与定销商和包销商之间都是售定性质的买卖关系,定销商也要像包销商一样自垫资金购货,取得商品的所有权,自行销售,自担风险,自负盈亏。

定销与包销的区别主要在于:包销商享有独家经营的权利,即在包销地区和包销期限内,只有一个包销商经营出口商供应的商品;而定销商不享有专营权,在同一地区内可以有几个定销商同时为一个出口商销售同种或同类商品。但定销常被用作挑选包销人的过渡手段。

(三)定销和包销中应注意的问题

定销对调动定销人员的推销积极性一般效果较差,也难以发挥集中经营的作用。在定销期内,出口商可以对定销商的资信情况、商业作风、经营能力进行考察,注意选择经营能力较强、资信较好的国外客户作为定销商,并在协议中规定一定的定销最低限额。同时,为了提高定销商的积极性,在实践中,出口商常与定销商签订远期支付合同,在支付条件上给予定销商以优惠待遇和资金融通。

包销方式下可能出现包销商“包而不销”或依赖出口商,导致出口受阻的风险;也可能出现包销商利用垄断地位,操纵价格,控制市场的可能性。因此,出口商要选择有经营能力和资信好的国外商人作为包销商。在实践中,可以先以“独家发盘”逐步向包销过渡,也可先采用定销,从定销商中选择包销商,逐步从定销过渡到包销。

二、代理

(一)代理的含义及特点

在国际贸易中,商业上的代理(Agency)是指货主或生产厂商(委托人),在规定的地区和期限内,将指定商品交由国外客户代销的一种国际贸易方式。其做法是由委托人与代理人签订代理协议,授权代理人在一定范围内代表他向第三者进行商品买卖或处理有关事务(如签订合同及其他与交易有关的事务等)。代理人在委托人授权范围所做的行为、所产生的权利和义务,直接对委托人发生效力,即代理人是在授权范围内以委托人的名义行事。

代理双方属于一种委托和被委托的代销关系,而不是买卖关系。代理商在代理业务中,只是接受委托人的指示和按照代理协议的规定代表委托人招揽客户,招揽订单,签订合同,处理委托人的货物,收受货款等并从中赚取佣金,代理商不必动用自有资金购买商品,不负盈亏。

代理双方通过签订代理协议建立起代理关系后,代理商有积极推销商品的义务,并享有收取佣金的权利,但并无必须购买指定商品的责任。同时代理协议一般规定有非竞争条款,即在协议有效期内,代理人不能购买、提供与委托人的商品相竞争的商品或为该商品组织广告;代理人也无权代表协议地区内的其他相竞争的公司。在国际贸易中,诸如销售、采购、运输、保险、广告、金融、诉讼等都广泛采用代理方式。

当前世界贸易中有较大的比重是通过代理商这条渠道进行的,我国在进出口业务中也广泛地运用了代理方式。委托人通过代理方式,利用代理人在国际市场上的地位、销售渠道及其专业知识,委派代理人去开拓市场,组织销售和进货,进行售后服务,传播信息等,可避免因设立分支机构带来的人员、财务上的负担以及由此可能产生的法律等各种问题。代理人则可得到一定的佣金报酬。

(二)代理的种类

国际贸易中的商业代理按委托人对代理人授权的大小,可分为一般代理、独家代理和总代理。

(1)总代理。总代理是委托人在指定地区的全权代表,他有权代表委托人进行全面业务活动，除代表委托人签订买卖合同、处理货物等商务活动外，还可进行一些非商业性的活动。

(2)独家代理。独家代理是委托人给予代理商在规定地区和一定期限内享有代销专营权的代理。委托人在该指定地区和时间内，不得委托其他第二个代理人，独家代理与包销方式下的专营权不同(参见包销)，独家代理下的专营权指的是专门代理权，商品出售前所有权仍归委托人，由他负责盈亏。另外，除另有规定外，委托人也可直接与指定地区的买主进行交易，但这一部分商品交易仍应向独家代理商计付佣金。

(3)一般代理。一般代理又称佣金代理，是不享有代销专营权的代理。委托人在同一地区和期限内，可选定一家或几家客户作为一般代理商，根据代销商品的实际数量按协议规定的办法付给代理商佣金，委托人可直接与该地区的买主成交，其直接成交部分，不向代理商支付佣金。除个别情况外，代理商与委托人的关系是做一笔交易谈一笔交易，并不需要双方签订协议。

一般代理与独家代理的主要区别有两点：一是独家代理商享有独家专营权，而一般代理商则不享有这种权利；二是独家代理商收取佣金的范围，既包括招揽生意介绍客户成交的金额，也包括委托人直接成交的金额，一般代理商收取佣金的范围只限于介绍生意成交金额，委托人直接成交的则不另付租金。

(三)独家代理与包销的区别

独家代理与包销的区别主要是：

(1)代理是委托代埋关系，双方当事人的关系是委托与代理的关系；包销是买卖关系，双方当事人的关系是货主对买主的关系。

(2)代理是由代理商根据委托人规定的交易条件在约定的地区内推销商品，招揽订单，收取佣金，不占用自己的资金，不承担经营风险；包销是包销商以自己的名义买进货物，自购自销，自负盈亏，自己承担货价涨落等经营风险。

(3)代理商介绍买主后，由实际买主向委托人开立信用证或支付货款；包销商买进商品后，自开信用证或以其他方式自行负责支付货款。

三、寄售

寄售(Consignment)是一种委托他人代为销售的贸易方式，指寄售人先将准备寄售的货物运往国外寄售地，委托当地代销人按照寄售协议规定的条件代为销售后，再由代销人向货主结算货款。

(一)寄售协议及做法

委托人与代销人之间的权利与义务由寄售协议确定。寄售协议的内容一般包括:协议双方关系条款,包括货物运抵目的地后有关装卸、报关、运输、储存、保险、纳税等方面的责任以及费用的负担;价格条款,通常有最低售价、不限价和委托人自行报价的做法;货款的支付方法;佣金的计算以及其他费用的清算方法;双方当事人的义务及退货办法。

在国际贸易中,寄售的具体做法是:出口商(寄售人)同国外客户(代销人)签订寄售合同,出口商先将寄售商品运送给国外代销人,由代销人按照合同规定的条件和办法,代替货主在当地市场进行销售。货物出售后,由代销人扣除佣金及其他费用后,按合同规定的办法汇交寄售人,是一种先出口后售货的贸易方式。

寄售商品的作价方法可由双方协商,或采用规定最低限价的方法,或随行就市由代销人掌握,或双方规定结算价格,代售人有权决定售价等,究竟采用哪种方法,应视货物特点和市场情况而定。有时为了保证安全收汇,寄售人将货物发给当地资信较好的银行,由银行掌握付款提货;也有的寄售人要求代销人提供银行出具的担保代售人支付货款的银行保函。寄售货物装运出口后,在到达寄售地前也可出售在途货,即当货物尚在运输途中,如有条件即可成交出售,出售不成则仍运至原定目的地。

(二)寄售业务的性质、特点及利弊

1. 寄售的性质

寄售业务就其性质来说是一种信托业务。寄售业务不同于买卖业务,因为双方的当事人——寄售人和代销人之间不是买卖关系,而是一种委托代售关系。寄售协议也不是一般的销售代理协议,因为寄售协议是代销人以自己的名义与当地购货人签订的协议,而销售代理人则是代表委托人与当地购货人签订的协议。

2. 寄售的特点

在国际贸易中采用的寄售方式,与正常的卖断方式比较,它具有以下特点:

(1)寄售人先将货物运至目的地市场(寄售地),然后经代销人在寄售地向当地买主销售。因此,它是典型的凭实物进行买卖的现货交易。

(2)寄售人与代销人之间是委托代售关系,寄售人就是委托人、货主,代销人就是受托人、国外客户,双方是一种委托和受托的关系而非买卖关系。代销人只根据寄售人的指示处置货物,在寄售商品售出之前,委托人始终拥有其所有权。

(3)寄售货物在售出之前,包括运输途中和到达寄售地后的一切费用和风险，均由寄售人承担。因此，寄售人要负担寄售期间的运费、保险费、仓储费、进口税等一切费用，并承担此间可能发生的风险和损失。同时，尽管代售人有义务尽力推销寄售商品，但对商品能否售出并不负责，寄售期满有权退回未售出的部分，交易盈亏概由寄售人负担。

3. 寄售的利弊

采用寄售的方式，不需要代销人自己垫付资金和承担各种风险，有利于调动代销人经营的积极性，利用其销售渠道扩大出口。同时寄售方式是凭实物买卖，便于国外买主就地看货成交，对买主较有吸引力，有利于促进成交。因此，寄售方式对开拓新市场、扩大销路、推销新产品、处理滞销商品有积极作用。

但是，寄售对于委托人来说也有不利的一面，主要表现在：承担的风险较大，费用较高，经常垫付和积压资金，不利于资金周转；收汇一般较缓慢，货物已出口不能直接控制，一旦代销人不守协议，可能遭到货款两空的危险。因此，采用寄售方式应对市场情况进行充分调查研究，严格选择资信较好的代销商，慎重选择作价方法，采用要求代销人提供银行保函等减少风险的办法。

四、易货贸易

（一）易货贸易的含义和形式

易货贸易（Barter）是一种古老的贸易方式，指买卖双方将进出口结合起来，相互交换各自的商品，从而避免向对方进行货币支付的贸易方式。

易货贸易在国际贸易实践中有两种形式：

（1）直接易货。直接易货即买卖双方各以一种能为对方所接受的货物直接进行交换，两种货物的交换时间相同、价值相等。如果两种货物的价值出现了少量差额，也通常以提供货物的方式抵补，很少出现现汇的支付。这种易货局限性大，在进出口业务中较少见，通常只是出现在民间性的边境易货贸易中。

（2）综合易货。综合易货又称一揽子易货，它是指交易双方都承诺购买对方等值的商品从而将进出口结合在一起的贸易方式。在这种贸易方式下双方交货的时间有先有后，比直接易货更富有灵活性。在具体做法上，交易的一方既可以用一种商品交换对方的一种或几种商品，以对开信用证的方式对货款进行逐笔平衡；也可以由双方各以几种商品进行交换，在一定时间内通过记账冲抵，对贷款进行综合平衡。其中，后一种情况常见于政府间订有记账协定或支付清算协定的国家之间的易货贸易中。

(二)易货贸易的优缺点

易货贸易的优点体现在两方面:一是有助于对外支付手段匮乏的国家或企业之间开展贸易,从而能促进国际贸易的发展;二是有利于以进带出,扩大出口商品的销售,易于实现进出口贸易的平衡。

但易货贸易也有其自身的局限性:一是使用范围窄,谈判费事费时,不易成交,不如逐笔售定方式灵活。二是易货贸易极易受双方国家经济互补性状况的制约,两国经济发展水平和产业结构的互补性越强,易货贸易的空间越大。

五、加工贸易

(一)加工贸易的含义及特点

加工贸易(Processing Trade)是一国通过各种不同的方式,进口原料、材料或零件,利用本国的生产能力和技术,加工成成品后再出口,从而获得以外汇体现的附加价值。

加工贸易最显著的特点就是两头在外,这里的"两头"是指原材料和产成品,即加工产品的原材料大部分或全部来自国外,加工的产成品的绝大部分或全部销往国外。

(二)加工贸易的方式

加工贸易是以加工为特征的再出口业务,其方式多种多样,常见的加工贸易有:

(1)进料加工,又称以进养出。它是指用外汇购入国外的原材料、辅料,利用本国的技术、设备和劳力,加工成成品后,销往国外市场。这类业务中,经营的企业以买主的身份与国外签订购买原材料的合同,又以卖主的身份签订成品的出口合同。两个合同体现为两笔交易,它们都是以所有权转移为特征的货物买卖。进料加工贸易要注意所加工的成品在国际市场上要有销路。否则,进口原料外汇很难平衡,从这一点看进料加工要承担价格风险和成品的销售风险。

(2)来料加工。它通常是指加工一方由国外另一方提供原料、辅料和包装材料,按照双方商定的质量、规格、款式加工为成品,交给对方,自已收取加工费。有的是全部由对方来料,有的是一部分由对方来料,一部分由加工方采用本国原料的辅料。此外,有时对方只提出式样、规格等要求,而由加工方使用当地的原、辅料进行加工生产。这种做法常被称为"来样加工"。

(3)装配业务。它是指由一方提供装配所需设备、技术和有关元件、零件,由另一方装配为成品后交货。来料加工和来料装配业务包括两个贸易进程:

一是进口原料，二是产品出口。但这两个过程是同一笔贸易的两个方面，而不是两笔交易。原材料的提供者和产品的接受者是同一家企业，交易双方不存在买卖关系，而是委托加工关系，加工一方赚取的是劳务费，因而这类贸易属于劳务贸易范畴。它的好处是：加工一方可以发挥本国劳动力资源丰裕的优势，提供更多的就业机会；可以补充国内原料不足，充分发挥本国的生产潜力；可以通过引进国外的先进生产工艺，借鉴国外的先进管理经验，提高本国技术水平和产品质量，提高本国产品在国际市场的适销能力和竞争能力。当然，来料加工与装配业务只是一种初级阶段的劳务贸易，加工方只能赚取加工费，产品从原料转化为成品过程中的附加价值，基本被对方占有。由于这种贸易方式比进料加工风险小，目前在我国开展得比较广泛，获得了较好的经济效益。

(4)协作生产。它是指一方提供部分配件或主要部件，而由另一方利用本国生产的其他配件组装成一件产品出口。商标可由双方协商确定，既可用加工方的，也可用对方的。所供配件的价款可在货款中扣除。协作生产的产品一般规定由对方销售全部或一部分，也可规定由第三方销售。

六、补偿贸易

(一)补偿贸易的含义及特点

补偿贸易(Compensation Trade)一般是指一方在信贷的基础上，从国外另一方买进机器、设备、技术、原材料或劳务，约定在一定期限内，用其生产的产品、其他商品或劳务，分期清偿贷款的一种贸易方式。它是从20世纪60年代末70年代初逐渐发展起来的一种新的贸易方式，主要被发展中国家和发达国家之间的贸易所采用，目前已具有一定的发展规模。

补偿贸易的主要特点是：(1)贸易与信贷结合。购入机械设备的一方是在对方提供信贷的基础上进行的。(2)贸易与生产相联系。补偿贸易的双方相互联系、相互关心，设备的出口方关心工程项目的进展和产品的生产，设备的进口方关心产品在出口国家和其他市场的销售。(3)设备进口与产品出口相联系。出口机器设备方同时承诺回购对方的产品，在大多数情况下，交换的商品是利用其设备制造出来的产品。(4)贸易双方是买卖关系。设备的进口方不仅承担支付的义务，而且承担付息的责任，对设备拥有完全的所有权和使用权。

(二)补偿贸易的形式

目前，补偿贸易的做法，主要有四种形式：

(1)产品返销(Buy-back)。又称直接产品补偿，即由设备进口方利用对方提供的设备和技术制造的产品，包括直接产品或相关产品(Resultant or Related Product)，分期偿付进口设备的货款。由于在实际业务中设备与技术的出口方往往不需要这些直接产品，因此这种补偿方式尽管是补偿贸易中最基本的做法，但实际上比较少见。

(2)互购(Counter Purchase)，又称间接产品补偿。它是指设备进口方支付设备的货款，不是用直接产品，而是用双方商定的其他产品或劳务来偿付。所以，这种情况下的交易，为两笔互有联系而分别进行的交易，它是补偿贸易中较常见的做法。

(3)部分补偿。补偿的形式还可采用部分产品或劳务补偿部分设备价款，其余用现汇补偿，也可利用贷款进行补偿，这种方法被称为部分补偿。

(4)多边补偿。有时进口设备的一方，可提供的产品在出口机械设备的国内没有竞争力，或者该国对这些产品的进口实施限制，但返销产品可以在第三国市场销售或由第三国购买转销其他市场。这种负责产品返销的商人往往不是提供机械设备或技术的一方，而是第三方。这种由第三方接受并销售补偿产品，或由第三方承担或提供补偿产品的补偿方式，称为多边补偿或三角补偿。

(三)补偿贸易的优缺点

补偿贸易购入的是机器设备，出口的是产品，可以说是一种进出口相结合的特殊的信贷交易，它将进出口结合在一起的同时，也将利用外资与技术引进结合在一起，对交易双方都有好处。对设备进口方来说，可少动用外汇或不动用外汇，进口所需设备和较先进的技术，既有利于缓和对外支付手段不足的矛盾，又可提高本国的生产能力，扩大出口，增收外汇；同时也给产品的出口建立了长期的比较稳定的销售渠道和市场。对设备供应方而言，可突破进口方支付能力不足的障碍，扩大产品销售市场；获得比较固定的原材料供应来源。故补偿贸易多用于外汇支付能力困难的国家与发达国家之间，而且较多地出现在生产原材料的部门，或产品为对方所需要，或产品有出口前途的产业部门。

但是，在补偿贸易方式下，卖方为了保持其在国际市场上竞争的有利地位，一般不愿意向买方提供最先进的设备与技术；同时，补偿产品的价格会因市场变化而变化，或因产品质量问题引起双方争议。因此，在补偿贸易方式引进技术与设备时，应特别注意进行可行性研究。

七、租赁贸易

(一)租赁贸易的含义及特点

租赁贸易(Lease Trade)是出租人按照合同规定把某种物品出租给承租人使用，承租人按期向出租人缴纳租金的一种贸易方式。租赁对象主要是资本货物，包括机电设备、运输设备、建筑机械、医疗器械、飞机船舶，直至各种大型成套设备和设施等；出租人一般为准金融机构，即附属于银行或信托投资公司的租赁公司，也有专业租赁公司或生产制造商兼营自己产品的租赁业务；承租人通常为生产或服务企业。

租赁贸易是当代经济交易中较为活跃的一种贸易方式。发达国家的固定资产投资，有 1/3 以上是通过租赁贸易方式实现的，无论在国内或国际贸易中，租赁市场是一个对供需双方均有十分吸引力的市场。

租赁贸易的特点主要体现在：(1)租赁贸易往往是三边贸易，即有三个当事人：出租人、承租人和供货商。承租人选定所需设备和供应商后，由租赁公司洽谈购买。(2)出租人和租赁人之间是租用和出租关系，而非买卖关系。出租人向承租人提供所需设备，承租人则按租赁合同向出租人定期支付租金，设备的所有权属于出租人，承租人取得的只是使用权。(3)租赁贸易是在信贷基础上进行的。租赁贸易是一种以融物的形式实现中长期资金融通的贸易方式。为降低租赁风险，租赁公司通常要求承租人提供经济担保人，比如银行、投资信托公司、保险公司等出具的保函。(4)租赁期一般较长，一般是租赁财产寿命的 75％或更多。

(二)租赁贸易的种类

在国际市场上租赁贸易主要有以下四种形式，其中应用最广泛的是前两种。

(1)融资租赁。融资租赁是租赁贸易最基本的租赁形式，这种方式以融通资金为主要目的。其特点是先由承租人自己选定设备，租赁公司出资购买承租人选定的设备出租给承租人；租赁期较长，接近设备的使用期；租赁期内由用户自行维修保养，租赁期满，承租人付清残值后设备归自己所有。

(2)经营租赁。这种形式的租赁期限较短，在设备使用的有效期内，不仅仅租给一个用户，每个用户所缴付的租金只相当于设备投资的一部分，故又称为“不完全支付”租赁。在租赁期内，由出租人提供设备维修保养服务，以期保持设备的良好状态供再次出租。对承租人来说，这种租赁方式和提供的服务，使他获得了始终保持正常运转的高新技术设备，但租金也比较高。

(3)转租租赁。国内的租赁公司作为承租人向国外租赁公司租用设备，然后再将该设备转租给国内其他用户。经营转租业务的租赁公司，一方面为用户企业提供了信用担保，即以自己的名义承担了支付租金的责任。另一方面又为用户承办涉外租赁合同的洽谈和签订，以及各项进口手续和费用。

(4)回租租赁。回租租赁是指企业为筹集急需的资金，将自由设备出租给租赁公司，同时又以承租人的身份向租赁公司租回这些设备使用。这种租赁方式主要用于不动产，且均为融资租赁。

(三)租赁贸易的优缺点

开展租赁贸易有一些优点。对承租人而言，只需分期付出租金就能获得较长时期的相当于设备价款的全额资金融通；在无需支付大量外汇的条件下，较快地引进先进的设备和技术；同时由于租金稳定，容易计算成本，有利于提高资金使用效率，加速资金周转。对出租人来说，租赁贸易收回租金安全，获利也较直接出口多；出租人购买设备进行租赁业务，作为设备所有人可享受投资减税待遇，以及折旧或按政策加速折旧的优惠。另外对一些大型制造公司的附设租赁公司来说，可以通过以租代销扩大出口业务，特别对于一些售价高、相对陈旧老化的设备，租赁是一种行之有效的促销方式。

租赁贸易对于承租人而言，也有一些缺点，主要表现在：租赁费用较高，一般租金总额相当于租赁设备的120%～130%；同时，由于承租人对设备只享有使用权，不享有所有权，因此承租人不能根据自己的实际需要对设备加以改造，倘若在租赁期内，承租人不能充分利用设备或造成设备闲置，将会带来严重的经济损失。

第三节　有固定组织形式的贸易方式

一、展卖

(一)展卖的含义

展卖(Fairs and Sales)是利用展览会和博览会的形式出售商品，将展览与销售结合起来的贸易方式。国际博览会是一种以国家组织形式在同一地点定期由有关国家或地区的厂商举行的商品交易的贸易方式。参加者展出各种各样的产品和技术，以招揽国外客户签订贸易合同，扩大业务活动。国际展览会则不定期举行，通常展示各国在产品、科技方面所取得的新成就。

国际博览会或展览会按内容可分为：(1)综合性博览会或展览会，可包括工农业各类产品，通常有许多国家参加；(2)专业性博览会或展览会，通常是某项或某类工业品参加展出；(3)国别博览会或展览会等。国际上著名的博览会如莱比锡、布鲁塞尔、里昂、巴黎、蒙特利尔博览会。

(二)展卖方式

展卖业务按其买卖方式可分为两种：

(1)通过签约的方式将货物卖给国外客户,由客户在国外举办展览会或博览会,货款在展卖后结算。

(2)由货主与国外客户合作,在展卖时货物所有权仍属货主,并由货主决定价格;货物出售后,国外客户收取一定的佣金或手续费作为补偿;展卖结束后,未售出的货物折价处理或转为寄售。

(三)展卖的性质和作用

展卖是一种灵活的贸易方式,可由货主自己举行,也可由货主委托他人举办。在国际贸易中,展卖可在国外举行,也可在国内举行。

当代的国际博览会和展览会不仅是一个商品交易场所,而且更多地具有介绍产品和新技术、广告宣传和打开销路的性质。参加展卖的各国商人除参加现场交易外,还大力进行样品展览和广告宣传,以求同世界各地建立广泛的商业关系。

随着国际贸易关系和技术的日益发展,通过博览会和展览会进行的展卖方式在国际市场上的地位日益重要。它为买卖双方了解市场、建立商品和技术联系提供了有利条件,成为各国商人签订贸易合同的重要场所。

二、招标与投标

(一)招标与投标的含义

招标(Invitation to Tender)与投标(Submission to Tender)是有组织地在特定地点按一定的条件进行交易的一种竞争方式。招标是指采购者或业主在一定的时间地点,发出招标公告或招标单,提出招标项目和条件,邀请他人投标的行为。投标是指出口商、供货人或承包商应招标人的邀请,根据招标公告或招标单的规定条件,在规定时间内向招标人递价的行为。

在国际贸易中,招标与投标是一种贸易方式的两个方面。在国际上招标与投标多用于国际承包工程,政府机构或大企业营建工程项目,购买成套设备、大宗商品等。

(二)招标的种类与方式

招标可分为公开招标和不公开招标两种:公开招标由招标人公开发布招标单,并由投标人参加监督开标;不公开招标又称邀请招标,是由招标人根据自己具体的业务关系和情报资料自行选定投标人,其他人无权参加投标。

目前,国际上采用的招标方式归纳起来有以下三种:

1. 竞争性招标

竞争性招标(Intenational Competitive Bidding,ICB)是指招标人邀请几

个乃至几十个投标人参加投标，通过多数投标人竞争，选择其中对招标人最有利的投标人成交，它属于兑卖的方式。

国际性竞争投标，有两种做法：(1)公开投标(Open Bidding)。公开投标是一种无限竞争性招标(Unlimited Competitive Bidding)。采用这种做法时，招标人要在国内外主要报刊上刊登招标广告，凡对该项招标内容有兴趣的人均有机会购买招标资料进行投标。政府采购物资，大部分采用竞争性的公开招标办法。(2)选择性招标(Selected Bidding)。选择性招标又称邀请招标，它是有限竞争性招标(Limited Competitive Bidding)。采用这种做法时，招标人不在报刊上刊登广告，而是根据自己具体的业务关系和情报资料由招标人对客商进行邀请，进行资格预审后，再由他们进行投标。

2. 谈判招标

谈判招标(Negotiated Bidding)又称议标，它是非公开的，是一种非竞争性的招标。这种招标由招标人物色几家客商直接进行合同谈判，谈判成功，交易达成。

3. 两段招标

两段招标(Two-stage Bidding)是指无限竞争招标和有限竞争招标的综合方式，采用此类方式时，先用公开招标，再用选择招标分两段进行。

(三)招标和投标的程序

招标与投标业务的基本程序可分为：招标、投标、开标、评标决标、中标签约等几个阶段。在招标阶段，招标商首先要发出招标公告。采用不公开招标时，一般要向选定的投标人颁发招标通知；采用公开招标时，则应在有权威的报刊上刊登招标广告，说明招标的项目及有关的各种交易条件，邀请各国卖主或承包商在规定期限和地点递价参加投标。然后由招标人对前来要求投标的公司、企业的历史情况、财力状况、产品质量、经营作风及信誉等方面进行资格审查。审查合格后，由招标人向取得投标资格者寄送“标单”，内容包括招标要示、合同条款及格式、技术要求以及投标、开标、日期、寄送投标单的方法等。标单一般还要求投标人缴纳投标保证金或银行保函，保证一旦中标，一定签约，否则招标人可没收该保证金。如未得标，则此保证金或保函如数退还投标人。

在投标阶段，投标人收到标单后，应认真研究标单的全部内容和条件，在此基础上仔细订出自己争取中标的各项条件，包括价格、交货期限、品质规格、各技术指标等，做到量力而行。然后按要求填写投标文件，在规定期限内密封交寄招标人，同时按招标单规定提交投标保证金或保函(或备用 L/C)。

在开标阶段，若采用公开招标，应由招标人和公证人在规定时间和地点当众拆开密封的投标单，宣布其内容，并选择最有利的递价，凡参加投标者均可派代表监督开标。不公开招标则由招标人在没有投标人参加的情况下自行选定中标人。开标后，对较复杂的标项有时还要由招标人组织人员进行评标，评标后决标，选定中标人，双方签订合同，履行合同。另外，按国际惯例，招标人在开标后，若发现所有投标都不符合要求，可全部拒绝，宣布招标失败。

(四)招标与投标的特点

招标与投标是一种严格按照招标人规定的条件进行的交易。双方是在投标人一次递价的条件下交易，没有反复磋商讨价还价的余地。由于招标是多家投标人竞争的目标，投标人之间的竞争十分激烈，常会提出优惠的价格以求中标，因此相对招标人来说较为有利。

三、拍卖

(一)拍卖的含义

拍卖(Auction)是指专营拍卖业务的拍卖行在规定的时间和地点，按照一定的章程和规则，将货物向买主公开展示后，由买主相互出价竞购，最后由拍卖人把现货卖给出价最高的买主的一种贸易方式。拍卖是国际贸易中较为古老的一种方式，是一种实物交易。

通过拍卖进行交易的商品一般是一些品质规格不易标准化的商品，如皮毛、烟草、茶叶、香料、木材等；某些易腐坏不能长期保存的商品，如水果、蔬菜、花卉、观赏鱼类等；某些贵重商品或习惯上采用拍卖的商品，如贵金属、首饰、地毯、古董及其他艺术品。有些商品，如水貂皮、澳洲羊毛，大部分交易是通过拍卖方式进行的，它所形成的价格，对这些商品的行市有很大影响。

(二)拍卖的程序

拍卖的一般过程可分为拍卖准备、出价成交和付款交货三个阶段。具体做法是：卖主要先将待拍卖的商品运到拍卖行指定的仓库，由拍卖行将货物整理成堆，分类分级分批并编号，然后根据货物的种类、数量、产地、拍卖时间地点和交易条件编印拍卖目录并公布。有意购买者可在拍卖前到指定仓库看货，必要时可抽样验看，以了解商品品质。按照惯例，一旦拍卖成交，卖主或拍卖行对售出商品都不负品质保证的责任，因此事先看货是拍卖的重要一环。准备就绪后，在预定的时间和地点进行正式拍卖，买主叫价竞购。

(三)拍卖的形式

根据拍卖叫价的方式不同，拍卖一般有三种形式：

(1)增价拍卖。又称买方叫价拍卖，是最常用的一种拍卖方式，即由拍卖人宣布该项商品的预定最低价格,然后由竞买者竞相加价,有时规定每次加价的金额限度,直至竞买人不再加价时,拍卖人击槌表示成交,将这批商品卖给最后出价最高的人。在拍卖时非经允许,卖主不能参加叫价。

(2)减价拍卖。又称荷兰式拍卖,即由拍卖人提出一批货物,并喊出最高价格,然后逐渐喊价叫价,直到有某一买主表示接受承购为止。减价拍卖方式成交迅速,常用于鲜活商品的拍卖。

(3)密封递价拍卖。又称招标式拍卖,即由拍卖人公布每批商品的详细情况和拍卖条件,然后由买主在规定时间和地点将自己的出价密封递交拍卖人,拍卖人比较后将货物卖给适合的买主并公布买主姓名。这种方法不是公开竞买。拍卖人有时要考虑价格之外的其他因素,一些国家的政府或国际组织处理没收货物或组织出售物资时常用这种方法。

(四)拍卖的特点

采用拍卖方式,对卖方来说,可通过买方的相互竞购,卖出较好的价格。同时,拍卖是现货交易,买方付款提货,卖方收取货款较安全,成交速度快,有利于资金周转,也有利于打开销售渠道,扩大国外市场。对买方来说,也有利于根据市场和自身情况,实地看货,购进满意的货物。但采用拍卖方式,交易过程一般要花费较多时间。

四、商品期货交易

(一)商品期货交易的含义

期货交易是一种特殊的交易方式,它是在商品期货交易所内,按一定规章制度,通过公开竞价的方式,买进或卖出某种商品期货合同的交易。

商品期货交易(Commodity Futures Trading)的品种基本上都是属于供求量较大、价格波动频繁的初级产品,如谷物、棉花、食糖、咖啡、可可、油料、活牲畜、木材、有色金属、原油以及贵金属、金、银等。

现代期货交易是在期货交易所内进行的。目前期货交易所已经遍布世界各地,特别是在美国、英国、日本、新加坡等地的期货交易所在国际期货市场上占有非常重要的地位。其中交易量比较大的著名交易所有:美国的芝加哥商品交易所(CBOT)、芝加哥商业交易所(CME)、纽约商业交易所(NYMEX),英国的伦敦金属交易所(LME),日本的东京工业品交易所(TOCOM),中国香港地区的期货交易所(HKFE),以及新加坡的国际金融交易所(SIMEX)等。

(二)期货交易的特点

同一般的商品交易相比,期货交易具有其独有的特点:

(1)期货交易的标的物不是一般交易下的各种商品,而是各种标准期货合同。期货合同由交易所预先指定,对价格和交货期以外的各项交易条件进行统一规定。买卖双方在交易所进行交易时,只需商定价格、交货期、合同份数即可成交。

(2)大多数买卖期货的客户并不想购买或销售期货合同项下的货物,而只是通过对期货合同的买卖来赚取其间的差价。因此,期货市场上很少发生实际货物的转移,通常只有期货合同的对冲。

(3)由于造成商品现货价格变动的因素都必将导致期货价格的迅猛波动,加之期货市场上大量投机商的大规模投机活动也使得期货价格大起大落,因此,期货价格比一般商品的价格更具有不稳定的特征。

(4)从事期货交易必须在清算所开立保证金账户。期货交易中的保证金不同于一般商品交易中的订金,它只是保证交易者在交易亏损时可以凭以支付应付的价差,而且要准备按交易所的要求而随时追加。合同必须在每个交易所设立的清算所进行登记及结算。

(5)期货买卖的价差不是在期货交易双方之间结算,而是通过清算所进行结算。清算所在期货合同到期前,直接以记账方式对交易者买入或卖出的合同进行对冲;只有对未能及时对冲的合同才通知交易者进行实际交割。

(三)期货交易的方式

期货交易的方式,按其交易的目的不同可分为两种:一种是以获取盈利为目的的买空卖空的期货投机交易,另一种是以转移价格变动风险为目的的套期保值。

(1)投机交易。投机交易又分为买空和卖空。

买空又称"多头",是指投机者估计价格要涨,买进期货;一旦期货涨价,再卖出期货,从中赚取差价。

卖空又称"空头",是指投机者估计价格要跌,卖出期货;一旦期货跌价,再买进期货,从中赚取差价。

(2)套期保值。套期保值(Hedging)即对冲交易,在商业习惯上称之为"海琴"。套期保值又可分为买期保值和卖期保值。

买期保值是指经营者卖出一笔日后交货的实物,为了避免在以后交货时该项商品的价格上涨而遭受损失,则可在交易所内买进于同一时期交货的同样数量的期货合同。这样,将来货物价格如果不涨,他也同样可以从期货交易的盈利中补偿实物交易的损失。

卖期保值是指经营者买进一批日后交货的实物,为了避免在以后交货时该项商品的价格下跌而遭受损失，就可在交易所预售于同一时期交货的同样数量的期货合同。这样，即使将来货价下跌，已经买进的实物在价格上受到亏损，但他可以从期货合同交易所获得的盈利来进行补偿。

第四节 国际电子商务方式

一、电子商务的概述

(一)电子商务的含义

电子商务(Electronic Commerce)是指实现整个贸易过程中各阶段的贸易活动电子化。

电子商务诞生于20世纪70年代，当时国际贸易活动空前活跃，大量的贸易单证和商务文件需要快速处理，因此人们开始寻求通过利用电子信息技术(IT)来解决问题。EDI(Electronic Data Interchange，意即电子数据交换)应运而生，很快受到人们的青睐。可以说电子商务起始于EDI，通过采用EDI，极大地提高了商业文件的传输速度和处理速度。EDI以其高效、准确快捷的特点很快受到发达国家和国际大型企业的重视，但其成本大、专业性强，对中小型企业和个人来说运用它有一定的困难。20世纪90年代，国际互联网(Internet)迅速普及，全球商业贸易活动也正式进入这个"王国"。其广泛而高效的运用，大大推动了全球贸易的发展。

(二)电子商务的特点

电子商务与传统的贸易方式相比，具有以下特点：

(1)交易方式虚拟化。电子商务提供了企业虚拟的全球化贸易环境，贸易双方从交易磋商、签订合同到货款收付等都无须当面进行，只要通过计算机网络即可完成，提高了国际商务活动水平、效率和服务质量。

(2)交易成本低。通过计算机网络开展的交易，减少了交易环节，缩短了交易时间，节约了信息成本。其实行的"无纸贸易"比传统贸易方式可以减少90%的文件处理费用。

(3)交易透明化。贸易双方从交易的洽谈、签约到交货通知、款项的收付，整个交易过程都在网络中进行，加强了双方的信息联系，使得各种信息之间可以互相核对。

(4)交易效率高。在网络中传输的商业报文是标准化的。标准化的报文能在网络中快速传递并进行计算机的自动处理，减少了多道人工环节，降低了差错率;节约了时间。

(5)跨越时间和空间限制。电子商务中的地域观念、时间观念淡化,人们可以轻松地通过点击在不同国家的网站24小时进行交易。

(三)电子商务的分类

电子商务按交易对象分类,可分为:

(1)B2B模式。即企业与企业之间的电子商务(Business to Business),它是指企业与企业之间通过互联网或专用网方式进行电子商务活动。目前这种模式是最受人关注的一种模式。

(2)B2C模式。即企业与消费者之间的电子商务(Business to Consumer),它是指企业通过互联网为消费者提供一个新型的购物环境,消费者可以通过网络完成购物、支付等手续的一种模式。

(3)B2G模式。即企业与政府之间的电子商务(Business to Government),它是指通过建立企业网站、政府网站,在网络上实现政府对企业的监督、控制、征税等管理职能,或完成政府采购的一种模式。

(4)C2C模式。即消费者与消费者之间的电子商务(Consumer to Consumer),它是指消费者通过网络互相买卖产品的交易模式。

二、EDI技术条件下的电子商务

EDI是计算机之间的电子传递,而且使用某种商定的标准来处理信息结构。通俗地说,EDI就是将数据和信息规范化和格式化,并通过计算机网络进行交换和处理。EDI包括三方面的内容:

(1)用统一的标准来编制资料。EDI对于商业报文,如订单、发票、货运单、报关单、进出口许可证等,都根据相应的统一标准格式编制,非常方便不同的商业伙伴的计算机编制和处理。

(2)利用电子方式传递信息。EDI信息传递的路径是计算机到数据通信网络,再到商业伙伴的计算机,中间不需要人工干预。

(3)计算机应用程序之间的联结。EDI信息的最终用户是计算机应用软件系统,它自动处理传递过来的数据,在传递之前和之后,要对单据的内容进行核对,既核对数据的准确性,也核对数据的格式是否符合标准。

目前,国际上常用的EDI统一标准有两种:一种是美国的ANSIX12,一种是联合国EDIFACT。从1993年4月起,ANSIX12开始向EDIFACT靠拢,这样全世界统一的标准就只有EDIFACT了。

EDI系统构成的三要素有:EDI软件及硬件、通信网络以及数据标准化

(即 EDI 标准)。从 EDI 软件来看,EDI 所需要的软件主要具有将用户数据库系统中的信息翻译成 EDI 的标准格式,以供传输转换。它一般包括转换软件、中间软件、翻译软件和通信软件。从 EDI 的硬件来看,它主要包括计算机、调制解调器和电话线。从 EDI 的通信网络来看,它包括多种形式,比较常见的是增值网络形式。增值网络是区域性的,它采用第三方网络公司进行通信,把与国际贸易有关的工厂、公司、海关、航运、商检、银行和保险等单位连成一个 EDI 网络,用户(进出口商)可以通过公用数据网连到 EDI 中心;然后,用户把要传给商检的产地证申报单、进出口报检单、进口报关单等传送到 EDI 服务中心,EDI 中心就会把这些单证传到相应的单位,并收到审单结果,传回给用户,从而大幅度降低了传送资料的复杂程度,加速了贸易的全过程,大大提高了工作效率。

图 15－1 为国际贸易中的 EDI 流程。

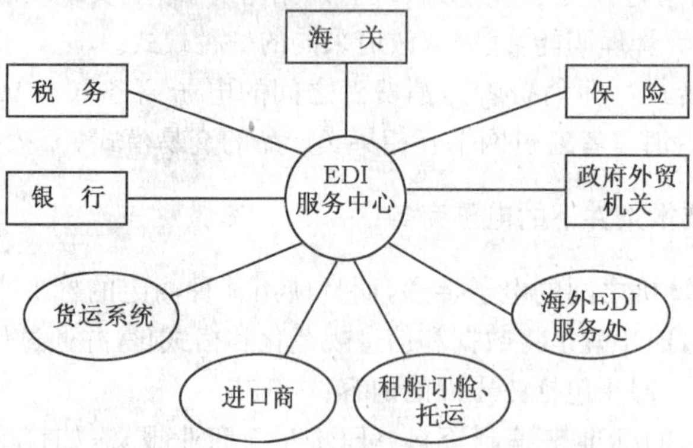

图 15－1 增值网络下的 EDI 流程

EDI 采用国际标准化格式和规范语言,以其高效、快捷和准确的特点得到国际大型企业的重视,有力地推动了全球市场的形成。因此,EDI 技术在贸易中的应用和发展,其速度是惊人的,竞争也是激烈的。但是,EDI 的应用成本及专业性问题却成了中小型企业难以逾越的障碍。增值网络高额的费用只有大型企业才会使用,从而限制了其应用范围的扩大。

三、互联网技术条件下的电子商务

互联网(Internet)是一个通过遵循一定协议自由发展起来的全球性计算机网络,它利用覆盖全球的通信系统使各类计算机网络及个人计算机联通,从而实现智能化的信息交流和资源共享。准确地说，互联网即是由互联（Interconnection）和网络（Network）结合而成，它使每个独立的网络或计算机连接在一起，相互之间以 TCP/IP 协议通信，实现资源共享的目的。

近年来，随着计算机技术的飞速发展，互联网技术日趋成熟。它已作为一种全新的全球性沟通媒体，相对于传统的媒体而言，具有不可比拟的优越性。1997 年 7 月 1 日，美国克林顿政府发布《全球电子商务纲要》。此后，有 29 个国家参加的欧洲电信部长级会议亦于 1997 年 7 月 8 日通过共同宣言支持电子商业交易，主张官方应尽量减少不必要的限制，如将互联网宣告为免税区等，帮助民间企业自主发展，以促进互联网商业竞争，扩大互联网的商业应用。这一举措进一步促进了网上国际性商业活动的迅速发展。

图 15－2 为互联网的体系结构及流程。

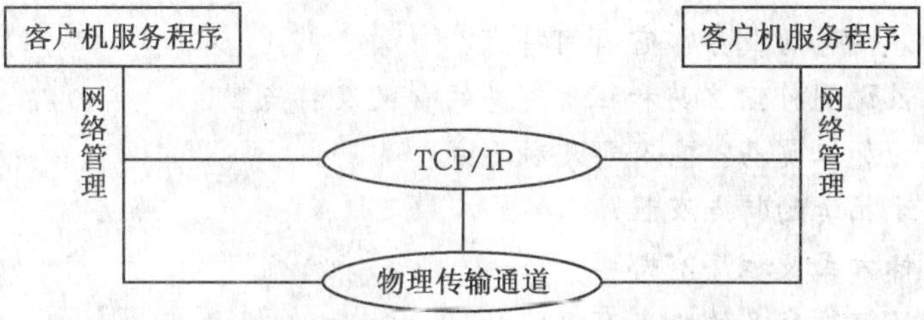

图 15－2 互联网的体系结构及流程

基于互联网的电子商务比基于 EDI 的电子商务具有明显的优势：

(1)费用低廉。使用互联网的费用不足 EDI 的 1/4。

(2)覆盖面广。互联网几乎遍及全球的各个角落，用户通过普通的电话线就可以方便地与贸易伙伴传递商业信息和文件

(3)功能全面。互联网的主要功能可以归结为四个方面：网络通信、远程登录、文件传输和网络信息服务。

(4)使用灵活。基于互联网的电子商务不受特殊数据交换协议限制，录入、发送、接受的商业文件或单证所看即所得，无须翻译。

(5)具有交互性。互联网可 24 小时在线，进行双向的人机交互通信。

(6)互联网通道的功能将不断扩大。互联网除其基本功能外，随着人们对其认识的深入和各种依赖的产生，互联网的功能必将越来越扩大。

本章小结

贸易方式是指国际贸易中买卖双方所采用的各种交易的具体做法。它是在买卖双方交易过程中随着不同商品、不同地区和不同对象，根据双方的需要形成的，随着科学技术的发展，新的国际贸易方式也在不断涌现。

在长期的贸易实践中，经销、代理、寄售、易货贸易、加工贸易、补偿贸易、租赁贸易、展卖、招标与投标、拍卖、期货交易及电子商务等贸易方式各有不同的特点，都在国际贸易中发挥着其优势。

思考与练习

1. 什么是包销和独家代理？两者之间有什么关系？
2. 什么是寄售业务？它有何特点？
3. 比较说明补偿贸易和租赁贸易的含义及特点。
4. 何为加工贸易？它有哪几种形式？
5. 简述拍卖的特点及程序。
6. 招标方式及程序有哪些？
7. 商品期货交易的特点有哪些？
8. 如何理解电子商务的概念？
9. 电子商务的发展分为几个阶段？每个阶段有哪些特点？
10. EDI 系统组成包括哪些内容？
11. 互联网阶段电子商务有哪些优越性？它存在哪些问题？

附录

联合国国际货物销售合同公约

本公约各缔约国，铭记联合国大会第六届特别会议通过的关于建立新的国际经济秩序的各项决议的广泛目标，考虑到在平等互利基础上发展国际贸易是促进各国间友好关系的一个重要因素，认为采用照顾到不同的社会、经济和法律制度的国际货物销售合同统一规则，将有助于减少国际贸易的法律障碍，促进国际贸易的发展，兹协议如下：

第一部分　适用范围和总则

第一章　适用范围

第一条

(1)本公约适用于营业地在不同国家的当事人之间所订立的货物销售合同：

(a)如果这些国家是缔约国；或

(b)如果国际私法规则导致适用某一缔约国的法律。

(2)当事人营业地在不同国家的事实，如果从合同或从订立合同前任何时候或订立合同时，当事人之间的任何交易或当事人透露的情报均看不出，应不予考虑。

(3)在确定本公约的适用时，当事人的国籍和当事人或合同的民事或商业性质，应不予考虑。

第二条

本公约不适用于以下的销售：

(a)购供私人、家人或家庭使用的货物的销售，除非卖方在订立合同前任何时候或订立合同时不知道而且没有理由知道这些货物是购供任何这种使用；

(b)经由拍卖的销售；

(c)根据法律执行令状或其他令状的销售；

(d)公债、股票、投资证券、流通票据或货币的销售；

(c)船舶、船只、气垫船或飞机的销售；

(f)电力的销售。

第三条

(1)供应尚待制造或生产的货物的合同应视为销售合同,除非订购货物的当事人保证供应这种制造或生产所需的大部分重要材料。

(2)本公约不适用于供应货物一方的绝大部分义务在于供应劳力或其他服务的合同。

第四条

本公约只适用于销售合同的订立和卖方和买方因此种合同而产生的权利和义务。特别是,本公约除非另有明文规定,与以下事项无关:

(a)合同的效力,或其任何条款的效力,或任何惯例的效力;

(b)合同对所售货物所有权可能产生的影响。

第五条

本公约不适用于卖方对于货物对任何人所造成的死亡或伤害的责任。

第六条

双方当事人可以不适用本公约,或在第十二条的条件下,减损本公约的任何规定或改变其效力。

第二章　总　则

第七条

(1)在解释本公约时,应考虑到本公约的国际性质和促进其适用的统一以及在国际贸易上遵守诚信的需要。

(2)凡本公约未明确解决的属于本公约范围的问题,应按照本公约所依据的一般原则来解决,在没有一般原则的情况下,则应按照国际私法规定适用的法律来解决。

第八条

(1)为本公约的目的,一方当事人所作的声明和其他行为,应依照他的意旨解释,如果另一方当事人已知道或者不可能不知道此一意旨。

(2)如果上一款的规定不适用,当事人所作的声明和其他行为,应按照一个与另一方当事人同等资格、通情达理的人处于相同情况中,应有的理解来解释。

(3)在确定一方当事人的意旨或一个通情达理的人应有的理解时,应适当地考虑到与事实有关的一切情况,包括谈判情形、当事人之间确立的任何习惯做法、惯例和当事人其后的任何行为。

第九条

(1)双方当事人业已同意的任何惯例和他们之间确立的任何习惯做法,对双方当事人均有约束力。

(2)除非另有协议,双方当事人应视为已默认对他们的合同或合同的订立适用双方当事人已知道或理应知道的惯例,而这种惯例,在国际贸易上,已为有关特定贸易所涉同类合同的当事人所广泛知道并为他们所经常遵守。

第十条

为本公约的目的：

(a)如果当事人有一个以上的营业地，则以与合同及合同的履行关系最密切的营业地为其营业地，但要考虑到双方当事人在订立合同前任何时候或订立合同时所知道或所设想的情况；

(b)如果当事人没有营业地，则以其惯常居住地为准。

第十一条

销售合同无须以书面订立或书面证明，在形式方面也不受任何其他条件的限制。销售合同可以用包括人证在内的任何方法证明。

第十二条

本公约第十一条、第二十九条或第二部分准许销售合同或其更改或根据协议终止，或者任何发价、接受或其他意旨表示的以书面以外任何形式做出的任何规定不适用，如果任何一方当事人的营业地是在已按照本公约第九十六条做出了声明的一个缔约国内，各当事人不得减损本条或改变其效力。

第十三条

为本公约的目的，"书面"包括电报和电传。

第二部分　合同的订立

第十四条

(1)向一个或一个以上特定的人提出的订立合同的建议，如果十分确定并且表明发价人在得到接受时承受约束的意旨，即构成发价。一个建议如果写明货物并且明示或暗示地规定数量和价格或规定如何确定数量和价格，即为十分确定。

(2)非向一个或一个以上特定的人提出的建议，仅应视为邀请做出发价，除非提出建议的人明确地表示相反的意向。

第十五条

(1)发价于送达被发价人时生效。

(2)一项发价，即使是不可撤销的，得予撤回，如果撤回通知于发价送达被发价人之前或同时送达被发价人。

第十六条

(1)在未订立合同之前，发价得予撤销，如果撤销通知于被发价人发出接受通知之前送达被发价人。

(2)但在下列情况下，发价不得撤销：

(a)发价写明接受发价的期限或以其他方式表示发价是不可撤销的；或

(b)被发价人有理由信赖该项发价是不可撤销的，而且被发价人已本着对该项发价的信赖行事。

第十七条

一项发价,即使是不可撤销的,也可以在拒绝通知送达发价人时终止。

第十八条

(1)被发价人声明或做出其他行为表示同意一项发价,即是接受,缄默或不行动本身不等于接受。

(2)接受发价于表示同意的通知送达发价人时生效。如果表示同意的通知在发价人所规定的时间内,如未规定时间,在一段合理的时间内,未曾送达发价人,接受就成为无效,但须适当地考虑到交易的情况,包括发价人所使用的通信方法的迅速程序。对口头发价必须立即接受,但情况有别者不在此限。

(3)但是,如果根据该项发价或依照当事人之间确立的习惯做法和惯例,被发价人可以做出某种行为,例如与发运货物或支付价款有关的行为,来表示同意,而无须向发价人发出通知,则接受于该项行为做出时生效,但该项行为必须在上一款所规定的期间内做出。

第十九条

(1)对发价表示接受但载有添加、限制或其他更改的答复,即为拒绝该项发价,并构成还价。

(2)但是,对发价表示接受但载有添加或不同条件的答复,如所载的添加或不同条件在实质上并不变更该项发价的条件,除发价人在不过分迟延的期间内以口头或书面通知反对其间的差异外,仍构成接受。如果发价人不做出这种反对,合同的条件就以该项发价的条件以及接受通知内所载的更改为准。

(3)有关货物价格、付款、货物质量和数量、交货地点和时间、一方当事人对另一方当事人的赔偿责任范围或解决争端等的添加或不同条件,均视为在实质上变更发价的条件。

第二十条

(1)发价人在电报或信件内规定的接受期间,从电报交发时刻或信上载明的发信日期起算,如信上未载明发信日期,则从信封上所载日期起算。发价人以电话、电传或其他快速通信方法规定的接受期间,从发价送达被发价人时起算。

(2)在计算接受期间时,接受期间内的正式假日或非营业日应计算在内。但是,如果接受通知在接受期间的最后1天未能送到发价人地址,因为那天在发价人营业地是正式假日或非营业日,则接受期间应顺延至下一个营业日。

第二十一条

(1)逾期接受仍有接受的效力,如果发价人毫不迟延地用口头或书面将此种意见通知被发价人。

(2)如果载有逾期接受的信件或其他书面文件表明,它是在传递正常、能及时送达发价人的情况下寄发的,则该项逾期接受具有接受的效力,除非发价人毫不迟延地用口头或书面通知被发价人:他认为他的发价已经失效。

第二十二条

接受得予撤回,如果撤回通知于接受原应生效之前或同时送达发价人。

第二十三条

合同于按照本公约规定对发价的接受生效时订立。

第二十四条

为公约本部分的目的，发价、接受声明或任何其他意旨表示“送达”对方，系指用口头通知对方或通过任何其他方法送交对方本人，或其营业地或通信地址；如无营业地或通信地址，则送交对方惯常居住地。

第三部分 货物销售

第一章 总 则

第二十五条

一方当事人违反合同的结果，如使另一方当事人蒙受损害，以至于实际上剥夺了他根据合同规定有权期待得到的东西，即为根本违反合同，除非违反合同一方并不预知而且一个同等资格、通情达理的人处于相同情况中也没有理由预知会发生这种结果。

第二十六条

宣告合同无效的声明，必须向另一方当事人发出通知，方始有效。

第二十七条

除非公约本部分另有明文规定，当事人按照本部分的规定，以适合情况的方法发出任何通知、要求或其他通知后，这种通知如在传递上发生耽搁或错误，或者未能到达，并不使该当事人丧失依靠该项通知的权利。

第二十八条

如果按照本公约的规定，一方当事人有权要求另一方当事人履行某一义务，法院没有义务做出判决，要求具体履行此一义务，除非法院依照其本身的法律对不属本公约范围的类似销售合同愿意这样做。

第二十九条

(1)合同只需双方当事人协议，就可更改或终止。

(2)规定任何更改或根据协议终止必须以书面合同的方式进行，不得以任何其他方式更改或根据协议终止。但是，一方当事人的行为，如经另一方当事人寄以信赖，就不得坚持此项规定。

第二章 卖方的义务

第三十条

卖方必须按照合同和本公约的规定，交付货物，移交一切与货物有关的单据并转移货物所有权。

第一节　交付货物和移交单据

第三十一条

如果卖方没有义务要在任何其他特定地点交付货物，他的交货义务如下：

(a)如果销售合同涉及货物的运输，卖方应把货物移交给第一承运人，以运交给买方；

(b)在不属于上款规定的情况下，如果合同指的是特定货物或从特定存货中提取的或尚待制造或生产的未经特定化的货物，而双方当事人在订立合同时已知道这些货物是在某一特定地点，或将在某一特定地点制造或生产，卖方应在该地点把货物交给买方处置；

(c)在其他情况下，卖方应在他于订立合同时的营业地把货物交给买方处置。

第三十二条

(1)如果卖方按照合同或本公约的规定将货物交付给承运人，但货物没有以货物上加标记、或以装运单据或其他方式清楚地注明有关合同，卖方必须向买方发出列明货物的发货通知。

(2)如果卖方有义务安排货物的运输，他必须订立必要的合同，以按照通常运输条件，用适合情况的运输工具，把货物运到指定地点。

(3)如果卖方没有义务对货物的运输办理保险，他必须在买方提出要求时，向买方提供一切现有的必要资料，使他能够办理这种保险。

第三十三条

卖方必须按以下规定的日期交付货物：

(a)如果合同规定有日期，或从合同可以确定日期，应在该日期交货；

(b)如果合同规定有一段时间，或从合同可以确定一段时间，除非情况表明应由买方选定一个日期外，应在该段时间内任何时候交货；或者

(c)在其他情况下，应在订立合同后一段合理时间内交货。

第三十四条

如果卖方有义务移交与货物有关的单据，他必须按照合同所规定的时间、地点和方式移交这些单据。如果卖方在那个时间以前已移交这些单据，他可以在那个时间到达前纠正单据中任何不符合同规定的情形，但是，此一权利的行使不得使买方遭受不合理的不便或承担不合理的开支。但是，买方保留本公约所规定的要求损害赔偿的任何权利。

第二节　货物相符与第三方要求

第三十五条

(1)卖方交付的货物必须与合同所规定的数量、质量和规格相符，并须按照合同所规定的方式装箱或包装。

(2)除双方当事人业已另有协议外，货物除非符合以下规定，否则即为与合同不符：

(a)货物适用于同一规格货物通常使用的目的；

(b)货物适用于订立合同时曾明示或以默认方式通知卖方的任何特定目的，除非情况表明买方并不依赖卖方的技能和判断力，或者这种依赖对他是不合理的；

(c)货物的质量与卖方向买方提供的货物样品或样式相同；

(d)货物按照同类货物通用的方式装箱或包装,如果没有此种通用方式,则按照足以保全和保护货物的方式装箱或包装。

(3)如果买方在订立合同时知道或者不可能不知道货物不符合同,卖方就无须按上一款(a)项至(d)项负有此种不符合同的责任。

第三十六条

(1)卖方应按照合同和本公约的规定,对风险移转到买方时所存在的任何不符合同情形,负有责任,即使这种不符合同情形在该时间后方始明显。

(2)卖方对在上一款所述时间后发生的任何不符合同情形,也应负有责任,如果这种不符合同情形是由于卖方违反他的某项义务所致,包括违反关于在一段时间内货物将继续适用于其通常使用的目的或某种特定目的,或将保持某种特定质量或性质的任何保证。

第三十七条

如果卖方在交货日期前交付货物,他可以在那个日期到达前,交付任何缺漏部分或补足所交付货物的不足数量,或交付用以替换所交付不符合同规定的货物,或对所交付货物中任何不符合同规定的情形做出补救,但是,此一权利的行使不得使买方遭受不合理的不便或承担不合理的开支。但是,买方保留本公约所规定的要求损害赔偿的任何权利。

第三十八条

(1)买方必须在按情况实际可行的最短时间内检验货物或由他人检验货物。

(2)如果合同涉及货物的运输,检验可推迟到货物到达目的地后进行。

(3)如果货物在运输途中改运或买方须再发运货物,没有合理机会加以检验,而卖方在订立合同时已知道或理应知道这种改运或再发运的可能性,检验可推迟到货物到达新目的地后进行。

第三十九条

(1)买方对货物不符合同,必须在发现或理应发现不符情形后一段合理时间内通知卖方,说明不符合同情形的性质,否则就丧失声称货物不符合同的权利。

(2)无论如何,如果买方不在实际收到货物之日起两年内将货物不符合同情形通知卖方,他就丧失声称货物不符合同的权利,除非这一时限与合同规定的保证期限不符。

第四十条

如果货物不符合同规定指的是卖方已知道或不可能不知道而又没有告知买方的一些事实,则卖方无权援引第三十八条和第三十九条的规定。

第四十一条

卖方所交付的货物,必须是第三方不能提出任何权利或要求的货物,除非买方同意在这种权利或要求的条件下,收取货物。但是,如果这种权利或要求是以工业产权或其他知识产权为基础的,卖方的义务应依照第四十二条的规定。

第四十二条

(1)卖方所交付的货物,必须是第三方不能根据工业产权或其他知识产权主张任何权利或要求的货物,但以卖方在订立合同时已知道或不可能不知道的权利或要求为限,而且这种权利或要求根据以下国家的法律规定是以工业产权或其他知识产权为基础的：

(a)如果双方当事人在订立合同时预期货物将在某一国境内转售或作其他使用，则根据货物将在其境内转售或做其他使用的国家的法律；或者

(b)在任何其他情况下，根据买方营业地所在国家的法律。

(2)卖方在上一款中的义务不适用于以下情况：

(a)买方在订立合同时已知道或不可能不知道此项权利或要求；或者

(b)此项权利或要求的发生，是由于卖方要遵照买方所提供的技术图样、图案、程式或其他规格。

第四十三条

(1)买方如果不在已知道或理应知道第三方的权利或要求后一段合理时间内，将此一权利或要求的性质通知卖方，就丧失援引第四十一条或第四十二条规定的权利。

(2)卖方如果知道第三方的权利或要求以及此一权利或要求的性质，就无权援引上一款的规定。

第四十四条

尽管有第三十九条第(1)款和第四十三条第(1)款的规定，买方如果对他未发出所需的通知具备合理的理由，仍可按照第五十条规定减低价格，或要求利润损失以外的损害赔偿。

第三节　卖方违反合同的补救办法

第四十五条

(1)如果卖方不履行他在合同和本公约中的任何义务，买方可以：

(a)行使第四十六条至第五十二条所规定的权利；

(b)按照第七十四条至第七十七条的规定，要求损害赔偿。

(2)买方可能享有的要求损害赔偿的任何权利，不因他行使采取其他补救办法的权利而丧失。

(3)如果买方对违反合同采取某种补救办法，法院或仲裁庭不得给予卖方宽限期。

第四十六条

(1)买方可以要求卖方履行义务，除非买方已采取与此一要求相抵触的某种补救办法。

(2)如果货物不符合同，买方只有在此种不符合同情形构成根本违反合同时，才可以要求交付替代货物，而且关于替代货物的要求，必须与依照第三十九条发出的通知同时提出，或者在该项通知发出后一段合理时间内提出。

(3)如果货物不符合同，买方可以要求卖方通过修理不符合同之处做出补救，除非他考虑了所有情况之后，认为这样做是不合理的。修理的要求必须与依照第三十九条发出的通知同时提出，或者在该项通知发出后一段合理时间内提出。

第四十七条

(1)买方可以规定一段合理时限的额外时间，让卖方履行其义务。

(2)除非买方收到卖方的通知，声称他将不在所规定的时间内履行义务，买方在这段

时间内不得对违反合同采取任何补救办法。但是,买方并不因此丧失他对迟延履行义务可能享有的要求损害赔偿的任何权利。

第四十八条

(1)在第四十九条的条件下,卖方即使在交货日期之后,仍可自付费用,对任何不履行义务做出补救,但这种补救不得造成不合理的迟延,也不得使买方遭受不合理的不便,或无法确定卖方是否将偿付买方预付的费用。但是,买方保留本公约所规定的要求损害赔偿的任何权利。

(2)如果卖方要求买方表明他是否接受卖方履行义务,而买方不在一段合理时间内对此一要求做出答复,则卖方可以按其要求中所指明的时间履行义务。买方不得在该段时间内采取与卖方履行义务相抵触的任何补救办法。

(3)卖方表明他将在某一特定时间内履行义务的通知,应视为包括根据上一款规定要买方表明决定的要求在内。

(4)卖方按照本条第(2)款和第(3)款做出的要求或通知,必须在买方收到后,始生效力。

第四十九条

(1)买方在以下情况下可以宣告合同无效:

(a)卖方不履行其在合同或本公约中的任何义务,等于根本违反合同;或

(b)如果发生不交货的情况,卖方不在买方按照第四十七条第(1)款规定的额外时间内交付货物,或卖方声明他将不在所规定的时间内交付货物。

(2)但是,如果卖方已交付货物,买方就丧失宣告合同无效的权利,除非:

(a)对于迟延交货,他在知道交货后一段合理时间内这样做;

(b)对于迟延交货以外的任何违反合同事情:

他在已知道或理应知道这种违反合同后一段合理时间内这样做;或

他在买方按照第四十七条第(1)款规定的任何额外时间满期后,或在卖方声明他将不在这一额外时间履行义务后一段合理时间内这样做;或

他在卖方按照第四十八条第(2)款指明的任何额外时间满期后,或在买方声明他将不接受卖方履行义务后一段合理时间内这样做。

第五十条

如果货物不符合同,不论价款是否已付,买方都可以减低价格,减价按实际交付的货物在交货时的价值与符合合同的货物在当时的价值两者之间的比例计算。但是,如果卖方按照第三十七条或第四十八条的规定对任何不履行义务做出补救,或者买方拒绝接受卖方按照该两条规定履行义务,则买方不得减低价格。

第五十一条

(1)如果卖方只交付一部分货物,或者交付的货物中只有一部分符合合同规定,第四十六条至第五十条的规定适用于缺漏部分及不符合同规定部分的货物。

(2)买方只有在完全不交付货物或不按照合同规定交付货物等于根本违反合同时,才

可以宣告整个合同无效。

第五十二条

(1)如果卖方在规定的日期前交付货物,买方可以收取货物,也可以拒绝收取货物。

(2)如果卖方交付的货物数量大于合同规定的数量,买方可以收取也可以拒绝收取多交部分的货物。如果买方收取多交部分货物的全部或一部分,他必须按合同价格付款。

第三章 买方的义务

第五十三条

买方必须按照合同和本公约规定支付货物价款和收取货物。

第一节 支付价款

第五十四条

买方支付价款的义务包括根据合同或任何有关法律和规章规定的步骤和手续,以便支付价款。

第五十五条

如果合同已有效订立,但没有明示或暗示地规定价格或规定如何确定价格,在没有任何相反表示的情况下,双方当事人应视为已默认订立合同时此种货物在有关贸易的类似情况下销售的通常价格。

第五十六条

如果价格是按货物的重量规定的,如有疑问,应按净重确定。

第五十七条

(1)如果买方没有义务在任何其他特定地点支付价款,他必须在以下地点向卖方支付价款:

(a)卖方的营业地;或者

(b)如凭移交货物或单据支付价款,则为移交货物或单据的地点。

(2)卖方必须承担因其营业地在订立合同后发生变动而增加的支付方面的有关费用。

第五十八条

(1)如果买方没有义务在任何其他特定时间内支付价款,他必须于卖方按照合同和本公约规定将货物或控制货物处置权的单据交给买方处置时支付价款。卖方可以支付价款作为移交货物或单据的条件。

(2)如果合同涉及货物的运输,卖方可以在支付价款后把货物或控制货物处置权的单据移交给买方作为发运货物的条件。

(3)买方在未有机会检验货物前,无义务支付价款,除非这种机会与双方当事人议定的交货或支付程序相抵触。

第五十九条

买方必须按合同和本公约规定的日期或从合同和本公约可以确定的日期支付价款,而无需卖方提出任何要求或办理任何手续。

第二节　收取货物

第六十条

买方收取货物的义务如下：

采取一切理应采取的行动，以期卖方能交付货物和接收货物。

第三节　买方违反合同的补救办法

第六十一条

(1)如果买方不履行他在合同和本公约中的任何义务，卖方可以：

(a)行使第六十二条至第六十五条所规定的权利；

(b)按照第七十四至第七十七条的规定，要求损害赔偿。

(2)卖方可能享有的要求损害赔偿的任何权利，不因他行使采取其他补救办法的权利而丧失。

(3)如果卖方对违反合同采取某种补救办法，法院或仲裁庭不得给予买方宽限期。

第六十二条

卖方可以要求买方支付价款、收取货物或履行他的其他义务，除非卖方已采取与此一要求相抵触的某种补救办法。

第六十三条

(1)卖方可以规定一段合理时限的额外时间，让买方履行义务。

(2)除非卖方收到买方的通知，声称他将不在所规定的时间内履行义务，卖方不得在这段时间内对违反合同采取任何补救办法。但是，卖方并不因此丧失他对迟延履行义务可能享有的要求损害赔偿的任何权利。

第六十四条

(1)卖方在以下情况下可以宣告合同无效：

(a)买方不履行其在合同或本公约中的任何义务，等于根本违反合同；或

(b)买方不在卖方按照第六十三条第(1)款规定的额外时间内履行支付价款的义务或收取货物，或买方声明他将不在所规定的时间内这样做。

(2)但是，如果买方已支付价款，卖方就丧失宣告合同无效的权利，除非：

(a)对于买方迟延履行义务，他在知道买方履行义务前这样做；或者

(b)对于买方迟延履行义务以外的任何违反合同事情：

他在已知道或理应知道这种违反合同后一段合理时间内这样做；或

他在卖方按照第六十三条第(1)款规定的任何额外时间满期后或在买方声明他将不在这一额外时间内履行义务后一段合理时间内这样做。

第六十五条

(1)如果买方应根据合同规定订明货物的形状、大小或其他特征，而他在议定的日期或在收到卖方的要求后一段合理时间内没有订明这些规格，则卖方在不损害其可能享有的任何其他权利的情况下，可以依照他所知的买方的要求，自己订明规格。

(2)如果卖方自己订明规格，他必须把订明规格的细节通知买方，而且必须规定一段

合理时间，让买方可以在该段时间内订出不同的规格。如果买方在收到这种通知后没有在该段时间内这样做，卖方所订的规格就具有约束力。

第四章 风险移转

第六十六条

货物在风险移转到买方承担后遗失或损坏，买方支付价款的义务并不因此解除，除非这种遗失或损坏是由于卖方的行为或不行为所造成。

第六十七条

(1)如果销售合同涉及货物的运输，但卖方没有义务在某一特定地点交付货物，自货物按照销售合同交付给第一承运人以转交给买方时起，风险就移转到买方承担。如果卖方有义务在某一特定地点把货物交付给承运人，在货物于该地点交付给承运人以前，风险不移转到买方承担。卖方受权保留控制货物处置权的单据，并不影响风险的移转。

(2)但是，在货物以货物上加标记、或以装运单据、或向买方发出通知或其他方式清楚地注明有关合同以前，风险不移转到买方承担。

第六十八条

对于在运输途中销售的货物，从订立合同时起，风险就移转到买方承担。但是，如果情况表明有此需要，从货物交付给签发载有运输合同单据的承运人时起，风险就由买方承担。尽管如此，如果卖方在订立合同时已知道或理应知道货物已经遗失或损坏，而他又不将这一事实告之买方，则这种遗失或损坏应由卖方负责。

第六十九条

(1)在不属于第六十七条和第六十八条规定的情况下，从买方接收货物时起，或如果买方不在适当时间内这样做，则从货物交给他处置但他不收取货物从而违反合同时起，风险移转到买方承担。

(2)但是，如果买方有义务在卖方营业地以外的某一地点接收货物，当交货时间已到而买方知道货物已在该地点交给他处置时，风险方始移转。

(3)如果合同指的是当时未加识别的货物，则这些货物在未清楚注明有关合同以前，不得视为已交给买方处置。

第七十条

如果卖方已根本违反合同，第六十七条、第六十八条和第六十九条的规定，不损害买方因此种违反合同而可以采取的各种补救办法。

第五章 卖方和买方义务的一般规定

第一节 预期违反合同和分批交货合同

第七十一条

(1)如果订立合同后，另一方当事人由于下列原因显然将不履行其大部分重要义务，一方当事人可以中止履行义务：

(a)他履行义务的能力或他的信用有严重缺陷;或

(b)他在准备履行合同或履行合同中的行为。

(2)如果卖方在上一款所述的理由明显化以前已将货物发运,他可以阻止将货物交给买方,即使买方持有其有权获得货物的单据。本款规定只与买方和卖方间对货物的权利有关。

(3)中止履行义务的一方当事人不论是在货物发运前还是发运后,都必须立即通知另一方当事人,如经另一方当事人对履行义务提供充分保证,则他必须继续履行义务。

第七十二条

(1)如果在履行合同日期之前,明显看出一方当事人将根本违反合同,另一方当事人可以宣告合同无效。

(2)如果时间许可,打算宣告合同无效的一方当事人必须向另一方当事人发出合理的通知,使他可以对履行义务提供充分保证。

(3)如果另一方当事人已声明他将不履行其义务,则上一款的规定不适用。

第七十三条

(1)对于分批交付货物的合同,如果一方当事人不履行对任何一批货物的义务,便对该批货物构成根本违反合同,则另一方当事人可以宣告合同对该批货物无效。

(2)如果一方当事人不履行对任何一批货物的义务,使另一方当事人有充分理由断定对今后各批货物将会发生根本违反合同的情况,该另一方当事人可以在一段合理时间内宣告合同今后无效。

(3)买方宣告合同对任何一批货物的交付为无效时,可以同时宣告合同对已交付的或今后交付的各批货物均为无效,如果各批货物是互相依存的,不能单独用于双方当事人在订立合同时所设想的目的。

第二节 损害赔偿

第七十四条

一方当事人违反合同应负的损害赔偿额,应与另一方当事人因他违反合同而遭受的包括利润在内的损失额相等。这种损害赔偿不得超过违反合同一方在订立合同时,依照他当时已知道或理应知道的事实和情况,对违反合同预料到或理应预料到的可能损失。

第七十五条

如果合同被宣告无效,而在宣告无效后一段合理时间内,买方已以合理方式购买替代货物,或者卖方已以合理方式把货物转卖,则要求损害赔偿的一方可以取得合同价格和替代货物交易价格之间的差额以及按照第七十四条规定可以取得的任何其他损害赔偿。

第七十六条

(1)如果合同被宣告无效,而货物又有时价,要求损害赔偿的一方,如果没有根据第七十五条规定进行购买或转卖,则可以取得合同规定的价格和宣告合同无效时的时价之间的差额以及按照第七十四条规定可以取得的任何其他损害赔偿。但是,如果要求损害赔偿的一方在接收货物之后宣告合同无效,则应适用接收货物时的时价,而不适用宣告合同无效时的时价。

(2)为上一款的目的,时价指原应交付货物地点的现行价格,如果该地点没有时价,则指另一合理替代地点的价格,但应适当地考虑货物运费的差额。

第七十七条

声称另一方违反合同的一方,必须按情况采取合理措施,减轻由于该另一方违反合同而引起的损失,包括利润方面的损失。如果他不采取这种措施,违反合同一方可以要求从损害赔偿中扣除原本可以减轻的损失数额。

第三节 利 息

第七十八条

如果一方当事人没有支付价款或任何其他拖欠金额,另一方当事人有权对这些款额收取利息,但不妨碍要求按照第七十四条规定可以取得的损害赔偿。

第四节 免 责

第七十九条

(1)当事人对不履行义务,不负责任,如果他能证明此种不履行义务,是由于某种非他所能控制的障碍,而且对于这种障碍,没有理由预期他在订立合同时能考虑到或能避免或克服它或它的后果。

(2)如果当事人不履行义务是由于他所雇用履行合同的全部或一部分规定的第三方不履行义务所致,该当事人只有在以下情况下才能免除责任:

(a)他按照上一款的规定应免除责任,和

(b)假如该项的规定也适用于他所雇用的人,这个人也同样会免除责任。

(3)本条所规定的免责对障碍存在的期间有效。

(4)不履行义务的一方必须将障碍及其对他履行义务能力的影响通知另一方。如果该项通知在不履行义务的一方已知道或理应知道此一障碍后一段合理时间内仍未为另一方收到,则他对由于另一方未收到通知而造成的损害应负赔偿责任。

(5)本条规定不妨碍任何一方行使本公约规定的要求损害赔偿以外的任何权利。

第八十条

一方当事人因其行为或不行为而使得另一方当事人不履行义务时,不得声称该另一方当事人不履行义务。

第五节 宣告合同无效的效果

第八十一条

(1)宣告合同无效解除了双方在合同中的义务,但应负责的任何损害赔偿仍应负责。宣告合同无效不影响合同关于解决争端的任何规定,也不影响合同中关于双方在宣告合同无效后权利和义务的任何其他规定。

(2)已全部或局部履行合同的一方,可以要求另一方归还他按照合同供应的货物或支付的价款,如果双方都须归还,他们必须同时这样做。

第八十二条

(1)买方如果不可能按实际收到货物的原状归还货物，他就丧失宣告合同无效或要求卖方交付替代货物的权利。

(2)上一款的规定不适用于以下情况：

(a)如果不可能归还货物或不可能按实际收到货物的原状归还货物，并非由于买方的行为或不行为所造成；或者

(b)如果货物或其中一部分的毁灭或变坏，是由于按照第三十八条规定进行检验所致；或者

(c)如果货物或其中一部分，在买方发现或理应发现与合同不符以前，已为买方在正常营业过程中售出，或在正常使用过程中消费或改变。

第八十三条

买方虽然依第八十二条规定丧失宣告合同无效或要求卖方交付替代货物的权利，但是根据合同和本公约规定，他仍保有采取一切其他补救办法的权利。

第八十四条

(1)如果卖方有义务归还价款，他必须同时从支付价款之日起支付价款利息。

(2)在以下情况下，买方必须向卖方说明他从货物或其中一部分得到的一切利益：

(a)如果他必须归还货物或其中一部分；或者

(b)如果他不可能归还全部或一部分货物，或不可能按实际收到货物的原状归还全部或一部分货物，但他已宣告合同无效或已要求卖方支付替代货物。

第六节　保全货物

第八十五条

如果买方推迟收取货物，或在支付价款和交付货物应同时履行时，买方没有支付价款，而卖方仍拥有这些货物或仍能控制这些货物的处置权，卖方必须按情况采取合理措施，以保全货物。他有权保有这些货物，直至买方把他所付的合理费用偿还他为止。

第八十六条

(1)如果买方已收到货物，但打算行使合同或本公约规定的任何权利，把货物退回，他必须按情况采取合理措施，以保全货物。他有权保有这些货物，直至卖方把他所付的合理费用偿还给他为止。

(2)如果发运给买方的货物已到达目的地，并交给买方处置，而买方行使退货权利，则买方必须代表卖方收取货物，除非他这样做需要支付价款而且会使他遭受不合理的不便或需承担不合理的费用。如果卖方或受权代表他掌管货物的人也在目的地，则此一规定不适用。如果买方根据本款规定收取货物，他的权利和义务与上一款所规定的相同。

第八十七条

有义务采取措施以保全货物的一方当事人，可以把货物寄放在第三方的仓库，由另一方当事人担负费用，但该项费用必须合理。

第八十八条

(1)如果另一方当事人在收取货物或收回货物或支付价款或保全货物费用方面有不合理的迟延,按照第八十五条或第八十六条规定有义务保全货物的一方当事人,可以采取任何适当办法,把货物出售,但必须事前向另一方当事人发出合理的意向通知。

(2)如果货物易于迅速变坏,或者货物的保全牵涉不合理的费用,则按照第八十五条或第八十六条规定有义务保全货物的一方当事人,必须采取合理措施,把货物出售,在可能的范围内,他必须把出售货物的打算通知另一方当事人。

(3)出售货物的一方当事人,有权从销售所得收入中扣回为保全货物和销售货物而付的合理费用。他必须向另一方当事人说明所余款项。

第四部分　最后条款

第八十九条

兹指定联合国秘书长为本公约保管人。

第九十条

本公约不优于业已缔结或可以缔结并载有与属于本公约范围内事项有关的条款的任何国际协定,但以双方当事人的营业地均在这种协定的缔约国内为限。

第九十一条

(1)本公约在联合国国际货物销售合同会议闭幕会议上开放签字,并在纽约联合国总部继续开放签字,直至1981年9月30日为止。

(2)本公约须经签字国批准、接受或核准。

(3)本公约从开放签字之日起开放给所有非签字国加入。

(4)批准书、接受书、核准书和加入书应送交联合国秘书长存放。

第九十二条

(1)缔约国可在签字、批准、接受、核准或加入时声明他不受本公约第二部分的约束或不受本公约第三部分的约束。

(2)按照上一款规定就本公约第二部分或第三部分做出声明的缔约国,在该声明适用的部分所规定事项上,不得视为本公约第一条第(1)款范围内的缔约国。

第九十三条

(1)如果缔约国具有两个或两个以上的领土单位,而依照该国宪法规定,各领土单位对本公约所规定的事项适用不同的法律制度,则该国得在签字、批准、接受、核准或加入时声明本公约适用于该国全部领土单位或仅适用于其中的一个或数个领土单位,并且可以随时提出另一声明来修改其所做的声明。

(2)此种声明应通知保管人,并且明确地说明适用本公约的领土单位。

(3)如果根据按本条作出的声明,本公约适用于缔约国的一个或数个但不是全部领土单位,而且一方当事人的营业地位于该缔约国内,则为本公约的目的,该营业地除非位于本公约适用的领土单位内,否则视为不在缔约国内。

(4)如果缔约国没有按照本条第(1)款作出声明,则本公约适用于该国所有领土单位。

第九十四条

(1)对属于本公约范围的事项具有相同或非常近似的法律规则的两个或两个以上的缔约国,可随时声明本公约不适用于营业地在这些缔约国内的当事人之间的销售合同,也不适用于这些合同的订立。此种声明可联合做出,也可以通过相互单方面声明的方式做出。

(2)对属于本公约范围的事项具有与一个或一个以上非缔约国相同或非常近似的法律规则的缔约国,可随时声明本公约不适用于营业地在这些非缔约国内的当事人之间的销售合同,也不适用于这些合同的订立。

(3)作为根据上一款所做声明对象的国家如果后来成为缔约国,这项声明从本公约对该新缔约国生效之日起,具有根据第(1)款所做声明的效力,但以该新缔约国加入这项声明,或做出相互单方面声明为限。

第九十五条

任何国家在交存其批准书、接受书、核准书或加入书时,可声明它不受本公约第一条第(1)款(b)项的约束。

第九十六条

本国法律规定销售合同必须以书面订立或书面证明的缔约国,可以随时按照第十二条的规定,声明本公约第十一条、第二十九条或第二部分准许销售合同或其更改或根据协议终止,或者任何发价、接受或其他意旨表示得以书面以外任何形式做出的任何规定不适用,如果任何一方当事人的营业地是在该缔约国内。

第九十七条

(1)根据本公约规定在签字时做出的声明,须在批准、接受或核准时加以确认。

(2)声明和声明的确认,应以书面提出,并应正式通知保管人。

(3)声明在本公约对有关国家开始生效时同时生效。但是,保管人于此种生效后收到正式通知的声明,应于保管人收到声明之日起6个月后的第1个月第1天生效。根据第九十四条规定做出的相互单方面声明,应于保管人收到最后一份声明之日起。6个月后的第1个月第1天生效。

(4)根据本公约规定做出声明的任何国家可以随时用书面文件正式通知保管人撤回该项声明。此种撤回于保管人收到通知之日起6个月后的第1个月第1天生效。

(5)撤回根据第九十四条做出的声明,自撤回生效之日起,会使另一国家根据该条所做的任何相互声明失效。

第九十八条

除本公约明文许可的保留外,不得作任何保留。

第九十九条

(1)在本条第(6)款规定的条件下,本公约在第10件批准书、接受书、核准书或加入书、包括载有根据第九十二条规定做出的声明的文书交存之日起12月后的第1个月第1天生效。

(2)在本条第(6)款规定的条件下,对于在第10件批准书、接受书、核准书或加入书交存后才批准、接受、核准或加入本公约的国家,本公约在该国交存其批准书、接受书、核准车或加入书之日起12个月后的第1个月第1天对该国生效,但不适用的部分除外。

(3)批准、接受、核准或加入本公约的国家,如果是1964年7月1日海牙签订的《关于国际货物销售合同的订立统一法公约》(《1964年海牙订立合同公约》)和1964年7月1日在海牙签订的《关于国际货物销售统一法的公约》(《1964年海牙货物销售公约》)中一项或两项公约的缔约国。应按情况同时通知荷兰政府声明退出《1964年海牙货物销售公约》或《1964年海牙订立合同公约》)或退出该两公约。

(4)凡为《1964年海牙货物销售公约》缔约国并批准、接受、核准或加入本公约和根据第九十二条规定声明或业已声明不受本公约第二部分约束的国家,应于批准、接受、核准或加入时通知荷兰政府声明退出《1964年海牙货物销售公约》。

(5)凡为《1964年海牙订立合同公约》缔约国并批准、接受、核准或加入本公约和根据第九十二条规定声明或业已声明不受本公约第三部分约束的国家,应于批准、接受、核准或加入时通知荷兰政府声明退出《1964年海牙订立合同公约》。

(6)为本条的目的,《1964年海牙订立合同公约》或《1964年海牙货物销售公约》的缔约国的批准、接受、核准或加入本公约,应在这些国家按照规定退出该两公约生效后方始生效。本公约保管人应与1964年两公约的保管人荷兰政府进行协商,以确保在这方面进行必要的协调。

第一百条

(1)本公约适用于合同的订立,只要订立该合同的建议是在本公约对第一条第(1)款(a)项所指缔约国或第一条第(1)款(b)项所指缔约国生效之日或其后作出的。

(2)本公约只适用于在它对第一条第(1)款(a)项所指缔约国或第一条第(1)款(b)项所指缔约国生效之日或其后订立的合同。

第一百零一条

(1)缔约国可以用书面文件正式通知保管人声明退出本公约,或本公约第二部分或第三部分。

(2)退出于保管人收到通知12个月后的第1个月第1天起生效。凡通知内订明一段退出生效的更长时间,则退出于保管人收到通知后该段更长时间满时起生效。

该公约1980年4月11日订于维也纳,正本1份,其阿拉伯文本、中文本、英文本、法文本、俄文本和西班牙文本都具有同等效力。

下列全权代表,经各自政府正式授权,在本公约上签字,以资证明。

本公约于1988年1月1日生效。

参考文献

1.王斌义，顾永才.国际贸易实务实训[M].北京：首都经济贸易大学出版社，2010年版.

2.易露露，方玲玲，陈原.国际贸易实务(双语教程)[M].北京：清华大学出版社，2010年版.

3.中国海关报关实用手册编写组.中国海关报关实用手册[M].北京：中国海关出版社，2011年版.

4.海关总署报关员资格考试教材编写委员会.报关员资格全国统一考试教材配套辅导丛书[M].北京：中国海关出版社，2010年版.

5.陈同仇，张锡嘏.国际贸易[M].北京：对外经济贸易大学出版社，2005年版.

6.黎孝先，石玉川.国际贸易实务[M].对外经济贸易大学出版社，2008年版.

7.韩经纶.国际贸易基础理论与实务[M].天津：南开大学出版社，2006年版.

8.赵建娜.国际贸易[M].北京：人民邮电出版社，2003年版.

9.[美]David B. Yoffie，Benjamin Gomes Casseres.国际贸易与竞争战略与管理案例及要点[M].大连：东北财经大学出版社，2000年版.

10.[瑞典]Bertil Ohlin.地区间贸易和国际贸易实务[M].北京：首都经济贸易大学出版社，2001年版.

11.国家外国专家局科教文卫司，司法部法规教育司.WTO争端解决机制[M].北京：法律出版社，2001年版.

12.冷柏军.国际贸易理论与实务[M].北京：中国财政出版社，2008年版.

13.陈志友.进出口贸易实务[M].上海：立信会计出版社，2011年版.

14.跟单信用证统一惯例600.